행동과학 연구방법론

석 관 호

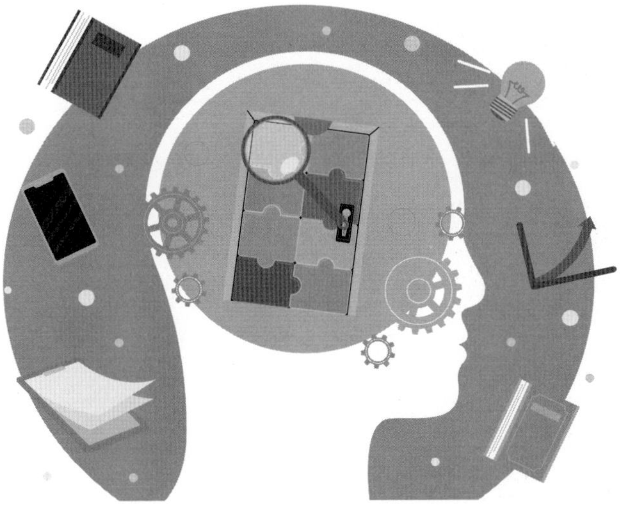

BEHAVIORAL SCIENCE RESEARCH METHODOLOGY

집현재

▌서문

본 저서의 목적과 개요

본 저서의 목적은 행동과학 분야에서 사용되는 다양한 연구 방법론을 설명하고 논의하는데 있다. 행동과학은 넓은 의미에서 인간 및 동물의 행동을 과학적으로 연구하는 학문이라고 정의할 수 있다. 이 정의에 따르면 행동과학은 심리학, 사회학, 문화인류학, 경제학, 경영학, 정치학, 교육학, 생물학 등을 포함하는 다학문적multidisciplinary 특성을 가지고 있다. 행동과학은 인간 행동의 원인과 결과를 이해하고, 이를 통해 행동을 예측하거나 변화시키는 방법을 탐구하는데 연구의 초점을 둔다. 특히 인간 행동을 다양한 학문 분야에서 다루고 있는 만큼, 행동과학의 연구 방법 또한 매우 다양하다. 본 저서는 모든 행동과학 전반을 포괄하기보다는, 실증적 자료를 바탕으로 가설을 검증하는 연구에 초점을 맞추고 있다. 다양한 실증연구 방법 중에서도 본 저서가 주로 다루는 내용은 실험과 설문을 통해 수집된 계량적quantitative자료를 활용하여 이론이나 가설을 검증하는 연구 방법을 중심으로 다룬다. 따라서 관찰이나 심층면접과 같은 질적qualitative 연구 방법에 대한 구체적인 내용은 본 저서의 범위에 포함되지 않는다.

과학적 지식의 습득과 축적은 과학적 연구방법을 활용한 연구를 통해 이루어진다. 과학적 지식이 연구의 목적이라면, 과학적 연구방법은 그 목적을 달성하기 위한 수단이라 할 수 있다. 연구과정에서 연구자는 이 과학적 지식이라는 목표에 도달하기 위해 수많은 결정을 내려야 한다. 방법론에 대한 흔한 오해 중 하나는, 과학적 지식을 얻기 위해 반드시 따라야 할 '올바른' 연구방법이 존재하며, 연구방법론은 이러한 단 하나의 정답을 제시한다고 생각하는 것이다. 그러나 마치 하나의 목적지를 향해 갈 수 있는 다양한 경로가 존재하듯, 연구 목적에 도달하기 위한 연구방법 또한 여러 가지가 존재한다. 연구자는 대부분의 순간 어떤 방법을 선택할지에 대해 판단을 내려야 한다. 예를 들어, 연구자가 가설을 검증하고자 할 때는 관찰, 설문조사, 실험, 혹은 2차 자료 분석 등 다양한 자료 수집 방법 중에서 무엇을 사용할지 결정해야 한다. 특정 대상에 대한 감정이나 태도 같은 심리적 변수를 측정할 경우, 어떤 척도를 선택할지도 중요한 결정 중 하나다. 이러한 선택이 필요한 이유는 각 연구방법이 고유의 장점과 단점을 가지고 있기 때문이다.이처럼 다양한 연구방법이 존재하는 만큼, 어떤 연구방법이 보다 바람직한지를 두고 학계에서는 지속적인 논쟁이 있어 왔다. 또한 연구자 개인의 연구방법에 대한 관점은 시간의 흐름에 따라 변화하기도 한다. 새로운 연구방법이 개발되기도 하고, 기존의 방법론에 대한 평가나 선호도도 시대적 흐름에 따라 달라진다. 예컨대, 과거에는 소규모 표본을 활용하여 유의미한 결과를 도출하는 연구가 선호되었다면, 최근에는 통계 검증력을 충분히 확보할 수 있는 대규모 표본의 연구가 더 선호되는 추세다.

따라서 저자가 생각하는 연구방법의 학습과 활용에 있어 가장 중요한 점은, 연구자가 특정 연구방법의 '정답'을 배우는 것이 아니라, **자신의 연구 목적과 맥락에 적합한 방법을 스스로 선택하고 결정할 수 있는 능력을 갖추는 데 있다.** 연구자는 연구 과정 전반에 걸쳐 수많은 의사결정을 내려야 하며, 이 각각의 결정은 과학적 연구성과의 질과 타당성에 중대한 영향을 미친다. 본 서의 목적은 다양한 연구방법의 장단점에 대한 이해를 바탕으로, 연구자가 보다 적절하고 타당한 방법론적 의사결정을 내릴 수 있는 능력을 향상시키는 데 있다. 이를 위해 본 서는 연구 아이디어를 구상하는 초기 단계부터 연구 결과를 학술지에 출판하는 최종 단계까지의 전 과정을 다루고 있다. 또한, 이 책은 과학적 연구법이나 이론과 같은 포괄적이고 추상적인 주제부터, 가설 검증을 위한 구체적인 자료분석 방법까지, 실증 연구를 수행하는 데 필수적인 다양한 내용을 포함하고 있다. 본 서는 과학적 연구방법을 처음으로 체계적으로 학습하는 사회과학 및 행동과학 분야의 대학원생은 물론, 자신의 독자적인 연구를 수행함에 있어 참고 자료가 필요한 연구자들에게도 유용한 지침서가 될 수 있을 것으로 기대한다.

본 저서의 내용

Ⅰ. 과학적 연구방법

본 주제에는 "제1장: 과학과 과학적 연구방법"과 "제2장: 논문 구성과 연구과정"이 포함된다. "제1장"에서는 과학적 연구방법의 특성과, 이러한 연구가 되기 위해 논문이 갖추어야 할 요건들을 다룬다. 구체적으로는 과학적 연구방법에 대한 역사적 관점, 과학과 비과학의 구분, 과학적 연구방법의 핵심 특성 등에 대해 설명한다. "제2장"은 논문의 기본 구성요소와, 이러한 요소들을 충족시키기 위한 전반적인 연구과정에 대한 개괄적 내용을 다룰 예정이다. 이를 통해 독자는 연구의 시작 단계에서부터 논문 작성에 이르기까지의 흐름을 이해하고, 과학적 연구의 구조적 틀을 체계적으로 익힐 수 있을 것이다.

Ⅱ. 변수와 이론

"제3장: 연구주제와 가설"에서는 변수의 유형과 이들 변수의 조합을 바탕으로 한 가설의 개발 과정을 다룬다. 가설 도출의 절차와 더불어, 좋은 가설이 갖추어야 할 요건에 대해 설명하며, 연구 아이디어를 효과적으로 찾는 방법도 함께 제시할 예정이다. "제4장: 이론과 이론 개발"은 이론의 구성 요소와 좋은 이론이 갖추어야 할 요건, 그리고 이론을 체계적으로 개발하는 과정에 대한 내용을 다룰 예정이다.

Ⅲ. 연구 설계와 자료수집

본 주제에서는 행동과학적 연구에서 널리 활용되는 연구 설계와 자료 수집 방법에 대해 다룬다. "제5장: 연구 설계와 연구 타당도"에서는 다양한 연구 설계의 유형을 소개하고, 설계 관련 의사결정 과정에서 고려해야 할 주요 타당도 개념(개념타당도,내적 타당도, 외적 타당도)에 대해 설명한다. 행동과학의 실증적 연구 방법 중 대표적인 연구법에 대한 구체적인 논의는 "제6장: 실험"과 "제7장: 설문"에서 다룰 예정이다. 이 두 장에서는 각각 실험 연구와 설문조사 연구의 설계, 실행, 자료 수집 방식 등을 체계적으로 설명한다.

Ⅳ. 변수측정

본 주제는 변수의 측정에 관한 이론적 설명과 실제 적용에 대한 논의를 포함한다. "제7장: 측정"에서는 측정과 관련된 기본 개념을 중심으로, 측정 도구가 갖추어야 할 신뢰도와 타당도의 개념과 유형에 대해 다룰 예정이다. 이어지는 "제8장: 측정 타당도 검증"에서는 실제 수집된 자료를 기반으로 측정 척도의 차원 구조 분석과 타당도 검증 절차를 설명한다. 이 과정에서 활용되는 주요 방법론인 요인분석, 즉 탐색적 요인분석과 확인적 요인분석에 대한 내용도 포함되어 있다.

Ⅴ. 가설의 검증

본 주제는 실증연구를 통한 가설 검증에 초점을 맞추고 있다. "제10장: 가설 검증"에서는 가설 검증과 관련된 주요 논점들을 다룰 예정이며, 전통적인 유의성 검정(NHST)뿐만 아니라, 이를 보완하거나 대체할 수 있는 효과 크기effect size와 같은 대안적 접근법도 함께 소개한다. "제11장: 조절효과와 매개효과 검증"에서는 이론 간의 상호작용 효과를 검토하는 조절효과moderation 분석과, 이론의 작동 메커니즘을 파악하기 위한 매개효과mediation 분석에 대해 설명한다. 이를 통해 이론적 관계의 복잡성과 그 구조를 보다 정교하게 이해하고 설명할 수 있는 분석 전략을 제시할 예정이다.

Ⅵ. 통계분석을 이용한 이론 검증

본 주제는 행동적 연구방법에서 주로 사용되는 통계분석 기법인 분산분석, 회귀분석, 구조방정식 모형을 이론 검증에 초점을 두어 다룰 것이다. 본 연구는 해당하는 분석기법에 대한 기초적인 내용 보다는 실제로 각 통계분석을 사용해 주효과 및 조절효과를 어떻게 검증 하는지에 대한 내용 위주로 다룰 계획이다. 예를 들어, 분산분석의 경우 대부분의 저서나 수업은 분산분석의 기초에 대해서만 다루고 있다. 따라서 실제 논문작성에 필요한 사후분석이나 평균차이 분석cell mean contrast에 대한 설명은 매우 부족한 현실이다. 본 저서는 이론검증을 위한 자료분석에 실제 사용되는 방법을 본 주제는 행동과학 연구에서 주로 사용되는 통계분석 기법인 분산분석, 회귀분석, 그리고 구조방정식 모형(SEM)을 이론 검증의 관점에서 다룬다. 본 저서는 이러한 분석기법에 대한 기초 개념보다는, 실제로 각 기법을 활용하여 주효과 및 조절효과를 어떻게 검증할 수 있는지를 중심으로 설명할 예정이다. 예를 들어, 분산분석의 경우 대부분의 교재나 강의는 이론적 기초에 국한되어 있으며, 실제 논문 작성에 필요한 계획분석planned contrast이나 평균차이 분석에 대한 설명은 상대적으로 부족한 실정이다. 회귀분석의 경우도 마찬가지다. 연구자가 회귀분석을 통해 가설을 검증할 때는 모형의 통계적 적합성 자체보다는, 회귀계수의 유의성과 방향성이 이론적 예측과 일치하는지를 평가하는 것이 더 중요할 수 있다. 이에 본 저서는 이론 검증을 위한 실제 자료분석 절차와 해석에 중점을 두어 실용적인 안내를 제공하고자 한다. 구체적으로 다룰 분석 방법은 다음과 같다: "제 12장: 분산분석을 이용한 이론 검증: 집단간 분산분석", "제 13장: 분산분석을 이용한 이론 검증: 집단내 분산분석", "제 14장: 회귀분석을 이용한 이론 검증", "제 15장: 구조방정식 모형을 이용한 이론 검증".

Ⅶ. 논문의 작성과 연구윤리

마지막 주제는 논문의 작성, 심사, 학문적 영향에 관한 내용을 다룰 것이다. "제16장: 연구논문의 작성과 심사"에서는 우수한 논문을 작성하기 위한 요건과 전략, 그리고 학술지 논문이 거치는 심사과정의 구조와 특징에 대해 설명할 예정이다. "제17장: 연구의 통합과 일반화"는 개별 연구가 축적된 지식체계에 기여하는 방식을 중심으로, 메타분석이나 체계적 검토를 통한 연구 결과의 통합, 지식의 누적과 발전, 그리고 재현연구를 통한 결과의 일반화와 확산에 대해 다룬다. 논문이 갖는 학문적 및 사회적 영향력을 이해하는 데 중점을 둔다. 마지막 장인 "제18장: 연구윤리"는 최근 학계에서 더욱 강조되고 있는 연구윤리의 중요성과 윤리적 연구 수행의 원칙을 중심으로 구성된다. 연구 부정행위 예방, 참여자 보호, 투명한 연구 절차 등의 핵심 주제를 다양한 실제 사례와 함께 제시하여, 연구자가 지녀야 할 책임과 태도에 대해 논의한다.

본 저서가 다루지 않는 내용

연구방법론은 매우 광범위한 주제로, 그 논의의 깊이와 수준은 학문 분야 및 연구 목적에 따라 다양하게 달라질 수 있다. 본 저서는 행동과학 및 사회과학 분야에서 실증 데이터를 활용한 이론과 가설의 통계적 검증에 초점을 맞추어 구성되었다. 따라서 이와는 다른 접근 방식인 질적 연구qualitative research에 대해서는 깊이 있게 다루지 않는다.질적 연구는 가설 검증보다는 현상의 심층적 이해와 맥락적 해석을 중시하는 연구 접근으로, 그에 따른 자료의 수집, 정리, 분석 방법 역시 양적 연구와는 본질적으로 다르다. 본 저서에서는 "제5장: 연구 설계와 연구 타당도"에서 질적 연구의 개요를 소개하는 수준에 그치며, 질적 연구의 이론적 배경이나 실제 적용 방법에 대해서는 다루지 않는다.이에 따라 질적 연구 방법론, 면담 및 사례 연구의 분석 기법, 맥락 중심의 해석 전략 등에 대한 보다 깊이 있는 학습이 필요한 경우, 해당 주제를 전문적으로 다루는 별도의 교재나 강의 자료를 참고할 것을 권장한다.

본 서에서 다루는 통계학 관련 내용은 가설 검증을 위한 분산분석과 회귀분석의 활용에 국한된다. 다시 말해, 본 서는 독자가 기초 통계분석에 대한 기본적인 이해를 갖추고 있다는 전제를 바탕으로 작성되었으며, 분산분석이나 회귀분석의 기초 개념이나 원리에 대한 설명은 포함하지 않는다. 또한, 본 서는 고급 통계기법에 대한 내용은 다루지 않는다. 예컨대, 다변량 분석multivariate analysis, 다층분석multilevel analysis, 다항 로짓 분석multinomial logit analysis 등은 본 서의 범위를 벗어나는 주제이며, 이에 대한 학습은 별도의 교재나 강의를 통해 이루어져야 할 것이다.

감사의 글

이 책을 집필하는 과정은 주변의 많은 동료와 학생들의 도움이 없었다면 불가능했을 것이다. 방법론에 관한 저서를 집필하려는 생각은 오래전부터 있었고 주변의 권유도 많았으나, 실제로 집필에 착수하는 것은 결코 쉬운 일이 아니었다. 이 책을 쓰는 데 동기를 부여하고 용기를 북돋아준 2023년 고려대학교 경영학과 "마케팅 연구조사방법 세미나"

수강생들에게 깊은 감사를 전한다. 또한 본 저서의 초고를 교정해 주고, 내용 개선에 여러모로 도움을 주신 Pennsylvania State University 박사과정의 조경민, Cornell University 박사과정의 조수연, 고려대학교 마케팅전공 박사과정의 김가은, 조진하, 석사과정의 이윤경, 김은이, 윤영진, 이승주, 민지원께 감사의 말씀을 전한다.

2025년 12월 고려대학교 현대자동차경영관 연구실에서
석관호

통계 자료

본 서의 예시로 사용된 통계 데이터는 다음 링크에서 다운로드가 가능합니다:
도서출판 집현재(www.jhjbook.co.kr) 게시판 → 자료실

차 례

제 1 부 과학적 연구방법

제 2 부 변수와 이론

제3부 연구 설계와 자료수집

제 4 부 변수 측정

제 5 부 가설의 검증

제6부 통계분석을 이용한 이론 검증

제 7 부 논문의 작성과 연구윤리

제 1 부

과학적 연구방법

제 1 장

과학과 과학적 연구방법

행동과학에서 과학적 연구방법은 매우 중요한 의미를 갖는다. 과학적 연구방법을 활용하면 단순한 직관이나 경험적 관찰을 넘어 신뢰할 수 있는 지식을 체계적으로 축적하고 발전시킬 수 있기 때문이다. 구체적으로, 과학적 연구방법은 관찰된 현상에 대한 명확한 설명과 논리적 일관성을 보장하며, 결과의 재현가능성을 높여 이론의 신뢰성을 높인다. 이러한 특성은 이론의 발전을 촉진하고, 실제 현장에서의 응용 가능성을 확대하는 데 기여한다.

본서에서 다루는 첫 번째 주제는 과학과 과학적 연구방법이다. 이 장에서는 과학의 정의와 목적을 명확히 하고, 과학적 연구방법이 갖는 구체적인 특성(명확성, 단순성, 논리적 일관성, 검증 가능성, 범용성 등)을 설명한다. 이를 통해 독자는 과학적 연구방법을 이해하고, 행동과학의 다양한 이론이 어떻게 형성되고 발전되는지를 보다 체계적으로 파악할 수 있을 것으로 기대한다.

I. 과학

과학science이 정확하게 무엇인지 정의하는 것은 쉽지 않다. 과학에 대한 다양한 정의가 있어왔으며, 과학과 과학적 방법론에 대한 많은 논쟁이 오랜 기간 동안 있어왔다. 일반적으로 통용되는 과학에 대한 정의를 종합하면 과학은 "자연 현상과 인간 및 사회 현상에 대한 지식을 검증 가능한 가설과 현상 예측을 가능하게 하는 이론의 형식으로 발견하고 발전시키는 학문"이라고 정의될 수 있다.

1.1. 과학의 정의: 구획문제

과학의 정의와 특성을 이해하는 방법 중 하나는 과학과 **유사과학**pseudoscience: 비과학의 차이를 이해하는 것이다. 과학과 유사과학의 경계를 구분하는 문제를 **구획문제**demarcation problem로 불리며Popper, 1959, 이는 과학철학의 핵심 주제 중 하나이자 과학의 본질적 정의와 밀접하게 관련되어 있다.

1.1.1. Karl Popper의 반증주의

Karl Popper(1959)는 과학과 유사과학을 명확하게 구분하는 기준으로 반증가능성

falsifiability이라는 개념을 제시했다. 반증가능성이란 어떤 이론이나 주장이 실증연구를 통해 거짓임이 입증될 수 있는 가능성을 의미한다. Popper는 과학이 되기 위한 필요조건으로, 이론적 주장이 반드시 반증가능성을 가져야 한다고 주장하였다.

Popper는 당시 과학계에서 지배적인 입장이었던 논리실증주의logical empiricism의 관점과 방법론에 대해 비판적 입장을 취하면서, 논리실증주의가 반증이 불가능하다는 점에서 과학적이지 못하고 유사과학의 범주에 속한다고 지적했다. 당시 논리실증주의는 귀납적 방법론을 통해 가능한 많은 관찰과 경험적 증거를 축적하여 이론을 점차적으로 확증verification하는 것을 목표로 삼고 있었다. 그러나 Popper는 수많은 관찰을 통해 특정 이론과 일치하는 사례를 아무리 많이 발견하더라도, 이는 그 이론의 참됨을 확실하게 보장할 수는 없다고 주장했다.

Popper는 과학적 이론이 진정한 의미에서 유의미하고 타당하기 위해서는 반드시 반증이 가능한 형태로 구성되어야 한다고 강조했다. 즉, 어떠한 과학적 주장이라도 이론적으로 반례가 존재할 수 있는 여지를 지녀야만 과학의 범주에 포함될 수 있다는 것이다. 그는 대표적인 예로 프로이트 심리학Freudian theory, 마르크스주의Marxism, Alfred Adler의 개인심리학Individual psychology을 언급하며, 이러한 이론들은 그들의 주장을 반박할 수 있는 명확한 관찰이나 실험적 증거가 존재하지 않는다는 점에서 유사과학이라고 비판하였다. 결국 Popper가 강조한 것은 과학적 방법론의 핵심이 이론을 확증하는 데 있는 것이 아니라, 오히려 이론을 반박할 수 있는 관찰이나 실험적 증거를 통해 기존 이론을 끊임없이 수정하고 발전시키는 데 있다는 점이다.

예를 들어, 점성술은 사람들의 성격이나 운세를 별자리로 설명하려 하지만, 그 주장들은 일반적이고 모호하여 어떤 결과가 나오든지 간에 이를 설명할 수 있는 방식으로 해석될 수 있다. 이러한 특성 때문에 점성술은 반증 가능하지 않으며, Popper는 이를 유사과학의 대표적인 예로 간주했다. 반면, 아인슈타인의 일반 상대성이론은 빛이 중력에 의해 휘어진다는 명확한 예측을 제시하였고, 이는 1919년 일식 관측을 통해 실험적으로 검증될 수 있었기 때문에 과학적 이론의 좋은 예로 간주된다.

1.1.2. Kuhn의 연구 패러다임

Thomas Kuhn(1962)은 과학적 연구를 이해하고 정의하기 위해 **패러다임**paradigm이라는 개념을 제시하였다. 패러다임은 특정 시기 과학자 공동체가 공유하는 이론, 방법론, 규칙, 가치관 등을 포함하는 거대한 인식의 틀을 의미한다. Kuhn은 대표적인 패러다임의 사례로 뉴턴Newton의 고전 역학, 다윈Darwin의 진화론, 아인슈타인Einstein의 상대성 이론

등을 제시했다. 그는 하나의 패러다임이 다른 패러다임으로 전환되는 현상을 **과학혁명**scientific revolution이라고 규정하였다. 예를 들어, 천동설에서 지동설로의 전환이 과학혁명의 대표적 사례이다.

Kuhn에 따르면 과학과 비과학은 역사적이고 사회적인 맥락 속에서 이해되어야 한다. 즉, 과학은 특정 패러다임 내에서 이루어지는 연구 활동이며, 패러다임의 기준과 방법론을 공유하지 않거나 체계적인 경험적 검증이 결여된 점성술이나 연금술과 같은 연구는 비과학으로 간주된다. Kuhn의 이론은 과학적 활동을 보다 넓은 사회적이고 역사적인 맥락에서 이해할 수 있게 해주었다는 장점이 있지만, 동시에 과학과 비과학을 명확하게 구분하는 보편적인 기준을 제시하지 못했다는 점에서 비판을 받기도 했다.

1.1.3. Lakatos의 연구 프로그램

Imre Lakatos(1970)는 과학을 단일 이론이 아니라 특정한 중심 원리를 중심으로 여러 가설과 이론들이 결합하여 구성된 **연구 프로그램**research program의 집합으로 보았다. Lakatos는 연구 프로그램을 진보적progressive 연구 프로그램과 퇴행적degenerative 연구 프로그램으로 구분하고, 과학과 비과학의 경계를 이 기준에 따라 판단해야 한다고 주장했다.

진보적 연구 프로그램은 새로운 예측을 제시하고 이를 바탕으로 경험적 성과를 축적해가는 과학의 특성을 가지며, 대표적인 예시로 뉴턴의 고전 역학과 아인슈타인의 상대성 이론이 있다. 반면, 퇴행적 연구 프로그램은 새로운 예측이나 검증 가능한 가설을 제시하지 못하는 비과학적 프로그램으로, 점성술이 그 예시이다.

Lakatos의 이론은 Karl Popper의 반증 가능성과 Thomas Kuhn의 패러다임 이론을 비판적으로 수용하면서 과학 이론의 발전을 설명하는 포괄적인 틀을 제공했다는 평가를 받는다. 그러나 진보성과 퇴행성의 경계가 명확하지 않다는 비판도 존재한다.

1.1.4. 구획문제와 과학의 정의

구획문제에 대한 다양한 의견을 종합적으로 살펴보면, Karl Popper가 주장한 반증가능성은 과학과 비과학을 구분하는 기준을 규범적normative으로 정의한 것에 가깝다고 할 수 있다. 즉, 과학적 연구가 충족해야 할 기준을 제시한 것이다. 반면, Kuhn과 Lakatos의 주장은 과학적 연구가 사회적, 역사적 환경에서 어떻게 진행되는지를 기술적descriptive 설명에 초점을 맞추고 있다. Popper의 주장에는 여러 비판이 있지만, 그의 반증가능성 개념은 현대 과학과 비과학을 구분하는 중요한 기준으로 여겨지며, 현재 널리 사용되는 과학적 연구 방법론의 기초를 제공하고 있다.

Popper는 과학에서 연구 방법론이 중요한 역할을 한다고 보았다. 즉, 과학과 비과학의 차이는 연구 주제가 아니라 연구 방법론에 있다는 것이다. 이를 설명하기 위해 혈액형과 성격의 관계를 예로 들어보자. 혈액형과 성격의 연관성에 대한 주장 자체가 과학인지 비과학인지의 기준이 되는 것은 아니며, 해당 주제를 연구하는 방법론에 따라 과학적 연구가 될 수도 있고, 비과학적 연구가 될 수도 있다.

혈액형 성격론에 따르면, A형은 소심한 성격을 가진다고 주장한다. 혈액형 성격론을 믿는 사람이 소심한 A형을 만나면, 이는 기존 믿음을 강화하는 사례로 작용한다. 반면, 소심하지 않은 A형을 만난 경우에는 "특별한 유형의 A형"이거나 "특정 상황에서 소심함이 나타날 수 있다"는 식으로 설명하며 기존 믿음을 유지하려 한다. 즉, 반증 사례가 있어도 이를 새로운 해석을 통해 기존 이론을 지지하는 방향으로 받아들이게 된다. 그러나 이러한 방식으로는 이론의 진위를 검증하기 어렵다.

Popper의 주장에 따르면, 혈액형과 성격의 관계를 과학적으로 논의하려면, 해당 주장이 과학적 방법론을 통해 검증될 수 있어야 한다. 즉, 혈액형과 성격 간의 관계가 과학적으로 연구되었을 때, 만약 이론과 일치하지 않는 데이터가 존재한다면, 혈액형 성격론은 폐기되어야 한다. 이는 반증을 통해서만 이론이 검증될 수 있다는 Popper의 핵심 주장과 일맥상통한다. 예를 들어, Wu, Lindsted, & Lee(2005)의 연구는 혈액형과 Big 5 성격 유형 간의 연관성을 검증했다. 그 결과, 혈액형과 성격 간의 관계는 통계적으로 유의하지 않은 것으로 나타났다. 이는 혈액형 성격론을 지지하지 않는다는 증거로 작용하며, 반증 가능성이 없는 이론은 과학적 이론으로 간주될 수 없다는 Popper의 입장을 뒷받침한다.

1.2. 과학의 목적

과학의 궁극적인 목적은 우리 주변 세계를 이해하고 설명하며, 나아가 개선하는 것이다. 이러한 목표를 달성함으로써 과학은 인간의 호기심을 충족시키는 동시에 사회적 문제를 해결하는 데 기여한다. 과학의 목적은 다음과 같은 여러 측면에서 설명될 수 있다.

첫째, 현상의 체계적 **기술**description은 과학의 핵심적인 목적 중 하나이다. 이는 자연이나 사회에서 관찰되는 현상을 정확하게 기록하고 체계화하는 것을 의미한다. 현상에 대한 기술은 과학적 탐구의 기초 단계로, 이후 원리에 대한 설명과 미래 예측의 기반을 제공한다. 예를 들어, 경제학에서 "가격과 수요는 반비례한다"는 수요의 법칙은 제품 가격과 수요의 변화를 관찰한 결과 도출된 경제학의 핵심 원리 중 하나로, 시장과 소비자 행동을 이해하고 설명하는 데 중요한 역할을 한다.

둘째, 현상의 원인에 대한 **설명**explanation 역시 과학의 중요한 목적 중 하나이다. 과학은 다양한 법칙과 이론을 통해 자연과 사회 현상의 원인을 밝히고 그 작동 원리를 설명한다. 예를 들어, 물리학에서는 뉴턴의 운동 법칙과 아인슈타인의 상대성 이론을 통해 자연의 기본 원리를 설명하며, 행동경제학에서는 전망이론prospect theory을 통해 불확실한 상황에서 인간의 의사결정 과정을 설명한다Kahneman & Tversky, 1979.

셋째, **예측**prediction도 과학의 중요한 목적이다. 과학적 이론과 법칙을 기반으로 미래에 발생할 일을 예측하는 것이 가능하다. 예를 들어, 기상학은 과학적 모델을 활용하여 날씨를 예측하는 것을 주요 목표로 삼고 있다. 행동과학 분야에서도 Richard Thaler (1985)는 전망이론을 바탕으로 쾌락 편집hedonic editing 원리를 예측하였으며, 이를 실증 연구를 통해 검증하였다(연구 예시 1-1).

넷째, **문제 해결**problem solving도 과학의 중요한 목적 중 하나이다. 과학은 자연과 사회에서 발생하는 다양한 문제를 해결하는 데 사용되는 강력한 도구이다. 이를 통해 인간의 삶을 개선하고, 환경 문제, 질병, 기술적 도전과 같은 난제들을 해결하는 데 기여할 수 있다. 예를 들어, 의학에서는 과학적 연구를 통해 질병의 원인을 밝히고 효과적인 치료법을 개발한다. 행동과학에서는 넛지nudge 기법을 활용하여 사회적 문제 해결을 시도해 왔다Thaler & Sunstein, 2008. 대표적인 예로, 담배 포장에 충격적인 건강 경고 그림을 삽입함으로써 흡연 감소를 유도하는 정책이 있다.

연구 예시 1-1

쾌락 편집의 원리

2017년 노벨 경제학상을 수상한 행동경제학자 Richard Thaler는 1985년 논문을 통해 쾌락 편집hedonic editing의 원리를 최초로 소개했다Thaler, 1985. 쾌락 편집이란 이익gain으로 인한 긍정적인 경험이나 손실loss로 인한 부정적인 경험을 조정하여 감정적인 만족감을 극대화하려는 심리적 경향을 의미한다. 즉, 인간은 자신의 경험을 재구성하거나 해석함으로써 즐거움을 최대화하고 괴로움을 최소화하려는 성향을 보인다.

쾌락 편집의 원리 중 하나는 "이익은 나누고, 손실은 합친다"이다. 여러 개의 작은 이익을 개별적으로 경험할 때, 총합보다 더 큰 만족을 느낄 수 있다. 반면, 손실은 한 번에 경험하는 것이 심리적으로 덜 고통스럽다. 또 다른 원리 중 하나는 "큰 손실이 있을 때, 작은 이익을 함께 제공한다"이다. 손실이 클수록 작은 이득이라도 함께 제공하면 부정적인 감정을 완화하는 데 도움이 된다.

흥미로운 점은 쾌락 편집의 이론적 배경이 Kahneman & Tversky(1979)의 전망이론prospect theory 과 밀접하게 연관되어 있다는 것이다. 전망이론의 주요 개념인 가치함수value function는 사람들의 주관적인 가치 평가가 이익과 손실의 크기에 따라 달라진다는 점을 설명한다. Thaler는 이와 같은 원리를 바탕으로 사람들이 이익과 손실을 경험할 때 주관적 가치를 높이는 방식으로 행동한다는 점을 발견하고, 쾌락 편집의 원리를 제안했다.

Ⅱ. 과학적 연구방법

과학적 연구방법scientific method 은 체계적이고 논리적인 과정을 통해 자연현상이나 사회현상을 탐구하고 지식을 생성하는 방법을 의미한다. 이는 문제를 정의하고, 가설을 설정하며, 데이터를 수집하고 분석하여 결론을 도출하는 일련의 과정으로 구성된다. 과학적 연구방법은 이러한 논리적 사고 과정을 바탕으로 신뢰할 수 있는 지식을 구축하며, 다양한 학문 분야에서 문제 해결과 발전을 위한 핵심적인 역할을 수행한다.

과학적 연구방법의 근본에는 귀납법과 연역법이라는 두 가지 사고방식이 존재한다. 이 두 방법은 과학적 탐구와 논리적 추론의 핵심을 이루며, 각각 고유한 역할과 절차를 가지고 있다. 귀납법은 개별적인 관찰을 통해 일반적인 원리를 도출하는 방식이며, 연역법은 기존의 이론이나 법칙을 바탕으로 특정한 결론을 도출하는 방식이다.

2.1. 귀납법과 연역법

2.1.1. 귀납법

귀납법induction은 구체적인 사례에 대한 관찰을 통해 일반적인 원리를 도출하는 논리적 추론 방법이다. 경험적 증거를 바탕으로 일정한 규칙이나 패턴을 발견하고 이를 일반화하여 법칙이나 이론을 제시하는 데 활용된다. 예를 들어, 매일 해가 동쪽에서 떠서 서쪽으로 지는 현상을 반복적으로 관찰한 후 "해는 동쪽에서 떠서 서쪽으로 진다"라는 일반적인 원리를 도출할 수 있다. 이처럼 귀납법은 반복적인 사례나 자료를 기반으로 법칙을 추론하는 방식이므로, 새로운 이론이나 가설을 제시하는 데 유용하다.

그러나 귀납법에는 몇 가지 명확한 한계점이 존재한다. 첫째는 관찰의 제한성이다. 귀납법에 의해 도출된 결론이 보편적으로 참이 되려면 가능한 모든 사례를 관찰해야 한다. 그러나 물리적, 시간적, 환경적 제약으로 인해 모든 경우를 관찰하는 것은 불가능할 수 있다. 예를 들어, 대부분의 지역에서는 해가 동쪽에서 뜨지만, 북극에서는 해가 남쪽에서 떠서 남쪽으로 지고, 남극에서는 반대로 해가 북쪽에서 떠서 북쪽으로 지는 현상이 발생한다. 따라서 제한된 관찰을 바탕으로 일반 법칙을 도출할 경우, 특정 조건에서 오류가 발생할 수 있다.

둘째는 결론의 불완전성이다. 귀납적 추론은 특정한 관찰 사례를 바탕으로 일반적인 법칙을 도출하지만, 새로운 사례가 나타나면 기존 결론이 무너질 수 있다. 이를 설명하는 대표적인 예가 "백조는 흰색이다"라는 명제이다. 수많은 관찰을 통해 모든 백조가 흰색이라는 결론을 도출할 수 있다. 그러나 검은 백조black swan가 발견되면, 기존의 귀납적 결론은 참이 아니게 된다. 즉, 귀납법을 통해 도출된 결론은 항상 확률적인 성격을 가지며, 절대적인 확실성을 보장하지 않는다.

셋째는 주관적이거나 편향된 관찰이다. 귀납법은 객관적이고 정확한 관찰을 전제로 하지만, 실제 관찰 과정에서는 주관적 해석이나 편향이 개입할 가능성이 있다. 정보가 제시되는 방식, 환경, 관찰자의 상태나 기대에 따라 동일한 현상도 다르게 해석될 수 있다. 예를 들어, [그림 1.1]의 왼쪽 예시는 대조효과contrast effect를 보여준다. 가운데 위치한 두 원의 크기는 동일하지만, 작은 원에 둘러싸인 왼쪽 원이 큰 원에 둘러싸인 오른쪽 원보다 더 크게 보인다. 이는 사람이 주변 환경을 기준으로 사물을 인식하는 방식이 귀

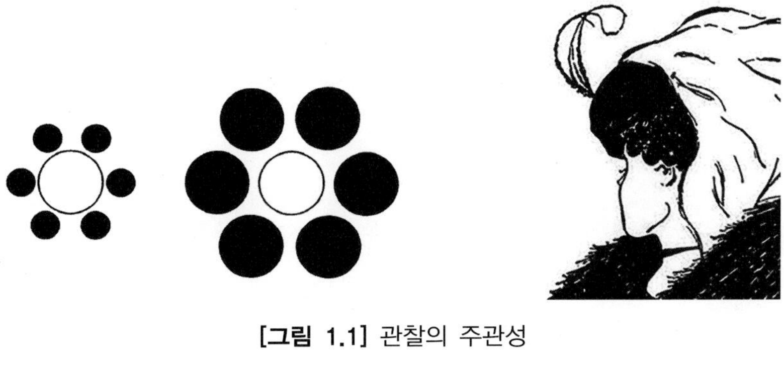

[그림 1.1] 관찰의 주관성

납적 추론에 영향을 미칠 수 있음을 시사한다. 또한, [그림 1.1]의 오른쪽 예시는 동일한 그림이 관점에 따라 젊은 여성의 옆모습으로도, 나이 많은 여성의 얼굴로도 보일 수 있음을 보여준다. 이는 확증 편향confirmation bias과 관련이 있다. 확증 편향이란 사람들이 동일한 대상을 관찰할 때도 자신이 믿고 싶은 방향에 따라 해석하는 경향을 의미한다(연구 예시 1-2).

연구 예시 1-2

확증편향

Lord, Ross, and Lepper(1979)는 인간의 확증편향confirmation bias을 보여주는 대표적인 연구를 수행하였다. 연구에는 사형제도에 찬성하는 사람들과 반대하는 사람들이 참가하였다. 모든 참가자는 사형제도의 효과에 대한 두 개의 연구 결과를 읽었다. 첫 번째 연구는 "사형제도가 범죄 억제에 효과가 있다"는 내용을 담고 있었다. 두 번째 연구는 "사형제도가 범죄 억제에 실질적인 효과가 없다"는 내용을 포함하고 있었다. 각 연구에는 구체적인 데이터와 방법론이 포함되어 있었으며, 참가자들은 이를 바탕으로 연구의 신뢰성과 타당성을 평가해야 했다.

연구 결과, 참가자들은 자신이 원래 지지하던 입장을 뒷받침하는 연구를 더 신뢰하는 경향을 보였다. 반대로, 자신이 반대하는 입장을 지지하는 연구에 대해서는 비판적이거나 신뢰하지 않는 태도를 보였다. 더욱 흥미로운 점은, 두 개의 상반된 연구 결과를 접한 후에도 참가자들의 태도가 중립적으로 변화하는 것이 아니라, 오히려 기존 입장이 더욱 강화되었다는 것이다.

이 연구는 사람들이 객관적인 증거를 평가할 때조차도 자신의 기존 신념을 유지하려는 경향이 강하다는 것을 보여준다. 즉, 확증편향이란 사람들이 자신이 이미 믿고 있는 정보를 더 신뢰하고, 반대되는 정보를 무시하거나 과소평가하는 심리적 경향을 의미한다. 이러한 현상은 정치, 사회, 경제 등 다양한 분야에서 의사결정에 영향을 미치며, 편향된 정보 처리가 어떻게 형성되는지를 이해하는 데 중요한 개념이다.

2.1.2. 연역법

연역법deduction은 일반적인 원리나 법칙에서 출발하여 구체적이고 개별적인 결론을 도출하는 논리적 추론 방식이다. 이 방법은 대전제(일반 법칙)와 소전제(특정 사례)를 기반으로 결론을 이끌어내며, 전제가 참이라면 결론도 반드시 참이 된다는 특징이 있다. 예를 들어, “모든 사람은 죽는다”라는 대전제와 “소크라테스는 사람이다”라는 소전제를 바탕으로 “소크라테스는 죽는다”라는 결론을 도출하는 과정이 연역법의 전형적인 형태이다. 이처럼 연역법은 이미 확립된 이론이나 법칙으로부터 구체적인 사례에 대한 예측을 도출하는 데 사용된다.

연역법은 과학적 연구, 수학적 증명, 법률 해석, 철학적 논증 등 다양한 분야에서 활용되며 논리적 타당성과 명확성을 제공한다. 과학에서는 자연 법칙을 특정 현상에 적용하여 이론을 검증하고, 수학에서는 공리와 정의를 바탕으로 정리를 증명하는 데 사용된다. 법률에서는 기존 법률 조항을 특정 사건에 적용하여 법적 판단을 내리는 과정에 활용된다.

연역법의 주요 장점은 논리적 오류를 방지하고 객관적이며 일관된 결론을 제공할 수 있다는 점이다. 명확한 전제를 바탕으로 결론을 도출할 수 있어 신뢰성이 높지만, 한편으로는 전제가 참이 아닐 경우 결론도 틀릴 수 있다는 한계를 가진다. 또한, 새로운 사실을 발견하기보다는 기존 정보를 바탕으로 결론을 도출하는 데 초점을 맞추며, 전제의 신뢰성과 보편성이 확보되지 않으면 결론의 신뢰성도 떨어질 수 있다. 따라서 연역법을 사용할 때는 전제의 타당성을 철저히 검토하고 논리의 필연성을 유지하는 것이 중요하다.

2.2. 과학과 과학적 연구방법

귀납법과 연역법은 서로 대비되는 논리적 추론 방식이다. 귀납법은 구체적인 사례에서 일반적인 법칙을 도출하는 반면, 연역법은 일반적인 원리에서 구체적인 결론을 이끌어낸다. 그러나 귀납법과 연역법에는 각각 한계점이 존재하기 때문에, 한 가지 접근법만으로 과학적 연구를 수행하는 데는 어려움이 따른다. 귀납법은 새로운 법칙을 발견하는 데 유용하지만, 관찰의 한계와 확증편향의 영향을 받을 수 있으며, 연역법은 논리적으로 타당한 결론을 도출하는 데 효과적이지만, 전제가 잘못되면 결론도 틀릴 수 있다는 한계를 가진다. 따라서 현대 과학은 두 가지 방법을 분리하여 사용하기보다는 상호 보완적으로 활용하며, 이를 통해 과학적 연구는 보다 체계적이고 신뢰성 있는 결론을 도출할 수 있다.

2.2.1. 귀납법과 연역법의 통합

과학적 연구에서 귀납법은 자료를 이용해 이론이나 가설을 설정하는 과정에 사용되며, 연역법은 이론을 바탕으로 검증 가능한 가설을 설정하고 이를 실증적으로 검증하는

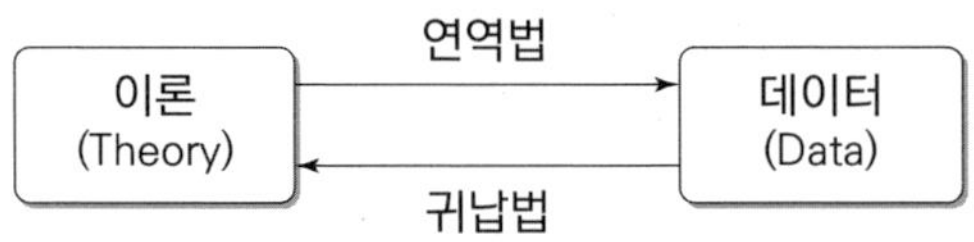

[그림 1.2] 연역법과 귀납법의 상호작용

과정에 활용된다. 이는 [그림 1.2]에 제시된 바와 같이 연구 과정에서 서로 보완적인 역할을 한다.

귀납법은 사례에서 법칙을 도출하는 데 유용한 방법이므로, 관찰과 데이터를 기반으로 가설이나 이론을 수립하는 데 효과적으로 활용된다. 예를 들어, 다양한 사례를 통해 사람들의 의사결정이 미래의 결과보다 현재의 결과에 더 큰 영향을 받는다는 사실을 관찰할 수 있다. 이러한 관찰을 바탕으로, 미래 가치를 현재 가치로 환산하는 비율인 할인율discount rate에 대한 이론이나 가설을 세울 수 있다.

연역법은 존재하는 법칙에서 출발하여 개별적인 결론을 도출하는 방식이다. 즉, 연역법은 이론을 기반으로 검증 가능한 가설을 설정하고, 이를 통해 현상에 대한 구체적인 예측을 수립하는 데 적용된다. 또한 연역법은 연구의 구조와 디자인을 설정하는 과정에서도 중요한 역할을 한다. 일반적인 이론을 바탕으로 변수(독립변수와 종속변수)를 정의하고, 가설 검증이 가능한 연구 디자인을 설계하는 데 활용된다.

현대 과학에서는 이처럼 귀납법과 연역법이 통합적으로 활용된다. 먼저 관찰과 데이터를 통해 가설을 설정하는 데는 귀납법이, 이후 실험이나 추가 관찰을 통해 그 가설을 검증하는 데는 연역법이 사용된다. 이러한 통합적 접근은 이론적 추론이나 경험적 관찰 중 어느 하나에만 의존하는 것보다 더 깊이 있고 타당한 과학적 결론을 도출하는 데 기여한다.

2.2.2. 이론과 데이터의 순환적 상호작용

귀납법과 연역법을 연구에 적용할 때 중요한 이슈 중 하나는 어느 방법을 먼저 사용할 것인지 이다. 이는 "이론 개발과 자료 수집 중 무엇을 우선해야 하는가"라는 문제와 직접적으로 연결된다. 이론을 우선시하는 경우, 연구는 먼저 이론을 개발한 후, 이를 검증하기 위해 자료를 수집하는 방식으로 진행된다. 반대로 자료를 우선시하는 경우, 먼저 자료를 수집하여 현상을 관찰한 후, 이를 설명할 수 있는 이론을 개발하는 방식이 사용된다.

연구 과정에서 이론과 데이터 중 무엇이 먼저인가에 대한 절대적인 정답은 존재하지 않는다. 중요한 점은 이론과 자료는 상호 순환적인 과정을 통해 발전한다는 것이다 Bryman, 2006. 과학적 연구에서는 이론을 바탕으로 자료를 수집하고, 자료를 바탕으로 새로운 이론을 정립하는 과정이 지속적으로 반복된다(그림 1.2). 귀납법을 통해 새로운 이론이 생성되고, 연역법을 통해 그 이론이 검증되면서 과학적 지식이 축적된다. 따라서 귀납법과 연역법은 각각 독립적으로 작용하는 것이 아니라, 서로 보완적인 관계를 형성하며 과학적 방법론을 발전시키는 데 필수적인 역할을 한다.

결론적으로, 과학적 연구에서 이론 개발, 가설 검증, 자료 해석 등은 단선적인 과정이 아니라, 귀납과 연역이 순환적으로 작용하는 동적인 과정이다. 이러한 순환적 상호작용을 통해 과학적 탐구는 점진적으로 발전하고, 보다 정교한 지식을 구축할 수 있게 된다.

2.3. 과학의 다원주의

과학의 **다원주의**pluralism는 과학이 하나의 단일한 방법론, 관점, 또는 이론 체계에 의존하는 것이 아니라, 다양한 접근과 관점을 포함하며 발전한다는 견해를 의미한다. 이는 과학적 탐구가 복잡하고 다양한 현상을 이해하기 위해 다각적인 방법론과 이론적 틀을 필요로 한다는 주장에 근거한다. Feyerabend(1975)는 다원주의 개념이 단순히 반증주의 falsificationism와 같은 과학적 연구방법론을 포함하는데 그치지 않고, 이와 상반되는 상대주의relativism까지도 포괄해야 한다고 주장하였다.[1)]

과학적 다원주의는 다양한 형태로 실행될 수 있다. 예를 들어, 정량적 연구와 정성적 연구가 결합될 수도 있으며, 하나의 연구에서 다양한 정량적 연구 디자인(설문, 실험, 2차 자료 분석 등)이 함께 사용될 수도 있다. 예를 들어 Venkatesh 등(2003)은 심층 인터뷰와 사례 연구와 같은 정성적 연구와, 설문과 같은 정량적 연구를 결합한 다원주의적 방법론을 활용하여 IT 기술 수용에 대한 통합적 모형을 제시하였다. 이와 같은 다원적 접

---

1) 과학적 **상대주의**relativism는 반증주의falsificationism로 대표되는 실증주의empiricism와는 대조적으로, 과학적 지식이 절대적이고 객관적인 진리가 아니라, 사회적, 문화적, 역사적 맥락에 따라 형성된 상대적인 산물 이라고 주장한다Lincoln & Guba, 1985. 예를 들어, McCracken(1990)은 소비자 행동을 문화적 맥락에서 이해하기 위해 심층 인터뷰, 민속학적 관찰 등 문화인류학적 방법론을 사용하였다. 그의 연구에 따르면, 상품은 단순한 물리적 기능을 넘어서 문화적 상징cultural symbol으로 작용하며, 소비자의 정체성과 사회적 관계를 형성하는 데 기여한다. 예를 들어, 미국 사회에서 자동차는 단순한 이동수단이 아니라 소비자의 사회적 지위, 개인적 정체성, 그리고 스타일을 나타내는 상징적인 의미를 가진다. 이러한 해석은 전통적인 실증적 연구방법으로는 검증하기 어려운 개념이다. 반증주의 관점에서는 실증 자료를 기반으로 명확한 검증이 이루어지지 않는 연구는 과학적 연구로 보기 어렵다는 입장을 취한다.

근법은 연구 대상과 맥락에 따라 다양한 방법론을 활용할 필요성을 보여준다.

과학적 다원주의에 따르면, 과학은 복잡한 자연현상을 다루기 때문에 단 하나의 이론이나 방법론만으로 모든 현상을 설명할 수 없다. 따라서 다양한 관점, 이론, 실험 방법, 데이터 해석 방식 등이 함께 활용될 수 있다. 또한 과학은 자연과학, 사회과학, 공학 등 다양한 분야를 포함하며, 각 분야는 고유한 연구 목적과 방법론을 가지므로, 한 분야의 방법론이 다른 분야에 반드시 적합한 것은 아닐 수 있다. 이러한 점에서 과학적 다원주의는 서로 다른 이론이나 관점이 경쟁적이라기보다는 상호 보완적으로 활용되는 다학문적interdisciplinary 접근의 중요성을 강조한다. 예를 들어, 환경과학에서 다루는 환경 문제는 생물학, 화학, 물리학, 경제학, 심리학 등의 다학문적 접근을 통해 보다 종합적으로 이해되고 해결될 수 있다. 결론적으로, 과학의 다원주의는 단일한 진리나 방법론만을 고집하기보다, 다양한 관점과 연구 접근법의 공존과 협력을 통해 과학적 진보를 이룰 수 있음을 강조한다장하석, 2014.

Ⅲ. 연구의 유형

과학 연구는 연구의 목적과 연구에서 얻고자 하는 지식의 성격에 따라 탐색적 연구, 기술적 연구, 인과적 연구로 구분된다. 각 연구 유형은 문제의 복잡성과 연구자의 목표에 따라 선택되며, 서로 다른 데이터 수집 방법과 분석 기법이 활용된다.

3.1. 탐색적 연구

탐색적 연구exploratory research는 특정 주제에 대한 기초를 마련하고, 문제를 정의하며, 관련 변수를 식별하는 것을 목표로 한다. 일반적으로 연구 초기 단계에서 수행되며, 연구자가 특정 현상이나 주제에 대한 이해를 높이고, 연구 방향을 설정하는 데 도움을 주는 역할을 한다.

탐색적 연구는 유연flexible하고 비구조적unstructured인 특성을 가지며, 연구 과정에서 다양한 접근법을 활용할 수 있다. 또한 정성적qualitative 자료와 정량적quantitative 자료가 모두 사용될 수 있으며, 연구자가 상황에 따라 적절한 방법을 선택하여 연구를 수행할 수 있다. 탐색적 연구에서는 문헌연구, 심층 인터뷰, 표적집단 면접법(FGI)focus group interview, 참여관찰, 파일럿 조사, 사례연구 등의 방법이 주로 사용된다.

탐색적 연구를 통해 구체적인 결론이나 일반화된 이론을 도출하기는 어렵지만, 가설 설정이나 연구 문제의 성격을 파악하는 데 중요한 역할을 한다. 이를 통해 이후 진행될 연구에서 보다 체계적인 분석이 가능하도록 기반을 마련할 수 있다.

연구 예시 1-3

가격 끝자리 연구

Schindler and Kirby(1979)는 최초로 가격이 특정 숫자로 주로 끝나는 패턴을 연구한 학자들이다. 이들은 미국 인쇄 광고에 포함된 가격 데이터를 분석하여, 가격의 마지막 숫자(오른쪽 자리)의 빈도를 조사하였다. 연구 결과, 9로 끝나는 가격이 다른 끝자리 숫자보다 압도적으로 많이 사용된 것으로 나타났다. 이러한 현상은 소비자들이 $4.99와 같은 가격을 유사한 가격인 $5.00보다 더 저렴하게 인식하는 경향 때문으로 해석될 수 있다. 또한, 일상생활에서 많이 쓰이는 숫자인 0과 5로 끝나는 가격도 상대적으로 높은 빈도를 보였다.

이 연구는 가격에 대한 시장 조사를 기반으로 수행된 탐색적 연구로 볼 수 있으며, 이후 다양한 관련 연구의 발전에 기여하였다. 후속 연구에서는 가격 끝자리가 제품의 이미지와 가격 지각에 미치는 영향, 마케팅에서 가격 끝자리 활용이 소비자의 구매 결정에 미치는 효과 등에 대한 연구로 확장되었다. 또한, 문화와 화폐 단위가 다른 여러 국가에서 가격 끝자리 사용 패턴을 분석하는 연구가 이어졌다.

우리나라에서도 유사한 연구가 수행되었다김가은 & 석관호, 2021. 한국의 경우, 큰 단위의 화폐 사용으로 인해 0으로 끝나는 가격이 많으며, 실제 가격 끝자리 사용은 10원이나 100원 단위에서 이루어지는 것으로 나타났다. 특히 100원 단위에서 가장 많이 사용되는 가격 끝자리 숫자는 9, 0, 5, 8 순서인 것으로 나타났다.

3.2. 기술적 연구

기술적 연구descriptive research는 현상을 체계적으로 기술하고 설명하는 것을 목적으로 하는 연구 유형이다. 일반적으로 변수들 간의 관계를 조사하여 특정 현상이 어떻게 발생하는지를 이해하는 데 초점을 맞춘다. 그러나 기술적 연구는 변수 간의 관계를 파악하는 데 그치며, 인과관계를 명확하게 설명하지 못한다는 한계가 있다.

기술적 연구에서는 정량적 자료가 주로 사용되며, 집단 간의 차이 분석이나 변수 간의 상관관계를 파악하는 데 활용된다. 주요 연구 방법론으로는 설문조사, 관찰, 2차 자료 분석 등이 있다. 설문조사는 가장 대표적인 기술적 연구 방법 중 하나로, 연구자가 특정 주제나 현상에 대한 데이터를 체계적으로 수집할 수 있도록 한다. 또한, 패널 데이터panel data나 대규모 데이터베이스database를 활용한 기술적 연구가 가능하다는 점에서, 다양한 유형의 자료를 사용할 수 있다는 것이 기술적 연구의 장점 중 하나이다.

연구 예시 1-4

장기 기증을 높이는 손쉬운 방법

Johnson and Goldstein(2003)의 연구에 따르면, 유럽 각국의 장기 기증organ donation 서약 비율은 국가마다 큰 차이를 보인다. 프랑스, 오스트리아, 헝가리, 포르투갈과 같은 국가에서는 장기 기증에 동의한 성인의 비율이 99%를 넘는 반면, 조사 당시 독일, 영국, 덴마크, 네덜란드에서는 장기 기증 비율이 30%를 넘지 못했다.

Johnson and Goldstein은 이러한 차이를 각 국가에서 시행하는 장기 기증 시스템의 기본값default의 차이로 설명했다. 일반적으로 장기 기증 여부는 운전면허증을 신규 발급하거나 갱신할 때 서류를 통해 결정된다. 장기 기증 비율이 높은 국가에서는 장기 기증이 기본적으로 등록되며, 원치 않는 경우에만 서류를 통해 기증 거부 의사를 표시하는 시스템을 사용했다. 반대로 장기 기증 비율이 낮은 국가에서는 기증을 원하는 사람이 직접 서류에 표시하여 등록해야 하는 시스템을 사용했다.

이 연구는 장기 기증 등록 시스템과 기증 동의 비율 간의 관계를 분석한 기술적 연구로, 기본 선택default option이 인간의 행동에 미치는 영향을 보여주는 행동경제학의 대표적 사례로 자주 인용된다. 연구 결과는 정책 설계에서 간단한 기본값 설정의 변화만으로도 사회적 행동을 크게 변화시킬 수 있음을 시사한다.

3.3. 인과적 연구

인과적 연구causal research는 원인과 결과 간의 인과관계cause-and-effect relationship를 검증하는 것을 목적으로 하는 연구 유형이다. 특정 현상이 발생하는 원인을 검증하기 위해서는 단순한 상관관계를 넘어서, 독립변수가 종속변수에 미치는 영향을 체계적으로 분석해야 한다. 인과적 결론을 내리기 위해서는 실험(통제된 환경에서) 또는 현장 실험(자연

환경에서)을 통해 내적 타당도가 높은 자료를 수집하는 것이 필수적이다.[2)]

인과적 연구는 특정 현상이 나타나는 이유를 설명할 수 있다는 점에서 중요한 장점을 가진다. 또한, 독립변수의 특정 변화가 종속변수에 어떠한 영향을 미칠지를 예측할 수 있도록 도와준다. 이러한 특성 때문에 심리학을 포함한 다양한 행동과학 분야에서 폭넓게 활용된다. 인과관계와 이를 검증하는 실험 연구에 대한 보다 구체적인 내용은 "제6장: 실험"에서 다룬다.

연구 예시 1-5

아침식사와 시험 성적의 인과적 관계는?

중고등학생의 아침식사와 시험 성적 간의 관계에 대한 다양한 연구가 수행되어 왔다. 대부분의 연구들은 학생들을 대상으로 설문조사를 실시하여, 아침식사를 얼마나 정기적으로 하는지와 이들의 시험 성적 간의 연관성을 분석하였다. 연구 결과, 정기적으로 아침식사를 하는 학생일수록 시험 성적이 높은 경향이 있음이 일관되게 보고되었다Adolphus, Lawton, & Dye, 2013.

이러한 연구들은 주로 설문조사나 2차 자료 분석을 기반으로 한 기술적 연구로서, 아침식사와 시험 성적 간의 연관성을 보여주지만, 두 변수 간의 인과관계를 명확하게 설명하지는 못한다. 일부 연구에서는 기술적 연구 결과를 바탕으로, 아침식사가 혈당을 안정적으로 유지하여 학생들의 학업 성취도에 긍정적인 영향을 미친다는 설명을 제시하기도 했다. 그러나 이러한 주장은 엄밀한 인과적 연구를 통해 검증되지 않았기 때문에 확실한 결론을 내리기는 어렵다.

아침식사와 시험 성적 간의 관계를 해석하는 데는 다양한 가능성이 존재한다(그림 E1.1). 첫 번째 해석은 아침식사가 에너지와 영양소를 공급하여 신체적, 인지적 기능을 향상시키고, 이를 통해 학생들의 학업 성취도에 긍정적인 영향을 미칠 수 있다는 것이다. 반대로 시험 성적이 높은 학생들이 규칙적인 생활 습관을 가지고 있을 가능성이 높으며, 이에 따라 아침식사를 규칙적으로 하는 것일 수도 있다. 즉, 시험 성적이 높아서 아침식사를 규칙적으로 하는 것일 가능성도 존재한다. 또 다른 가능성으로는 아침식사와 시험 성적에 영향을 미치는 제3의 변수가 존재할 수 있다는

2) 내적 타당도는 종속변수에 나타난 효과가 실험 연구의 독립변수에 의한 것임(예, 학생 성취도의 변화는 교육 프로그램에 의한 효과)이라는 결론을 내릴 수 있는 정도를 의미한다. 구체적인 내용은 "제5장: 연구 설계와 연구 타당도"에서 다룬다.

점이다. 예를 들어, 부모의 교육 수준이나 경제적 여건이 학생의 아침식사 습관과 학업 성취도에 동시에 영향을 미칠 수 있다. 교육에 대한 관심이 높은 가정일수록 학생이 규칙적으로 아침을 먹고, 동시에 학업 성취도를 높일 수 있는 환경을 제공할 가능성이 크기 때문이다. 이러한 경우, 아침식사와 시험 성적 간의 관계는 제3의 변수(부모의 교육 수준, 경제적 여건 등)에 의해 설명될 수 있다.

이처럼 인과관계를 명확히 검증하지 않은 채, "중고등학생의 학업 성취도를 향상시키려면 반드시 아침식사를 매일 해야 한다"와 같은 결론을 내리는 것은 잘못된 해석일 수 있다.

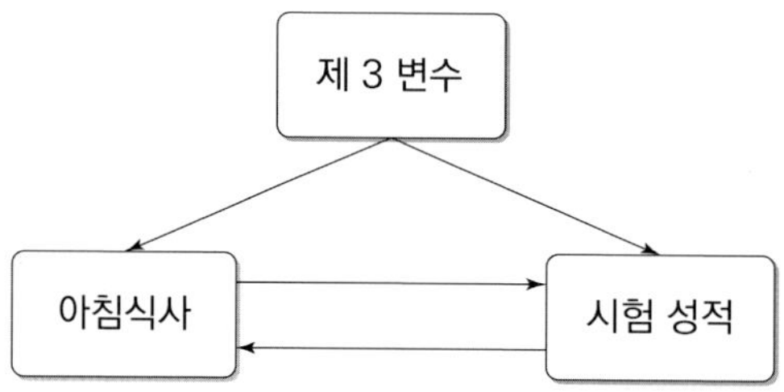

[그림 E1.1] 아침식사와 시험 성적의 관계

아침식사가 시험 성적에 미치는 인과적 영향을 검증하기 위해서는 통제된 실험 연구가 필요하다. 연구참여자로 다수의 고등학생을 선정하고, 이들을 무작위로 두 그룹으로 나누어 한 그룹은 정기적으로 아침식사를 하도록 하고, 다른 그룹은 아침식사를 제한하는 방식으로 연구를 진행할 수 있다. 이후 일정 기간 동안 아침식사 여부에 따른 시험 성적의 차이를 비교하면, 보다 정확한 인과관계를 검증할 수 있다. 이 연구가 효과적으로 수행되기 위해서는 외부 요인(수면 시간, 여가 활동, 식사 외 음식 섭취 등)을 철저히 통제해야 한다. 그러나 이러한 실험 연구는 현실적으로 수행하는 데 많은 제한이 따른다. 연구 윤리적인 문제(학생들에게 강제로 아침식사를 제한하는 문제), 연구 참여자의 생활 방식 통제의 어려움, 장기간 연구 수행의 비용 등이 실험 연구의 한계점으로 작용할 수 있다.

주요 참고자료

과학의 정의

장하석 (2014). *장하석의 과학, 철학을 만나다.* 지식플러스. [과학과 과학적 연구방법에 대한 개론서.]

과학과 반증주의

Popper, K. (1963). *Conjectures and Refutations: The Growth of Scientific Know- ledge*, Harper & Row. [반증주의, 구획문제와 같은 Popper의 과학철학 사상에 대한 저서.]

다원주의 방법론

Bryman, A. (2006). Integrating quantitative and qualitative research: How is it done? *Qualitative Research*, 6(1), 97-113. [정량적 연구와 정성적 연구를 통합하는 다원주의 방법론을 실질적인 사례와 함께 제시.]

참고문헌

김가은, 석관호 (2021). 900 원 혹은 990 원? 우리나라 소비재 가격의 끝자리 연구. *마케팅 연구*, 36(2), 27-57.

장하석 (2014). *장하석의 과학, 철학을 만나다.* 지식플러스.

Adolphus, K., Lawton, C. L., & Dye, L. (2013). The effects of breakfast on behavior and academic performance in children and adolescents. *Frontiers in Human Neuroscience*, 7, 425.

Bryman, A. (2006). Integrating quantitative and qualitative research: How is it done? *Qualitative Research*, 6(1), 97-113.

Feyerabend, P. K. (1975). *Against Method: Outline of an Anarchistic Theory of Knowledge*. New Left Books.

Johnson, E. J., & Goldstein, D. (2003). Do defaults save lives? *Science*, 302(5649), 1338-1339.

Kahneman, D., & Tversky, A. (1979). Prospect theory: An analysis of decision under risk. *Econometrica*, 47(2), 263-291.

Kuhn, T. S. (1962). *The Structure of Scientific Revolutions*. University of Chicago Press.

Lakatos, I. (1970). "Falsification and the Methodology of Scientific Research Programmes." In I. Lakatos & A. Musgrave (Eds.), *Criticism and the Growth of Knowledge* (pp. 91-196). Cambridge University Press.

Lincoln, Y. S., & Guba, E. G. (1985). *Naturalistic Inquiry*. Sage.

Lord, C. G., Ross, L., & Lepper, M. R. (1979). Biased assimilation and attitude polarization: The effects of prior theories on subsequently considered evidence. *Journal of Personality and Social Psychology*, 37(11), 2098-2109.

McCracken, G. D. (1990). *Culture and Consumption: New Approaches to the Symbolic Character of Consumer Goods and Activities*. Indiana University Press.

Popper, K. (1959). *The Logic of Scientific Discovery*. Hutchinson.

Schindler, R. M., & Kirby, P. N. (1997). Patterns of rightmost digits used in advertised prices: implications for nine-ending effects. *Journal of Consumer Research*, 24(2), 192-201.

Thaler, R. H. (1985). Mental accounting and consumer choice. *Marketing Science*, 4(3), 199-214.

Thaler, R. H., & Sunstein, C. R. (2008). *Nudge: Improving Decisions About Health, Wealth, and Happiness*. Yale University Press.

Venkatesh, V., Morris, M. G., Davis, G. B., & Davis, F. D. (2003). User acceptance of information technology: Toward a unified view. *MIS Quarterly*, 27(3), 425-478.

Wu, K., Lindsted, K. P., & Lee, J. W. (2005). Blood type and the five factors of personality in Asia, *Personality and Individual Difference*, 38(4), 797-808.

제2장

논문 구성과 연구 과정

논문은 학문적 연구의 결과를 체계적으로 정리해 학계와 공유하는 중요한 수단이다. 본 장의 목적은 논문 작성과 연구 과정의 기초를 소개하는 데 있다. 여기서는 논문의 유형과 구성, 그리고 연구 과정을 다룬다. 논문의 유형은 사례연구, 문헌연구, 실증연구로 구분되며, 먼저 각 유형의 특성을 살펴본다. 이어서 본서에서 주로 다루는 실증연구를 중심으로, 논문의 일반적인 구성 요소를 검토하고, 각 구성 요소를 완성하기 위한 연구 과정을 일반적인 연구 절차에 따라 논의한다.

Ⅰ. 논문의 유형

연구 논문은 목적과 방법론에 따라 일반적으로 사례연구, 문헌연구, 실증연구의 세 가지 유형으로 구분된다. 각 유형은 고유한 특징과 접근 방식을 가진다.

1.1. 사례연구

사례연구case study는 특정 개인, 조직, 사건 또는 현상을 심층적으로 분석하는 정성적 qualitative 연구 방법이다. 사례연구의 목적은 현상이나 이론을 일반화하기보다는 특정 사례의 맥락을 이해하고 통찰을 얻는 데 있다. 이를 위해 관찰, 면담, 설문조사 등 다양한 방법이 활용된다.

사례연구의 예로는 경영학에서 특정 기업이나 브랜드의 성공 사례를 분석하는 연구, 심리학에서 특정 질환을 가진 환자의 인지 능력을 조사하는 연구 등이 있다. 예를 들어, 인지심리학에서 암묵적 기억implicit memory에 관한 초기 연구는 기억상실증 환자를 대상으로 한 사례연구에서 시작되었다. Graf, Squire, and Mandler(1984)는 한 기억상실증 환자에게 "CHAIR"라는 단어를 학습하게 한 후에 이 단어를 기억하는지를 검사하였다. 이 환자는 "CHAIR"라는 단어를 본 기억이 없다고 응답했다. 그러나 단어 완성 과제(예, "CH__")를 수행할 때, "CHAIR"를 정답으로 제시할 확률이 높아지는 현상이 관찰되었다. 이러한 결과는 과거 경험이 의식적 기억 없이도 현재의 행동이나 수행에 영향을 미친다는 점을 보여주며, 암묵적 기억의 존재와 기능에 대한 중요한 근거를 제공했다.

1.2. 문헌연구

문헌연구literature review는 특정 주제와 관련된 기존 학술 연구, 이론, 논문, 보고서 등을 조사하고 분석하여 연구 동향과 핵심적인 연구 성과를 정리하는 연구 방법이다. 문헌연구는 실증연구에서 검증하는 이론이나 관련된 선행 문헌을 소개하고 정리하는 역할을 한다. 문헌연구 자체를 목적으로 한 연구는 문헌고찰 논문literature review article이라고 한다.

문헌고찰 논문은 기술적 문헌연구와 실증적 문헌연구로 구분된다. **기술적 문헌연구**descriptive literature review는 기존 연구를 서술하는 데 중점을 두며, 특정 주제와 관련된 주요 연구 결과를 정리하여 개요를 제공한다. 이러한 연구는 기존 연구를 체계적으로 정리함으로써 객관적인 결론을 도출할 뿐만 아니라, 기존 연구의 장점과 한계를 비판적으로 분석하는 역할도 수행한다. 따라서 기술적 문헌연구는 선행 연구를 종합적으로 정리 및 분석할 뿐만 아니라, 미래 연구의 방향을 제시하는 데 중요한 가치를 갖는다. 학문 분야별로 기술적 문헌연구를 전문으로 다루는 학술지가 존재한다. 사회과학 분야에서는 다음과 같은 저명한 학술지가 있다: *Annual Review of Psychology*(심리학), *Psychological Bulletin*(심리학), *Annual Review of Sociology*(사회학), *Review of Educational Research*(교육학).

실증적 문헌연구empirical literature review는 데이터를 기반으로 한 연구 결과를 통계적 기법을 활용하여 종합적으로 분석하는 연구 방법이다. 특히, 선행 연구 결과의 일관성과 효과 크기를 분석하는 데 초점을 맞춘다. 이러한 연구에서는 **메타분석**meta-analysis이라는 통계 기법이 주로 사용되며, 실증적 문헌연구는 일반적으로 메타분석 연구라고 불린다. 메타분석에 대한 보다 구체적인 내용은 "제17장: 연구의 통합과 일반화"에서 다시 논의된다.

연구 예시 2-1

SNS와 도덕적 콘텐츠의 확산

Van Bavel 등(2024)이 *Annual Review of Psychology*에 게재한 논문 "Social Media and Morality"는 소셜 미디어에서 도덕적 콘텐츠의 확산에 관한 문헌고찰 논문이다. 전 세계적으로 약 50억 명이 소셜 미디어를 사용하고 있으며, 많은 도덕적 콘텐츠가 소셜 미디어에서 생성, 확산, 수용되고 있다. 따라서 소셜 미디어는 도덕적 가치와 규범의 전파를 촉진하는 역할을 하며, 이는 긍정적인 영향뿐만 아니라 부정적인 영향도 증폭시킬 수 있다. 이 논문은 관련된 선행 연구를 바탕으로 소셜 미디어에서 도덕적 콘텐츠가 확산되는 과정, 주요 논점, 그리고 미래 연구의 방향을 제시하고 있다.

1.3. 실증연구

실증연구empirical research는 연구자가 정량적 또는 정성적 자료를 활용하여 이론을 개발하거나 가설을 검증하는 연구 방법이다. 실증연구는 객관적 증거를 기반으로 이론이나 가설을 검증한다는 점에서 과학적 지식의 생성과 확산에 중요한 역할을 한다.

행동과학 분야에서 학술지에 게재되는 논문의 대부분은 데이터를 이용하여 이론을 검증하는 실증연구에 해당한다. 본 저서 또한 실증연구를 중심으로 구성되어 있으며, 내용 전반에 걸쳐 데이터를 기반으로 한 이론 검증 과정을 중점적으로 다룬다.

Ⅱ. 실증연구 논문의 구성

논문은 연구자가 수행한 연구의 이론적 배경과 연구 결과를 정형화된 형식으로 전달하여 독자와 효과적으로 소통하기 위한 문서이다. 모든 논문이 동일한 구성을 가지는 것은 아니지만, 본 절에서는 실증연구 논문의 일반적인 주요 구성 요소를 중심으로 논의한다. 보다 구체적인 논문의 구성 요소(예, 제목, 초록, 참고문헌)와 각 요소의 작성 방법은 "제16장: 연구논문의 작성과 심사"에서 다룰 예정이다.

일반적으로 실증연구 논문의 본문은 서론, 이론 고찰, 연구 방법, 연구 결과, 결론 및 논의로 구성된다.[1] 각 구성 요소는 유기적으로 연결되어 하나의 체계적인 연구 과정을 보여준다. 서론과 이론 고찰은 연구의 기반을 마련하고, 연구 방법은 데이터 수집 및 분석 절차를 설명하며, 연구 결과는 분석된 정보를 제시한다. 마지막으로 결론 및 논의에

1) 실증연구 논문의 본문 구성은 최종 논문에 포함되는 일반적인 순서를 보여주지만, 실제 논문 작성 과정에서는 반드시 이 순서대로 작성하지는 않는다. 일반적으로 논문을 작성할 때는 비교적 정형화되어 있고 작성이 용이한 연구 방법과 연구 결과부터 먼저 작성하는 경우가 많다. 반면, 연구의 전체적인 내용을 종합적으로 정리해야 하는 서론과 결론 및 논의는 논문의 전반적인 흐름과 연구 결과를 충분히 고려한 후 마지막 단계에서 완성하는 것이 일반적이다.

서는 연구의 의미와 학문적 기여를 종합적으로 정리한다. 이러한 구조를 통해 실증연구는 연구 과정과 결과의 신뢰성을 독자에게 효과적으로 전달할 수 있어야 한다.

서론introduction은 연구의 배경과 필요성을 설명하며, 연구 주제의 중요성을 강조한다. 연구 문제를 명확하게 정의하고 연구의 목적과 필요성을 독자에게 제시하는 것이 핵심이다. 또한, 선행 연구를 바탕으로 해당 논문이 학문적으로 어떠한 기여contribution를 하는지를 강조해야 한다.

이론 고찰theoretical review은 연구 문제를 이해하는 데 필요한 주요 이론과 개념을 정리하는 부분이다. 또한, 선행 연구를 통해 연구 주제와 관련된 기존 지식을 체계적으로 정리하고, 연구의 이론적 기반을 구축하는 역할을 한다.

연구 방법research method에서는 자료의 수집 및 분석 절차를 구체적으로 설명한다. 연구 대상, 표본 선정 방법, 자료 수집 도구, 실험 설계, 변수 측정 방식 등을 명확히 제시하여 연구가 어떤 방식으로 수행되었는지를 독자가 이해할 수 있도록 해야 한다.

연구 결과results는 자료 분석 결과를 명확하고 간결하게 제시하는 부분이다. 분석 결과는 통계 값, 표, 그래프 등을 활용하여 시각적으로 표현되며, 연구 가설이 지지되었는지 여부를 설명한다.

결론 및 논의general discussion는 연구의 주요 결과를 종합적으로 해석하고, 이를 이론적 및 실무적 맥락에서 설명하는 부분이다. 연구 질문에 대한 답을 제시하고, 연구 결과가 기존 이론이나 선행 연구와 어떻게 연결되는지를 논의한다. 또한, 본 연구의 학문적 및 실질적 기여를 설명하고, 연구 과정에서 발견된 한계점과 향후 연구 방향을 제언한다.

Ⅲ. 실증연구 과정

실증연구 논문을 작성하기 위해서는 연구 아이디어를 탐색하는 과정에서부터 문헌 조사, 자료 수집, 자료 분석, 논문 작성까지의 전 과정이 이루어져야 한다. 본 절에서는 일반적인 실증연구 진행 과정을 다루고자 한다. 본 서의 구성은 실증연구의 각 과정과 연계되어 있으며, 그 개요는 〈표 2.1〉에 제시되어 있다.

다만, 여기에서 설명하는 연구 과정은 '일반적인' 연구 절차이며, 모든 연구가 동일한 순서를 따르는 것은 아니다. 예를 들어, 연구에 따라 정교한 이론과 가설을 먼저 정립한 후 자료를 수집할 수도 있고, 반대로 자료를 기반으로 이론을 정교화하거나 수정하는 과

〈표 2.1〉 실증연구의 연구 과정

연구 과정 단계	관련 내용
1. 연구 주제 선정	제3장: 연구 주제와 가설
2. 문헌 조사	제2장: 논문 구성과 연구 과정 제17장: 연구의 통합과 일반화
3. 가설과 이론 개발	제3장: 연구 주제와 가설 제4장: 이론과 이론 개발
4. 연구 설계	제5장: 연구 설계와 연구 타당도
5. 자료 수집	제6장: 실험 제7장: 설문 제8장: 측정
6. 자료 분석 및 해석	제9장: 측정 타당도 검증 제10장: 가설 검증 제11장: 조절효과와 매개효과 검증 제12, 13장: 분산분석을 이용한 이론 검증 제14장: 회귀분석을 이용한 이론 검증 제15장: 구조방정식 모형을 이용한 이론 검증
7. 논문 작성	제16장: 연구논문의 작성과 심사
8. 논문 발표 및 출간	제16장: 연구논문의 작성과 심사 제17장: 연구의 통합과 일반화

정이 이루어질 수도 있다.

또한, 연구 과정은 반드시 순차적으로 진행되는 것이 아니라, 두 개 이상의 과정이 동시에 이루어지거나 순환적으로 반복될 수도 있다. 예를 들어, 이론 개발과 자료 수집/분석의 경우, 하나의 단계를 마친 후 완전히 다음 단계로 넘어가는 것이 아니라, 두 과정이 상호작용하며 순환적으로 진행되는 것이 일반적이다.

3.1. 연구 주제 선정

연구를 시작하고 진행하기 위해서는 연구 주제에 대한 명확한 아이디어가 필요하다. 그러나 연구 주제를 찾는 과정은 쉽지 않으며, 이를 위해서는 선행 연구에 대한 충분한 학습과 연구 아이디어 탐색에 대한 지속적인 관심이 요구된다. 연구 주제를 설정하는 방법과 좋은 연구 주제의 기준에 대한 구체적인 내용은 "제3장: 연구 주제와 가설"에서 자세히 다룬다.

3.2. 문헌 조사

3.2.1. 문헌 조사의 목적

연구 아이디어가 떠오른 경우, 관련된 **문헌 조사**literature search 또는 **문헌 고찰**literature review을 실시해야 한다.[2] 문헌 조사의 중요한 목적 중의 하나는 자신의 연구 아이디어와 동일하거나 유사한 연구가 이미 존재하는지를 확인하는 것이다. 만약 동일한 주제에 대한 연구가 이미 수행되었다면, 해당 연구 아이디어는 새로운 학문적 가치를 갖기 어려울 수 있으므로 다른 연구 주제를 모색해야 한다. 그러나 이러한 경우라도, 해당 연구가 논문으로 출간되었다는 점은 아이디어 자체가 학문적으로 충분한 가치를 지닌다는 의미이므로 연구 방향을 수정하여 새로운 접근 방식을 모색할 수도 있다. 연구 아이디어와 유사한 연구가 존재하는 경우, 연구를 진행할지 여부는 그 유사성의 정도에 따라 결정해야 한다. 기존 연구와 매우 유사하다면, 새로운 기여점을 확보하는 것이 어려울 수 있기 때문이다.

관련된 선행 연구에 대한 깊은 이해는 이후 연구를 진행하는 데 필수적이다. 연구의 필요성과 중요성은 기존 연구와 비교했을 때 어떠한 추가적인 기여를 할 수 있는지에 따라 결정된다. 따라서 연구의 중요성과 기여점을 효과적으로 논증하기 위해서는 선행 연구에서 어떤 주제가 다루어졌는지를 충분히 이해해야 한다.

또한, 연구 주제와 연관된 문헌을 조사함으로써 자신의 연구를 보다 정교하게 발전시킬 수 있다. 특히, 기존 연구에서 활용된 이론적 배경과 연구 방법을 검토하는 과정에서 보다 세밀한 연구 설계를 도출할 수 있으며, 연구 방법론을 개선하는 데도 큰 도움이 된다.

3.2.2. 문헌 조사 방법

문헌 조사를 통해 관련 문헌을 검색하는 과정은 연구의 필수적인 단계이다. 연구 주제와 연관된 **주요 문헌**primary research article이 있다면, 이를 활용하여 보다 효과적인 검색을 진행할 수 있다. 주요 문헌에는 문헌고찰 논문, 많이 인용된 논문, 그리고 유사한 주제를 다룬 논문 등이 포함될 수 있다.

주요 문헌을 검색하는 방법으로는 Web of Science, Google Scholar 등과 같은 학술 데이터베이스에서 주제어keyword를 이용한 검색이 있다. 주요 문헌이 확인된 경우, 이를

---

2) 논의한 바와 같이 문헌 조사를 먼저 실시해서 이를 통해 연구 아이디어를 얻는 경우도 많다.

기반으로 후행 문헌 검색과 전행 문헌 검색을 수행하여 추가적인 관련 문헌을 탐색할 수 있다.

후행 문헌 검색backward literature search은 주요 문헌이 인용한 논문을 추적하는 방법이다. 이를 통해 주요 문헌의 이론적 및 방법론적 기반이 되는 연구를 찾을 수 있다. 특히, 주요 문헌이 문헌고찰 논문인 경우, 다수의 선행 연구를 포함하고 있어 후행 문헌 검색을 통해 보다 광범위한 관련 연구를 확인할 수 있다.

전행 문헌 검색forward literature search은 주요 문헌을 인용한 후속 연구를 검색하는 방법이다. 이를 통해 해당 연구 이후에 어떤 후속 연구가 이루어졌는지를 파악할 수 있다.

3.3. 가설과 이론 개발

행동과학 연구에서 가설과 이론 개발은 연구의 핵심적인 단계로, 연구자가 특정한 현상을 설명하거나 예측하기 위해 체계적으로 아이디어를 형성하는 과정이다. 이 과정은 다음과 같은 주요 단계를 포함한다.

가설hypothesis은 연구에서 검증 가능한 예측을 의미하며, 일반적으로 명확하고 측정 가능한 형태로 표현된다. 연구 가설의 참신성과 학문적 기여도는 논문의 전반적인 수준에 중요한 영향을 미친다. 연구자는 이 단계에서 변수 간의 관계를 설정하고, 이를 기반으로 실증적으로 검증할 수 있는 가설을 제시해야 한다.

이론theory은 개별적인 가설들을 포괄하는 넓은 개념으로, 연구를 통해 반복적으로 검증되면서 점진적으로 발전한다. 가설은 새로운 이론을 제시하는 연구일 수도 있고, 기존 이론을 실제 현상에 적용하는 연구일 수도 있다. 첫 번째 유형을 이론 개발 연구theory-building research라고 하며, 두 번째 유형을 이론 응용 연구theory-applying research라고 한다. 이론 개발을 목적으로 하는 연구에서는 변수 간의 관계를 정의하고 이에 대한 논리적 근거를 제시하는 것이 중요하다. 이론 자체를 직접 검증하는 것은 어렵기 때문에, 연구자는 이론이 제시하는 가설을 설정하고, 이를 검증함으로써 이론을 지지하거나 기각하는 방식으로 연구를 진행한다. 이론과 이론 개발에 대한 보다 구체적인 논의는 "제4장: 이론과 이론 개발"에서 다룰 예정이다.

3.4. 연구 설계

다음 단계에서는 가설 검증을 위한 **연구 설계**study design를 계획한다. 연구 설계는 연구

방법research method과 자료 수집 방법data collection method을 포함한다. 실증 자료를 수집하는 대표적인 연구 방법으로는 설문, 실험, 그리고 2차 자료 활용이 있다. 또한, 연구 목적에 따라 면접이나 관찰과 같은 정성적 자료를 수집할 수도 있다. 연구 방법을 결정할 때는 연구 목적과의 적합성 및 각 방법의 장단점을 충분히 고려해야 한다. 연구 설계에 대한 보다 구체적인 내용은 "제5장: 연구 설계와 연구 타당도"에서 다룬다.

연구 설계 단계에서는 자료 수집 방법에 대한 구체적인 계획을 수립해야 한다. 자료 수집 계획에는 표본의 크기와 선정 방법, 변수의 조작 및 측정 방법에 대한 결정이 포함된다.

3.5. 자료 수집

자료 수집data collection 단계에서는 계획된 절차에 따라 연구에 필요한 실증 자료를 수집한다. 이 과정에서 신뢰성과 타당성을 확보하는 것이 매우 중요하다. 자료 수집의 구체적인 절차는 연구 유형에 따라 다르게 진행된다. 실험 연구에서는 독립변수를 조작한 후 연구 참여자의 종속변수에 대한 반응을 측정한다. 설문 연구에서는 설문지를 응답자에게 배포하고, 이를 통해 응답을 수집하는 방식으로 자료를 얻는다. 관찰 연구에서는 표본 대상의 행동을 직접 관찰 및 기록하여 자료를 수집한다. 관련된 내용은 "제6장: 실험", "제7장: 설문", "제8장: 측정"에서 자세히 다룬다.

또한, 자료 수집 과정에서 반드시 고려해야 할 점은 연구 참여자의 안전 및 개인정보 보호를 위한 연구윤리 준수이다. 인간을 연구 대상으로 하는 경우, 연구윤리에 대한 세부적인 내용은 "제18장: 연구윤리"에서 더욱 구체적으로 논의된다.

3.6. 자료 분석 및 해석

행동과학의 실증연구에서 **자료 분석 및 해석**data analysis and interpretation의 주요 목적은 연구에서 제시한 이론이나 가설이 지지되는지를 통계적으로 검증하는 것이다. 따라서 가설 검증을 목적으로 하는 추론 통계 분석inferential statistical analysis이 자료 분석의 핵심이 된다.

가설 검증의 목적은 집단 간 평균 차이 또는 변수 간 연관성의 강도를 통계적으로 추론하는 것이다. 일반적으로 **귀무가설 유의성 검증**null hypothesis significance testing: NHST이 연구 가설의 지지 여부를 평가하는 데 사용된다. 또한, 통계적 결과의 해석을 통해 분석된 자료가 연구 가설 및 이론과 어떻게 연결되는지를 설명해야 한다. 관련된 내용은 본서의 "제9장: 측정 타당도 검증"부터 "제15장: 구조방정식 모형을 이용한 이론 검증"까지에서 자세히 다룬다.

3.7. 논문 작성

논문은 연구에 대한 기록인 동시에, 해당 연구 주제에 관심이 있는 독자에게 연구 내용을 명확히 전달하기 위한 문서이다. 따라서 논문을 작성할 때는 독자가 연구 내용을 쉽게 이해할 수 있도록 논리적이고 명료하게 서술하는 것이 필수적이다. 관련된 내용은 "제16장: 연구논문의 작성과 심사"에서 더 자세히 다룬다.

논문 작성 시 반드시 염두에 두어야 할 네 가지 핵심 사항으로 "무엇을 전달할 것인가", "어떻게 전달할 것인가", "내용 전달을 위해 무엇을 할 것인가", "심사자의 의견에 어떻게 대응할 것인가"가 있다Sternberg, 1992. 이러한 네 요소는 자신의 연구 내용을 효과적으로 독자에게 전달하고, 학술지에 논문을 게재하는 데 중요한 역할을 한다. 자세한 내용은 "연구 예시 2-2"에서 다루고 있다.

연구 예시 2-2

설득력 있는 글쓰기를 위한 21개 조언

심리학자 Robert J. Sternberg는 *Observer* 잡지에 "How to Win Acceptance by Psychology Journals: 21 Tips for Better Writing"이라는 글을 게재했다. 이 글은 1992년에 발표되었지만, 글쓰기의 기본 원칙과 전략은 오늘날에도 여전히 유효하다. Sternberg가 제시한 21가지 팁은 초보 연구자뿐만 아니라, 경험이 많은 연구자들에게도 원고의 질을 높이는 유용한 가이드라인으로 활용되고 있다.

무엇을 전달할 것인가 What you say

1. 강한 시작: 첫 문단에서 독자의 흥미를 유발해야 한다.
2. 연구 주제의 중요성 강조: 연구 주제가 왜 중요한지 독자에게 직접적으로 전달한다.
3. 연구 목적의 명확한 제시: 논문이 연구 목적을 달성할 수 있음을 분명히 보여준다.
4. 문헌 고찰의 초점 유지: 지나치게 방대한 논의는 피하고, 연구 주제와 관련된

문헌에 집중한다.

5. 연구 결과의 명확한 설명: 독자에게 해석을 맡기지 말고 연구 결과를 직접 설명한다.
6. 대안적 설명 고려: 연구 결과에 대한 대안적 설명alternative explanation을 함께 고려한다.
7. 강한 마무리: 독자가 논문에서 얻을 수 있는 명확한 결론take-home message을 제시한다.

어떻게 전달할 것인가How you say

8. 간결하고 명확한 문장 사용: 불필요한 반복을 피하고, 내용을 간결하고 명확하게 서술한다.
9. 논리적 흐름 강조: 논문의 논리적 구조가 독자에게 쉽게 전달되도록 구성한다.
10. 일관된 글의 구조 유지:
    - 독자에게 무엇을 이야기할 것인지 알린다.
    - 그 내용을 설명한다.
    - 결론에서 요약하고 마무리한다.
11. 구체적인 예시 활용: 독자의 이해를 돕기 위해 구체적인 예시를 제공한다.
12. 전문용어와 약어 설명: 일반 독자들이 이해하기 어려운 전문용어jargon나 약어를 사용할 경우, 정의나 설명을 추가한다.
13. 흥미로운 글쓰기: 이야기storytelling를 활용하여 독자의 관심을 유지할 수 있도록 작성한다.
14. 쉽게 전달할 것: 예상 독자의 수준보다 조금 더 낮은 수준에서 내용을 전달하면 이해하기 쉽다.
15. 논문은 자서전이 아니다: 연구와 무관한 개인적인 이야기를 지나치게 포함하지 않는다.

내용 전달을 위해 무엇을 할 것인가What to do with what you say

16. 논문 교정: 오타나 문법 오류는 연구자의 신뢰도를 낮출 수 있으므로 철저히 교정한다.
17. 학술지의 성격을 이해: 논문을 제출할 학술지가 주로 게재하는 논문의 유형과 요구 사항을 충분히 이해해야 한다.
18. 논문의 객관적 평가:

- 리뷰어의 입장에서 자신의 논문을 평가해 본다.
- 동료 연구자에게 피드백을 요청하는 것도 좋은 방법이다.

남(심사자)의 의견을 어떻게 처리할 것인가What to do with what others say

19. 심사 의견을 신중하게 검토: 모든 심사 의견을 반드시 수용할 필요는 없지만, 대부분의 피드백은 논문을 개선하는 데 도움이 된다.
20. 심사자의 비판을 개인적으로 받아들이지 말 것: 심사자는 연구자가 아닌 논문 자체를 비평하는 것이므로, 개인적인 감정이 섞이지 않도록 한다.
21. 꾸준함이 보상을 준다(항상은 아니지만):
    - 대부분의 논문은 첫 번째 제출에서 바로 게재 승인되지 않는다.
    - 꾸준한 인내와 수정 과정이 학술지 게재 성공의 핵심이다.

3.8. 논문 발표 및 출간

완성된 논문을 학술지에 출간하기 위해서는 심사 과정peer review process을 거쳐 게재 승인acceptance을 받아야 한다. 이 과정은 일반적으로 상당한 시간이 소요되며, 추가적인 논문 수정 작업이 필요할 수 있다. 본 장에서는 개략적인 내용을 다루며, 보다 구체적인 사항은 "제16장: 연구논문의 작성과 심사"에서 자세히 논의된다.

논문을 학술지에 투고하기 위해서는 먼저 논문의 주제와 학술지가 다루는 연구 분야가 적합한지fit를 검토해야 한다. 또한 학술지가 요구하는 논문의 유형과 수준을 고려하여 학술지를 선정하는 것이 중요하다. 학술지를 결정한 후에는 해당 학술지가 요구하는 논문 형식, 분량, 인용 스타일 등의 세부적인 가이드라인을 꼼꼼히 확인하고 이를 반영하여 논문을 수정한 후 투고한다.

논문이 제출되면, 먼저 편집자가 논문의 기본 요건 충족 여부를 검토하는 1차 심사를 진행한다. 이 단계를 통과한 논문은 심사자의 평가를 받게 되며, 연구자는 심사자의 의견을 반영하여 논문의 내용을 보완해야 한다. 필요에 따라 추가적인 실증연구나 분석을 수행할 수도 있다. 이후 수정된 논문을 다시 제출하면 재심사 과정을 거치며, 모든 심사자의 평가와 수정이 완료되면 최종적으로 편집자로부터 승인받아 논문이 학술지에 게재된다.

학술대회에서 발표되는 연구는 대부분 출간 이전pre-publication 단계에 있는 진행 중인 연구이다. 연구자는 학술대회나 세미나에서 연구를 발표함으로써 전문가로부터 피드백을 받을 수 있으며, 연구의 중요성과 혁신성을 홍보할 수 있는 기회를 갖게 된다.

학술지에 게재된 논문의 저작권copyright은 일반적으로 학술지로 이전된다. 그러나 논문이 출판된 이후에도 연구자는 연구 결과를 확산하고 홍보하는 활동을 지속할 수 있으며, 이를 통해 연구의 영향력을 확대할 수 있다. 또한, 논문에 대한 피드백을 반영하여 연구를 더욱 발전시키고, 추가적인 연구나 후속 프로젝트를 기획할 수 있다. 연구 성과의 지속적인 관리와 논문의 인용 수 및 영향력을 평가하는 것도 중요한 과정이며, 이를 통해 연구자로서의 입지를 강화할 수 있다.

주요 참고자료

연구 과정

Varadarajan, P. R. (1996). From the editor: Reflections on research and publishing. Journal of Marketing, 60(4), 3-6. [마케팅 분야의 *Journal of Marketing* 편집장의 관점에서 연구자에게 연구의 진행 및 출간 과정에 대한 다양하고 유용한 조언을 담은 글.]

논문 작성

Sternberg, R. J. (1992). How to win acceptances by psychology journals: 21 tips for better writing. *APS Observer, 5*(12), 13-18. [논문 진행의 마지막 단계인 글쓰기 과정에서 학술지 게재에 도움이 되는 21가지 염두해야 할 점을 제시함. 심리학 학술지를 대상으로 하고 있으나, 모든 행동과학 연구에 참조할 만한 체크리스트를 제시함.]

참고문헌

Graf, P., Squire, L. R., & Mandler, G. (1984). The information that amnesic patients do not forget. *Journal of Experimental Psychology: Learning, Memory, and Cognition*, 10(1), 164-178.

Sternberg, R. J. (1992). How to win acceptances by psychology journals: 21 tips for better writing. *APS Observer*, 5(12), 13-18.

Van Bavel, J. J., Robertson, C. E., Del Rosario, K., Rasmussen, J., & Rathje, S. (2024). Social media and morality. *Annual Review of Psychology*, *75*, 311-340.

제 2 부

·

변수와 이론

제3장 연구 주제와 가설

제4장 이론과 이론 개발

제3장

연구 주제와 가설

연구의 시작은 연구 주제를 탐색하는 과정에서부터 이루어진다. 연구 주제의 선정은 연구의 전 과정에서 가장 중요한 단계 중 하나이지만, 동시에 가장 어려운 작업이기도 하다. 연구 주제를 찾는 과정은 특정 개념이나 변수 간의 연관성을 탐색하는 과정이라고 할 수 있다. 예를 들어, 특정 변수 X가 변수 Y에 미치는 영향을 연구 주제로 선정한 경우, X는 독립변수, Y는 종속변수가 되며, 두 변수 간의 관계를 검증하는 가설이 수립된다. 연구 주제는 단순히 독립변수와 종속변수의 관계를 분석하는 것에서 나아가, 매개효과나 조절효과와 같은 추가적인 영향을 탐색하는 것일 수도 있다. 본 장에서는 연구에서 활용되는 변수와 개념의 정의, 그리고 연구에 포함되는 변수의 유형을 논의하고자 한다.

연구 주제의 우수성은 그 중요도와 학문적, 실무적 기여도에 따라 평가될 수 있다. 따라서 연구 주제를 설정할 때는 해당 연구가 새로운 지식의 형성과 확산에 얼마나 기여할 수 있는지를 고려해야 한다. 본 장에서는 이러한 기준을 바탕으로 연구 주제를 설정하는 방법을 다룰 예정이다. 마지막으로, 연구 주제를 효과적으로 탐색하는 실질적인 방법에 대해 논의하며, 연구자들이 보다 체계적으로 연구 주제를 설정할 수 있도록 가이드라인을 제시하고자 한다.

I. 개념과 변수

개념construct: 구성개념은 특정한 현상을 설명하기 위해 사용하는 추상적이고 이론적인 개념을 의미한다. 개념은 직접적으로 관찰할 수는 없지만, 측정 가능한 행동이나 결과물을 통해 추론될 수 있다. 또한, 개념은 연구에서 이론을 정립하고 가설을 수립하는 데 중요한 역할을 한다.

변수variable: 변인는 수치화된 개념으로 정의될 수 있으며, 연구에서 추상적인 개념을 실증적으로 분석할 수 있도록 정량화한 연구 단위라고 할 수 있다. 변수는 측정 가능하거나 분류 가능한 자료의 특성을 가진다. 예를 들어, SNS 사용 시간과 우울감 간의 관계를 연구한다고 가정할 때, ‘SNS 사용 시간’과 ‘우울감’은 각각 변수가 된다. 이러한 변수를 실증연구에서 활용하기 위해서는 구체적인 조작manipulation 또는 측정measurement이 가능해야 한다. 즉, 연구자는 SNS 사용 시간을 하루 평균 사용 시간(분 단위)으로 측정할 수도 있고, 우울감을 설문 조사를 통해 특정 점수로 수치화할 수도 있다.

1.1. 개념적 정의와 조작적 정의

개념과 변수는 연구에서 추상적인 수준에서 정의될 수도 있고, 더욱 구체적인 수준에서 측정 가능하도록 정의될 수도 있다. 전자를 개념적 정의, 후자를 조작적 정의라고 한다. 연구는 크게 이론 개발 과정과 실증연구 과정으로 구분되며, 개념적 정의는 이론 개발에, 조작적 정의는 실증연구에 더 중요한 역할을 한다. 따라서 연구자는 자신이 다루는 개념이나 변수에 대해 명확한 개념적 정의와 조작적 정의를 제시해야 한다.

개념적 정의conceptual definition는 특정 개념construct의 의미에 대한 이론적 설명을 의미한다. 개념적 정의는 일반적으로 추상적인 개념의 본질과 속성을 설명하는 포괄적인 정의이며, 구체적인 측정 방법은 포함하지 않는다. 예를 들어, 주관적 안녕감subjective well-being의 개념적 정의는 "개인이 자신의 삶에 대해 느끼는 전반적인 만족도와 행복감"으로 설명될 수 있다Diener, 1984; Diener et al., 1999. 이처럼 개념적 정의는 연구자가 다루는 개념이 무엇인지를 명확히 규정하여, 이후의 조작적 정의와 측정 과정이 어떠한 기반 위에서 이루어지는지에 대한 근거를 제공하는 역할을 한다.

그러나 개념적 정의만으로는 실증연구를 수행할 수 없으므로, 개념을 연구에서 구체화할 수 있는 형태로 변환하는 과정이 필요하다. 이를 **조작적 정의**operational definition라고 한다. 조작적 정의는 추상적인 개념을 실질적으로 측정하거나 분석할 수 있도록 구체적인 수치로 표현하는 과정을 의미한다. 따라서 조작적 정의를 위해 변수는 수치화quantification되어야 하며, 이는 변수의 조작 또는 측정을 통해 이루어진다.

변수의 조작manipulation은 주로 실험 연구에서 독립변수의 수준을 체계적으로 변화시키기 위해 사용된다. 예를 들어, 광고 노출advertisement exposure을 독립변수로 사용하는 실험에서 연구자는 광고를 참가자에게 노출하는 횟수를 달리하여(예, 1회, 3회, 5회 노출) 변수를 조작할 수 있다. 한편, 측정measurement은 실험과 설문을 포함한 대부분의 연구에서 조작적 정의의 방법으로 사용된다. 예를 들어, 주관적 안녕감은 10점 척도(1=*매우 불만족*, 10=*매우 만족*)를 활용한 자기보고법self-report으로 측정할 수 있다Diener et al., 1985. 또는 동일한 개념을 기능적 자기공명영상fMRI을 이용한 두뇌 활동 분석을 통해 측정할 수도 있다Davidson & Irwin, 1999.

변수의 조작적 정의가 개념적 정의를 얼마나 정확하게 반영하는지는 연구의 **타당도** validity, 특히 **구성 타당도**construct validity에 중요한 영향을 미친다. 이와 관련된 보다 구체적인 내용은 "제5장: 연구 설계와 연구 타당도"에서 다룬다.

1.2. 관찰변수와 잠재변수

변수의 조작화 과정에서는 변수를 직접적으로 측정할 수 있는지 여부에 따라 측정 방식이 달라진다. 변수의 측정 방식에 따라 관찰변수와 잠재변수로 구분되며, 이는 측정 이론measurement theory에서 중요한 개념이다.

관찰변수observed variable는 직접 측정하거나 객관적으로 관찰할 수 있는 변수를 의미한다. 예를 들어, 키, 몸무게, 혈압, 가격, 판매량 등은 물리적으로 측정이 가능하기 때문에 관찰변수에 해당한다.

잠재변수latent variable는 직접적으로 관찰하거나 측정할 수 없는 변수를 의미한다. 예를 들어, 지능, 행복감, 만족도 등의 심리적 변수는 직접 측정이 불가능하므로, 여러 개의 관찰변수를 조합하여 간접적으로 측정해야 한다. 대부분의 심리적 변수는 잠재변수이며, 연구자들은 이를 측정하기 위해 다양한 방법을 활용한다. 예를 들어, 지능은 시험 점수나 문제 풀이 속도 등의 여러 관찰변수를 이용해 간접적으로 측정된다. 고객 만족도의 경우 감정적 반응이나 리뷰 점수 등을 종합하여 평가된다.

관찰변수를 활용하여 신뢰도reliability와 타당도validity가 높은 잠재변수의 추론을 수행하는 것은 측정 과정에서 매우 중요한 과제이다. 이와 관련된 구체적인 내용은 "제8장: 측정"과 "제9장: 측정 타당도 검증"에서 상세히 논의된다.

1.3. 변수의 유형

1.3.1. 독립변수와 종속변수

연구에서 제시하는 효과는 일반적으로 한 변수가 다른 변수에 영향을 미치는 인과관계를 가지는 것으로 개념화된다. 예를 들어, 숫자의 제시 방법이 숫자의 크기 지각에 미치는 영향을 연구하는 경우를 생각해보자. 이때, 숫자의 제시 방법은 원인이 되는 변수이며, 숫자 크기 지각은 그 결과가 되는 변수로 가정된다. 이와 같이 변수 간의 관계에서 원인이 되는 변수를 **독립변수**independent variable, 결과가 되는 변수를 **종속변수**dependent variable라고 한다. 이러한 관계는 일반적으로 [그림 3.1]과 같이 독립변수에서 종속변수

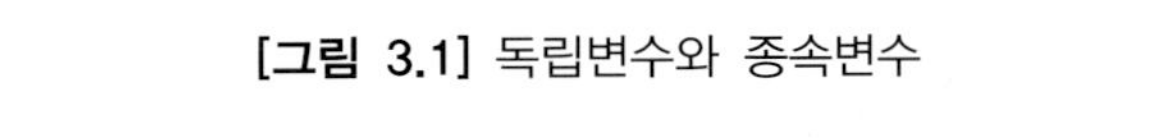

[그림 3.1] 독립변수와 종속변수

로 영향을 미치는 화살표를 사용하여 시각적으로 표현된다.

1.3.2. 매개변수

매개변수mediator or mediating variable는 독립변수와 종속변수 간의 관계를 설명하는 중간 변수이다. [그림 3.2]는 독립변수와 종속변수 사이에서 매개변수가 하는 역할을 나타낸다. 매개변수가 없는 경우, 독립변수는 종속변수에 직접적인 영향을 미친다. 그러나 매개변수가 존재하면, 영향은 "독립변수 → 매개변수 → 종속변수"의 경로를 따라 전달된다.

예를 들어, 방관자 효과bystander effect는 위급한 상황에서 주변에 사람이 많을수록 도움을 주려는 사람이 줄어드는 현상을 의미한다Darley & Latané, 1968. 방관자 효과에서 독립변수는 주변의 사람 수이며, 종속변수는 도움을 주려는 행동 여부이다 이 현상이 발생하는 이유는 독립변수와 종속변수 사이에 개입하는 매개변수를 통해 설명될 수 있다. 방관자 효과의 대표적인 매개변수 중 하나는 책임 분산diffusion of responsibility이다. 즉, 주변에 사람이 많을수록 "내가 아니어도 다른 사람이 도와줄 것"이라는 생각이 들면서 개인이 책임을 느끼지 않게 되고, 그 결과 도움 행동이 감소하게 된다. 매개변수에 대한 구체적인 논의와 유의성 검증은 "제11장: 조절효과와 매개효과 검증"에서 더 구체적으로 다룰 예정이다.

[그림 3.2] 매개변수의 작용

1.3.3. 조절변수

조절변수moderator or moderating variable는 독립변수와 종속변수 간의 관계를 변화시키는 변수이다. 즉, 조절변수의 유무나 강도에 따라 독립변수가 종속변수에 미치는 영향이 달라질 수 있다. 조절변수의 영향을 받으면 독립변수가 종속변수에 미치는 효과가 강해지거나 약해질 수 있으며, 경우에 따라 그 방향이 바뀔 수도 있다.

이를 설명하기 위해, 광고 모델의 매력도가 광고된 브랜드 태도에 미치는 영향을 연구한 사례를 살펴보자. 이 연구에서는 제품 유형(저관여 제품, 고관여 제품)이 조절변수로 작용하는지 검증하였다. 연구 결과는 [그림 3.3]에 제시되었다.

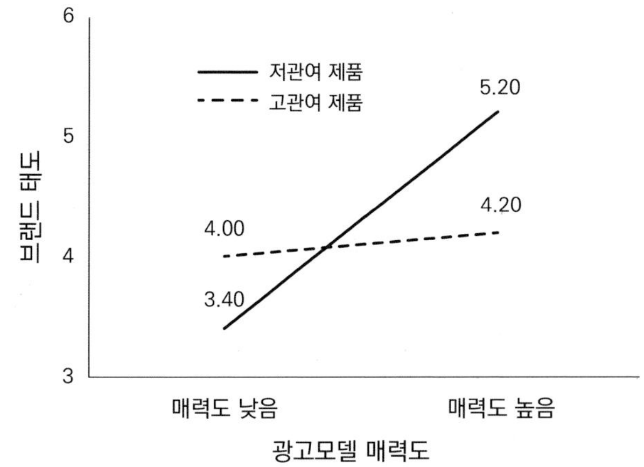

[그림 3.3] 조절효과 예시

제품의 관여도가 영향을 미치지 않는다고 가정하면, 광고 모델의 매력도가 높을수록 광고된 브랜드에 대한 태도가 긍정적임을 확인할 수 있다($M_{매력도\ 높음}$= 4.70 vs. $M_{매력도\ 낮음}$=3.60). 그러나 연구 결과에 따르면, 모델의 전문성이 브랜드 태도에 미치는 영향은 제품 유형에 따라 달라지는 것으로 나타났다. 저관여 제품의 경우, 광고 모델의 매력도가 브랜드 태도에 미치는 효과가 상대적으로 컸다($M_{매력도\ 높음}$=5.20 vs. $M_{매력도\ 낮음}$=3.40). 고관여 제품의 경우, 광고 모델의 매력도가 브랜드 태도에 미치는 효과가 상대적으로 작았다($M_{매력도\ 높음}$=4.20 vs. $M_{매력도\ 낮음}$=4.00). 즉, 제품 유형이 조절변수로 작용하여 광고 모델의 매력도가 브랜드 태도에 미치는 영향을 조절하는 역할을 한다는 것을 알 수 있다.

위의 예시에서 조절변수는 독립변수와 종속변수 간의 관계가 단순한 인과관계를 넘어 보다 복잡한 형태의 상호작용을 가질 수 있음을 보여준다. 조절변수가 유의미한지를 검증하기 위해서는 상호작용 효과interaction effect를 분석해야 하며, 이에 대한 자세한 내용은 "제11장: 조절효과와 매개효과 검증"부터 "제14장: 회귀분석을 이용한 이론 검증"까지에서 다룰 예정이다.

1.3.4. 매개변수와 조절변수의 차이

매개변수와 조절변수는 이론의 개발과 발전에 중요한 역할을 한다. 매개변수는 독립변수와 종속변수 간의 관계를 설명하는 역할을 하므로, 이론의 메커니즘을 검증하는 데 사용된다. 반면, 조절변수는 독립변수가 종속변수에 미치는 영향의 강도나 방향이 어떻게 변하는지를 설명하는 역할을 하므로, 보다 정교한 이론을 개발하는 데 기여한다.

연구자는 자신이 연구에 포함하는 제3의 변수가 매개변수인지 조절변수인지를 명확히 인지해야 한다. 매개변수와 조절변수는 제3 변수의 특성과 역할에 따라 구분된다Baron & Kenny, 1986. 매개변수는 독립변수와 이론적으로 연관성이 있으며, 독립변수에서 종속변수로의 인과적 경로를 설명하는 역할을 한다. 반면, 조절변수는 독립변수와 이론적으로 독립적인 변수로서, 독립변수와 종속변수 간의 관계를 변화시키는 역할을 한다. 따라서 매개변수와 조절변수를 구분하는 기준 중 하나는 독립변수와의 이론적 상관관계 여부라고 할 수 있다. 매개변수와 조절변수의 차이를 보다 명확하게 정리한 내용은 〈표 3.1〉에 제시되어 있다.

〈표 3.1〉 매개변수와 조절변수의 비교

	매개변수	조절변수
역할	독립변수가 종속변수에 미치는 메커니즘을 설명	독립변수가 종속변수에 미치는 영향을 변화(강화 혹은 약화)시킴
독립변수와 종속변수의 관계	매개변수가 없으면 독립변수가 종속변수에 영향을 주지 않을 수도 있음	조절변수가 없어도 독립변수가 종속변수에 영향을 줄 수 있음
독립변수와의 연관성	매개변수는 독립변수와 이론적인 연관성이 있는 변수	조절변수는 독립변수와 이론적으로 독립된 변수
통계적 분석	매개효과 분석	조절효과(상호작용) 분석

Ⅱ. 연구 주제와 가설

연구 주제를 결정하는 과정은 곧 연구에서 검증하고자 하는 가설을 설정하는 과정이라고 볼 수 있다. 연구 주제는 연구의 방향을 결정하는 핵심 요소로, 연구자가 해결하고자 하는 문제나 탐구하고자 하는 현상을 의미한다. 연구 주제를 명확하게 설정하는 것은 연구의 성공 여부를 결정하는 중요한 단계이며, 적절한 연구 주제의 선정은 연구 수행의 효율성을 높이고 연구 결과의 신뢰성을 강화하는 데 기여한다.

2.1. 연구 주제 선정의 기준

연구 아이디어가 실제로 의미 있는 연구 주제가 될 수 있는지 여부에 따라 연구 아이디어를 연구 주제로 채택하게 된다. 연구 주제가 학문적으로 가치 있는 것으로 인정받기 위해서는 다음의 조건들을 만족해야 한다.

첫째, 연구의 필요성이다. 연구 주제는 학문적 및 실용적 측면에서 가치가 있어야 한다. 예를 들어, 인공지능(AI)artificial intelligence 사용이 의사결정의 질에 미치는 영향을 분석하는 연구는 학문적으로나 실용적으로 모두 의미가 있다고 할 수 있다. 학문적으로는 의사결정 및 인지심리학 분야에서 기존 연구를 확장하여 AI가 인간의 인지적 편향을 줄일 수 있는지를 검증하는 것이 중요한 연구 과제가 될 수 있다. 또한, 실용적인 측면에서도 AI 활용이 증가하는 사회적 흐름을 고려할 때, AI의 효과를 연구하는 것은 중요한 연구 주제가 될 수 있다.

둘째, 연구 가능성이다. 연구를 수행하기 위해 필요한 자료와 자원이 충분히 확보될 수 있는지도 중요한 고려 사항이다. 연구 주제가 아무리 중요하고 의미 있더라도, 연구에 필요한 자료를 수집하는 것이 불가능하거나 극도로 어려운 경우 실증적 연구로 발전시키기가 어렵다. 따라서 연구 가능성을 사전에 면밀히 검토하는 것이 필수적이다.

셋째, 연구의 독창성이다. 연구 주제는 단순한 상식이나 기존 연구의 단순 반복이 아닌 차별성이 있어야 한다. 연구의 독창성은 새로운 연구 문제를 제시하거나, 기존 연구의 한계를 보완하거나, 새로운 연구 방법을 제안하는 방식으로 확보될 수 있다. 독창성이 부족한 연구는 학문적으로 큰 기여를 하기 어렵기 때문에 연구 주제 선정 과정에서 신중하게 검토해야 한다.

넷째, 주제의 명확성이다. 연구 주제는 지나치게 광범위하거나 모호해서는 안 되며, 특정한 현상을 깊이 있게 탐구할 수 있도록 구체적으로 설정해야 한다. 연구 범위가 너무 넓으면 연구의 초점이 흐려지고, 반대로 너무 좁으면 일반화 가능성이 떨어질 수 있으므로, 적절한 범위를 설정하는 것이 중요하다.

다섯째, 연구 주제의 검증 가능성이다. 연구 주제는 실증적으로 검증될 수 있어야 하며, 연구 결과가 객관적으로 측정될 수 있어야 한다. 또한, 동일한 조건에서 반복 연구가 가능해야 한다. 검증이 불가능한 연구 주제는 단순한 의견이나 가설에 머물 가능성이 크므로, 연구 수행 이전에 검증 가능성을 충분히 고려해야 한다.

2.2. 가설

2.2.1. 가설과 연구 주제

가설hypothesis은 변수 간의 관계에 대한 잠정적 진술conjectural statement로, 연구자가 연구 주제를 실증적으로 검증할 수 있도록 표현한 문장이라고 할 수 있다. 논문에서 제시되고 검증되는 가설은 연구의 중요성과 학문적 기여도를 나타내는 중요한 요소이며, 실증연구에서 가설은 연구자가 검증하고자 하는 주제를 반영하고 연구의 중심적인 역할을 수행한다.

예를 들어, 연구 주제가 SNS 사용 시간이 행복감에 미치는 영향에 관한 것이라면, 연구자는 이와 관련된 가설을 설정하고 이를 검증하는 과정을 거치게 된다. 따라서 연구에서 제시하는 가설은 연구 주제와 밀접한 연관성을 가지며, 연구 주제를 설정하는 과정은 곧 연구 가설을 찾는 과정과도 동일하다고 볼 수 있다.

2.2.2. 가설의 유형

가설은 다양한 변수 간의 관계를 다룰 수 있으며, 한 연구 주제나 이론에 대해 여러 개의 가설이 제시될 수도 있다. 가장 일반적인 가설의 형태는 독립변수가 종속변수에 미치는 영향에 관한 것이다. 가설은 이론이 제시하는 더 복잡한 변수 간의 관계에도 적용될 수 있다. **매개가설**mediation hypothesis은 독립변수가 종속변수에 미치는 영향에서 매개변수가 작용하는 메커니즘을 검증하는 데 활용된다. 반면, **조절가설**moderation hypothesis은 독립변수와 종속변수 간의 관계가 특정 조절변수에 의해 어떻게 변화하는지를 분석하는 데 사용된다.

하나의 연구 논문에서 다수의 가설이 설정될 수 있으며, 이는 연구자가 검증하고자 하는 이론이나 효과를 보다 깊이 있게 탐구하는 데 기여한다. 연구에서 제시하는 효과는 일반적으로 독립변수가 종속변수에 미치는 영향에 대한 가설을 통해 검증된다. 또한, 매개가설을 통해 이론이 설명하는 심리적 기제나 작동 메커니즘을 검증할 수 있으며, 조절가설을 통해 특정 제3의 변수가 독립변수와 종속변수 간의 관계를 어떻게 변화시키는지를 분석함으로써 연구의 경계조건boundary condition이나 일반화 가능성을 검토할 수 있다.

2.2.3. 좋은 가설의 조건

가설이 연구에서 효과적으로 기능하기 위해서는 몇 가지 중요한 특성을 충족해야 한다.

첫째, **검증가능성**testability이다. 가설에서 다루는 변수는 실증연구를 통해 측정하거나 조작할 수 있어야 하며, 실험이나 관찰을 통해 객관적으로 검증될 수 있어야 한다. 검증이 불가능한 가설은 과학적 연구의 대상이 될 수 없다.

둘째, **반증가능성**falsifiability이다. 가설은 수집된 자료를 통해 반증할 수 있는 가능성을 가져야 한다. 예를 들어, "남성은 게임을 즐긴다"라는 진술은 이를 반증할 수 있는 기준이 불분명하기 때문에 과학적 가설로 적절하지 않다. 반증가능성이 없는 가설은 단순한 주장이나 신념에 불과하며, 실증적 연구를 통해 그 타당성을 평가할 수 없다.

셋째, **명확성**clarity이다. 가설은 변수 간의 관계를 구체적이고 명확하게 제시해야 한다. 예를 들어, "10대와 20대가 SNS에 사용하는 평균 시간이 다르다"라는 가설은 방향성이 명확하지 않아 해석이 어려울 수 있다. 반면, "10대보다 20대가 SNS에 사용하는 평균 시간이 더 길다"와 같이 변수 간의 관계를 구체적으로 명시한 가설이 더 바람직하다. 명확한 가설은 연구자가 효과적으로 검증할 수 있으며, 연구 결과의 신뢰성을 높이는 데 기여한다.

2.3. 연구의 기여도

행동과학에서 연구의 기여도란 연구가 학문적 및 실용적 측면에서 유의한 가치를 제공하는지를 의미한다. 연구의 기여도는 연구 주제를 결정하고 가설을 도출하는 과정에서 가장 중요한 평가 기준 중 하나이며, 연구의 기여도가 높을수록 이론적 발전을 촉진하고, 실제 문제 해결에 기여하며, 사회적 변화를 유도할 가능성이 커진다. 연구의 기여도는 크게 이론적 기여, 실용적 기여, 그리고 방법론적 기여로 구분할 수 있다.

2.3.1. 이론적 기여

이론적 기여theoretical contribution는 새로운 이론을 개발하거나 기존 이론을 확장하는 데 기여하는 연구를 의미한다. 행동과학에서는 인간 행동을 설명하는 이론적 모형의 우수성이 이론적 기여를 판단하는 중요한 요소가 된다. 이론적 기여가 높은 대표적인 사례로는 Daniel Kahneman과 Amos Tversky(1979)의 전망이론prospect theory이 있다. 이 연구는 가치함수value function, 손실 회피loss aversion, 주관적 확률subjective probability과 같은 주요 개념을 정립하여 기존 경제학 이론이 설명하지 못했던 인간의 실제 의사결정을 설명하는 새로운 이론을 제시하였다. 이 논문은 행동경제학이라는 학문 분야를 개척한 연구로 평가받으며, 이후 연구자들이 인간의 비합리적 의사결정을 분석하는 다양한 모형을 개발하는 데 큰 영향을 미쳤다. 이러한 공로를 인정받아 Kahneman은 2002년 노벨 경제학상을 수상하였다.[1)]

2.3.2. 실용적 기여

실용적 기여practical contribution는 연구가 현실 문제의 개선이나 해결에 실질적으로 기여하는 정도를 의미한다. 연구 결과가 실제 정책, 환경, 복지, 교육, 치료, 기업 관리 등 다양한 분야에서 활용될 수 있는지를 기준으로 연구의 실용적 기여도를 평가할 수 있다. 예를 들어, Icek Ajzen(1991)의 계획된 행동이론theory of planned behavior은 실용적 기여가 높은 연구 중 하나로 꼽힌다. 이 이론은 인간의 행동이 태도뿐만 아니라 행동의도, 주관적 규범, 그리고 지각된 행동 통제에 의해 결정된다는 점을 설명한다. 이 연구는 보건학, 교육, 마케팅, 환경 정책 등 다양한 분야에서 인간 행동을 예측하고 유도하는 데 중요한 모델로 활용되었다. 예를 들어, 건강 관련 행동(운동, 다이어트, 금연)이나 친환경 행동(에너지 절약, 재활용)을 촉진하는 전략을 개발하는 연구에서 계획된 행동이론이 광범위하게 적용되고 있다.

2.3.3. 방법론적 기여

방법론적 기여methodological contribution는 새로운 연구 방법이나 분석 기법을 개발하여 연구 분야의 발전에 기여하는 경우를 의미한다. 방법론적 기여가 높은 연구는 연구 디자인, 자료 수집 방법, 자료 분석 기법의 발전이나 새로운 접근 방식을 제시한 논문을 포함한다. 새로운 연구 방법론은 관련 연구 분야의 이론적 발전을 지원하는 역할을 하기도 한다. 방법론적 기여가 높은 연구의 대표적인 예로는 Greenwald, McGhee, and Schwartz(1998)의 연구가 있다. 이 연구에서는 암묵적 태도implicit attitude를 측정할 수 있는 도구인 IATimplicit association test를 개발하였다. 기존의 설문 기반 측정 방법이 가지는 한계를 극복하고, 무의식적인 편견을 정량적으로 측정할 수 있는 방법을 제시한 IAT는 이후 사회적 태도 및 편견 연구에 중요한 도구로 활용되었다. IAT는 반응 속도를 이용하여 태도를 측정하는 방식으로, 인지적 편향, 차별 연구 등 다양한 분야에서 핵심적인 분석 도구로 자리 잡았다.

---

1) Amos Tversky는 일종의 피부암으로 1996년에 사망하여 노벨상을 수상할 기회를 갖지 못했다. 노벨상은 사후posthumous수상 제도가 없다.

Ⅲ. 연구 주제 찾기

연구 주제를 찾는 방법은 다양하다. 예를 들어, 심리학자 William McGuire(1997)는 심리학에서 연구 주제를 발굴하는 데 도움이 되는 49개의 다양한 발견법heuristics을 제시한 바 있다. 실제로 연구자들이 연구 주제를 찾는 과정을 살펴보면, 다양한 출처에서 아이디어를 얻지만, 연구 주제의 주요 원천은 선행연구와 관찰이라는 두 가지 유형으로 구분할 수 있다.

3.1. 선행연구

기존의 이론이나 연구를 검토하는 과정에서 연구 주제를 찾을 수 있다. 관심 있는 연구 주제와 관련된 선행연구를 분석함으로써, 기존 연구에서 다루어지지 않은 연구의 간극gap을 발견하거나, 기존 이론을 확장하거나 수정할 수 있다. 이러한 과정은 연구의 정당성을 확보하는 동시에, 학문적 기여도를 높이는 데 중요한 역할을 한다.

3.1.1. 새로운 변수의 추가

기존 이론에 새로운 변수를 추가함으로써 연구 주제를 확장할 수 있다. 예를 들어, 기존 연구에서 독립변수와 종속변수 간의 관계가 입증되었다면, 여기에 새로운 변수를 추가하여 보다 정교한 연구 모델을 구성할 수 있다.

새로운 매개변수를 추가하는 경우, 기존 이론이 설명하는 심리적 기제를 검증하는 연구가 될 수 있다. 즉, 독립변수가 종속변수에 미치는 영향을 설명하는 중간 과정을 규명함으로써, 기존 이론의 논리적 완성도를 높일 수 있다.

새로운 조절변수를 추가하는 경우, 기존 이론을 확장하여 해당 이론의 경계조건을 탐색하는 연구가 될 수 있다. 이는 특정한 상황이나 조건에서 독립변수와 종속변수 간의 관계가 어떻게 변화하는지를 규명하는 과정으로, 기존 이론의 적용 범위를 확장하거나 한계를 명확히 하는 데 기여할 수 있다.

3.1.2. 다른 맥락에서 검증

기존 연구나 이론을 새로운 맥락에서 검증하는 연구도 중요한 연구 주제가 될 수 있다. 이러한 접근법은 특히 비교문화comparative culture 연구에서 자주 활용되며, 문화 간의 차이와 유사성을 탐구하는 연구에 기여한다.

예를 들어, Ariely and Levav(2000)는 미국 소비자를 대상으로 동일 집단(예, 같은 테이블에서 식사하는 친구나 동료)의 음식 선택이 개인의 선택에 미치는 영향을 연구했다. 연구 결과, 다양성diversity과 독특함uniqueness이 중요한 가치로 여겨지는 서구 문화권에서는 다른 사람들이 선택한 메뉴와 동일한 선택을 기피하는 경향이 나타났다. 즉, 함께 식사하는 친구가 A라는 메뉴를 선택한 경우, 본인이 A를 가장 좋아하는 메뉴일지라도 이를 선택하지 않고 다른 메뉴를 고르는 경향이 강하게 나타났다.

Yoon 등(2011)은 동일한 연구를 동양 문화권인 한국 소비자를 대상으로 수행하였으며, 그 결과는 정반대로 나타났다. 한국 소비자들은 주변 사람들이 선택한 메뉴와 동일한 메뉴를 선택할 가능성이 더 높았다. 이는 집단적 조화를 중시하는 동양 문화의 특성이 반영된 결과로 해석될 수 있다. 이와 같은 연구 접근법은 기존 연구를 다른 문화적, 사회적, 혹은 환경적 맥락에서 검증함으로써 이론의 보편성과 한계를 평가하는 데 기여할 수 있다.

또한, 오프라인 환경에서 나타난 현상을 온라인 환경으로 확장하여 검증하는 연구도 유사한 사례로 볼 수 있다. 예를 들어, 마케팅 분야에서는 오프라인과 온라인 환경에서의 소비자 행동을 비교하거나, 온라인과 오프라인에서의 마케팅 활동 성과를 분석하는 연구가 활발하게 이루어지고 있다. 이러한 연구들은 기술 발전과 환경 변화에 따라 기존 이론의 적용 가능성을 평가하고 새로운 실용적 시사점을 제공하는 데 중요한 역할을 한다.

3.1.3. 상반되는 가설 검증

기존 연구와 상반되는 가설이나 이론을 검증하는 것도 연구 주제가 될 수 있다. 전통 경제학에서 합리적 선택 이론rational choice model의 주요 전제 중 하나는 정보가 많을수록 더 나은 의사결정을 할 수 있다는 것이다. 그러나 행동경제학 연구들은 이에 반하는 결과를 보여주며, 정보가 너무 많으면 오히려 의사결정이 어려워지고 선택에 대한 만족도가 감소하는 정보 과부하information overload 현상이 발생할 수 있음을 입증하였다Iyengar & Lepper, 2000; Schwartz, 2004.

이처럼 기존의 이론적 가정을 뒤집거나 새로운 맥락에서 검증하는 연구는 학문적 발전에 기여할 수 있으며, 기존 연구의 한계를 보완하는 역할을 한다. 기존 연구가 일관된 결과를 보여주지 않거나 특정 조건에서만 유효할 가능성이 있는 경우, 이를 보다 정교하게 검증하는 연구도 중요한 의미를 가진다.

3.1.4. 대립되는 이론의 통합

서로 상반되는 결과를 예측하는 이론들을 통합하는 것도 의미 있는 연구 주제가 될 수 있다. 앞서 언급한 정보량과 의사결정의 관계를 살펴보면, 일부 연구에서는 선택지가 많아질수록 의사결정의 질이 높아진다고 주장하는 반면, 다른 연구에서는 선택지가 많아질수록 오히려 의사결정이 어려워지고 만족도가 낮아진다는 결과를 제시하고 있다.

Chernev, Böckenholt, and Goodman(2015)은 이러한 상반된 연구 결과를 통합할 수 있는 조절변수가 존재함을 밝혔다. 그들은 정보의 구조화structure와 의미성relevance이 정보량과 선택의 질의 관계를 결정할 수 있다는 새로운 관점을 제시했다. 즉, 정보가 잘 구조화되어 있고 의미가 명확한 경우, 많은 정보도 효율적인 선택을 가능하게 하지만, 정보가 무질서하고 관련성이 낮다면 정보 과부하로 인해 선택의 질이 저하될 수 있다는 것이다.

이와 같이, 대립되는 연구 결과를 조정할 수 있는 새로운 변수를 찾아 기존 이론을 통합하는 연구는 학문적 기여도가 높으며, 다양한 맥락에서 이론의 적용 가능성을 평가하는 데 중요한 역할을 한다.

3.2. 관찰

관찰은 다양한 환경에서 이루어질 수 있으며, 연구자는 특정 행동 패턴이나 흥미로운 현상을 연구 주제나 가설로 발전시킬 수 있다. 관찰은 일상생활, 데이터, 사회적 문제 등 다양한 환경이나 대상에서 이루어지며, 흥미롭거나 중요한 질문을 연구 주제로 발전시킬 수 있다.

3.2.1. 일상생활에서의 발견

연구자는 자연스러운 일상 환경에서 연구 대상의 행동을 관찰함으로써 흥미로운 연구 주제를 발견할 수 있다. 연구 주제를 찾기 위해서는 연구자 자신이나 주변 사람들의 행동을 주의 깊게 살펴보는 것이 중요하며, 다양한 현상에 대한 지속적인 호기심curiosity이 연구 주제를 발굴하는 데 큰 도움이 될 수 있다.

예를 들어, SNS를 사용한 후 타인의 행복해 보이는 삶과 자신의 현실을 비교하면서 우울한 감정을 느끼는 현상을 관찰할 수 있다. 이러한 경험을 바탕으로 "SNS 사용과 우울감의 연관성"이라는 연구 주제를 설정할 수 있다. 이처럼 연구자는 일상생활에서 나타나는 사람들의 의사결정이나 행동 패턴을 꾸준히 탐구하는 태도를 가져야 한다.

또한, "연구 예시 3-1"에서는 대한민국 TV 프로그램 "1박 2일"의 복불복 게임에서 연구 아이디어를 얻어 진행된 연구 사례를 소개한다. 이처럼 일상적인 환경에서 나타나는 흥미로운 현상을 과학적으로 탐구하는 과정은 연구의 창의성과 실용성을 높이는 데 기여할 수 있다.

연구 예시 3-1

복불복 게임의 심리적 메커니즘

Suk and Koo(2022)의 연구는 대한민국 예능 프로그램 "1박 2일"의 까나리액젓 게임에서 연구 아이디어를 얻어 수행되었다. 까나리액젓 게임은 여섯 명의 참가자가 육안으로 구별하기 어려운 여섯 개의 음료 잔 중 하나를 선택해 마시는 게임이다. 여섯 개의 음료 중 절반은 까나리액젓이고, 나머지 절반은 커피로 구성되어 있다. 참가자들은 정해진 순서에 따라 음료를 선택하고 마시며, 게임이 진행될수록 이전 참가자의 선택 결과에 따라 남은 음료 중 까나리액젓의 수가 변하게 된다.

이 게임은 확률적으로 볼 때, 비복원 게임game without replacement의 구조를 가진다. 이는 주머니 속에 서로 다른 색의 구슬이 들어 있고, 한 개의 구슬을 꺼내면 다시 되돌려 넣지 않는 방식과 동일하다. 즉, 특정한 결과가 나올 확률은 이전 순서에서 나온 결과에 따라 지속적으로 변화하지만, 수학적으로는 참가 순서가 승리 확률(커피를 선택할 확률)에 영향을 주지 않는다. 다시 말해, 게임의 순서는 유리함이나 불리함과 무관하며, 개인의 승리 확률은 일정하게 유지된다.

Suk and Koo(2022)는 이러한 비복원 게임에서 사람들이 게임 순서를 어떻게 선호하는지를 연구하였다. 연구 결과, 참가자들은 일반적으로 먼저 게임을 하는 것을 선호하는 경향을 보였으며, 특히 승리 확률이 높은 상황에서 이러한 경향이 강하게 나타났다. 반면, 게임이 불리한 경우에는 더 늦은 순서를 선호하는 것으로 나타났다.

이 연구는 게임 순서 선호에서 나타나는 편향이 불확실성 회피uncertainty avoidance, 모호함 회피ambiguity avoidance 등의 동기적 요인과 확률 지각 오류probability misperception의 심리적 메커니즘을 통해 설명될 수 있음을 보여주었다.

3.2.2. 데이터 기반 접근

데이터를 활용하여 연구 주제를 도출하는 방법은 확보한 데이터 탐색을 통해 패턴이나 상관관계를 분석하고, 이를 바탕으로 연구 주제를 설정하는 방식이다. 이 접근법을 활용하기 위해서는 먼저 연구하고자 하는 분야에서 사용 가능한 데이터를 확보하는 것이 필요하다.

예를 들어, 우리나라 장애인의 경제활동 상태에 관심이 있는 연구자는 한국장애인고용공단에서 수집하는 장애인고용패널조사 데이터를 활용할 수 있다. 이러한 데이터를 분석하여 기존 연구에서 다루지 않은 새로운 연구 주제를 찾을 수 있다.

또 다른 예시로, 기부 참여에 관심이 있는 연구자가 기부 데이터를 분석한 결과, 기부액이 월별로 다른 패턴을 보이는 현상을 발견했다고 가정하자. 예를 들어, 1월과 2월의 기부금액이 높고, 7월과 8월의 기부금액이 낮은 패턴이 지속적으로 나타난다면, 이를 탐색하는 연구를 진행할 수 있다. 만약 이러한 패턴을 설명하는 기존 연구가 없다면, 이는 연구의 공백을 의미하며, 새로운 연구 주제를 도출하는 계기가 될 수 있다.

데이터 기반 접근은 실제 데이터를 활용하여 기존 연구와의 차별성을 명확히 하고, 객관적인 근거를 바탕으로 연구 주제를 정할 수 있다는 점에서 효과적인 연구 방법이 될 수 있다.

3.2.3. 실질적 문제

일상생활이나 사회에서 실질적 문제가 있는 경우 이를 해결하기 위한 연구를 수행할 수 있다. 실질적 문제를 해결하는 연구는 단순한 이론적 탐구를 넘어 사회적 및 정책적 개선에 기여할 가능성이 높다는 장점이 있다.

예를 들어, 환경 보호 및 이상기후 문제를 해결하기 위해 에너지 효율이 높은 제품의 사용이 중요한 이슈로 대두되고 있다. 에너지 효율이 높은 제품을 구입하고 사용하는 것은 장기적으로 경제적 이득을 제공할 뿐만 아니라 환경 보호에도 기여할 수 있다. 그러나 많은 소비자들은 초기 비용이 낮은 에너지 비효율적인 제품을 선택하는 경향을 보인다. 이는 즉각적인 금전적 이득을 우선시하는 심리적 요인과 관련이 있으며, 이러한 현상을 에너지 효율 격차energy efficiency gap라고 한다Jaffe & Stavins, 1994.

에너지 효율 격차가 발생하는 이유 중 하나는 정보의 부족이며, 또 다른 원인은 소비자의 심리적 편향이다. 소비자들은 초기 비용이 높다는 이유로 장기적인 경제적 이득을 무시하고, 당장의 지출을 줄이는 선택을 하는 경향이 있다. 따라서, 에너지 효율 격차를 줄이고, 소비자가 에너지 효율이 높은 제품을 선호하고 구입하도록 유도하는 연구는 실질적 문제 해결에 기여하는 중요한 연구 주제가 될 수 있다.

연구 예시 3-2

친환경 브랜드의 따뜻함과 유능함의 조화

사회심리학자 Susan Fiske와 동료들의 연구에 따르면, 사람들은 집단이나 개인을 평가할 때 따뜻함warmth과 유능함competence이라는 두 가지 차원을 중요한 기준으로 삼는다Fiske et al., 2002. 일반적으로 사람들은 따뜻함과 유능함이 반비례 관계에 있다고 믿는 경향이 있다. 예를 들어, 사람들은 뛰어난 리더는 유능하지만 냉정할 것이라고 생각하는 반면, 따뜻한 사람은 유능함이 부족할 것이라고 인식하는 경우가 많다.

이러한 따뜻함-유능함 반비례 관계는 친사회적 제품에 대한 소비자 지각에서도 유사하게 적용된다. 일반 제품과 비교할 때, 친환경 제품은 따뜻함 차원에서는 긍정적으로 평가되는 반면, 유능함 측면에서는 부정적으로 평가되는 경향이 있다. 즉, 소비자들은 친환경 제품이 윤리적이고 도덕적인 선택이라는 점에서는 긍정적으로 평가하지만, 성능이나 효과 측면에서는 일반 제품보다 떨어질 것이라고 인식하는 경우가 많다.

이러한 소비자 인식은 친환경 제품 및 브랜드의 마케팅에 있어서 중요한 걸림돌이 될 수 있다. 이를 극복하기 위해 최근 연구들은 친환경 제품이 따뜻함과 유능함을 동시에 인식시킬 수 있는 전략을 모색하는 데 초점을 맞추고 있으며, 이를 통해 친환경 브랜드가 보다 경쟁력을 갖출 수 있도록 하는 방법을 탐색하고 있다Luchs et al., 2010.

주요 참고자료

연구 주제 찾기

McGuire, W. J. (1997). Creative hypothesis generating in psychology: Some useful heuristics. *Annual Review of Psychology*, 48, 1-30. [심리학 연구에서 창의적인 가설을 생성하는 다양한 전략에 대해 논의.]

참고문헌

Ajzen, I. (1991). The theory of planned behavior. *Organizational Behavior and Human Decision Processes*, 50(2), 179-211.

Ariely, D., & Levav, J. (2000). Sequential choice in group settings: Taking the road less traveled and less enjoyed. *Journal of Consumer Research*, 27(3), 279-290.

Baron, R. M., & Kenny, D. A. (1986). The moderator-mediator variable distinction in psychological research: Conceptual, strategic, and statistical considerations. *Journal of Personality and Social Psychology*, 51(6), 1173-1182.

Chernev, A., Böckenholt, U., & Goodman, J. (2015). Choice overload: A conceptual review and meta-analysis. *Journal of Consumer Psychology*, 25(2), 333-358.

Darley, J. M., & Latané, B. (1968). Bystander intervention in emergencies: Diffusion of responsibility. *Journal of Personality and Social Psychology*, 8(4), 377-383.

Davidson, R. J., & Irwin, W. (1999). The functional neuroanatomy of emotion and affective style. *Trends in Cognitive Sciences*, 3(1), 11-21.

Diener, E. (1984). Subjective well-being. *Psychological Bulletin*, 95(3), 542-575.

Diener, E., Emmons, R. A., Larsen, R. J., & Griffin, S. (1985). The satisfaction with life scale. *Journal of Personality Assessment*, 49(1), 71-75.

Diener, E., Suh, E. M., Lucas, R. E., & Smith, H. L. (1999). Subjective well-being: Three decades of progress. *Psychological Bulletin*, 125(2), 276-302.

Fiske, S. T., Cuddy, A. J., Glick, P., & Xu, J. (2002). A model of (often mixed) stereotype content: Competence and warmth respectively follow from perceived status and competition. *Journal of Personality and Social Psychology*, 82(6), 878-902.

Greenwald, A. G., McGhee, D. E., & Schwartz, J. L. K. (1998). Measuring individual differences in implicit cognition: The implicit association test. *Journal of Personality and Social Psychology*, 74(6), 1464-1480.

Iyengar, S. S., & Lepper, M. R. (2000). When choice is demotivating: Can one desire too much of a good thing? *Journal of Personality and Social Psychology*,

79(6), 995-1006.

Jaffe, A. B., & Stavins, R. N. (1994). The energy-efficiency gap What does it mean? *Energy Policy*, 22(10), 804-810.

Kahneman, D., & Tversky, A. (1979). Prospect theory: An analysis of decision under risk. *Econometrica*, 47(2), 263-291.

Luchs, M. G., Naylor, R. W., Irwin, J. R., & Raghunathan, R. (2010). The sustainability liability: Potential negative effects of ethicality on product preference. *Journal of Marketing*, 74(5), 18-31.

McGuire, W. J. (1997). Creative hypothesis generating in psychology: Some useful heuristics. *Annual Review of Psychology*, 48(1), 1-30.

Schwartz, B. (2004). *The Paradox of Choice: Why More Is Less*. Harper.

Suk, K., & Koo, J. (2022). Preference for playing order in games with and without replacement: Motivational biases and probability misestimations. *Judgment and Decision Making*, 17(2), 237-262.

Yoon, S.O., Suk, K., Lee, S. M., & Park, E. Y. (2011). To seek variety or uniformity: The role of culture in consumers' choice in a group setting. *Marketing Letters*, 22(1), 49-64.

제4장

이론과 이론 개발

Ⅰ. 이론

1.1. 이론의 정의와 구성요소
1.2. 이론의 특징
1.3. 이론과 관련된 개념들

Ⅱ. 이론 개발

2.1. 이론 개발 과정
2.2. 이론 개발 과정의 특성
2.3. 좋은 이론의 특성
2.3.1. 명확성
2.3.2. 논리적 일관성
2.3.3. 단순성
2.3.4. 검증가능성
2.3.5. 범용성

Ⅲ. 이론 개발과 이론 응용

3.1. 이론 개발 연구
3.2. 이론 응용 연구

이론은 과학적 탐구의 근본적인 토대를 이루며, 연구의 방향을 설정하고 지식을 체계화하는 역할을 한다. 본 장에서는 이론의 개념과 구성 요소를 정의하고, 이론이 갖는 특징과 관련 개념들을 살펴본다. 또한, 이론이 어떻게 개발되는지를 설명하며, 좋은 이론이 갖추어야 할 명확성, 논리적 일관성, 단순성, 검증가능성, 범용성과 같은 핵심 특성을 논의한다. 마지막으로, 이론 개발 연구와 이론의 실제적 응용 연구를 통해 과학적 지식이 형성되고 활용되는 과정을 다루며, 이론이 실무와 연구에서 어떻게 적용될 수 있는지를 논의한다.

Ⅰ. 이론

1.1. 이론의 정의와 구성요소

이론theory은 변수 간의 관계와 그 근거를 논리적으로 설명하는 개념적 틀로서, 연구자가 현상을 이해하고 예측할 수 있도록 하는 기반을 제공한다Babbie, 2016. 이론은 단순한 개념의 나열이 아니라, 경험적 관찰을 통해 검증 가능한 설명 체계를 구성함으로써 학문적 지식의 축적에 기여한다. 이러한 이론은 단위, 명제, 원인, 경계조건의 네 가지 필수 요소를 포함해야 한다Dubin, 1978; Whetten, 1989.

첫 번째 요소인 **단위**unit는 개념concept이라고도 하며, 이론을 구성하는 기본 요소what가 된다. 개념은 특정 현상을 묘사하거나 설명하는 역할을 하며, 이론에서 사용되는 개념은 명확히 정의되어야 한다. 예를 들어, SNS 사용과 우울감의 관계를 설명하는 이론에서는 'SNS 사용'과 '우울감'이라는 개념이 명확하게 정의되어야 하며, 이는 이론 구축의 기초가 된다.

두 번째 요소인 **명제**proposition는 개념 간의 관계를 나타내는 진술을 의미한다. 명제를 통해 이론은 변수들 간의 관계how를 논리적으로 설명하며, 이론이 예측력을 갖도록 돕는다. 예를 들어, "SNS 사용(X)은 우울감(Y)을 증가시킨다"라는 명제는 SNS 사용과 우울감 간의 관계를 설명하거나 예측하는 데 활용될 수 있다.

세 번째 요소인 **원인**cause은 특정 관계가 발생하는 근본적인 이유why를 설명한다. 이론은 단순히 변수 간의 관계를 나열하는 데 그치지 않고, 그 관계가 왜 발생하는지를 밝혀야 한다. 예를 들어, SNS 사용이 우울감을 증가시키는 이유는 사용자들이 타인의 긍정적인 게시물을 자주 접하면서 자신의 삶과 비교하게 되고, 이로 인해 자존감이 낮아져 우울감이 증가한다는 과정(SNS 사용 → 자존감 감소 → 우울감 증가)으로 설명될 수 있다. 이러한 인과적 설명은 단순한 상관관계를 넘어 이론의 설명력을 높여준다.

마지막 요소인 **경계조건**boundary condition은 이론의 적용 가능성과 한계를 규정하는 조건이다. 이는 이론이 적용될 대상who, 장소where, 시간when의 범위를 명확하게 설정하는 역할을 한다. 예를 들어, SNS 사용과 우울감 간의 관계를 연구할 때, SNS 사용 목적이 경계조건이 될 수 있다. 학습이나 정보 검색을 목적으로 SNS를 사용하는 경우 우울감에 미치는 영향이 크지 않다면, SNS 사용 목적이 이론의 경계조건이 되는 것이다. 경계조건을 명확히 정의하면 이론의 설명력과 예측력이 더욱 높아진다.

1.2. 이론의 특징

이론은 특정 현상을 설명하고 예측하며 검증 가능한 논리적 구조를 갖춘 개념적 틀이다. 이론은 다음과 같은 세 가지 주요 특징을 가진다.

첫째, 이론은 현상을 설명하는 논리적 구조framework이다. 이론은 다양한 현상이 왜 발생하는지를 체계적인 논리coherent logic로 설명한다. 예를 들어, 자기지각 이론self-perception theory은 외부에서 관찰 가능한 행동이나 생리적 반응을 근거로 개인이 자신의 내적 상태(예, 태도, 감정)를 추론한다는 관점을 제시한다Bem, 1967. 이 이론에 따르면, 사람들은 자신의 행동을 해석함으로써 자신의 태도를 형성하거나 강화한다. 이러한 설명은 단순히 자기 인식을 넘어서, 반복적이고 사소한 복종이 개인의 신념을 변화시키는 세뇌brainwashing 과정과 같은 복잡한 사회적 현상에도 적용될 수 있다.

둘째, 이론은 미래에 나타날 현상이나 행동을 예측prediction할 수 있어야 한다. 이론이 제시하는 예측은 실증 연구를 통해 검증될 수 있으며, 이를 통해 이론의 신뢰성과 확장 가능성이 평가된다. 예를 들어, 자기지각 이론에 따르면, 개인은 자신의 신체적 반응이나 상황적 행동을 바탕으로 내적 상태를 추론한다. 이 이론을 바탕으로, 연인과 함께 공포 영화를 보는 경험은 공포로 인한 신체 각성arousal을 연인에 대한 감정으로 해석하게 만들 수 있으며, 이는 연인에 대한 애정을 강화하는 결과로 이어질 수 있다. 이와 같은 예측은 태도의 형성과 변화가 외적 행동과 상황적 단서에 따라 어떻게 조절되는지를 이론적으로 설명해줄 뿐만 아니라, 이를 실험적으로 검증할 수 있는 명확한 가설을 제시한다.

셋째, 이론은 검증을 통한 반증가능성falsifiability을 가져야 한다. 과학적 이론은 모든 현상을 설명하는 것이 아니라, 특정 조건에서 틀릴 가능성을 열어두어야 한다. 즉, 이론이 제시하는 현상에 대해 실증적으로 검증할 수 있는 가능성이 존재해야 한다. 예를 들어, 프로이트의 정신분석 이론Freud's psychoanalytic theory은 모든 인간 행동이 무의식적 욕망에 의해 결정된다고 주장한다Freud, 1900. 이 이론은 예상과 다른 행동이 나타날 경우에도, 무의식적 욕망이 변형된 형태라고 설명할 수 있기 때문에 모든 상황을 해석하는 데 활용될 수 있다. 그러나 정신분석 이론은 반증이 불가능하다는 점에서 엄격한 과학적 이론으로 인정받지 못하고 있으며, 종종 유사과학pseudo-science으로 간주된다.

1.3. 이론과 관련된 개념들

이론은 패러다임, 법칙, 모형, 효과, 명제, 가설과 같은 개념들과 밀접한 연관이 있으며, 때로는 이러한 개념들과 혼용되어 사용되기도 한다. 그러나 각 개념은 고유한 정의와 역할을 가지며, 과학적 탐구에서 서로 다른 기능을 수행한다.

패러다임paradigm은 과학철학자 Thomas Kuhn(1962)이 제안한 개념으로, 특정 시대의 과학적 사조를 의미한다. 하나의 패러다임은 특정 과학 분야에서 연구를 수행하는 기준, 이론, 방법론을 포함하며, 다수의 연관된 이론들을 포괄하는 개념이다. 예를 들어, 자연과학에서는 천동설에서 지동설로의 변화, 물리학에서 뉴턴 역학에서 상대성 이론으로의 전환이 패러다임 전환paradigm shift의 대표적인 예이다. 행동과학에서는 행동주의behaviorism에서 인지주의cognitivism로의 변화가 패러다임 전환의 사례로 볼 수 있다.[1)]

법칙law은 특정 현상을 수학적으로 명확하게 기술하는 원리를 의미한다. 자연과학에서는 만유인력의 법칙과 같은 수학식으로 표현된 법칙들이 많지만, 사회과학에서는 이러한 법칙이 상대적으로 드물다. 대표적인 예로 경제학의 수요의 법칙law of demand 이나 심리학의 베버의 법칙Weber's law이 있다. 베버의 법칙은 두 자극의 차이를 감지할 수 있는 최소한의 차이를 의미하는 차이 역치differential threshold(Δs)가 초기 자극의 강도(S)에 비례한다는 원리를 수학적으로 표현한 것이다($\Delta s/S = k$). 법칙은 구체적인 현상을 기술하는 데 초점을 두며, 일반적으로 맥락의 영향을 적게 받는 특징을 가진다.

모형model은 변수 간의 관계를 단순화하여 시각적으로 표현한 개념으로, 수학식 또는 관계도diagram 형태로 제시되는 경우가 많다. 사회과학에서 대표적인 예로는 Bass(1969)의 혁신확산 모형diffusion of innovation model이 있으며, 심리학에서는 Fishbein(1963)의 다속성 태도 모형multi-attribute attitude model이 있다. 다속성 태도 모형은 태도(A_O)가 특정

1) 행동주의가 자극-반응 관계에 초점을 둔 것과는 달리, 인지주의는 사고, 기억, 문제 해결, 이해, 인식과 같은 내면적 정신 과정을 중심으로 학습을 설명한다.

대상의 여러 속성에 대한 신념(b_i)과 평가(e_i)의 곱의 합으로 형성된다는 개념($A_o = \Sigma b_i e_i$)을 수학적으로 표현한다. 또한, 태도 변화 과정을 설명하는 정교화 가능성 모형 elaboration likelihood model은 모형이라는 이름을 갖지만Petty & Cacioppo, 1986, 학문적 맥락에서는 단순한 모형을 넘어 이론으로 간주되기도 한다.

효과effect는 한 변수가 다른 변수에 미치는 영향을 의미하며, 원인을 설명하려는 이론과는 달리 현상 자체에 초점을 둔다. 잘 알려진 효과로는 방관자 효과bystander effect 와 위약 효과placebo effect: 플라시보 효과 가 있다. 방관자 효과는 다수의 타인이 존재할 때 개인이 위급 상황에 개입하지 않으려는 경향을 설명하며, 위약 효과는 가짜 약(플라시보)이라도 복용하는 행위 자체가 병의 증상을 완화시키는 현상을 의미한다.

명제proposition와 **가설**hypothesis 은 두 개 이상의 변수 간의 관계를 서술한 개념으로, 이론보다 더 구체적인 형태를 가진다. 일반적으로 명제는 개념 간의 관계를 추상적으로 기술하며, 반드시 실증적 검증을 전제로 하지 않는다. 반면, 가설은 특정 이론이나 관찰에 기반하여 설정되며, 실증적 검증을 목적으로 하므로 검증 가능성이 중요한 평가 기준이 된다. 예를 들어, "SNS 사용 시간이 증가할수록 우울감이 높아질 것이다"는 가설이 될 수 있으며, 이는 실증적 연구를 통해 검증되어야 한다.

Ⅱ. 이론 개발

2.1. 이론 개발 과정

행동과학의 주요 목적은 사회 현상을 예측하고 통제하며, 인간 행동에 대한 깊은 이해를 얻는 것이다. 이를 위해서는 정확하고 유용한 이론을 개발하는 것이 필수적이며, 이러한 이론의 개발은 체계적인 과정을 통해 이루어진다. 이론을 구축하는 과정은 개념화 및 변수 정의, 이론적 틀 형성, 이론 검증, 이론 수정과 일반화의 네 가지 단계로 나눌 수 있다.

첫 번째 단계는 **개념화**conceptualization 및 변수 정의이다. 연구 문제와 관련된 핵심 개념과 변수에 대한 명확한 정의는 이론의 기초를 이루는 중요한 과정이다. 예를 들어, 직무만족과 직무성과의 관계를 설명하는 이론을 개발하는 경우, '직무만족'과 '직무성과'라는 개념을 명확하게 정의하고 이를 측정할 수 있는 방법을 설정해야 한다. 이 단계에서는 이론을 구성하는 변수에 대해 개념적 정의와 조작적 정의를 수립하는 것이 필수적이다.

두 번째 단계는 **이론적 틀**theoretical framework의 형성이다. 이론적 틀은 개념 간 관계의 형태(예, 긍정적, 부정적, 중립적)를 논리적으로 설명하는 과정을 포함한다. 이론적 틀을 기반으로 개념 간의 관계는 명제나 가설의 형태로 표현될 수 있다. 예를 들어, "직무만족은 직무성과에 정(+)의 영향을 미친다"라는 명제를 설정할 수 있으며, 이를 바탕으로 실증적으로 검증할 수 있는 구체적인 가설을 수립할 수 있다.

세 번째 단계는 **이론 검증**theory test이다. 실증연구를 통해 이론이 제시하는 가설이 채택될 수 있는지를 결정하고, 이론의 타당성을 평가하는 과정이다. 가설 검증을 위해 적절한 연구 방법(예, 설문조사, 실험, 관찰 연구 등)을 선택하여 데이터를 수집한 후, 통계적 기법과 같은 정량적 분석 방법 혹은 질적 분석 방법을 활용하여 연구 결과를 도출한다. 이론 검증 과정은 연구의 신뢰성과 타당성을 확보하는 데 중요한 역할을 한다.

네 번째 단계는 **일반화**generalization와 **이론 수정**theory revision이다. 연구 결과가 기존 이론을 지지하는 경우, 이론을 일반화하여 다양한 상황에 적용할 수 있도록 확장한다. 반대로 연구 결과가 기존의 이론과 일치하지 않는 경우, 이론의 일부를 수정하거나 새로운 이론을 개발할 필요가 있다. 일반화와 이론 수정 과정은 이론의 보편성을 높이고, 보다 다양한 맥락에서 활용될 수 있도록 돕는다.

결론적으로, 이론 개발 과정은 개념화, 이론적 틀 형성, 이론 검증, 이론 수정 및 일반화의 단계를 거치면서 점진적으로 정교화된다. 이러한 체계적인 접근을 통해 이론은 단순한 가설이 아닌, 과학적 검증을 거친 신뢰할 수 있는 지식 체계로 발전하게 된다.

연구 예시 4-1

이론이 아닌 것들 What Theory Is Not

Sutton and Staw(1995)의 논문 “What theory is not(이론이 아닌 것들)”은 좋은 이론을 구축하는 과정에서 자주 발생하는 오해나 잘못된 접근을 지적했다. 많은 학자들이 이론theory이라고 믿고 제시하는 다양한 요소들이 사실은 이론이 아니라는 점을 명확히 밝혔다. 구체적으로 Sutton and Staw(1995)는 다음과 같은 다섯 가지 요소는 이론이 아니라고 강조했다.

첫째, 참고문헌reference은 이론이 아니다. 많은 문헌을 단순히 나열하거나 인용한다고 해서 이론적 기여를 하는 것은 아니다. 즉, 과거 문헌을 소개하는 것이 이론 개발에 도움이 될 수는 있으나, 단순한 문헌 정리만으로는 이론적 공헌이 이루어지지 않는다. 진정한 이론은 참고문헌을 단순 나열하는 것이 아니라, 기존 문헌에서의 아이디어를 통합하고 발전시킨 새로운 설명을 제공해야 한다고 주장했다.

둘째, 데이터data는 이론이 아니다. 단순히 수집한 데이터 자체를 제시하는 것만으로는 이론적 기여가 될 수 없다. 연구자들이 때로는 데이터를 분석한 결과를 이론적 기여로 잘못 인식하는데, 데이터는 이론을 뒷받침하거나 검증하는 데 도움을 줄 수 있지만, 데이터 자체는 이론을 형성하지 않는다.

셋째, 단순한 변수variable의 나열은 이론이 아니다. 연구에 사용되는 여러 가지 변인들을 나열하고 정의하는 것으로는 이론적 기여를 달성할 수 없다. 이론은 변인들이 서로 어떻게 연결되어 있고, 왜 그런 관계를 가지는지 명확히 설명할 수 있어야 한다.

넷째, 도표나 다이어그램diagram은 이론이 아니다. 연구의 개념을 시각적으로 표현하는 다이어그램이나 도표가 자주 사용되지만, 이것 자체는 이론으로 볼 수 없다. 도표나 다이어그램은 개념 간의 관계를 명확히 시각화할 수 있는 유용한 도구이지만, 단지 관계를 그리는 것만으로는 이론적 설명이 충분하지 않다.

다섯째, 가설hypothesis 자체는 이론이 아니다. 가설은 이론에서 도출된 예측이며, 가설을 제시하는 것이 바로 이론적 기여가 되는 것은 아니다. 그 예측이 왜 나타나는지에 대한 근본적 설명why이 이론을 구성하여야 한다.

Sutton and Staw는 진정한 이론이란 무엇인가에 대해서도 간략히 언급했다. 진정한 이론은 왜why와 어떻게how에 대한 근본적인 설명을 제공해야 하며, 단지 현상 사이의 관계를 나열하는 것이 아니라, 현상 사이의 관계가 발생하는 이유를 근본적으로 설명하는 메커니즘mechanism을 제시해야 한다고 주장했다.

2.2. 이론 개발 과정의 특성

앞서 논의한 이론 개발 단계는 일반적인 과정이나, 모든 이론 개발이 동일하게 논의된 단계에 따라 순차적으로 진행되지는 않는다. 이론 개발 과정은 반복성, 비선형성, 경험적 근거, 개방성이라는 특성을 가지고 있기 때문에 현실의 변화를 반영하며 지속적으로 개선되는 동적인 과정이라 할 수 있다.

첫 번째 특성은 **반복성**iterativeness이다. 이론 개발은 한 번의 과정으로 끝나는 것이 아니라 지속적으로 이루어지는 반복적이고 순환적인 과정이다. 한 번 형성된 이론은 지속적인 연구와 실험, 관찰을 통해 계속 검토되고 개선된다. 연구자는 초기 이론을 설정한 후 그것을 현장에서 적용하거나 데이터를 수집하여 검증한다. 그 결과를 바탕으로 기존 이론의 부족한 부분을 찾아내고, 다시 이론을 정교화하거나 수정하며, 이 과정을 반복적으로 수행하면서 더욱 정교하고 현실 설명력이 높은 이론을 발전시키게 된다. 즉, 이론 개발은 완결된 상태로 멈추는 것이 아니라 계속해서 발전해 나가는 과정이다.

두 번째 특성은 **비선형성**nonlinearity이다. 이론 개발 과정이 항상 순차적이고 단계별로 명확히 구분되어 진행되는 것은 아니다. 실제로는 각 단계가 동시에 진행되거나, 앞선 단계와 이후 단계가 상호작용하며 수정 및 보완되는 경우가 많다. 전형적으로 이론 개발은 '개념화 → 이론적 틀 수립 → 이론 검증 → 수정 및 일반화'의 단계로 설명되지만, 실제 연구 과정에서는 이러한 절차가 직선적으로 진행되지 않는다. 예를 들어, 가설을 설정한 후 자료를 수집하는 과정에서 새로운 현상을 발견하여 연구 문제의 정의가 변경되거나, 자료 분석 과정에서 초기 가설을 수정하는 경우가 자주 발생한다. 결국, 이론 개발은 고정된 절차를 따르기보다, 다양한 단계들이 유기적으로 연결되고 상호작용하는 비선형적이고 유연한 과정이라는 특징을 지닌다.

세 번째 특성은 **경험적 근거**empirical grounding이다. 이론은 반드시 현실 세계에서의 경험적 관찰이나 실험을 통해 검증되어야 하며, 경험적 증거가 없는 이론은 신뢰성을 인정받기 어렵다. 이론이 아무리 정교하고 논리적으로 뛰어나도 실제 현상과 부합하지 않으면 쓸모가 없다. 따라서 모든 이론은 경험적 자료에 의해 뒷받침되어야 하며, 이를 통해 이론의 타당성과 신뢰성을 확보한다. 경험적 검증 과정에서는 실험, 현장관찰, 설문조사, 사례연구 등 다양한 방법이 사용될 수 있으며, 이를 통해 이론의 유효성이 입증되었을 때만 실질적 설명력과 예측력을 가진 이론으로 인정받게 된다.

네 번째 특성은 **개방성**openness이다. 이론은 고정된 불변의 체계가 아니라, 새로운 현상이나 자료가 발견될 경우 언제든지 수정, 보완될 수 있는 유연한 속성을 지닌다. 현실 세계는 끊임없이 변화하며, 이에 따라 기존 이론이 설명하지 못하는 현상이나 이를 반박하는 경험적 증거가 나타날 수 있다. 이러한 경우, 이론은 재검토되고 개정되어야 한다. 개방성은 이론이 지속적으로 발전하고 진화할 수 있게 하는 핵심 요인이며, 연구자가 항상 변화에 유연하게 대응하고 열린 태도를 유지해야 하는 이유이기도 하다. 따라서 이론 개발자는 자신이 구축한 이론에 과도하게 집착하기보다, 새로운 정보와 증거를 토대로 이를 개선 및 확장할 준비가 되어 있어야 한다.

2.3. 좋은 이론의 특성

현상의 설명과 예측은 이론의 두 중요한 목적으로 일반적으로 여겨진다Kerlinger & Lee, 2000. 따라서 현상에 대한 명확한 설명과 정확한 예측은 좋은 이론이 가져야 하는 기본적인 조건이라고 할 수 있다. 때때로 동일한 현상에 대한 설명과 예측을 하는 다양한 이론으로 공존하기도 한다. 예를 들어 개인의 성격 형성에 대한 다양한 이론이 존재하며 이를 이론적 다원주의라고 한다. 다양한 이론이 존재하는 경우, 기존 이론이 새로운 이론에 의해 교체되기도 한다. 행동경제학의 전망이론prospect theory이 제시한 불확실한 결과에 대한 인간의 평가를 설명하는 가치함수value function는 기존의 효용함수utility function를 대체하는 새로운 이론으로 제안되었다Kahneman & Tversky, 1979. 다수의 이론이 공존하는 경우, 더 좋은 이론이 그렇지 못한 이론을 대체할 가능성이 높다. 이때 좋은 이론을 판단하는 기준으로 명확성, 논리적 일관성, 단순성, 검증가능성, 범용성이 있다.

2.3.1. 명확성

명확성precision은 이론의 개념이나 명제가 명확하고 모호함 없이 분명하게 정의된 정도를 의미한다. 명확한 이론은 연구자들이 쉽게 이해하고, 이론을 바탕으로 연구를 수행하거나 현실에 적용할 수 있게 한다.

전망이론의 경우 "인간이 손실과 이익을 절대적인 가치가 아니라, 준거점reference point을 기준으로 상대적으로 평가한다"고 명확히 제시한다. 더 나아가, 준거점을 기준으로 손실 영역에서는 위험 추구 성향을, 이익 영역에서는 위험 회피 성향을 분명하게 구분해 설명한다.

2.3.2. 논리적 일관성

좋은 이론이 제시하는 개념 간의 관계에 대한 명제는 **논리적 일관성**logical consistency을 가지고 있다. 이론은 내부적으로 모순이 없어야 하며, 이론 내의 개념과 명제가 서로 충돌하지 않고 일관되게 연결되어야 한다. 논리적 일관성을 갖추기 위해서는 이론이 믿을 만한 설명력을 가지며 이론을 통해 도출된 예측들이 상호 조화를 이루어야 한다.

전망이론은 가치함수와 확률 가중함수probability weighting function의 개념을 체계적으로 연결하여 인간의 행동을 일관되게 설명한다. 예를 들어, 손실 회피loss aversion의 개념은 사람들이 손실에 더 민감하게 반응한다는 가치함수의 기울기 변화와 논리적으로 연결되며, 이를 바탕으로 모든 예측들이 서로 충돌 없이 조화를 이룬다.

2.3.3. 단순성

단순성parsimony은 좋은 이론이 가지고 있어야 하는 중요한 특성이다. 좋은 이론은 복잡한 현상을 가능한 한 적은 수의 개념이나 가정으로 간결하게 설명할 수 있어야 한다. 반대로 이론이 지나치게 복잡하면 이해하기 어렵고 활용하기 어렵다. 단순성은 이론의 직관성, 경제성을 높여준다. 단순성은 좋은 이론을 판단하는 기준이 된다. 동일한 현상을 설명하는 이론이 있는 경우 더 단순한 이론이 좋은 이론으로 평가받으며, 이 원칙을 오컴의 면도날Occam's razor이라고도 한다.

전망이론은 인간의 복잡한 의사결정 과정을 가치함수와 확률 가중함수라는 두 가지 핵심 개념으로 간결하게 압축해 설명한다. 이처럼 최소한의 핵심 개념을 사용하여 의사결정 과정을 간결히 표현하기 때문에 다양한 연구자와 실무자들이 손쉽게 활용할 수 있다.

2.3.4. 검증가능성

이론은 경험적 자료나 실험적 증거를 통해 진위를 검증할 수 있는 **검증가능성**testability을 가져야 한다. 검증 가능성은 과학적 이론의 핵심 기준으로, 이론의 주장이나 예측이 현실에서의 관찰과 실험을 통해 입증되거나 반증될 수 있어야 한다.

전망이론은 사람들이 위험을 수반하는 선택 상황에서 어떠한 의사결정을 내릴지를 비교적 명확하게 예측한다. 이러한 예측은 실제 실험이나 설문조사를 통해 경험적으로 검증할 수 있다. 예를 들어, 참가자들이 100% 확률로 50만 원을 받는 선택과 50% 확률로 100만 원을 받는 선택 중 어느 것을 선호하는지, 또는 동일한 확률 구조가 손실 상황에서 제시될 때 어떠한 선택을 하는지를 관찰함으로써, 전망이론의 타당성을 평가할 수 있다.

2.3.5. 범용성

좋은 이론은 다양한 상황과 조건에서 광범위하게 적용될 수 있는 **범용성**generality을 가져야 한다. 특정 사례에 국한되지 않고 여러 영역에서 공통적으로 적용될 수 있는 이론일수록 이론적 가치가 높아진다. 범용성이 높은 이론은 실용적 유용성과 확장성이 뛰어나며, 이론의 활용 가능성을 폭넓게 해준다.

전망이론은 본래 경제적 의사결정 상황에서 출발했지만, 경제학을 넘어 금융, 마케팅, 정책 결정, 건강 행태, 위험관리, 협상전략 등 다양한 분야에서 인간의 행동을 예측하는 데 폭넓게 활용되고 있다. 이렇게 다양한 분야에 적용될 수 있다는 점이 전망이론의 중요한 장점 중 하나이다.

연구 예시 4-2

목표설정 이론의 범용성

Edwin A. Locke와 Gary P. Latham이 개발한 목표설정 이론goal-setting theory에 따르면 구체적이고 도전적인 목표를 설정할 때 인간의 동기와 성과가 증가한다Locke & Latham, 1990, 2002. 목표설정 이론이 가지는 장점 중의 하나가 범용성이다. 목표설정 이론에 따르면 목표설정 이론은 특정 상황이나 맥락에서만 적용 가능한 것이 아니라, 다양한 상황과 조건에서 공통적으로 적용될 수 있는 범용성이 높은 이론으로 평가받는다.

첫째, 목표설정 이론은 다양한 분야와 직무에 적용된다. 목표설정 이론은 본래 조직심리학에서 개발되었지만, 현재는 교육, 스포츠, 건강, 공공 행정, 경영관리 등 매우 다양한 영역에서 활용되고 있다. 또한, 특정 산업이나 직무에 국한되지 않고, 일반 사무직, 전문직, 서비스직, 생산직 등 거의 모든 직업 유형에 적용 가능하다.

둘째, 이 이론은 다양한 문화권에서 보편적으로 적용 가능하다. 목표설정이론은 서구 문화권을 넘어 아시아, 남미, 중동 등 전 세계 다양한 문화권에서도 연구를 통해 그 효과가 입증되었다. 즉, 목표의 명확성, 난이도, 피드백과 같은 요소가 문화적 차이를 초월하여 인간의 동기부여에 공통적으로 영향을 미치는 것으로 나타났다.

셋째, 개인의 특성을 뛰어넘는 설명력이다. 목표설정이론은 개인의 성격, 연령, 성별, 경험 등 다양한 특성에 관계없이 목표가 성과에 미치는 보편적인 메커니즘을 효과적으로 설명한다. 개인적 특성에 따라 목표 효과가 달라질 수 있지만, 목표설정의 기본 원칙(명확하고 도전적인 목표 설정)은 거의 모든 개인에게 적용된다.

Ⅲ. 이론 개발과 이론 응용

연구의 주된 기여점이 새로운 이론을 개발하는 것인지, 아니면 기존 이론을 새로운 현상에 적용하는 것인지에 따라 연구는 이론 개발 연구와 이론 응용 연구로 구분될 수 있다Lynch et al., 2012; Lynch, van Osselaer, & Torres, 2023. 이 두 유형의 연구는 "제3장"에서 논의한 연구의 이론적 기여theoretical contribution와 실용적 기여practical contribution 중 어느 기여가 더 큰지를 기준으로도 구별될 수 있다.

이론 개발 연구는 새로운 이론을 제안하거나 기존 이론을 확장 및 수정하는 연구를 의미하며, 이론적 기여가 상대적으로 큰 연구 유형이다. 반면, 이론 응용 연구는 특정 현상에 기존 이론을 적용하여 그 효과를 검증하는 데 초점을 맞추며, 실용적 기여가 상대적으로 크다. 이 두 유형의 연구는 상호 연관되어 있으며, 연구의 목적과 기여도에 따라 구분될 수 있다. [그림 4.1]은 이론 개발 연구와 이론 응용 연구의 주요 주제 및 두 연구 유형 간의 관계를 시각적으로 보여준다.

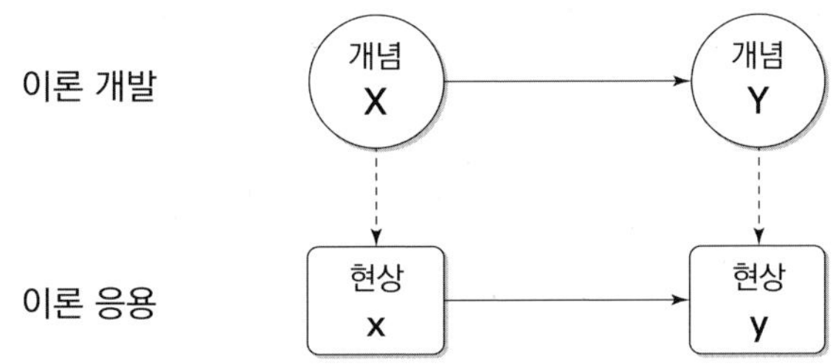

[그림 4.1] 이론 개발과 이론 응용

3.1. 이론 개발 연구

이론 개발 연구theory-building research는 새로운 개념, 원리, 또는 이론을 창출하거나 기존 이론을 확장하는 연구를 의미한다.[2] 이러한 연구는 추상적 개념 간의 논리적 연관성에 초점을 맞추어, 새로운 개념적 틀이나 가설을 도출하는 것을 주요 목표로 한다. 이론은 다양한 현상을 설명하고 예측하는 틀을 제공하며, 연구의 방향을 설정하고 새로운 지식을 이끌어내는 핵심적인 역할을 한다. 따라서 이론 개발 연구는 과학적 탐구에서 중요

2) 이론 개발 연구는 이론중심theory-driven 연구 또는 개념-개념 연관성construct-to-construct 연구라고도 한다Lynch et al., 2012, 2023.

한 위치를 차지하며, 연구의 주요 목표로 인식되어 왔다.

이론 개발 연구의 대표적인 사례로 해석수준 이론construal-level theory이 있다Trope & Liberman, 2003. 해석수준 이론은 심리적 거리가 멀어질수록 대상을 보다 추상적이고 전반적인 틀로 인식하며, 반대로 심리적 거리가 가까워질수록 구체적인 세부 사항에 주목하게 된다는 개념을 제시한다. 이 이론은 시간, 공간, 사회적 관계, 혹은 가설적 상황 등 다양한 형태의 심리적 거리psychological distance에 따라 개인의 사고방식과 의사결정이 달라짐을 설명한다. 해석수준 이론은 다양한 분야에서 적용될 수 있으며, 미래 예측, 목표 설정, 행동 계획, 소비자 의사결정 등의 연구에서 중요한 통찰을 제공하였다. 이러한 이론적 틀은 마케팅, 조직 행동, 의사결정 연구 등 여러 분야에서 활용되며, 새로운 연구의 토대를 제공하였다.

3.2. 이론 응용 연구

이론 응용 연구theory-application research는 실제 나타나는 현상에 기존 이론을 적용하는 연구를 의미한다.[3] 새로운 이론을 제시하는 것이 아니라, 이미 확립된 이론이나 모형을 바탕으로 실제 문제 해결, 정책 수립, 또는 실용적인 목적에 적용하여 그 효과를 검증하는 연구에 초점을 맞춘다.

이론 개발 연구와 이론 응용 연구는 상호 보완적인 관계를 이루며, 함께 활용될 때 행동과학의 발전과 문제 해결에 큰 기여를 할 수 있다. 그러나 이론 응용 연구는 상대적으로 그 중요성이 과소평가되는 경향이 있다Lynch et al., 2023. 연구자들은 종종 이론 개발 연구가 더 가치 있는 연구라고 간주하며, 논문 심사 과정에서도 이론적 기여의 부족은 이론 응용 연구 논문의 게재를 반대하는 중요한 이유 중 하나로 작용한다. 이러한 편향에 대한 문제의식이 지속적으로 제기되었으며, 이론 기반 응용 연구의 중요성이 보다 적극적으로 인식되어야 한다는 주장이 나오고 있다Stokes, 1997.

이론 응용 연구의 가치를 평가하는 기준은 이론 개발 연구와는 다르게 설정될 필요가 있다. 이론 개발 연구는 이론의 독창성과 설명력이 주요 평가 기준이다. 이론 응용 연구는 이에 상응하는 별도의 평가 기준이 요구된다Lynch et al., 2023.

첫 번째 평가 기준은 현상과 이론의 통합성이다. 연구에서 다루는 현상이 기존 이론과 어떻게 연계되며, 해당 이론의 개념과 어떤 방식으로 통합되는지가 연구의 평가 기준이

3) 이론 응용 연구는 현상중심phenomenon-driven 연구Lynch et al, 2012 또는 현상-개념 연관성phenomenon-to-construct 연구Lynch et al., 2023라고도 한다.

된다. 동일한 현상을 설명하는 다양한 이론이 존재할 수 있으며, 연구자가 특정 이론을 활용하여 현상을 설명하는 방식과 그 연계성이 중요한 평가 요소가 된다.

두 번째 평가 기준은 연구 대상이 되는 현상의 독창성이나 중요도이다. 예를 들어, DellaVigna and Malmendier(2006)의 연구에서는 헬스클럽 회원권 이용 자료를 분석하여, 월 정액제를 선택한 회원의 평균 방문당 비용이 $17로, 1회 이용권($10)보다 높은 비용을 지불하고 있음을 발견했다. 이 연구에서는 이러한 비합리적 소비 패턴을 과대낙관overconfidence 편향이나 자기통제self-control의 변화와 같은 선행 이론을 활용하여 설명했다. 또한, "연구 예시 4-3"으로 소개되는 목욕수건 재사용에 대한 연구는 환경 보호 행동에 미치는 메시지 효과라는 주제를 다룸으로써, 실용성과 적용 가능성 측면에서 중요한 연구로 평가된다.

연구 예시 4-3

사회적 규범이 친환경 행동에 미치는 영향

Goldstein, Cialdini, and Griskevicius(2008)는 호텔 투숙객의 목욕수건 재사용을 증가시키는 효과적인 메시지 전달 방식을 연구하기 위해 현장실험field experiment을 수행했다. 연구진은 실제 호텔 객실의 수건걸이에 서로 다른 메시지를 포함한 카드를 배치한 후, 투숙객의 수건 재사용 행동에 미치는 영향을 분석하였다.

연구에서 사용된 메시지는 크게 두 가지 유형으로 나뉘었다. 첫 번째는 환경 보호 호소environmental appeal 메시지로, "환경을 보호하기 위해 수건을 다시 사용해 주세요."라는 문구를 사용하였다. 두 번째는 사회적 규범 호소social norms appeal 메시지로, "이 호텔에 머무는 대부분의 고객(75%)이 수건을 재사용합니다."라는 문구를 포함하였다.

연구 결과, 단순히 환경 보호를 강조한 메시지보다, 사회적 규범을 강조한 메시지가 더 높은 수건 재사용을 유도하는 것으로 나타났다. 이는 사람들이 도덕적, 윤리적 동기보다 사회적 규범social norms에 따라 행동할 가능성이 더 높다는 점을 시사한다. 즉, 친환경 행동을 유도할 때 단순한 윤리적 호소보다, 사람들이 실제로 따를 가능성이 높은 사회적 규범을 강조하는 것이 더 효과적임을 보여주었다.

Goldstein 등(2008)의 연구는 사회적 규범을 강조하는 메시지가 정책, 공공 캠페인, 마케팅 등의 다양한 분야에서 적용될 수 있음을 시사한다. 예를 들어, Hallsworth 등(2017)은 유사한 접근법을 세금 납부율tax compliance rate을 높이는 정책에 적용하였다. 이 연구에서는 영국 정부와 협력하여, 실제 세금 미납자를 대상으로 사회적 규범을 강조한 메시지가 납부율에 미치는 영향을 분석하였다. 연구 결과, 일반적인 경고 메시지보다 "대다수의 사람들이 기한 내 세금을 납부합니다."와 같은 사회적 규범을 강조한 메시지가 세금 납부율을 유의미하게 증가시키는 것으로 나타났다.

주요 참고자료

이론 개발 연구와 이론 응용 연구

Stokes, D. E. (1997). *Pasteur's Quadrant: Basic Science and Technological Innovation*. Brookings. [기초 연구와 응용 연구가 상호 보완적이어야 함을 주장. 과학 전반을 대상으로 하지만, 행동과학에서도 이론 응용 연구가 실제 사회 문제 해결과 기술 혁신에 미치는 중요성을 설명하는 데 영향을 미침.]

참고문헌

Babbie, E. (2016). *The Practice of Social Research*. Cengage Learning.

Bass, F. M. (1969). A new product growth for model consumer durables. *Management Science*, 15(5), 215-227.

Bem, D. J. (1967). Self-perception: An alternative interpretation of cognitive dissonance phenomena. *Psychological Review*, 74(3), 183-200.

DellaVigna, S., & Malmendier, U. (2006). Paying not to go to the gym. *American Economic Review*, 96(3), 694-719.

Dubin, R. (1978). *Theory Building*. Free Press.

Fishbein, M. (1963). An investigation of the relationship between beliefs about an object and the attitude toward that object. *Human Relations*, 16(3), 233-239.

Freud, S. (1900). *The interpretation of dreams* (J. Strachey, Trans.). Basic Books.

Goldstein, N. J., Cialdini, R. B., & Griskevicius, V. (2008). A room with a viewpoint: Using social norms to motivate environmental conservation in hotels. *Journal of Consumer Research*, 35(3), 472-482.

Hallsworth, M., List, J. A., Metcalfe, R. D., & Vlaev, I. (2017). The behavioralist as tax collector: Using natural field experiments to enhance tax compliance. *Journal of Public Economics*, 148, 14-31.

Kahneman, D., & Tversky, A. (1979). Prospect theory: An analysis of decision under risk. *Econometrica*, 47(2), 263-291.

Kerlinger, F. N. & Lee, H. B. (2000). *Foundations of Behavioral Research*. Harcourt.

Kuhn, T. S. (1962). *The Structure of Scientific Revolution*. University of Chicago Press.

Locke, E. A., & Latham, G. P. (1990). *A Theory of Goal Setting and Task Performance*. Prentice-Hall.

Locke, E. A., & Latham, G. P. (2002). Building a practically useful theory of goal setting and task motivation: A 35-year odyssey. *American Psychologist*, 57(9), 705-717.

Lynch, J. G., Alba, J. W., Krishna, A., Morwitz, V. G., & Gürhan-Canli, Z. (2012). Knowledge creation in consumer research: Multiple routes, multiple criteria. *Journal of Consumer Psychology*, 22(4), 473-485.

Lynch, J. G., van Osselaer, S. M., & Torres, P. (2023). Inside baseball: How our stereotypes of "good theory" undermine perceived relevance of marketing scholarship. *Available at SSRN 4311119*.

Petty, R. E., and Cacioppo, J. T. (1986). The elaboration likelihood model of persuasion. *Advances in Experimental Social Psychology*, 19, 123-205.

Stokes, D. E. (1997). *Pasteur's Quadrant: Basic Science and Technological Innovation*. Brookings.

Sutton, R. I., & Staw, B. M. (1995). What theory is not. *Administrative Science Quarterly*, 40(3), 371-384.

Trope, Y., & Liberman, N. (2003). Construal-level theory of psychological distance. *Psychological Review*, 110(2), 403-421.

Whetten, D. A. (1989). What constitutes a theoretical contribution? *Academy of Management Review*, 14(4), 490-495.

제3부

연구 설계와 자료수집

제5장 연구 설계와 연구 타당도

제6장 실험

제7장 설문

제5장

연구 설계와 연구 타당도

이 장에서는 연구 접근법과 연구 타당도의 개념을 체계적으로 정리하고, 연구자가 연구 설계를 할 때 고려해야 할 핵심 요소들을 논의한다. 연구의 신뢰성과 정확성을 보장하기 위해 연구자는 정량적 연구와 정성적 연구 중 어떤 방법을 선택할지 결정해야 하며, 각각의 연구 접근법이 가지는 특징과 활용 방안을 명확히 이해하는 것이 중요하다. 이에 따라 본 장에서는 정량적 연구와 정성적 연구의 정의, 대표적인 연구 설계 유형 및 각 접근법의 장단점을 다룬다. 연구 설계를 결정하는 과정에서는 어떤 연구 타당도를 우선시할 것인지에 따라 연구 방법이 달라질 수 있다. 본 장에서는 연구 타당도의 세 가지 주요 기준인 개념 타당도, 내적 타당도, 외적 타당도에 대해 다룬다. 또한, 연구 방법과 연구 표본의 결정은 연구 타당도와 밀접한 관련이 있어, 이를 둘러싼 다양한 학문적 논쟁이 존재해왔다. 본 장은 연구 타당도 논쟁에 관련된 내용도 논의한다.

I. 연구 접근법과 연구 설계

연구 접근법research approach은 연구를 수행하는 체계적인 계획을 의미한다. 일반적으로 연구 접근법은 크게 정량적 연구법과 정성적 연구법으로 구분된다. 한편, **연구 설계**research design는 이러한 접근법에 따라 연구 목적을 달성하기 위해 구체적으로 마련되는 절차와 실행 계획을 뜻하며, 여기에는 실험, 설문조사, 면접, 관찰 등 다양한 방법이 포함될 수 있다. 즉, 연구 접근법이 연구 수행의 방향과 철학적 기반을 제공한다면, 연구 설계는 이를 실현하기 위한 구체적 실행 전략이라 할 수 있다.

정량적 연구quantitative research는 개념이나 변수를 수치화quantification하여 이를 통계적으로 검증하는 연구를 의미한다. 대표적인 정량적 연구 설계로 설문과 실험이 있으며, 2차 자료를 계량화하여 통계 분석을 하는 경우도 정량적 연구에 해당한다.

정성적 연구qualitative research는 질적 연구라고도 불리며, 개념이나 변수를 수치가 아닌 언어적 도구(예, 단어나 문장)로 정의하는 연구를 의미한다. 많이 사용되는 정성적 연구 설계로는 심층 면접, 표적집단 면접법, 관찰법 등이 있다.

그러나 정량적 연구와 정성적 연구의 경계가 명확하지 않은 경우가 많다. 예를 들어 토픽 모델링topic modeling 연구는 대규모 문장(텍스트)에서 숨겨진 주제를 추출하고 분석하는 방법으로, 정량적 연구와 정성적 연구가 결합된 형태라고 할 수 있다. 정량적 연구와 정성적 연구는 이분법적 개념이 아니라 하나의 연장선상의 끝에 해당하는 것으로 여겨진다Newman & Benz, 1998. 따라서 연구에 따라 정량적 연구의 성격과 정성적 연구의 성격이 혼합되어 있는 경우가 많다.

예를 들어, 설문의 경우 대부분 변수의 계량적 측정을 위한 정량적 연구에 사용되지만, 주관식 문항을 통해 수집된 응답은 정성적 연구에서 분석되기도 한다. 또 다른 예로, 관찰을 사용한 연구는 주로 정성적 연구에 활용되지만, 관찰한 대상을 수량화하여 분석하는 경우(예, 쇼핑 시간과 구매량의 관계)는 정량적 연구에 해당할 수 있다.

1.1. 정량적 연구

1.1.1. 실험

실험experiment은 특정 가설을 검증하거나 현상을 이해하기 위해 통제된 환경에서 독립변수를 조작하여 종속변수에 미치는 영향을 분석하는 연구 방법이다. 실험은 인과관계를 검증하는 데 가장 유용한 방법으로, 다양한 행동과학 분야에서 널리 활용된다. 실험에 대한 자세한 내용은 "제6장: 실험"에서 다룬다.

1.1.2. 설문

설문survey은 연구 주제에 대한 자료를 응답자로부터 질문을 통해 수집하는 연구 방법이다. 이는 거의 모든 행동과학 분야에서 광범위하게 활용된다. 설문은 다수의 질문으로 구성된 설문지questionnaire를 사용하며, 자료 수집은 대면, 전화, 우편, 온라인 등의 다양한 방식으로 이루어진다. 설문에 대한 보다 구체적인 내용은 "제7장: 설문"에서 다룬다.

1.1.3. 2차 자료 분석

2차 자료 분석은 이미 수집된 수치 데이터(2차 자료)를 활용하여 새로운 연구 질문을 탐구하거나 기존 이론을 검증하는 정량적 연구 방법이다. 이 방법에서는 다른 연구자, 기관, 혹은 정부가 수집한 데이터를 가공 및 분석하여 사용한다. 2차 자료 분석은 대규모 데이터를 기반으로 한 통계적 분석을 통해 가설 검증과 추론을 수행하는 데 적합하다. 연구에 활용되는 2차 자료의 예로는 인구통계 자료, 행정 자료, 기업 보고서, 패널 자료 등이 있다.

연구 예시 5-1

패널자료를 이용한 장애인 직무만족도 연구

Brooks(2019)는 장애인과 비장애인의 직무만족도 차이를 연구하기 위해 미국의 General Social Survey(GSS) 자료를 활용하였다. GSS는 사회학적 연구를 목적으로 설계된 종합적인 설문조사로, 데이터를 연구자 및 일반 대중에게 공개하여 사회학, 정치학, 경제학 등 다양한 분야에서 널리 활용되고 있다.

Brooks(2019)는 1,613명의 장애인 및 비장애인 임금근로자 응답을 분석하여 직무만족 수준과 그 영향 요인을 살펴보았다. 연구 결과, 장애인 근로자의 직무만족 수준이 비장애인 근로자보다 낮은 것으로 나타났다. 또한, 연구에서 중요한 발견 중 하나는 직장에서 받는 존중respect이 직무만족도에 미치는 영향이었다. 직장에서 존중받는 정도는 직무만족도를 결정하는 핵심 요소로 작용했으며, 이는 장애 여부에 따른 직무만족도의 차이를 설명하는 주요 요인 중 하나로 분석되었다. 특히, 장애를 가진 근로자들이 더 높은 수준의 존중과 포용을 경험할수록 직무만족도가 유의미하게 증가하는 것으로 나타났다.

1.2. 정성적 연구

정성적 연구에서는 다양한 연구 방법이 활용되며, 대표적으로 면접, 표적집단 면접법, 관찰 등이 있다. 이러한 연구 방법들은 연구자가 특정 주제에 대한 심층적인 정보를 수집하고 맥락을 이해하는 데 유용하다. 또한, 연구 과정에서 얻은 데이터를 정량적으로 분석할 수도 있지만, 본질적으로는 연구 대상자의 경험, 감정, 동기 등을 깊이 탐구하는 데 초점을 맞춘다.

1.2.1 면접

면접Interview은 연구자가 응답자에게 질문을 제시하고 답변을 듣는 방식으로 이루어지는 연구 방법이다. 연구 목적과 질문 방식에 따라 구조화된 면접, 비구조화된 면접, 반구조화된 면접으로 구분된다.

구조화된 면접structured interview은 사전에 준비된 질문지를 기반으로 진행되며, 모든 응답자가 동일한 질문을 받는다. 주로 폐쇄형 질문closed-ended question을 사용하여 응답자가 간결하고 객관적인 답변을 제공하도록 유도한다. 예를 들어, "선호하는 커피 전문점 브랜드 3개를 말씀해 주세요"와 같은 질문은 구조화된 면접의 한 예다. 이러한 방식은 데이터의 비교 및 정량적 분석이 용이하다는 장점이 있다.

비구조화된 면접unstructured interview은 사전에 준비된 질문 없이 자유로운 대화 형식으로 진행된다. 연구자는 응답자의 반응에 따라 유동적으로 질문을 조정하며, 특정 주제에 대해 보다 깊이 있는 논의를 유도할 수 있다. 이 방법은 연구자가 응답자의 경험과 감정을 깊이 이해하는 데 효과적이지만, 면접자의 질문 능력과 해석 능력이 중요하며, 면접 내용이 일정하지 않아 비교 및 분석이 어렵다는 단점이 있다.

반구조화된 면접semi-structured interview은 구조화된 면접과 비구조화된 면접의 중간 형태로, 연구자가 사전에 준비한 개방형 질문open-ended question을 사용하면서도 면접 과정에서 추가 질문을 조정할 수 있다. 이 방식은 연구 주제에 대한 일정한 가이드라인을 유지하면서도 응답자의 자유로운 의견을 반영할 수 있다는 장점이 있다. 반구조화된 면접은 심층 인터뷰 및 질적 연구에서 널리 사용되며, 연구자의 질문 능력과 면접 기술이 중요한 요소로 작용한다.

면접 과정에서는 응답자의 동의를 얻어 녹음recording을 진행하는 것이 일반적이며, 이후 전사transcription 과정을 거쳐 면접 내용을 문서화한다. 전사된 데이터는 연구자가 분석하여 주요 주제를 도출하고, 연구 결과를 해석하는 데 활용된다.

연구 예시 5-2

소비자와 브랜드의 다양한 관계

Fournier(1998)는 심층 면접in-depth interview을 통해 소비자가 특정 브랜드와 맺는 관계의 본질을 탐구하였다. 연구 결과, 소비자는 브랜드를 단순한 제품이나 서비스가 아니라, 사회적, 정서적 관계를 형성할 수 있는 대상으로 인식한다는 점이 밝혀졌다. 즉, 브랜드는 소비자의 삶 속에서 기능적 가치를 넘어 감정적 애착과 심리적 의미를 지닌 존재로 자리 잡을 수 있다.

이 연구는 소비자-브랜드 관계가 사람들 간의 관계와 유사한 특성을 지닌다는 점을 강조하였다. 사람들 간의 관계가 다차원적이고 지속적으로 변화하듯, 소비자와 브랜드의 관계 또한 시간이 흐름에 따라 발전하거나 약화될 수 있다. 이러한 관계는 단순한 선호도를 넘어 깊이 있는 감정적 유대감을 포함하며, 브랜드가 소비자의 정체성, 자아 표현, 삶의 경험과 연결될 수 있음을 시사한다.

특히, 연구에서는 소비자-브랜드 관계가 우정friendship: 브랜드가 소비자에게 신뢰를 주고 오랜 시간 동안 긍정적인 경험을 제공할 때 형성되는 관계, 사랑과 열정love and passion: 소비자가 특정 브랜드에 강한 애착과 정서적 몰입을 보이며, 브랜드를 적극적으로 지지하는 관계, 의존dependence: 소비자가 브랜드에 심리적으로 의존하여, 브랜드가 없는 상황을 상상하기 어려운 상태 등과 같은 다양한 형태로 나타날 수 있음을 보여주었다.

1.2.2. 표적집단 면접법

표적집단 면접법(FGI)focus group interview은 면접 진행자moderator가 소수(일반적으로 10명 이내)로 구성된 집단을 대상으로 진행하는 토론형 면접 방식이다. 진행자의 역할은 참여자들이 적극적으로 토론에 참여하도록 유도하는 동시에, 정해진 순서에 따라 논의 주제를 순차적으로 제시하는 것이다.

표적집단 면접법은 토론 참여자 간의 상호작용을 통해 응답이 생성된다는 점에서 개별 응답자를 대상으로 하는 면접과 차별화된다. 특히, 참여자의 상호작용이 연구 결과에 중요한 영향을 미치므로, 면접 집단의 구성 방식이 핵심적인 의사결정 요소가 된다. 일반적으로 유사한 특성을 가진 응답자를 모집하는데, 이는 경험과 관심이 비슷할수록 활발한 토론이 이루어질 가능성이 높기 때문이다. 그러나 연구 목적에 따라 다양한 경험과 관심을 가진 응답자를 모집하여 의견의 차이를 분석하는 방식도 활용될 수 있다.

또한, 응답자들은 개별 면접보다 집단 토론을 보다 편안하게 여기고, 의견을 적극적으로 표현하는 경향이 있다. 이러한 특징 덕분에 표적집단 면접법을 통해 얻은 자료는 양적, 질적 측면에서 유용한 정보를 제공하는 경우가 많다. 그러나 집단 토론을 기반으로 하는 특성상, 지나치게 개인적이거나 민감한 주제에 대해서는 응답이 제한될 가능성이 있어, 연구 목적에 따라 적절한 방법을 선택하는 것이 중요하다.

1.2.3. 관찰

관찰observation은 연구자가 대상을 직접 관찰하여 자료를 수집하는 연구 방법이다. 그러나 연구자의 기대나 환경에 따라 동일한 현상도 다르게 해석될 가능성이 있어, 과거에는 과학적 연구에서 활용 빈도가 낮았다. 하지만 최근에는 관찰 도구의 발전과 다양한 관찰 기법의 개발로 인해, 관찰법이 유의미한 시사점을 제공하는 연구 방법으로 인식이 변화하고 있다.

그러나 관찰법에는 몇 가지 한계점이 존재한다. 특히, 관찰자는 연구 대상의 외부적으로 드러난 행동만 기록할 수 있으며, 대상의 내면적 사고나 심리 상태는 직접 측정하기 어렵다는 점이 주요한 제약으로 꼽힌다. 따라서 연구자가 단순히 행동을 기록하는 것뿐만 아니라, 맥락을 고려한 해석과 보완적인 연구 방법을 함께 사용하는 것이 중요하다.

관찰법은 정성적 연구와 정량적 연구 모두에서 활용될 수 있다. 정성적 연구에서의 대표적인 사례로 동물학자 제인 구달Jane Goodall의 침팬지 연구를 들 수 있다Goodall, 1986. 그녀는 탄자니아 곰베 스트림 국립공원에서 장기간 침팬지를 관찰하면서, 침팬지의 도구 사용, 사냥, 사회적 관계 형성을 연구하였다. 이를 통해 침팬지가 단순한 본능적 행동을 넘어, 고도의 사회성과 문화적 학습 능력을 지니고 있음을 밝혀냈다. 이러한 연구는 연구자가 피험자의 자연스러운 행동을 직접 관찰하는 방식으로 이루어지며, 자연적 관찰naturalistic observation의 대표적인 사례로 평가된다.

반면, 관찰을 통해 측정한 데이터를 통계적으로 분석하는 연구는 정량적 연구의 특성을 가진다. 예를 들어, 매장에서 고객의 쇼핑 시간을 관찰하여 구매량 간의 상관관계를 분석하는 연구는 정량적 연구의 대표적인 사례이다. 이러한 연구는 행동을 수치화하여 패턴을 분석하는 데 초점을 두며, 실험적 방법과 결합될 경우 더욱 정교한 분석이 가능하다. 따라서 관찰법은 연구 목적과 분석 방식에 따라 다양한 형태로 활용될 수 있으며, 정성적 연구와 정량적 연구의 보완적인 방법으로도 중요한 역할을 한다.

연구 예시 5-3

다방법론 정성적 연구법을 이용한 추수감사절 소비의례 연구

Wallendorf and Arnould(1991)는 관찰법과 심층 면접을 활용하여 미국의 추수감사절Thanksgiving 소비 의례consumption ritual를 심층적으로 연구하였다. 연구자들은 다양한 가정과 장소에서 직접 참여하며, 추수감사절 의례와 소비 행위가 자연스럽게 이루어지는 환경을 관찰하였다. 관찰 과정에서는 가족과 친구들 간의 상호작용, 음식 준비와 조리 과정, 식사의 구성, 대화 내용, 선물 교환, 장식 및 공간 연출 등 의례적 요소를 면밀하게 기록하였다. 또한, 심층 인터뷰를 통해 참여자들이 추수감사절을 어떻게 인식하는지, 전통적 가치와 개인적 경험이 소비 행위에 어떻게 반영되는지를 분석하였다.

이 연구는 추수감사절의 소비가 단순한 물질적 소비 행위를 넘어, 사회적 소속감과 집단 정체성을 형성하고 강화하는 문화적, 상징적 활동이라는 점을 강조하였다. 특히, 특정한 음식(칠면조, 크랜베리 소스, 펌킨파이 등)이 주요한 역할을 하며, 이를 준비하고 공유하는 과정이 가족과 공동체의 유대를 강화하는 중요한 의례임을 밝혔다. 연구자들은 이러한 소비 행위가 단순한 개인적 기호를 반영하는 것이 아니라, 사회적 전통을 계승하고 세대 간 정체성을 연결하는 매개체로 작용함을 시사하였다.

1.3. 다방법론 접근

다방법론 접근multimethod approach은 연구의 타당도와 신뢰도를 높이기 위해 연구에서 다양한 방법론을 결합하는 연구 방법이다. 다방법론 접근의 연구는 다양한 정량적 방법(설문, 실험)과 정성적 방법(예, 면접, 관찰) 중에서 연구 주제에 적합한 두 개 이상의 연구법을 사용해 이론이나 가설을 검증한다.

다방법론 접근은 단일 연구 방법의 한계를 보완하고 연구 결과에 대한 포괄적이고 깊이 있는 이해를 제공해 준다. 개별 연구 방법은 자신만의 장점과 한계점을 가지고 있기 때문에, 다양한 연구 방법을 이용한 연구는 결과의 신뢰성을 강화하고 편향의 가능성을 줄일 수 있다. 또한, 사용된 연구 방법에 따라 다수의 연구 목적을 달성할 수 있다. 연구의 탐색적 측면은 정성적 방법을 사용하고, 연구 결과의 정량화나 인과관계 검증에는 정량적 방법을 사용할 수 있다. 다방법론 접근은 특히 복잡한 현상에 대한 이해에 적합한 접근법이다. 다방법론 접근은 하나의 현상을 다양한 각도에서 검증한다는 측면에서 **방법론적 삼각측량**methodological triangulation이라고도 불린다.

연구 예시 5-4

다방법론을 이용한 주거지 선택 연구

Bergman 등(2024)은 실험, 설문, 심층 면접을 이용해 저소득 가정이 주거지를 선택할 때 겪는 제약을 이해하고, 이러한 제약이 소득계층 간 주거지 분리에 어떻게 영향을 미치는지를 연구하였다. 실험을 이용해 주택 바우처의 혜택 유형이 더 좋은 환경을 제공하는 지역으로의 이주에 미치는 영향을 검증하였다. 또한 실험에 참여한 가구를 대상으로 설문을 실시하여 가족 구성, 주거 선호도, 이전 주거 등 다양한 정보를 수집 및 분석하였다. 또한, 무작위로 선정된 104가구와의 심층 면접을 통해 주택 검색 과정에서의 경험과 이주 후 만족도를 조사하였다. 이러한 질적 자료는 프로그램이 가족별로 구체적인 필요를 어떻게 충족시켰는지, 그리고 주택 검색 과정에서의 제약을 어떻게 완화했는지를 이해하는 데 활용되었다. 이러한 설문조사와 면접 자료는 실험 데이터를 보완하여, 저소득 가구의 주거 선택에 영향을 미치는 요인과 프로그램의 효과를 종합적으로 분석하는 데 기여하였다.

Ⅱ. 연구 타당도

연구의 **타당도**validity는 연구의 결과의 정확성이나 신뢰성을 평가하는 기준을 의미한다.[1] 연구 타당도는 개념 타당도, 내적 타당도, 외적 타당도의 세 가지 유형으로 구분된다.

[그림 5.1]은 두 개의 추상적 개념(X와 Y) 간의 인과관계를 검증하는 연구에서 세 가지 유형의 타당도가 어떻게 적용되는지를 보여준다. 연구에서 X와 Y는 각각 x와 y라는 변수로 조작적 정의operational definition되었으며, 연구자는 이 변수들을 활용하여 개념적 관계를 실증적으로 분석한다.

개념 타당도construct validity는 x와 y라는 조작적 정의가 연구에서 다루는 개념 X와 Y를 얼마나 정확하게 반영하는지를 평가하는 기준이다. 개념과 실제 사용된 변수가 일치하는지 여부를 판단하는 것이 핵심이며, 개념 타당도가 높을수록 변수의 조작이나 측정 과정이 신뢰할 수 있음을 의미한다.

내적 타당도internal validity는 연구에서 독립변수(x)가 종속변수(y)에 미치는 인과적 영향을 검증할 때, 종속변수의 변화가 독립변수 때문이라고 확신할 수 있는 정도를 의미한다. 내적 타당도가 높을수록 연구 설계가 타당하며, 외부 요인(교란변수, 우연적 효과 등)에 의해 연구 결과가 왜곡될 가능성이 낮다.

외적 타당도external validity는 연구에서 얻은 결과가 다른 상황이나 집단에 일반화될 수 있는 정도를 의미한다. 연구 결과가 특정한 실험 조건이나 표본에만 적용되는 것이 아니라, 보다 넓은 맥락에서도 동일한 효과($x_i \rightarrow y_i$)를 나타낼 수 있을 때 외적 타당도가 높다고 평가된다.

1) 타당도는 측정에 있어서도 중요한 주제이며, 내용 타당도, 규칙 타당도, 기준 타당도와 같은 측정에 관련된 타당도는 "제8장: 측정'에서 다룬다.

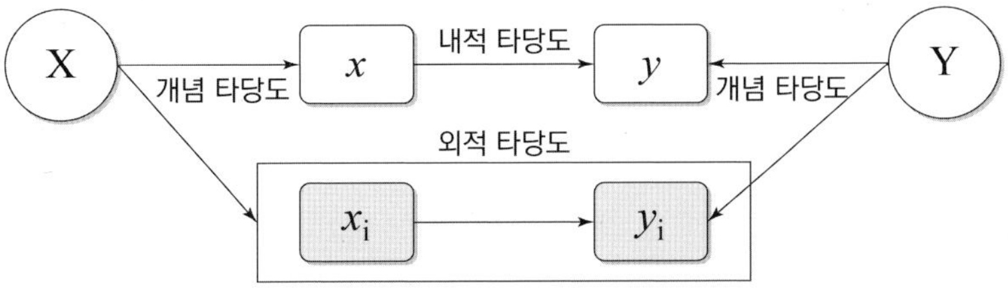

[그림 5.1] 연구의 타당도

동일한 연구 주제에 대한 검증은 다양한 연구 방법을 활용하여 이루어질 수 있다. 예를 들어, 감정 상태가 위험 추구 행동에 미치는 영향을 연구할 때, 실험, 설문조사, 2차 자료 분석 등의 연구 디자인을 사용할 수 있다. 각각의 연구 방법은 타당도 측면에서 서로 다른 장점과 한계를 가지며, 연구자가 어떤 방법을 선택할 것인지는 연구 목적과 타당도의 특성을 고려하여 결정해야 한다.

예를 들어, 실험 연구는 연구자가 변수를 체계적으로 조작하여 인과관계를 검증할 수 있다는 점에서 내적 타당도가 높다. 그러나 실험은 환경이 통제된 상황에서 이루어지므로 외적 타당도 측면에서는 한계를 가질 수 있다. 반면, 설문조사나 2차 자료 분석과 같은 연구 방법은 현실적인 데이터에 기반하여 외적 타당도가 강점이 될 수 있지만, 변수 간의 인과관계를 확실히 규명하는 데에는 제한이 있을 수 있다.

따라서 연구자는 연구 주제와 검증하고자 하는 가설에 따라 어떤 연구 방법이 가장 적질한지 신중히 고려해야 하며, 특정 연구 방법의 한계를 보완하기 위해 다양한 방법론을 함께 사용하는 접근법이 필요할 수 있다. 결론적으로, 연구의 타당도를 확보하기 위해서는 연구 설계 단계에서 개념 타당도, 내적 타당도, 외적 타당도를 종합적으로 고려하여 연구 결과의 신뢰성과 일반화가능성을 극대화하는 것이 중요하다.

2.1. 개념 타당도

개념 타당도construct validity는 연구에 사용된 변수에 대한 조작적 정의의 적절성을 의미한다. 따라서 개념 타당도는 연구에서 사용되는 변수의 조작적 정의가 개념적 정의를 잘 반영하는 정도라고 해석할 수 있다. 개념 타당도는 개념이 직접적으로 조작, 관찰, 측정이 어려운 경우 더욱 중요해진다. 예를 들어 감정, 동기, 지능과 같은 심리적인 개념은 직접적인 측정이 어렵기 때문에 개념 타당도의 확보가 연구의 신뢰도에 중요한 역할을 한다.

개념 타당도를 확보하기 위해서는 개념이 명확해야 하며, 조작적 정의와 개념의 연관성에 대한 이론적 근거가 필요하다. 개념 타당도에 대한 명확한 이론적 정의는 개념에 대한 정확한 조작적 정의를 가능하게 해준다. 반대로 개념에 대한 정의가 명확하지 않은 경우에는 그 개념에 대한 정확한 조작적 정의가 어렵게 된다. 예를 들어, Lazarus and Folkman(1984)은 스트레스stress를 "개인이 자신의 자원의 한계를 넘거나 안녕을 위협하는 것으로 간주하는 환경으로 인한 상태"로 개념적 정의하였다. 이 정의는 스트레스의 인지적인 측면과 대처의 중요성을 강조한다. 이러한 개념적 정의는 연구에서의 스트레스 측정이나 조작에 적용된다. 또한, 개념 타당도 확보를 위해서는 개념과 조작적 정의의 연관성에 대한 이론적 근거가 있어야 한다. Lazarus and Folkman(1984)은 스트레스 측정 도구 개발 시에 스트레스를 단순히 외부 환경 자극으로 측정하는 것이 아니라 인지적 평가와 대처 방식을 주요 요소로 포함시켰다.

개념 타당도를 개선하는 방법으로는 조작적 정의된 변수를 평가하는 수렴 타당도convergent validity와 판별 타당도discriminant validity 검토가 있다. 수렴 타당도는 동일한 개념에 대한 다양한 조작적 정의 간의 높은 상관관계를 의미하며, 판별 타당도는 서로 다른 개념에 대한 조작적 정의 간의 낮은 상관관계를 의미한다. 예를 들어, 스트레스를 연구하기 위해 스트레스 수준을 조작하거나 측정할 때, 서로 다른 조작적 정의(예, 설문지에 의한 자기 보고와 생리적 지표) 간에는 높은 상관관계가 있어야 한다. 또한, 스트레스에 대한 조작적 정의는 다른 개념의 조작적 정의(예, 불안감 척도 점수)와 낮은 상관관계를 보여야 한다. 측정에서의 수렴 타당도와 판별 타당도에 대한 구체적인 논의는 "제8장: 측정"과 "제9장: 측정 타당도 검증"에서 다루고 있다.

2.2. 내적 타당도

내적 타당도internal validity는 종속변수에 나타나는 효과의 이유가 독립변수로 인한 것을 나타내는 정도를 의미한다. 내적 타당도는 연구 변수 간의 인과관계를 검증하는 실험 연구에서 특히 중요한 타당도이다. 실험 연구의 경우, 내적 타당도를 충족해야만 연구에서 발견한 종속변수에 나타난 효과가 독립변수에 의한 것이라는 인과적 결론을 내릴 수 있다.

독립변수가 아닌 제3의 변수 때문에 종속변수의 효과가 나타났을 가능성은 내적 타당도를 저하한다. 종속변수에 영향을 미치는 제3의 변수를 **교란변수**confound or confounding variable라고 한다. 독립변수와 상관관계가 있는 교란변수가 존재하는 경우, 종속변수의

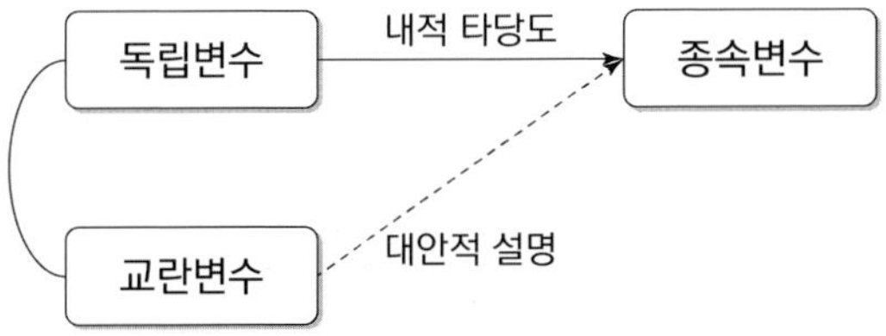

[그림 5.2] 내적 타당도

효과가 독립변수가 아닌 교란변수에 의한 것이라는 대안적 설명alternative explanation이 가능할 수 있다. 따라서 내적 타당도의 확보를 위해서는 연구 결과의 대안적 설명을 제공하는 교란변수의 통제나 제거가 필요하다(그림 5.2).

예를 들어, 메시지 전달자source의 신뢰도가 설득 효과에 미치는 영향을 알아보기 위한 설득 커뮤니케이션 연구를 살펴보자. 건강 증진을 위한 메시지의 전달자로 신뢰도가 상대적으로 높은 의사와 상대적으로 낮은 일반인을 사용하여 설득 효과를 비교하였다. 이 연구에서 의사는 신뢰도가 높을 뿐만 아니라 매력도도 높은 것으로 인지될 수 있다. 연구에서 나타난 설득 효과는 전달자의 신뢰성이 아닌 매력도의 차이에 의한 것일 수 있다. 이 경우 전달자의 매력도는 교란변수가 되며, 매력도에 대한 통제가 필요하다. 예를 들어, 사전조사를 통해 매력도는 동일하지만 신뢰도에서만 차이가 나는 전달자를 선발해 본 연구에 사용할 수 있다.

내적타당도의 확보는 인과관계를 주로 검증하는 실험 연구에서 특히 중요하다. 내적 타당도와 관련된 추가적인 내용은 "제6장: 실험"에서 다루어진다.

2.3. 외적 타당도

외적 타당도external validity는 연구 결과를 다른 상황, 집단, 시점에 일반화될 수 있는 정도를 의미한다. 외적타당도는 일반화가능성과 생태학적 타당도의 두 개의 연관된 개념으로 구성된다.

2.3.1. 일반화가능성

일반화가능성generalizability은 연구 결과가 특정 연구 표본이나 환경을 넘어 다른 집단, 시점, 맥락에 적용될 수 있는 정도를 의미한다. 행동과학 연구의 일반화 유형에는 집단 일반화, 시간적 일반화, 상황적 일반화가 있다. 일반화가능성은 연구 결과를 다양한 집단, 문화, 시기, 환경 반복하여 검증함으로써 평가할 수 있다.

집단 일반화population generalizability는 연구 결과가 연구에 참여하지 않은 모집단에도 적용될 수 있는 정도를 의미한다. 예를 들어, 대학생을 대상으로 한 불안 연구 결과가 중장년층이나 다른 문화권의 사람들에게도 적용될 수 있을지의 여부가 집단 일반화의 정도를 결정한다.

시간적 일반화temporal generalizability는 연구 결과가 시간이 흐른 뒤에도 유효한지에 관한 것이다. 예를 들어, 과거에 시행된 광고효과에 대한 연구는 대부분 TV나 인쇄매체를 이용했다. 이 연구 결과들이 오늘날 SNS가 주도하는 디지털 환경에서도 여전히 유효한지를 새롭게 연구함으로써 시간적 일반화가능성을 검증할 수 있다.

상황적 일반화situational generalizability는 연구 결과가 다양한 상황에서도 적용될 수 있는지 여부를 의미한다. 예를 들어, 금전적 기부에 대한 연구 결과가 신체 장기 기부에도 동일하게 적용될 수 있는지에 대한 연구를 통해 상황적 일반화가능성을 검증 가능하다.

2.3.2. 생태학적 타당도

생태학적 타당도ecological validity는 연구 결과가 실험실이나 특정 연구 환경을 넘어 실제real-world 환경에서도 적용될 수 있는 정도를 의미한다. 연구 결과가 높은 생태학적 타당도를 가지면, 해당 연구는 일상생활에서의 행동을 보다 정확하게 예측하고 설명할 수 있다. 예를 들어 실험실 환경에서 연구한 소비자의 구매 행동 효과가 실제 매장에서도 동일하게 나타난다면 이는 생태학적 타당도가 높다고 평가한다.

생태학적 타당도를 높이는 방법 중 하나는 연구를 실제 세계의 자연스러운 환경에서 수행하는 것이다. 예를 들어 실험실이 아닌 현실적인 상황에서 이루어지는 현장실험field research은 생태학적 타당도가 높은 연구 설계 중의 하나이다. 또 다른 방법은 현실적인 과제와 맥락의 사용이다. 예를 들어 기부행동에 대한 연구의 경우, 실험 참가자에게 단순히 기부의도를 설문으로 측정하는 대신에 실제 기부를 하는 행동을 하게 함으로써 생태학적 타당도를 높일 수 있다.

그렇다면 실험실에서 이루어진 연구의 결과가 실제 현장에서 유사하게 나타날 가능성은 얼마나 될까? 이에 대한 답은 Anderson, Lindsay, and Bushman(1999)이 수행한 실험실 연구와 현장 연구 간의 유사성 비교 연구에서 찾을 수 있다. 이들은 동일한 연구주제에 대해 실험실 연구와 현장 연구를 모두 수행한 논문들을 분석하여, 각각의 연구에서 보고된 효과크기effect size를 비교하였다. 그 결과, 실험실 연구와 현장 연구 간의 효과크기 상관관계는 r=.73으로 나타나, 두 연구 환경 간에 매우 높은 연관성이 있음을 확

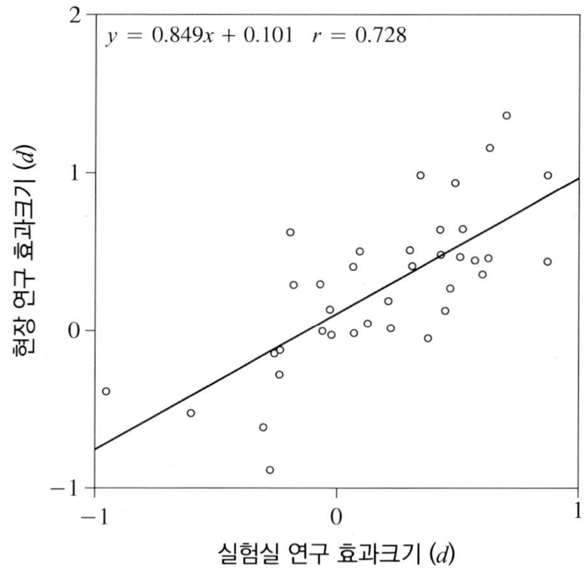

[그림 5.3] 실험실 연구와 현장 연구의 효과크기 비교

인하였다(그림 5.3). 즉, 실험실 연구는 단순한 학문적 실험trivial이 아니라, 실제 현실에서도 의미 있는 결과를 제공할 수 있음을 보여준다. 또한, 연구 환경이 실험실인지 현장인지 여부보다는 연구 자체의 설명력이 효과크기를 결정하는 더 중요한 요인임을 시사한다.

연구 예시 5-5

좋아하는 이유를 하나만 생각해야 하는 이유

Wänke, Bohner, and Jurkowitsch(1997)는 특정 대상을 좋아하는 이유의 개수가 해당 대상에 대한 평가에 미치는 영향을 탐구하는 흥미로운 연구를 수행했다. 실험실 환경에서 참가자들은 두 가지 조건 중 하나에 무작위로 배정되었다. 한 조건에서는 BMW를 좋아하는 이유를 단 1가지 적도록 요청받았고, 다른 조건에서는 10가지 적도록 요청받았다. 이후 참가자들의 BMW에 대한 전반적인 태도를 측정한 결과, 1개 이유 조건에서의 태도가 10개 이유 조건보다 유의하게 높았다. 즉, BMW를 좋아하는 이유를 단 1개만 적은 경우, 10개를 적은 경우보다 대상에 대해 더 긍정적인 평가를 하는 경향이 나타났다.

이와 같은 현상은 인지적 용이성cognitive ease으로 설명될 수 있다. 1가지 이유를 적는 조건에서는 참가자들이 BMW의 장점을 쉽게 떠올릴 수 있었고, 이는 자신이 BMW에 대해 긍정적인 태도를 가지고 있기 때문이라고 해석(귀인)했다. 반면, 10가지 이유를 적는 조건에서는 시간이 지날수록 BMW의 장점을 떠올리는 것이 어려워졌고, 참가자들은 이를 자신이 BMW를 충분히 좋아하지 않기 때문이라고 해석했다.

동일한 원리로 인한 효과는 BMW를 싫어하는 이유를 적는 경우에도 나타났다. 1개 이유를 적는 조건에서는 싫어하는 이유를 쉽게 떠올릴 수 있었기 때문에 BMW에 대한 태도가 더욱 부정적으로 나타났고, 10개 이유를 적는 조건에서는 싫어하는 이유를 떠올리는 것이 어려웠으며, 이를 자신이 BMW를 실제로는 그렇게 싫어하지 않기 때문이라고 해석해 태도가 더 긍정적이었다.

그렇다면, 이 효과는 실제 생활에서도 나타날까? 예를 들어, 연인에게 "나를 좋아하는 이유"를 묻는 경우에도 동일한 결과가 나타날까? Fox(2006)는 이 연구 결과를 대학 강의 평가 상황에 적용하여 현장실험을 진행했다. 동일한 과목을 가르치는 두 개의 수업에서 강의 평가를 실시하기 전에 각각 다른 과제를 수행하도록 했다. 한 수업에서는 강의의 개선점을 2개 적도록 요청했고, 다른 수업에서는 10개 적도록 요청했다. 강의의 개선점은 수업의 부정적인 측면을 떠올리는 과정이므로, 떠올리기가 어려울수록 강의에 대한 평가가 더 긍정적으로 변할 것이라고 예상되었다. 실제 강의평가 점수를 분석한 결과, 동일한 교수가 동일한 과목을 가르쳤음에도 불구하고 10개 개선점을 적은 수업이 2개 개선점을 적은 수업보다 강의 평가 점수가 더 높았다. 이 결과는 Wänke 등(1997)의 연구 결과가 실험실뿐만 아니라 현실에서도 적용될 수 있음을 보여주며, 연구의 외적 타당도가 높음을 입증한다.

2.3.3. 외적 타당도에 대한 논쟁

외적 타당도에 대한 논쟁은 행동과학의 다양한 분야에서 지속적으로 이루어져 왔다. 예를 들어, 경영학의 마케팅 분야에서는 실험 연구의 외적 타당성이 주요 쟁점 중 하나로 자리 잡고 있다. 이는 마케팅 연구가 실제 소비자 행동을 이해하고 예측하는 것을 목표로 하기 때문에, 실험실 연구 결과가 실제 소비자의 구매 행동과 같은 실용적인 효과에 적용될 수 있는지 여부가 핵심 이슈이기 때문이다.

(1) 외적 타당도를 확보하기 위한 현실주의적 접근

외적 타당도를 확보하는 방법에 대한 대표적인 주장 중 하나는 연구가 실제 현실과 최대한 유사한 환경에서 이루어져야 한다는 입장이다. 이 관점에 따르면, 실험실 실험보다 현장 실험이나 실제 소비자 구매 데이터를 분석하는 것이 더 바람직하다Calder & Tybout, 1999; Winer, 1999.

이러한 주장의 핵심 논리는 다음과 같다. 첫째, 실험실 연구는 현실을 충분히 반영하지 못하기 때문에 외적 타당도가 낮다. 실험실 환경은 연구자가 변수들을 철저히 통제할 수 있는 장점이 있지만, 실제 소비자가 직면하는 복잡한 의사결정 과정을 그대로 재현하기 어렵다. 예를 들어, 특정 제품의 광고가 구매의도에 미치는 영향은 실험실 상황과 실제 구매 상황에서 다르게 나타날 가능성이 존재한다. 둘째, 현장 실험과 실제 구매 데이터는 높은 외적 타당도를 보장할 가능성이 크다. 즉, 소비자의 실제 구매 행태를 반영하는 자료는 실험실 연구보다 현실성이 높다고 가정된다. 셋째, 따라서 실험실 연구보다는 실제 소비자 행동을 분석하는 연구가 더 신뢰할 수 있다. 연구 결과가 현실과 밀접할수록 실무적으로 유용한 통찰을 제공할 가능성이 높기 때문에, 연구자는 실험실 연구보다는 실제 시장에서의 데이터를 수집하고 분석하는 것이 바람직하다.

그러나 이러한 주장에 대해서는 비판도 제기되어 왔다. 이 접근법이 외적 타당도의 한 가지 측면인 생태학적 타당도ecological validity에만 집중하고 있으며, 또 다른 핵심 요소인 일반화가능성의 중요성을 간과한다는 점이 문제로 지적된다.

(2) 외적 타당도는 이론의 일반화가능성이 핵심이라는 주장

외적 타당도를 평가하는 또 다른 접근법은 외적 타당도의 본질이 단순히 현실을 반영하는 것이 아니라, 연구 이론이 얼마나 다양한 맥락에서 일반화될 수 있는지에 달려 있다는 관점이다Lynch, 1999. 이 주장은 외적 타당도 중에서도 일반화가능성generalizability에 초점을 맞추고 있으며, 다음과 같은 논리에 근거한다.

첫째, 연구 결과의 일반화가능성이 외적 타당도의 핵심 평가 요인이다. 외적 타당도를 평가하는 중요한 기준은 연구 결과가 다양한 대상과 환경에서 일관되게 재현될 수 있는지 여부이다. 특정 연구가 현실적인 환경에서 수행되었다고 해서 반드시 높은 외적 타당도를 갖는 것은 아니다. 보다 중요한 것은 동일한 이론이 다양한 환경과 상황에서 일관되게 검증될 수 있는지 여부이다.

둘째, 일반화가능성을 확보하기 위해서는 다양한 조건에서 반복적인 검증이 필요하다. 즉, 개별 연구가 단독으로 높은 외적 타당도를 갖는 것이 중요한 것이 아니라, 다양한 맥락에서 해당 이론이 일관되게 지지되는지를 확인하는 것이 핵심이다. 예를 들어, 광고 효과 연구에서 특정 광고 유형이 소비자의 브랜드 태도에 긍정적인 영향을 미친다는 연구 결과가 미국 소비자를 대상으로 확인되었다면, 동일한 연구가 한국, 일본, 유럽 소비자에게서도 유사한 결과를 보이는지 검증해야 한다. 이처럼 다양한 문화적, 사회적, 경제적 환경에서 동일한 결과가 나타나는지 확인하는 과정이 필수적이다.

셋째, 외적 타당도에 있어서의 과정 타당도process validity가 중요한 기준이 되어야 한다. Lynch(1982)는 연구가 높은 외적 타당도를 확보하기 위해서는 해당 이론이나 연구가 소비자 행동의 인과관계를 얼마나 정확하게 반영하는지가 중요하다고 주장했다. 즉, 연구 결과가 다른 상황에서도 일반화되기 위해서는, 해당 이론이 본래 맥락에서 강한 효과를 보이는 것이 전제되어야 한다. 따라서 일반화가능성을 높이기 위해서는 연구의 내적 타당도와 개념 타당도가 충분히 확보되어야 하며, 이러한 조건에서 충족된다면 실험실 연구도 유용할 수 있다.

결론적으로, 이 주장에 따르면 개별 연구 자체가 높은 외적 타당도를 보장할 수는 없으며, 다양한 연구들을 통해 동일한 이론이 여러 상황에서 일관되게 검증될 때 비로소 외적 타당도가 확보된다. 이는 단순히 현실적인 연구 환경을 고려하는 것을 넘어, 이론이 다양한 맥락에서 반복적으로 검증되는지 여부가 핵심 기준이 되어야 함을 시사한다.

Ⅲ. 연구 타당도와 연구 방법

3.1. 연구 방법에 따른 연구 타당도

연구자는 타당도가 높은 연구 방법을 선택해야 한다. 그러나, 모든 종류의 타당도를 동시에 뛰어나게 확보하는 것은 쉽지 않으며, 이는 타당도 간에 상충관계tradeoff가 존재할 수 있기 때문이다. 따라서 어떤 연구 설계를 사용할지에 대한 결정은, 세 유형의 타당도 각각의 관점에서 해당 연구 방법이 가지는 장단점에 대한 이해에 기반해야 한다. 이러한 내용은 〈표 5.1〉에 정리되어 있다. 표에서 각 연구 방법의 장점은 '+', 단점은 '-', 중립적인 특성은 '*'로 표시되어 있다.

〈표 5.1〉 연구 설계의 개념 타당도, 내적 타당도, 외적 타당도 특성

연구 설계	개념 타당도	내적 타당도	외적 타당도
실험	+ 변수를 조작하여 개념을 구체적으로 조작화 가능. - 인위적인 상황으로 현실 개념과의 괴리 발생 가능.	+ 상황에 대한 통제를 통한 높은 내적 타당도 확보 가능. + 교란변수 통제 가능.	- 실험실 환경이 현실과 다를 수 있어 일반화 어려울 수 있음. - 표본이 대표성을 띠지 않을 수 있음.
설문	+ 측정의 신뢰도와 타당도 확보를 통해 개념 타당도 확보 가능. - 응답자의 주관적 해석 가능성 있음.	- 자기보고 방식에서 나타나는 응답 편향으로 인해 내적 타당도가 낮아질 가능성 있음(예, 사회적 바람직성 편향).	+ 다양한 집단을 대상으로 실시 가능하여 외적 타당도 높음. - 응답률이 낮거나 표본이 편중된 경우 외적 타당도 저하 가능.
2차 자료	* 자료의 수집이나 측정 방법에 따라 개념 타당도의 정도가 다를 수 있음.	- 변수를 직접 조작할 수 없고 외생변수의 존재로 내적 타당도 낮음.	+ 다양한 시점과 광범위한 표본을 포함할 수 있어 외적 타당도 높음.
면접	+ 변수에 대한 심층적인 정보 수집이 가능해 개념 타당도 높음.	- 면접자나 응답자의 편향으로 인한 내적 타당도 저하 가능.	* 표본 크기나 대표성 정도에 따라 외적 타당도가 달라질 수 있음.
관찰	+ 실제 현상을 관찰하여 개념 타당도 높을 가능성 있음.	- 연구자의 주관이 개입될 가능성이 존재해 내적 타당도 낮아질 수 있음.	+ 자연스러운 환경에서 연구하기 때문에 외적 타당도 높음. - 특정 맥락에서 수행된 경우 일반화 어려울 수 있음.

3.2. 연구 타당도와 표본 선정

행동과학 및 심리학 연구에서 대학생 연구참여자는 연구의 대표적인 표본으로 자주 사용된다. 이는 대학생 표본이 접근성이 높고, 연구 윤리 절차를 준수하기 용이하며, 비교적 비용이 적게 들기 때문이다. 이러한 이유로 심리학을 "대학 2학년생의 과학science of the sophomore"이라고 부른 학자도 있다Gordon, Slade, & Schmitt, 1986. 그러나 대학생 표본을 중심으로 연구를 수행할 경우, 연구 타당도에 영향을 미칠 수 있으며, 특히 외적 타당도 관점에서 중요한 논쟁이 존재한다.

3.2.1. 대학생 표본과 내적 타당도

대학생 표본의 사용은 일반적으로 내적 타당도를 높이는 데 유리할 수 있다.

첫째, 대학생 표본은 비교적 동질적인 집단homogeneous group으로 구성되어 있기 때문이다. 대학생들은 연령, 교육 수준, 사회적 배경 등이 상대적으로 유사하여, 연구에서 교란변수의 영향을 최소화할 수 있다. 연구자가 특정 변수를 조작하여 인과관계를 검증할 때, 참가자 간 개별 차이individual difference를 줄일 수 있기 때문에 실험의 신뢰도와 검증력도 높아진다.

둘째, 연구 환경의 통제가 용이하기 때문이다. 대학생들은 실험실 연구에 익숙하며, 연구자가 독립변수와 종속변수 간의 관계를 보다 정밀하게 조작하고 측정할 수 있는 환경을 제공한다. 실험실에서 진행되는 연구는 외부 요인의 영향을 최소화할 수 있어, 독립변수가 종속변수에 미치는 영향을 보다 명확하게 검증할 수 있다.[2)]

3.2.2. 대학생 표본과 외적 타당도

대학생 표본을 연구에서 사용할 경우, 연구 결과가 다른 연령대나 직업에서도 동일하게 나타날지에 대한 문제가 제기될 수 있다. 특히, 대학생 표본을 중심으로 한 연구는 특정 집단에 한정된 결과를 도출할 가능성이 높으며, 이를 전체 인구에 일반화하는 것이 적절한지에 대한 의문이 따른다. 이러한 이유로, 대학생 표본 사용과 관련된 논쟁은 대부분 외적 타당도에 관한 것들이었다. 외적 타당도를 기준으로 대학생 표본을 사용한 연구가 바람직한지에 대한 논쟁이 있어왔다.

(1) 대학생 표본 사용을 반대하는 주장

대학생 표본이 가지는 특성으로 인해 대학생 표본의 지나친 사용은 바람직하지 않다는 견해가 있어왔다. 예를 들어, 소비자의 구매행동에 관한 연구가 대학생을 대상으로 해서 진행된 경우, 대학생의 특성과 일반 소비자의 특성이 다르기 때문에 연구의 외적 타당도에 문제가 있을 수 있다는 주장이 제기되어 왔다Henrich, Heine, & Norenzayan, 2010.

대학생 표본을 반대하는 주장들은 대학생이 가지는 독특한 특성에 주목해왔다. 미국의 경우 대부분의 대학생 연구참여자는 WEIRD로 정의되는 서구Western, 교육받은Educated, 산업화된Industrialized, 부유한Rich, 민주적인Democratic 환경에서 성장한 경우가 많다. 따라서 심리학 및 행동과학 연구가 대학생을 중심으로 수행될 경우, 연구 결과가

2) 그러나 반대로 대학생 표본이 대학생 표본이 내적 타당도를 낮출 가능성도 있다. 대학생들은 심리학 실험에 익숙할 가능성이 크며, 연구자의 의도를 파악하고 이에 맞춰 반응할 가능성이 높아 연구 목적 추론demand artifact의 영향이 나타날 가능성도 있다.

다른 연령대, 사회경제적 배경, 문화에서는 결과가 동일하게 나타날지 불확실할 가능성이 있다Henrich et al., 2010. 예를 들어 대학생을 대상으로 한 직업 스트레스 연구가 고령 노동자에게도 동일하게 적용되지 않는다면 연구의 일반화가능성의 한계가 있음을 의미한다.

또한, 대학생들은 일반적으로 청년기(18~25세)에 속하는 특정 연령대로, 나이가 많은 성인(예, 40~50대) 또는 청소년과는 인지적, 정서적 발달 수준이 다를 수 있다. 예를 들어 대학생을 대상으로 한 소비자 행동 연구가 중장년층 소비자에게도 동일하게 적용될지에 대한 의문이 들 수 있다.

(2) 대학생 표본 사용을 옹호하는 주장

대학생 표본의 사용을 옹호하는 주장도 많다. 이 주장들은 앞서 논의한 바와 같이 내적 타당도를 높이는 데 유리할 뿐만 아니라 일반화가능성에도 문제가 크지 않다는 주장에 근거한다. 기본적인 심리학적 과정(학습, 기억, 인지 등)은 연령이나 문화에 상관없이 동일할 가능성이 있다. 따라서 감각 지각, 학습 과정, 기본적인 기억 및 인지 기능과 관련된 연구는 대학생 표본에서도 유의미한 결과를 도출할 가능성이 높다.

Peterson(2001)은 사회과학의 다양한 분야(소비자 행동, 조직 심리학, 의사결정 등)에서 대학생 표본을 사용한 연구와 일반 성인 표본을 사용한 연구 간의 차이를 비교한 여러 개의 메타분석 연구를 통합하여 종합적인 결론을 도출했다. 분석 결과에 따르면 대학생 표본을 사용한 연구와 일반 표본을 사용한 연구 간 효과크기effect size 차이는 평균적으로 크지 않아 대학생 표본을 사용한 연구 결과가 일반 성인에게도 어느 정도 일반화될 수 있음을 시사했다. 그러나 연구 분야에 따라 어느 정도 차이가 있는 것으로 나타났다. 소비자 행동 연구에서는 대학생 표본과 일반 소비자 간 차이가 비교적 작다. 그러나 조직 심리학organizational psychology 및 직장 내 의사결정 연구에서는 대학생 표본이 적절하지 않을 수 있는 것으로 나타났다. 예를 들어, 직장 내 팀워크, 리더십 연구 등은 실무 경험이 부족한 대학생 표본으로 연구할 경우 일반화하기 어려울 수 있음을 보여주었다.

3.2.3. 대학생 표본 사용에 대한 일반적인 결론

현대 행동과학에서 대학생 표본 사용의 타당성에 대한 논의는 여전히 지속되고 있지만, 기존 연구와 메타분석을 종합한 결과, 대학생 표본이 반드시 부적절한 것은 아니지만 연구 목적과 맥락에 따라 신중하게 사용해야 한다는 것이 일반적인 결론으로 자리 잡고 있다.

논의한 바와 같이 대학생 표본은 내적 타당도에서는 강점이 외적 타당도에서는 약점이 존재한다. 따라서 대학생 표본을 주로 사용하는 분야나 연구에서 그 한계를 보완하기 위한 방법이 다양하게 사용되고 있다.

첫째, 다양한 연령대와 사회적 배경을 포함하는 연구 설계이다. 대학생뿐만 아니라 중장년층, 다양한 직업군, 다양한 문화권 참가자를 포함하는 연구가 바람직하다. 다양한 참가자를 이용한 연구는 일반화가능성을 검증하는 데 유용하다.

둘째, 실험실 연구와 현장연구field research의 병행이다. 실험실 연구(내적 타당도)와 현장 연구(외적 타당도)를 함께 수행하면 연구 전체의 일반화가능성이 높아질 수 있다. 조직행동 연구의 경우 기업 내 실제 직장인을 대상으로 하는 조직행동에 관한 현장실험을 추가함으로써 대학생 연구가 가지는 한계점을 보완할 수 있다.

셋째, 연구 결과의 반복 재현replication이다. 동일한 연구를 다른 연령대, 다른 문화권에서 반복하여 연구 결과의 신뢰성을 확보할 수 있다. 예를 들어, 미국 대학생을 대상으로 수행한 연구를 동아시아, 유럽 등에서 반복 수행하여 문화적 차이를 검토할 수 있다.

주요 참고자료

정량적 연구와 정성적 연구

Newman, I., & Benz, C. R. (1998). *Qualitative-Quantitative Research Methodology: Exploring the Interactive Continuum*. SIU Press. [정성적 연구와 정량적 연구의 연관성에 초점을 두어 두 접근법 간의 통합 가능성을 제시.]

연구 타당도

Brewer, M. B. (2000). Research design and issues of validity. In H. T. Reis & C. M. Judd (Eds.), *Handbook of Research Methods in Personality and Social Psychology* (pp. 1-16). Cambridge University Press.[연구 설계와 타당도의 주요 이슈를 다루며, 특히 심리학 연구에서 내적 타당도와 외적 타당도의 균형을 맞추는 방법에 대해 논의.]

외적 타당도

Mook, D. G. (1983). In defense of external invalidity. *American Psychologist*, 38(4), 379-387 [외적 타당도의 중요성을 절대적인 기준으로 삼기보다는 연구의 목적과 맥락에 따라 다르게 평가해야 한다는 점을 강조.]

참고문헌

Anderson, C. A., Lindsay, J. J., & Bushman, B. J. (1999). Research in psychological laboratory: truth or triviality? *Current Directions in Psychological Science*, 8(1), 3-9.

Bergman, P., Chetty, R., DeLuca, S., Hendren, N., Katz, L. F., & Palmer, C. (2024). Creating moves to opportunity: Experimental evidence on barriers to neighborhood choice. *American Economic Review*, 114(5), 1281-1337.

Brooks, J. D. (2019). Just a little respect: Differences in job satisfaction among individuals with and without disabilities. *Social Science Quarterly*, 100(1), 379-388.

Calder, B. J., & Tybout, A. M. (1999). A vision of theory, research, and the future of business schools. *Journal of the Academy of Marketing Science*, 27(3), 359-366.

Fournier, S. (1998). Consumers and their brands: Developing relationship theory in consumer research. *Journal of Consumer Research*, 24(4), 343-373.

Fox, C. R. (2006). The availability heuristic in the classroom: How soliciting more criticism can boost your course ratings. *Judgment and Decision Making*, *1*(1), 86-90.

Goodall, J. (1986). *The Chimpanzees of Gombe: Patterns of Behavior*. Harvard University Press.

Gordon, M. E., Slade, L. A., & Schmitt, N. (1986). The "science of the sophomore" revisited: From conjecture to empiricism. *Academy of Management Review*, 11(1), 191-207.

Henrich, J., Heine, S. J., & Norenzayan, A. (2010). The weirdest people in the world? *Behavioral and Brain Sciences*, 33(2-3), 61-83.

Lazarus, R. S., & Folkman, S. (1984). *Stress, Appraisal, and Poping*. Springer.

Lynch, J. G., Jr. (1982). On the external validity of experiments in consumer research. *Journal of Consumer Research*, 9(3), 225-239.

Lynch, J. G., Jr. (1999). Theory and external validity. *Journal of the Academy of Marketing Science*, 27(3), 367-376.

Newman, I., & Benz, C. R. (1998). *Qualitative-Quantitative Research Methodology: Exploring the Interactive Continuum*. SIU Press.

Peterson, R. A. (2001). On the use of college students in social science research: Insights from a second-order meta-analysis. *Journal of Consumer Research*, 28(3), 450-461.

Wallendorf, M., & Arnould, E. J. (1991). "We gather together": Consumption rituals of thanksgiving day. *Journal of consumer research*, 18(1), 13-31.

Wänke, M., Bohner, G., & Jurkowitsch, A. (1997). There are many reasons to drive a BMW: Does imagined ease of argument generation influence attitudes? *Journal of Consumer Research*, 24(2), 170-177.

Winer, R. S. (1999). Experimentation in the 21st century: The importance of external validity. *Journal of the Academy of Marketing Science*, 27(3), 349-358.

제6장

실험

행동과학에서 실험은 인간의 인지와 행동을 탐구하는 강력한 연구 방법이다. 실험 연구는 독립변수를 조작하여 종속변수에 미치는 영향을 측정함으로써 인과관계를 검증하는 것을 목표로 하며, 심리학, 경영학, 경제학 등 다양한 분야에서 활용된다. 이 장에서는 실험의 개념과 특성을 소개하고, 연구 목적에 따라 선택할 수 있는 집단간 설계, 집단내 설계, 혼합 설계의 특징과 장단점을 살펴본다. 또한, 실험적 통제가 어려운 환경에서 수행되는 유사실험의 개념과 내적 타당도 문제를 다루며, 현장실험과 자연실험의 차이를 설명한다. 연구자가 실험을 설계할 때 고려해야 할 핵심 요인들인 통제집단 설정, 독립변수 조작, 종속변수 선택, 연구목적 추론 통제 등에 대한 논의도 다룰 것이다.

Ⅰ. 실험의 정의와 특성

실험experiment은 연구자가 조작manipulation한 독립변수가 종속변수에 미치는 영향을 검증하는 연구 방법이다. 일반적으로 실험 연구는 통제된 환경에서 수행되며, 이를 실험실 실험laboratory experiment이라고도 불린다. 실험실 상황과 대비되는 개념으로 이후 설명될 유사실험이나 현장실험이 있다.

실험의 가장 큰 장점은 **인과관계**causal relationship or cause-and-effect relationship를 검증할 수 있는 연구 방법이라는 점이다. 인과관계를 성립시키기 위해서는 연구 방법이 다음 세 가지 조건을 충족해야 한다. 첫째, **공변성**covariation은 독립변수와 종속변수 간의 연관성이 존재해야 함을 의미한다. 둘째, **시간적 선행성**temporal precedence은 독립변수의 변화가 종속변수의 변화보다 먼저 발생해야 한다는 조건이다. 셋째, **제3변수 배제**elimination of confounds는 독립변수와 종속변수 간의 연관성을 설명할 수 있는 외생적 요인을 통제해야 한다는 것을 의미한다. 실험 연구는 이 세 가지 조건을 충족함으로써, 독립변수가 종속변수에 미치는 인과적 영향을 신뢰성 있게 검증할 수 있다.

실험 연구에서 **독립변수**independent variable는 인과관계의 원인에 해당하며, **종속변수**dependent variable는 그 결과에 해당한다. 예를 들어, 한 연구자가 "소비자의 감정이 중립적인 경우보다 긍정적인 경우 투자에서 더 높은 위험을 선호할 것이다"라는 가설을 검증했다고 가정하자. 이 연구에서 독립변수는 감정 상태이며, 긍정적 감정과 중립적 감정의 두 수준level으로 정의되었다. 종속변수는 투자에 있어서 위험추구 성향이다. [그림 6-1]은 연구자가 검증하고자 한 이론적 인과관계를 보여준다.

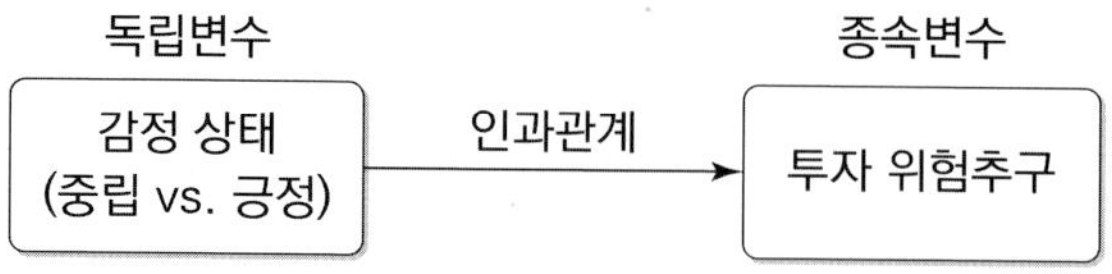

[그림 6.1] 인과관계 예시

연구자는 독립변수인 감정을 조작하기 위해 실험 참가자participants를 무작위로 두 집단으로 나눈 후, 긍정적 감정 조건에서는 5분 분량의 코미디 TV 프로그램을, 중립적 감정 조건에서는 5분 분량의 자연 다큐멘터리를 시청하도록 하였다. 이후 실험 참가자에게 두 개의 투자 대안을 제시하고, 선호하는 대안을 선택하게 했다. 하나의 투자 대안은 위험성이 높은(그러나 기대수익률도 높은) 주식이었고, 다른 투자 대안은 위험성이 낮은(그러나 기대수익률도 낮은) 저축상품이었다. 연구자는 감정 상태를 조작한 후 모든 다른 변수를 통제한 상태에서 독립변수가 종속변수에 미치는 영향을 검증하였다. 그 결과 연구자가 검증하는 가설이 지지되었다.

이 실험 연구는 감정 상태가 투자 위험추구 성향에 미치는 인과적 영향을 검증했다고 볼 수 있다. 첫째, 감정 상태(독립변수)의 변화에 따라 투자 선택(종속변수)이 달라지는 양상이 관찰되어, 공변성covariation 조건이 충족되었다. 둘째, 관련 영상을 시청하는 독립변수의 조작이 종속변수 측정 이전에 이루어졌으므로 시간적 선행성temporal precedence 조건을 만족하였다. 마지막으로, 실험실 환경에서 감정 상태 외의 다른 변수를 철저히 통제했기 때문에 제3변수 배제elimination of confounds 조건을 충족했다고 할 수 있다.

Ⅱ. 실험 설계

실험 설계experimental design: 실험 디자인는 연구자가 실험을 체계적으로 계획하고 구성하는 과정을 의미한다. 실험 설계는 실험 참가자가 실험 조건을 경험하는 방식에 따라 크게 집단간 설계between-subjects design와 집단내 설계within-subjects design의 두 유형으로 나눌 수 있다. 혼합 설계mixed design는 집단간 설계와 집단내 설계를 결합한 형태를 의미한다.

2.1. 집단간 설계

2.1.1. 집단간 설계의 정의와 특성

집단간 설계between-subjects design: 피실험자간 설계는 실험 참가자가 배정된 조건에 따라 서로 다른 수준level의 독립변수를 경험하도록 조작하는 실험 설계를 의미한다. 이를 통해 서로 다른 조건 간 종속변수 값의 차이를 분석하여 실험 효과를 검증하게 된다. 이 실험 방법은 독립된 집단 간 차이를 비교한다는 점에서 **독립집단 설계**independent groups design라고도 불린다. 앞서 소개된 감정 상태가 투자 위험추구 성향에 미치는 영향을 연구한 실험이 집단간 설계의 한 예이다.

집단간 설계에서 실험 참가자의 **무선할당**random assignment은 내적 타당도와 변수 간 인과성을 높이는 필수적인 요소이다. 무선할당이란 실험 참가자가 어떤 실험 조건에 배정될지를 무작위로 결정하는 실험 과정을 의미한다. 무선할당이 중요한 이유는 집단 간 동질성equivalence을 확보할 수 있기 때문이다. 즉, 무선할당을 통해 실험 참가자들의 성별 비율, 평균 나이, 평소 기분 상태, 일반적인 투자 성향 등이 서로 유사하도록 조정할 수 있다. 무선할당이 이루어진 상황에서 특정 독립변수(예, 감정 상태)의 수준이 조작되었다면, 이후 나타난 두 집단 간 차이(예, 투자 대안 선택)는 참가자의 개인차 때문이 아니라 조작된 독립변수의 영향으로 해석할 수 있다.

집단간 설계에서 독립변수가 두 개 이상인 경우 이를 **집단간 요인설계**between-subjects factorial design라고 한다. 예를 들어, 감정 상태가 투자 성향에 미치는 영향을 연구할 때, 연구자가 참가자의 투자 경험이 영향을 미칠 것이라는 가설을 추가로 검증한다고 가정하자. 이 경우 연구자는 투자 경험(적음 vs. 많음)을 또 다른 독립변수로 포함하여 2(감정 상태: 중립 vs. 긍정)×2(투자 경험: 적음 vs. 많음) 집단간 요인설계를 사용할 수 있으며, 이때 실험은 총 네 개의 조건으로 구성된다. 이렇게 설계된 실험을 통해 감정 상태와 투자 경험이 각각 미치는 주효과뿐만 아니라 두 변수 간의 상호작용 효과도 검증할 수 있다. 2×2 요인설계는 가장 단순한 형태이며, 연구 목적에 따라 2×3, 2×2×2 등의 확장된 집단간 요인설계도 가능하다.

2.1.2. 집단간 설계의 장점과 단점

집단간 설계에서는 연구 참가자가 하나의 조건에만 할당되므로 실험이 비교적 단순하며, 실험 시간이 상대적으로 짧아질 수 있다. 또한, 실험 조건 간 독립성이 유지되기 때문에 집단내 설계에서 발생할 수 있는 순서효과와 같은 부작용을 방지할 수 있다. 이는 각 참가자가 하나의 실험 조건만 경험하기 때문에, 이전 조건의 경험이 이후 조건의 반응에 영향을 미칠 가능성이 없기 때문이다.

그러나 집단간 설계는 연구 조건이 많아질수록 더 많은 연구 참가자가 필요하다는 단점이 있다. 예를 들어, 2×2×2 집단간 설계의 경우 총 8개의 독립된 실험 조건을 포함하게 되며, 조건당 표본 크기가 100명이라면 총 800명의 연구 참가자가 필요하게 된다. 이는 연구 진행에 있어 상당한 자원과 시간이 요구되는 요소가 될 수 있다.

또한, 집단간 설계에서는 연구 참가자들의 개인차를 통제하기 어렵다는 단점이 있다. 동일한 실험 조건에 배정된 연구 참가자들 간에도 성격, 배경, 선호도 등의 차이가 존재할 수 있으며, 이러한 개인차는 종속변수의 응답에 영향을 미칠 가능성이 있다. 이 경우, 개인차는 집단내 오차로 작용하여 실험 결과의 변동성을 증가시키고 통계 검증력을 낮추는 요인이 될 수 있다. 이에 대한 자세한 내용은 "제12장 분산분석을 이용한 이론 검증: 집단간 분산분석"에서 다룬다.

2.2. 집단내 설계

2.2.1. 집단내 설계의 정의와 특성

집단내 설계within-subjects design; 피실험자내 설계는 동일한 실험 참가자가 다수의 실험 조건(또는 수준)에 참여하는 실험 설계를 의미한다. 이 설계에서는 연구자가 한 실험 참가자로부터 여러 번에 걸쳐 종속변수를 측정하므로, **반복측정 설계**repeated-measures design라고도 불린다.

감정 상태가 투자 성향에 미치는 영향을 연구하는 실험을 집단내 설계를 활용하여 진행할 수도 있다. 이 경우 동일한 연구 참가자가 중립적인 감정 상태와 긍정적인 감정 상태에서 각각 두 번의 투자 의사결정을 수행하게 된다. 예를 들어, 연구 첫째 날에는 참가자에게 중립적 감정을 유도하는 다큐멘터리를 시청하게 한 후 투자 의사결정을 측정하고, 연구 둘째 날에는 긍정적 감정을 유발하는 코미디 프로그램을 시청하게 한 후 투자 의사결정을 측정하여 두 조건 간 투자 의사결정에서의 위험추구 정도를 비교할 수 있다.

2.2.2. 집단내 설계의 장점

(1) 표본 크기

집단내 설계의 가장 큰 장점 중 하나는 집단간 설계보다 적은 표본으로 실험을 수행할 수 있다는 점이다. 이는 각 참가자가 모든 실험 조건을 경험하기 때문에 동일한 수의 참가자를 사용할 경우 더 많은 데이터를 확보할 수 있기 때문이다. 따라서 연구 참가자의 모집이 어렵거나 실험 비용이 많이 드는 경우, 집단내 설계를 활용하면 실험을 보다 효율적으로 진행할 수 있다.

(2) 개인차 통제

집단내 설계는 연구 참가자 간 개인차로 인한 변동성을 줄이는 효과가 있다. 집단간 설계에서는 연구 참가자 개개인의 성향, 배경, 경험 등의 차이로 인해 종속변수의 응답이 달라질 수 있으며, 이는 분석 과정에서 통계적 오차error를 증가시키는 요인이 된다. 반면, 집단내 설계에서는 동일한 연구 참가자가 여러 실험 조건에 참여하므로 개인차가 실험 결과에 미치는 영향을 최소화할 수 있다. 이를 통해 연구자는 개인차로 인한 오류를 줄이고 보다 통계 검증력이 높은 실험 결과를 도출할 수 있다.

(3) 통계 검증력

집단내 설계를 활용한 연구는 집단간 설계를 이용한 연구보다 일반적으로 통계 검증력statistical power이 높다. 이는 앞서 논의한 표본 크기 절감 효과와 개인차 통제와 관련이 있다. 동일한 수의 연구 참가자가 실험에 참여하더라도, 집단내 설계에서는 각 참가자가 여러 조건에서 반복 측정되므로 분석에 활용할 관측치data points 수가 증가한다. 또한, 개인차로 인한 오차 변동을 줄일 수 있어 연구 결과의 신뢰도가 높아진다. 이에 대한 구체적인 내용은 "제13장 분산분석을 이용한 이론 검증: 집단내 분산분석"에서 다룬다.

2.2.3. 집단내 설계의 단점

(1) 순서효과

집단내 설계에서는 동일한 참가자가 여러 실험 조건을 순차적으로 경험하기 때문에, 실험 조건의 제시 순서가 종속변수에 영향을 미치는 **순서효과**order effect가 발생할 가능성이 있다. 연구 참가자가 다수의 실험 조건에 순차적으로 노출되면서, 노출된 자극물의 순서가 응답에 영향을 미칠 수 있으며, 이는 실험의 내적 타당도internal validity를 낮출 수 있다.

순서로 인한 영향은 주로 이월효과, 학습효과, 피로효과로 나타날 수 있다. **이월효과** carryover effect는 실험에서 이전에 제시된 자극이나 응답이 이후 응답에 영향을 미치는 현상을 의미한다. 예를 들어, 여러 제품의 매력도를 평가하는 실험에서 앞서 본 제품이 이후 제품 평가에 영향을 미칠 수 있다. 만약 앞서 제시된 제품이 매우 높은 품질을 가졌다면, 이후에 등장하는 중간 품질의 제품이 상대적으로 덜 매력적으로 평가될 가능성이 있다. 반대로 앞서 본 제품이 낮은 품질이었다면, 같은 중간 품질의 제품이 더 긍정적으로 평가될 수도 있다. **학습효과**learning effect는 연구 참가자가 앞선 과제를 수행하면서 학습이 이루어지는 경우를 의미한다. 이전 과제에서 연습이 되었기 때문에 이후 과제의 수행 능력이 향상될 가능성이 있다. 반면, **피로효과**fatigue effect는 연구 참가자가 시간이 지남에 따라 피로하거나 지루해져 실험 후반부의 과제 수행이 저하되는 현상을 의미한다. 이러한 효과는 연구 결과에 영향을 미칠 수 있으므로, 실험에서는 무작위화 randomization나 균형화counterbalancing 등의 방법을 통해 순서효과를 통제할 필요가 있다.

(2) 연구목적 추론

집단내 설계에서는 연구 참가자가 모든 실험 조건에 노출되므로, 실험의 목적을 추론할 가능성이 높아진다. 이를 **연구목적 추론**demand artifact이라고 하며, 참가자가 연구자의 의도를 파악하고 기대되는 방향으로 응답할 가능성이 커질 수 있다. 이는 연구 결과의 신뢰도를 저하시킬 수 있으며, 연구자는 이를 방지하기 위해 실험 조건을 무작위로 배치하거나 연구 목적을 은폐하기 위한 조치를 취할 필요가 있다.

(3) 연구의 복잡성

집단내 설계는 연구 참가자가 모든 조건을 경험해야 하기 때문에, 실험의 설계와 실행이 복잡해질 수 있다. 특히, 순서효과를 통제하기 위해 순서의 무작위화나 균형화 등의 조치를 취해야 하는 경우, 실험 설계와 실행이 더욱 복잡해질 수 있다. 이러한 추가적인 통제 절차는 연구 설계의 부담을 증가시키며, 연구 진행 과정에서의 실수 가능성을 높일 수 있다.

2.2.4. 집단내 설계와 균형화

집단내 설계에서 순서효과 줄이는 방법으로 무작위화와 균형화가 있다. 무작위화

randomization는 실험 조건의 순서를 완전히 랜덤하게 결정하여 참가자가 순서에 대한 패턴을 인식하지 못하도록 하는 방법으로 실험 조건이 많고 복잡하거나 균형화가 어려울 때 유용하게 사용된다. 본 내용에서 다루는 균형화는 실험 조건의 제시 순서를 조정하여 순서효과를 통제하는 방법으로 순서효과를 체계적으로 통제할 수 있다는 장점이 있다.

(1) 균형화

균형화counterbalancing는 집단내 설계에서 자극물의 순서를 하나의 요인으로 추가하는 과정을 의미하며, 집단내 설계에서 순서효과로 인해 발생하는 문제를 해결할 수 있는 방법이다. 정확하게 말하자면, 균형화는 순서효과를 완전히 제거하지는 못하지만, 순서효과를 하나의 변수로 추가해 순서효과의 유무를 판단하거나 그 효과를 상쇄시키는 방법이다.

(2) 완전 균형화

완전 균형화complete counterbalancing은 모든 가능한 실험 조건의 순서를 동일한 비율로 참가자들에게 할당하는 방식을 의미한다. 예를 들어, 두 가지 실험 조건(A, B)이 있는 경우, 참가자의 절반은 A → B 순서로, 나머지 절반은 B → A 순서로 실험을 수행한다.

완전 균형화의 개념을 설명하기 위해, 카페인이 포함된 일반 커피와 카페인이 제거된 디카페인 커피의 맛을 비교하는 블라인드 미각 테스트blind taste test를 가정해보자. 실험에서는 참가자가 커피의 종류를 알지 못하도록 동일한 두 개의 컵을 준비한 후, 한 컵에는 카페인 커피를, 다른 컵에는 디카페인 커피를 담아 외형적으로 구분할 수 없게 한다. 실험 참가자는 두 커피를 차례로 시음한 후, 더 맛이 좋은 커피를 선택해야 한다. 이 실험에서 카페인 커피는 왼쪽 잔, 디카페인 커피는 오른쪽 잔에 배치되었으며, 참가자는 어느 컵에 어떤 종류의 커피가 담겨 있는지 알지 못한다. 실험 결과, 참가자의 70%가 왼쪽 컵(카페인 커피)을 선택했고, 나머지 30%가 오른쪽 컵(디카페인 커피)을 선택했으며, 그 차이는 통계적으로 유의미한 것으로 나타났다.

이 결과를 근거로 "소비자는 카페인 커피의 맛을 더 선호한다"고 결론 내릴 수 있을까? 이를 결론짓기 위해서는 다른 대안적 설명이 없어야 한다. 하지만, 이 실험은 집단내 설계를 사용했기 때문에 순서효과가 영향을 미쳤을 가능성이 있다. 일반적으로 음식의 맛에 대한 평가는 섭취 순서에 따라 달라질 수 있으며, 처음 맛본 음식이 더 선호될 가능성이 있다. 따라서, 참가자들이 카페인 커피를 더 많이 선택한 이유가 실제 커피 맛 때문이 아니라, 단순히 먼저 마신 커피를 더 선호하는 경향 때문일 수도 있다.

[그림 6.2] 균형화의 예시

이러한 순서효과를 통제하는 방법이 바로 균형화이다. 순서를 하나의 실험 변수로 포함함으로써, 순서효과가 존재하는지 여부를 검증하거나 그 영향을 상쇄할 수 있다. 블라인드 테스트에서 완전 균형화를 적용하는 예를 살펴보자. 연구 참가자를 랜덤하게 두 그룹으로 나눈 후, 순서조건 1에서는 카페인 커피를 먼저 시음하고 디카페인 커피를 나중에 시음한다. 순서조건 2에서는 디카페인 커피를 먼저 시음하고 카페인 커피를 나중에 시음한다. 이는 [그림 6-2]에 제시된 바와 같다.

이렇게 실험을 설계하면, 두 조건에서의 커피 선택을 비교함으로써 선택의 이유가 커피의 맛 때문인지, 아니면 순서효과 때문인지 판단할 수 있다. 〈표 6.1A〉와 같이, 순서에 상관없이 참가자가 카페인 커피를 70% 선택했다면, 이는 소비자가 카페인 커피의 맛을 더 선호한다고 해석할 수 있다. 그러나 〈표 6.1B〉와 같이, 순서에 따라 커피 선택 비율이 달라진다면, 이는 순서효과 때문일 가능성이 크다. 즉, 처음 마신 커피를 더 선호하는 경향이 나타난 것일 수 있다. 이처럼 완전 균형화를 활용하면, 실험 결과가 실험 조건(커피 맛) 때문인지, 순서효과 때문인지 구분할 수 있다.

〈표 6.1〉 카페인 커피와 디카페인 커피의 선택 비율에 따른 결과의 해석

A. 커피 선호로 인한 결과

	카페인 커피	디카페인 커피
순서조건 1	70%	30%
순서조건 2	70%	30%

B. 순서효과로 인한 결과

	카페인 커피	디카페인 커피
순서조건 1	70%	30%
순서조건 2	30%	70%

(3) 부분 균형화(라틴스퀘어 디자인)

완전 균형화는 실험에서 순서를 하나의 변수로 추가하는 방법은 순서효과를 검증할 수 있다는 장점이 있지만, 실험 조건의 수가 많아질수록 연구 디자인이 복잡해지는 단점이 있다. 실험 조건의 수가 k개인 경우, 필요한 순서조건의 수는 k!이다. 카페인과 디카페인 커피와 같이 조건이 2개인 경우, 2개의 순서조건을 포함하면 된다. A, B, C의 세 개의 커피 맛을 비교하는 경우 ABC, ACB, BAC, BCA, CAB, CBA의 6개(3!)의 순서조건. A, B, C, D의 4 조건의 경우 필요한 순서조건은 24개(4!)이며, 5 조건의 경우 그 조합은 120개(5!)가 된다. 따라서 집단내 디자인의 조건이 증가할수록 포함해야 하는 조건의 수가 크게 증가하여 실험이 복잡하게 된다.

이와 같이 집단내 설계의 조건이 많은 경우 순서효과를 통제하기 위해 사용할 수 있는 방법이 **라틴스퀘어**Latin-square: 라틴 방진 디자인을 사용한 **부분 균형화**partial counterbalancing이다. 라틴스퀘어 균형화는 n개의 실험 조건이 있을 때, 각 실험 조건이 모든 순서에서 단 한 번씩만 등장하도록 배열하는 방법이다. 이를 통해 각 조건이 특정한 위치(예, 첫 번째, 두 번째 등)에서 반복적으로 나타나는 것을 방지할 수 있다. 라틴스퀘어를 이용한 순서의 배열은 각 조건이 한 번씩만 나타나는 $n \times n$ 라틴스퀘어 행렬을 사용한다. 라틴스퀘어를 활용하면, 실험 조건이 많아도 모든 가능한 순서 조합을 사용하지 않고, 적절한 대표 순서만을 선택하여 실험을 설계할 수 있다. 이를 통해 실험의 복잡성을 줄이면서도 순서효과를 효과적으로 통제할 수 있다.[1)]

예를 들어, 3개의 실험 조건(A, B, C)이 있을 때, 라틴스퀘어 행렬을 사용하면 [그림 6.3]과 같이 ABC, CAB, BCA의 3가지 조건으로 순서효과를 효과적으로 통제할 수 있다. 즉, 실험 조건이 항상 같은 순서에서 등장하는 문제를 방지할 수 있다.

1번 순서조건:	A	B	C
2번 순서조건:	C	A	B
3번 순서조건:	B	C	A

[그림 6.3] 3×3 라틴스퀘어 행렬

만약 4개의 실험 조건(A, B, C, D)이 있는 경우, 라틴스퀘어 행렬은 [그림 6.4]와 같이 4개의 순서조건으로 구성될 수 있다. 행렬에서도 각 조건(A, B, C, D)이 각각의 순서 위

1) 그레코-라틴스퀘어Graeco-Latin-square 디자인을 사용하는 경우 $n \times n \times n$ 디자인을 n개의 순서조건으로 대체가 가능하다.

치에서 한 번씩만 등장하도록 균형을 맞추었다.

1번 순서조건:	A	B	C	D
2번 순서조건:	B	A	D	C
3번 순서조건:	C	D	A	B
4번 순서조건:	D	C	B	A

[그림 6.4] 4×4 라틴스퀘어 행렬

연구 예시 6-1

음식 맛 평가 연구에서의 자극물 균형화

Hoegg와 Alba(2007)는 음식 제품의 브랜드, 원산지, 가격이 소비자의 음식 맛 평가에 미치는 영향을 연구하기 위해 오렌지 주스를 사용한 실험을 수행하였다. 실험에서는 연구 참가자들이 여러 개의 오렌지 주스를 시음한 후 맛을 평가하도록 하였는데, 연구자가 연구의 신뢰도를 높이기 위해 오렌지 주스의 순서와 위치의 영향을 통제하는 다양한 균형화 방법을 적용하였다.

첫째는 순서 균형화order counterbalancing이다. 오렌지 주스를 시음하는 순서가 맛 평가에 영향을 미칠 수 있는 순서효과를 최소화하기 위해, 부분 균형화 방법을 사용해 주스를 마시는 순서를 다르게 배치하였다.

둘째는 위치 균형화position counterbalancing이다. 연구참가자가 오렌지 주스를 특정한 위치(예, 왼쪽, 오른쪽, 가운데)에 따라 다르게 평가하는 문제를 방지하기 위해 위치 균형화를 사용해 평가의 신뢰도를 높였다.

셋째는 브랜드 및 가격 정보 균형화이다. 오렌지 주스의 브랜드, 원산지, 가격 정보가 맛 평가에 미치는 영향을 연구했기 때문에, 어떤 브랜드의 주스를 먼저 제공할지, 가격이 높은 제품과 낮은 제품을 어떤 순서로 제시할지 등의 변수도 균형화하였다.

다양한 균형화 방법을 사용함으로써, 연구자는 순서와 위치가 평가에 미치는 영향을 최소화하고, 실험 결과가 오렌지 주스의 실제 맛 차이에 의한 것인지 확인할 수 있도록 하였다. 이 연구는 맛 평가 실험에서 균형화가 왜 중요한지를 보여주는 대표적인 사례로, 음식 맛 평가뿐만 아니라 소비자 행동 연구, 감각 연구 등에서도 유사한 방법이 활용될 수 있다.

2.3. 혼합 설계

혼합 설계mixed design는 집단간 독립변수와 집단내 독립변수를 모두 포함하는 실험 설계를 의미한다. 즉, 일부 독립변수에는 집단간 설계를 적용하고, 다른 독립변수에는 집단내 설계를 적용하는 방식이다. 예를 들어, 감정 상태(중립, 긍정, 부정)를 집단간 변수로 설정하고, 평가하는 대안(낮은 가격, 중간 가격, 높은 가격)을 집단내 변수로 설정하는 연구는 3×3 혼합 설계의 한 예시이다. 이 경우, 감정 상태는 참가자가 하나의 감정 조건에만 배정되므로 집단간 변수에 해당하며, 평가하는 대안은 모든 참가자가 세 가지 가격 조건을 모두 경험하므로 집단내 변수에 해당한다.

혼합 설계는 실험 설계가 지나치게 복잡해지는 것을 방지하면서도 필요한 연구참여자 수를 줄이는 데 유용하다. 모든 변수를 집단간 설계로 설정할 경우 실험 조건이 증가할수록 참가자 수도 크게 늘어나지만, 일부 변수를 집단내 변수로 설정하면 상대적으로 적은 참가자로 연구를 수행할 수 있다. 따라서 혼합 설계는 연구의 효율성을 높이고, 연구 비용과 시간을 절감하는 데 효과적으로 활용될 수 있다.

그러나 혼합 설계에서는 집단간 변수와 집단내 변수가 함께 포함되므로 자료 분석이 복잡해지는 경향이 있다. 특히, 상호작용 효과를 분석할 때 집단간 요인과 집단내 요인이 서로 어떻게 영향을 주고받는지를 고려해야 하므로, 보다 정교한 통계 분석이 필요하다. 혼합 설계에서의 데이터 분석에 대한 보다 구체적인 내용은 "제13장: 분산분석을 이용한 이론 검증: 집단내 분산분석"에서 다룬다.

2.4. 집단간 설계와 집단내 설계의 의사결정 심리

실험 연구에서 집단간 설계와 집단내 설계 중 어느 것을 적용할지 결정할 때 고려해야 할 요인 중 하나는, 실험 설계에 따른 대안 제시 방식이 의사결정 과정이나 결과에 미치는 영향이다. 일반적으로 집단간 설계에서는 하나의 평가 대상만 제시되는 반면, 집단내 설계에서는 다수의 평가 대상이 동시에 제시되는 경우가 많다. 이러한 평가 대상의 제시 방식은 연구 결과에 영향을 미칠 가능성이 있다.

평가 모드response mode에 관한 연구에 따르면, 의사결정 과정과 결과는 대안이 하나만 제시되는 **개별 평가**separate evaluation와 다수의 대안이 동시에 제시되는 **통합 평가**joint evaluation에서 다르게 나타날 수 있다Hsee, 1996.

개별 평가는 하나의 대안만 제시된 상태에서 그 대안을 독립적으로 평가하는 방식이다. 예를 들어, 하나의 제품 정보만 제공된 상태에서 품질을 평가하거나, 한 명의 지원자에 대한 학력이나 성적 등의 정보를 바탕으로 평가하는 경우가 이에 해당한다. 이 방식에서는 여러 대안을 직접 비교하기 어려워 평가 대상의 고유한 속성에 집중하여 의사결정을 내리는 경향이 있다.

반면, 통합 평가는 여러 대안이나 지원자를 동시에 평가하는 방식으로, 평가 대상 간의 특성을 비교하는 것이 상대적으로 용이하다. 따라서 대안들 간의 상대적 우위를 판단하는 데 유리하며, 평가자는 대안들 간의 차이를 명확하게 나타낼 수 있는 속성에 더 주의를 기울이게 된다.

개별 평가와 통합 평가는 평가 시 주목하는 속성이 다르므로, 이는 대안 선택이나 평가 결과에 영향을 미칠 수 있다. 동일한 대상에 대한 선호가 평가 방식에 따라 달라지는 현상을 **선호 역전**preference reversal이라고 한다. 예를 들어, 지원자를 평가하는 경우 개별 평가 모드에서는 지원자의 업무 성과와 같은 고유한 속성에 더 큰 가중치를 두는 반면, 통합 평가 모드에서는 학력이나 학벌처럼 비교가 쉬운 속성에 더 주목하는 경향이 있다. 따라서 사용된 평가 모드에 따라 대안에 대한 선호나 선택이 달라질 수 있다.

이는 동일한 대상이라도 집단간 설계와 집단내 설계에 따라 연구 결과가 다르게 나타날 가능성이 있음을 시사한다. 따라서 실험 연구에서 두 설계 중 어느 것을 선택할지는 연구의 목적도 고려해야 한다. 주관적 기준에 따른 독립적 평가가 중요한 경우에는 집단간 설계를, 다수의 대상 간 상대적 선호를 측정하는 경우에는 집단내 설계를 고려할 수 있다.

연구 예시 6-2

9가 221보다 크다?

Birnbasum(1999)의 연구는 집단간 설계에서 주관적인 판단 기준이 숫자 지각에 미치는 영향을 보여주었다. 실험 참가자들은 두 개의 집단으로 나뉘어 각각 숫자 9 또는 221을 제시받고, 해당 숫자가 얼마나 큰 수인지를 10점 척도(1=매우 작다, 10=매우 크다)에 평가하였다.

그 결과, 숫자 9의 크기 지각 평균은 5.13, 숫자 221의 크기 지각 평균은 3.10으로 나타났으며, 9가 221보다 더 큰 숫자로 지각되었다. 이 차이는 통계적으로 유의미했다.

이러한 결과는 숫자 크기의 주관적 지각이 응답자가 생각하는 숫자의 범위에 영향을 받기 때문으로 해석될 수 있다. 9를 평가할 때 응답자들은 주로 한 자리 숫자(예, 0부터 9)를 기준으로 삼으며, 이 범위에서 9는 상대적으로 큰 숫자로 인식된다. 반면, 221을 평가할 때 응답자들은 보통 세 자리 숫자(예, 100부터 999)를 기준으로 생각하며, 이 범위에서 221은 비교적 작은 숫자로 여겨진다.

이 연구 결과는 집단간 설계 실험에서 평가 대상의 범위에 대한 정보가 제공되지 않으면, 응답자들이 자신의 주관적인 기준에 따라 판단할 가능성이 크다는 점을 보여준다. 만약 동일한 연구를 집단내 설계로 진행했다면, 응답자들은 제시된 숫자들의 상대적 크기에 더 집중했을 것이다. 이 경우, 9를 221보다 크다고 판단하는 결과는 나타나지 않았을 것이다.

Ⅲ. 유사실험

3.1. 유사실험의 정의

유사실험quasi-experiment: 준실험은 연구 참여자의 무선할당random assignment 이 이루어지지 않은 실험 설계를 의미한다. 무선할당을 적용하려면 연구자가 실험 상황을 충분히 통제할 수 있어야 하지만, 실제 연구에서는 통제의 한계나 윤리적 문제로 인해 무선할당이 어려운 경우가 많다. 따라서 유사실험에서는 집단 간 동질성equivalence이 보장되지 않는다.

예를 들어, 고등학생을 대상으로 새로운 학습법의 효과를 연구한다고 가정해보자. 이상적인 실험에서는 학생들을 두 집단으로 무선할당한 뒤, 한 집단은 기존 학습법을, 다른 집단은 새로운 학습법을 적용한 후 학습 효과를 비교해야 한다. 그러나 실제 교육 현장에서는 학생들을 무작위로 배정하기 어렵다.

대안적으로, 연구는 학교 단위에서 진행될 수 있다. 예를 들어, 한 학교에서는 기존 학습법을, 다른 학교에서는 새로운 학습법을 적용한 후 학습 효과를 비교하는 방식이다. 이처럼 연구 참여자(고등학생)를 무선할당하지 않고 진행하는 실험을 유사실험이라 한다.

3.2. 유사실험과 내적 타당도

유사실험에서는 무선할당이 불가능하거나 제한적이기 때문에, 실험 변수가 아닌 제3의 변수가 종속변수에 영향을 미치는 교란효과confounding가 발생할 가능성이 있다. 이는 연구의 내적 타당도를 저하시킬 수 있다Shadish, Cook, & Campbell, 2002; West, 2010. 따라서 유사실험을 수행하는 연구자는 아래에 제시되는 잠재적인 교란변수를 인지하고 이를 통제할 필요가 있다.

첫째, **역사 효과**history effect: 우발적 사건로 연구자가 통제할 수 없는 외부 사건이 연구 기간 중 발생하여 종속변수에 영향을 미치는 경우를 의미한다. 예를 들어, 실험이 진행되는 동안 코로나19COVID-19 팬데믹이 발생하면, 이는 연구 결과에 예상치 못한 영향을 미칠 수 있다.

둘째, 시간이 지남에 따라 실험 참가자의 행동이나 상태가 자연적으로 변화하는 **성숙 효과**maturation effect이다. 예를 들어, 아동의 인지 능력을 조사하는 연구에서, 시간이 지남에 따라 아동의 인지 능력이 자연스럽게 발달한다면, 이는 실험 조작과 관계없이 응답에 영향을 줄 수 있다.

셋째, **시험 효과**testing effect: 검사 효과로 이전 검사가 이후 검사 결과에 미치는 영향을 의미한다. **주시험 효과**main testing effect는 이전 검사가 모든 실험 조건에 동일한 영향을 미치는 경우이다. **상호작용 시험 효과**interaction testing effect 시험 효과가 특정 조건에서 더 강하게 나타나는 경우를 의미한다.

넷째, 연구에서 사용하는 측정 도구나 평가 방법이 변화로 발생하는 **도구 효과**instrumentation effect이다. 예를 들어, 실험 도중 설문지의 문항이 변경되거나, 채점 기준이 변하는 경우 연구 결과에 영향을 미칠 수 있다.

다섯째, 연구가 진행되는 동안 일부 참가자가 중도 탈락하거나 연구에서 제외됨으로써 실험집단과 통제집단 간의 구성에 차이가 발생하는 현상인 **소멸 효과**attrition effect: 참가자 탈락이다. 참가자 탈락은 개인적 사유(예, 건강 문제, 시간 부족)나 연구 자체의 문제(예, 연구 기간이 너무 길거나 부담이 큰 연구 설계)로 인해 발생할 수 있다.

여섯째, **선택 효과**selection or self-selection effect로 실험집단과 통제집단이 애초부터 동등하지 않은 경우 발생하는 문제이다. 예를 들어, 감정이 기부 행동에 미치는 영향을 연구하기 위해 코미디 영화(긍정적 감정) 관객과 호러 영화(부정적 감정) 관객을 대상으로 기부 캠페인 참여 의사를 측정한다고 가정해보자. 이때, 실험집단 간의 차이가 감정 상태 때문이 아니라, 애초에 코미디 영화를 선호하는 사람과 호러 영화를 선호하는 사람 간의 친사회적 성향 차이로 인한 선택 효과 때문일 가능성이 있다.

> **연구 예시 6-3**
>
> Hawthorne 실험과 Hawthorne 효과
>
> Hawthorne 실험은 1924년부터 1932년 사이, 미국 일리노이주 Western Electric Company의 Hawthorne 공장에서 진행된 일련의 연구이다Mayo, 1949. 연구의 원래 목적은 작업장 환경(예, 조명, 휴식 시간 등)이 직원의 생산성에 미치는 영향을 조사하는 것이었다. 예를 들어, 조명 실험에서는 조명의 밝기를 변화시키며 직원의 생산성 변화를 관찰하였다. 그러나 이 연구는 직원들이 특정 조건(예, 조명 밝기)에 무선 할당되지 않았으며, 환경 변수가 통제되지 않아 유사실험의 성격을 띠었다.
>
> 연구 결과, 인간의 행동과 생산성은 단순히 조명이나 작업 조건과 같은 환경적 요인뿐 아니라, 연구자들의 관심과 인정 같은 심리적 요인에도 크게 영향을 받는다는 사실이 밝혀졌다. 즉, 실험 기간 동안 직원들은 자신들이 주목받고 있다고 인식하여 더 열심히 일하거나 생산성을 높이려는 경향을 보였다. 이러한 현상을 Hawthorne 효과Hawthorne Effect라 하며, 이는 직원의 동기와 심리적 요구를 고려한 관리·조직 설계의 중요성을 부각시키는 계기가 되었다.

3.3. 현장실험과 자연실험

현장실험과 자연실험은 실험실 실험에 비해 보다 자연스러운 환경에서 인과관계를 검증하는 연구 방법이다. 두 개념이 혼용되기도 하지만 중요한 차이점이 존재한다. 현장실험은 연구자가 실험 조건(독립변수)을 설정하고 조작할 수 있는 반면, 자연실험은 연구자가 통제하지 않은 외부 요인이나 자연스러운 환경에서 실험 조건이 형성된다는 점에서 차이가 있다.

3.3.1 현장실험

현장실험field experiment은 실험실이 아닌 일상적인 환경에서 실행되는 통제된 실험을 의미한다. 이는 실험실 실험laboratory experiment과 구별되며, 실제 상황에서 인과관계를 검증할 수 있다는 점에서 연구에 활용될 수 있다.

현장실험의 가장 큰 장점은 생태학적 타당도ecological validity가 높다는 점이다. 실험실 실험의 경우 연구자가 변수를 통제할 수 있는 인위적인 환경에서 진행되므로 현실성과 일반화 가능성이 떨어질 수 있다. 반면, 현장실험은 자연스러운 환경에서 수행되기 때문에 보다 현실적인 연구 결과를 도출할 수 있다. 그러나 연구자가 모든 상황을 완전히 통제하기 어려울 수 있으며, 연구에 적합한 자연적 환경을 찾거나 조성하는 것이 쉽지 않다는 한계도 존재한다.

현장실험은 유사실험과 유사한 점이 많지만, 연구참여자의 무선할당 여부에서 차이를 보인다. 두 실험 모두 일반적으로 실험실이 아닌 일상적 환경에서 진행된다는 점에서 공통점이 있지만, 유사실험은 연구참여자를 무선할당할 수 없는 반면, 현장실험에서는 연구참여자가 어느 독립변수 조건에 배정될지가 무선으로 결정된다는 차이가 있다. 그러나 현장실험에서도 실험실 실험과 달리 무선할당이나 외생변수 통제에 어려움이 있을 수 있어, 경우에 따라 유사실험과의 명확한 구분이 어려운 경우도 있다.

연구 예시 6-4

가격순서 효과에 대한 현장실험

Suk, Lee, and Lichtenstein(2012)의 연구에서는 제품의 가격 제시 순서가 소비자의 선택에 미치는 영향을 검증하기 위해 현장실험field experiment을 실시하였다. 현장실험은 서울의 한 맥주 바에서 8주 동안 진행되었으며, 실험을 위해 두 개의 새로운 메뉴판이 제작되었다. 첫 번째 메뉴판은 내림차순descending order 메뉴, 즉 가장 비싼 맥주부터 가장 싼 맥주 순서로 가격을 제시하였으며, 두 번째 메뉴판은 오름차순ascending order 메뉴, 즉 가장 싼 맥주부터 가장 비싼 맥주 순서로 가격을 제시하는 방식이었다. 연구자들은 이 두 개의 메뉴판을 8주 동안 번갈아 사용하여 소비자들의 주문 패턴을 분석하였다.

실험 결과, 소비자가 주문한 맥주의 평균 가격은 내림차순 메뉴를 사용했을 때 6,020원, 오름차순 메뉴를 사용했을 때 5,780원으로 나타났다. 즉, 내림차순으로 가격을 제시했을 때 매출이 4.2% 증가하는 효과가 관찰되었다.

3.3.2. 자연실험

자연실험natural experiment은 연구자가 실험 조건을 직접 설정하거나 조작하지 않고, 외부적으로 발생한 요인이나 사건이 실험 조건을 형성하는 연구를 의미한다. 자연실험에서는 실험 조건이 연구자의 개입 없이 형성되기 때문에, 연구 대상자를 무선할당하는 것이 불가능한 경우가 대부분이다. 이러한 특성으로 인해 자연실험은 유사실험quasi-experiment의 한 유형으로 간주된다.

예를 들어, 코로나19 발생 이전과 팬데믹 기간 동안 성인의 우울증 발생률을 비교하는 연구는 자연실험의 대표적인 사례라고 할 수 있다Mansfield et al., 2022. 연구자는 코로나19라는 외부적 사건이 실험 조건을 형성하는 상황에서, 해당 변수가 정신 건강에 미치는 영향을 분석할 수 있다. 이처럼 자연실험은 연구자가 직접 실험 조건을 조작할 수 없는 경우에도 인과관계를 탐색할 수 있는 방법으로 활용된다.

연구 예시 6-5

식품 영양표시 제도의 영향에 관한 자연실험

Moorman(1996)은 유사실험의 한 형태인 자연실험을 이용하여 미국에서 시행된 영양표시 및 교육법(NLEA)Nutrition Labeling and Education Act이 소비자의 영양 정보 활용에 미치는 영향을 조사하였다. 연구에서는 NLEA 시행 전(N=552)과 시행 후(N=552)에 실시된 설문 응답을 비교하였다. 두 시점의 설문에 참여한 응답자는 서로 다른 사람이었으나, 인구통계적 변수와 제품 구매 행태에서 통계적으로 유의미한 차이가 없는 것으로 확인되었다. 연구 결과, NLEA 시행 이후 소비자들이 영양 정보를 더 적극적으로 활용하는 경향을 보였다. 특히 칼로리와 지방 함량과 같은 주요 영양 성분에 대한 관심이 증가한 것으로 나타났다. 또한, 소비자의 개별 특성이 영양 정보 활용에 영향을 미치는 것으로 분석되었다. 건강에 관심이 많거나 식품 구매 시 주의를 기울이는 소비자일수록 영양 정보를 더 적극적으로 활용하는 경향을 보였다.

Ⅳ. 실험에 관련된 의사결정

4.1. 통제집단

통제집단control group은 대조군이라고도 불리며, 실험의 독립변수가 조작되지 않은 조건을 의미한다. 실험집단과 통제집단을 비교함으로써 실험의 효과를 검증할 수 있다. 예를 들어, 새로운 광고 캠페인이 소비자의 브랜드 태도에 미치는 영향을 연구하는 경우, 실험집단에는 광고가 제시되고 통제집단에는 광고가 제시되지 않는다. 이후 두 집단의 브랜드 태도를 비교하면 광고효과를 검증할 수 있다. 이 경우, 통제집단은 광고효과를 검증하기 위한 대조군이 된다. 이와 같은 실험 설계는 실험 자극(X)과 종속변수(O)를 이용해 다음과 같이 표현될 수 있으며, 실험집단의 종속변수(O_X)와 통제집단의 종속변수(O_C)의 차이를 통해 광고 효과를 검증할 수 있다.

실험집단: X　　O_X
통제집단:　　　O_C

통제집단에 어떤 자극물을 제시할지에 대한 결정은 연구에서 독립변수가 종속변수에 미치는 영향을 어떻게 이해하는지에 따라 달라진다. 위의 광고 효과 실험에서 통제집단에 아무런 광고도 보여주지 않을 수도 있고, 혹은 관련 없는 다른 광고를 제시할 수도 있다. 이 결정은 실험집단에서 광고를 보는 것이 종속변수(브랜드 태도)에 미치는 영향 요인이 무엇인지에 따라 이루어진다. 예를 들어, 광고를 보는 것이 브랜드 태도에 영향을 주는 요소가 다음 세 가지라고 가정하자: (1) 광고 내용, (2) 광고를 보는 행동 자체, (3) 광고를 봄으로 인해 발생하는 피로 효과. 이 경우, 실험집단과 통제집단의 차이는 위의 세 가지 요소 모두의 영향을 반영할 수 있으며, 이는 실험의 내적 타당도를 저하시킬 수 있다. 이를 해결하는 한 가지 방법은 통제집단에도 연구와 무관한 중립적인 광고를 제시하는 것이다. 이 경우 광고 내용과 관계없이 광고를 보는 행위 자체가 브랜드 태도에 미칠 수 있는 영향을 통제할 수 있다. 단, 통제집단에 제시되는 광고는 실험에서 측정하는 브랜드 태도에 영향을 주지 않는 중립적인 내용이어야 한다.

동일한 원리로 약품 등의 효과를 연구하는 실험에서는 **플라시보**placebo: 위약 조건이 통제집단으로 사용된다. 플라시보 효과placebo effect: 위약 효과는 환자가 약품 복용과 같이 의학적 처치를 받는다는 사실 자체로 인한 치료효과를 의미한다. 약의 치료 효과는 (1) 실제 약의 효과 (2) 플라시보 효과의 두 가지 다른 효과에 의한 것이다. 따라서 실제 약의 효과를 측정하기 위한 통제집단으로 아무런 치료를 받지 않는 집단이 아닌, 가짜약 치료를 받은 플라시보 집단이 사용된다.

그러나 모든 실험에서 통제집단이 반드시 필요한 것은 아니다. 통제집단은 실험 효과를 실험 자극이 주어지지 않은 조건과 비교할 필요가 있을 때 주로 사용된다. 예를 들어, 긍정적 감정과 부정적 감정이 기부 행동에 미치는 영향을 연구하는 실험에서, 긍정적 감정을 유도한 집단의 평균 기부 금액이 부정적 감정을 유도한 집단보다 높게 나타났다고 가정하자. 이때 두 조건 간의 차이는 세 가지 방식으로 해석될 수 있다. (1) 긍정적 감정이 기부 금액을 높인다, (2) 부정적 감정이 기부 금액을 낮춘다, (3) 긍정적 감정은 기부 금액을 높이고, 부정적 감정은 기부 금액을 낮춘다. 어떤 설명이 맞는지를 검증하기 위해서는 긍정적 감정도, 부정적 감정도 유도하지 않은 중립적 감정 상태의 통제집단이 필요하다. 중립적 감정 집단을 포함하면, 긍정적 감정 집단과 비교하여 감정이 기부 행동을 증가시키는지, 또는 부정적 감정 집단과 비교하여 감정이 기부 행동을 감소시키는지를 명확히 분석할 수 있다.

4.2. 독립변수와 관련된 의사결정

4.2.1. 독립변수의 개수

연구자는 실험을 설계할 때 몇 개의 독립변수를 포함할지를 결정해야 한다. 이는 연구의 목적과 실험의 복잡성을 고려하여 이루어진다. 연구자는 독립변수가 적은 단순한 실험을 선택할 수도 있고, 여러 개의 독립변수를 포함한 복잡한 실험 설계를 선택할 수도 있다. 독립변수의 개수가 증가할수록 실험 조건도 증가하며, 연구 구조는 더욱 복잡해진다.

예를 들어, 네 개의 독립변수를 포함하는 연구에서 각 독립변수가 두 개의 수준level을 가진다면, 이 연구는 2×2×2×2 설계를 따르며 총 16개의 실험 조건을 포함하게 된다. 감정 상태가 투자 의사결정에 미치는 영향을 연구한다고 가정하면, 투자 목적(개인 투자 vs. 기업 투자), 투자 기간(단기 vs. 장기), 위험추구 성향(낮음 vs. 높음) 등의 변수를 함께 고려할 수 있다. 이 경우, 연구자는 2(감정 상태)×2(투자 목적)×2(투자 기간)×2(위험추구 성향) 실험 설계를 설정할 수 있다.

반면, 연구자는 하나의 실험에 많은 독립변수를 포함하는 대신, 전체 실험을 여러 개의 작은 연구로 나누어 진행할 수도 있다. 예를 들어, 첫 번째 실험에서는 2(감정 상태)×2(투자 목적) 집단간 설계를 사용하여 투자 목적의 영향을 검증하고, 두 번째 실험에서는 2(감정 상태)×2(투자 기간) 설계를 사용하여 투자 기간의 영향을 분석하는 방식이다.

큰 규모의 실험 설계는 전체 표본 크기를 줄이고 시간 및 비용을 절감할 수 있다는 장점이 있다. 또한, 세 개 이상의 변수 간의 상호작용(예, 3원 상호작용)을 분석할 수 있어 더 깊이 있는 연구가 가능하다. 그러나 많은 독립변수를 포함하면 연구자가 더 많은 피실험자를 모집해야 하며, 데이터 수집이 어려워질 수 있다. 또한, 자료 분석과 해석이 복잡해질 가능성이 있으며, 많은 통계 분석으로 인해 1종 오류type I error가 증가할 위험이 있다. 더불어, 연구 결과의 재현replication이 어려워질 수도 있다.

반대로, 다수의 작은 실험을 수행하는 접근 방식은 연구의 일반화 가능성을 높일 수 있으며, 동일한 가설을 여러 번 검증하여 연구 결과의 신뢰성을 높이는 데 유리하다. 개별 실험을 수행하는 것이 상대적으로 용이하며, 데이터 수집과 분석이 간단해질 수 있다. 그러나 이 방법은 높은 차원의 상호작용 효과를 검증하는 데 한계가 있다는 점에서 단점이 존재한다. 따라서 연구자는 실험의 목적과 현실적인 제약을 고려하여 하나의 대규모 실험을 설계할지, 아니면 여러 개의 작은 실험으로 나누어 진행할지를 신중하게 결정해야 한다.

4.2.2. 독립변수의 수준과 범위

실험 연구를 통해 가설을 검증하는 연구자는 독립변수의 수준과 범위를 결정해야 한다. 예를 들어, 제품의 가격 수준이 품질 지각에 미치는 영향을 연구하는 경우, 연구자는 독립변수인 가격의 조건 수와 가격 범위를 결정해야 한다. 이러한 결정은 연구의 목적과 독립변수가 종속변수에 미치는 영향의 형태를 고려하여 이루어진다.

독립변수의 **수준**level은 실험에서 조작되는 조건의 수를 의미한다. 독립변수의 효과를 검증하기 위해서는 최소 두 개의 수준이 필요하며, 연구의 필요에 따라 세 개 이상의 수준을 포함할 수도 있다. 예를 들어, 가격이 품질 지각에 미치는 영향을 연구하는 경우, 연구자는 낮은 가격과 높은 가격의 두 수준을 설정할 수도 있고, 보다 세분화된 다섯 개 수준의 가격(예, 매우 낮음, 낮음, 중간, 높음, 매우 높음)을 설정할 수도 있다. 수준이 많아지면 비선형적 효과를 포함한 다양한 관계를 분석할 수 있다는 장점이 있지만, 실험이 복잡해지고 결과 해석이 어려워질 수 있다는 단점도 존재한다.

독립변수의 **범위**range는 실험에서 조작되는 변숫값의 최소값과 최대값을 의미한다. 가격 연구의 경우 연구자는 최저 가격과 최고 가격을 얼마로 설정할지를 결정해야 한다. 범위가 너무 좁으면 독립변수의 효과가 제대로 나타나지 않을 수 있으며, 반대로 범위가 너무 넓으면 비현실적이거나 실험 결과를 왜곡할 위험이 있다. 따라서 연구자는 현실에서 발생할 수 있는 가격 수준을 고려하여 범위를 설정해야 하며, 적절한 범위 설정이 연구 결과의 일반화 가능성을 높이는 중요한 요소가 된다.

4.2.3. 조작점검

(1) 조작점검의 중요성

조작점검manipulation check은 실험 연구에서 독립변수가 연구자가 의도한 대로 조작되었는지 확인하는 과정을 의미한다. 이는 특히 심리적 변수를 다루는 실험에서 중요한 과정이며, 실험 변수가 연구의 개념적 정의에 맞게 조작되었는지를 검증하는 역할을 한다.

예를 들어, 한 연구에서 색상을 이용해 접근동기approach motivation와 회피동기avoidance motivation를 조작한다고 가정해보자. 연구자는 파란색이 접근동기를, 빨간색이 회피동기를 활성화할 것이라는 가정하에 파란색과 빨간색 배경을 사용하여 동기를 조작할 수 있다. 이때, 연구에서 사용한 색상이 실제로 해당 동기를 활성화했는지를 검증하는 것이 조작점검의 핵심이다.

조작점검을 통해 연구자가 의도한 개념이 제대로 조작되었는지 확인하는 것은 연구 변수의 개념 타당도construct validity를 확보하는 데 중요한 역할을 한다. 또한, 변수의 성공적인 조작이 확인되어야 연구 결과가 독립변수의 조작에 의해 발생했음을 보장할 수 있으며, 이는 연구의 내적 타당도internal validity와 직결된다. 따라서, 이와 같은 연구에서는 사용한 색상이 실제로 기대한 동기 반응을 유도했는지 확인하는 조작점검이 반드시 필요하다.

(2) 조작점검이 필요한 경우

그러나 실험 연구에서 모든 상황에서 조작점검이 필수적인 것은 아니다. 조작점검이 필요한 경우는 독립변수가 심리적 상태를 조작하는 경우(예, 영상을 이용해 특정 감정 상태를 조작하는 실험)나 조작 효과가 불확실하거나 새롭게 개발된 조작인 경우(예, 새로운 방법으로 주의를 조작하는 실험)이다.

반면, 독립변수의 조작이 객관적이고 명확한 경우에는 조작점검이 반드시 필요하지 않을 수도 있다. 예를 들어, 광고 노출 횟수(0번, 1번, 2번, 3번)나 제품 가격(낮음, 중간, 높음)과 같은 변수는 조작 자체가 명확하므로 조작점검이 일반적으로 필요하지 않다.

결론적으로, 독립변수가 특정 심리적 상태를 간접적으로 조작하는 경우에는 조작점검이 필수적이지만, 조작한 변수가 개념적 정의를 직접적으로 반영하는 경우에는 조작점검이 반드시 필요하지 않을 수도 있다. 예를 들어, 동기 연구에서 색상을 이용해 특정 동기를 조작한 경우에는 조작점검이 필요하지만, 색채 연구에서 색상이 심박수에 미치는 영향을 검증하는 경우에는 조작점검이 일반적으로 이루어지지 않는다.

(3) 사전조사의 활용

조작점검을 위해 실험 내에서 관련 변수를 추가로 측정하면 실험이 복잡해지고, 연구참여자가 실험 목적을 추론할 가능성이 높아질 수 있다. 이러한 문제를 해결하기 위해 연구자는 조작점검을 실험 내에서 수행하는 대신, **사전조사**pretest를 활용할 수도 있다.

사전조사를 통해 실험에서 사용될 독립변수가 원하는 심리적 개념을 조작하는 데 적합한지 미리 검증할 수 있으며, 이를 통해 실험의 타당성을 높일 수 있다. 이 방법은 연구참여자가 실험의 목적을 쉽게 눈치채는 것을 방지하는 동시에, 연구의 신뢰성을 높이는 데 기여할 수 있다.

4.3. 종속변수와 관련된 의사결정

실험 연구에서는 다수의 종속변수가 측정되는 경우가 많으며, 연구자는 이때 종속변수의 측정 순서를 어떻게 결정할 것인지에 대한 의사결정을 해야 한다. 실험에서 주요 종속변수뿐만 아니라 매개변수, 조작점검 측정 변수 등도 함께 측정되는 경우가 일반적이므로, 이러한 변수를 어떤 순서로 측정할지 신중하게 고려해야 한다.

종속변수를 측정할 때는 측정 순서에 따라 응답이 달라지는 순서효과가 발생할 가능성이 있다. 즉, 앞서 측정된 특정 변수가 이후에 제시되는 다른 변수에 대한 응답에 영향을 미칠 가능성이 있다. 이러한 영향을 최소화하기 위해 연구자는 가장 중요한 변수를 먼저 측정하는 것이 일반적이다. 예를 들어 주요 중요한 변수인 가설을 검증하기 위한 종속변수가 먼저 측정되고, 반대로 조작점검 문항과 같은 상대적으로 덜 중요한 문항은 마지막에 측정이 되는 배열을 바람직하다.

4.4. 연구목적 추론

실험 연구에서 **연구목적 추론**demand artifact이란 연구참여자가 실험의 의도나 가설을 추론한 후, 자신의 행동을 조정하거나 왜곡하는 현상을 의미한다. 연구의 목적을 추론하는 데 사용되는 단서를 **요구특성**demand characteristic이라고 하며, 요구특성이 강하게 존재하는 경우 연구참여자가 실험의 목적을 쉽게 추론할 가능성이 높아진다.

예를 들어, 집단내 설계에서는 동일한 응답자가 여러 개의 자극물에 반복적으로 노출되므로 연구의 목적을 추론할 가능성이 더욱 높아진다. 연구자가 특정 조건에서 의도한 변화를 관찰하려고 할 때, 참가자가 연구의 목적을 인식하면 실제 독립변수의 효과가 아니라 연구참여자의 기대나 추론에 의해 결과가 왜곡될 가능성이 커진다. 이는 연구의 개념 타당도와 내적 타당도를 저하시킬 수 있다.

연구목적 추론을 줄이기 위해, 연구참여자에게 실험의 정확한 목적을 직접적으로 알려주지 않는 것이 일반적이다. 예를 들어, 연구자가 “가격이 품질 지각에 미치는 영향" 이라는 연구 목적을 명확하게 제시하면, 응답자는 자신의 응답이 연구자의 기대에 부합하도록 조정하려는 경향을 보일 수 있다. 이러한 영향을 방지하기 위해 연구자는 실험의 목적을 완전히 공개하지 않거나, 모호하게 제시하는 방식을 사용할 수 있다.

결론적으로, 연구목적 추론은 연구 결과를 왜곡할 가능성이 있으므로, 연구자는 실험 설계 단계에서 이를 최소화할 수 있는 전략을 고려해야 한다. 또한 연구목적 추론이 발생할 가능성이 있는 경우 실험의 마지막 단계나 실험이 끝난 이후에 연구참여자가 얼마나 정확하게 연구가설을 추론했는지 사후적으로 평가를 하기도 한다.

주요 참고자료

유사실험

Cook, T. D., & Campbell, D. T. (1979). *Quasi-Experimentation: Design & Analysis Issues for Field Settings*. Houghton Mifflin. [유사실험, 인과관계, 연구 타당도 등의 내용을 담고 있는 이 분야의 바이블과 같은 저서. 개정판은 다음과 같다: Shadish, W. R., Cook, T. D., & Campbell, D. T. (2002). *Quasi-Experimentation: Design & Analysis Issues for Field Settings*. Houghton Mifflin.]

유사(자연)실험 자료를 이용한 인과관계 검증:

Goldfarb, A., Tucker, C., & Wang, Y. (2022). Conducting research in marketing with quasi-experiments. *Journal of Marketing*, 86(3), 1-20. [통제가 부족한 유사실험이나 자연실험에서 인과관계 추론을 가능하게 하는 통계적 자료 처리 및 분석 방법 정리 및 제시.]

참고문헌

Birnbaum, M. H. (1999). How to show that 9 〉 221: Collect judgments in a between-subjects design. *Psychological Methods*, 4(3), 243.

Hoegg, J. & Alba, J. W. (2007). Taste perception: More than meets the tongue. *Journal of Consumer Research*, 33(4), 490-498.

Hsee, C. K. (1996). The evaluability hypothesis: An explanation for preference reversals between joint and separate evaluations of alternatives. *Organizational Behavior and Human Decision Processes*, 67(3), 247-257.

Mansfield, R., Santos, J., Deighton, J., Hayes, D., Velikonja, T., Boehnke, J. R., & Patalay, P. (2022). The impact of the COVID-19 pandemic on adolescent mental health: A natural experiment. *Royal Society Open Science*, 9(4), 211114.

Mayo, E. (1949). *Hawthorne and the Western Electric Company, The Social Problems of an Industrial Civilisation*. Routledge.

Moorman, C. (1996). A quasi experiment to assess the consumer and informational determinants of nutrition information processing activities: The case of the nutrition labeling and education act. *Journal of Public Policy & Marketing*, 15(1), 28-44.

Shadish, W. R., Cook, T. D., & Campbell, D. T. (2002). *Quasi-Experimentation: Design & Analysis iIsues for Field Settings*. Houghton Mifflin.

Suk, K., Lee, J., & Lichtenstein, D. R. (2012). The Influence of Price Presentation Order on Consumer Choice. *Journal of Marketing Research*, 49(5), 708-717.

West, S. G. (2010). Alternatives to randomized experiments. *Current Directions in Psychological Science*, 18(5), 299-304.

제 7 장

설문

설문survey은 다수의 측정 변수를 포함한 질문 문항으로 구성된 설문지를 사용하여 응답자의 답변을 측정하는 연구 설계 방식이다. 설문은 실험과 달리 특정 변수를 조작하거나 연구자가 개입하지 않고, 일상적인 상황에서 이루어진다. 따라서 설문의 주요 목적은 실제 상황에서 변수들 간의 관계를 검증하는 것이다.

설문은 단순하고 비용이 저렴하다는 장점이 있으며, 많은 응답자를 대상으로 연구하기에 적합한 방법이다. 또한, 설문은 유연성flexibility과 다재다능성versatility이 높아 연구자가 연구 목적에 따라 측정하고자 하는 변수를 포함하여 다양한 유형의 설문을 구성할 수 있다. 이러한 장점 덕분에 설문은 사람들의 생각, 감정, 의견, 태도, 경험 등을 측정하는 데 널리 활용된다.

본 장에서는 설문 설계, 자료 수집 방법, 설문지 구성, 표본추출 등 설문 조사와 관련된 주요 주제를 다룬다. 또한, 다수의 측정 문항을 포함하는 연구에서 발생할 수 있는 동일방법 편향common method bias에 대한 내용도 포함한다.

I. 설문 디자인

설문 디자인survey design은 설문을 통해 자료를 수집하는 시점과 응답자 구성 방식에 따라 횡단 디자인, 종단 디자인, 연속적 독립표본 설문으로 구분된다. [그림 7.1]은 이러한 세 가지 설문 디자인의 특징을 시각적으로 보여준다.

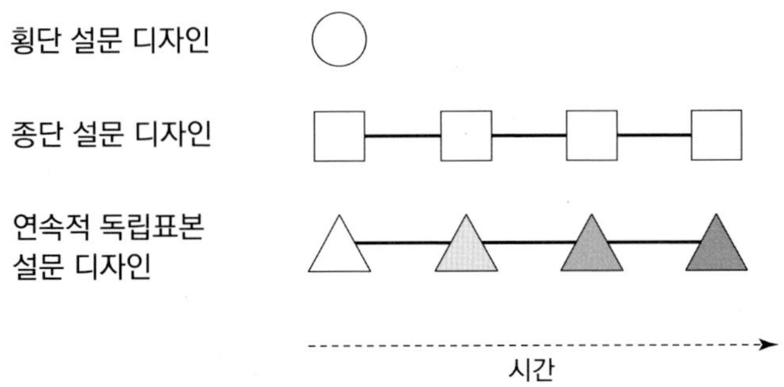

[그림 7.1] 측정 시점과 응답자 구성에 따른 설문 디자인 유형

1.1. 횡단 설문 디자인

횡단 설문 디자인cross-sectional survey design: 횡단 연구은 특정 시점에서 다수의 응답자로부터 설문 데이터를 수집하는 방식이다. 대부분의 경우, 응답자는 설문에 한 번만 응답하며 이후 동일한 응답자를 대상으로 추가적인 조사는 이루어지지 않는다. 이 설문 디자인은 응답자 간 차이를 분석하여 연구 주제를 검증하는 데 활용된다. 예를 들어, 오른손잡이와 왼손잡이의 평균 소득 차이를 비교하는 연구를 횡단 설문 디자인을 사용하여 수행할 수 있다. 대한민국 인구를 대표하는 1,000명의 표본을 선정한 후, 그들이 오른손잡이인지 왼손잡이인지 여부와 소득 수준을 측정하는 방식으로 연구를 수행할 수 있다.[1)]

횡단 설문 디자인은 가장 널리 사용되는 연구 방법으로, 다양한 장점을 가진다. 첫째, 다른 유형의 연구 디자인에 비해 상대적으로 낮은 비용으로 자료를 수집할 수 있다. 둘째, 단 한 번의 조사로 연구가 완료되므로 자료 수집에 걸리는 시간이 짧다. 셋째, 조사가 일회성으로 이루어지기 때문에 응답자를 모집하는 과정이 비교적 용이하다. 넷째, 다양한 변수에 대한 측정을 통해 변수들 간의 복잡한 관계를 분석할 수 있다.

그러나 횡단 설문 디자인은 시간의 흐름에 따른 변화를 분석하기 어렵다는 한계를 가진다. 예를 들어, 특정 사건에 대한 여론 변화를 시간에 따라 추적하는 것이 어렵고, 독립변수(예, 교육 방법, 약물 효과)의 단기 및 장기 효과를 비교하는 연구에는 적합하지 않다. 따라서 시간을 변수로 포함하는 경우에는 종단 설문 디자인이나 연속적 독립표본 설문 디자인을 활용해야 한다.

연구 예시 7-1

소득과 행복의 연관성에 대한 횡단 설문 디자인 연구

사람들은 행복한 삶을 살기를 원하며, 따라서 행복은 심리학과 경제학을 포함한 다양한 분야에서 중요한 연구 주제로 다루어져 왔다. 많은 연구가 행복에 영향을 미치는 변수를 검증해 왔으며, 소득은 가장 많이 연구된 변수 중 하나이다. "과연 돈이 많으면 행복해지는가?"라는 질문은 일반 대중뿐만 아니라 연구자들에게도 지속적인 관심을 받아왔으며, 소득과 행복의 관계에 대한 연구는 다양한 설문 디자인을 통해 이루어졌다.

1) 대부분의 문화권에서 왼손잡이는 인구의 10% 정도이며, 선행연구는 오른손잡이와 왼손잡이의 평균 소득이 통계적으로 유의한 차이가 없다는 결과를 보여주었다.

구재선, 서은국(2011)은 횡단 설문 디자인을 활용하여 소득과 행복의 연관성을 검증하였다. 연구에서는 우리나라 성인 남녀 1,000명을 대상으로 설문을 실시하여 다양한 심리적 및 인구통계학적 변수와 행복 간의 관계를 분석하였다. 소득은 주요 변수 중 하나로 포함되었으며, 객관적 소득(월평균 소득)과 주관적 소득(1점=저소득, 10점=고소득)의 두 가지 방식으로 측정되었다. 분석 결과, 행복은 객관적 소득과 주관적 소득 모두와 유의미한 연관성을 보였으며, 특히 주관적 소득이 객관적 소득보다 행복과 더 높은 상관관계를 갖는 것으로 나타났다.

1.2. 종단 설문 디자인

종단 설문 디자인longitudinal survey design: 종단 연구은 동일한 응답자를 대상으로 여러 시점에 걸쳐 설문조사를 수행하는 연구 방법이다. 종단 연구에 지속적으로 참여하는 응답자를 연구 패널research panel이라고 부르기도 한다. 이 연구에서 시간은 중요한 차원으로 작용하며, 주로 연구 변수가 시간에 따라 어떻게 변화하는지를 조사하는 데 사용된다.

예를 들어, 연구 패널을 대상으로 시간이 흐름에 따라 자존감이 어떻게 변화하는지를 연구하는 조사는 종단 설문 디자인의 대표적인 사례이다. 구체적으로, 어린이를 표본으로 선정한 후 이들의 자존감을 측정하고, 이후 청소년기와 성인기에 도달할 때까지 지속적으로 자존감 지표의 변화를 측정하는 방식이 사용될 수 있다.

종단 설문 디자인이 활용되는 연구 주제는 크게 두 가지로 구분될 수 있다. 첫 번째는 특정 변수가 미래 시점에서 다른 변수를 예측하는지를 검증하는 경우이다. 예를 들어, Roberts 등(2007)은 패널 데이터를 이용하여 청소년기의 성격 특성과 성인이 되었을 때 주요 삶의 결과(직업 성취, 건강, 대인관계 등) 간의 연관성을 연구하였다. 연구 결과, 성실성은 직업적 성공을 강하게 예측하는 변수였으며, 외향성과 정서적 안정성은 건강 및 대인관계의 질과 강한 연관이 있는 것으로 나타났다.

두 번째는 시간에 따른 특정 변수의 변화를 검증하는 경우이다. 대표적인 사례로는 더니든 연구Dunedin Study가 있다Poulton, Moffitt, & Silva, 2015. 이 연구는 뉴질랜드 더니든Dunedin시에서 태어난 1,037명을 대상으로, 출생부터 현재까지 신체 건강(예, 키, 체중), 정신 건강(예, 우울증, 불안), 인지 능력(예, 학습능력, IQ, 기억력), 사회적 요인(예, 교육 수준, 가족 관계, 범죄 경력) 등 다양한 개인 특성 변수를 지속적으로 추적 조사하고 있다. 현재까지도 진행 중인 이 연구는, 시간이 주요 변수로 작용하는 종단 연구의 대표적 사례로 자주 인용된다.

종단 연구는 시간이 개입된 연구 주제를 검증할 수 있다는 점에서 장점을 갖지만, 연구자가 고려해야 할 몇 가지 한계점도 존재한다. 첫째, 연구 참여자의 이탈attrition 문제가 발생할 수 있다. 동일한 응답자가 오랜 기간 동안 연구에 참여해야 하기 때문에 지속적인 참여를 유도하는 데 어려움이 있으며, 이탈자가 많아질 경우 사용할 수 있는 자료의 양이 줄어들게 된다. 둘째, 높은 연구 비용이 요구된다. 동일한 응답자를 장기간 추적하는 연구 설계의 특성상 지속적인 자료 수집과 관리에 상당한 비용이 소요된다. 셋째, 반복 측정으로 인한 피로감과 학습 효과가 발생할 수 있다. 동일한 변수를 반복적으로 측정할 경우 응답자가 조사에 피로를 느낄 가능성이 높아지며, 또한 이전 응답이 이후 응답에 영향을 미치는 학습 효과가 나타날 수도 있다.

연구 예시 7-2

소득과 행복의 연관성에 대한 종단 설문 디자인 연구

Di Tella, Haisken-De New, and MacCulloch(2010)는 1984년부터 2000년까지 독일의 7,812명 패널 자료를 활용하여 소득과 행복 간의 연관성을 연구하였다. [그림 E7.1]에서 볼 수 있듯이, 조사 연도의 실질 소득과 행복 사이에는 유의미한

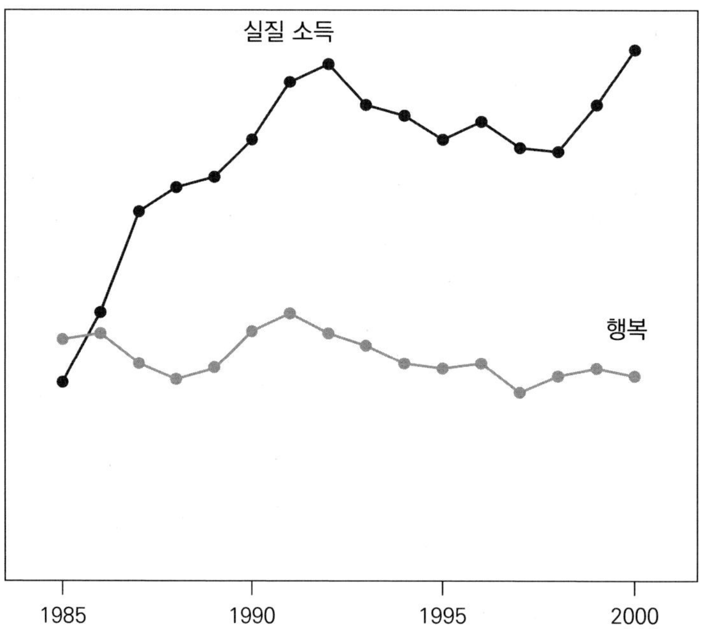

[그림 E7.1] 실질 소득과 행복의 연관성

상관관계가 나타나지 않았다. 조사 기간 동안 실질 소득은 지속적으로 증가하는 추세를 보였으나, 사람들의 평균 행복 점수에는 뚜렷한 변화가 없었다.

1.3. 연속적 독립표본 설문 디자인

연속적 독립표본 설문 디자인successive independent sample survey design은 횡단 연구와 종단 연구의 특징을 결합한 방식으로, 주로 동일한 패널을 지속적으로 추적하는 종단 연구가 어려운 경우에 사용된다. 이 연구 디자인에서는 특정 시점에서 표본을 선정하여 설문을 실시한 후, 이후 다른 시점에서 새로운 표본을 선정하여 동일한 설문을 실시한다. 각각의 시점에서 이루어지는 조사는 횡단 연구cross-sectional research의 성격을 가지지만, 동일한 설문을 유사한 표본을 대상으로 반복 수행한다는 점에서 종단 연구longitudinal research와 유사한 특성을 가진다.

연속적 독립표본 설문 디자인에서 중요한 요구 사항은 각 시점에서 연구에 참여하는 표본이 서로 유사해야 한다는 점이다. 즉, 각 시점에서 모집된 표본이 동일한 모집단population을 대표해야 한다. 예를 들어, 대한민국 성인의 정치 성향 변화를 연구하는 경우, 각 조사 시점에서 연구에 참여하는 표본의 특성(예, 나이, 성별, 지역 등)이 유사해야 한다. 만약 시점별 표본의 특성이 다르다면, 연구 결과에서 나타난 정치 성향의 차이가 모집단의 변화 때문이 아니라 단순히 연구 참여자의 특성이 달라서 발생한 것일 가능성이 높아진다.

연속적 독립표본 설문 디자인은 횡단 연구와 종단 연구의 장점을 결합하면서도, 각각의 한계를 보완할 수 있다는 점에서 유용하다. 이 연구 방법을 사용할 경우, 연구 참여자는 단 한 번만 설문에 응답하기 때문에 반복 측정으로 인해 발생할 수 있는 피로감, 학습 효과, 연구 참여자의 소멸 및 이탈 문제를 최소화할 수 있다. 또한, 시간이 흐름에 따라 모집단의 변화를 효과적으로 검증할 수 있기 때문에, 장기적인 변화 추적이 필요한 연구에서 활용도가 높다.

연구 예시 7-3

소득과 행복의 연관성에 대한 연속적 독립표본 설문 디자인 연구

Oishi, Kesebir, and Diener(2011)은 1972년부터 2008년까지 미국 GSSGeneral Social Survey 자료를 활용하여 소득 불평등과 행복 간의 연관성을 연구하였다. GSS는

매년 새로운 응답자를 대상으로 설문을 진행하는 연속적 독립표본 설문 디자인을 기반으로 한 조사이다. 연구에서는 설문 자료를 이용하여 각 연도의 평균 행복 점수와 소득 불평등 정도를 나타내는 지니 계수Gini coefficient 간의 관계를 분석하였다.

분석 결과, 사회 구성원의 소득 불평등이 증가할수록 평균 행복 점수는 낮아지는 경향을 보였다. [그림 E7.2]에서 확인할 수 있듯이, 소득 불평등과 행복 점수 간에는 음의 연관성이 존재하는 것으로 나타났다.

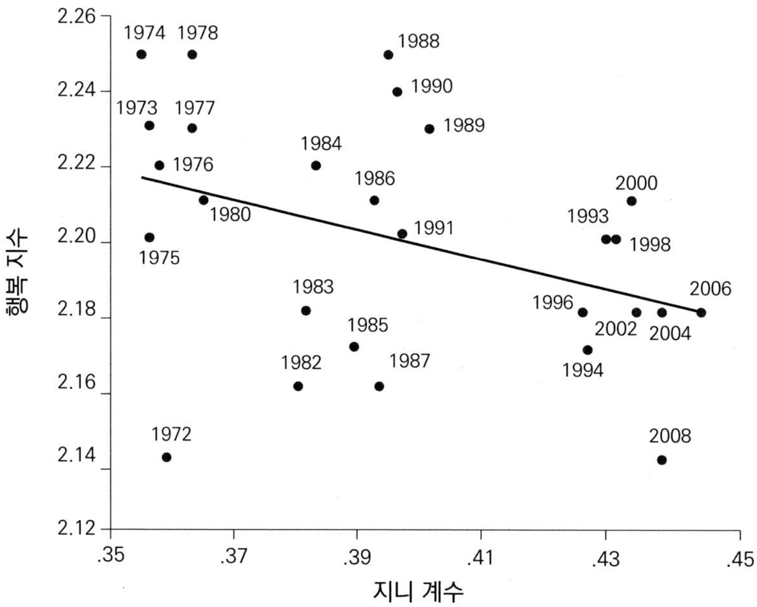

[그림 E7.2] 지니 계수와 행복의 연관성

Ⅱ. 설문 자료 수집 방법

설문 자료 수집 방법data collection method에는 개인 면접, 전화, 우편, 온라인 설문이 포함된다. 각 방법은 고유한 장단점을 가지며, 연구의 목적, 대상, 환경에 따라 적절한 방법이 선택된다.

2.1. 개인면접 설문

개인면접 설문personal interview: 대면 설문은 연구자가 응답자를 직접 대면하여 질문하고 응답을 기록하는 방식의 설문 조사 방법이다. 개인 면접 설문은 한 명의 응답자를 대상으로 진행될 수도 있으며, 다수의 응답자를 대상으로 그룹 인터뷰 형식으로 이루어질 수도 있다. 또한, 정성적 자료qualitative data와 정량적 자료quantitative data 수집 모두에 활용될 수 있다.

개인면접 설문은 여러 장점을 가지고 있다. 첫째, 깊이 있는 정보 수집이 가능하다. 복잡하거나 민감한 주제에 대해 응답자의 구체적인 생각과 의견을 직접 듣고 탐색할 수 있다. 둘째, 응답의 질이 높아진다. 응답자가 질문을 잘 이해하지 못하거나 응답이 불완전한 경우, 연구자가 추가적인 설명을 제공할 수 있어 보다 정확한 답변을 얻을 수 있다. 셋째, 비언어적 정보의 파악이 가능하다. 응답자의 표정, 목소리, 몸짓 등을 통해 숨겨진 태도나 감정을 파악할 수 있어 응답의 신뢰도를 높이는 데 도움이 된다.

그러나 개인면접 설문에는 몇 가지 단점도 존재한다. 첫째, 시간과 비용이 많이 소요된다. 연구자가 직접 응답자를 찾아가 면접 진행해야 하기 때문에 조사에 드는 인적, 물적 자원이 크다. 둘째, 민감한 주제에 대한 응답이 제한될 가능성이 있다. 응답자가 연구자와 직접 대면하여 답변하는 과정에서 개인적이거나 민감한 이슈에 대해 솔직한 응답을 하지 않을 가능성이 높아질 수 있다.

2.2. 전화 설문

전화 설문telephone survey: 전화 면접은 전화를 이용하여 응답자로부터 설문 질문에 대한 답변을 수집하는 방식이다. 전화 설문은 짧은 시간 내에 다수의 응답자로부터 자료를 수집할 수 있다는 장점이 있으며, 이러한 특성 때문에 질문이 짧고 단순한 선거 여론조사 election poll에서 많이 활용된다. 특히, 선거 여론조사의 경우 신속한 결과 도출이 중요하기 때문에 전화 설문이 선호되는 방법이다.

그러나 연구자는 전화 설문이 가지는 단점도 고려해야 한다. 첫째, 응답자의 제한성이 존재한다. 전화 설문은 전화로 접근이 어려운 응답자나 전화 사용을 하지 않는 집단을 표본에서 배제할 수밖에 없기 때문에 대표성이 떨어질 가능성이 있다. 예를 들어, 유선 전화를 이용하여 조사하는 경우, 낮 시간 동안 집에 머무르는 노인이나 주부가 과표집될 가능성이 높아 설문조사 결과가 왜곡될 수 있다.

둘째, 질문 양의 한계가 있다. 전화 설문은 직접적인 대면 방식이 아니기 때문에 긴 질문을 포함하거나 복잡한 응답을 요구하는 설문을 진행하는 것이 어렵다. 응답자가 전화상에서 집중할 수 있는 시간이 제한적이므로, 설문 문항이 길거나 복잡할 경우 응답의 질이 낮아질 수 있다.

셋째, 사생활 침해의 가능성이 있다. 전화 설문은 무작위로 선정된 응답자에게 전화를 거는 방식으로 진행되는 경우가 많으며, 이에 따라 응답자가 원하지 않는 시점에 전화가 걸려오거나, 개인적인 정보를 요구하는 질문이 포함될 경우 사생활 침해로 인식될 가능성이 있다.

이와 같은 장점과 단점을 고려할 때, 전화 설문은 신속한 조사가 필요한 경우나 비교적 단순한 질문을 포함하는 연구에서 효과적이지만, 표본의 대표성과 사생활 보호 문제를 해결하기 위한 신중한 설계가 필요하다.

2.3. 우편 설문

우편 설문postal survey은 우체국 우편을 이용하여 설문 자료를 수집하는 방법이다. 연구자는 응답자에게 우편을 통해 설문지나 설문 엽서를 보내며, 응답자는 설문을 작성한 후 이를 다시 연구자에게 우편으로 회신하는 방식이 사용된다.

우편 설문은 몇 가지 단점을 가지고 있다. 가장 큰 단점은 응답률이 낮다는 점이다. 일반적으로 우편 설문의 응답률은 20% 이하로 매우 낮은 편이며, 이는 표본의 대표성representativeness을 저하시킬 가능성이 있다(연구 예시 7-4 참조). 또한, 응답자가 설문지를 작성하고 다시 우편으로 회신하는 과정이 필요하기 때문에 자료 수집에 많은 시간이 소요된다.

우편 설문은 인터넷 기반의 온라인 설문이 등장하기 이전에는 중요한 자료 수집 방법으로 활용되었으나, 현재는 거의 사용되지 않는 방식이다. 온라인 설문은 우편 설문의 낮은 응답률과 자료 수집의 시간적 한계를 극복할 수 있어, 연구자들은 보다 효율적인 온라인 설문 방식을 선호하는 경향이 강해졌다.

2.4. 온라인 설문

온라인 설문online survey은 점점 더 널리 사용되고 있는 설문 조사 방법이다. 초기에는 연구자가 이메일을 통해 설문지를 배포하는 방식이 주로 사용되었으나, 최근에는

Qualtrics나 Google Docs와 같은 온라인 설문 전용 프로그램이나 플랫폼이 보편적으로 활용되고 있다.

온라인 설문은 여러 가지 장점을 가지고 있다. 시간과 비용이 절감되며, 응답자의 접근성이 높아지고, 익명성이 보장될 수 있다는 점이 대표적인 강점이다. 연구자는 짧은 시간 내에 광범위한 응답자로부터 데이터를 수집할 수 있으며, 응답자는 편리한 시간과 장소에서 설문에 참여할 수 있다. 또한, 익명성이 보장됨으로써 응답자가 민감한 질문에도 보다 솔직하게 답변할 가능성이 높아진다.

그러나 온라인 설문에는 몇 가지 한계점도 존재한다. 첫째, 응답자 편향bias이 발생할 가능성이 있다. 인터넷이나 모바일 기기에 대한 접근성이 낮은 응답자는 설문에 참여하기 어려우므로, 표본이 특정 집단에 치우칠 가능성이 있다. 예를 들어, 인터넷 사용이 익숙하지 않은 고령층이나 저소득층의 참여가 제한될 수 있다. 둘째, 응답 통제의 어려움이 있다. 연구자가 직접 응답자의 행동을 관찰할 수 없기 때문에, 응답자가 설문에 충분한 주의를 기울이지 않거나 임의로 답변하는 경우 이를 통제하기 어렵다. 또한, 중복 응답 문제가 발생할 가능성도 있으며, 동일한 사람이 여러 번 설문에 참여하는 경우 데이터의 신뢰성이 저하될 수 있다.

Ⅲ. 설문지 구성

3.1. 설문 문항 작성

3.1.1. 질문의 구성

설문에서 사용되는 질문은 명확하고 중립적인 표현을 사용해야 하며, 응답자가 이해하기 쉽도록 구성하는 것이 중요하다. 질문은 짧고 간결하게 작성해야 하며, 응답자가 의미를 혼동하거나 해석에 어려움을 느끼지 않도록 해야 한다.

또한, 이중 질문double-barreled question을 피해야 한다. 이중 질문이란 하나의 문항에 두 개 이상의 질문이 포함된 경우를 의미한다. 예를 들어, "이 제품의 품질과 디자인을 평가하시오."라는 질문은 품질과 디자인에 대한 평가를 동시에 요구하고 있어 응답자가 명확한 답변을 하기 어렵다.

또한, 질문이 중립성을 유지해야 한다. 질문 자체가 특정한 주장을 포함하고 있으면 응답자의 답변이 영향을 받을 수 있다. 예를 들어, "사회복지에 더 많은 지원을 가능하게 해주는 세금 인상에 대한 귀하의 의견은?"과 같은 질문은 세금 인상이 긍정적인 효과를 낸다는 전제를 담고 있어 응답자의 생각을 왜곡할 가능성이 있다.

3.1.2. 설문 응답 방법

설문 응답 방법은 크게 개방형 질문과 폐쇄형 질문으로 나뉜다. **개방형**open-ended: 주관식 질문은 응답자가 자신의 의견을 자유롭게 서술하는 방식으로, 보다 깊이 있는 응답을 얻을 수 있다. 예를 들어, "귀하가 가장 중요하게 생각하는 직업 선택 기준은 무엇입니까?"라는 질문은 응답자가 자신만의 생각을 자유롭게 기술할 수 있도록 한다. 개방형 질문은 응답자의 의견을 보다 풍부하게 수집할 수 있지만, 응답을 정리하고 분석하는 데 시간이 많이 소요될 수 있다.

폐쇄형closed-ended: 객관식 질문은 연구자가 미리 제시한 답변 항목 중에서 응답자가 선택하도록 하는 방식이다. 폐쇄형 질문은 평점rating, 선택choice, 순위ranking 등의 형식으로 구성될 수 있다. 예를 들어, "이 제품의 품질을 1점(매우 낮음)부터 5점(매우 높음)까지 평가해 주세요."라는 질문은 평점 방식을 사용한 폐쇄형 질문에 해당한다. 폐쇄형 질문은 분석이 용이하고 응답자의 부담을 줄일 수 있다는 장점이 있지만, 연구자가 제공하는 선택지에 따라 응답이 제한될 가능성이 있다.

3.2. 질문의 순서

설문은 다수의 질문을 포함하기 때문에 연구자는 질문의 배치 순서를 신중하게 결정해야 한다. 일반적으로, 쉽고 흥미로운 질문을 설문의 앞쪽에 배치하고, 어려운 질문이나 민감한 질문은 설문의 후반부에 배치하는 것이 효과적이다. 이를 통해 응답자가 초반에 자연스럽게 설문에 몰입할 수 있도록 유도하고, 응답 거부나 이탈 가능성을 줄일 수 있다.

설문이 일반적인 질문과 구체적인 질문을 함께 포함하는 경우, 어느 유형의 질문을 먼저 배치할 것인지 결정해야 한다. 예를 들어, 직무 만족도 조사에서는 전반적인 직무 만족도(일반적인 질문)와 임금, 직업 안정성, 근로 환경 등 직무 만족 요인(구체적인 질문)을 함께 측정하는 경우가 많다. 이 경우 어느 유형의 질문을 먼저 설문에 배치할지를 결정해야 한다

특별한 경우를 제외하고, 일반적인 질문을 먼저 배치하는 것이 바람직하다. 이는 구체

적인 질문을 먼저 제시할 경우, 해당 질문에서 다룬 특정 요소가 응답자의 인식을 편향시켜 일반적인 질문에 대한 응답이 왜곡될 가능성이 있기 때문이다. 예를 들어, 응답자가 임금이나 직업 안정성에 대한 질문을 먼저 접한 경우, 이후의 전반적인 직무 만족도 평가에서 임금이나 안정성을 지나치게 강조할 가능성이 높아질 수 있다.

이러한 질문 순서의 영향은 Strack, Martin, and Schwarz(1988)의 연구에서도 확인되었다. 연구에서는 전반적인 삶의 만족도와 이성과의 데이트 만족도 간의 관계가 질문 순서에 따라 어떻게 달라지는지를 분석하였다. 한 조건에서는 먼저 전반적인 삶의 만족도를 측정한 후, 데이트 만족도를 측정하였으며, 다른 조건에서는 데이트 만족도를 먼저 측정한 후, 전반적인 삶의 만족도를 측정하였다. 연구 결과, 전반적인 삶의 만족도를 먼저 측정한 경우 두 변수 간의 상관관계는 r=.16으로 유의미한 연관성이 나타나지 않았다. 반면, 데이트 만족도를 먼저 측정한 경우 상관관계는 r=.55로 증가하였으며, 이는 통계적으로 유의한 수준이었다.

Ⅳ. 표본추출

4.1. 모집단과 표본

표본추출sampling은 모집단에서 연구에 참여할 표본을 선택하는 과정을 의미한다. **모집단**population은 연구 주제의 대상이 되는 전체 집단을 지칭하며, 연구 목적에 따라 그 범위가 달라질 수 있다. 예를 들어, 정부에서 5년마다 실시하는 인구주택총조사census에서는 우리나라에 거주하는 모든 내국인과 외국인이 모집단이 된다. 반면, 선거 여론조사의 경우 투표권을 가진 유권자가 모집단에 해당한다. 연구 목적에 따라 모집단의 범위는 더 좁아질 수도 있으며, 특정 연구에서는 대학생, 특정 연령대의 주부, 특정 직업군 등을 모집단으로 설정하기도 한다

표본sample은 모집단에서 연구 대상자로 선정된 사람들을 의미하며, 모집단을 대표하여 연구에 참여한다. 연구에서 모집단 전체가 아닌 표본을 대상으로 조사를 진행하는 이유는 모든 모집단을 조사하는 것이 현실적으로 어렵거나, 시간과 비용이 과도하게 소요될 수 있기 때문이다.

예를 들어, 선거 여론조사에서 모든 유권자를 대상으로 조사를 진행한다면, 막대한 비

용이 들 뿐만 아니라, 조사가 완료될 즈음에는 이미 선거가 끝나 결과가 무의미해질 수도 있다. 따라서 연구자는 모집단의 일부를 표본으로 선정하여 조사를 수행함으로써 보다 효율적인 연구 진행이 가능하도록 한다.

이론적으로 표본은 모집단 전체에서 무작위로 선정되어야 하지만, 실제 연구에서는 모집단 전체에 대한 목록을 확보하는 것이 어렵거나 불가능한 경우가 많다. 따라서 연구에서는 일반적으로 **표본 프레임**sample frame: 표집틀을 기반으로 표본을 추출하게 된다.

예를 들어, 선거 여론조사를 위해 전화 설문을 진행하는 경우, 연구자는 전화번호부를 표본 프레임으로 활용할 수 있다. 그러나 이 경우, 특정 지역에 거주하는 전체 유권자 모집단과 전화번호부에 등재된 개인이 반드시 일치하지 않기 때문에, 표본의 대표성이 낮아질 수 있다. 따라서 연구자는 표본 프레임을 설정할 때 표본이 모집단을 대표할 수 있도록 신중하게 설계해야 하며, 표본추출 과정에서 발생할 수 있는 대표성 문제를 최소화하는 방법을 고려해야 한다.

4.2. 표본의 대표성

표본의 **대표성**representativeness은 표본의 특성이 모집단의 특성과 얼마나 일치하는지를 의미한다. 이는 특히 설문의 목적이 모집단의 특성을 정확히 이해하는 것일 때 매우 중요한 요소가 된다. 예를 들어, 선거 여론조사에서는 정당이나 후보의 지지율을 예측하는 것이 주요 목적이므로, 모집단인 유권자를 대표할 수 있는 표본을 선정하는 것이 필수적이다.

표본이 모집단을 제대로 대표하지 못하는 가장 큰 원인 중 하나는 편향된 표본 프레임의 사용이다. 예를 들어, 전통적인 전화 여론조사는 가정용 전화번호 목록을 표본 프레임으로 활용해왔지만, 이 방식에는 여러 한계가 존재한다. 첫째, 가정용 전화가 없는 가구가 증가하고 있으며, 이는 특히 젊은 층에서 더욱 두드러진다. 따라서 젊은 유권자가 표본에 포함될 가능성이 낮아지며, 여론조사 결과가 특정 연령층에 편향될 위험이 있다. 둘째, 여론조사는 주로 평일 낮에 이루어지기 때문에, 이 시간대에 가정에 머무르는 노년층이나 가정주부가 과표집될 가능성이 높다. 이는 특정 연령대나 직업군이 과도하게 대표되는 문제를 초래할 수 있다. 셋째, 전화 여론조사에서 특정 집단이 응답을 기피하는 경우, 표본이 편향될 가능성이 있다. 만약 특정 정당이나 후보를 지지하는 응답자가 전화 설문에 응답하지 않는 경향이 있다면, 조사 결과가 실제 민심과 다르게 나타날 수 있다. 이러한 한계점을 보완하기 위해, 최근에는 여론조사에서 휴대전화 표본의 비율을 높이고, 가정용 전화와 병행하여 조사하는 방식이 많이 활용되고 있다.

표본 대표성이 낮아질 경우, 여론조사가 부정확한 결과를 도출할 수 있으며, 역사적으로도 대표성을 확보하지 못한 여론조사가 큰 오류를 초래한 사례가 있다. 가장 널리 알려진 사례 중 하나는 1936년 미국 대통령 선거 당시 *Literary Digest*에서 실시한 여론조사이다. 이 조사는 무려 240만 명이라는 대규모 표본을 사용했음에도 불구하고, 대표성 확보에 실패하여 당선자를 정확히 예측하지 못했다.

연구 예시 7-4

Literary Digest 여론조사 실패의 이유

미국 잡지사 *Literary Digest*는 1936년 미국 대통령 선거를 앞두고 대규모 여론조사를 실시했으며, 이는 역사적으로 가장 잘못된 여론조사 사례 중 하나로 남게 되었다. *Literary Digest*는 당시 여론조사 역사에서 가장 큰 규모로 약 1,000만 명에게 우편엽서를 보내 설문을 진행했으며, 이 중 약 240만 명이 응답했다.

조사 결과에 따르면, 공화당 후보 Alf Landon이 57%의 득표율로 현직 대통령 Franklin D. Roosevelt를 압도적으로 이길 것이라고 예측되었다. 그러나 실제 선거에서는 Roosevelt가 승리하면서, *Literary Digest*의 예측은 완전히 빗나가게 되었다.

이 여론조사가 실패한 가장 큰 이유는 표본이 편향되었기 때문이다Squire, 1988. 당시 *Literary Digest*는 전화번호부와 자동차 등록 기록을 이용해 설문을 발송했는데, 이는 경제적으로 여유가 있는 계층에 치우친 표본이었으며, 이들은 상대적으로 공화당 후보를 지지하는 경향이 강했다. 반면, 대공황의 여파로 경제적으로 어려움을 겪던 저소득층과 민주당 지지층은 표본에서 제대로 반영되지 않았다.

또한, 설문을 발송한 1,000만 명 중 단 24%만이 응답했으며, 응답한 사람들은 정치적으로 적극적인 성향을 가진 집단이었을 가능성이 크다. 이에 따라, 설문에 응답한 표본이 모집단을 정확하게 반영하지 못하면서 여론조사 결과가 왜곡되었을 가능성이 있다.

이 사례는 단순히 표본의 크기가 크다고 해서 정확한 결과를 보장하는 것이 아니라, 표본의 대표성이 중요하다는 점을 강조하는 대표적인 사례로 남아 있다.

4.3. 연구 목적에 따른 표본 대표성의 중요성

표본의 대표성이 모든 연구에서 동일한 중요도를 가지는 것은 아니다. 앞서 살펴본 선거 여론조사와 같은 연구에서는 모집단의 특성을 정확하게 반영하는 것이 핵심 목표이므로, 표본의 대표성이 절대적으로 중요하다. 그러나 연구의 목적이 모집단의 특성을 이해하는 것이 아니라 변수 간의 관계를 분석하는 경우에는 표본 대표성의 중요도가 상대적으로 낮아질 수 있다.

예를 들어, 임금근로자의 일자리 만족도job satisfaction에 대한 연구에서 연구 목적에 따라 표본 대표성이 가지는 중요도는 달라질 수 있다.

조사의 목적이 우리나라 임금근로자의 전반적인 일자리 만족도 수준을 알아보는 것이라면, 모집단을 대표할 수 있는 표본을 선정하는 것이 연구 결과의 정확성에 중요한 영향을 미친다. 모집단을 제대로 반영하지 못한 표본을 사용할 경우, 연구 결과가 모집단의 실제 만족도 수준을 왜곡할 가능성이 크기 때문이다.

반면, 연구의 목적이 임금근로자의 일자리 만족도가 조직몰입도organizational commitment와 얼마나 강한 연관성을 가지는지를 분석하는 것이라면, 표본 대표성의 중요도는 상대적으로 낮아진다. 이 경우, 연구자는 모집단 전체를 대표하는 표본을 확보하는 것보다는 연구 변인 간의 관계를 명확하게 분석할 수 있는 표본을 확보하는 것이 더 중요하다. 따라서 실제 연구에서는 대표성보다는 표본의 확보 가능성을 우선적으로 고려하여 표본을 선정하는 경우가 많다. 이처럼 연구의 목적에 따라 표본의 대표성이 가지는 중요도는 달라지며, 연구자는 연구 목적에 맞는 적절한 표본 설계를 고려해야 한다.[2)]

4.4. 표본 크기와 표본오차

4.4.1. 표본 크기

설문에서 **표본 크기**sample size는 설문에 응답한 전체 인원의 수를 의미한다. 일반적으로 표본 크기가 클수록 자료의 신뢰성이 높아지는 장점이 있다. 표본이 크면 모집단의 특성을 보다 정확하게 반영할 가능성이 커지며, 분석 결과의 오차가 줄어든다. 그러나, 표본 크기가 증가할수록 자료 수집에 소요되는 비용과 시간이 증가하는 단점도 있다. 따라서 연구자는 연구 목적과 현실적인 제약을 고려하여 적절한 표본 크기를 결정해야 한다.

2) 독립변수와 종속변수의 인과관계 검증에 초점을 두는 실험 연구의 경우 이와 같은 편리성에 근거한 표본 모집의 성향이 더욱 두드러진다.

4.4.2. 표본 크기 결정 방법

연구에서 표본 크기를 결정하는 방법은 크게 세 가지로 나뉘며, 연구의 목적에 따라 적절한 방법이 선택된다.

(1) 통계적 계산을 통한 표본 크기 결정

표준편차, 신뢰수준(예, 95%), 표본오차(예, ±5%)를 이용하여 목표 표본 크기를 계산하는 방식이다. 이 방법은 선거 여론조사와 같이 모집단의 특성을 정확하게 추정하는 것이 주요 목적일 때 주로 사용된다. 예를 들어, 특정 지역의 유권자 전체를 대표하는 표본을 추출하고자 할 때, 신뢰구간과 허용 가능한 오차 범위를 고려하여 최적의 표본 크기를 산출할 수 있다.

(2) 효과크기를 이용한 표본 크기 결정

연구자가 연구 가설을 검증할 수 있도록 충분한 통계 검증력statistical power을 확보할 수 있는 표본 크기를 결정하는 방법이다. 이 방법은 이론 검증을 목적으로 하는 연구에서 주로 활용된다. 효과크기가 작을수록 연구자가 검증력을 확보하기 위해 더 큰 표본이 필요하며, 반대로 효과크기가 크다면 상대적으로 적은 표본으로도 연구 가설을 검증할 수 있다. 보다 자세한 내용은 "제10장: 가설 검증"에서 다룬다.

(3) 연구자의 편의 및 판단에 따른 표본 크기 결정

현실적인 제약(예, 조사 비용, 표본 접근성의 한계 등)에 따라 연구자가 표본 크기를 결정하는 방식이다. 표본 모집이 어렵거나, 예산이 한정된 경우 주로 활용된다. 예를 들어, 특정 직업군을 대상으로 연구를 진행할 때, 해당 직업군의 인구 자체가 적거나 연구자가 접근할 수 있는 표본이 제한적일 경우, 연구자는 가용한 표본 내에서 최적의 규모를 결정하게 된다.

4.4.3. 표본오차

표본오차sampling error는 모집단이 아닌 표본을 사용하여 연구를 수행할 때, 모집단과 표본 간에 발생하는 차이를 의미한다. 예를 들어, 대통령 선거를 앞두고 1,000명의 유권자를 대상으로 여론조사를 실시하는 경우, 표본에서 추정한 투표 성향과 실제 전체 유권자의 투표 성향 사이에 차이가 발생할 수 있으며, 이를 표본오차라고 한다.

표본오차가 발생하는 이유는 표본이 모집단을 완벽하게 대표하지 못하기 때문이며, 무작위 표본 추출random sampling을 사용하더라도 표본오차는 발생할 수 있다. 따라서 연구자는 표본오차를 최소화하기 위한 표본 설계와 분석 기법을 신중하게 고려해야 한다.

(1) 표본 크기와 표본오차의 관계

표본오차는 표본 크기와 직접적인 연관이 있다. 일반적으로, 표본 크기가 클수록 표본오차는 감소하며, 결과의 신뢰성이 높아진다. 작은 표본을 사용할 경우, 모집단의 다양한 특성을 충분히 반영하기 어렵기 때문에 표본 오류가 증가할 가능성이 크다.

(2) 표본오차와 신뢰구간 계산

표본오차는 표본에서 측정한 값과 모집단 값 사이의 차이를 나타내며, **표준오차**(SE)standard error를 통해 수치적으로 표현된다. 표준오차는 모집단과 표본의 차이를 수치적으로 평가하는 방법이며, 모집단의 표준편차(σ)를 표본 크기(n)의 제곱근으로 나눈 값으로 정의된다:

$$SE = \frac{\sigma}{\sqrt{n}}.$$

표본에서 측정한 값이 지지율과 같은 이항분포를 따르는 경우, 표준오차의 다음과 같은 공식으로 계산되며, 이때 p는 특정 결과가 나올 확률(예, 지지율)을 의미한다:

$$SE = \sqrt{\frac{p(1-p)}{n}}.$$

예를 들어, 400명의 응답자를 대상으로 한 여론조사에서 특정 후보를 지지하는 비율이 60%(p=0.6)인 경우, 표준오차는 다음과 같이 계산된다:

$$SE = \sqrt{\frac{0.6(1-0.6)}{400}} = 0.0245(2.45\%).$$

표준오차를 활용하면, 신뢰구간confidence interval을 계산할 수 있다. 신뢰구간은 표본을 통해 측정한 결과가 모집단의 실제 값과 어느 정도 차이가 있을지를 나타내는 범위이다. 신뢰구간은 다음 공식으로 계산된다:

$$\text{신뢰구간} = p \pm z \times SE.$$

위의 식에서 z는 신뢰수준에 따른 z값이며, 일반적으로 5% 신뢰구간에서는 z=1.96이 사용된다. 위의 예시를 적용하면 신뢰구간은 다음과 같다:

$$
\begin{aligned}
\text{신뢰구간} &= 0.6 \pm 1.96 \times 0.0245 \\
&= 0.6 \pm 0.048 \\
&= (0.552,\ 0.648)
\end{aligned}
$$

즉, 95% 신뢰수준에서 특정 후보의 실제 지지율은 55.2%에서 64.8% 사이에 있을 가능성이 높다고 해석할 수 있다. 이때 표본오차는 ±4.8%이이며, 이는 신뢰구간의 절반에 해당한다.

4.5. 표본추출 방법

4.5.1. 확률적 표본추출 방법

확률적 표본추출probabilistic sampling이란 모집단의 모든 구성원이 동일한 확률로 표본에 포함될 가능성을 가지는 표본 선정 방법을 의미한다. 확률적 표본추출을 통해 선정된 표본은 모집단을 보다 정확하게 대표할 가능성이 높다. 확률적 표본추출 방법에는 단순 무작위 표본추출, 체계적 표본추출, 층화 표본추출, 군집 표본추출이 포함된다. 각각의 방법은 표본을 확률적으로 선정하는 방식에서 차이가 있다.

(1) 단순 무작위 표본추출

단순 무작위 표본추출simple random sampling은 모집단의 구성원 목록을 포함하는 표본 프레임sample frame에서 각 구성원이 동일한 확률로 랜덤하게 표본으로 선택되는 방법이다.[3] 예를 들어, 연구자가 모집단의 모든 구성원을 번호로 식별한 후 난수표random number table나 컴퓨터 프로그램을 이용해 무작위로 표본을 선정할 수 있다. 이 방법의 가장 큰 장점은 모집단의 모든 구성원이 동등한 확률로 선택되므로 표본이 편향되지 않을 가능성이 높다는 점이다.

3) 표본추출에서 무작위random는 '임의로'라는 뜻이 아닌 확률에 근거한 구조적systematic인 표본추출을 의미한다. 마이크로 소프트 엑셀Excel 프로그램을 사용하는 경우 무작위 번호를 생성하는 "=rand()" 함수를 사용해 표본을 선택할 수 있다.

(2) 체계적 표본추출

체계적 표본추출systematic sampling: 구조적 표본추출은 모집단의 구성원을 일정한 순서로 정렬한 후, 일정한 간격을 두고 표본을 선택하는 방법이다. 예를 들어, 공장에서 생산된 1,000개의 제품 중 100개의 샘플을 검사할 경우, 첫 번째 샘플을 무작위로 선택한 후 매 10번째 제품을 검사하는 방식이 사용될 수 있다.

(3) 층화 무작위 표본추출

층화 무작위 표본추출stratified random sampling은 모집단을 여러 계층(하위집단)으로 구분한 후, 각 계층에서 무작위로 표본을 추출하는 방법이다. 예를 들어, 연구자가 성별을 기준으로 모집단을 남성과 여성으로 구분한 후, 남성과 여성 각각에서 동일한 비율로 표본을 무작위로 선정하는 방식을 사용할 수 있다. 즉, 남성 집단에서 50명, 여성 집단에서 50명을 랜덤하게 추출하는 경우를 생각할 수 있다.

층화 표본추출의 가장 큰 장점은 단순 무작위 표본추출보다 모집단의 특정 특성을 균형 있게 반영할 수 있다는 점이다. 즉, 특정 계층(예, 성별, 연령대, 지역 등)이 모집단에서 차지하는 비율을 유지하면서 표본을 선정할 수 있다. 그러나, 층화 표본추출을 위해서는 사전에 모집단을 특정 계층으로 나누는 작업이 필요하며, 이를 위해 모집단의 세부 정보가 필요하다.

(4) 군집 표본추출

군집 표본추출cluster sampling은 전체 모집단을 여러 개의 군집cluster으로 구분한 후, 무작위로 특정 군집을 선택하여 해당 군집 내의 구성원을 표본으로 선정하는 방법이다.

예를 들어, 전국의 초등학생을 대상으로 학업 성취도를 조사할 때, 전국 모든 초등학교에서 표본을 추출하는 대신, 무작위로 선정된 100개의 학교를 표본으로 선택하고 해당 학교에 재학 중인 학생들을 조사하는 방식이 사용될 수 있다.

군집 표본추출은 전체 모집단을 개별적으로 조사하기 어려운 경우(예, 모집단의 규모가 크거나 지리적으로 넓게 분포된 경우) 매우 효율적인 방법이 될 수 있다. 또한, 연구자가 직접 모집단의 개별 구성원을 식별하는 것이 어려울 때 군집 단위로 표본을 선정하면 자료 수집이 용이해진다. 그러나, 군집 표본추출은 선정된 군집이 모집단을 충분히 대표하지 못할 경우 표본 편향이 발생할 가능성이 있다. 또한, 군집 내 응답자들이 유사한 특성을 가질 가능성이 높기 때문에, 표본 내 데이터가 모집단의 다양성을 반영하지 못할 수 있다.

4.5.2. 비확률적 표본추출 방법

비확률적 표본추출nonprobabilistic sampling은 모집단의 모든 구성원이 동일한 확률로 표본에 포함되지 않는 방식으로, 표본추출 과정이 무작위로 이루어지지 않는다. 이 방법은 확률적 표본추출보다 상대적으로 쉽게 표본을 모집할 수 있기 때문에 실질적으로 많은 연구에서 활용된다. 특히, 연구자가 모집단의 전체 목록을 확보하기 어려운 경우나 표본 모집이 빠르고 경제적으로 이루어져야 하는 경우에 주로 사용된다. 비확률적 표본추출 방법으로는 편의 표본추출과 할당 표본추출이 대표적으로 사용된다.

(1) 편의 표본추출

편의 표본추출convenience sampling은 연구자가 쉽게 접근할 수 있는 응답자들을 대상으로 표본을 모집하는 방법이다. 예를 들어, 대학 연구자가 학생식당 입구에서 지나가는 학생들을 대상으로 설문을 진행하는 경우나 쇼핑몰에서 방문객을 대상으로 면접을 실시하는 방식이 이에 해당한다.

이 방법은 신속하고 간편하게 표본을 모집할 수 있다는 장점이 있으며, 시간과 비용의 제약이 있는 연구에서 자주 활용된다. 그러나 편의 표본추출은 모집단을 대표하는 표본을 확보하기 어렵다는 한계를 가지고 있다. 연구자가 쉽게 접근할 수 있는 사람들에게만 응답 기회가 주어지기 때문에, 특정 특성을 가진 집단이 과도하게 포함되거나 특정 그룹이 배제될 가능성이 크다. 따라서 연구 결과를 모집단 전체로 일반화하는 데 한계가 있다. 하지만 탐색적 연구나 예비조사pilot study에서는 유용하게 활용될 수 있으며, 초기 연구를 위한 가설을 설정하는 데 도움이 될 수 있다.

(2) 할당 표본추출

할당 표본추출quota sampling은 모집단을 여러 계층으로 구분한 후, 각 계층에서 편의 표본추출을 사용하여 응답자를 모집하는 방법이다. 모집단을 계층으로 나누고 각 계층에서 일정한 수의 응답자를 확보한다는 점에서 층화 무작위 표본추출stratified random sampling과 유사한 구조를 가지지만, 층화 무작위 표본추출에서는 각 계층에서 무작위로 표본을 선정하는 반면, 할당 표본추출에서는 편의 표본추출을 사용하여 응답자를 모집한다는 차이가 있다.

할당 표본추출의 대표적인 사례로 선거 여론조사가 있다. 선거 여론조사에서는 성별(남성, 여성)과 연령대(20대, 30대, …, 70대 이상)로 모집단을 계층화한 후, 각 계층에서 편의 표본추출을 사용해 응답자를 모집하는 방식이 사용된다. 예를 들어, 남성 20대 50명, 여성 30대 50명 등의 할당 기준을 설정한 후, 해당 기준에 맞게 응답자를 모집하는 것이다.

할당 표본추출은 특정 계층을 균형 있게 반영할 수 있으며, 연구자가 표본 구성을 통제할 수 있다는 장점이 있다. 또한, 특정 특성을 가진 응답자를 쉽게 확보할 수 있어 실용적인 연구에서 많이 사용된다. 그러나 계층 내에서 응답자가 무작위로 선택되지 않고 편의 표본추출이 사용되기 때문에 대표성을 확보하는 데 한계가 있을 수 있으며, 모집단의 세부적인 계층 정보를 사전에 파악해야 한다는 점에서 추가적인 노력이 필요할 수 있다.

Ⅵ. 동일방법 편향

동일방법 편향common method bias은 관찰변수 간의 연관성이 실제보다 과장되거나 왜곡되는 체계적 오류를 의미한다Podsakoff et al., 2003. 동일방법 편향은 두 변수가 동일한 측정 방법method을 사용하여 측정될 때 발생하는 문제로, 연구 결과의 타당성과 신뢰성에 부정적인 영향을 미칠 수 있다.

예를 들어, 제품에 대한 태도와 구매 의도를 동일한 방법으로 측정할 경우, 실제보다 두 변수 간의 상관관계가 더 강하게 나타날 수 있다. 이는 동일한 응답자가 같은 설문 방식으로 두 변수를 평가하면서 발생하는 편향 때문이며, 연구자가 이를 해결하지 않을 경우 연구 결과의 신뢰성이 저하될 수 있다. 동일방법 편향은 설문조사에서 다수의 변수를 동일한 측정 도구를 사용하여 평가할 때 흔히 발생하며, 실험 연구나 자기보고식self-report 연구에서도 나타날 수 있다.

5.1. 동일방법 편향의 원인

동일방법 편향이 발생하는 주요 원인은 다음과 같다.

첫째, 동일한 응답자가 다수의 변수에 대해 응답하는 경우 동일방법 편향이 발생할 가능성이 높아진다. 특히, 동일한 설문 문항을 사용하여 관련된 변수를 측정할 때 편향이 더욱 심화될 수 있다. 예를 들어, 직무 만족도와 조직 몰입도를 동일한 설문 방식으로 측정하면, 응답자의 일관된 응답 경향으로 인해 두 변수 간의 상관관계가 실제보다 높게 나타날 가능성이 있다.

둘째, 응답 편향response bias이 동일방법 편향의 원인이 될 수 있다. 예를 들어, 응답자가 설문 문항에 대해 일관되게 긍정적 또는 부정적으로 답하는 경향이 있다면, 실제보다 변수 간의 상관관계가 과장될 가능성이 크다.

셋째, 질문 순서에 따른 맥락 효과context effect도 동일방법 편향을 유발할 수 있다. 예를 들어, 직무 만족도와 조직 몰입도를 측정하는 설문에서 직무 만족도 관련 문항이 조직 몰입도 문항보다 앞에 배치될 경우, 응답자는 직무 만족도에 대한 자신의 평가를 바탕으로 조직 몰입도에 대한 응답을 조정할 수 있다. 그 결과, 두 변수 간의 관계가 실제보다 더 강하게 나타날 수 있다.

5.2. 동일방법 편향 탐지 방법

동일방법 편향의 존재 여부를 확인하기 위해 요인 분석factor analysis이 활용될 수 있다.

첫째, Harman의 단일요인 검증법Harman's single-factor test을 사용할 수 있다. 이 방법은 모든 측정 변수를 이용한 탐색적 요인분석exploratory factor analysis을 수행한 후, 하나의 요인이 전체 변량의 50% 이상을 설명하는지 확인하는 방식이다. 만약 하나의 요인이 50% 이상의 변량을 설명한다면, 동일방법 편향이 존재한다고 판단할 수 있다.

둘째, 확인적 요인분석confirmatory factor analysis을 활용한 방법이 있다. 이 방법에서는 원래의 측정 모형 외에 모든 변수에 영향을 미치는 일반적 잠재변수common latent variable를 추가한 모형을 분석한다. 일반적 잠재변수가 통계적으로 유의한 변량을 설명하는 경우, 동일방법 편향이 존재한다고 해석할 수 있다. 확인적 요인분석에 대한 자세한 내용은 "제9장: 측정 타당도 검증"에서 다룬다.

5.3. 동일방법 편향 감소 방법

동일방법 편향을 줄이기 위해 연구자는 여러 가지 방법을 고려할 수 있다.

첫째, 측정 방법을 다양화하는 것이 효과적인 전략이 될 수 있다. 동일한 방식의 설문 측정보다 독립 변수와 종속 변수를 다른 방식으로 측정하는 것이 동일방법 편향을 줄이는 데 도움이 된다. 예를 들어, 응답자가 직접 작성하는 설문 방식 대신, 실험 연구나 관찰 연구법을 활용하면 편향을 최소화할 수 있다.

둘째, 익명성을 보장하는 것이 응답자의 편향을 줄이는 방법이 될 수 있다. 응답자가 자신의 답변이 익명으로 처리된다는 사실을 인지하면, 사회적으로 바람직한 응답을 하려는 경향이 줄어들 수 있다.

셋째, 질문 순서를 무작위화randomization하여 특정 질문이 다른 질문에 미치는 영향을 줄일 수 있다. 동일한 설문 내에서 특정 문항이 후속 문항에 영향을 미치지 않도록, 설문 문항의 순서를 무작위로 배치하는 것이 유용한 방법이 될 수 있다.

넷째, 통계적 방법을 활용하여 동일방법 편향을 조정할 수 있다. 예를 들어, 확인적 요인분석을 활용하여 동일방법 편향을 반영하는 잠재변수를 포함하는 모형을 설정하는 방법이 있다. 이러한 접근법을 통해 동일방법 편향의 영향을 추정하고 보정할 수 있다.

5.4. 동일방법 편향이 연구에 미치는 영향

동일방법 편향이 존재할 경우, 연구 결과의 신뢰성과 타당성이 저하될 수 있다. 변수 간의 상관관계가 과장되거나 왜곡되면, 연구자는 실제보다 강한 관계를 발견했다고 잘못 해석할 가능성이 높아진다. 특히, 동일한 측정 방식으로 독립 변수와 종속 변수를 평가할 경우, 변수 간의 관계가 실제보다 더 강하게 나타나게 되어 연구 결과의 신뢰성이 낮아질 수 있다.

따라서 연구자는 동일방법 편향이 연구 결과에 미치는 영향을 최소화하기 위해 사전에 편향을 탐지하고 적절한 해결 방법을 적용해야 한다. 측정 방법을 다양화하고, 질문 순서를 신중하게 설계하며, 통계적 방법을 활용하여 동일방법 편향을 조정하는 것이 연구의 타당성을 높이는 중요한 과정이 될 수 있다.

주요 참고자료

설문 조사 방법

Visser, P. S., Krosnick, J. A., & Lavrakas, P. J. (2000). Survey research. In H. T. Reis & C. M. Judd (Eds.), *Handbook of Research Methods in Social and Personality Psychology* (pp. 223-252). Cambridge University Press. [설문조사 방법에 대한 전반적인 내용을 다룸.]

설문 문항 배치

Schwarz, N., Strack, F., & Mai, H. P. (1991). Assimilation and contrast effects in part-whole question sequences: A conversational logic analysis. *Public Opinion Quarterly*, 55(1), 3-23. [설문 문항 순서의 배치가 설문 응답에 미치는 영향을 제시.]

동일방법 편향

Podsakoff, P. M., MacKenzie, S. B., Lee, J. Y., & Podsakoff, N. P. (2003). Common method biases in behavioral research: A critical review of the literature and recommended remedies. *Journal of Applied Psychology*, 88(5), 879-903. [동일방법 편향에 대해 가장 많이 인용되는 리뷰 논문으로, 다양한 편향의 원인과 해결책을 상세하게 설명.]

참고문헌

구재선, 서은국 (2011). 한국인, 누가 언제 행복한가? *한국심리학회지: 사회 및 성격*, 25(2), 143-166.

Di Tella, R., Haisken-De New, J., & MacCulloch, R. (2010). Happiness adaptation to income and to status in an individual panel. *Journal of Economic Behavior & Organization*, 76(3), 834-852.

Oishi, S., Kesebir, S., & Diener, E. (2011). Income inequality and happiness. *Psychological Science*, 22(9), 1095-1100.

Podsakoff, P. M., MacKenzie, S. B., Lee, J. Y., & Podsakoff, N. P. (2003). Common method biases in behavioral research: A critical review of the literature and recommended remedies. *Journal of Applied Psychology*, 88(5), 879-903.

Poulton, R., Moffitt, T. E., & Silva, P. A. (2015). The Dunedin multidisciplinary health and development study: Overview of the first 40 years, with an eye to the future. *Social Psychiatry and Psychiatric Epidemiology*, 50, 679-693.

Roberts, B. W., Kuncel, N. R., Shiner, R., Caspi, A., & Goldberg, L. R. (2007). The power of personality: The comparative validity of personality traits, socioeconomic status, and cognitive ability for predicting important life outcomes. *Perspectives on Psychological Science*, 2(4), 313-345.

Squire, P. (1988). Why the 1936 Literary Digest poll failed. *Public Opinion Quarterly*, 52(1), 125-133.

Strack, F., Martin, L. L., & Schwarz, N. (1988). Priming and communication: Social determinants of information use in judgments of life satisfaction. *European Journal of Social Psychology*, 18(5), 429-442.

제4부

변수 측정

제8장 측정

제9장 측정 타당도 검증

제8장

측정

변수의 특성에 대한 측정은 실증 분석을 가능하게 한다는 점에서, 이론 검증이나 새로운 지식 창출에 있어 핵심적인 역할을 한다. 예를 들어, 행복에 영향을 미치는 변수에 대한 새로운 이론을 검증하려면, '행복'이라는 추상적인 개념을 수치로 측정할 수 있어야 한다. 연구 대상에 대한 측정이 어렵거나 정확성이 부족한 경우, 신뢰할 수 있는 실증 연구를 수행하기 어렵다. 이러한 이유로 측정은 전통적으로 연구 방법론에서 가장 중요한 주제 중 하나로 여겨져 왔다. 본 장에서는 측정에 관한 일반적인 주제들과 측정도구가 갖추어야 할 신뢰도 및 타당도에 대해 논의하고자 한다. 아울러, 본 장과 관련된 주제로 자료를 활용한 측정의 타당도 검증이 있으며, 이에 대한 내용은 다음 장인 '제9장: 측정 타당도 검증'에서 다룬다.

Ⅰ. 측정의 개요

1.1. 측정의 정의

측정measurement은 연구 대상의 특성을 체계적으로 수치화하는 과정으로 정의된다. 이를 통해 연구의 대상이 되는 개념이나 변수에는 정해진 규칙에 따라 숫자가 부여된다. 이 정의에 따르면, 측정은 세 가지 주요 특성을 지닌다.

첫째, 측정은 대상의 특정 속성에 한정된다는 점이다. 예를 들어, 사람의 신체는 키, 몸무게, 체지방 등 다양한 특성을 지니지만, 측정은 이 중 하나의 속성에만 초점을 맞춘다. 예컨대 몸무게를 저울로 측정하면 이는 무게라는 속성을 나타내는 수치이며, 키나 체지방과 같은 다른 특성은 반영하지 않는다.

둘째, 측정이 대상의 속성을 수치화quantification한다는 점이다. '가볍다' 또는 '무겁다'와 같은 표현은 몸무게에 대한 평가이지만, 수치로 나타나지 않기 때문에 측정이라 할 수 없다. 반면, 몸무게를 숫자로 표현하는 것은 해당 속성을 수치화한 결과로, 측정에 해당한다.

셋째, 수치화가 정해진 규칙에 따라 체계적으로 이루어진다는 점이다. 예를 들어 몸무게를 미터법metric system으로 측정할 수도 있고, 파운드pound로 측정할 수도 있는데, 각각의 방식은 고유한 규칙에 기반하여 수치를 부여한다.

행동과학에서는 심리적 변수를 측정하는 경우가 많다. 키나 몸무게처럼 물리적 특성은 비교적 직접적으로 측정할 수 있지만, 태도나 감정과 같은 심리적 특성은 수치화가 상대적으로 어렵다. 예를 들어, 소비자의 애플 아이폰에 대한 선호도를 연구하려면, 브랜드에 대한 태도를 점수로 나타낼 수 있어야 한다. 이러한 심리적 변수를 측정하기 위해 설문지나 검사 도구가 활용되며, 이때 사용되는 측정도구의 신뢰도와 타당도는 과학적 연구의 핵심적인 전제조건이 된다.

1.2. 관찰변수와 잠재변수

관찰변수observed variable는 질문이나 관찰을 통해 직접적으로 측정 가능한 변수를 의미한다. 예를 들어 키, 몸무게, 나이, 소득, 구매량 등은 명확한 수치로 나타낼 수 있는 관찰변수에 해당한다.

잠재변수latent variable는 직접적으로 측정할 수 없는 변수를 의미하며, 행복감, 태도, 감정 상태, 지능 등 다양한 심리적 특성이 여기에 해당된다. 예컨대, 자신의 행복감을 수치로 표현해야 한다고 할 때, 이는 주관적인 감정을 표준화된 점수로 나타내야 한다는 것을 의미한다. 직접적인 측정이 어려운 잠재변수는 관찰변수를 통해 간접적으로 측정된다.

예를 들어, 우울감은 개인의 슬픔이나 무기력함 등의 정서적 상태로 정의될 수 있다. 우울감 자체는 잠재변수이므로 직접 측정할 수 없으며, 이를 파악하기 위해서는 "일상에서 즐거움을 느끼는 일이 줄었나요?"와 같은 설문 문항, 수면 시간과 같은 행동 지표, 또는 생리적 반응 등 우울감을 반영하는 관찰변수를 활용한다.

심리학을 포함한 많은 행동과학 분야에서는 잠재변수 측정을 위한 다양한 관찰변수 기반 도구가 개발되어 왔다. 실증연구에서는 관찰변수와 잠재변수 간의 관계를 요인분석이나 구조방정식 모형과 같은 통계적 기법으로 분석하며, 이에 관한 자세한 내용은 "제9장: 측정 타당도 검증"에서 다룬다.

연구 예시 8-1

나는 극대화자인가 만족자인가?

극대화자와 만족자는 개인이 의사결정이나 선택을 할 때 얼마나 많은 대안과 정보를 고려하는지를 기준으로 나뉘는 성향을 의미한다Schwartz et al., 2002. 극대화자 maximizer는 최선의 선택을 하기 위해 모든 대안을 철저히 검토하고 비교하는 경향이 있다. 반면, 만족자satisficer는 자신이 정한 기준에 부합하는 대안을 발견하면 더 이상의 탐색을 멈추고 그 대안을 선택하는 경향이 강하다.

이러한 차이는 선택 과정뿐만 아니라 선택 이후의 만족 수준에서도 드러난다. 극대화자는 결정을 내린 후에도 그 선택이 정말 최선이었는지를 계속해서 고민하며, 이로 인해 선택에 대한 만족도가 낮은 경향이 있다. 반면 만족자는 자신의 결정을 쉽게 수용하고 후회하지 않으며, 상대적으로 높은 만족도를 보인다.

극대화자와 만족자는 서로 배타적인 두 범주로 나뉘는 것이 아니라, 극단적인 만족자와 극단적인 극대화자 사이의 스펙트럼 위에서 개인이 어느 정도 위치하느냐에 따라 달라지는 연속적인 성향으로 이해하는 것이 더 적절하다. 극대화자-만족자 수준은 잠재변수이기 때문에, 이를 측정하기 위해서는 관찰변수로 구성된 측정도구가 필요하다.

대표적인 측정도구로는 Schwartz 등(2002)이 개발한 극대화 척도maximization scale가 있다. 이 척도는 총 13개의 문항으로 구성되어 있으며, "나는 항상 가능한 최고의 선택을 하려고 노력한다", "나는 차선의 선택을 하지 않는다"와 같은 항목들이 포함된다. 각 문항은 7점 리커트 척도로 응답하도록 되어 있으며(1=*전혀 동의하지 않음*, 7=*매우 동의함*), 총점이 높을수록 극대화를 추구하는 성향이 강함을 의미한다.

Ⅱ. 측정 방법

변수의 측정 방법은 크게 언어적 측정과 비언어적 측정의 두 유형으로 나눌 수 있다. **언어적 측정**verbal measure은 말이나 글과 같은 언어적 표현을 통해 정보를 얻고 평가하는 방식을 의미한다. **비언어적 측정**nonverbal measure은 행동, 표정, 신체반응과 같은 언어 외적인 신호를 통해 대상을 측정하는 방법을 의미한다.

2.1. 언어적 측정

언어적 측정은 개인의 의견, 지식, 선호 등을 말, 글, 언어를 통해 측정하는 방식이다. 일반적으로 설문과 면접의 형태로 구분된다.

2.1.1. 설문

설문survey은 정해진 질문에 대해 응답자가 자기보고self-report 방식으로 응답함으로써 자료를 수집하는 방법이다. 자기보고 응답은 크게 기억 기반과 구성 기반의 두 유형으로 나뉜다.

기억 기반recall-based 응답은 응답자가 자신의 지식, 의견, 태도, 경험 등에 대한 기억을 인출하여 질문에 답하는 방식이다. 예를 들어, 제품 사용 경험에 관한 질문은 소비자가 과거의 사용 경험을 회상해 응답하게 된다.

구성 기반construction-based 응답은 측정 시점에 제공된 정보를 바탕으로 의견이나 선호를 형성하여 응답하는 방식이다. 예를 들어, 가상의 신제품에 대한 정보를 제공한 후 그 제품에 대한 선호도를 묻는 경우가 이에 해당한다.

설문 방식이 다른 측정 방법에 비해 가지는 가장 큰 장점은 표준화standardization에 있다. 즉, 설문은 조사 소개, 질문의 표현 방식, 질문 순서 등이 모든 응답자에게 동일하게 제시된다. 이러한 표준화된 측정도구의 활용은 연구자의 개입을 최소화하면서, 다수의 응답자로부터 일관된 방식으로 데이터를 수집할 수 있도록 해준다.

2.1.2. 면접

면접nterview은 연구자와 응답자가 직접 대면하여 질문과 응답을 주고받는 방식으로 정보를 수집하는 측정 방법이다. 측정도구로서 면접이 가지는 장점은 다음과 같다. 첫째, 직접적인 상호작용이 가능하다. 연구자와 응답자 간의 실시간 대화를 통해 질문의 흐름이나 내용을 유동적으로 조정할 수 있다. 둘째, 유연성이 높다. 응답자의 답변에 따라 추가적인 설명을 요구하거나 보충 질문을 할 수 있다. 셋째, 정성적 정보의 수집이 가능하다. 응답자의 표정, 몸짓 등 언어 이외의 다양한 비언어적 신호를 관찰함으로써 보다 풍부한 정보를 얻을 수 있다.

그러나 면접은 다음과 같은 한계점도 존재한다. 첫째, 시간과 비용이 많이 소요된다. 대면 방식의 특성상 조사 대상이 많아질수록 자원의 투입이 크게 증가한다. 둘째, 표준화가 어렵다. 모든 응답자에게 동일한 환경과 질문이 제공되기 어렵기 때문에 자료의 일관성이 낮아질 수 있다. 셋째, 연구자의 주관이 개입될 가능성이 있다. 응답자의 답변을 해석하거나 평가하는 과정에서 연구자의 개인적 판단이 영향을 미칠 수 있다. 넷째, 면접자 효과interviewer effect가 발생할 수 있다. 연구자의 지식, 면접 기술, 태도, 숙련도 등에 따라 수집되는 정보의 질과 양이 달라질 수 있다.

2.2. 비언어적 측정

비언어적 측정은 말이나 글과 같은 언어적 표현이 아닌, 비언어적 행동이나 신체 반응을 분석하고 평가하는 측정 방법을 의미한다. 이러한 측정은 언어로 표현되지 않는 행동적 신호 또는 신체적 신호를 통해 개인의 감정, 태도, 의도 등을 파악하는 데 사용된다.

2.2.1. 행동

행동 측정behavioral measure은 연구나 실험에서 사람들이 실제로 수행하는 행동을 기반으로 자료를 수집하고, 이를 통해 대상의 특성이나 심리 상태를 추론하는 방법이다. 행동은 단순히 특정 행위를 했는지의 여부뿐만 아니라, 그 빈도, 속도, 지속 시간 등 다양한 방식으로 측정될 수 있다. 행동 측정은 크게 두 가지 목적에 따라 사용된다. 첫째는 행동 자체가 연구 변수인 경우이고, 둘째는 행동을 통해 잠재변수를 측정하는 경우이다.

(1) 행동 자체가 연구 변수인 경우

이 경우, 행동 그 자체가 연구의 주요 관심 대상이 된다. 예를 들어, 투표 참여, 제품 구매, 식사량, 기부와 같은 행동은 모두 연구에서 직접적으로 측정되는 주요 행동 변수이다. 이러한 행동 지표들은 연구 가설을 검증하는 데 있어 독립변수나 종속변수로 사용된다.

(2) 행동을 통해 잠재변수를 측정하는 경우

이 경우에는 행동이 관찰변수로 기능하며, 이를 통해 직접 측정이 어려운 잠재변수를 추정하게 된다. 예를 들어, 특정 대상에 대한 태도의 선호도valence나 강도strength는 비언어적 행동이나 반응 시간을 통한 간접적 측정이 사용되기도 한다.

타인에 대한 태도의 경우, 몸짓, 상대방과의 거리, 신체 방향 등의 비언어적 행동을 통해 간접적으로 측정될 수 있다Mehrabian, 1969. 대상에 대한 응답 시간response latency은 태도의 긍정/부정 여부(선호도)와 강도를 추론하는 데 사용된다. 측정 대상에 대한 태도가 긍정적인 경우, 긍정적인 단어(예, 꽃)와 태도 대상이 함께 제시되었을 때 응답이 빠르고, 반대로 부정적인 단어(예, 뱀)와 함께 제시되었을 때는 응답이 느려지는 경향이 있다Fazio, 2001; Greenwald & Banaji, 1995. 이는 자극이 개인의 내면적 태도와 일치할수록 빠르게 반응한다는 원리에 기반한다. 또한 태도 강도는 언어적 응답을 제공할 때의 속도를 기준으로 추정된다. 일반적으로 응답 시간이 빠를수록 해당 태도에 대한 확신과 강도가 높다고 간주된다.

연구 예시 8-2

행동 지표와 언어적 지표가 실제 투표 행동에 미치는 영향

심리학자 Bassili(1993)는 선거에서 투표 의도가 실제 투표 행동에 어떤 영향을 미치는지를 연구하였다. 그는 전화 인터뷰를 통해 응답자들로부터 당시 진행 중인 선거에 대한 투표 참여 의도를 측정하였다. 응답자들은 "투표할 의향이 있는가?"라는 질문에 대해 1점부터 10점까지의 11점 척도로 응답했으며, 이 응답은 자신의 투표 의도를 언어로 표현한 언어적 지표verbal indicator로 간주되었다. 이와 함께, 연구자는 응답자가 해당 질문에 응답하는 데 걸린 시간response time을 초 단위로 기록하였다. 이 응답 시간은 행동 지표behavioral indicator로서, 투표 의도의 강도strength를 간접적으로 나타내는 척도로 활용되었다.

선거가 끝난 후, 연구자는 동일한 응답자에게 다시 전화 면접을 실시하여 실제로 투표에 참여했는지 여부를 확인하였다. 분석 결과, 언어적 지표(응답자의 투표 의도)보다 행동 지표(응답 시간)가 실제 투표 행동을 더 정확하게 예측하는 것으로 나타났다. 즉, 투표 의도를 빠르게 응답한 사람일수록 실제로 투표에 참여할 가능성이 높았다는 것이다.

이 연구는 언론조사나 정치 캠페인 등에서 유권자의 태도나 행동 의도를 측정할 때, 단순한 언어적 표현뿐만 아니라 반응 속도와 같은 비언어적 행동 지표를 함께 고려하는 것이 중요함을 보여준다.

2.2.2. 정신생리학 측정

정신생리학 측정psychophysiological measurement은 조사 대상자의 생리적 반응을 기반으로 심리적 변화를 측정하는 방법이다. 이 방법은 심리 상태가 신체 반응과 밀접하게 연관되어 있다는 전제에 기반하며, 다양한 생리적 지표를 활용한다. 주요 측정 기법은 다음과 같다.

뇌전도(EEG)electroencephalography: 뇌파측정는 두피에 부착된 전극을 통해 뇌의 전기적 활동을 기록하는 방법으로, 특정 주파수 대역의 뇌파를 측정한다. 이를 통해 각성, 집중, 불안 등의 심리 상태를 파악할 수 있다.

피부전도 반응(GSR)galvanic skin response은 피부의 전기 전도성 변화를 측정하여, 땀 분비량의 증감을 파악하는 방식이다. 이 반응은 정서적 각성emotional arousal과 밀접하게 연관되어 있으며, 긴장, 흥분 등 교감신경계의 활성화 정도를 측정하는 데 활용된다.

심전도(ECG)electrocardiogram는 심장의 전기적 활동을 측정하여 심박수heart rate 및 그 변화를 기록한다. 심박수는 각성이나 스트레스 수준을 나타내는 생리적 지표로 널리 사용된다.

안구 추적eye-tracking은 눈의 움직임을 분석하여 시선의 위치, 응시 시간fixation time 등을 측정한다. 이를 통해 시각 자극에 대한 주의나 선호를 파악할 수 있다.

최근에는 fMRIfunctional magnetic resonance imaging: 기능적 자기공명영상 기술을 활용한 연구가 신경과학neuroscience뿐만 아니라 심리학, 경제학, 마케팅 등 다양한 분야에서 활발하게 이루어지고 있다. fMRI는 연구 참여자가 인지적 또는 감정적 과제를 수행하는 동안 뇌의 활동과 혈류 변화를 실시간으로 측정하고 시각화함으로써, 특정 뇌 영역의 활성화를 파악할 수 있도록 해준다.

연구 예시 8-3

비싼 가격표가 붙은 와인에 대한 뇌의 반응

Plassmann 등(2008)은 동일한 와인을 마시더라도 가격 정보에 따라 뇌가 인식하는 즐거움의 정도가 달라지는지를 fMRI기능적 자기공명영상를 이용해 연구하였다. 실험에서는 참가자들에게 같은 종류의 와인을 제공했으나, 와인의 가격에 대한 정보를 조건별로 다르게 제시하였다. 한 조건에서는 와인의 가격이 $5라는 정보가 주어졌고, 다른 조건에서는 동일한 와인이지만 $45라는 가격이 제시되었다.

와인을 마시는 동안 참가자들의 뇌 활동을 fMRI로 실시간 측정한 결과, 비싼 가격이 제시된 조건에서 쾌락과 관련된 뇌 영역(예, 전측 대상회orbitofrontal cortex)의 활성화가 더 강하게 나타났다.

이 연구는 와인의 실제 맛은 동일하더라도, 가격이라는 외부 정보가 뇌의 인식과 경험에 영향을 미친다는 것을 보여준다. 즉, 우리의 뇌는 가격이 높을수록 더 맛있는 와인이라고 자동적으로 인식하는 경향이 있다는 것이다.

Ⅲ. 측정 척도

측정은 대상의 특성을 숫자로 표현하는 과정이며, 이때 숫자가 담고 있는 정보의 성격에 따라 네 가지 유형의 **척도**scale로 구분된다.[1] 연구자는 자신의 연구에서 어떤 척도를 사용하는지를 정확히 이해하는 것이 중요하며, 이는 척도의 유형에 따라 적용 가능한 통계 분석 기법이 달라지기 때문이다.

3.1. 척도의 유형

3.1.1. 명목척도

명목척도nominal scale에서 숫자는 단지 대상의 특성을 구분하는 역할만 한다. 따라서 명목척도에 사용된 숫자 자체는 수치적인 의미를 가지지 않으며, 단지 구분의 수단일 뿐이다. 다른 숫자가 부여되었다는 것은 단순히 서로 다른 범주에 속한다는 의미의며, 그 크기나 순서를 나타내지는 않는다.

대표적인 예로 성별을 들 수 있다. 성별을 기준으로 응답자를 여성과 남성으로 나누는 경우, 각 성별에 서로 다른 숫자를 할당함으로써 구분할 수 있다. 예를 들어, 여성을 0, 남성을 1로 부여할 수도 있고, 반대로 여성을 1, 남성을 2로 정의할 수도 있다. 이 경우, 어떤 숫자를 어떤 성별에 할당하는지는 중요하지 않으며, 숫자 간의 크기나 차이에도 아무런 의미가 없다.

유사한 예로 야구선수의 등번호jersey number가 있다. 등번호는 선수를 구분하기 위한 식별자일 뿐, 숫자 자체가 선수의 능력이나 순위를 나타내는 것은 아니다. 예를 들어, 99번 선수가 1번 선수보다 뛰어나다는 의미는 전혀 없다. 이처럼 명목척도의 숫자는 대상을 분류하기 위한 기호적 역할만을 수행한다.

---

1) 연구 방법론에서 '척도scale'라는 용어는 다양한 의미로 사용된다. 첫째, 척도는 숫자의 정보적 특성에 따라 측정 수준을 구분하는 데 사용된다. 예를 들어, 명목척도, 서열척도, 등간척도, 비율척도 등은 숫자가 지니는 의미와 연산 가능성에 따라 분류된다. 둘째, 척도는 특정 잠재변수를 측정하기 위한 도구, 즉 여러 문항이 조합된 측정도구를 의미하기도 한다. 예를 들어, 인지욕구 척도need for cognition scale는 인지욕구라는 잠재변수를 측정하기 위한 일련의 문항으로 구성된 도구이다. 셋째, 척도는 측정에 사용되는 응답 방식이나 축척의 형식을 지칭하는 데 사용되기도 한다. 예를 들어, 7점 척도나 리커트 척도는 응답자가 어떤 방식으로 반응하는지를 나타내는 척도의 형태를 말한다.

3.1.2. 서열척도

서열척도ordinal scale는 사용된 숫자가 대상 간의 순서(서열)를 나타낸다는 점에서 명목척도와 구분된다. 예를 들어, 10개의 프로야구 구단의 승률에 따라 1위부터 10위까지 순위를 매기는 경우, 이 순위 정보는 서열척도에 해당한다. 이때 숫자는 단순히 서열이나 순위를 나타낼 뿐, 숫자 간의 간격(차이)은 동일하다고 볼 수 없다. 예를 들어, 1위 구단과 2위 구단의 승률 차이는 .05일 수 있고, 2위와 3위 구단 간의 차이는 .20일 수 있다. 즉, 순위 자체는 의미가 있지만, 순위 간 간격은 일관되지 않기 때문에 산술적 연산(예, 평균, 차이 계산 등)은 제한적이다. 서열척도가 사용되는 또 다른 예로는 항공사 마일리지 등급이 있다. 대부분 항공사는 고객의 사용 실적에 따라 플래티넘, 골드, 실버 등으로 등급을 나누며, 이 역시 특정 기준에 따른 서열을 의미하지만 각 등급 간 간격은 동일하지 않다.

3.1.3. 등간척도

등간척도interval scale는 점수 간 간격이 동일하다는 특성을 가진다. 즉, 척도상의 숫자 차이는 항상 같은 양의 차이를 나타낸다. 대표적인 예로 온도가 있다. 예를 들어, 섭씨 10도와 11도 간의 차이는 20도와 21도 간의 차이와 동일하다. 이처럼 숫자 간의 간격이 일정하므로 덧셈이나 뺄셈 같은 연산이 가능하다. 그러나 등간척도는 절대적인 '0점'이 존재하지 않기 때문에 비율 계산(예, "두 배")은 불가능하다. 예를 들어, 섭씨 20도가 10도의 두 배 따뜻하다고 말할 수는 없다.

행동과학 연구에서는 설문 척도를 사용한 응답값이 일반적으로 등간척도로 간주된다. 특히 리커트 척도와 어의차이 척도는 등간척도의 대표적인 유형이다.

리커트 척도 Likert scale는 특정 진술에 대한 동의 정도를 측정한다. 예를 들어, "*매우 동의하지 않는다 - 동의하지 않는다 - 보통이다 - 동의한다 - 매우 동의한다*"와 같이 응답자의 태도를 정도의 차이로 표현한다.

어의차이 척도semantic differential scale는 측정하고자 하는 대상의 특성을 의미적으로 반대되는 양극단의 단어를 기준으로 제시한다. 예를 들어, "1=*부정적이다*" "7=*긍정적이다*" 처럼, 응답자가 해당 대상에 대해 어느 쪽에 가까운지를 평가하게 된다. 이 방식은 특히 태도나 감정의 양극적인 성격을 정량적으로 표현할 때 유용하다.

3.1.4. 비율척도

비율척도ratio scale는 앞서 논의한 명목척도, 서열척도, 등간척도의 모든 특성을 가지면서, 여기에 '절대영점absolute zero'이라는 추가적인 특성을 갖는 척도이다. 절대영점이란, 해당 변인의 특성이 전혀 존재하지 않음을 나타내는 기준점으로, 이로 인해 비율 개념을 적용할 수 있다.

예를 들어, 길이, 무게, 시간과 같은 물리적 속성은 비율척도의 대표적인 예에 해당한다. 길이가 0cm이면 실제로 아무런 길이도 존재하지 않으며, 10cm는 5cm보다 2배 더 길다.

사회과학에서도 소득, 매출액, 시장점유율 등은 비율척도의 특성을 지닌다. 예를 들어, 소득의 경우 0이라는 값은 소득이 전혀 없다는 상태, 즉 절대영점을 의미하므로, 두 배, 세 배 등의 비율 계산이 가능하다.

3.2. 척도의 유형과 통계 분석

척도의 구분이 중요한 이유는, 사용되는 척도의 유형에 따라 적용 가능한 통계 분석 방법이 달라지기 때문이다. 예를 들어, 자료의 중심경향central tendency을 측정할 때 사용할 수 있는 지표는 척도 유형에 따라 달라진다. 명목척도에서는 최빈값mode만 사용할 수 있으며, 서열척도에서는 최빈값 외에 중앙값median도 사용 가능하다. 반면, 등간척도와 비율척도에서는 평균mean을 포함한 다양한 중심경향 지표를 모두 사용할 수 있다.

이와 유사하게, 자료의 변량variability을 나타내는 지표나, 집단 간 비교, 연관성 검증에 사용되는 통계기법 역시 척도의 유형에 따라 달라진다. 이러한 특성들은 아래의 〈표 8.1〉에 정리되어 있다.

〈표 8.1〉 척도 유형에 따른 통계 분석

	명목척도	서열척도	등간척도	비율척도
중심경향	최빈값	최빈값, 중앙값	최빈값, 중앙값, 평균	최빈값, 중앙값, 평균
변량	빈도	빈도, 범위	빈도, 범위, 표준편차(분산)	빈도, 범위, 표준편차(분산)
집단간 비교	카이제곱 검증	Mann-Whitney *U* 검증, Krusal-Wallis 검증	*t*검증, 분산분석	*t*검증, 분산분석
연관성 검증	카이제곱 검증	Spearman 서열 상관관계	Spearman 상관관계, 회귀분석	Spearman 상관관계, 회귀분석

Ⅳ. 측정의 참점수와 오류

측정값의 정확성과 관련된 핵심 개념으로는 신뢰도와 타당도가 있다. 대부분의 경우, 측정값은 100% 정확하지 않으며, 이는 측정값이 단지 대상의 **참점수**true score에 의해서만 결정되는 것이 아니라, 측정 과정에서 발생하는 **오차**error의 영향을 함께 받기 때문이다. 측정값에 영향을 미치는 오차는 체계적 오차와 무작위 오차의 두 유형으로 구분된다.

체계적 오차systematic error는 측정도구의 불완전성이나 일관된 외부 요인으로 인해 항상 일정한 방향으로 발생하는 오류를 말한다. 예를 들어, 저울의 눈금이 실제보다 100그램 가볍게 설정되어 있다면, 어떤 물체를 측정하더라도 항상 실제보다 100그램 가볍게 측정되는 일관된 오류가 발생한다.

무작위 오차random error는 일정한 방향 없이 측정 시마다 다르게 나타나는 예측 불가능한 오류를 의미한다. 예를 들어, 무게가 정확히 500그램인 물체를 반복 측정할 때마다 저울의 측정값이 495g, 510g, 502g 등으로 불규칙하다면, 이는 무작위 오차로 간주된다.

대상에 대한 측정값(X_O)은 다음과 같은 구성 요소로 이루어진다:

$$X_O = X_T + E_S + E_R.$$

X_O: 관측된 측정값observed score,
X_T: 참점수true score,
E_S: 체계적 오차systematic error,
E_R: 무작위 오차random error.

측정값(X_O)이 참점수(X_T)를 반영할 수 있는 정확한 측정을 위해서는 체계적 오차(E_R)와 무작위 오차(E_R)를 최소화해야 한다. 이때, 체계적 오차는 측정의 타당도와 관련되고, 무작위 오차는 측정의 신뢰도와 관련된다. 다음 장에서는 측정의 신뢰도에 대해 먼저 살펴본 후, 이어서 타당도에 대한 논의를 이어가고자 한다.

V. 측정의 신뢰도

5.1. 신뢰도 개념

신뢰도reliability란 측정도구가 일관되게 측정하는 정도, 즉 측정의 일관성consistency을 의미한다. 신뢰도는 크게 두 가지 측면에서 정의될 수 있다. 첫 번째 유형은 반복측정 신뢰도이다. 이는 동일한 측정도구를 사용하여 동일한 대상이나 개념을 반복해서 측정할 경우, 유사한 결과가 도출되는 정도를 의미한다. 두 번째 유형은 내적 일관성으로, 이는 하나의 측정도구를 구성하는 여러 문항이나 측정 항목들이 동일한 개념을 일관되게 측정하고 있는지를 평가하는 것이다.

5.1.1. 반복측정 신뢰도

반복측정 신뢰도test-retest reliability는 동일한 측정도구가 동일한 대상에 대해 일관된 측정값을 제공하는 정도를 의미한다. 반복측정 신뢰도를 평가하는 일반적인 방법은, 동일한 대상의 특성을 일정한 시간 간격을 두고 두 번 측정한 후, 두 측정값 간의 일치도(예, 상관계수)를 비교하는 것이다.

만약 측정도구가 측정 시점마다 일관되지 않은 값을 제공한다면, 해당 도구는 반복측정 신뢰도가 낮다고 볼 수 있다. 예를 들어, 같은 사람이 성격검사를 반복해서 수행했을 때 그 결과가 매번 다르게 나타난다면, 해당 검사 도구는 신뢰성이 낮은 도구라고 할 수 있다. 즉, 시간이나 조건이 달라지더라도 측정값이 크게 변하지 않아야 높은 반복측정 신뢰도를 가진다고 볼 수 있다.

5.1.2. 내적 일관성

내적 일관성internal consistency은 하나의 측정도구를 구성하는 여러 문항들이 동일한 특성이나 개념을 얼마나 일관되게 측정하고 있는지를 나타내는 지표이다. 예를 들어, 성격의 외향성extroversion을 측정하기 위해 5개의 문항을 사용할 경우, 이들 문항은 모두 외향성이라는 동일한 성격 특성을 측정해야 한다.

내적 일관성은 일반적으로 문항 간의 상관관계를 기반으로 평가된다. 문항들이 동일한 특성을 측정한다면 서로 높은 상관관계를 보여야 하며, 반대로 상관관계가 낮다면 해당 문항들이 동일한 개념을 측정하지 않을 가능성이 크다. 예를 들어, 외향성을 측정하기 위한 5개 문항 중 2개 문항이 실제로는 개방성openness to experience을 측정한다면, 문항 간 상관관계는 낮아지고 내적 일관성 역시 떨어지게 된다.

내적 일관성을 평가하는 대표적인 방법으로는 반분 신뢰도와 Cronbach 알파가 있다. **반분 신뢰도**split-half reliability는 측정도구의 문항들을 두 개의 하위 집단으로 나눈 뒤, 두 집단의 점수 간 상관관계를 통해 신뢰도를 평가하는 방법이다. 다만, 문항을 어떻게 나누는지에 따라 결과가 달라질 수 있다는 단점이 있다. Cronbach 알파는 각 문항과 전체 문항 간의 평균 상관관계를 기반으로 내적 일관성을 평가하며, 측정의 신뢰도 보고에 가장 널리 사용되는 방법이다.

5.2. 신뢰도 계수: Cronbach 알파

5.2.1. Cronbach 알파의 정의

Cronbach 알파Cronbach's α: 크론바하 알파는 심리학자 Lee Cronbach가 개발한 신뢰도 지수로 측정도구 간의 내적 일관성을 수치적으로 평가하는데 사용된다Cronbach, 1951. Cronbach 알파는 0과 1 사이의 값을 가지며, 점수가 높을수록 측정 문항 간의 일관성이 높고, 결과적으로 측정도구의 신뢰도가 높다는 것을 의미한다. Cronbach 알파(α)는 다음 수식으로 정의된다:

$$\alpha = \frac{k}{k-1}\left(1 - \frac{\sum_{i=1}^{k}\sigma_i^2}{\sigma_X^2}\right). \tag{식 8.1}$$

k: 측정 문항 수,
σ_i^2: 문항 i의 분산,
σ_X^2: 전체 문항 합계 점수의 분산.

예를 들어, 특정 광고메시지에 대한 신뢰도를 100명의 응답자로부터 3문항("신뢰할 수 있는", "믿음이 가는", "확실한")을 이용해서 5점 리커트 척도(1=동의하지 않음, 5=동의함)로 측정했다고 가정하자. 세 문항의 분산(σ_i^2)은 각각 2.24, 2.33, 2.25이며, 전체 점수(세 문항의 합)의 분산(σ_X^2)은 19.03이다. (식 8.1)을 이용해 Cronbach 알파를 계산하면 .962이다:

$$\alpha = \frac{3}{3-1}\left(1-\frac{2.24+2.33+2.25}{19.03}\right) = .962.$$

크론바하 알파는 다음과 같은 (식 8.2)로 표현될 수도 있다:

$$\alpha = \frac{k\bar{r}}{(1+(k-1)\bar{r})} \qquad \text{(식 8.2)}$$

k: 측정 문항 수,

$\bar{r}$: 측정 문항 간 평균 상관계수.

위의 예에서, 세 문항 간의 상관관계 행렬은 다음과 같으며, 세 상관관계의 평균($\bar{r}$)은 .895다.

$$\begin{bmatrix} 1.00 & & \\ .857 & 1.00 & \\ .890 & .938 & 1.00 \end{bmatrix}$$

위의 (식 8.2)을 이용해 계산한 Cronbach 알파 계수도 .962로 동일하다.

$$\alpha = \frac{3 \times .895}{(3+(3-1) \times .895)} = .962$$

5.2.2. Cronbach 알파의 영향 요인

위에 제시된 (식 8.2)에 따르면, Cronbach 알파 계수는 문항 수(k)와 문항 간 평균 상관계수($\bar{r}$)라는 두 가지 요인에 의해 결정된다. 문항 수가 많아질수록, 그리고 문항 간의 상관관계가 높을수록 알파 계수는 높아지는 경향이 있다. 이는 측정 문항들이 동일한 개념을 더 일관되게 반영한다는 점에서 신뢰도가 증가한다는 의미이기도 하다.

따라서 신뢰도 계수를 높이기 위해서는, 측정도구에 포함된 문항 수를 늘리거나 문항 간 상관관계가 높은 항목들을 포함시키는 것이 효과적인 방법이다. 반대로, 문항 수가 적거나 서로 상관성이 낮은 문항이 포함되어 있다면, Cronbach 알파는 낮아질 가능성이 크다.

이러한 두 가지 요인 외에 다른 요소들은 Cronbach 알파에 직접적인 영향을 미치지 않는다. 예를 들어, 설문에 참여한 응답자의 수는 알파 계수의 계산 과정에 포함되지 않기 때문에, 응답자가 많거나 적다고 해서 Cronbach 알파가 변하지는 않는다.

5.2.3. Cronbach 알파의 활용

Cronbach 알파는 가장 널리 사용되는 신뢰도 지수로, 다양한 학문 분야와 학술지에서는 측정도구의 신뢰도 평가 시 최소한으로 Cronbach 알파 계수의 보고를 요구하고 있다. 이 지수가 널리 활용되는 주요 이유 중 하나는, 추가적인 연구 절차나 자료 수집 없이 기존의 응답 자료를 바탕으로 간편하게 평가할 수 있다는 실용성 때문이다. 그러나 Cronbach 알파는 문항 간의 유사성에 기반한 내적 일관성만을 반영하기 때문에, 시간에 따른 일관성, 즉 반복측정 신뢰도test-retest reliability를 평가하지는 못한다는 한계를 지닌다.

Cronbach 알파의 보고만으로도 신뢰도 평가가 충분한 경우는, 일반적으로 기존에 타당성이 입증된 척도를 사용하는 경우이거나, 측정도구의 구성 타당도나 사용 맥락에 특별한 문제가 없는 경우에 해당한다. 이때 Cronbach 알파 계수가 .70 이상이면 신뢰도가 수용가능한acceptable 수준으로 간주된다Cortina, 1993.

반면, 새로운 척도를 개발하거나 신뢰도 확보가 특히 중요한 연구 상황에서는 보다 높은 수준의 Cronbach 알파 계수가 요구된다. 또한 이 경우에는 반복측정 신뢰도 등 다른 차원의 신뢰도 검증을 병행하는 것이 바람직하며, 실제로 많은 연구에서 이러한 보완적 접근이 함께 이루어지고 있다.

연구 예시 8-4

신뢰도 계수에 영향을 미치는 연구 특성

Churchill and Peter(1984)는 101개의 논문에서 보고된 154개의 신뢰도 계수를 대상으로 메타분석meta-analysis을 실시하여, 신뢰도 계수의 크기에 영향을 미치는 연구 특성을 조사하였다. 이 연구에서의 종속변수는 선행연구에 보고된 Cronbach 알파, 반분 신뢰도split-half reliability, 반복측정 신뢰도test-retest reliability 등을 포함하는 신뢰도 계수였으며, 이에 영향을 미칠 수 있는 다양한 연구 특성과의 관계가 통계적으로 검증되었다.

분석에 포함된 연구 특성은 표본 특성sample characteristics, 측정도구 특성measure characteristics, 측정 개발 특성measurement development characteristics의 세 가지로 구분되었다.

분석 결과, 표본 특성은 신뢰도 계수와 유의한 연관이 없는 것으로 나타났다. 구체적으로는 응답자 수, 표본추출 방법(확률적/비확률적), 표본의 구성(예, 학생, 주부 등), 응답 방식(우편, 전화 등), 연구 유형(실험, 설문조사) 등 모든 표본 관련 변수들이 신뢰도와 통계적으로 유의한 관계를 보이지 않았다.

반면, 측정도구 특성 중 일부는 신뢰도 계수와 유의미한 관계를 나타냈다. 먼저, 문항 수가 많을수록 신뢰도 계수가 높아지는 경향이 있었으며, 이는 문항 수가 신뢰도에 영향을 미치는 요인임을 보여준다. 또한, 척도의 크기(예, 5점 척도, 7점 척도, 9점 척도)도 신뢰도와 유의한 관련이 있었으며, 척도 범위가 넓을수록 신뢰도 계수가 높게 나타났다. 하지만 그 외의 측정도구 특성들은 신뢰도와 유의한 관련이 없는 것으로 나타났다. 예를 들어, 역척도reverse scale 사용 여부, 척도의 유형(리커트 척도, 어의차이 척도 등), 척도 점수에 대한 언어적 설명 유무는 신뢰도와 유의미한 관계를 보이지 않았다.

마지막으로, 측정 개발 특성 또한 신뢰도에 영향을 미치지 않는 것으로 나타났다. 즉, 척도를 연구자가 직접 개발 했는지의 여부나, 개발 시 참고한 자료(이론 고찰, 인터뷰 등)는 신뢰도 계수와 유의한 연관성을 보이지 않았다.

Ⅵ. 측정의 타당도

6.1. 타당도 개념

측정에 있어서 타당도validity란 측정도구가 측정하고자 하는 개념이나 대상을 얼마나 정확하게 측정하고 있는지를 나타내는 개념이다. 즉, 측정값이 실제로 측정하려는 내용을 제대로 반영하고 있는지를 평가하는 것이 타당도의 핵심이다.

측정의 타당도는 다양한 측면에서 평가가 가능하기 때문에, 여러 유형으로 구분된다. 그러나 타당도의 개념은 유형 간의 경계가 명확하지 않거나, 동일한 개념이 서로 다른 용어로 표현되거나, 같은 용어가 서로 다른 의미로 사용되는 경우도 있어, 일관된 정의를 내리기가 쉽지 않다.

일반적으로 많이 사용되는 타당도의 유형은 다음에 소개할 네 가지 범주로 구분될 수 있으며, 각 유형은 다시 보다 구체적인 하위 개념을 포함하고 있다. 이러한 분류는 다음 〈표 8.2〉에 정리되어 있다.

〈표 8.2〉 측정 타당도의 유형과 종류

타당도 유형	타당도 종류
내용 타당도content validity	액면 타당도face validity
	구조 타당도structural validity
규칙 타당도nomological validity	규칙 타당도nomological validity
기준 타당도criterion validity	예측 타당도predictive validity
	동시 타당도concurrent validity
구성 타당도construct validity	집중 타당도convergent validity
	판별 타당도discriminavalidity

6.2. 타당도 유형

6.2.1. 내용 타당도

내용 타당도content validity는 측정도구가 측정하고자 하는 개념의 특성과 내용을 얼마나 충실히 반영하고 있는지를 나타내는 타당도의 한 형태이다. 예를 들어, 스트레스 수준을 측정하기 위한 설문 문항을 개발할 때, 그 문항들이 이론적으로 정의된 스트레스의 특성을 충분히 반영하고 있는지를 판단함으로써 내용 타당도를 평가할 수 있다. 내용 타당도는 액면 타당도와 구조 타당도의 두 하위 개념으로 나뉜다.

(1) 액면 타당도

액면 타당도face validity: 외형 타당도는 측정 문항이 표면적으로 보았을 때 측정하고자 하는 개념을 얼마나 잘 반영하고 있는지를 의미한다. 예를 들어, 위험추구 성향risk-taking tendency을 측정하는 문항이 실제로 다양한 상황에서의 위험 감수 행동에 대한 질문을 포함하고 있다면, 이는 액면 타당도가 높은 문항으로 간주할 수 있다Weber, Blais, & Betz, 2002.

액면 타당도는 일반적으로 통계적 분석보다는 정성적 평가qualitative judgment를 기반으로 판단된다. 전문가나 연구자들이 문항의 적절성을 검토하거나 이론적 개념과의 부합 여부를 판단하여 평가하는 경우가 많다.

(2) 구조 타당도

구조 타당도structural validity는 측정 대상이 복수의 하위 차원sub-dimensions으로 구성되어 있는 경우, 측정도구가 그 차원 구조를 얼마나 잘 반영하고 있는지를 평가하는 것이다. 예를 들어, 계획 성향propensity to plan이라는 개념은 계획의 대상(재정 또는 시간)과 계획의 시간 범위(단기 또는 장기)라는 두 가지 기준에 따라, 총 네 가지 하위 차원(예, 재정-단기, 재정-장기, 시간-단기, 시간-장기)으로 나눌 수 있다. 따라서 계획 성향을 측정하기 위한 도구는 이 네 가지 하위 차원을 모두 포괄하는 문항을 포함하고 있어야 하며, 그럴 경우 이 도구는 구조 타당도를 갖추었다고 평가할 수 있다Lynch et al., 2010.

구조 타당도는 요인분석factor analysis을 통해 주로 검증된다. 탐색적 요인분석exploratory factor analysis은 측정도구의 구조가 명확히 정의되지 않은 경우에 주로 사용되며, 확인적 요인분석confirmatory factor analysis는 이론적으로 이미 정의된 구조가 있을 때 주로 사용된다. 관련된 내용은 "제9장: 측정 타당도 검증"에서 다룬다.

6.2.2. 규칙 타당도

규칙 타당도nomological validity는 측정도구가 이론적으로 관련된 다른 개념들과 예측된 방향으로 연관되어 있는지를 평가하는 타당도의 한 형태이다. 즉, 측정된 변수가 이론적 네트워크nomological network 내에서 예측된 관계를 실제로 보이는지를 검증함으로써 타당성을 평가한다.

예를 들어, 소비자 만족이 제품에 대한 충성도나 재구매/재방문 의도와 양의 상관관계가 있을 것이라고 이론의 예측하는 경우, 실제 측정된 소비자 만족이 이 변수들과 예상된 방향으로 유의한 상관관계를 보인다면 해당 측정도구는 규칙 타당도를 갖추었다고 판단할 수 있다.

규칙 타당도는 주로 상관분석이나 회귀분석, 구조방정식 모형 등을 통해 검증되며, 이론이 설명하는 변수 간 관계가 실제 측정된 자료에서도 일관되게 나타나는지 여부를 중심으로 평가된다.

6.2.3. 기준 타당도

기준 타당도criterion validity or criterion-related validity: 준거 타당도는 측정도구로 얻은 값이 외부의 객관적인 기준criterion과 얼마나 일치하는지를 평가하는 타당도의 한 형태이다. 이는 측정 결과가 실제로 얼마나 잘 작동하며, 실용적으로 유용한지를 판단하는 지표라고 볼 수 있다.

기준 타당도는 개념상 규칙 타당도nomological validity와 유사하지만, 평가의 초점에 있어 중요한 차이점이 있다. 규칙 타당도는 이론적으로 연관된 변수들 간의 관계를 기반으로 측정도구의 타당성을 평가하는 반면, 기준 타당도는 이론적 관계보다는 외부의 구체적이고 객관적인 기준(예, 실제 행동, 성과, 진단 결과 등)과의 일치 여부를 통해 타당성을 검증한다. 기준 타당도는 측정도구가 실제 상황에서 얼마나 유용하게 작동하는지를 평가한다는 점에서 실제적 타당성practical validity이라고도 불린다.

기준 타당도는 외부 기준과의 관계 시점에 따라 미래의 행동이나 성과를 예측하는 능력을 평가하는 예측 타당도와 현재 시점의 관계를 평가하는 동시 타당도로 구분된다.

(1) 예측 타당도

예측 타당도predictive validity는 측정 변수가 미래의 결과나 행동을 얼마나 잘 예측하는지를 평가하는 타당도이다. 즉, 현재의 측정 결과가 시간이 지난 후 관찰되는 실제 성과나 결과와 어느 정도 관련이 있는지를 검증하는 것이다. 따라서 예측 타당도는 측정도구의 실용적 유효성을 판단하는 중요한 기준으로 활용된다.

대표적인 예로, 지능 검사는 학생의 미래 학업 성취도를 예측하기 위해 개발된 도구로, 이 검사의 예측 타당도를 평가한 연구에 따르면, 측정된 지능은 이후의 학교 성적, 최종 학력, 사회적 지위, 소득 수준 등과 유의미한 관련성을 가진다Neisser et al., 1996. 또 다른 사례로는, 기업의 직원 채용 평가를 들 수 있다. 만약 채용 평가가 예측 타당도를 갖추고 있다면, 지원자가 받은 평가 점수가 실제 입사 후의 업무 성과를 효과적으로 예측해야 한다.

(2) 동시 타당도

동시 타당도concurrent validity는 측정도구의 결과가 현재 시점에서 외부의 신뢰할 수 있는 기준과 얼마나 잘 일치하는지를 평가하는 타당도이다. 즉, 측정 시점이 일치하는 외부 기준 변수와의 관계를 분석함으로써, 측정도구의 현재적 유효성을 판단한다.

예측 타당도와의 차이는 관련된 변수 간의 연관성이 나타나는 시점에 있다. 예측 타당도는 미래의 결과를 예측하는 데 초점을 두는 반면, 동시 타당도는 현재 시점의 기준과의 관계를 평가한다는 점에서 구분된다.

예를 들어, "연구 예시 8-5"에서는 개인의 정치 성향에 따라 보유한 물건의 유형이 다르게 나타난다는 결과를 제시하고 있다. 이 경우, 설문을 통해 측정된 정치 성향과 개인이 소지한 물건이 가지는 상징적 의미 사이에 의미 있는 관계가 관찰되었기 때문에, 정치 성향 척도의 동시 타당도를 보여주는 사례라고 할 수 있다.

연구 예시 8-5

보수주의자와 진보주의자의 보유 물건의 차이

개인의 정치 성향이 보수적인지 혹은 진보적인지는 투표 행동, 정당 지지, 선호하는 정부 정책 등 다양한 사회, 정치적 변수들과 밀접한 관련이 있다. Carney 등(2008)의 연구에 따르면, 보수주의자와 진보주의자는 가정 내에서 보유하고 있는 물건의 유형에서도 뚜렷한 차이를 보인다. 미국 일반인을 대상으로 실시한 한 조사에서는, 정치 성향에 따라 가정 내에 소유한 물품에 체계적인 차이가 나타났다.

보수주의자의 집에는 청소도구, 세탁기, 일정을 표시할 수 있는 달력, 국기 등의 물품이 상대적으로 더 많이 발견되었으며, 이는 보수주의자들이 가진 높은 성실성과 함께 질서, 전통, 안정성을 중시하는 성향을 반영한다고 해석할 수 있다.

반면, 진보주의자의 가정에서는 다양한 주제의 서적, 여러 장르의 음악, 여행 관련 용품, 세계지도 등의 소지 비율이 높게 나타났다. 이는 진보주의자들이 상대적으로 높은 경험에 대한 개방성을 가지고 있으며, 새로운 것에 대한 수용과 창의성을 중시하는 성향과 관련이 있다.

한편, 정치 성향은 브랜드 선호와 같은 소비 행태에도 영향을 미치는 것으로 나타났다. Khan, Misra, and Singh(2013)의 연구에 따르면, 유명하고 널리 알려진 브랜드에 대한 선호는 보수주의자에게 더 강하게 나타나는 경향이 있으며, 진보주의자는 이와 비교해 더 다양한 브랜드나 덜 알려진 브랜드를 선택할 가능성이 높았다.

6.2.4. 구성 타당도

구성 타당도construct validity는 측정도구가 이론적 개념(즉, 잠재변수)을 얼마나 정확하게 측정하고 있는지를 평가하는 타당도이다. 이는 단순히 외형적으로나 경험적으로 나타나는 관계가 아니라, 이론적으로 정의된 개념이 측정도구에 의해 잘 반영되고 있는지를 검증하는 과정이다. 따라서 구성 타당도를 평가하기 위해서는 우선 측정하고자 하는 개념을 명확히 정의해야 한다. 예를 들어, '지능'이나 '인지욕구'와 같은 개념이 무엇을 의미하는지 이론적으로 규정한 후, 측정도구가 해당 개념을 제대로 포착하고 있는지를 평가하는 방식이다.

구성 타당도는 주로 두 가지 하위 타당도인 집중 타당도와 판별 타당도를 통해 검증된다. **집중 타당도**convergent validity는 동일한 개념을 측정하는 여러 문항이나 도구들이 서로 강한 일치성을 보이는지를 평가한다. 예를 들어, 복잡한 사고나 문제 해결을 선호하는 정도를 의미하는 인지욕구need for cognition를 측정하기 위해 34개의 문항을 사용하는 경우, 이 문항들 간에는 높은 상관관계가 존재해야 한다. 문항 간의 일치성이 높다는 것은 해당 문항들이 공통된 개념을 잘 반영하고 있다는 의미이며, 이는 집중 타당도가 높다는 근거가 된다.[2)]

판별 타당도discriminant validity는 측정하려는 개념이 다른 유사한 개념들과는 구별될 수 있는지를 평가한다. 즉, 이론적으로 구분되는 개념 간에는 측정값 간의 상관관계가 낮아야 판별 타당도가 확보된 것으로 본다. 예를 들어, 인지욕구는 지적 호기심intellectual curiosity이나 경험에 대한 개방성openness to experience 등과 어느 정도 관련이 있을 수 있지만, 이들과는 독립적인 개념이므로 측정값 간의 상관관계가 지나치게 높지 않아야 한다. 이처럼 서로 다른 개념들이 실제 측정에서도 구별 가능해야 타당한 구성 개념 간의 구분이 이루어진 것으로 판단할 수 있다.

구성 타당도는 주로 확인적 요인분석을 통해 검증되며, 이에 대한 구체적인 절차와 분석 방법은 "제9장: 측정 타당도 검증"에서 자세히 다룰 예정이다.

Ⅶ. 측정도구 개발

7.1. 측정도구의 사용과 개발

연구자가 특정 변수를 측정하고자 할 때는 일반적으로 기존에 개발된 척도scale와 같은 **측정도구**를 활용한다. 기존 척도는 신뢰도와 타당도가 검증되어 있어, 새로운 측정도구를 개발하는 데 드는 시간과 자원을 줄일 수 있다는 장점이 있다.

그러나 기존 척도의 문항 수가 지나치게 많거나, 문항의 내용이 현재 진행 중인 연구의 맥락과 완전히 부합하지 않는 경우에는 연구자가 문항의 수를 줄이거나 문항의 표현을 일부 수정하여 사용하는 방식으로 척도를 조정하기도 한다.

연구자가 측정하고자 하는 개념 또는 변수에 적합한 기존 측정도구가 존재하지 않는 경우, 새로운 측정도구를 직접 개발해야 한다. 이러한 **측정도구 개발**scale development은 이

2) 집중 타당도를 관찰변수 문항 간의 일치성으로 평가하는 경우, 이는 사실상 내적 일관성 신뢰도와 유사한 개념이다.

론적으로 정의된 개념을 정량적으로 측정하기 위한 도구를 설계하고, 그 도구의 신뢰도와 타당도를 검증하는 일련의 절차를 의미한다.

측정도구 개발은 일반적으로 Churchill(1979)이 제시한 틀을 기반으로 체계적인 단계를 거쳐 이루어진다. 이후 내용은 측정도구 개발의 구체적인 절차와 각 단계에서 고려해야 할 요소들에 대해 설명한다.

7.2. 측정도구 개발 단계

측정도구 개발은 변수의 개념화에서부터 최종 도구 완성에 이르기까지 체계적인 절차를 거쳐 이루어진다. 아래는 일반적으로 널리 사용되는 측정도구 개발의 주요 단계들이다.

7.2.1. 개념의 이론적 정의

측정도구의 개발의 첫 번째 단계는 개념화conceptualization로, 측정하고자 하는 개념의 이론적 정의를 명확히 하는 것이다. 이 단계에서는 측정하고자 하는 변수를 이론적으로 어떻게 정의할 것인지를 기존 문헌과 선행연구를 바탕으로 검토한다. 또한, 해당 개념이 어떤 하위 차원이나 속성으로 구성되어 있는지를 결정하는 것도 중요한 과정이다.

7.2.2. 문항 개발

두 번째 단계는 문항 개발item generation 이다. 앞서 정의한 개념을 측정 가능한 형태로 전환하기 위해, 이를 반영하는 설문 문항 또는 측정 항목을 생성한다. 이 과정에서는 기존 척도의 문항을 참고하거나, 전문가의 자문을 받아 문항을 작성할 수 있다. 문항은 개념의 내용 타당도를 확보할 수 있도록 충분히 포괄적이고 명확해야 한다.

7.2.3. 예비 조사 및 문항 수정

초기 문항을 바탕으로 소규모 예비조사pilot test를 실시하고, 수집된 자료를 통해 문항의 응답 분포, 난이도, 내적 일관성 등을 분석한다. 이 단계에서 신뢰도와 타당도에 문제가 있는 문항은 제거하거나 수정하며, 측정도구의 품질을 개선한다.

7.2.4. 신뢰도 및 타당도 평가

수정된 예비 척도를 사용하여 더 큰 규모의 표본을 대상으로 본조사를 실시한다. 이 데이터를 바탕으로 측정도구의 신뢰도(예, Cronbach 알파, 반분 신뢰도)와 타당도(예, 내용 타당도, 기준 타당도, 규칙 타당도, 구성 타당도 등)를 다각도로 평가한다. 특히 구성 타당도의 경우, 요인분석을 통해 문항의 구조와 개념 간의 일치 여부를 검증한다.

7.2.5. 최종 도구 개발 및 수정

신뢰도 및 타당도 분석 결과를 바탕으로 측정도구를 최종 수정 및 보완한다. 이 과정을 거쳐 완성된 측정도구가 개발되며, 이후 다양한 연구 환경에서 추가적인 검증과 반복적 보완이 이루어질 수 있다. 최종 도구는 일관성과 타당성을 유지하면서도 적용 대상과 맥락에 맞게 조정될 수 있어야 한다.

연구 예시 8-6

인지종결 욕구 측정

인지종결 욕구need for cognitive closure: NFCC는 불확실하고 모호한 상황에서 불편함을 느끼며, 이를 해소하기 위해 빠르게 명확한 결론에 도달하려는 개인 성향을 의미한다Kruglanski & Webster, 1996. 인지종결 욕구가 높은 개인일수록 가능한 한 빨리 결론에 도달하려는 경향seizing과 일단 내린 결정을 쉽게 바꾸지 않고 유지하려는 경향freezing이 강하다.

Webster and Kruglanski(1994)는 인지종결 욕구를 측정할 수 있는 척도를 개발하였다. 이들은 이론 고찰을 바탕으로 인지종결 욕구를 예측 가능성 선호predictability preference, 결단력decisiveness, 모호성에 대한 불편함discomfort with ambiguity, 폐쇄성closed-mindedness, 긴급성urgency의 5개의 하위 차원을 구분했다. 이러한 5개 하위 차원을 반영하여 총 57개의 문항이 초기에 개발되었으며, 척도 개발 과정에서 신뢰도와 타당도 기준을 충족하지 못한 15개 문항이 제거되고, 최종적으로 42개 문항으로 구성된 척도가 확정되었다.

검증 결과, 이 척도는 높은 신뢰도와 구성 타당도를 갖춘 것으로 나타났다. 또한 권위주의 성향authoritarianism, 모호성 회피intolerance of ambiguity 등 이론적으로 연관된 개념들과의 유의미한 상관관계를 통해 규칙 타당도 또한 입증되었다.

또한, 기준 타당도 측면에서도 인지종결 욕구는 실제 행동 변수를 유의하게 예측함을 보여주었다. 예를 들어, 대학생의 전공 선택에서 회계(구조적, 명확한 분야)를 선택하는 경우와 예술(창의적, 모호한 분야)을 선택하는 경우 사이에서, 인지종결 욕구 수준의 유의미한 차이가 나타났다.

주요 참고자료

Cronbach 알파 신뢰도 계수

Cortina, J. M. (1993). What is coefficient alpha? An examination of theory and application. *Journal of Applied Psychology*, 78(1), 98-104. [Cronbach 알파의 이론적 배경과 적용에 중점을 두어 심층 분석한 논문.]

측정도구의 개발

Churchill, G. A. (1979). A paradigm for developing better measures of marketing constructs. *Journal of Marketing Research*, 16(1), 64-73. [측정도구 개발 과정에 대한 체계적인 과정을 정리한 논문으로 사회과학 전 분야의 측정도구 개발 연구의 주요 참고문헌으로 사용됨.]

변수 측정에 대한 다양한 이슈들

Neisser, U., Boodoo, G. Bouchard, T. J., Boykin, A. W., Ceci, S. J., Halpern, D. F., Loehlin, J. C., Perloff, R., Sternberg, R. J., Urbina, S. (1996). Intelligence: Knowns and unknowns. *American Psychologist*, 51(2), 77-101. [지능의 정의와 측정에 대한 다양한 이슈를 다룸.]

참고문헌

Bassili, J. N. (1993). Response latency versus certainty as indexes of strength of voting intentions in a CATI survey. *Public Opinion Quarterly*, 57(1), 54-61.

Carney, D. R., Jost, J. T., Gosling, S. D., & Potter, J. (2008). The secret lives of liberals and conservatives: Personality profiles, interaction style, and the things they leave behind. *Political Psychology*, 29(6), 807-840.

Churchill, G. A. (1979). A paradigm for developing better measures of marketing constructs. *Journal of Marketing Research*, 16(1), 64-73.

Churchill, G. A., & Peter, J. P. (1984). Research design effects on the reliability of rating scales: A meta-analysis. *Journal of Marketing Research*, 21(4), 360-375.

Cortina, J. M. (1993). What is coefficient alpha? An examination of theory and application. *Journal of Applied Psychology*, 78(1), 98-104.

Cronbach, L. J. (1951). Coefficient alpha and the internal structure of tests. *Psychometrika*, 16(3), 297-334.

Fazio, R. H. (2001). On the automatic action of associated evaluations: An overview. *Cognition & Emotion*, 15(2), 115-141.

Greenwald, A. G., & Banaji, M. R. (1995). Implicit social cognition: Attitudes, self-esteem, and stereotypes. *Psychological Review*, 102(1), 4-27.

Khan, R., Misra, K., & Singh, V. (2013). Ideology and brand consumption. *Psychological Science*, 24(3), 326-333.

Kruglanski, A. W., & Webster, D. M. (1996). Motivated closing of the mind: "Seizing" and "freezing." *Psychological Review*, 103(2), 263-283.

Lynch, J. G., Netemeyer, R. G., Spiller, S. A., & Zammit, A. (2010). A General scale of propensity to plan: The long and short of planning for time and for money. *Journal of Consumer Research*, 37(1), 108-128.

Mehrabian, A. (1969). Significance of posture and position in the communication of attitude and status relationships. *Psychological Bulletin*, 71(5), 359-372.

Neisser, U., Boodoo, G. Bouchard, T. J., Boykin, A. W., Ceci, S. J., Halpern, D. F., Loehlin, J. C., Perloff, R., Sternberg, R. J., & Urbina, S. (1996). Intelligence: Knowns and unknowns. *American Psychologist*, 51(2), 77-101.

Plassmann, H., O'Doherty, J., Shiv, B., & Rangel, A. (2008). Marketing actions can modulate neural representations of experienced pleasantness. *Proceedings of the National Academy of Sciences*, 105(3), 1050-1054.

Schwartz, B., Ward, A., Monterosso, J., Lyubomirsky, S., White, K., & Lehman, D. R. (2002). Maximizing versus satisficing: Happiness Is a matter of choice. *Journal of Personality and Social Psychology*, 83(5), 1178-1197.

Weber, E. U., Blais, A. R., & Betz, N. E. (2002). A domain-specific risk-attitude scale: Measuring risk perceptions and risk behaviors. *Journal of Behavioral Decision Making*, 15(4), 263-290.

Webster, D. M., & Kruglanski, A. W. (1994). Individual differences in need for cognitive closure. *Journal of Personality and Social Psychology*, 67(6), 1049-1062.

제9장

측정 타당도 검증

앞선 제8장에서 측정에 대한 전반적인 내용을 다루었다면, 본 제9장에서는 실제 자료를 활용하여 측정 모형의 타당도를 검증하는 방법에 대해 살펴보고자 한다. 측정의 타당도를 검증하기 위한 첫 번째 단계는 측정하고자 하는 잠재변수에 대한 측정 모형을 명확히 정의하는 것이다. 이후 수집된 자료를 바탕으로 정의된 측정 모형의 신뢰도와 타당도를 검증하며, 이 과정에서 탐색적 요인분석과 확인적 요인분석이 주로 활용된다. 본 장에서는 이 두 가지 요인분석 방법이 측정 타당도 검증에 어떻게 활용되는지를 논의하고자 한다. 또한, 측정 모형의 형태(반영지표와 형성지표)에 따라 측정 모형의 정의와 타당도 검증 방법이 어떻게 달라지는지에 대해서도 다룬다.

Ⅰ. 측정 모형

1.1. 측정 모형의 구조

측정 모형measurement model은 추상적인 개념을 관찰 가능한 변수로 측정하기 위한 이론적 구조framework를 의미한다. 이 모형에서 궁극적으로 측정하고자 하는 추상적 개념을 **잠재변수**latent variable 또는 **잠재요인**laten factor이라고 하며, 이를 계량화하기 위해 사용되는 직접 관찰 가능한 변수를 **관찰변수**observed variable 또는 **지표**indicator라고 부른다.

예를 들어, 지능intelligence은 직접적으로 측정할 수 없는 추상적 개념으로, 잠재변수에 해당한다. 지능을 측정하기 위해 다양한 지표(관찰변수)가 개발되어 왔으며, IQ 점수는 이러한 지표 중 하나로, 지능을 계량화하는 데 사용된다.

측정 모형은 (식 9.1)의 형태로 표현될 수 있다. 이 식에서 X_i는 관찰변수를 나타내며, 관찰변수는 알파벳으로 주로 표시된다, ξ_{xi}는 잠재변수를 의미하며, 잠재변수는 일반적으로 그리스 문자로 표시된다. $\lambda_i$lambda는 **요인 적재치**factor loading로 관찰변수와 잠재변수의 연관성 강도를 나타낸다. e_i는 **측정 오차**measurement error로 관찰변수의 변량 중에서 잠재변수로 설명되지 않는 부분을 의미한다. (식 9.1)에서 λ와 e_i는 관찰변수(X_i)를 이용해 추정된다.

$$X_i = \lambda_i \xi + e_i. \qquad \text{(식 9.1)}$$

(식 9.1)은 수식은 회귀모형의 형태로도 해석할 수 있다. 즉, 관찰변수(X)는 종속변

수, 잠재변수(ξ)는 독립변수에 해당하며, λ는 회귀계수, e는 오차항이다.

측정 모형의 핵심 가정은 관찰변수(X)의 값이 잠재변수(ξ)의 특성을 반영reflection한다는 것이다. 따라서 모형의 방향성은 잠재변수가 관찰변수에 영향을 미치는 형태를 따른다. 요인 적재치(λ)는 잠재변수와 관찰변수 간 연관성을 나타내는 회귀계수로 해석되며, 측정 오차(e)는 잠재변수가 설명하지 못하는 관찰변수의 변량을 의미한다. 이 구조를 지능 측정의 예로 표현하면 다음과 같다:

$$\text{IQ점수} = \lambda(\text{지능}) + e.$$

IQ점수는 측정된 관찰변수이며, 이 값은 잠재변수인 개인의 지능을 반영한다. 요인 적재치는 관찰변수인 IQ점수가 잠재변수인 지능을 반영하는 정도를 나타내는 수치이다. IQ점수의 변량 중에서 지능 잠재변수가 설명하지 못하는 부분이 측정 오차이다.

측정 모형은 시각적으로 [그림 9.1]과 같은 형태로 표현된다. [그림 9.1]은 네 개의 관찰변수(X_1, X_2, X_3, X_4)를 이용해 하나의 잠재변수(ξ_1)를 측정한 모형을 나타낸다. 그림에서 동그라미는 잠재변수를, 사각형은 관찰변수를 의미한다. 변수 간의 선형 연관성은 화살표로 표시되며, 화살표의 시작점은 독립변수이고 도착점은 종속변수이다. [그림 9.1]과 같은 측정 모형에서 유의해야 할 점은 화살표의 방향이다. 측정 모형에서 관찰변수는 잠재변수의 종속변수가 되기 때문에, 화살표는 잠재변수에서 시작해 관찰변수를 향한다.

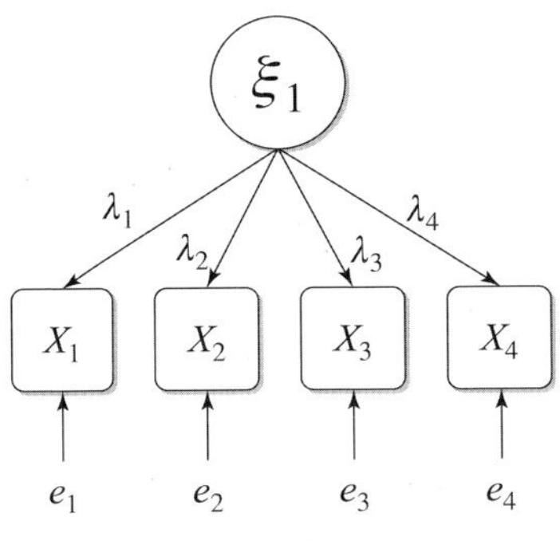

[그림 9.1] 측정 모형의 시각화

1.2. 측정 모형의 추정

측정 모형에서 요인 적재치(λ)는 실제 자료를 바탕으로 추정되는 모수parameter이다. 요인 적재치는 잠재변수와 관찰변수 간의 연관성을 나타내며, 표준화된 요인 적재치는 이 둘 사이의 상관관계를 의미한다.

측정 모형의 추정이란 관찰변수 데이터를 입력자료로 사용하여 주어진 자료를 가장 잘 설명할 수 있는 모형의 모수(요인 적재치 등)를 찾아내는 과정을 말한다. 따라서 측정 모형을 추정하기 위해서는 먼저 입력자료에 대한 이해와 측정 모형에 대한 명확한 정의가 선행되어야 한다.

(1) 입력자료

측정 모형의 추정에는 관찰변수의 공분산 행렬covariance matrix 또는 상관관계 행렬correlation matrix이 입력자료input data로 사용된다. 여기서는 상관관계 행렬을 활용하여 측정 모형에서의 모수 추정 원리를 설명하고자 한다.

우선, [그림 9.1]과 같이 4개의 관찰변수를 이용해 하나의 잠재변수를 측정하는 간단한 모형을 예로 들어 보자. 이 경우, 4개의 관찰변수 간의 4×4 상관관계 행렬이 입력자료로 사용된다:

$$\text{상관관계 행렬} = \begin{bmatrix} 1 & & & \\ r_{21} & 1 & & \\ r_{31} & r_{32} & 1 & \\ r_{41} & r_{42} & r_{43} & 1 \end{bmatrix}.$$

이 상관관계 행렬에서 대각 요소diagonal elements는 모두 1의 값을 가진다. 비대각 요소non-diagonal elements는 두 변수 간의 상관관계를 나타낸다. 예를 들어, r_{21}은 관찰변수 $X1$과 $X2$ 사이의 상관관계를 의미한다. 이러한 상관관계 행렬을 바탕으로 측정 모형 내 요인 적재치와 측정 오차가 추정된다.

(2) 측정 모형

모형을 추정하기 위해서는 측정 모형 자체도 행렬식으로 정의되어야 한다. 이를 위해 [그림 9.1]에 제시된 측정 모형이 가정하는 관찰변수 간의 상관관계를 살펴보자.

예를 들어, 관찰변수 $X1$과 $X2$ 사이의 상관관계(r_{21})에 해당하는 측정 모형을 생각해 보자. [그림 9.1]에서 보여주듯이 $X1$과 $X2$는 직접적인 연관성은 없다. 그러나, 두 변수 모두 공통의 잠재변수($\xi 1$)와 연관되어 있다. 이로 인해 X_1과 X_2는 "$X1$-ξ_1-$X2$"의 경로를 통해 간접적으로 연관성을 갖는다.

따라서 $X1$과 $X2$ 간의 상관관계는 각각의 요인 적재치(λ_1, λ_2)에 의해 결정되며, 이 두 값을 곱한 $\lambda_1 \times \lambda_2$가 두 관찰변수의 연관성 강도를 나타낸다. 이때, λ_1은 $X1$과 잠재변수

$\xi 1$ 간의 연관성 강도를, λ_2는 $X2$와 잠재변수 $\xi 1$ 간의 연관성 강도를 의미한다.

따라서, 입력자료 행렬의 r_{12} 요소(즉, $X1$과 $X2$의 상관관계)에 대응하는 측정 모형의 이론적 예측값은 다음과 같이 표현된다:

$$r_{12} = \lambda_1 \lambda_2.$$

이와 같은 방식은 다른 변수 간의 상관관계에도 동일하게 적용할 수 있다. 이를 일반화하면, 관찰변수 X_i와 X_j 간의 상관관계 r_{ij}는 다음과 같은 형태로 정의된다:

$$r_{ij} = \lambda_i \lambda_j.$$

이 식을 기반으로 하면, [그림 9.1]과 같은 측정 모형에 대응하는 측정 모형 상관관계 행렬을 구성할 수 있다.

$$\text{측정 모형 행렬} = \begin{bmatrix} 1 & & & \\ \lambda_1\lambda_2 & 1 & & \\ \lambda_1\lambda_3 & \lambda_2\lambda_3 & 1 & \\ \lambda_1\lambda_4 & \lambda_2\lambda_4 & \lambda_3\lambda_4 & 1 \end{bmatrix}.$$

결론적으로, 측정 모형에 따르면 관찰변수 간의 상관관계는 해당 관찰변수와 잠재변수의 연관성에 의해 결정된다. 이는 중요한 시사점을 제공한다. 동일한 잠재변수를 측정하는 관찰변수들 간에는 높은 상관관계가 나타날 것으로 기대된다. 예를 들어, '태도'라는 잠재변수를 측정하기 위해 "나쁘다-좋다"라는 척도의 관찰변수($X1$)와 "부정적-긍정적"이라는 척도의 관찰변수($X2$)를 사용한다면, 이 두 관찰변수 $X1$과 $X2$는 태도라는 공통의 잠재변수를 반영하고 있으므로, 이들 간에는 높은 상관관계가 있을 것으로 예상된다. 측정 모형의 관점에서 볼 때, 이러한 높은 상관관계는 $X1$과 $X2$ 각각이 잠재변수(태도)와 강한 연관성(λ)을 갖기 때문이다.

측정 모형 행렬에서 요인 적재치(λ)는 요인분석factor analysis을 통해 추정된다. 요인분석은 관찰변수의 자료를 이용하여 모형과 자료 간의 적합도goodness of fit를 최대화할 수 있는 요인 적재치를 추정하는 통계 기법이다. 요인 적재치의 구체적인 추정 방법과 과정은 본 장에서 앞으로 다룰 요인분석 부분에서 자세히 논의될 것이다.

Ⅱ. 잠재변수의 차원

잠재변수의 **차원**dimensionality은 해당 잠재변수를 구성하는 고유한 요인의 개수와 그 구조를 의미한다. 이는 측정의 타당도 검증에 있어 핵심적인 결정 요인이며, 동시에 측정 모형의 구조를 정의하는 중요한 요소이기도 하다.

2.1. 단일차원과 다차원

잠재변수는 차원의 수에 따라 단일차원 잠재변수와 다차원 잠재변수로 구분된다. [그림 9.2]는 차원의 수에 따른 측정 모형의 구조를 시각적으로 보여준다.

단일차원unidimensionality은 [그림 9.2A]와 같이 잠재변수가 하나의 요인factor만으로 구성된 경우를 의미한다. 이 경우, 모든 측정변수는 하나의 공통된 잠재변수를 반영하게 된다.

다차원multi-dimensionality은 잠재변수가 두 개 이상의 요인으로 구성된 경우를 의미한다. [그림 9.2B]는 두 개의 요인으로 구성된 다차원 측정 모형을 예시로 보여준다. 측정변수 $X1$과 $X2$는 잠재변수 $\xi1$을, 측정변수 $X3$과 $X4$는 잠재변수 $\xi2$를 반영한다. 이 두 잠재변수 간에는 상관관계가 존재하며, 이는 [그림 9.2B]에서 ϕ_{12}로 표시되어 있다. 측정 모형에서 변수 간의 상관관계는 양방향 화살표(↔)로 시각적으로 표현된다.

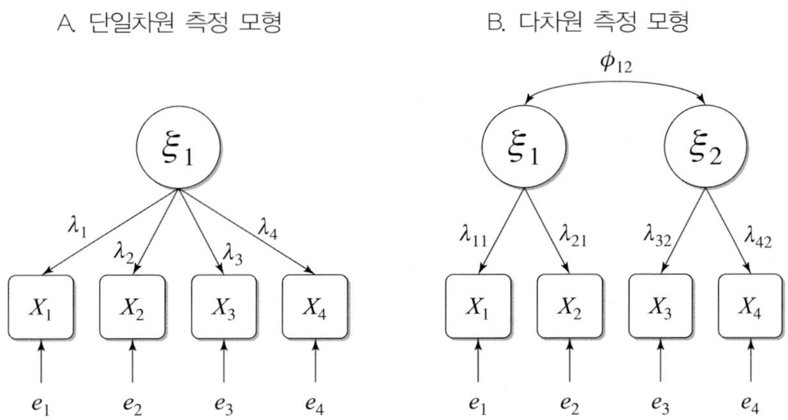

[그림 9.2] 잠재변수의 차원에 따른 측정 모형

2.2. 다차원 측정 모형

다차원 측정 모형은 단일차원 측정 모형과는 구조적 형태가 다르며, 이로 인해 추정되는 계수도 달라진다. [그림 9.2B]의 2개 요인으로 구성된 다차원 측정 모형은 아래 형태의 행렬로 표현될 수 있다.

$$\text{다차원 측정 모형 행렬} = \begin{bmatrix} 1 & & & \\ \lambda_{11}\lambda_{21} & 1 & & \\ \lambda_{11}\phi_{12}\lambda_{32} & \lambda_{21}\phi_{12}\lambda_{32} & 1 & \\ \lambda_{11}\phi_{12}\lambda_{42} & \lambda_{21}\phi_{12}\lambda_{42} & \lambda_{32}\lambda_{42} & 1 \end{bmatrix}.$$

다차원 측정 모형에서 동일한 잠재변수를 측정하는 두 관찰변수 간의 상관관계는 단일차원 측정 모형과 유사하게 관찰변수와 잠재변수의 요인 적재치의 곱으로 정의된다. [그림 9.2B]에서 $X1$과 $X2$는 잠재변수 $\xi 1$을 반영하고, $X3$과 $X4$는 잠재변수 $\xi 2$를 반영한다. 이와 같이 동일한 잠재변수를 반영하는 두 관찰변수 간의 상관관계는 단일차원과 동일하게 정의된다. 즉, $X1$과 $X2$의 상관관계는 $\lambda_{11}\lambda_{21}$이고, $X3$과 $X4$의 상관관계는 $\lambda_{32}\lambda_{42}$이다.

다차원 측정 모형에서 서로 다른 잠재변수를 반영하는 두 관찰변수 간의 상관관계는, 각 관찰변수의 요인 적재치(λ)를 곱한 값에 해당 잠재변수들 간의 상관관계(ϕ)를 다시 곱한 값으로 정의된다. 예를 들어, X1과 X3의 상관관계를 살펴보자. [그림 9.2B]에서 살펴보면 $X1$과 $X3$은 직접적인 연관성은 없다. 그러나 $X1$은 잠재변수 $\xi 1$을, $X3$은 각각 잠재변수 $\xi 2$를 반영한다. 이들의 반영 정도는 각각 λ_1과 λ_3이다. 그리고 $\xi 1$과 $\xi 2$는 상관관계(ϕ_{12})를 가진다. 따라서 $X1$과 $X3$ 간의 연관성은 "$X1$-$\xi 1$-$\xi 2$-$X3$"의 간접 경로의 강도를 통해 형성된다. 이러한 구조에서 $X1$과 $X3$의 상관관계(r_{13})에 대응하는 측정 모형은 두 잠재변수 간의 상관관계(ϕ_{12})와 잠재변수와 관찰변수의 요인 적재치(λ_{11}, λ_{32})로 구성되며, 다음과 같이 정의된다:

$$r_{13} = \lambda_{11}\ \phi_{12}\ \lambda_{32}$$

이와 유사하게, 서로 다른 잠재변수를 측정하는 두 관찰변수 간의 상관관계(r_{23}, r_{41}, r_{42})의 측정 모형도 동일한 형태로 정의될 수 있다. 즉, 두 관찰변수가 다른 잠재변수를 반영하는 경우, 두 관찰변수 간의 상관관계는 잠재변수 간의 상관관계(ϕ)의 영향을 받는다. 잠재변수 간의 상관관계는 1보다 작기 때문에($\phi < 1$), 서로 다른 잠재변수를 반영하는 관찰변수 간의 상관관계는 동일한 잠재변수를 반영하는 관찰변수 간의 상관관계보다

낮을 것으로 기대된다.

다차원 측정 모형 역시 측정변수의 상관관계를 원자료로 사용해 추정한다. 이 경우, 네 개의 요인 적재치(λ_{11}, λ_{21} ,λ_{32}, λ_{42})외에 추가적으로 잠재변수 간의 상관관계(ϕ12) 계수도 추정한다.[1] 살펴본 바와 같이 측정 모형이 추정하는 계수는 단일차원과 다차원인 경우에 달라지기 때문에 차원의 수에 대한 명확한 정의는 측정의 타당도 검증에 중요한 요인이 된다.

2.3. 상위 차원 측정 모형

상위차원 측정 모형higher-order measurement mode **또는 고차원 측정 모형**은 상위 수준의 잠재변수가 하위 수준의 잠재변수를 포함하는 수직적 구조를 갖는 측정 모형을 의미한다. [그림 9.3]은 2단계 구조two-level structure로 구성된 측정 모형의 예시를 보여준다. 이 모형에서 상위 2차원second-order 잠재변수(ξ1)는 두 개의 하위 1차원first-order 잠재변수(η1, η2)로 구성되어 있다.[2] 상위 잠재변수(ξ1)는 직접적으로 측정하는 관찰변수를 가지고 있지 않으며, 하위 잠재변수들과의 연관성(γ_{11}, γ_{21})을 통해 정의된다. 최하위 수준의 잠재변수인 η1과 η2는 관찰변수를 통해 측정된다.

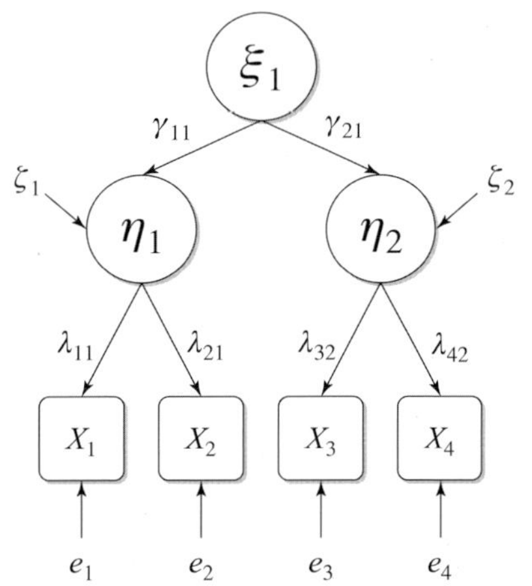

[그림 9.3] 2차원 측정 모형

1) 잠재변수 간의 상관관계(ϕ)는 잠재변수들의 독립성을 나타내는 판별 타당도를 평가하는 데 있어서 중요한 지수가 된다. 상관관계가 지나치게 높다면 두 잠재변수는 독립적인 별개의 요인으로 간주되지 않는다.

2) 통계적 모형의 측면에서 보면 [그림 9.3]은 잠재 독립변수(ξ1)와 잠재 종속변수(η1, η2)를 포함하는 구조방정식 모형structural equation model이다.

하위 잠재변수를 포함한 다차원 잠재변수의 대표적인 예로 성격심리학에서 개인의 성격을 측정하기 위해 널리 사용되는 Big Five 성격 특성이 있다. Big Five 성격 특성 이론은 개인의 성격을 다섯 개의 하위 차원으로 정의한다McCrae & Costa, 1997. 다섯 개의 하위 차원은 우호성agreeableness, 성실성conscientiousness, 외향성extraversion, 신경성neuroticism, 경험에 대한 개방성openness to experience이다. 따라서 Big Five 이론에 기반한 성격 측정은 이 다섯 가지 하위 차원을 각각 측정하는 설문 문항들로 구성된 도구를 사용하여 이루어진다. 이러한 구조는 각 하위 차원을 측정하는 관찰변수들을 통해 상위 차원의 '성격'이라는 잠재개념을 간접적으로 파악하는 고차원 측정 모형의 전형적인 예라 할 수 있다.

Ⅲ. 요인분석

요인분석factor analysis은 변수들 간의 관계를 바탕으로 공통된 잠재변수(요인)을 식별하고, 자료의 구조를 이해하는 데 활용되는 통계 기법이다. 요인분석은 크게 **탐색적 요인분석**exploratory factor analysis과 **확인적 요인분석**confirmatory factor analysis으로 구분된다. 탐색적 요인분석은 변수들 간의 상관관계를 분석하여 잠재적인 요인을 도출하고, 추정된 요인적재치factor loading를 통해 관찰변수와 잠재요인 간의 연관성을 설명한다. 반면, 확인적 요인분석은 사전에 설정된 측정 모형이 실제 자료에 적합한지를 검증하는 통계 기법이다. 두 기법 모두 관찰변수 간의 상관관계를 원자료로 사용하며, 잠재요인과 관찰변수 간의 요인 적재치를 산출하고, 자료의 구조를 파악할 수 있다는 점에서 공통점이 있다.

그러나 탐색적 요인분석과 확인적 요인분석은 측정 이론과 자료의 연관성 측면에서 근본적인 차이를 가진다. 탐색적 요인분석은 입력자료인 상관관계 행렬로부터 분석을 시작하여, 잠재적인 요인을 찾아내는 자료기반data-driven 통계 기법이다. 이 과정에서는 사전에 설정된 이론적 모형 없이도 분석이 가능하며, '탐색적'이라는 명칭도 이러한 특성을 반영한다. 반대로, 확인적 요인분석은 이론에 기반한 측정 모형으로부터 출발하여, 실제 자료가 해당 모형에 부합하는지를 검증하는 이론기반theory-based 분석 기법이다. '확인적'이라는 이름은 이론을 자료를 통해 검증한다는 의미를 내포하고 있다.

탐색적 요인분석과 확인적 요인분석에 대한 논의를 구체화하기 위해, **독특성 욕구**need for uniqueness에 관한 예시 자료를 함께 활용하고자 한다. 독특성 욕구는 제품의 구매나 사용을 통해 타인과 차별화된 자아 이미지를 추구하려는 개인의 성향으로 정의된다 Snyder & Fromkin, 1977. 이 개념은 2차원 구조를 갖는 것으로 간주되며, 독창적 선택 creative choice, 비대중적 선택unpopular choice, 유사성 회피avoidance of similarity의 세 가지 하위 잠재변수로 구성된다Tian, Bearden, & Hunter, 2001.

예시로 사용된 독특성 욕구 측정 자료는 428명의 대학생 응답자를 대상으로 실시된 설문조사 결과이며, 각 하위 요인을 측정하기 위해 총 9개의 관찰변수(잠재변수당 3개 문항)가 활용되었다. 해당 자료는 본서에 포함된 Data 09-1_NFU 파일에 수록되어 있으며, 설문 문항 및 자료에 대한 자세한 설명은 "부록: 예시 자료 정보"에 제시되어 있다. 이 자료는 이후 논의될 탐색적 요인분석과 확인적 요인분석의 실제 적용 예시로 사용될 예정이다.

Ⅳ. 탐색적 요인분석

4.1. 탐색적 요인분석 개요

탐색적 요인분석exploratory factor analysis: EFA은 관찰변수의 수를 줄이고 변수 간의 구조적 관계를 파악하기 위해 심리학 분야에서 개발된 통계 기법이다.[3] 이 기법은 관찰변수들 간의 상관관계를 분석하여, 연관성이 높은 변수들을 소수의 공통된 요인factor으로 묶음으로써 자료의 차원 축소dimension reduction를 가능하게 한다. 예를 들어, 20개의 측정 문항이 있는 경우, 탐색적 요인분석을 통해 서로 높은 상관관계를 가지는 문항들을 동일한 요인으로 분류함으로써, 보다 간결하고 해석 가능한 요인 구조를 도출할 수 있다.

4.2. 탐색적 요인분석 의사 결정

탐색적 요인분석에서 필요한 주요 의사결정은 (1) 요인 추출 방법, (2) 요인 회전,

3) 탐색적 요인분석과 유사한 통계 기법으로, 통계학 분야에서 개발된 주성분 분석principal component analysis: PCA이 있다. 주성분 분석은 관찰변수 간의 분산을 최대한 보존하면서 데이터를 서로 직교orthogonal하는 주성분으로 재구성하는 통계 기법이다. 이때 생성되는 주성분은 기존 변수들의 선형 결합으로 구성된다.

(3) 요인의 수에 관한 것이다. 탐색적 요인분석에서는 분석의 일관성과 해석 가능성을 높이기 위해 일반적으로 사용되는 표준화된 절차와 방법들이 존재한다.

첫째, 요인 추출법factor extraction method은 상관관계 행렬의 대각 요소diagonal elements를 무엇으로 대체할 것인지에 대한 선택이다. 가장 널리 사용되는 방법은 주성분 추출법principal components method이며, 그 외에도 최대우도법maximum likelihood이나 주축법principal axis method 등이 사용된다.

둘째, 요인 회전factor rotation은 추출된 요인들을 보다 명확하게 해석될 수 있도록 회전시키는 절차이다. 요인 간 독립성orthogonality을 유지하는 직교 회전varimax rotation이 가장 일반적으로 활용된다.

셋째, 유지할 요인의 수number of factors를 결정하는 기준으로는 보통 고유값eigenvalue이 1 이상인 요인만 유지하는 방법이 사용된다. 요인분석에서 고유값은 각 요인이 전체 변수들의 분산 중 얼마나 많은 부분을 설명하는지를 나타내는 값으로, 고유값이 클수록 해당 요인이 더 많은 정보를 설명하고 있음을 의미한다. 일반적으로 고유값이 1 이상인 요인만 유지하는데, 이는 고유값이 1보다 작으면 단일 변수 하나보다도 설명력이 낮다고 보기 때문이다.

4.3. 탐색적 요인분석 해석 및 활용

탐색적 요인분석에서 연구자가 내려야 할 가장 중요한 결정은 단순히 통계 기법을 선택하는 것이 아니라, 분석 결과를 어떻게 해석하고 활용할 것인지에 관한 것이다.

해석 과정에서 가장 먼저 고려해야 할 주요 이슈는 요인의 개수이다. 분석 결과에서 도출된 요인의 수는 연구자가 사전에 예상한 것과 다를 수 있다. 예를 들어, 여러 개의 요인이 존재할 것으로 기대했으나, 실제로는 단 하나의 요인이 모든 관찰변수의 공분산을 설명하는 경우가 있다. 반대로, 하나의 요인만을 예상했지만 두 개 이상의 요인이 나타나는 경우도 존재한다. 이처럼 예상과 다른 결과가 나왔을 때, 탐색적 요인분석만으로는 통계적으로 확정적인 결론을 내리기 어렵다. 이런 경우에는 확인적 요인분석을 통해 연구자가 설정한 잠재변수 구조가 실제 자료에 얼마나 잘 부합하는지를 검증할 수 있다.

탐색적 요인분석 해석의 두 번째 핵심은 관찰변수의 요인 적재치에 관한 것이다. 일반적으로는 하나의 관찰변수가 특정 요인에 대해 높은 적재치를 보이고, 다른 요인들에 대해서는 낮은 적재치를 가지는 것이 바람직한 결과로 간주된다. 요인 적재치에 대한 기준으로는 최소 0.4 이상이 요구되며, 만약 하나의 관찰변수가 특정 요인에만 0.4 이상의 적재치를 보인다면, 해당 변수는 그 요인에 속한다고 판단할 수 있다. 그러나 일부 변수는 적재치가 0.4 이하이거나, 두 개 이상의 요인에 대해 0.4 이상의 적재치를 보이는 경우가 있다. 이 경우에는 해당 변수를 제거하거나 문항을 수정한 후 자료를 다시 수집하여 검증하는 것이 일반적인 처리 방법이다.

4.4. 탐색적 요인분석 예시

앞서 소개한 독특성 욕구 자료(Data 09-1 NFU)를 이용해 탐색적 요인분석을 실시한 예시를 살펴보자. 분석에는 주성분 추출법principal components method이 요인 추출 방법으로, 직교 회전varimax rotation이 요인 회전 방법으로 사용되었다. 분석 결과, 고유값eigenvalue이 1을 초과하는 요인이 3개 도출되었다.

〈표 9.1〉은 이 세 요인에 대해 각 관찰변수가 가지는 요인 적재치factor loading를 보여준다. 관찰변수와 잠재요인 간에 의미 있는 연관성을 나타내는 0.4 이상의 적재치는 밑줄로 표시되어 있으며, 이를 기준으로 결과를 해석한 내용은 다음과 같다.

먼저, 관찰변수 NFU1, NFU2, NFU3은 모두 독창적 선택 차원을 측정한 문항들로, 세 문항 모두 요인 1에 대해 높은 적재치를 보였다. 따라서 요인 1은 독창적 선택을 나타내는 요인으로 해석할 수 있다. 다음으로, NFU4–NFU6에 해당하는 세 문항은 모두 비대중적 선택에 관한 항목으로, 이들 역시 요인 3에 높은 적재치를 보여, 요인 3은 비대중적 선택을 반영하는 것으로 판단된다. 마지막으로, NFU7–NFU9 세 문항은 요인 2에 높은 적재치를 보이고 있으며, 이 문항들은 모두 유사성 회피 차원을 측정하는 항목이

〈표 9.1〉 독특성 욕구의 탐색적 요인분석 결과

	요인 1	요인 2	요인 3
NFU1	<u>.859</u>	.268	.236
NFU2	<u>.906</u>	.247	.186
NFU3	<u>.863</u>	.250	.110
NFU4	.288	.119	<u>.814</u>
NFU5	.027	.105	<u>.837</u>
NFU6	.188	.199	<u>.831</u>
NFU7	.288	<u>.824</u>	.130
NFU8	.267	<u>.870</u>	.123
NFU9	.177	<u>.858</u>	.201

다. 따라서 요인 2는 유사성 회피를 대표하는 요인으로 해석된다. 이와 같이 독특성 욕구 자료에 대한 탐색적 요인분석 결과는, 추출된 요인의 수와 각 관찰변수가 해당 요인에 어떻게 적재되는지에 있어서 이론적 측정 모형과 일치하는 구조를 보여주었다.

탐색적 요인분석은 비교적 단순한 절차를 통해 측정 변수의 구조를 파악할 수 있다는 장점이 있다. 그러나 변수 구조의 타당성에 대해 통계적으로 확정적인 결론을 제시하지는 못한다는 한계도 존재한다. 이러한 이유로, 탐색적 요인분석과 확인적 요인분석은 상호 보완적으로 활용되는 경우가 많다. 특히 탐색적 요인분석은, 확인적 요인분석에 앞서 측정 도구의 요인 구조를 예비적으로 탐색하는 데 주로 사용된다.

V. 확인적 요인분석

확인적 요인분석confirmatory factor analysis: CFA은 연구자가 이론적으로 제시한 측정 모형이 실제 자료에 잘 부합하는지를 검증하는 통계적 분석 기법이다. 이 분석은 측정 도구의 타당성을 검토하는 데 활용되며, 특히 "제8장: 측정"에서 다룬 타당도 유형 중 구성 타당도construct validity를 검증하는 데 주로 사용된다.

확인적 요인분석은 "제15장: 구조방정식 모형을 이용한 이론 검증"에서 소개되는 구조방정식 모형과도 밀접한 관련이 있다. 구조방정식 모형은 구조 모형과 측정 모형이 결합된 형태로, 이 중 측정 모형이 바로 확인적 요인분석의 형태로 구성된다.

확인적 요인분석은 (1) 측정 모형 정의, (2) 모형 추정, (3) 모형 평가, (4) 모형 수정 및 재검증 과정을 거친다. 본 절에서는 이와 같은 절차에 따라 확인적 요인분석의 주요 개념을 살펴보고, 이해를 돕기 위해 예시 자료를 기반으로 한 분석 결과도 함께 제시할 것이다.

5.1. 측정 모형 정의

5.1.1. 측정 모형의 결정

확인적 요인분석의 첫 번째 단계는 측정 모형을 정의하는 것이다. 이 단계에서는 측정 모형에 포함되는 잠재변수와 관찰변수의 정의, 잠재변수의 구조, 그리고 잠재변수와 관찰변수 간의 대응 관계를 명확히 해야 한다.

첫째, 분석을 통해 검증하고자 하는 잠재변수와 관찰변수가 무엇인지 정의해야 한다.

둘째, 잠재변수의 구조를 정의해야 한다. 즉, 각 잠재변수가 단일차원인지, 아니면 다차원 구조를 가지는지 결정해야 하며, 다차원일 경우에는 잠재변수 간의 수직적 구조에 대한 정의도 필요하다.

셋째, 각 관찰변수가 어느 잠재변수를 측정하기 위한 것인지에 대한 대응 관계를 명확히 해야 한다.

이러한 측정 모형 정의 단계에서는 [그림 9.2]나 [그림 9.3]과 같은 시각적 도식을 활용하면 모형에 대한 이해와 설명에 큰 도움이 될 수 있다.

측정 모형의 정의는 추정되는 모수의 개수를 결정한다. 확인적 요인분석에서 추정되는 모수로 잠재변수와 관찰변수의 연관성에 대한 요인 적재치(λ), 관찰변수의 오차(e), 잠재변수 간의 상관관계(ϕ), 잠재변수 간의 연관성 회귀계수(γ, β), 잠재변수의 오차(ξ) 등이 있다.

5.1.2. 측정 모형 정의 예시

측정 모형의 정의를 독특성 욕구 예시(Data 09-1 NFU)를 이용해 알아보도록 하자. 독특성 욕구는 세 하위 잠재변수를 가진 형태로 구성되어 있다고 개념적으로 정의된다. 세 하위 잠재변수는 독창적 선택creative choice: CC, 비대중적 선택unpopular choice: UC, 유사성 회피avoidance of similarity: AS이다. 세 하위 잠재변수는 9개 관찰변수(NFU1-NFU9)를 이용해 측정되며, 한 하위 잠재변수의 측정에 3문항이 사용되었다.

이론에 근거한 독특성 욕구(NFU)의 측정 모형은 [그림 9.4]와 같이 2차 구조 요인 모형second-order factor model으로 정의될 수 있다. 이 모형에서 잠재변수의 구조는 수직적 차원을 가지는 것으로 설정되어 있다. 즉, 상위 요인인 NFU는 세 개의 하위 요인(CC, UC, AS)에 영향을 미치는 구조이며, 이러한 관계는 NFU에서 각 하위 잠재변수로 이어지는 화살표(경로)로 시각화된다.

이러한 상위-하위 요인 간의 관계는 다음과 같은 회귀식으로 표현할 수 있다:

$$CC = \gamma_{11}\ NFU + \zeta_1.$$

$$UC = \gamma_{21}\ NFU + \zeta_2.$$

$$AS = \gamma_{31}\ NFU + \zeta_3.$$

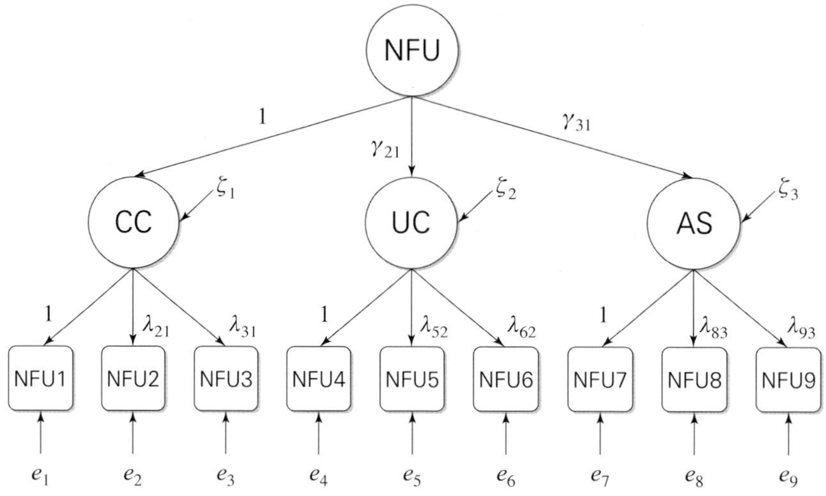

[그림 9.4] 독특성 욕구의 2차원 측정 모형

주: NFU=독특성 욕구need for cognition, CC=독창적 선택creative choice, UC=비대중적 선택unpopular choice, AS=유사성 회피avoidance of similarity.

위의 식에서 γgamma는 상위 요인인 독특성 욕구(NFU)가 각 하위 잠재변수(CC, UC, AS)에 미치는 영향의 정도를 나타내는 회귀계수regression coefficient이다.[4] 확인적 요인분석에서 이 회귀계수들을 추정할 때는 모형의 식별성identification을 위해 세 개의 회귀계수(γ_{11}, γ_{21}, γ_{31}) 중 하나를 1로 고정한다. 이는 전체 모형이 추정 가능하게 만드는 조치이다.[5] [그림 9.4]에서 보여주듯이 γ_{11}을 1로 설정하였으며, 이를 통해 나머지 회귀계수 γ_{21}, γ_{31}은 상대적 영향력에 기반하여 추정할 수 있다. ζzeta는 하위 요인(CC, UC, AS)의 오차항error term을 의미하며, 이는 확인적 요인분석에서 추정되는 값이다. 이 오차항은 상위 요인(NFU)만으로는 설명되지 않는 하위 요인의 고유한 변동성을 나타낸다.

세 하위 잠재변수는 각각 3개의 문항으로 측정된다. 예를 들어, 독창적 선택(CC)은 관찰변수인 NFU1, NFU2, NFU3의 세 문항을 통해 측정된다. 관찰변수와 해당 잠재변수 간의 관계는 요인 적재치(λ)를 통해 평가된다. 요인 적재치는 각 관찰변수가 잠재변수를 얼마나 잘 설명하는지를 나타내는 계수로, 확인적 요인분석에서 핵심적으로 추정되는 모수 중 하나이다.

그러나 모든 요인 적재치를 자유롭게 추정할 수는 없기 때문에, 모형 식별을 위해 각

4) γ의 정확한 의미는 내생endogenous 잠재변수가 외생exogeneous 잠재변수에 미치는 영향에 대한 회귀계수이다. 이에 관련된 자세한 내용은 "제15장"에서 다룬다.

5) 1과 같은 상수로 고정된 회귀계수의 경우에도 표준화된 결과에서는 그 값이 추정된다.

잠재변수마다 하나의 요인 적재치를 1로 고정해야 한다. 예를 들어, [그림 9.4]에서는 NFU1의 λ는 1로 고정되었다. 유사하게 NFU4와 NFU7의 λ도 1로 고정되었다. 이러한 고정은 기준 항목anchor item을 설정함으로써 나머지 적재치들을 상대적인 크기로 추정할 수 있게 해준다.

또한 각 관찰변수에는 오차항(e_{ii})이 존재하는데, 이는 해당 관찰변수에서 잠재변수가 설명하지 못하는 변량을 의미한다. 이 오차항 역시 확인적 요인분석에서 추정되는 모수이며, 측정의 신뢰도와 타당도 평가에도 중요한 역할을 한다.

측정 모형에 대한 정의가 완료되면, 이에 따라 추정하는 모수parameter의 개수가 결정된다. [그림 9.4]에 제시된 독특성 욕구 측정 모형이 추정하는 모수의 개수는 모두 21개이며, 구체적인 내용은 〈표 9.2〉에 정리되어 있다.

〈표 9.2〉 2차원 독득성 욕구 측정 모형의 추정 모수

모수	추정 모수 개수	설명
회귀계수		
γ	2	상위 잠재변수와 하위 잠재변수의 연관성 회귀계수(1개 값 고정)
λ	6	하위 잠재변수와 관찰변수의 연관성 회귀계수(3개 값 고정)
분산		
ϕ	1	상위 잠재변수인 NFU의 분산
ζ	3	하위 잠재변수의 오차
e	9	관찰변수의 오차

5.2. 측정 모형 추정

5.2.1. 입력자료

확인적 요인분석에서 사용되는 입력자료는 일반적으로 관찰변수들의 공분산 행렬이다. 상관관계 행렬도 입력자료로 사용할 수 있으나, 이 경우에는 모든 관찰변수의 분산이 1로 표준화되므로, 원래의 분산 정보를 반영하지 못한다. 따라서 일반적으로 관찰변수 간의 실제 분산과 공분산 정보를 포함하는 공분산 행렬이 분석에 사용된다. 공분산 행렬을 입력자료로 사용하면, 비표준화된 계수unstandardized estimates뿐만 아니라 추정된 모수의 분산, 신뢰구간 등 보다 풍부한 정보를 얻을 수 있다.[6] 〈표 9.3〉은 총 *k*개의 관찰

6) 상관행렬을 입력자료로 사용하는 경우에는 관찰변수의 절대적 변동성variability을 반영하는 비표준화

〈표 9.3〉 공분산 행렬 구조

	$X1$	$X2$	…	Xk
$X1$	var($X1$)			
$X2$	cov($X1$, $X2$)	var($X2$)		
…	…	…	…	
Xk	cov($X1$, Xk)	cov($X2$, Xk)	…	var(Xk)

변수 ($X1$, $X2$, …, Xk)의 공분산 행렬을 보여준다.

공분산 행렬의 대각 요소는 각 관찰변수의 분산을 나타내며, 비대각 요소는 관찰변수 간의 공분산을 의미한다. 확인적 요인분석에서는 이러한 공분산 행렬이 입력자료로 활용되며, 이 행렬로부터 분석에 사용되는 정보의 개수data points는 관찰변수의 개수에 따라 결정된다. 구체적으로, 관찰변수가 k개일 경우, 정보의 개수는 $k(k+1)/2$이다.

아래에 제시된 행렬은 독특성 욕구 자료 분석의 입력자료로 사용되는 공분산 행렬이다. 독특성 욕구 측정의 관찰변수는 9개이며, 따라서 자료의 정보 개수는 45개(=9(9+1)/2)이다. 즉, 이 공분산 행렬은 총 45개의 독립적인 정보를 포함하고 있으며, 이를 기반으로 모형의 모수 추정이 이루어진다.

$$\text{독특성 욕구 관찰변수 공분산} = \begin{bmatrix} 1.53 & & & & & & & & \\ 1.35 & 1.56 & & & & & & & \\ 1.10 & 1.22 & 1.49 & & & & & & \\ 0.65 & 0.60 & 0.50 & 1.38 & & & & & \\ 0.34 & 0.30 & 0.23 & 0.67 & 1.07 & & & & \\ 0.57 & 0.54 & 0.43 & 0.93 & 0.68 & 1.35 & & & \\ 0.77 & 0.74 & 0.68 & 0.45 & 0.24 & 0.48 & 1.55 & & \\ 0.74 & 0.75 & 0.69 & 0.44 & 0.26 & 0.46 & 1.12 & 1.53 & \\ 0.59 & 0.58 & 0.56 & 0.38 & 0.32 & 0.46 & 0.91 & 1.02 & 1.23 \end{bmatrix}.$$

5.2.2. 확인적 요인분석을 이용한 측정 모형 추정

주어진 자료를 이용한 모형 추정이 가능하기 위해서는 추정하는 모수의 수가 자료 정보 개수보다 같거나 작아야 하며, 그 차이가 자유도degree of freedom를 결정한다. 측정 모형의 자유도는 자료 정보의 개수에서 추정하는 모수의 개수를 뺀 값이 된다.

예시의 독특성 욕구 측정 모형의 경우 정보의 개수는 45개이며, [그림 9.4]에 제시된 측정 모형에서 추정되는 모수의 수는 총 21개이다. 이 모형의 자유도는 두 값의 차이

계수를 구할 수 없다. 결과적으로, 해석은 표준화 계수standardized estimates를 중심으로 이루어진다.

(45-21)인 24이다. 따라서 이 모형은 추정이 가능하며, 모형 적합도 평가를 수행할 수 있다.

확인적 요인분석에서는 데이터(공분산 행렬)를 가장 잘 설명하는 모수의 값을 통계적으로 추정하기 위해 주로 최대우도법maximum likelihood이 일반적으로 사용된다. 확인적 요인분석을 수행할 때는 LISREL, AMOS와 같은 구조방정식 모형 전용 통계 프로그램이나 R용 패키지(lavaan)가 사용된다.

5.3. 측정 모형 평가

5.3.1. 추정된 모수

확인적 요인분석을 이용해 비표준화 추정치와 표준화 추정치를 결과를 얻을 수 있다. 비표준화 추정unstandardized estimation을 이용해 추정치의 유의도를 검증할 수 있다. 표준화 추정standardized estimation은 주로 측정 변수의 타당도 검증에 사용된다.

독창성 욕구 예시 자료를 이용해 확인적 요인분석을 이용한 추정치를 알아보도록 하자. 〈표 9.4〉는 [그림 9.4]의 2차원 측정 모형을 최대우도법을 사용해 추정한 값들을 보여주고 있다.

회귀계수의 경우 비표준화 회귀계수와 그 통계치를 이용해 회귀계수의 유의도를 검증할 수 있다. 상위 잠재변수(NFU)가 하위 잠재변수에 미치는 영향에 관한 회귀계수를 예시를 이용해 알아보자. 〈표 9.4〉의 2, 3, 4번째 열은 비표준화 추정 결과를 보여준다. γ_{11} (NFU → CC)의 경우 추정 시에 값을 1로 고정했기 때문에 회귀계수의 유의성을 검증할 수 없다. γ_{21}(NFU → UC)과 γ_{31}(NFU → AS) 회귀계수의 경우 유의확률을 통한 유의도 검증이 가능하다. γ_{21}의 경우 회귀계수 추정치는 0.65이고 이 추정치의 t값은 7.86이다. 일반적으로 t값이 2보다 큰 경우의 유의확률은 .05보다 낮다. 따라서 이 값은 통계적으로 유의하다고 할 수 있다. 또 다른 회귀계수인 γ_{31}의 추정치(0.82)도 통계적으로 유의했다.

〈표 9.4〉의 마지막 열은 표준화 추정치를 보여준다. 표준화 추정치는 값을 1로 고정한 회귀계수(예, γ_{11})를 포함한 모든 회귀계수의 표준화 추정치를 보여준다. 표준화 회귀계수는 비표준화 회귀계수를 -1과 1 사이 값을 갖도록 표준화한 값으로 측정의 타당도 검증의 입력자료로 사용된다. 〈표 9.4〉의 아래 행들은 분산에 대한 추정치이다. 각 추정치의 t값을 이용해 유의도를 검증할 수 있다.

〈표 9.4〉 독창성 욕구 2차원 모형의 추정치

추정 모수	비표준화 추정			표준화 추정
	추정치	표준오차(*SE*)	*t*값	추정치
회귀계수				
γ_{11}(NFU → CC)	1.00			0.80
γ_{21}(NFU → UC)	0.65	0.08	7.86	0.60
γ_{31}(NFU → *a*S)	0.82	0.10	8.10	0.72
λ_{11}(NFU01 → CC)	1.00			0.90
λ_{21}(NFU02 → CC)	1.08	0.03	32.49	0.97
λ_{31}(NFU03 → CC)	0.90	0.04	24.02	0.83
λ_{42}(NFU04 → UC)	1.00			0.83
λ_{52}(NFU05 → UC)	0.70	0.05	13.40	0.66
λ_{62}(NFU06 → UC)	1.00	0.06	15.91	0.83
λ_{73}(NFU07 → *a*S)	1.00			0.82
λ_{83}(NFU08 → *a*S)	1.09	0.05	20.32	0.89
λ_{93}(NFU09 → *a*S)	0.90	0.05	18.85	0.82
분산				
ϕ_{11}(NFU)	0.81	0.12	6.48	
ζ_1(CC)	0.44	0.09	4.74	
ζ_2(UC)	0.60	0.08	7.83	
ζ_3(*a*S)	0.49	0.08	6.27	
e_1(NFU01)	0.28	0.03	9.74	
e_2(NFU02)	0.11	0.03	4.24	
e_3(NFU03)	0.47	0.04	12.73	
e_4(NFU04)	0.43	0.05	7.94	
e_5(NFU05)	0.60	0.05	12.50	
e_6(NFU06)	0.41	0.05	7.73	
e_7(NFU07)	0.52	0.05	10.84	
e_8(NFU08)	0.31	0.04	7.27	
e_9(NFU09)	0.40	0.04	10.66	

주: 모든 *t*값은 통계적으로 유의함(p <.05)

5.3.2. 모형 적합도

확인적 요인분석에서 모형의 **적합도**goodness of fit는 측정 모형이 입력자료를 설명하는 정도를 의미한다. 따라서 적합도는 모형의 유효성 평가에 사용되며, 적합도가 높을수록 측정 모형이 관찰변수로 구성된 입력자료를 잘 설명한다고 할 수 있다. 확인적 요인분석에 사용되는 적합도 지수는 매우 다양하며, 서로 유사한 지수도 많이 존재한다. 이 중에서 가장 중요하고 많이 사용되는 5개의 지수와 그 평가 기준을 간단히 논의하고자 한다. 이 논의에 독특성 욕구 적합도 통계량이 예시로 사용되며, 이 값들은 〈표 9.5〉에 제시되어 있다

〈표 9.5〉 독특성 욕구 2차원 모형의 적합도

x^2(df)	x^2/df	CFI	RMSEA	RMR
55.54(24)	2.31	.987	.055	.046

(1) x^2

x^2chi-square: 카이 제곱은 입력자료 공분산 행렬과 추정한 공분산 행렬 간의 차이에 의해 결정된다. 따라서 그 값이 작을수록 모형과 자료의 일치성(적합도)가 높다고 할 수 있다. 적합도의 기준은 x^2값이 통계적으로 유의한지의 여부이다. x^2값이 유의하지 않으면, 적합도가 있다고 판단한다. 독특성 욕구 모형의 경우 $x^2(24)=55.54$로 통계적으로 유의하다($p<.001$). 따라서 x^2을 이용한 적합도 검증은 그 기준을 충족하지 못했다. 그러나, x^2은 매우 보수적인 적합도 검증법이며, 그 이유는 많은 경우에 있어서 그 값은 통계적으로 유의하기 때문이다. 따라서 x^2의 유의확률만 가지고 적합도를 평가하지 않으며, 주로 기초적 통계자료로 제시되는 경우가 많다.

(2) x^2/df

x^2/df카이 제곱/자유도는 x^2 통계량을 자유도로 나눈 값이다. 추정하는 모수가 많을수록 자유도는 작아진다. 따라서 x^2/df는 카이제곱 지수를 추정되는 모수의 개수로 조정한 값이라고 할 수 있다.[7] 일반적으로 x^2/df의 값이 2 미만이면 적합한 모형으로 간주되며, 3 미만이면 허용 가능한 모형으로 간주된다. 독특성 욕구 모형의 x^2/df는 2.31로 허용 가능한 수준으로 판단할 수 있다.

7) 추정하는 모수의 수가 많을수록 적합도의 절대치는 높아지게 된다. 따라서 동일한 적합도의 경우 추정하는 모수의 수가 적을수록(즉, 자유도가 클수록) 더 좋은 측정 모형이라고 할 수 있다.

(3) CFI

CFIcomparative fit index: 비교 적합지수는 비교모형null model과의 적합도를 비교하여 산출되는 지수로 0과 1 사이의 값을 가진다. CFI 값이 클수록 모형 적합도가 높으며, 기준은 .90 이상은 적합한 모형, .95 이상이면 매우 좋은 적합도이다. 독특성 욕구 모형의 CFI는 .987로 기준을 충족한다.

(4) RMSEA

RMSEAroot mean square error of approximation은 모형의 근사 오차를 반영하는 적합도 지수로, 값이 낮을수록 높은 적합도를 의미한다. RMSEA가 0.05 미만이면 매우 적합한 것으로, 0.05에서 0.08 사이면 적합한 것으로 판단한다. 값이 0.10을 넘는 경우 적합도가 낮다고 판단한다. 독특성 욕구의 RMSEA 값은 0.055로 적합하다고 판단할 수 있다.

(4) RMR

RMRroot mean square residual은 표준화된 잔차의 평균 제곱근으로 그 값이 낮을수록 적합도가 높음을 의미한다. RMR 값의 평가 기준은 일반적으로 0.08이 사용되며, 이 값보다 작은 경우 적합한 모형으로 간주된다. 독특성 욕구의 RMR 값은 0.046으로 적합하다고 할 수 있다.

5.4. 측정 모형 수정 및 재검증

추정된 모형이 적합도 등에 문제가 있는 경우 모형 수정 후에 재검증을 하기도 한다. 예를 들어, 낮은 요인 적재치를 가지는 관찰변수를 측정 모형에서 제거할 수 있다. 통계적 적합도가 낮은 경우, 오차 항목 간의 공분산 추가, 경로의 추가나 삭제 등을 통해서도 적합도를 높일 수 있다. 그러나 이론적 근거 없이 단지 통계적 적합성만을 높이기 위한 모형의 수정은 바람직하지 않다.

Ⅵ. 확인적 요인분석을 이용한 측정 타당도 검증

확인적 요인분석은 측정의 차원 구조, 신뢰도, 그리고 개념의 구성 타당도를 검증할 수 있다는 점에서 실제 연구에서 활용도가 높다. 잠재변수의 차원 수와 구조를 검증할 때, 확인적 요인분석을 통해 이론이 제시하는 측정 모형과 관찰변수로부터 수집된 자료 간의 적합도를 평가한다. 또한, 확인적 요인분석은 측정의 집중 타당도와 판별 타당도를 검증하는 데에도 유용하게 사용된다.

6.1. 잠재변수 차원의 개수와 구조

측정 모형의 잠재변수는 단일차원, 다차원(다요인), 상위차원 등과 같은 다양한 형태나 구조를 가지고 있을 수 있다. 이론이 제시하는 측정 모형과 대안적 측정 모형 중에서 어느 것이 검증하는 자료와 더 적합한지를 확인적 요인분석을 이용해 검증할 수 있다.

독특성 욕구의 경우 측정 이론에 근거하여 [그림 9.4]에 제시된 것과 같은 상위차원 측정 모형으로 정의되었으며, 이 측정 모형에 근거한 확인적 요인분석을 이용해 모수를 추정하였다. 그러나 사용한 상위차원 측정 모형과는 다른 형태의 대안적 모형alternative model이 있을 수 있다. 이때, 확인적 요인분석은 어느 모형이 더 적합한지에 대한 판단에 도움을 줄 수 있다.

첫 번째 대안적 모형은 [그림 9.5A]와 같은 모든 관찰변수가 독특성 욕구를 직접적으로 반영하는 단일차원 측정 모형이다. 이 모형은 하위 차원의 잠재변수가 없다고 가정한다. 두 번째 대안적 모형은 [그림 9.5B]와 같이 독특성 욕구는 상위차원 개념 없이 3개의 요인으로 구성되어 있다는 다차원 측정 모형이다. 이 모형은 상위 차원의 잠재변수가 없으며, 대신 3개 요인들 간에는 서로 상관관계(ϕ)가 존재한다고 가정한다.

상위차원, 단일차원, 다차원의 세 가지 독특성 욕구 측정 모형 중에서 어느 모형이 관찰 자료와 더 잘 설명하는지를 적합성 지수를 비교해 알아보도록 하자. 세 비교 모형의 적합성 지수는 〈표 9.6〉에 제시되었다.

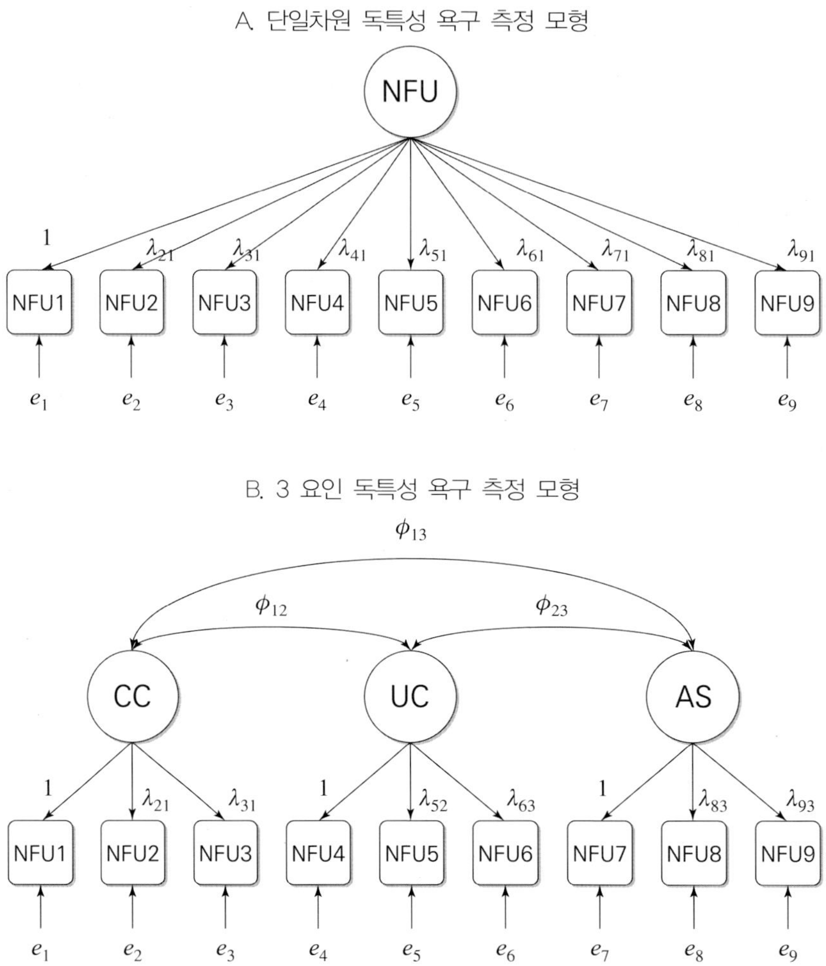

[그림 9.5] 독특성 욕구의 대안적 측정 모형

〈표 9.6〉 독특성 욕구 모형의 적합도 비교

	x^2(df)	x^2/df	CFI	RMSEA	RMR
2차원 모형	55.54(24)	2.31	.987	.055	.046
단일차원 모형	870.47(27)	32.24	.660	.270	.210
3 요인 모형	55.54(24)	2.31	.987	.055	.046

(1) 2차원 모형과 단일차원 모형과의 비교

단일차원 모형의 경우 모든 적합도 지수가 모형이 적합하지 않음을 보여주고 있다. x^2 값은 통계적으로 유의했으며($x^2(27)=870.47$, $p<.001$), 2차원 모형과 비교해도 그 값이 매우 큼을 알 수 있다. 그 밖의 모든 적합도 지수도 낮은 모형 적합도를 보여주었다. 결

론적으로, 9개 관찰변수가 하나의 단일차원 독특성 욕구를 반영한다는 단일차원 측정 모형은 지지받기 어려운 결과를 보여주었다.

(2) 2차원 모형과 3 요인 모형의 비교

〈표 9.6〉에 보여진 결과에 따르면 2차원 측정 모형과 3 요인 측점 모형은 모든 적합도 지수에서 동일한 결과를 보여주었다. 이는 수리적 측면에서 2차원 측정 모형과 3 요인 측정 모형은 거의 같은 형태를 가지고 있기 때문이다. 대부분의 2-5개 요인을 가지는 측정 모형에 있어서 상위차원 모형과 다요인 모형은 유사한 적합도 값을 보여준다. 이 경우 작은 적합도 지수의 차이만을 가지고 특정 모형을 선택하는 것은 바람직하지 않을 수 있다. 이와 같이 유사한 적합도를 가진 대안적 측정 모형이 있는 경우에는 기본으로 돌아와서 이론과의 적합성으로 판단하는 것이 바람직하다. 2차원 모형과 3 요인 모형의 경우, 2차원 모형이 측정하는 잠재변수에 대한 논리적 근거를 더 잘 반영한다고 할 수 있다.

6.2. 신뢰도 검증

개념 신뢰도construct reliability: CR는 확인적 요인분석을 통해 계산하는 관찰변수의 내적 일관성 지수이다. 개념 신뢰도의 계산 방법이나 의미는 Cronbach α와 유사하다. 개념 신뢰도의 평가 기준에 따르면 .70 이상이면 우수한 신뢰도, .60-.70 범위이면 받아들일 수준의 신뢰도이다. 개념 신뢰도 다음과 같은 식으로 계산되며, 이때 계산에 사용되는 λ_i는 표준화된 요인 적재치이며, n은 문항의 개수이다:

$$\text{개념 신뢰도(CR)} = \frac{\left(\sum_{i=1}^{n}\lambda_i\right)^2}{\left(\sum_{i=1}^{n}\lambda_i\right)^2 + \sum_{i=1}^{n}(1-\lambda_i^2)}.$$

독특성 욕구의 하위 잠재변수와 상위 잠재변수의 개념 신뢰도는 〈표 9.7〉에 제시되었으며, 이 값들은 〈표 9.4〉의 표준화 회귀계수(요인 적재치)를 이용해 계산하였다. 모든 개념 신뢰도 값이 0.8 이상으로 만족할 만한 신뢰도를 가지고 있는 것으로 나타났다. 〈표 9.7〉의 마지막 열은 Cronbach α 신뢰도 값을 보여주고 있다. 세 하위 잠재변수의 경우, 개념 신뢰도와 Cronbach α값은 유사한 것을 알 수 있다. 마지막 행의 독특성 욕

〈표 9.7〉 독특성 욕구 측정 모형의 신뢰도

잠재변수	문항 개수	개념 신뢰도(CR)	Cronbach α
독창적 선택(CC)	3	.929	.924
비대중적 선택(UC)	3	.819	.818
유사성 회피(AS)	3	.881	.879
독특성 욕구(NFU)	9	.956	.880

구(NFU) 차원의 신뢰도의 경우 개념 신뢰도가 Cronbach α보다 더 높으며, 이는 개념 신뢰도는 3개의 하위 잠재변수 구조를 반영하는 반면에 Cronbach α는 그러지 못하기 때문인 것으로 해석할 수 있다.

6.3. 집중 타당도 검증

집중 타당도convergent validity는 관찰변수가 잠재변수를 얼마나 잘 설명하는지를 의미한다. 확인적 요인분석에서 집중 타당도는 동일한 잠재변수를 측정하는 여러 문항들이 높은 상관관계를 가지는지를 이용해 검증한다. 따라서 집중 타당도는 내적 일관성internal consistency을 기준으로 삼는다는 점에서 측정의 신뢰도와 개념적으로 유사하다.[8] 집중 타당도의 평가 방법으로 다음과 같은 몇 가지 기준이 있다.

첫째, 요인 적재치 값이 통계적으로 유의하여야 한다. 둘째, 표준화 요인 적재치가 기준값 이상이어야 한다. 집중 타당도의 기준으로 표준화 요인 적재치가 최소 .50이 되어야 하고 .70 이상이면 만족할만한 수준이라고 판단한다. 셋째, AVEaverage variance extracted: 평균 분산 추출량을 검증한다. AVE는 요인의 관찰변수 분산 중에서 잠재변수로 설명되는 비율(λ^2)의 평균을 의미하며, .50 이상이면 집중 타당도가 있다고 판단한다. AVE는 다음과 같이 계산된다:

$$\text{AVE} = \frac{\sum_{i=1}^{n} \lambda_i^2}{n}.$$

독특성 욕구 측정의 집중 타당도를 알아보자. 〈표 9.4〉에서 알 수 있듯이 모든 관찰변수의 요인 적재치가 통계적으로 유의하고 표준화 요인 적재치(회귀계수)가 .66 이상이다. 세 1차 하위 잠재변수의 AVE를 계산하면 AVE(CC)=.813, AVE(UC)=.604, AVE(AS)=

8) 개념 신뢰도(CR)는 집중 타당도 평가의 기준으로 사용되기도 한다.

.712이다. 9개 관찰변수 모두를 이용한 AVE(NFU)는 .710이다. 따라서 독특성 요구 측정 모형은 충분한 집중 타당도를 가지고 있다고 판단할 수 있다.

6.4. 판별 타당도 검증

판별 타당도discriminant validity는 서로 다른 잠재변수 간에 독립성이 존재하는지를 검증하는 것이다. 예를 들어, 독특성 욕구의 세 하위 잠재변수는 어느 정도 연관성을 가지고 있지만, 이론적으로는 서로 독립적인 개념으로 정의된다. 확인적 요인분석의 판별 타당도 검증은 세 하위 잠재변수인 독창적 선택, 비대중적 선택, 유사성 회피가 상호 독립적인 개념인지를 검증하는 과정을 의미한다. 판별 타당도를 검증하는 방법에는 확인적 요인분석 결과를 이용한 방법과 변수 간의 상관관계를 이용한 방법이 있다.

6.4.1. 확인적 요인분석: AVE-상관계수 비교법

확인적 요인분석 결과를 이용해 판별 타당도를 평가하는 방법으로 AVE-상관계수 비교법이 있다Fornell & Larcker, 1981. 이 기준에 따르면, 잠재변수의 AVE가 잠재변수 간의 상관계수 제곱보다 커야 한다는 것이다. 요인내 상관계수 제곱(λ^2)의 평균을 의미하는 AVE가 요인간 상관관계 제곱(ϕ^2)보다 커야 한다는 것이 평가의 논리이다. 만약 요인간 상관관계가 요인내 상관관계보다 작지 않다면 두 잠재변수를 독립적인 개념으로 간주하기 어렵기 때문이다.

AVE-상관계수 비교법을 독특성 욕구에 적용해보자. 이 방법의 적용을 위해서는 세 하위 잠재변수 간의 상관관계 추정치가 있어야 한다. 대안적 추정 모형 중에서 [그림 9.5B]는 세 하위 잠재변수 간의 상관관계(ϕ)를 추정하며, 그 결과는 다음과 같다.

$$\phi_{ij} = \begin{bmatrix} 1 & & \\ .484 & 1 & \\ .582 & .437 & 1 \end{bmatrix}.$$

앞서 구한 세 하위 잠재변수의 AVE 값과 위의 상관관계의 제곱(ϕ^2)을 비교하여 판별 타당도를 검증한다. 이 값들은 〈표 9.8〉에 제시되었다. 세 잠재변수의 AVE 값은 모두 잠재변수 간의 상관관계 제곱보다 큰 것으로 나타났으며, 이는 세 변수 간의 판별 타당성이 있음을 의미한다.

〈표 9.8〉 AVE-상관계수 비교

잠재변수	AVE	상관관계 제곱(ϕ^2)		
		독창적 선택(CC)	비대중적 선택(UC)	유사성 회피(AS)
독창적 선택(CC)	.813	1.00		
비대중적 선택(UC)	.604	.234	1.00	
유사성 회피(AS)	.712	.339	.191	1.00

6.4.2. HTMT 검증 방법

HTMTheterotrait-monotrait ratio of correlation 검증 방법은 다른 잠재변수heterotrait 간의 상관관계와 같은 잠재변수monotrait 간의 상관관계 비교를 통해 판별 타당도를 검증하는 방법이다Cheung et al., 2024; Henseler, Ringle, & Sarstedt, 2015. HTMT 검증 방법은 HTMT 비율HTMT ratio을 이용해 판별 타당도를 평가하며, 이는 다음 식을 이용해 계산한다:

$$\text{HTMT 비율} = \frac{\text{다른 잠재변수를 측정하는 관찰변수 간의 상관관계 평균}}{\text{같은 잠재변수를 측정하는 관찰변수 간의 상관관계 평균}}.$$

HTMT 비율은 서로 같은 잠재변수를 측정한 관찰변수 간의 상관관계를 기준으로 다른 잠재변수를 측정한 관찰변수 간의 상관관계의 비율을 나타낸다. 따라서 이 값이 높은 경우 판별 타당도를 가지기 어렵다고 판단할 수 있다. 일반적인 기준은 HTMT 비율이 0.85보다 낮은 경우 판별 타당도를 가지고 있다고 판단한다.

HTMT 비율을 독특성 욕구 측정에 있어서 독창적 선택과 비대중적 선택을 이용해 계산해 보자. HTMT 비율 계산은 독창적 선택과 비대중적 선택이라는 잠재변수 측정에 사용된 관찰변수 간의 상관관계를 사용한다. 〈표 9.9〉는 독창적 선택과 비대중적 선택 측정에 사용된 관찰변수 간의 상관관계를 보여주고 있다. 사각형 안의 상관계수는 서로 다른 잠재변수를 측정한 관찰변수 간의 상관관계를, 삼각형 안의 상관계수는 동일한 잠재변수를 측정한 관찰변수 간의 상관관계를 나타내고 있다. HTMT 비율은 두 유형의 상관관계의 평균을 비교한 값으로 다음과 같이 계산된다:

$$\text{HTMT 비율} = \frac{\text{평균}\,(.45+.41+.35+.26+.23+.18+.40+.37+.30)}{\text{평균}\,(.87+.73+.80+.55+.69+.57)}$$
$$= \frac{.33}{.70} = 0.47.$$

계산된 HTMT 비율이 0.47로 판단 기준인 0.85보다 낮기 때문에 두 잠재변수의 측정

도구 간에는 판별 타당도가 있다고 판단할 수 있다.

〈표 9.9〉 독특성 욕구 관찰변수 간의 상관관계

		독창적 선택			비대중적 선택		
		NFU1	NFU2	NFU3	NFU4	NFU5	NFU6
독창적 선택	NFU1		같은 잠재 변수				
	NFU2	.87					
	NFU3	.73	.80				
비대중적 선택	NFU4	.45	.41	.35		같은 잠재 변수	
	NFU5	.26	.23	.18	.55		
	NFU6	.40	.37	.30	.69	.57	
			다른 잠재 변수				

연구 예시 9-1

MTMM 검증 방법

MTMMmultitrait-multimethod: 다속성-다방법 검증 방법은 집중 타당도와 판별 타당도를 평가하는 방법 중의 하나이다Campbell & Fiske, 1959. MTMM은 확인적 요인분석의 발달 이전에 사용되던 방법이다. MTMM은 방법의 복잡성과 해석의 모호성 등의 단점으로 인해 최근에는 거의 사용되지 않으며, 확인적 요인분석으로 대체 되었다. 그러나 MTMM은 집중 타당도와 판별 타당도를 동시에 평가한다는 측면에서 장점을 가지고 있으며, 두 타당도의 개념을 이해하는데 도움이 된다.

MTMM 기법은 다양한 특성multitrait을 다양한 방법multimethod을 이용해 측정하여 구성된 측정값들의 상관관계를 통해 측정의 타당성을 평가한다. 아래의 〈표 E9.1〉은 직원의 평가와 동료의 평가라는 두 가지 측정 방법method을 사용해 주장이 강함, 활기참, 다양한 관심이라는 세 가지 다른 성격 특성trait을 측정한 결과로 얻은 상관관계 행렬을 보여준다Campbell & Fiske, 1959.

우선 괄호 안의 숫자는 동일한 방법으로 동일한 특성을 측정한 결과로 신뢰도를 의미한다. 사각형 상자 안의 세 숫자는 동일한 특성을 다른 방법으로 측정한 경우의 상관관계로 집중 타당도convergent validity 평가에 사용된다. 삼각형 안의 숫자들은 다른 특성 간의 상관관계를 나타낸다. 실선의 삼각형은 동일한 방법을 사용한 경우이고 점선은 다른 방법을 사용한 경우이다. 삼각형 안의 상관관계가 집중 타당도를 나타내는 상관관계보다 낮아야 판별 타당도가 있다고 할 수 있다.

〈표 E9.1〉 다양한 방법을 이용한 다양한 성격 특성 평가 상관관계 행렬

		직원의 평가			동료의 평가		
		A_1	B_1	C_1	A_1	B_1	C_1
직원의 평가							
주장이 강함	A_1	(.89)					
활기참	B_1	.37	(.85)				
다양한 관심	C_1	.35	.19	(.92)			
동료의 평가							
주장이 강함	A_2	.71	.35	.41	(.82)		
활기참	B_2	.39	.53	.29	.37	(.76)	
다양한 관심	C_2	.19	.05	.47	.33	.22	(.76)

Ⅶ. 반영지표 모형과 형성지표 모형

7.1. 반영지표와 형성지표

측정 모형의 관찰변수는 반영지표와 형성지표로 구분될 수 있다Bollen, & Lennox, 1991. **지표**indicator는 잠재변수를 측정하기 위해 사용된 관찰변수를 의미한다.

반영지표reflective indicator는 잠재변수의 영향에 의해 관찰된 측정값을 의미한다. 따라서 지표(관찰변수)는 잠재변수를 원인으로 하는 결과값으로, 잠재변수를 반영reflection한다. 지금까지 본 장에서 논의한 모형들은 모두 반영지표에 기반한 측정 모형이다.

형성지표formative indicator는 관찰변수들이 잠재변수를 형성하거나 구성하는 측정 모형에서의 지표를 의미한다. 이때 각각의 형성지표들은 독립된 개념이며, 이들의 조합이 잠재변수를 정의한다. 형성지표의 예시로 사회경제적 지위socioeconomic status: SES가 있다. 사회경제적 지위는 소득, 직업, 교육수준 등의 요소로 측정된다. 소득, 직업, 교육수준은 각각 독립된 변수이며, 이들의 조합으로 사회경제적 지위라는 잠재변수를 측정한다.

반영지표로 이루어진 측정 모형과 형성지표로 이루어진 측정 모형은 지표의 특성과 모형의 적합도 평가 기준 등에서 차이가 있다. 따라서 두 유형의 차이를 이해하고, 이를 바탕으로 검증 대상에 가장 적합한 측정 모형을 선택해야 한다. 아래에서는 두 유형의 특징을 살펴본다.

7.2. 반영지표 모형

잠재변수의 측정이 반영지표로 이루어진 측정 모형을 **반영지표 모형**reflective indicator model 혹은 **반영 측정 모형**reflective measurement model이라 부른다. [그림 9.6A]는 반영지표 모형을 보여준다. 반영지표 측정 모형의 한 예로, 개인특성 변수 중에서 사고thinking를 많이 하고 즐기는 성향인 인지욕구need for cognition가 있다. Cacioppo, Petty, and Kao(1984)가 제안한 인지욕구 척도는 18개 문항으로 이루어져 있다. 이 척도는 "나는 단순한 문제보다 복잡한 문제를 선호한다", "나는 오랫동안 심사숙고하는 것을 즐긴다", "나는 내가 풀어야 하는 퍼즐로 가득한 삶을 선호한다"와 같은 문항으로 이루어져 있다. 척도에 포함된 문항들은 응답자의 인지욕구 성향이라는 잠재변수를 반영할 수 있도록 구성되었다.

반영지표 모형의 경우 몇 가지 특성을 가진다. 첫째, 인과관계는 잠재변수가 측정변수에 영향을 미치는 것으로 가정된다. 이는 측정변수가 잠재변수를 반영reflection함을 의미한다. 둘째, 지표(관찰변수) 간의 상관관계가 높다. 이는 지표들이 동일한 잠재변수를 반영하기 때문이다. 셋째, 지표들 간의 상호 교환가능성interchangeability이 높다. 반영지표의 일부를 제거하거나 추가하는 것은 잠재변수 측정에 큰 영향을 미치지 않는다. 예를 들어, Cacioppo et al.(1994)가 제안한 18개 문항은 Cacioppo and Petty(1982)가 개발한 34개 문항으로 이루어진 척도에서 측정의 용이성을 위해 문항 수를 줄인 것이다. 넷째, 지표 간의 높은 내적 일관성이 반영지표의 중요한 평가 기준이 된다. 지표 간의 높은 상관관계가 기대되기 때문에 측정의 신뢰도와 집중 타당도가 중요한 평가 기준이 된다.

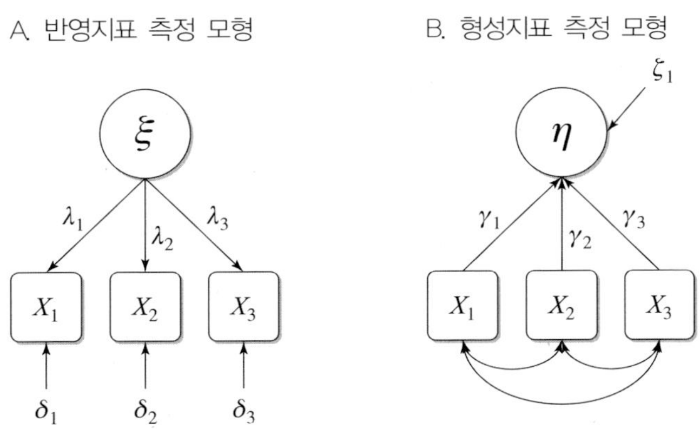

[그림 9.6] 반영지표와 형성지표 측정 모형

7.3. 형성지표 모형

형성지표 모형formative indicator model 혹은 **형성 측정 모형**formative measurement model은 형성지표를 이용해 잠재변수를 측정한 모형을 의미한다. [그림 9.6B]에 제시된 바와 같이 형성지표 모형의 기본 구조는 반영지표 모형과는 다른 형태를 가지고 있다. 형성지표 측정 모형은 다음과 같이 잠재변수가 종속변수가 되고 일련의 형성지표가 독립변수가 되는 회귀모형 형태로 표시된다:

$$\eta = \gamma_1 X1 + \gamma_2 X2 + \cdots + \gamma_n X_n + \xi.$$

연구 예시 9-2

SERVQUAL: 서비스 품질 척도

소비자가 지각하는 서비스 품질은 서비스 만족, 재방문 의도 등과 같은 변수에 영향을 미치는 서비스 마케팅 연구의 핵심 요소 중 하나이다. SERVQUAL은 Parasuraman 등(1988, 1991)이 개발한 척도로, 소비자가 인식하는 서비스 품질을 측정하기 위한 대표적인 도구이다.

SERVQUAL은 5개의 1차원 하위 잠재변수로 구성된 2차원 형성지표 모형으로 정의된다(그림 E9.1). 이 다섯 가지 하위 차원은 서비스 품질의 핵심 요소들을 각각 형성하여, 이들의 결합을 통해 고차원적 서비스 품질 개념이 구성된다.

SERVQUAL은 개발 이후 서비스 품질 관련 연구에 폭넓게 활용되어 왔으며, 이를 기반으로 한 서비스 품질과 서비스 만족 간의 관계에 대한 연구도 활발히 진행되었다. 이는 변수에 대한 명확한 측정 모형과 척도의 개발이 후속 연구의 확장과 이론 정교화에 크게 기여할 수 있다는 대표적인 사례로 볼 수 있다.

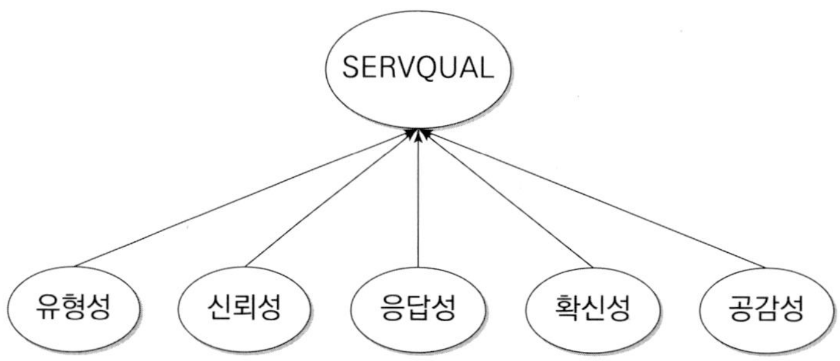

[그림 E 9.1] SERVQUAL 2차원 측정 모형

형성지표 모형은 반영지표와 구분되는 특성들을 가진다. 첫째, 인과관계의 방향이 지표가 잠재변수에 영향을 미치는 것으로 가정된다. [그림 10.6B]에서 보여주듯이 형성지표의 경우 화살표가 측정된 지표($X1$, $X2$, $X3$)에서 잠재변수(η) 방향으로 되어있다. 이는 관찰변수가 잠재변수를 반영하는 대신에, 이를 구성하는 요소가 됨을 의미한다. 둘째, 지표들은 독립적인 개념이기 때문에 지표 간의 상관관계는 반영지표만큼 높지는 않다. 따라서 지표 간의 높은 상관관계에 근거한 내적 일관성이나 집중 타당도는 형성지표를 평가하는 중요한 기준이 되지 않는다. 셋째, 지표 간의 상호 교환가능성이 낮다. 각각의 지표는 잠재변수의 다양한 차원을 측정하기 때문에 지표의 제거나 추가는 측정하는 잠재변수의 본질을 변화시킨다. 예를 들어, 사회경제적 지위에서 소득을 제거하는 경우, 측정하는 잠재변수의 다양한 특성을 반영하지 못하게 된다. 넷째, 다른 변수들과의 관계가 이론에서 제시하는 방향과 일치하는 정도를 의미하는 규칙 타당도nomological validity가 형성지표 타당도 평가의 중요한 기준이 된다. 예를 들어, 사회경제적 지위 측정 모형의 타당도 평가에서 중요하게 여기는 기준은 사회경제적 지위가 이론적으로 연관 있는 주관적 삶의 만족도, 건강, 사회적(인적관계) 자본과 같은 변수와의 연관성이다. 반영지표와 형성지표의 차이 비교는 〈표 9.10〉에 정리되어 있다.

〈표 9.10〉 형성지표와 반영지표의 차이

특성	반영지표	형성지표
인과관계	잠재변수 → 지표(측정변수)	지표(측정변수) → 잠재변수
지표 간 상관관계	높음	독립적
지표의 상호 교환가능성	상호교환 가능	상호교환 불가능
지표 평가 기준	내적 일관성	규칙 타당도

연구 예시 9-3

형성지표 모형와 반영지표 모형의 잘못 적용한 사례

Jarvis, MacKenzie, and Podsakoff(2003)은 권위있는 4개 마케팅 학술지에 지난 24년 동안 보고된 전체 1,192개의 측정 모형을 조사하여, 반영지표 모형과 형성지표 모형이 올바르게 적용되었는지를 고찰하였다. 그 결과는 〈표 E9.2〉와 같다.

〈표 E9.2〉 반영지표 모형과 형성지표 모형의 적용 빈도(%)

	반영지표가 맞는 경우	형성지표가 맞는 경우	전체
반영지표의 사용	810 (68%)	336 (28%)	1,146 (96%)
형성지표의 사용	17 (1%)	29 (3%)	46 (4%)
전체	827 (69%)	365 (31%)	1,192 (100%)

측정이론 측면에서 반영지표가 맞는 경우가 69%, 형성지표가 맞는 경우가 31%였다. 그러나 실제 적용된 측정 모형을 보면 96%가 반영지표를 사용했고 형성지표를 사용한 경우는 4%에 불과했다. 가장 많은 오류가 나타난 경우는 측정이론 상으로는 형성지표이나 반영지표를 이용해 모형을 검증한 경우로 전체의 28%에 달했다. 본문에서 논의했듯이 두 유형의 지표는 측정 모형, 신뢰도와 타당도 평가 기준 등이 다르기 때문에 지표의 잘못된 사용은 모수 추정이나 타당도 검증에서 문제가 나타날 수 있다.

주요 참고자료

탐색적 요인분석

Fabrigar, L. R., & Wegener, D. T. (2011). *Exploratory Factor Analysis*. Oxford University Press. [탐색적 요인분석에서 가장 널리 인용되는 문헌 중의 하나로 이론적 기초적인 실제 적용까지 폭넓은 내용을 다룸.]

확인적 요인분석

Hayduk, L. A. (1987). *Structural Equation Modeling with LISREL: Essentials and Advances*. Johns Hopkins University Press. [확인적 요인분석의 기본 개념과 LISREL 활용을 소개한 저작.]

판별타당도 검증

Fornell, C., & Larcker, D. F. (1981). Evaluating structural equation models with unobservable variables and measurement errors. *Journal of Marketing Research*, 18(1), 39–50. [확인적 요인분석을 이용한 판별타당도 검증 방법을 제시.]

MTMM(multitrait–multimethod)

Campbell, D. T., & Fiske, D. W. (1959). Convergent and discriminant validation by the multitrait-multimethod matrix. *Psychological Bulletin*, 56(2), 81-105. [MTMM 방법을 처음 개발해 소개한 논문. 많은 예시 자료를 보여준다.]

반영지표와 형성지표 측정 모형

Jarvis, C. B., MacKenzie, S, B., & Podsakoff, P. M. (2003). A critical review of construct indicators and measurement model misspecification in marketing and consumer research. *Journal of Consumer Research*, 30(2), 199-218. [반영지표와 형성지표의 잘못된 사용에 대한 고찰과 함께 두 유형의 모형 구분 방법에 대한 설명을 제시.]

참고문헌

Bollen, K. A., & Lennox, R. (1991). Conventional wisdom on measurement: A structural equation perspective. *Psychological Bulletin*, 110(2), 305-314.

Cacioppo, J. T., & Petty, R. E. (1982). The need for cognition. *Journal of Personality and Social Psychology*, 42(1), 116-131.

Cacioppo, J. T., Petty, R. E., & Kao, C. F. (1984). The efficient assessment of need for cognition, *Journal of Personality Assessment*, 48(3), 306-307.

Campbell, D. T., & Fiske, D. W. (1959). Convergent and discriminant validation by the mutltitrait-multimethod matrix. *Psychological Bulletin*, 56(2), 81-105.

Cheung, G. W., Cooper-Thomas, H. D., Lau, R. S., & Wang, L. C. (2024). Reporting reliability, convergent and discriminant validity with structural equation modeling; A review and best-practice recommendations, *Asia Pacific Journal of Management*, 41, 745-783.

Henseler, J., Ringle, C. M., Sarstedt, M. (2015). A new criterion for assessing discriminant validity in variance-based structural equation modeling. *Journal of the Academy of Marketing Science*, 43(1), 115-135.

Jarvis, C. B., MacKenzie, S. B., & Podsakoff, P. M. (2003). A critical review of construct indicators and measurement model misspecification in marketing and consumer research. *Journal of Consumer Research*, 30(2), 199-218.

McCrae, R. R., & Costa, P. T. (1997). Personality trait structure as a human universal. *American Psychologist*, 52(5), 509-516.

Parasuraman, A., Berry, L. L., & Zeithaml, V. A. (1991). Refinement and reassessment of the SERVQUAL scale. *Journal of Retailing*, 67(4), 420-450.

Parasuraman, A., Zeithaml, V. A., & Berry, L. L. (1988). SERVQUAL: A multiple-item scale for measuring consumer perceptions of service quality. *Journal of Retailing*, 64(1), 12-40.

Snyder, C. R., & Fromkin, H. L. (1977). Abnormality as a positive characteristic: The development and validation of a scale measuring need for uniqueness. *Journal of Abnormal Psychology*, 86(5), 518-527.

Tian, K. T., Bearden, W. O., & Hunter, G. L. (2001). Consumers' need for uniqueness: Scale development and validation. *Journal of Consumer Research*, 28(1), 50-66.

제5부

가설의 검증

제10장 가설 검증

제11장 조절효과와 매개효과 검증

제 10 장

가설 검증

가설 검증hypothesis testing은 연구자가 제안한 가설이 수집된 자료를 통해 통계적으로 지지되는지를 판단하는 과정이다. 과학적 실증연구에 있어서 가설의 지지나 기각 여부를 결정하는 과정은 이론의 채택 여부를 판단하는 핵심적 단계이다. 귀무가설 유의성 검증은 일반적으로 가설 검증에 가장 널리 사용되는 방법이다. 본 장에서는 귀무가설 유의성 검증의 개요와 그 한계점을 설명한다. 또한, 가설 검증에서 중요한 개념인 통계 검증력에 대해서도 논의할 것이다. 귀무가설 유의성 검증은 본질적인 한계로 인해 지속적인 비판을 받아왔으며, 이에 대한 다양한 대안이 제시되었다. 관련된 주제로 대안적 방법으로 널리 사용되는 효과크기에 대한 논의가 이루어질 것이다.

Ⅰ. 귀무가설 유의성 검증

1.1. 귀무가설 유의성 검증의 정의

귀무가설 유의성 검증(NHST)null hypothesis significance testing은 일반적으로 사용되는 통계적 가설 검증 방법이다. 귀무가설 유의성 검증은 수집된 자료가 귀무가설과의 얼마나 일치하는지 여부를 기준으로 가설의 기각 또는 채택 여부를 결정한다. 즉, 귀무가설이 참이라는 가정하에서 자료가 귀무가설에서 제시한 통계적 범위 내에 존재하면 귀무가설을 기각하지 못하며, 그렇지 않다면 귀무가설을 기각하고 연구자가 주장하는 연구 가설(대립가설)을 지지한다는 결론을 내린다. 통계적 가설 검증 과정이 귀무가설을 중심으로 이루어지기 때문에 이를 귀무가설 유의성 검증이라 부른다.

1.2. 귀무가설과 대립가설

귀무가설null hypothesis: 영가설은 “차이가 없다”가 참truth인 가설을 의미한다. 즉, 귀무가설은 기존의 상태에서 변화나 효과가 존재하지 않는 경우를 의미한다. 예를 들어, 20대 남성의 평균 키가 174cm로 알려져 있는 경우, 새롭게 20대 남성의 키를 측정했다고 하자. 이 경우 귀무가설은 “20대 남성의 평균 키는 174cm이다”가 된다. 신약의 효과를 검증하는 경우, 귀무가설은 “신약은 환자의 증상을 완화시키지 않는다”로 설정된다.

대립가설alternative hypothesis은 귀무가설이 참이 아닌 경우(기각되는 경우) 채택되는 가설이다. 즉, 대립가설은 귀무가설과는 반대로 기존의 상태에서 변화나 차이가 존재함을 제시한다. 대립가설은 방향성의 유무에 따라 양측two-tailed 대립가설과 단측one-tailed 대립가설로 구분된다. 양측 대립가설은 단순히 차이가 있다는 것을 검증하고자 할 때 사용된다. 위의 예에서 양측 대립가설의 예시는 "20대 남성의 평균 키는 174cm와 다르다"와 "신약은 환자의 증상을 변화시킨다"이다. 단측 대립가설은 차이의 방향까지 명확히 제시할 때 사용된다. 즉, "20대 남성의 평균 키는 174cm보다 크다" 또는 "신약은 기존 약보다 증상을 완화시킨다"의 가설이 사용된다.

이론적인 측면에서는 귀무가설은 기존의 이론, 지식 등을 의미한다. 대립가설은 연구자가 기존의 이론과는 상이하게 새롭게 제시하는 효과를 의미한다. 논문 작성 시 귀무가설은 일반적으로 명시하지 않으며, 연구자가 제시하는 대립가설만 '가설'로 제시한다. 복수의 가설이 있는 경우 '가설 1(H1)', '가설 2(H2)'와 같이 번호를 부여해 구분한다.

1.3. 귀무가설의 유의도 검증

귀무가설 유의성 검증은 기본적으로 귀무가설을 검증하는 것이며, 귀무가설이 기각되는 경우 대립가설을 지지하는 것으로 결론을 내리게 된다. 이때 귀무가설 기각 여부는 유의수준에 근거해 이루어진다.

통계적 **유의수준**significance level은 가설 검증에서 귀무가설을 기각할지 판단하는 기준 확률값을 의미한다. 유의수준은 αalpha로 표시되며, 일반적으로 5% 확률을 의미하는 $\alpha=.05$가 사용된다. 이는 귀무가설이 참일 때, 이를 잘못 기각할 확률이 5%임을 의미한다. 달리 말하면 귀무가설이 참일 때 이를 기각하지 않을 확률이 95%가 되도록 설정된 기준이다. 유의수준은 대부분의 분야에서 .05의 값이 관례적으로 사용되나, 상황이나 연구 분야에 따라 덜 엄격한 유의수준($\alpha=.10$)이나 더 엄격한 유의수준($\alpha=.01$)이 적용되기도 한다.

검증하는 통계량(예, t값, F값)의 **유의확률**significance probability을 나타내는 p값p-value은 귀무가설이 참이라고 가정했을 때, 현재 관찰된 통계량 값 이상으로 극단적인 값이 나타날 확률을 의미한다. p값이 설정된 유의수준보다 작은 경우($p < .05$), 귀무가설을 기각한다는 통계적 결론을 내린다. 이와 같은 통계적 유의성 검증은 귀무가설을 기각할 충분한 증거가 있는지를 평가하는 절차이기 때문에 "귀무가설이 기각되었다"와 "귀무가설이 기각되지 않았다"라는 표현이 정확한 표현이다. 귀무가설이 "지지되지 않았다"나 "지지되었다"는 아주 정확한 표현은 아니나 일반적으로 많이 사용된다.

귀무가설이 기각되는 경우 "대립가설을 지지할 만한 충분한 증거가 있다"라는 결론을 내릴 수 있으며, 반대로 귀무가설이 기각되지 않은 경우 "대립가설이 지지할 만한 증거가 부족하다"라는 결론을 내린다. 즉 귀무가설 유의성 검증에 있어서, 유의성 검증은 기본적으로 대립가설을 대상으로 이루어지는 것이 아니라, 귀무가설의 기각 여부로 결정된다. 이러한 이유로 "대립가설이 증명되었다proved"라는 표현은 잘못된 표현이다. 또한 '증명'이라는 용어는 절대적 증명이 아닌 확률적 판단에 근거하는 유의성 검증에는 맞지 않는 표현이다.

1.4. 1종 오류와 2종 오류

귀무가설에 대한 통계적 결론은 올바른 결정일 수도 있고, 오류로 인한 잘못된 결정일 수도 있다. 실제 효과와 통계적 결론이 일치하는 경우는 정확한 결정이지만, 양자가 일치하지 않는 경우는 검증 오류에 해당한다. 가설 검증 오류는 1종 오류와 2종 오류의 두 유형으로 구분된다. 〈표 10.1〉은 실제 효과와 통계적 결론의 일치 여부에 따른 4가지 조합을 보여준다.

〈표 10.1〉 실제 효과와 통계적 결론의 조합

		실제 효과	
		귀무가설이 참 (귀무가설이 지지되어야 함)	귀무가설이 거짓 (귀무가설이 기각되어야 함)
통계적 결론	귀무가설 기각	1종 오류(type Ⅰ error) (α: 유의수준)	옳은 귀무가설 기각 ($1-\beta$: 통계 검증력)
	귀무가설 지지	옳은 귀무가설 지지 ($1-\alpha$)	2종 오류(type Ⅱ error) (β)

1.4.1. 귀무가설이 참인 경우: 1종 오류와 옳은 귀무가설 지지

우선 실제 효과가 귀무가설이 참인 경우를 살펴보자. 통계적 결론이 귀무가설을 기각하는 경우, 이는 잘못된 판단이며 이를 **1종 오류**type I error라고 부른다. 즉, 실제로 효과나 차이가 없음에도 불구하고, 통계적으로 유의한 차이가 있다고 판단하여 대립가설을 지지하는 결론을 내리는 오류이다. 1종 오류가 나타날 확률은 유의수준(α)으로 정의되며, 일반적으로 α=.05가 사용된다. 즉, 귀무가설이 실제로 참임에도 5%의 확률로 잘못 기각될 수 있는 위험을 수용한다는 의미이다.

반대로 실제 귀무가설이 참인 경우 이를 기각하지 않고 유지하는 것을 올바른 통계적 결론에 해당한다. 이 경우는 **옳은 귀무가설 지지**correct outcome(true negative)라고 하며, 이러한 결정을 내릴 확률은 (1-α)로, 5% 유의수준에서 95%가 된다.

1.4.2. 귀무가설이 거짓인 경우: 2종 오류와 옳은 귀무가설 기각

귀무가설이 실제로 거짓인 경우, 통계적 결론은 올바른 판단일 수도, 오류일 수도 있다. 귀무가설이 실제로 거짓인 경우, 귀무가설을 기각하지 못하는 오류를 **2종 오류**type Ⅱ error라고 하며, 그 확률은 β로 표시된다. 즉, 실제 대립가설이 제시하는 효과나 차이가 있음에도 불구하고, 귀무가설을 기각하지 못하는(대립가설을 지지하지 못하는) 경우라고 할 수 있다.

반대로 귀무가설이 거짓인 경우 이를 정확하게 기각하는 결정은 **옳은 귀무가설 기각**correct outcome(true positive)이다. 이 확률은 1-β이며, 이를 통계 검증력이라고 부른다. 통계 검증력은 실제 연구자가 제시하는 효과가 존재할 때 이를 통계적으로 검출할 수 있는 가능성을 의미한다. 통계 검증력은 연구에서 중요하게 고려되어야 하는 연구 설계의 중요 고려 요인이다. 검증력이 낮은 경우, 실제 효과가 있음에도 불구하고 이를 발견하지 못해 잘못된 결론을 내릴 수 있기 때문이다.

Ⅱ. 통계 검증력과 표본 크기

2.1. 통계 검증력

통계 검증력statistical power은 실제로 귀무가설이 거짓인 상황에서, 통계 검증 결과가 귀무가설을 기각(대립가설 지지)할 확률로, 〈표 10.1〉에서 우측 상단에 해당한다. 통계 검증력은 확률 (1-β)로 표현된다. 예를 들어 검증력 80%는 귀무가설이 거짓인 경우 이를 올바르게 기각할 확률이 80%임을 의미한다.[1] 이 경우 귀무가설을 기각하지 못하는 2종

1) 통계 검증력과 관련된 흔한 오해 중 하나는 유의확률(p값)이 검증력을 의미한다고 생각하는 것이다. 예를 들어, 유의확률이 p=.05인 경우, 동일한 연구를 반복하면 95%의 확률로 유의한 결과가 도출될 것이라고 잘못 해석하는 경우가 있다. 그러나 통계 검증력은 유의확률과는 개념이 다르며, 표본의 크기, 유의수준, 효과크기에 의해 결정된다. 실제로 출간된 문헌들을 대상으로 검증력을 분석

오류 확률(β)은 20%가 된다.

따라서 통계 검증력이 높을수록, 실제로 귀무가설이 거짓인 경우 이를 정확히 기각할 가능성이 커진다. 반대로 검증력이 낮을 경우에는 대립가설이 옳더라도 이를 지지하지 못하는 결론에 이를 수 있다. 이러한 이유로 실증연구에서 충분한 통계 검증력 확보는 매우 중요하다.

그렇다면 실증연구에서 확보해야 할 최소한의 통계 검증력은 어느 정도일까? 일반적으로 80%의 통계 검증력을 확보하는 것이 기준으로 제시되며Cohen, 1988, 이는 귀무가설이 거짓일 때 이를 통계적으로 기각할 확률이 80% 이상이 되어야 함을 의미한다.

2.2. 통계 검증력 결정 요인

통계 검증력은 (1) 효과크기, (2) 유의수준, (3) 표본 크기의 세 요소에 의해 결정된다.

첫째, 효과크기effect size가 클수록 통계 검증력은 증가한다. 예를 들어, 두 집단의 평균 차이 혹은 상관관계가 클수록 귀무가설을 기각할 가능성은 높아진다. 효과크기에 대한 자세한 내용은 본 장의 "IV: 효과크기"에서 다루고 있다.

둘째, 유의수준이 높을수록 통계 검증력은 커진다. 예를 들어 통계 유의수준을 α=.05 대신에 α=.10을 사용하면 통계적으로 유의한 결과를 얻을 가능성은 높아진다. 그러나 동시에 1종 오류의 가능성도 높아지게 된다. 반대로 낮은 유의수준(α=.01)을 사용하는 경우 통계 검증력은 낮아진다.

셋째, 표본 크기가 클수록 통계적 검증력은 높아진다. 따라서 동일한 효과크기를 가진 경우에도 표본의 크기가 클수록 통계적으로 유의한 검증 결과를 얻게 될 확률은 더 높아진다. 따라서 연구 설계 시, 기대하는 효과크기와 원하는 유의수준에 맞는 적절한 표본 크기 산정이 필요하다.

연구 예시 10-1

심리학 연구의 평균 통계 검증력은 36%

Stanley, Carter, and Doucouliagos(2018)는 심리학 분야에서 출간된 8,000개 이상의 논문에서 보고된 총 12,065개의 효과크기를 분석해 해당 연구의 통계 검증

한 연구에 따르면 유의확률 p=.05를 기준으로 가설을 검증한 논문들의 평균 검증력은 50% 이하인 경우가 많은 것으로 나타났다Stanley, Carter, & Doucouliagos, 2018.

력을 평가하였다. 그 결과 평균 통계 검증력은 36%에 불과했으며, 일반적으로 권장되는 80% 이상의 통계 검증력을 충족하는 연구는 전체의 8%에 불과했다. 이 결과는 심리학 분야의 많은 연구가 충분한 통계 검증력을 확보하지 못하고 있으며, 이로 인해 연구결과의 재현 가능성reproducibility이 낮을 수 있음을 보여주었다.

2.3. 통계 검증력을 고려한 표본 크기 결정

2.3.1. 표본 크기 고려 요인

표본 크기 결정 시 가장 중요한 고려사항은 연구에서 목표하는 통계 검증력(일반적으로 0.80 이상)을 달성할지의 여부이다. 이 결정은 유의수준, 목표 검증력, 효과크기를 종합적으로 고려하여 이루어진다.

첫째, 유의수준(α)을 결정해야 한다. 일반적으로 α=.05의 값이 사용되기 때문에, 특수한 연구 목적이나 상황이 있는 경우를 제외하고는 이 값이 기준으로 사용된다.

둘째, 목표 통계적 검증력을 결정한다. 일반적으로 .80 이상의 검증력이 권장된다. 그러나, 자료수집의 제약이 있는 경우 다소 낮은 수준의 검증력을 설정하는 경우도 있다.

셋째, 예상 효과크기를 추정한다. 연구에서 얻어질 효과크기를 추정하는 결정하는 방법은 크게 두 가지가 있다. 첫 번째 방법은 선행연구를 기반으로 효과크기를 추정하는 것이다. 유사한 주제나 설계를 가진 선행연구에서 보고된 효과크기를 참조해서 기대되는 효과크기를 결정한다. 두 번째 방법은 바람직하다고 여겨지는 효과의 크기를 기준으로 삼는 것이다. 한다. 예를 들어 Cohen's d 효과크기를 기준으로 하는 경우, 중간 효과를 원하는 경우 d=0.50을, 큰 효과를 원하는 경우 d=0.80을 기준으로 삼는다.

2.3.2. 표본 크기 결정 방법

표본 크기를 직접 수식으로 계산하는 것은 일반적으로 어렵기 때문에, 연구에서는 전용 소프트웨어를 활용하여 표본 크기를 산정하는 것이 일반적이다. 많이 사용되는 프로그램으로 G*Power가 있으며, SPSS나 STATA와 같은 통계 프로그램에 포함된 분석틀을 이용하기도 한다. G*Power를 이용하는 경우 (1) 유의수준, (2) 목표 검증력, (3) 기대하는 효과크기, (4) 사용하는 통계 검증 방법(예, t검증, ANOVA, 회귀 분석 등)을 입력하면 필요한 최소 표본 크기를 계산할 수 있다.

[그림 10.1]은 t검증을 사용하여 두 집단간의 평균을 검증하는 연구에서 G*Power를

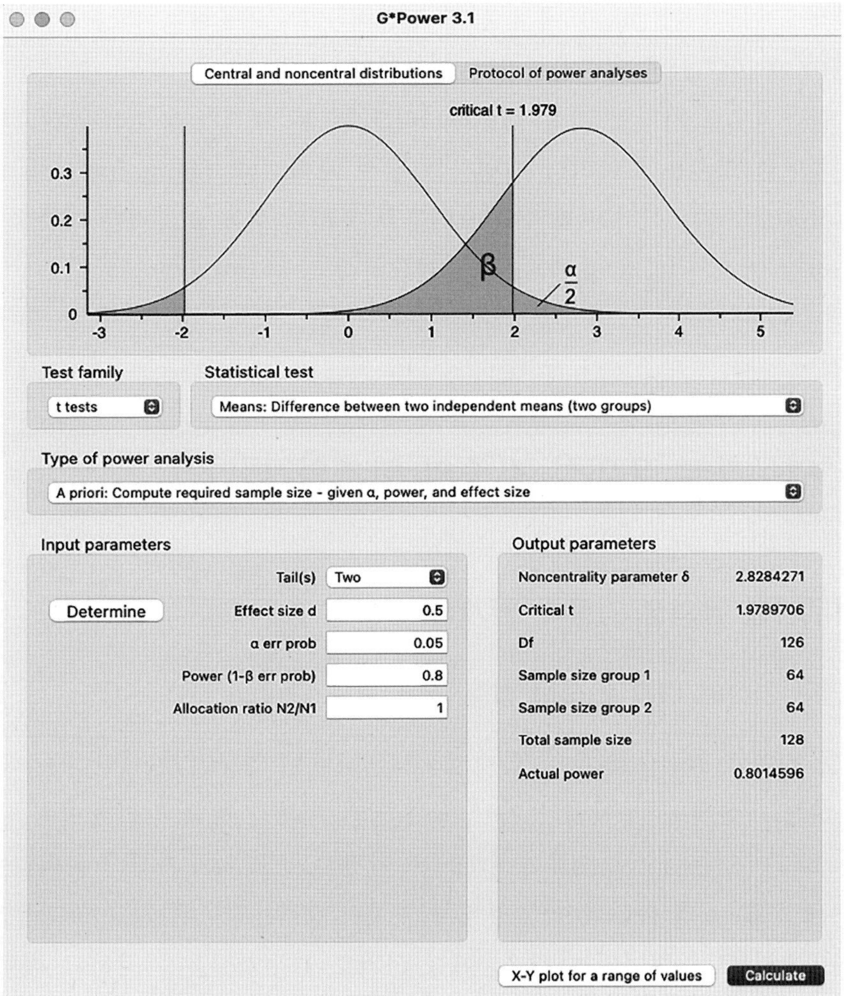

[그림 10.1] G*Power 프로그램을 이용한 표본 크기 계산 예시

이용해 표본 크기를 계산한 결과를 보여준다. 이 예시에서는 양측검증, 유의수준 α=.05, 검증력 80%, 기대 효과크기 d=0.50을 설정하였으며, 그 결과 조건당 64명(총 128명)의 표본이 필요하다는 결과가 도출되었다.

연구 예시 10-2

표본 크기와 통계 검증력: 남성이 여성보다 몸무게가 무겁다(p < .05)

"남성이 여성보다 몸무게가 무겁다"라는 가설은 널리 알려진 상식이며, 비교적 적은 수의 표본으로도 통계적으로 유의한 차이가 나타날 것으로 예상할 수 있다. 그러나 실제로 이 가설을 α=.05에서 통계 검증력 80% 기준에서 검증하기 위해서는 총 94명(조건당 47명)의 연구참여자가 필요하다.

이는 상식적으로 자명한 가설이라 하더라도, 표본 크기가 충분하지 않으면 통계적으로 유의한 결론을 도출하기 어렵다는 점을 보여준다. Simmons, Nelson, and Simonsohn(2013)은 이러한 맥락에서 연구가 충분한 통계 검증력을 확보하기 위해서는 조건당 최소 50명의 표본 크기가 필요하다고 주장하였다.

Ⅲ. 귀무가설 유의성 검증의 한계와 대안

3.1. 귀무가설 유의성 검증의 한계점

3.1.1. 연구 가설에 대한 간접적 검증

귀무가설 유의성 검증(NHST)의 한계점 중의 하나는 연구자가 제안하는 대립가설을 직접 검증하는 대신에, 귀무가설의 기각 혹은 지지 여부를 통해 간접적으로 검증한다는 점이다. NHST는 기본적으로 귀무가설(H_0)을 설정하고 그 귀무가설이 참이라는 가정하에서 관측된 자료data가 나타날 가능성을 평가한다. 만약 관측된 자료가 귀무가설이 예측하는 분포에서 크게 벗어나는 경우, 이를 근거로 귀무가설을 기각하고 대립가설(H_a)을 지지하는 해석을 내리게 된다.

따라서 NHST는 자료(D)가 연구자가 제시하는 가설(H_a)을 지지할 확률인 $p(H_a|D)$를 직접 검증하는 것이 아니라, 귀무가설이 참이라는 전제하에 관측된 자료가 나타날 확률인 $p(D|H_0)$을 평가한다. 즉, NHST의 p값(유의확률)은 "귀무가설이 참일 때, 지금과 같은 자료가 나올 확률"을 의미할 뿐이며, 연구에서 제시된 대립가설이 참일 확률을 직접적으로 제공하지 못한다. 따라서 NHST는 연구 가설의 진위를 직접 판단하지 못한다는 점에서 해석에 주의가 필요하며, 특히 대립가설이 복잡하거나 이론적으로 정교할수록 추론의 간접성은 연구 해석의 명확성을 저해할 수 있다.

3.1.2. 이분법적 결론

귀무가설 유의성 검증에서 이분법적 결론이란, 검증 결과를 기각 또는 채택이라는 두 가지 범주로 단순화하여 도출하는 방식의 한계를 의미한다. 일반적으로 NHST에서는 p값이 설정된 유의수준(보통 .05)보다 작으면 귀무가설을 기각하고, 그렇지 않으면 귀무가설을 채택한다. 그러나 이러한 접근 방식은 다음과 같은 문제점을 내포할 수 있다.

첫째, 미세한 확률의 차이를 반영하지 못할 수 있다. 예를 들어 p값이 .049일 경우 귀무가설을 기각하지만, .051인 경우에는 기각하지 않는다. 이와 같은 작은 차이에도 서로 완전히 상반된 결론이 도출될 수 있다. 실제로 의미 있는 차이를 간과하거나, 의미 없는 차이를 중요하게 여길 위험이 있다.

둘째, 결론의 과도한 단순화이다. 실제 자료는 불확실성과 연속적인 분포를 가지고 있기 때문에, 명확히 참과 거짓으로 구분하기 어려운 경우가 많다. 따라서 귀무가설의 기각이나 지지라는 이분법적 결론은 자료의 복잡한 해석을 지나치게 단순화하여 오해를 불러일으킬 수 있다.

셋째, p값에 대한 과도한 의존이다. 연구자들이 흔히 유의수준을 통과한 결과를 통계적으로 유의미한 결과로 해석하지만, 통계적 유의성은 효과크기를 보장하지 않는다. 작은 효과도 큰 표본에서는 통계적으로 유의하게 나타날 수 있고, 반대로 실질적으로 큰 효과도 표본 크기가 작으면 통계적으로 유의하지 않을 수 있다. p값에만 의존하는 분석은 결과의 실질적 중요성을 무시할 위험이 있다.

3.1.3. 표본 크기의 영향

귀무가설 유의성 검증에 있어서 표본의 크기는 p값을 결정하는 중요한 요인 중 하나이다. 그러나 p값과 그에 따른 통계적 결론은 실제 효과의 크기를 반영하지 못한다는 한계점이 있다. 예를 들어, 다음의 두 의약품 효과에 대한 연구결과를 비교해 보자. 각 의약품은 투약에 따른 약품의 효과에 대한 상관계수를 이용해 검증하였다. 의약품 A의 경우 p값이 .025로 통계적으로 유의하였으나 의약품 B의 경우 p값이 .136으로 유의하지 않았다. 이 경우 어느 약이 효과가 더 크다고 할 수 있을까?

의약품 A(N=2,000): r=.05 (p=.025)
의약품 B(N=100): r=.15 (p=.136)

귀무가설 유의성 검증의 기준에 따르면, 의약품 A는 통계적으로 유의한 효과를 보인 반면에, 의약품 B는 유의하지 않은 효과를 가지고 있다고 해석된다. 그러나 실제 효과크기인 상관관계(r)를 보면 의약품 B의 효과크기(r=.15)가 의약품 A(r=.05)보다 크다는 것을 알 수 있다. 이와 같은 결론의 차이는 p값이 효과크기뿐만 아니라 표본 크기에도 영향을 받기 때문이다. 의약품 A의 경우 표본이 2,000명으로 의약품 B의 100명보다 20배 더 크다. 상관관계의 유의성 검증에 사용되는 t값은 다음과 같이 계산되며, 표본의 크기가 클수록 p값은 낮아지게 된다: $t = r\sqrt{n-2} / \sqrt{1-r^2}$ (자유도: $n-2$).

t검증을 포함한 모든 귀무가설 유의성 검증에 있어서, 표본 크기가 클수록 유의확률은 낮아지게 된다. 따라서 표본 크기가 클수록 작고 실질적으로 중요하지 않은 효과도 통계적으로 유의하게 나타날 수 있으며, 반대로 표본이 작은 경우 실제로 존재하는 효과도 통계적으로 유의하지 않게 나올 위험이 있다.

3.2. 귀무가설 유의성 검증의 대안들

귀무가설 유의성 검증(NHST)이 가지는 여러 한계로 인해 이를 보완하거나 대체할 수 있는 다양한 통계적 접근법이 제안되었다. 대표적인 대안으로는 베이즈 통계, 신뢰구간 분석, 효과크기 분석이 있다.

첫째, 베이즈 통계Bayesian statistics는 사전 확률prior probability과 관측된 데이터를 결합하여, 연구 가설이 참일 확률인 사후 확률posterior probability: p(H|D) 을 추정한다. 이 접근은 귀무가설이 참이라는 가정에 의존하지 않으며, 연구자가 검증하고자 하는 대립가설에 대한 확률적 해석을 가능하게 한다는 점에서 장점을 가진다. 그러나 사전 확률의 주관성과 복잡한 계산 및 해석 과정은 베이즈 접근의 실용적 제약으로 지적된다.

둘째, 신뢰구간confidence interval: CI 분석은 통계적 추정값과 그에 대한 불확실성을 함께 제시하는 방법이다. 예를 들어, 95% 신뢰구간은 동일한 방법으로 반복적으로 표본을 추출했을 때, 전체 표본 중 약 95%에서 실제 모수가 해당 구간 안에 포함될 것임을 의미한다. 신뢰구간은 단순한 유의성 여부($p < .05$) 이상의 정보를 제공하며, 효과의 범위와 정밀도에 대한 해석을 가능하게 한다는 점에서 NHST의 이분법적 판단을 보완한다.

셋째, 효과크기 분석은 실제 효과의 크기를 정량적으로 제시함으로써, 통계적 유의성과는 별개로 실질적 중요성practical significance을 평가할 수 있게 한다. 효과크기 분석은 NHST를 대체하기보다는 보완하는 방식으로 널리 사용되며, 연구 결과의 해석에 있어 중심적인 지표로 자리 잡고 있다.

Ⅳ. 효과크기

효과크기effect size란 변수 간의 연관성이나 두 집단 간 평균 차이와 같은 통계적 효과의 실질적 크기를 나타내는 지표이다. 효과크기의 가장 큰 장점은 표본 크기에 영향을 받지 않기 때문에, 통계적 유의성과는 별개로 변수 간 관계의 순수한 영향력을 평가할 수 있다는 점이다.

이러한 특성으로 인해, 많은 학술단체(예, 미국심리학회 APA) 및 주요 학술지는 귀무가설 유의성 검증 결과와 함께 관련된 효과크기 지수의 보고를 권장하거나 의무화하고 있다. 특히, 다양한 연구 결과를 비교하거나 종합하는 메타분석meta-analysis에서 효과크기는 핵심적인 통합 지표로 활용된다.

효과크기의 또 다른 강점은 측정 척도와 무관하게 효과의 크기를 비교 가능하게 해준다는 점이다. 예를 들어, 두 집단의 평균 차이를 분석할 때 사용된 척도가 1-7점 척도인지, 0–100점 척도인지와 상관없이, 효과크기만으로 두 집단 간 차이가 실질적으로 얼마나 큰지를 해석할 수 있다.

그러나 효과크기 역시 객관적 해석의 어려움이라는 한계가 있다. 효과크기의 의미는 연구 맥락에 따라 달라질 수 있기 때문에, 일반적으로는 귀무가설 유의성 검증과 함께 보완적으로 사용된다. 예를 들어, 두 집단 간 평균을 비교하는 연구에서는 t검증 결과(t값, p값)와 함께 평균 차이의 효과크기인 Cohen's d를 함께 제시하는 것이 학술적으로 권장되는 보고 방식이다.

효과크기의 지표는 연구 설계와 자료 유형에 따라 다양하며, 하나의 분석 방법에 대해서도 여러 가지 효과크기 지수가 존재할 수 있다. 이 장에서는 일반적으로 가장 널리 사용되는 효과크기 지표들을 중심으로 다루고자 한다.

4.1. 변수의 연관성

상관계수(r)correlation coefficient는 두 변수 간의 연관성 강도를 보여주는 대표적인 효과크기 지수이다. 상관계수는 표준화된 지수로 절댓값 기준으로 0과 1 사이의 범위에 위치한다. 상관계수가 0에 가까울수록 두 변 수간에 연관성이 거의 없음을 의미한다. 상관관계 지수가 -1에 가까울수록 강한 음(-)의 연관성을, 1에 가까울수록 강한 양(+)의 연관성을 나타낸다.

따라서 상관계수 자체가 두 변수 간의 연관성의 크기를 나타내는 효과크기 지표가 된다. 상관계수는 표본 크기에 영향을 받지 않은 장점이 있다. 반면에 상관관계 유의도 검증을 위한 t값과 p값은 표본 크기에 영향을 받는다.

상관계수의 해석 기준은 다음과 같다Cohen, 1988:

작은 효과: $r = 0.1-0.3$ 사이
중간 효과: $r = 0.3-0.5$ 사이
큰 효과: $r = 0.5$ 이상

4.2. 두 집단의 평균 차이

두 집단의 평균 차이에 대한 효과크기로 가장 널리 사용되는 지수는 Cohen's d이며, 다음과 같이 정의된다:

$$\text{Cohen's } d = \frac{M_1 - M_2}{SD}.$$

위의 식에서 분자는 두 집단의 평균값(M_1, M_2)의 차이이며, 분모(SD)는 두 집단의 평균 표준편차이다: $SD=(s_1+s_2)/2$.[2] 즉, Cohen's d는 평균의 차이가 표준편차에 비해 얼마나 큰지를 나타내는 비율이라고 할 수 있다. 예를 들어, 두 집단의 평균값과 표준편차가 각각 (M_1=4.5, s_1=0.8)과 (M_2=4.0, s_2=0.7)인 경우, 두 평균값의 차이는 0.5이고 두 표준편차의 평균은 0.75이다. 이 경우 d값은 0.67이다.

두 집단 간 평균 차이를 비교하는 NHST 기법인 t검증에서 사용되는 통계량은 다음과 같다:

$$t = \frac{M_1 - M_2}{\sqrt{\dfrac{s_1^2}{n_1} + \dfrac{s_2^2}{n_2}}}.$$

t값은 평균 차이를 표준오차standard error of the mean로 나눈 것이기 때문에, 표본 크기(n_1, n_2)가 커질수록 t값은 커지게 되어 통계적으로 유의한 결과가 나올 가능성이 높아

2) Cohen's d 지수에서 평균 표준편차를 다음과 같이 구하기도 한다: $SD=\sqrt{(s_1^2 + s_2^2)/2}$. 유사한 지수로 Hedge's g와 Glass's Δ가 있다. 이 들은 분모(SD)를 정의하는 식이 약간 다르며, Cohen's d만큼 널리 사용되지는 않는다.

진다. 그러나 Cohen's d의 경우 분자는 t값과 동일하나 표본 크기에 영향을 받지 않는 표준편차가 분모로 사용되어 표본 크기의 영향을 받지 않는다.[3)]

Cohen's d의 범위는 0부터 무한대에 이른다. 평균의 차이가 표준편차보다 큰 경우 1보다 큰 값을 가지게 된다. Cohen's d는 일반적으로 다음과 같은 기준으로 해석된다 Cohen, 1988.

작은 효과: $d = 0.2-0.5$ 사이

중간 효과: $d = 0.5-0.8$ 사이

큰 효과: $d = 0.8$ 이상

4.3. 두 개 이상 집단의 평균 차이

두 개 이상 집단의 평균 차이 검증에는 F검증을 기반으로 하는 분산분석이 사용된다. 다른 NHST와 동일하게 분산분석의 F검증은 표본의 크기가 커짐에 따라 p값이 작아지는 경향이 있다.

두 집단 이상의 평균 차이 검증에 대한 효과크기로 η^2과 $\eta_p{}^2$이 널리 사용된다. 관련 내용은 분산분석을 다루는 "제12장"과 "제13장"에서 자세히 다룬다.

4.4. χ^2 검증에 관한 효과크기

x^2 검증은 적합도goodness of fit 검증, 범주형 변수 간 연관성 검증 등 다양한 분석 상황에서 사용된다. NHST에 사용되는 x^2 통계값도 표본 크기의 영향을 받으며, 표본이 커질수록 낮은 p값을 가지게 된다. x^2 검증에 대응하는 효과크기로 Cramer V와 ϕ가 있다.

Cramer's $\boldsymbol{V}$는 가장 많이 사용되는 효과크기 중의 하나로 범주형 자료 간의 연관성 강도를 나타내며, 다음과 같이 정의된다.[4)]

$$V = \sqrt{\frac{\chi^2}{N(k-1)}}\ .$$

x^2: x^2 통계값,

3) 표준편차는 표본의 크기와 무관하다. 즉, 표본의 크기가 커져도 표준편차의 기대값은 더 커지거나 작아지지 않는다. 그러나 표준오차는 표본의 크기가 커지면 그 값은 작아진다.

4) Cramer's V는 Cramer's $\phi(\phi_C)$Cramer's phi라고 불리기도 한다.

N: 전체 관찰값 수,

k: 분석 행이나 열의 수 중 더 작은 값.

Cramer's V는 모든 크기의 행렬 자료에 적용이 가능하다. k는 행row이나 열column의 수에서 더 작은 수를 의미한다. 예를 들어, 자료가 4×3 크기의 행렬인 경우 k는 더 작은 수인 3이 된다. 자료의 크기가 2×2인 경우에는 k는 1이 된다. 2×2 행렬의 경우 다음과 같은 식으로 표시되며, 이 효과크기를 ϕphi라고 부른다.

$$\phi = \sqrt{\frac{\chi^2}{N}}\ .$$

V와 ϕ의 효과크기에 대한 해석은 다음과 같다Cohen, 1988:

작은 효과: 0.1

중간 효과: 0.3

큰 효과: 0.5.

주요 참고자료

귀무가설 유의성 검증에 대한 논의

McShane, B. B., Bradlow, E. T., Lynch, J. G., & Meyer, R. J. (2024). "Statistical significance" and statistical reporting: Moving beyond binary. *Journal of Marketing*, 88(3), 1-19. [귀무가설 유의성 검증의 한계점과 그 대안이 될 수 있는 다양한 방법들에 대한 리뷰 논문.]

통계 검증력과 효과크기

Cohen, J. (1988). *Statistical Power Analysis for the Behavioral Sciences*. Lawrence Erlbaum. [효과크기와 통계 검증력에 대한 방대한 내용을 포함한 Jacob Cohen의 저서.]

참고문헌

Cohen, J. (1988). *Statistical Power Analysis for the Behavioral Sciences*. Lawrence Erlbaum.

Simmons, J. Nelson, L. D., & Simonsohn, U. (2013) Life after p-hacking. In S. Botti & A. Labroo (Eds.), *Advances in Consumer Research* (Vol. 41, pp. 775). Association for Consumer Research.

Stanley, T. D., Carter, E. C., & Doucouliagos, H. (2018). What meta-analyses reveal about replicability of psychological research. *Psychological Bulletin*, 144(12), 1325-1346.

제 11 장

조절효과와 매개효과 검증

조절효과와 매개효과는 제3의 변수가 독립변수와 종속변수의 관계에 어떠한 영향을 미치는지를 설명하는 개념으로, 이와 관련된 간략한 소개는 "제3장: 연구 주제와 가설"에서 제시되었다. 본 장에서는 조절효과와 매개효과의 통계적 검증에 초점을 두어, 각 개념의 정의와 주요 분석 방법을 중심으로 다룬다. 또한, 조절효과와 매개효과가 결합된 형태인 조절된 매개효과에 대한 내용도 본 장에서 함께 논의한다.

I. 조절효과 검증

1.1. 조절효과

조절효과moderation effect는 두 변수 간의 관계가 제3의 변수인 조절변수의 수준에 따라 달라지는 현상을 의미한다. 행동과학 분야에서 조절효과는 특정 조건이나 상황에서 어떤 효과가 강화되거나 약화되는지를 설명함으로써, 이론의 개발과 확장에 중요한 역할을 한다. 즉, 조절효과는 기존 이론의 경계조건boundary condition을 명확히 하고, 새로운 변수의 역할을 규명함으로써 이론의 정교화 및 확장에 기여한다.

조절변수moderator or moderating variable는 독립변수가 종속변수에 미치는 영향의 강도strength나 방향direction을 변화시키는 변수를 의미한다. 조절효과는 [그림 11.1]과 같은 개념적 모형conceptual diagram으로 표현될 수 있다.

[그림 11.1]은 독립변수(IV)가 종속변수(DV) 간의 관계에 있어서 조절변수(Mo)가 영향을 미치는 방식을 시각적으로 나타낸다. 조절변수에서 시작하는 화살표가 "독립변수 → 종속변수"의 주효과main effect에 영향을 주는 것으로 표시되어, 조절효과의 역할을 설명하고 있다.

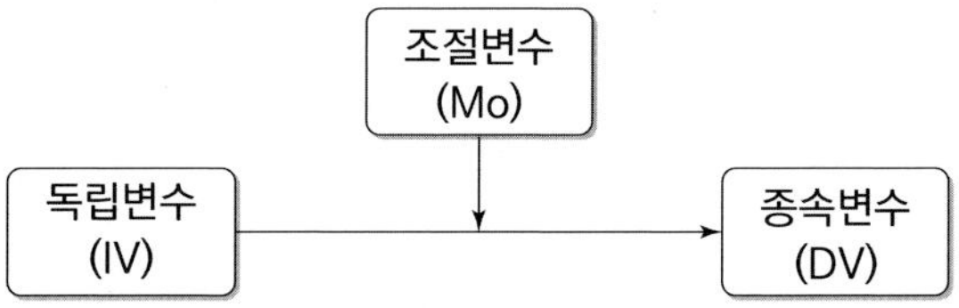

[그림 11.1] 조절효과의 개념적 모형

연구 예시 11-1

프레이밍 효과에 있어서의 사용 언어의 조절효과

조절효과의 예를 보여주는 연구로 프레이밍framing 효과에 있어서 나타나는 외국어효과foreign language effect가 있다. 위험 프레이밍 효과에 따르면, 사람들은 대안이 이득으로 제시되는 경우 위험회피를, 손실로 제시되는 경우 위험추구를 하는 경향이 있다Kahneman & Tversky, 1979.

Keysar, Hayakawa, and An(2012)은 프레이밍 효과가 사용 언어에 따라 달라질 수 있음을 보여주었다. 연구에서 영어를 모국어로 하고 프랑스어를 제2 외국어로 사용하는 미국인 참가자들을 대상으로, 위험 프레이밍 시나리오를 영어와 프랑스어 조건으로 나누어 제시하였다.

연구 결과, [그림 E11.1]에서 나타나듯이 자극물이 모국어인 영어로 제시된 경우에는 위험회피 성향이 이득 프레임에서 더 강하게 나타나는 프레이밍 효과가 통계적으로 유의했다. 그러나 제2 외국어인 프랑스어로 자극물이 제시된 조건에서는 이러한 효과가 사라져 프레이밍 효과가 통계적으로 유의하지 않았다.

이 결과는 독립변수(프레이밍 효과)가 종속변수(위험 선택 행동)에 미치는 영향에 있어서 사용 언어가 조절변수로 작용함을 시사한다. 즉, 외국어가 감정적 반응을 약화시키고 보다 분석적인 처리를 유도함으로써 프레이밍 효과를 감소시키는 효과를 가진다는 해석이 가능하다.

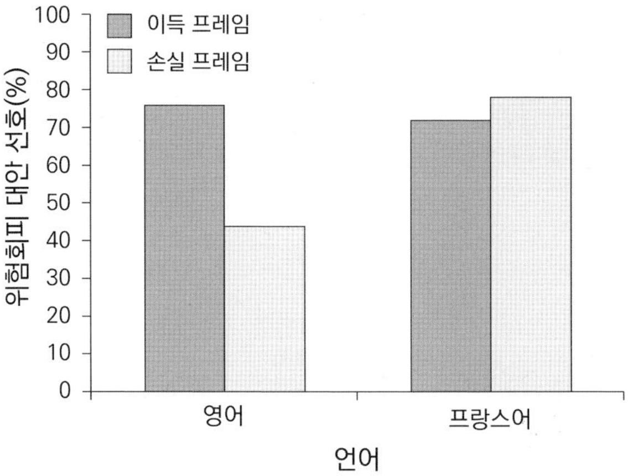

[그림 E11.1] 프레이밍 효과에 있어서 사용 언어의 조절효과

1.2. 조절효과의 통계적 검증

조절효과의 통계적 검증은 독립변수(IV)와 조절변수(Mo)의 상호작용interaction 효과(IV×Mo)를 통해 이루어진다. [그림 11.1]의 개념적 모형을 토대로 조절효과를 검증하기 위해서는 독립변수의 주효과, 조절변수의 주효과, 그리고 독립변수와 조절변수의 상호작용 효과를 모두 포함한 모형을 설정하고, 상호작용 효과가 통계적으로 유의한지를 평가하여 조절효과 존재 여부를 판단한다.

분산분석과 회귀분석에 적용되는 일반 선형모형general linear model에서 조절효과를 검증하는 기본 모형은 다음과 같다:

$$\mathrm{DV} = b_0 + b_1\mathrm{IV} + b_2\mathrm{Mo} + b_3\mathrm{IV} \times \mathrm{Mo}. \qquad \text{(식 11.1)}$$

위의 식에서 상호작용 회귀계수인 b_3 계수가 통계적으로 유의한 경우 조절효과가 존재한다고 판단할 수 있다. 이때 상호작용 계수(b_3)가 양(+)의 값이면 조절변수의 값이 증가할수록 독립변수의 효과가 강화되고, 음(-)의 값이면 약화됨을 의미한다.

조절효과 모형은 이와 같은 통계적 구조를 기반으로 [그림 11.2]와 같은 통계적 모형statistical diagram으로도 시각화할 수 있다. 즉, 동일한 조절모형은 [그림 11.1]과 같은 개념적 모형 또는 [그림 11.2]와 같은 통계적 모형으로 표현될 수 있다. 이와 같은 시각화는 조절효과의 구조와 검증 과정을 보다 명확하게 이해하는 데 도움을 준다.

상호작용 효과 모형을 이용해 조절효과를 통계적으로 검증하는 경우 유의해야 할 점은 상호작용을 구성하는 변수의 주효과나 하위 상호작용 효과가 모형에 포함되어야 한다는 것이다. 이를 누락할 경우 상호작용 효과의 추정값이 왜곡될 수 있다. 예를 들어 (식 11.1)에서 제시된 2원 상호작용 모형에서 상호작용 회귀계수(b_3)를 정확히 추정하기 위해서는, 상호작용을 구성하는 두 주효과(b_1, b_2)가 모형에 반드시 포함되어야 한다.

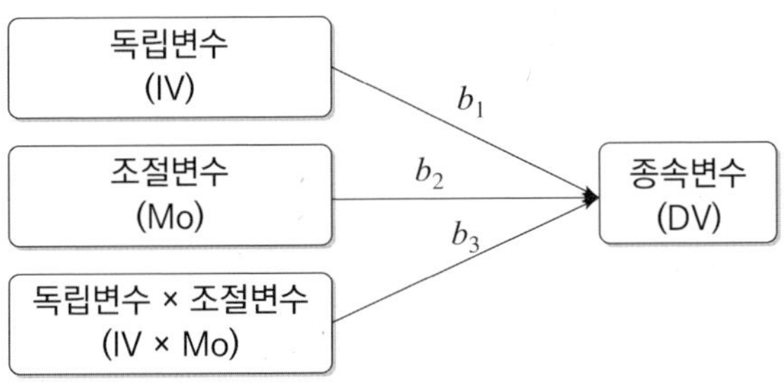

[그림 11.2] 조절효과의 통계적 모형

이 원칙은 3원 상호작용3-way interaction 모형으로 확장할 때도 동일하게 적용된다. 예를 들어 아래의 회귀모형과 같이 두 개의 조절변수(Mo_1, Mo_2)를 포함하는 경우, 3원 상호작용 효과인 b_7(IV×Mo_1×Mo_2) 계수를 정확히 검증하기 위해서는 세 변수의 주효과(b_1, b_2, b_3)뿐만 아니라 모든 2원 상호작용 효과(b_4, b_5, b_6)도 모형에 포함되어야 한다.

$$DV = b_0 + b_1 IV + b_2 Mo_1 + b_3 Mo_2 + b_4 IV \times Mo_1 + b_5 IV \times Mo_2 + b_6 Mo_1 \times Mo_2 + b_7 IV \times Mo_1 \times Mo_2.$$

상호작용 효과를 이용해 가설을 검증할 때, 상호작용 항이 통계적으로 유의하다는 사실만으로 가설이 지지된다고 단정할 수는 없다. 상호작용 효과는 다양한 형태로 나타날 수 있으므로, 유의한 결과가 관찰되었더라도 그 효과의 구체적인 방향성과 구조가 이론적 가설과 일치하는지를 확인하는 추가 분석이 필요하다. 분산분석에서는 평균비교cell-mean contrast를 통해 상호작용 패턴을 구체적으로 확인하며, 회귀분석에서는 스포트라이트spotlight 분석 등을 통해 조절변수의 수준에 따른 단순 기울기simple slopes의 형태를 분석한다. 상호작용 효과에 대한 정밀한 해석과 추가 검증 절차는 단순한 유의성 검증만으로는 설명할 수 없는 이론적 정합성과 해석력을 확보하는 데 필수적이다. 보다 구체적인 해석 방법과 분석 절차는 "제12장"에서 "제14장"까지의 분산분석 및 회귀분석 관련 장에서 상세히 다룰 예정이다.

Ⅱ. 매개효과

2.1. 매개효과 정의

매개효과mediation effect는 독립변수가 종속변수에 미치는 영향이 제3의 변수인 **매개변수**mediator or mediating variable를 통해 간접적으로 전달되는 과정을 의미한다. 매개변수는 독립변수의 효과가 종속변수에 미치는 영향의 중간경로를 설명해주는 변수로, 독립변수의 영향력의 일부나 전체를 설명한다.

매개효과의 정의와 특성을 이해하기 위해서는 총효과, 매개효과, 직접효과의 개념과 이들 간의 연관성에 대한 이해가 선행되어야 한다. 이 세 효과와 그 관계는 [그림 11.3]에 제시되어 있다.

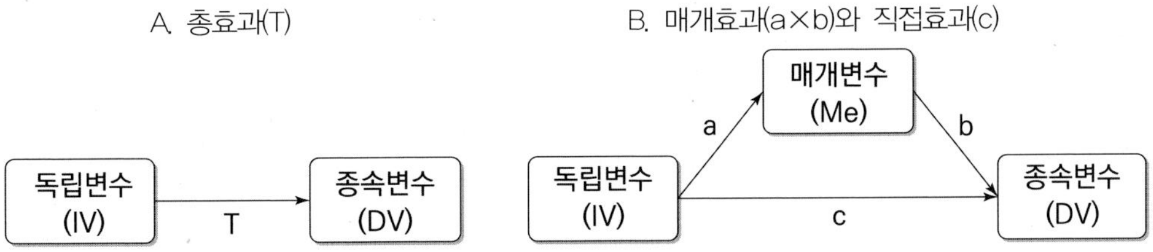

[그림 11.3] 총효과, 매개효과, 직접효과

총효과total effect: T는 일반적으로 의미하는 독립변수가 종속변수에 미치는 전체적 영향을 의미한다.[1] 이는 제3의 변수 개입 없이, 독립변수가 종속변수에 직접적인 영향을 미치는 경우에 해당하며, [그림 11.3A]에 개념적으로 제시되어 있다. 총효과는 매개효과와 직접효과로 나누어질 수 있으며, 이는 [그림 11.3B]에 제시된 바와 같다.

$$\text{총효과}(T) = \text{매개효과}(a \times b) + \text{직접효과}(c).$$

매개효과는 독립변수가 매개변수(Me)를 통해 종속변수에 간접적으로 영향을 미치는 경로를 의미한다. 매개효과는 독립변수가 매개변수에 미치는 영향(a)과 매개변수가 종속변수에 미치는 영향(b)을 곱한 값으로 정의되며, a×b로 표현된다. 매개효과는 **간접효과**indirect effect라고도 불린다. 간접효과(a×b)의 방향(부호)은 a와 b의 부호에 따라 결정된다. a와 b가 모두 양(+) 또는 음(-)의 부호를 가진 경우 간접효과는 양(+)의 방향성을 가진다. 그러나 a와 b의 부호가 반대인 경우에는 간접효과는 음(-)의 방향을 가진다.

직접효과direct effect는 매개변수를 통하지 않고 독립변수가 종속변수에 미치는 직접적인 영향으로 일반적으로 c로 표기된다. 직접효과는 총효과에서 매개효과를 뺀 나머지 효과로 정의된다:

$$\text{직접효과}(c) = \text{총효과}(T) - \text{매개효과}(a \times b).$$

2.2. 매개효과 유형

매개효과의 유형은 간접효과(a×b)와 직접효과(c)의 유의확률과 그 방향에 따라 [그림 11.4]와 같이 구분된다Zhao et al., 2010. 우선 매개효과의 존재 여부는 간접효과(a×b)의 유의확률에 따라 결정된다. 간접효과가 유의한 경우 매개효과가 유의하다고 판단한다. 매개효과가 유의한 경우 직접효과의 유의확률과 효과의 방향에 따라 완전 매개, 보

1) 총효과를 c'으로 표기하는 경우도 있다Zhao, Lynch, & Chen, 2010.

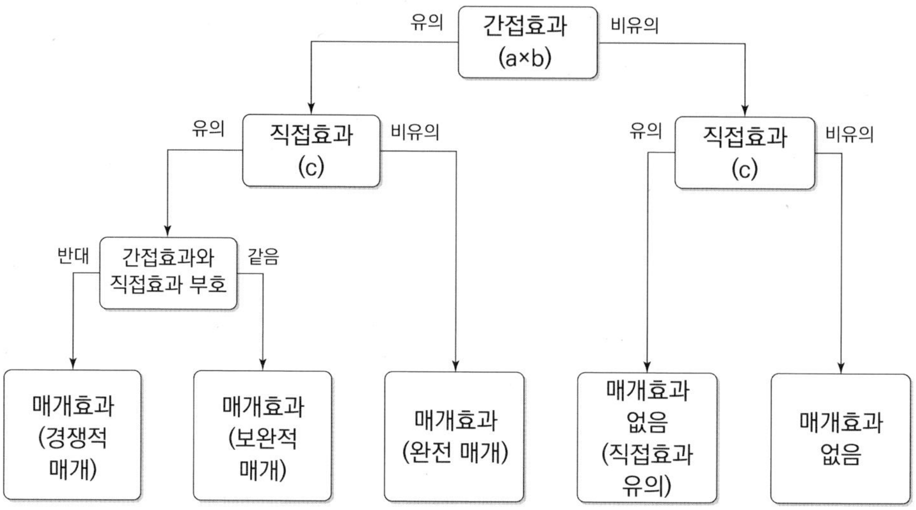

[그림 11.4] 매개효과의 유형

완적 매개, 경쟁적 매개 효과로 더 세부적으로 구분한다. 간접효과가 유의하지 않은 경우에는 매개효과가 유의하지 않다고 결론 내린다. 이 경우 직접효과는 유의할 수도 있고 유의하지 않을 수도 있다.

2.2.1. 완전 매개

완전 매개full mediation는 간접효과가 유의하고 직접효과는 유의하지 않은 경우에 해당한다. 이는 독립변수가 종속변수에 미치는 영향이 전적으로 매개변수를 통해 전달됨을 의미한다. 다시 말해, 매개변수가 통제되지 않은 총효과 모형에서는 독립변수가 종속변수에 직접적으로 유의한 영향을 미치는 것처럼 보일 수 있으나, 매개변수를 모형에 포함하면 직접효과는 사라지고 간접효과만이 남게 된다. 일반적으로 매개효과라고 할 때 가장 전형적으로 지칭되는 형태이다.

2.2.2. 보완적 매개

보완적 매개complementary mediation는 간접효과와 직접효과가 모두 유의하며, 동일한 방향(부호)를 갖는 형태이다. 즉, 독립변수가 종속변수에 매개경로와 직접경로를 통해 일관된 방향으로 영향을 미치는 형태이다. 이때, 매개변수는 독립변수의 효과 중 일부를 설명하는 역할을 한다. 이 유형은 **부분 매개**partial mediation라고도 부른다Baron & Kenny, 1986.

2.2.3. 경쟁적 매개

경쟁적 매개competitive mediation는 간접효과와 직접효과가 모두 유의하며, 부호가 반대인 경우를 의미한다. 예를 들어, 간접효과는 양(+)의 방향으로 유의한 반면 직접효과는 음(-)의 방향으로 유의하거나, 그 반대의 경우가 이에 해당한다. 이 경우, 매개경로와 직접경로가 서로 상반된 영향을 미치기 때문에, 두 경로의 효과가 상쇄되면서 총효과는 통계적으로 유의하지 않을 수도 있다.

연구 예시 11-2

경쟁적 매개: 제품 소비 예측과 제품 소비 경험의 차이

제품 다양성 추구는 소비자가 구매 시점에 향후 소비 과정에서의 만족도를 예측하여, 얼마나 다양한 제품을 선택할지를 결정하는 과정과 관련이 있다. 그러나 이와 같은 예측된 만족도는 실제 소비 경험에서의 만족도와 불일치할 수 있으며, 이러한 예측-경험 간의 차이가 소비자 만족에 미치는 영향에 있어서 경쟁적 매개competitive mediation가 나타날 수 있다석관호, 이지헌, 2010.

[그림 E11.2]는 실험조건(0=예측 조건, 1=경험 조건)에 따라 다양성 추구가 소비자 만족에 미치는 영향을 매개하는 구조를 보여준다. 분석 결과, 실험조건이 만족에 미치는 간접효과(실험조건 → 다양성 추구 → 만족)는 양의 방향으로 유의하였다(b=0.14, $p<.05$). 반면, 실험조건이 만족에 미치는 직접효과는 음의 방향으로 유의하였다(b=−0.65, p=.01). 이러한 결과는 간접효과와 직접효과의 방향이 상반되면서 모두 통계적으로 유의한 경우로, 경쟁적 매개의 사례에 해당한다.

실험조건이 만족에 미치는 총효과는 음의 방향으로 유의하였으며(b=−0.51, p=.04), 이는 직접효과가 간접효과보다 더 큰 영향을 미쳤음을 시사한다. 이때 총효과는 간접효과와 직접효과의 합이 됨을 확인할 수 있다:

-0.51(총효과) = 0.14(간접효과) - 0.65(직접효과)

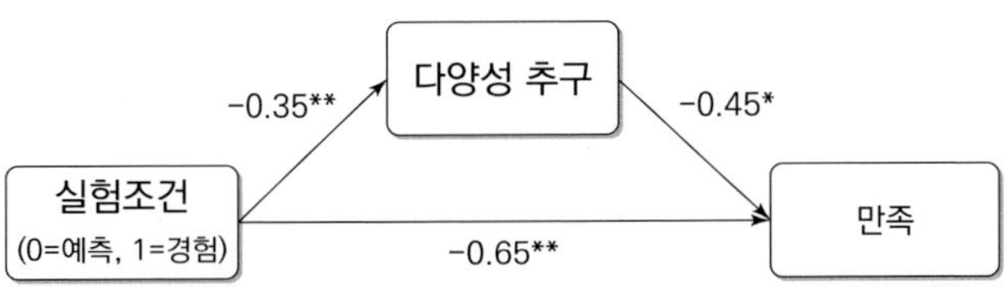

[그림 E11.2] 경쟁적 매개 효과의 예시

주: $^{*}p<.10$, $^{**}p<.05$.

2.3. 다중 매개 모형

다중 매개multiple mediation 모형은 두 개 이상의 매개변수가 포함된 매개 모형을 의미한다. 다중 매개 모형은 병렬 매개 모형과 순차 매개 모형으로 구분된다.

2.3.1. 병렬 매개

병렬 매개parallel mediation는 두 개 이상의 매개변수가 서로 독립적으로 독립변수와 종속변수 간의 관계를 매개하는 구조를 의미한다. 각 매개변수는 독립적으로 인과 경로를 형성하며, 서로 간의 인과적 연결은 정의되지 않는다.

[그림 11.5]는 두 개의 매개변수(Me1, Me2)를 포함한 병렬 매개 모형의 예를 보여주며, 이보다 더 많은 매개변수를 포함하는 확장된 모형도 가능하다. 각 매개변수의 매개효과인 $a_1 \times b_1$과 $a_2 \times b_2$는 독립적으로 추정된다.

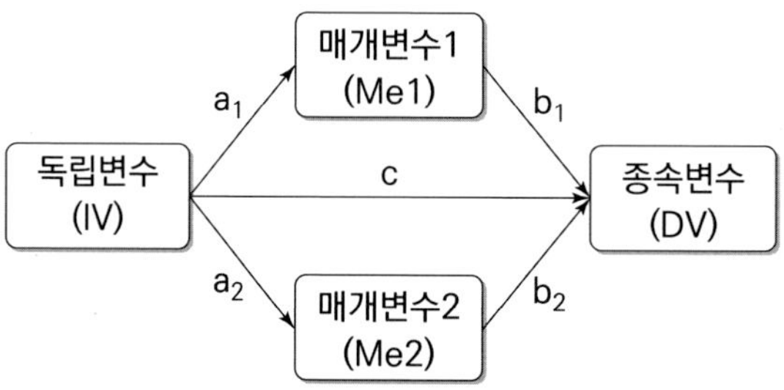

[그림 11.5] 병렬 매개 모형

연구 예시 11-3

사회적 지지와 심리적 안녕

정신 건강 진단을 받은 사람들에게 기능적 사회적 지지functional social support는 심리적 안녕psychological wellbeing에 긍정적인 영향을 미치는 것으로 알려져 있다. Rippon 등(2024)은 사회적 지지가 심리적 안녕에 미치는 영향이 자기 효능감self-efficacy와 자존감self-esteem의 두 매개변수에 의해 병렬 매개되는 결과를 보여주었다.

[그림 E11.3]와 같이 "사회적 지지 → 자기 효능감 → 심리적 안녕" 이라는 매개효과와 "사회적 지지 → 자존감 → 심리적 안녕"이라는 매개효과가 동시에 독립적으로 존재하는 것으로 나타났다.

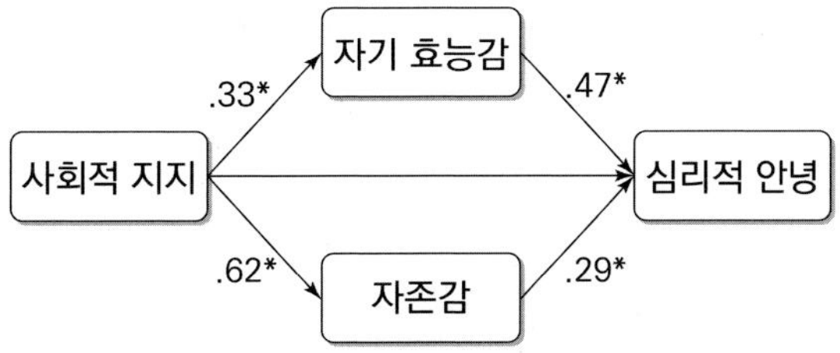

[그림 E11.3] 사회적 지지가 심리적 안녕에 미치는 영향의 병렬 매개효과

주: $^*p<.05$, NS=통계적으로 유의하지 않음($p>.05$).

2.3.1. 순차 매개

순차 매개serial mediation는 [그림 11.6]에 제시된 바와 같이, 두 개 이상의 매개변수가 연쇄적으로 연결되어 독립변수가 종속변수에 미치는 영향을 단계적으로 매개하는 형태이다. 첫 번째 매개변수(Me1)의 효과가 두 번째 매개변수(Me2)에 영향을 주고, 이어서 Me2가 종속변수에 영향을 미치는 연속적 매개 경로를 포함한다.

순차 매개 모형의 경우 "독립변수 → 매개변수1 → 매개변수2 → 종속변수"의 전체 경로가 간접효과를 검증하는 데 주로 활용된다. 전체 경로는 세 경로 계수의 곱인 a×b×c로 산출되며, 이 값이 통계적으로 유의한지를 통해 전체 순차적 매개효과의 유의성을 평가한다. 이 외에도 전체 경로를 구성하는 부분 매개 경로도 함께 검토될 수 있다. [그림 11.6] 모형의 경우, "독립변수 → 매개변수1 → 종속변수"의 매개효과(a×e)와 "독립변수 → 매개변수2 → 종속변수"의 매개효과(d×c)의 두 개의 부분 매개경로가 존재한다.

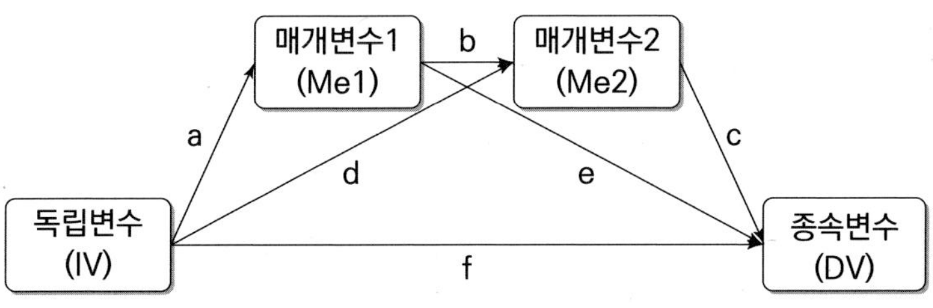

[그림 11.6] 순차 매개 모형

연구 예시 11-4

수면의 질과 삶의 만족

수면의 질sleep quality이 삶의 만족도life satisfaction에 미치는 영향은 스트레스perceived stress와 우울증상depressive symptoms에 의해 순차적으로 매개되는 것으로 나타났다Yang et al., 2022. 수면의 질이 낮을수록 스트레스 수준이 높아지고, 이로 인해 우울증상이 증가한다. 높아진 수준의 우울증상은 삶의 만족도를 낮추는 결과를 보여주었다. 이 결과는 [그림 E11.4]가 보여주듯이 수면의 질이 삶의 만족도를 낮추는 영향에 있어서의 "낮은 수면의 질 → 스트레스 → 우울증상 → 삶의 만족도" 순차 매개효과가 있음을 의미한다.

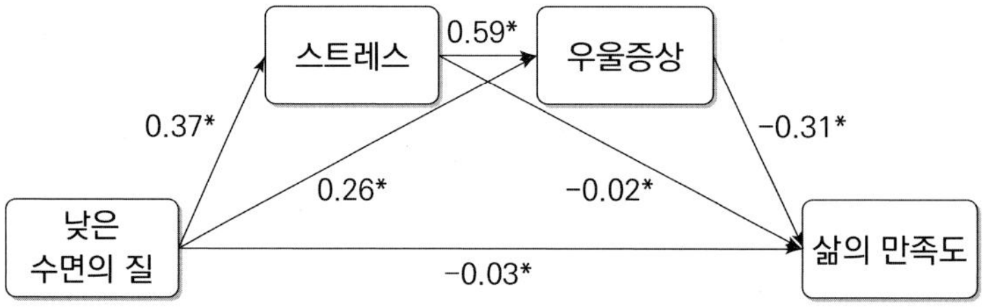

[그림 E11.4] 수면의 질이 삶의 만족도에 영향의 순차 매개효과

주: $^{*}p<.05$

이론적 가정에 따라 병렬 매개효과와 순차 매개효과가 동시에 포함된 복합적 매개 모형에 대한 검증도 가능하다. 예를 들어, [그림 11.7]에 제시된 매개 모형은 복수의 매개변수가 일부는 병렬적으로, 일부는 순차적으로 연결되어 있는 구조를 보여준다.

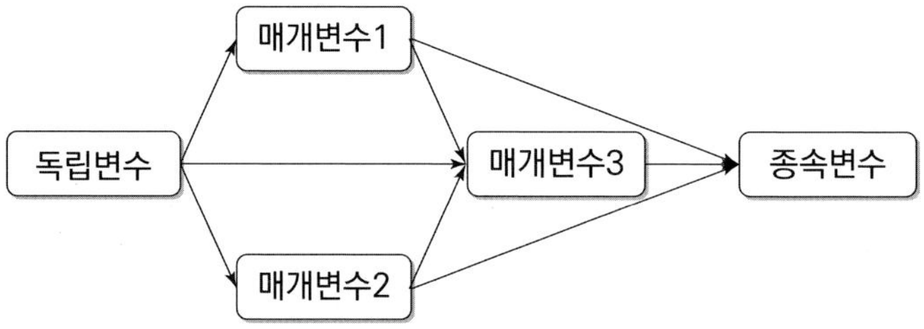

[그림 11.7] 병렬 매개와 순차 매개 효과가 포함된 복합적 매개 모형

Ⅲ. 매개효과 검증

매개효과 통계적 검증방법은 개념적으로 크게 세 가지 유형으로 분류될 수 있다. 첫 번째 방법은 인과단계 접근법으로 Baron and Kenny(1986) 방법이 가장 대표적이다. 두 번째 방법은 계수의 곱 검증으로 이 방법에는 Sobel 검증과 Hayes 부트스트래핑 검증의 두 방법이 많이 사용된다. 세 번째 방법은 구조방정식 모형을 사용해 매개효과를 검증하는 것이다.

매개효과를 통계적으로 검증하는 방법들을 예시와 함께 알아보고자 한다. 본 예시는 SNS 사용시간과 우울감의 연관성에 있어서 자존감의 매개효과에 관한 연구이다. 독립변수는 SNS를 사용하는 정도, 종속변수는 우울한 감정, 매개변수는 자존감으로 모두 7점 척도로 측정되었다. 이 자료는 "Data 11-1_Mediation_SNS" 파일로 제시되었다. 이 자료에 대한 구체적인 설명은 "부록: 예시 자료 정보"에 제시되어 있다.

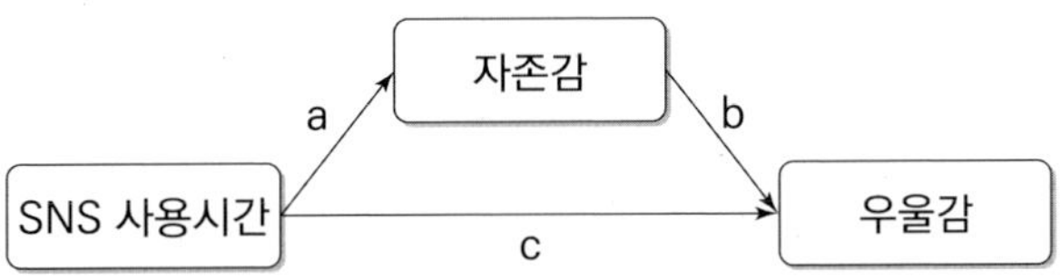

[그림 11.8] SNS가 자존감과 우울감에 미치는 영향

3.1. 인과단계 접근법

3.1.1. Baron and Kenny 방법

Baron and Kenny 방법 Baron and Kenny method으로 더 많이 이 알려진 **인과단계 접근법**causal steps approach은 독립변수(IV)와 종속변수(DV)의 관계가 매개변수(Me)로 매개되는지를 세 단계로 검증하는 절차를 의미한다Baron & Kenny, 1986. [그림 11.9]는 각 단계에서 검증하는 효과를 보여주고 있다.

첫 번째 단계는 독립변수가 종속변수에 미치는 총효과를 검증하는 것이다. Baron and Kenny 방법의 기본 전제는 독립변수가 종속변수에 미치는 총효과(T)가 유의해야 한다는 점이다. 총효과의 유의성 검증은 독립변수가 종속변수에 미치는 영향력에 대한 선형모형(분산분석이나 회귀분석)을 이용한다.

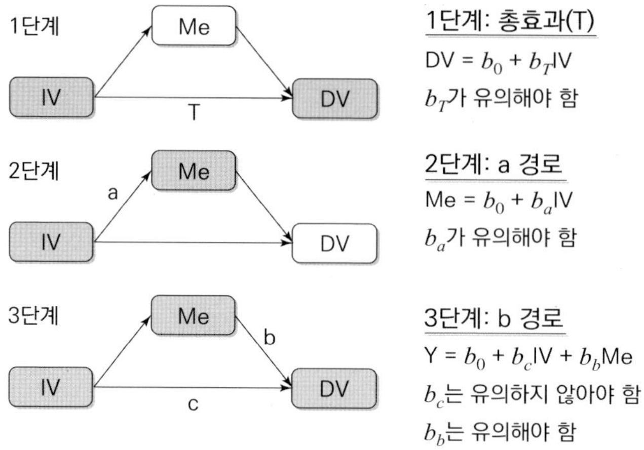

[그림 11.9] Baron and Kenny 방법

두 번째 단계는 독립변수가 매개변수에 미치는 영향을 검증하는 것이다. 매개효과가 존재하기 위한 전제조건으로 "독립변수 → 매개변수"의 연관성에 대한 a 경로가 유의해야 한다. 이 검증은 매개변수를 종속변수로 하는 선형모형을 통해 이루어진다.

마지막 세 번째 단계에서는 매개변수가 종속변수에 미치는 영향(b 경로)과 독립변수가 종속변수에 미치는 영향에 있어서의 직접효과(c 경로)를 동시에 검증한다. 매개효과가 성립하기 위해서는 b 경로가 유의해야 하며, 직접효과인 c 경로는 유의하지 않아야 한다. 마지막 단계의 검증은 독립변수와 매개변수를 모두 독립변인으로 포함하는 선형모형(분산분석이나 다중 회귀분석)이 사용된다.

Baron and Kenny 방법은 (1) 유의한 총효과, (2) 유의한 "독립변수 → 매개변수", (3) 유의한 "매개변수 → 종속변수", (4) 유의하지 않은 "독립변수 → 종속변수"의 직접효과라는 모든 조건을 만족해야 매개효과가 유의한 것으로 판단하며, 이와 같은 매개효과를 완전 매개full mediation라고 부른다. 처음 세 조건을 모두 충족하나 마지막 조건을 충족시키지 못하는 경우가 있다. 즉, 매개효과가 존재하지만 "독립변수 → 종속변수"의 직접효과도 유의한 경우가 있으며, 이를 부분 매개partial mediation라고 부른다.

3.1.2. Baron and Kenny 방법 예시

Baron and Kenny 방법을 사용해 SNS 사용시간이 우울감에 미치는 영향에 있어서 자존감의 매개효과를 검증한 결과는 다음과 같다.

첫 번째 단계는 SNS 사용시간(IV)이 우울감(DV)에 미치는 영향의 총 효과의 검증이다. 회귀분석 결과 SNS 사용시간은 우울감에 양(+)의 유의한 영향을 미치는 것으로 나타났다(b=0.16, SE=0.07, $t(38)$=2.45, p=.019), 이 결과는 Baron and Kenny 방법의 첫 번째 단계를 충족함을 의미한다.

두 번째 단계는 SNS 사용시간(IV)이 자존감(Me)에 미치는 영향을 검증하는 것이다. 회귀분석 결과 SNS 사용 시간은 자존감에 음(-)의 방향으로 유의한 영향을 미치는 것으로 나타났다(b=-0.36, SE=0.13, t(38)=2.74, p=.009). 즉 SNS 사용이 많을수록 자존감이 낮아지는 경향을 보여주었으며, 이는 두 번째 조건을 충족하였다.

세 번째 단계는 SNS 사용시간(IV)과 자존감(Me)을 독립변수로, 우울감(DV)을 종속변수로 하는 다중 회귀분석을 사용해 검증한다. 이 결과 자존감과 우울감의 연관성은 음(-)의 방향으로 유의했다(b=-0.32, SE=0.07, $t(37)$=4.88, $p<.001$). 즉, 자존감이 낮을수록 우울감이 커짐을 보여주었다. SNS 사용시간이 우울감에 미치는 직접효과는 유의하지 않은 것으로 나타났다(b=0.05, SE=0.06, $t(37)$=0.85, p=.400). 이 결과는 Baron and Kenny의 네 가지 조건 모두를 충족하여 SNS가 우울감에 미치는 영향에 대한 총효과를 매개변수인 자존감이 모두 설명하는 완전 매개를 보여주었다.

간접경로만을 살펴보면 "SNS 사용시간 → 자존감"과 "자존감 → 우울감" 모두 음(-)의 방향으로 유의했다. 따라서 두 경로를 곱한 간접효과(a×b)는 양(+)의 방향인 것을 알 수 있다. 즉. SNS 사용은 우울감과 긍정적인 연관성이 있으며, 이 효과는 낮아진 자존감으로 인한 간접경로로 설명이 가능하다고 결론 지을 수 있다.

3.1.3. Baron and Kenny 방법의 한계점

Baron and Kenny 방법은 매개효과의 개념을 이론적으로 정립하고, 이를 검증하는 인과관계 접근법을 제시함으로써 매개효과 연구의 기초를 제공한 중요한 기법으로 평가된다. Hayes 부트스트래핑 접근법이 널리 사용되기 이전에는 Baron and Kenny 방법이 대표적인 매개효과 분석 방법으로 폭넓게 사용되었다Zhao et al., 2010. 그러나 Baron and Kenny 방법은 그 한계점도 명확하게 존재한다.

첫째, 매개효과에 대한 간접적 증명이라는 한계점이 있다. 매개효과는 "독립변수 → 매개변수 → 종속변수"의 간접효과(a×b)로 정의된다. 따라서 매개효과는 a×b가 유의한지를 이용해 직접적으로 검증이 가능하다. 그러나 Baron and Kenny 방법은 간접효과를 직접 검증하는 대신에, 이를 세 단계 접근법을 이용해 간접적으로 검증한다는 점이 한계점 중의 하나이다.

둘째, 매개효과 크기에 대한 정보가 부족하다는 점이다. Baron and Kenny 방법은 매개효과의 존재 유무를 검증하는 데에는 사용될 수 있지만, 매개효과의 크기를 직접적으로 제시하지 못한다는 단점이 있다. 따라서 연구자는 매개효과의 정량적 해석이나 다른 매개변수와의 비교 분석을 수행하기 어렵다.

셋째, 매개효과를 이분법적으로 해석한다는 한계점이 있다. Baron and Kenny 방법을 사용하는 경우 매개효과의 유무만을 판단할 수 있기 때문에 매개효과에 대한 이분법적 결론을 내릴 수밖에 없다. 또한 매개효과가 있는 경우에도 직접효과의 유의성에 따라 완전 매개와 부분 매개로 결론을 내리게 되나, 이러한 구분도 지나치게 단순화된 구분이라는 한계점이 있다.

넷째, 총 효과에 대한 가정이 과도하다는 한계점이 있다. Baron and Kenny 방법의 기본적인 가정은 독립변수가 종속변수에 미치는 영향의 총효과가 유의하다는 것이다. 그러나 총효과가 유의하지 않은 상황에서도 간접효과가 유의할 수 있다는 점에서 총효과에 대한 가정은 Baron and Kenny 방법의 한계점으로 지적된다.

다섯째, 복잡한 매개모형에 적용이 어렵다는 단점이 있다. Baron and Kenny는 독립변수, 종속변수, 매개변수의 3개 변수가 있는 단순한 매개모형에는 적용 가능하지만, 더 복잡한 형태의 다중 매개 모형에는 적용하기 어렵다.

3.2. 계수의 곱 검증

계수의 곱product of coefficients 검증은 매개효과를 구성하는 a경로(독립변수 → 매개변수)와 b경로(매개변수 → 종속변수)의 회귀계수를 계수의 곱한 값인 a×b의 통계적 유의수준을 검증하는 방법이다. 따라서 a×b가 유의한 경우 "독립변수 → 매개변수 → 종속변수"로 이어지는 매개효과가 존재한다고 판단할 수 있다. 이 방법은 매개효과에 대한 가장 직접적인 검증 방법으로 간주된다.

이 접근법은 계수의 곱이라는 이름보다는 구체적인 검증 방법인 Sobel 검증이나 Hayes 부트스트래핑 검증이라는 이름으로 더 많이 알려져 있다. Sobel 검증과 Hayes 검증은 a×b가 유의한지를 검증하는 점에서 동일하나 a×b의 분포distribution에 대한 가정이 다르다. Sobel 테스트는 a×b가 정규분포를 따른다는 가정을 하는 반면에, Hayes 부트스트래핑 방법은 a×b의 분포에 대한 정규성 가정을 하지 않으며, 부트스트래핑을 이용해 추출한 분포에 근거해 매개효과를 검증한다는 측면에서 차이가 있다. Sobel 검증에 비해 Hayes 검증이 통계적 검증력이 더 높다.

3.2.1. Sobel 검증

Sobel 검증Sobel test: 소벨 검증은 간접효과(a×b)의 통계적 유의성을 정규분포 가정하에 검증하는 방법이다Sobel, 1982. Sobel 검증 통계량은 매개효과 크기를 z검증을 통해 판단하며, 다음과 같은 식으로 계산된다:

$$z = \frac{a \times b}{\sqrt{b^2 \times s_a^2 + a^2 \times s_b^2}}, \quad \text{(식 11.2)}$$

a = 독립변수(IV) → 매개변수(Me) 회귀분석의 비표준화 회귀계수,
s_a = a의 표준오차,
b = 매개변수(Me) → 종속변수(DV) 회귀분석의 비표준화 회귀계수,
s_b = b의 표준오차.

Sobel 검증 통계량을 구하기 위해서는 네 개의 통계치(a, s_a, b, s_b)가 필요하며, 이들은 두 번의 회귀분석을 통해 얻을 수 있다. 유의할 점은 b와 s_b를 구하는 회귀식에는 독립변수로 IV도 포함되어야 한다는 점이다. Sobel 검증은 z분포를 이용해 검증하며 통계량이 유의한 경우 매개효과가 유의하다고 결론 지을 수 있다.

Sobel 검증을 이용해 앞에 제시된 예시의 매개효과가 유의성을 알아보고자 한다. SNS 사용 효과 자료를 이용한 두 개의 회귀분석 결과는 다음 〈표 11.1〉과 같다.

〈표 11.1〉 SNS 사용시간이 우울감에 미치는 영향에 있어서 자존감의 매개효과에 관한 회귀분석 결과

회귀모형	종속변수: 자존감				
	독립변수	*b*	*SE*	*t*값	*p*값
IV → Me	SNS 사용시간	<u>-0.36</u>	<u>0.13</u>	2.74	.009

회귀모형	종속변수: 우울감				
	독립변수	*b*	*SE*	*t*값	*p*값
IV & Me → DV	자존감	<u>-0.32</u>	<u>0.07</u>	4.88	.000
	SNS 사용시간	0.05	0.06	0.85	.400

〈표 11.1〉의 결과를 (식 11.2)에 적용하면 그 결과는 아래와 같다.

$$\text{Sobel 검증 통계량}(z) = \frac{-0.36 \times -0.32}{\sqrt{(-0.32^2 \times 0.13^2) + (-0.36^2 \times 0.07^2)}} = 2.37.$$

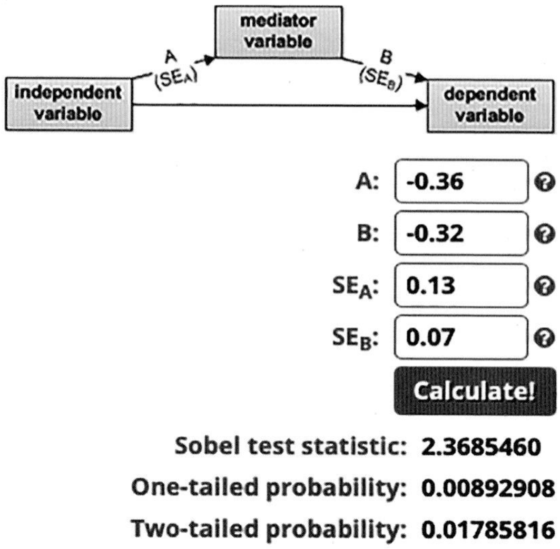

[그림 11.10] Sobel 검증 예시

Sobel 검증 통계량 z=2.37의 양측검증 유의확률은 p=.018이다. 따라서 Sobel 검증은 유의한 것으로 나타났으며, a×b 간접효과가 통계적으로 유의하게 존재함을 의미한다.

Sobel 검증은 온라인으로 제공되는 계산기를 활용하여 보다 쉽게 적용할 수 있다. [그림 11.10]은 한 온라인 사이트에서 제공하는 Sobel 검증 계산기를 이용한 결과 화면이며, 공식을 적용한 결과와 동일한 통계치를 보여준다.

3.2.2. Hayes 부트스트래핑

Hayes 부트스트래핑bootstrapping 방법은 줄여서 Hayes 방법Hayes method이라고도 불린다Hayes, 2017; Zhao et al., 2010. Hayes 방법은 간접효과(a×b)의 유의성을 검증한다는 점에서 Sobel 검증과 동일하나 a×b의 분포를 z분포 대신에 표본을 반복적으로 무작위 추출하여 매개효과의 신뢰구간을 추정하는 부트스트래핑 방법을 사용한다는 점에서 Sobel 방법과 다르다. 따라서 Hayes 방법은 자료의 분포에 대한 특정한 가정을 하지 않는 대신에, 표본 분포의 특성을 직접 사용하여 통계적 추론을 수행한다는 측면에서 비모수적nonparametric 통계 기법으로 분류된다.

따라서 Hayes 방법은 모수적parametric 통계 기법에서 사용하는 유의확률(p값)을 이용하는 검증 대신에 간접효과의 신뢰구간confidence interval: CI이 0을 포함하지 않는지의 여부로 매개효과의 통계적 유의성을 결정한다. 일반적으로 유의수준 .05에 해당하는 95% 신뢰구간이 사용된다. Hayes 방법의 신뢰구간은 z분포를 가정하는 경우의 신뢰구간보다 더 좁기 때문에 Sobel 검증법보다 항상 통계 검증력이 높다.

Hayes 방법을 이용한 매개효과의 통계 검증은 Andrew F. Hayes가 자신의 홈페이지(http://www.afhayes.com)에서 제공하는 통계 패키지(SPSS, SAS, R)용 매크로를 사용해서 실행할 수 있다. 앞서 논의했던 SNS 사용시간이 우울감에 미치는 영향에 있어서의 자존감의 매개효과를 Hayes 방법을 이용해 검증한 결과는 [그림 11.11]과 같다.

```
***************** PROCESS Procedure for SPSS Version 3.5 *****************

          Written by Andrew F. Hayes, Ph.D.       www.afhayes.com
    Documentation available in Hayes (2018). www.guilford.com/p/hayes3

**************************************************************************
Model  : 4          [매개 모형 개요]
    Y  : Depress
    X  : SNS
    M  : SelfEst

Sample
Size:  40

**************************************************************************
OUTCOME VARIABLE: [a 경로 검증]
 SelfEst

Model Summary
          R       R-sq        MSE          F        df1        df2          p
      .4064      .1651     1.9773     7.5168     1.0000    38.0000      .0093

Model
              coeff         se          t          p       LLCI       ULCI
constant     5.8232      .5314    10.9589      .0000     4.7475     6.8989
SNS          -.3625      .1322    -2.7417      .0093     -.6302     -.0948

**************************************************************************
OUTCOME VARIABLE: [b 경로 검증]
 Depress

Model Summary
          R       R-sq        MSE          F        df1        df2          p
      .6887      .4743      .3165    16.6930     2.0000    37.0000      .0000
```

```
Model
              coeff        se          t          p       LLCI       ULCI
constant     4.8190     .4336    11.1137      .0000     3.9404     5.6975
SNS           .0493     .0579      .8517      .3999     -.0680      .1666
SelfEst      -.3164     .0649    -4.8757      .0000     -.4479     -.1849

************** TOTAL, DIRECT, AND INDIRECT EFFECTS OF X ON Y **************

Total effect of X on Y          [총효과]
     Effect         se          t          p       LLCI       ULCI
      .1640      .0669     2.4518      .0189      .0286      .2994

Direct effect of X on Y         [직접효과]
     Effect         se          t          p       LLCI       ULCI
      .0493      .0579      .8517      .3999     -.0680      .1666

Indirect effect(s) of X on Y:   [간접효과: a×b]
            Effect     BootSE   BootLLCI   BootULCI
SelfEst      .1147      .0408      .0309      .1944

*********************** ANALYSIS NOTES AND ERRORS ************************

Level of confidence for all confidence intervals in output   [유의수준]
  95.0000

Number of bootstrap samples for percentile bootstrap confidence intervals: [부트스트래핑 샘플]  5000
```

[그림 11.11] Hayes 방법을 이용한 매개효과 검증 결과

[그림 11.11]의 결과는 총효과, 직접효과, 간접효과에 대한 분석 결과를 제시하고 있다. 총효과(b=0.16, SE=0.07, t(38)=2.45, p=.019)와 직접효과(b=0.05, SE=0.06, t(38)= 0.85, p=.400)의 경우 앞서 Baron and Kenny 방법에서 살펴보았던 회귀분석 결과와 동일하다.

간접효과indirect effect의 결과는 간접효과 계수(b=0.12),[2] 표준오차(SE=0.04), 95% 신뢰구간(95% CI [0.03, 0.19])을 보여주고 있다. 본 결과에 따르면 95% 신뢰구간이 0을 포함하지 않기 때문에 유의수준 5%에서 매개효과가 통계적으로 유의하다고 결론 내릴 수 있다.

---

2) 간접효과 계수(b=0.12)는 a×b의 값과 동일하다(0.12=-0.36×-0.32). 총효과(b=0.16)는 간접효과와 직접효과를 더한 값과 동일하다(0.16=0.12+0.04).

Hayes 분석 결과를 그림으로 제시하기도 한다. [그림 11.12]는 SNS 영향에 대한 매개효과 검증 결과를 보여준다. “SNS 사용시간 → 우울감” 경로의 경우 괄호 안의 계수는 총효과(b=0.16, p=.019)를, 괄호 바깥의 계수(b=0.04, p=.400)는 직접효과를 보여준다.[3)]

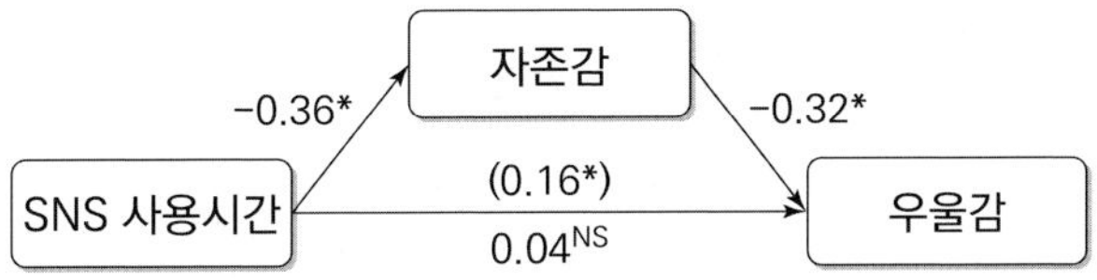

[그림 11.12] Hayes 방법을 이용한 매개분석 결과

주: $^{*}p<.05$, NS=통계적으로 유의하지 않음($p>.05$).

3.3. 구조방정식 모형

구조방정식 모형structural equation model은 여러 회귀 방정식을 동시에 추정할 수 있는 통계기법으로 변수들 간의 복잡한 관계에 대한 분석이 가능하다Iacobucci, Saldanha, & Deng, 2007. 구조방정식 모형을 사용해 한 변수가 다른 변수에 미치는 총효과, 직접효과, 간접효과를 동시에 추정하고 통계적 유의성을 검증할 수 있다.

구조방정식 모형은 다음과 같은 장점을 가지고 있다. 첫째, 유연성flexibility이다. 여러 변수 간의 복잡한 관계를 모형화 하는 것이 가능하다. 둘째, 여러 변수 간의 관계를 동시 추정simultaneous estimation할 수 있다. 이는 분석의 일관성과 정밀도를 높인다. 셋째, 잠재변수를 매개 모형에 포함시킬 수 있다. 구조방정식 모형을 이용한 매개효과의 검증은 관찰변수와 잠재변수 모두 사용 가능하여, 측정오차를 고려한 변수의 분석이 가능하다. 넷째, 모형 적합도를 평가할 수 있다. 그러나 구조방정식 모형은 앞서 설명된 다른 방법보다 더 복잡하여 연구자가 사용하기 어려울 수 있다는 단점도 가지고 있다. 구조방정식에 대한 자세한 설명은 “제15장: 구조방정식 모형을 이용한 이론 검증”에서 다루어진다.

SNS 사용시간의 영향에 대한 자료를 구조방정식 모형을 이용해 분석한 결과는 〈표 11.2〉와 같다. 결과는 대부분 앞서 살펴본 다른 방법과 동일하거나 유사하다. 그러나 구조방정식 모형은 검증 방법으로 최대우도법maximum likelihood을 사용하기 때문에 추정방식의 차이로 인해 계수의 값에 약간의 차이가 존재할 수 있다. 그러나 통계적인 결과는

3) 논문 저자에 따라 직접효과를 괄호 안에 표기하는 경우도 있다.

〈표 11.2〉 구조방정식 모형을 이용한 매개분석 결과

경로(효과)	b(효과)	표준오차	t값	p값
SNS 사용시간 → 자존감	-0.36	0.13	2.78	.005
자존감 → 우울감	-0.32	0.06	5.01	.000
SNS 사용시간 → 우울감	0.05	0.06	0.87	.382
간접효과	0.12	0.04	2.88	.003
직접효과	0.05	0.06	0.87	.382
총효과	0.16	0.07	2.44	.013

동일하게 나타났다. 간접효과의 경우 신뢰구간뿐만 아니라 t검증 결과도 함께 제시되므로, 매개효과의 존재 여부에 대한 다양한 통계적 근거를 제공할 수 있다.

Ⅳ. 조절된 매개효과 검증

4.1. 조절된 매개효과 정의

조절된 매개효과moderated mediation는 매개효과의 크기나 방향이 제3의 변수인 조절변수의 수준에 따라 달라지는 형태를 의미한다. 조절된 매개효과는 매개효과와 조절효과를 동시에 포함한 구조이기 때문에, 다양한 형태의 모형이 존재하며, 분석 또한 비교적 복잡하다.

조절된 매개효과에 대해 크게 두 가지 견해가 있다. 첫 번째 견해는 조절된 매개효과와 매개된 조절효과를 구분해 다른 형태의 모형으로 다루는 것이다Muller, Judd, & Yzerbyt, 2005. 두 번째 견해는 매개된 조절효과를 조절된 매개효과라는 큰 틀에 속하는 하위 개념으로 통합하는 입장이다Hayes, 2017; Preacher, Rucker, & Hayes, 2007.

두 견해는 효과를 해석하는 기준이 이론적 설명인지 통계적 구조인지에 따라 다르다고 할 수 있다. 첫 번째 견해는 이론적 설명에 근거한 효과의 차이에 초점을 둔 것이라면, 두 번째 견해는 통계적 구성 측면에서 두 효과의 유사성에 더 초점을 둔 것이라고 할 수 있다. 과거에는 매개된 조절효과와 조절된 매개효과를 구분하는 것이 일반적이었으나, 최근에는 Hayes 등의 입장에 따라 두 개념을 통합된 조절된 매개효과 프레임워크로 포괄적으로 이해하는 경향이 보다 두드러진 것으로 보인다. 조절된 매개효과에 대한

깊은 이해를 위해서는 두 시각에 대한 이해가 필요하며, 연구 목적이나 이론적 맥락에 따라 적절한 모형 선택과 해석 기준을 설정하는 것이 필요하다.

4.2. 매개된 조절과 조절된 매개

4.2.1. 매개된 조절효과

매개된 조절mediated moderation은 독립변수와 조절변수의 상호작용 효과(IV×Mo)가 종속변수(DV)에 미치는 영향이 매개변수(Me)에 의해 설명되는 경우이다. 매개된 조절효과라는 이름은 상호작용(IV×Mo)이 종속변수에 미치는 영향(조절효과)이 매개변수에 의해 매개되기 때문에 붙여졌다.

[그림 11.13A]는 매개된 조절효과의 개념적 모형을 보여주며, 이는 [그림 11.13B]의 통계적 모형으로 표현될 수 있다. 매개된 조절효과의 유의성 여부는 (1) 독립변수와 조절변수의 상호작용이 매개변수에 미치는 영향(IV×Mo → Me)이 유의한지의 여부와 (2) 매개변수가 종속변수에 미치는 영향(Me → DV)이 유의한지 여부에 따라 정해진다. 즉, 그림 [11.13B]의 (1) IV×Mo → Me 와 (2) Me → DV 경로가 모두 유의해야 한다. 이 두 경로는 그림에서 실선 화살표로 표시되어 있으며, 매개된 조절효과의 핵심 구성요소이다.[4] 한편, 독립변수와 조절변수의 주효과가 매개변수 및 종속변수에 미치는 영향은 연구 맥락에 따라 유의할 수도 있고, 유의하지 않을 수도 있다.

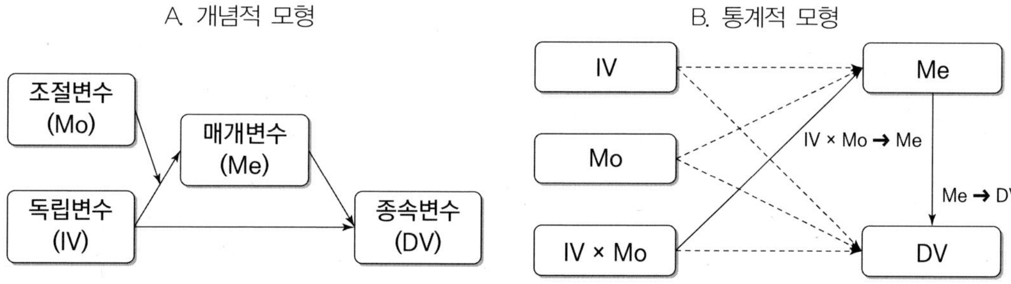

[그림 11.13] 매개된 조절모형

4) Hayes 방법을 사용하는 경우 두 경로의 곱인 간접효과를 이용해 매개된 조절효과의 유의확률을 검증한다.

연구 예시 11-5

가격 순서 효과에서의 매개된 조절효과 검증

Suk, Lee, and Lichtenstein(2012)의 연구에 따르면 대안이 가격의 내림차순(높은 가격에서 낮은 가격의 순서)으로 제시된 경우에 오름차순(낮은 가격에서 높은 가격의 순서)으로 제시된 경우보다 더 높은 대안을 선택할 가능성이 높음을 보여주었다. 이 가격 순서 효과는 소비자의 지식 수준에 따라 달랐으며, 가격 순서 효과는 지식 수준이 낮을수록 더 강한 것으로 나타났다. 즉, 이 결과는 가격 순서 효과에 있어서 지식 수준의 조절효과가 존재함을 보여주었다.

이 논문은 가격 순서와 지식수준이 제품 선택 가격에 미치는 조절효과는 대안의 품질(vs. 가격)에 대한 주의attention에 의해 매개됨을 보여주었다. Hayes 분석 결과 "가격 순서×지식 수준" 상호작용은 품질에 대한 주의에 의해 매개되는 것으로 나타났다(b=7.98, 95% CI [1.67, 14.68]). 이 결과는 매개된 조절효과mediated moderation effect가 유의함을 보여주었다.이 외에도 가격 순서의 주효과도 품질에 대한 주의에 의해 매개되는 것으로 나타났다. 이 결과는 [그림 E11.5]와 같으며, 실선으로 표시된 화살표는 유의한 연관성을 의미한다.

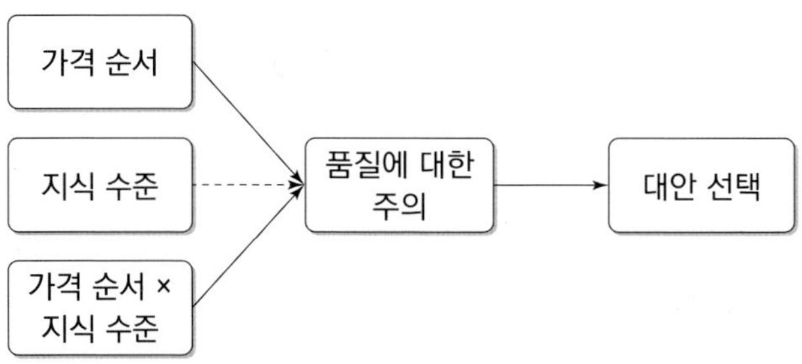

[그림 E11.5] 매개된 조절효과 예시

4.2.2. 조절된 매개효과

조절된 매개moderated mediation는 매개효과의 크기나 방향이 조절변수에 따라 달라지는 경우를 의미한다. 이는 단순 매개효과 모형에 조절효과가 결합된 형태로, 매개효과가 조절변수의 영향을 받는 복합적인 구조를 반영한다.

조절된 매개효과의 두 가지 형태의 개념적 모형은 [그림 11.14]에 제시되어 있다. [그림 11.14]는 비교적 단순한 형태의 조절된 매개 모형을 보여주며, 더 복잡한 형태의 모형들도 검증이 가능하다Hayes, 2017.

[그림 11.14A]는 매개변수(Me)가 종속변수(DV)에 미치는 영향(b 경로)이 조절변수(Mo)의 수준(조건)에 따라 달라지는 경우이다. 이 모형에서는 "매개변수 → 종속변수"의 경로가 조절변수에 따라 달라지는지의 여부가 핵심 검증 요소이다. [그림 11.14B]는 독립변수(IV)가 매개변수(Me)에 미치는 영향(a 경로)이 조절변수(Mo)에 따라 달라지는 "독립변수 → 매개변수"의 경로의 조절효과가 있는 매개 모형이다. 이 매개효과의 경우 독립변수가 매개변수에 미치는 영향의 크기가 조절변수의 조건에 따라 달라지는지 아닌지를 분석한다.

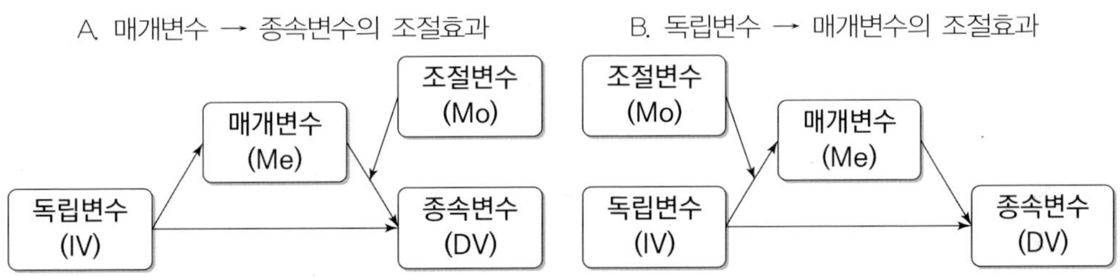

[그림 11.14] 조절된 매개 모형

연구 예시 11-6

조절된 매개효과 검증: 도움 시점이 과업 행복감에 미치는 영향

Koo 등(2023)의 연구는 어떤 과업 수행 도중 도움을 받는 시점이 과업 성취에 대한 행복감에 미치는 영향을 검증하였다. 연구 결과는 도움을 받는 시점이 과업의 후반(vs 초반)인 경우 과업에 대한 심리적 소유감을 낮추기 때문에 행복감이 감소한다는 "도움의 시점 → 심리적 소유감 → 행복감"으로 이어지는 매개효과를 보여주었다. 이 연구는 더 나아가 이 매개효과가 과업을 하는 동기motivation에 따라 달라지는 [그림 E11.6]과 같은 조절된 매개효과를 제시하였다.

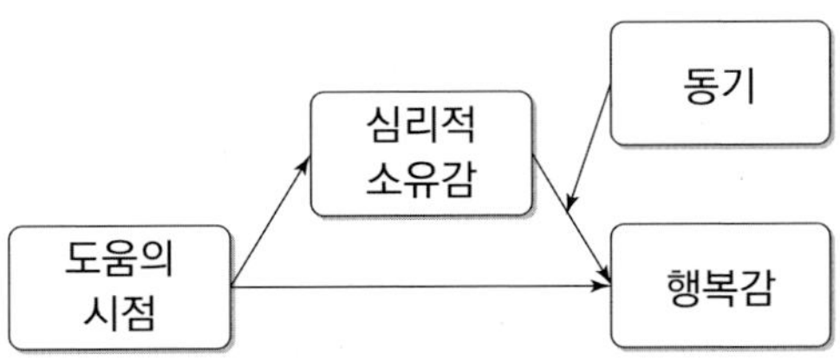

[그림 E11.6] 조절된 매개효과 예시

조절된 매개효과가 유의하다는 결과는 매개효과가 조절변수의 조건에 따라 달라짐을 의미한다. 따라서 조절변수의 조건에 따라 어떤 형태의 매개효과가 존재하는지에 대한 검증이 가능하다. Koo 등(2023)에 따르면, 도움의 시점이 행복감에 미치는 영향은 과업의 동기가 내적 동기intrinsic motivation인지 외적 동기extrinsic motivation인지에 따라 달라지는 것으로 나타났다. [그림 E11.7]이 보여주듯이, "심리적 소유감 → 행복감" 경로는 내적 동기인 경우에 더 강한 것으로 나타났다. 또 다른 차이는 도움의 시점이 행복감에 미치는 직접경로로 내적 동기 조건에서는 음의 방향으로 유의했으나, 외적 동기 조건에서는 유의하지 않았다.

[그림 E11.7] 조절된 매개효과 모형에서 조절변수 조건에 따른 매개효과

4.3. 통합적 관점에서의 조절된 매개 효과

지금까지 살펴본 매개된 조절효과와 조절된 매개효과는 이론적으로는 서로 다른 개념적 구조를 갖는 분석모형이라고 분류될 수 있다. 즉, 매개된 조절효과는 조절효과가 매개변수에 의해 설명되는 경우를 의미하는 반면에, 조절된 매개효과는 매개효과가 조절변수에 따라 달라지는 경우를 의미한다.

그러나 통계적 관점에서는 이 둘을 명확히 구분하기 어려운 경우가 종종 존재한다. 예를 들어, [그림 11.13A]에서 제시된 매개된 조절효과와 [그림 11.14B]에 제시된 조절된 매개효과는 동일한 통계적 모형으로 해석될 수 있다. 이는 매개된 조절효과가 조절된 매개효과의 특수한 형태로 간주될 수 있음을 의미한다. 따라서 최근의 일반적으로 통용되는 견해는 매개된 조절효과와 조절된 매개효과를 구분하지 않고, 조절효과와 매개효과가 동시에 포함된 모형을 모두 조절된 매개moderated mediation로 통칭하는 것이 일반화되고 있다Hayes, 2017; Preacher et al., 2007.

V. 조절효과를 이용한 매개효과 검증

지금까지 논의된 매개효과 분석 방법들은 대부분 독립변수와 종속변수 간의 관계에서 매개변수가 설명하는 간접효과를 통계적으로 검증하는 방식이었다. 이러한 방법들은 매개변수와 종속변수 간의 상관관계를 기반으로 하기 때문에, 인과관계causal relationship에 대한 해석에는 일정한 한계가 존재한다.

이러한 한계를 보완하기 위해, Spencer, Zanna, and Fong(2005)은 실험 연구experimental approach가 인과적 경로를 보다 강력하게 검증할 수 있는 수단이 될 수 있음을 주장하였다. 이들은 매개변수를 조작manipulate함으로써, 독립변수와 매개변수 간의 상호작용 효과가 존재하는지를 검토하는 방식이 매개효과에 대한 인과적 증거를 제공할 수 있다고 제안하였다. 즉, 실험 설계에서 독립변수와 매개변수의 상호작용 효과가 유의하다면, 이는 매개효과가 존재할 가능성을 지지하는 강력한 근거가 될 수 있으며, 이는 실험 연구가 제공하는 통제control를 통한 인과 추론의 타당성에 기반한다.

Spencer 등(2005)이 제시한 이와 같은 접근은 이후 다양한 연구에서 매개효과 검증의 보완적 도구로 활용되고 있다. 특히, 통계적 매개분석(Hayes의 부트스트래핑 방법 등)과 함께, 매개변수의 조작 및 조절 효과를 통한 실험적 검증을 병행함으로써, 연구자는 매개효과에 대해 보다 강력한 인과적 주장을 제시할 수 있다. 또한, 이 방법은 매개변수의 직접적 측정이 어려운 상황에서도 유용하게 적용될 수 있다는 점에서, 측정의 한계를 보완하는 실용적 대안으로도 평가된다.

주요 참고자료

조절효과 및 매개효과

Baron, R. M., & Kenny, D. A. (1986). The moderator-mediator variable distinction in psychological research: conceptual, strategic, and statistical considerations. *Journal of Personality and Social Psychology*, 51(6), 1173-1182. [조절변수와 매개변수의 정의와 특성, 그 차이점을 설명. 또한 Baron and Kenny 매개효과 검증법을 처음으로 제시.]

매개효과

Zhao, X., Lynch, J. G., Jr., & Chen, Q. (2010). Reconsidering Baron and Kenny: Myths and truths about mediation analysis. *Journal of Consumer Research*, 37(2), 197-207. [Baron and Kenny 방법의 대안으로서의 Hayes 부트스트랩 검증법을 예시와 함께 설명함. 또한 매개효과에 대한 이론적 배경, 매개효과의 유형, 매개효과 검증의 가이드라인을 제시.]

Hayes 부트스트래핑 검증

Hayes, A. F. (2017). *Introduction to Mediation, Moderation, and Conditional Process Analysis*. Guilford. [부트스트래핑을 이용한 매개효과 검증에 대한 자세한 설명을 다룸. 또한 매개효과 및 조절효과에 관한 이론적인 설명도 제시함. 부록으로 다양한 Hayes Process 프로그램으로 검증 가능한 다양한 모형을 제시.]

구조방정식 모형을 이용한 매개분석

Iacobucci, D. Saldanha, N., & Deng, X. (2007). A meditation on mediation: Evidence that structural equations models perform better than regressions. *Journal of Consumer Psychology*, 17(2), 140-154. [구조방정식 모형을 이용한 매개분석의 논점과 활용 방법을 제시.]

조절효과를 이용한 매개효과 검증

Spencer, S. J., Zanna, M. P., & Fong, G. T. (2005). Establishing a causal chain: Why experiments are more often more effective than mediational analyses in examining psychological processes. *Journal of Personality and Social Psychology*, 89(6), 845-851. [상호작용 효과를 이용한 매개효과 검증의 이론적 배경 및 유용성에 대한 설명을 제시.]

참고문헌

석관호, 이지헌 (2010). 소비자의 다양성 추구에 있어서 기대된 만족과 경험한 만족간의 차이에 관한 연구. 소비자학연구, 21(1), 181-199.

Baron, R. M., & Kenny, D. A. (1986). The moderator-mediator variable distinction in psychological research: conceptual, strategic, and statistical considerations. *Journal of Personality and Social Psychology*, 51(6), 1173-1182.

Hayes, A. F. (2017). *Introduction to Mediation, Moderation, and Conditional Process Analysis*. Guilford.

Iacobucci, D. Saldanha, N., & Deng, X. (2007). A meditation on mediation: Evidence that structural equations models perform better than regressions. *Journal of Consumer Psychology*, 17(2), 140-154.

Kahneman D. & Tversky A. (1979). Prospect theory: An analysis of decision under risk. *Econometrica*, 47(2), 263–291

Keysar, B., Hayakawa, S. L., & An, S. G. (2012). The foreign-language effect: Thinking in a foreign tongue reduces decision biases. *Psychological Science*, 23(6), 661-668.

Koo, M., Jung, S., Palmeira, M., Kim, K. (2023). The timing of help: Receiving help toward the end (vs. beginning) undermines psychological ownership and subjective well-being. *Journal of Personality and Social Psychology*, 124(4), 772-795.

Muller, D., Judd, C. M., & Yzerbyt, V. Y. (2005). When moderation is mediated and mediation is moderated. *Journal of Personality and Social Psychology*, 89(6), 852.

Preacher, K. J., Rucker, D. D., & Hayes, A. F. (2007). Addressing moderated mediation hypotheses: Theory, methods, and prescriptions. *Multivariate Behavioral Research*, 42(1), 185-227.

Rippon, D., Shepherd, J., Wakefield, S., Lee, A., Pollet, T. V. (2024). The role of self-efficacy and self-esteem in mediating positive associations between functional social support and psychological wellbeing in people with a mental health diagnosis. *Journal of Mental Health*, 33(6), 721-730.

Sobel, M. E. (1982). Asymptotic confidence intervals for indirect effects in structural equation models. *Sociological Methodology*, 13, 290-312.

Spencer, S. J., Zanna, M. P., & Fong, G. T. (2005). Establishing a causal chain: Why experiments are more often more effective than mediational analyses in examining psychological processes. *Journal of Personality and Social Psychology*, 89(6), 845-851.

Suk, K., Lee, J., & Lichtenstein, D. R. (2012). The Influence of Price Presentation Order on Consumer Choice. *Journal of Marketing Research*, 49(5), 708–717.

Yang, Y., Cuffee, Y. L., Aumiller, B. B., Schmitz, K., Almeida, D. M., Chinchilli, V. M. (2022). Serial mediation roles of perceived stress and depressive symptoms in the association between sleep quality and life satisfaction among middle-aged American adults. *Frontiers in Psychology*, 13, 822564.

Zhao, X., Lynch, J. G., Jr., & Chen, Q. (2010). Reconsidering Baron and Kenny: Myths and truth about mediation analysis. *Journal of Consumer Research*, 37(2), 197-206.

제6부

통계분석을 이용한 이론 검증

제 12 장

분산분석을 이용한 이론 검증: 집단간 분산분석

Ⅰ. 분산분석

1.1. 분산분석의 정의
1.2. 분산분석의 가정
1.3. 분산분석의 종류

Ⅱ. 일원 분산분석

2.1. 총분산, 집단간 분산, 집단내 분산
2.1.1. 분산의 구성
2.1.2. 제곱합
2.2. 분산분석을 이용한 가설 검증
2.2.1. 분산분석의 가설
2.2.2. 분산분석과 F통계량
2.2.3. 분산분석표
2.2.4. 일원 분산분석 예시
2.3. 분산분석의 효과크기

Ⅲ. 일원 분산분석의 평균비교

3.1. 총괄검증과 평균비교
3.2. 평균비교의 F검증
3.3. 비교계수
3.4. 평균비교의 효과크기
3.5. 평균비교 예시
3.6. 평균비교와 표본분할 검증의 차이
3.7. 추세분석
3.8. 제1종 오류의 통제
3.8.1. 평균비교와 제1종 오류
3.8.2. 제1종 오류 통제 방법
3.8.3. 제1종 오류 통제의 필요성
3.9. 이론 검증에 있어서의 평균비교의 중요성

Ⅳ. 요인 분산분석

4.1. 2원 분산분석
4.1.1. 주효과와 상호작용 효과
4.1.2. 주효과와 상호작용 효과 검증
4.1.3. 2원 분산분석의 평균비교
4.1.4. 2원 분산분석 예시
4.2. 요인 분산분석의 효과크기
4.3. 3원 분산분석

Ⅴ. 공분산 분석

본 장에서는 집단간 분산분석을 활용한 가설 검증 방법을 다룬다. 분산분석ANOVA은 크게 집단간 분산분석과 집단내 분산분석으로 구분된다. 제12장에서는 분산분석의 기초가 되는 집단간 분산분석을 중심으로 설명하며, 다음 제13장에서는 집단내 분산분석과 혼합형 분산분석을 다룬다.

집단간 분산분석은 독립변수의 수에 따라 분류된다. 독립변수가 하나일 경우 일원one-way 분산분석이라 하며, 두 개일 경우 이원, 세 개일 경우 삼원 분산분석이라고 한다. 본 장에서는 먼저 일원 분산분석의 기본 개념과 평균 차이 검정을 설명한 뒤, 이원 이상의 분산분석에 대해 이어서 살펴본다.

Ⅰ. 분산분석

1.1. 분산분석의 정의

분산분석(ANOVA)analysis of variance은 다수의 집단 간의 평균 차이가 통계적으로 유의한 지를 검증하는 통계 분석 방법이다. 분산분석은 독립변수가 범주형 자료(명목척도나 서열척도)이고 종속변수가 연속형 자료(등간척도나 비율척도)인 경우에 사용된다.

분산분석이라는 명칭은 설명된 분산variance의 크기를 이용해 집단 간 평균 차이 검증을 한다는 점에 기반한다. 분산분석과 다른 통계 분석 방법과의 연관성을 살펴보면, 분산분석은 일반 선형모형general linear model: GLM[1)]의 한 종류로서, 독립변수가 범주형 변수인 경우에 적합하도록 개발된 통계기법이라고 할 수 있다.

1.2. 분산분석의 가정

분산분석은 일반선형 모형과 동일한 가정assumption에 근거하고 있다. 분산분석의 주요 가정으로 오차error의 독립성, 등분산성, 정규성이 있다. 분산분석에 사용되는 *F*검증은 분석 자료가 가정을 어느 정도 위배하더라도 신뢰성 있는 결과를 보여주는 특성

1) 일반 선형모형은 종속 변수와 독립 변수 간의 선형 관계를 검증하는 통계 분석 방법으로 분산분석과 회귀분석을 포함한다. 분산분석과 회귀분석은 기본적인 수학적 구조를 공유하여 상호 호환 가능하며, 분산분석은 특수한 형태의 회귀분석이라고 할 수 있다.

robustness을 가지고 있는 것으로 알려져 있다Keppel, 1991; Keppel & Wickens, 2004. 그러나 분산분석의 가정을 심각하게 위반하는 경우에는 분석결과의 왜곡이나 해석의 오류가 발생할 수 있으므로, 적절한 진단 및 조치가 필요하다.

오차의 독립성independence of errors은 각 집단내의 오차들 간의 연관성이 없어야 한다는 가정이다. 즉, 한 응답자의 관측값이 다른 응답자의 관측값에 영향을 주지 않아야 한다. 따라서 독립성 가정의 위반은 자료의 수집 단계에서 발생한 문제일 가능성이 높으며, 이는 통계적인 문제뿐만 아니라 수집된 자료의 신뢰성 전반에 영향을 미칠 수 있다.

등분산성homoscedasticity은 각 집단의 오차 분산이 서로 유의하게 다르지 않아야 한다는 가정이다. Levene의 등분산 검증을 이용해 이 가정의 위반 여부를 판단할 수 있다. 등분산성을 위반한 경우라도 그 차이가 크지 않은 경우에는, 분산분석이 어느 정도 신뢰성robustness있는 결과를 보여주는 것으로 알려져 있다. 그러나 집단간 분산의 차이가 현저하게 큰 경우 통계적 편향이 발생할 수 있기 때문에 이에 대한 대처가 필요하다. 분산의 차이를 줄이는 자료의 변환(예, 로그 변환)이 가능한 경우 이를 적용할 수 있다. 또 다른 방법은 Kruskal-Wallis 검증과 같이 자료의 분포에 영향을 받지 않는 비모수nonparametric 통계분석을 사용하는 것이다. 또 다른 비모수 통계 방법으로 부트스트래핑bootstrapping 기법을 사용해 추정한 분포를 사용하는 방법이 있다.

정규성normality은 종속변수의 오차항이 정규분포를 따른다는 가정이다. 일반적으로 표본이 충분히 큰 경우에는 정규성의 위배가 큰 문제가 되지 않는다. 그러나 표본이 작은 경우에는 편향된 통계 결과를 얻을 수 있기 때문에 자료의 변환이나 비모수 통계분석 사용이 권장된다.

1.3. 분산분석의 종류

분산분석은 집단간 분산분석, 집단내 분산분석, 혼합설계 분산분석의 세 유형으로 구분된다. 이와 같은 구분은 자료 수집을 위한 연구 설계와 연관이 있으며, 응답자가 연구조건에 어떻게 배정되었는지에 의해 따라 적절한 분산분석 사용이 결정된다.

집단간 분산분석between-subjects ANOVA은 집단간 설계between-subjects design 연구를 통해 수집된 자료의 분석에 사용된다. 집단간 설계의 연구참여자는 하나의 연구조건에만 배정된다. 분산분석을 통해 서로 다른 집단 간 평균 차이가 유의한지를 검증한다. 본 12장은 집단간 분산분석을 중심으로 다룬다.

집단내 분산분석within-subjects ANOVA 또는 **반복측정 분산분석**repeated-measures ANOVA은

집단내 설계within-subjects design를 기반으로 수집된 자료의 분석에 사용된다. 집단내 설계의 경우 동일한 연구참여자가 모든 독립변수 조건에 노출되며, 여러 연구조건에 대한 측정값을 가지게 된다. 따라서 집단내 분산분석은 동일한 연구참여자의 응답이나 반응이 연구조건에 따라 어떻게 달라지는지를 검증하는데 사용된다. 반복측정 분산분석에 대한 내용은 "제13장"에서 자세히 다룬다.

혼합설계 분산분석mixed-design ANOVA은 집단간 설계와 집단내 설계가 동시에 적용된 연구 설계로 수집된 자료의 분석에 사용된다. 혼합설계 분산분석에 대한 자세한 내용 역시 "제13장"에서 다룬다.

Ⅱ. 일원 분산분석

일원 분산분석one-way ANOVA은 하나의 독립변수를 포함하는 가장 기본적인 형태의 집단간 분산분석이다. 일원 분산분석은 집단간 평균 차이의 유의성을 검증할 때 사용된다. 집단간 평균을 비교하는 방법으로 t검증과 분산분석이 있다. 독립변수가 두 집단만을 포함하는 경우, t검증과 분산분석은 상호 호환이 가능하며, 두 분석의 유의확률(p값)은 동일하다. 이때, t값의 제곱은 분산분석의 F값과 동일하다: $t(\mathrm{df})^2 = F(1, \mathrm{df})$. 독립변수가 세 집단 이상인 경우 t검증은 사용이 불가능하기 때문에 분산분석이 사용된다.

일원 분산분석을 예시와 함께 살펴보고자 한다. 예시의 연구에서는 감정상태가 차가운 음료에 대한 구매의도에 미치는 영향을 조사하였다. 독립변수는 감정상태이며, 통제집단, 슬픔집단, 분노집단의 세 조건으로 구성되었다. 총 24명의 연구참여자가 세 조건 중에서 하나에 무선할당 되었으며, 각 집단은 8명으로 구성되었다. 슬픔집단과 분노집단은 감정 유도 과제를 통해 특정 감정상태를 갖도록 조작되었다. 구체적으로, 슬픔집단은 과거의 슬픈 경험을, 분노집단은 과거의 분노 경험을 적도록 요구되었다. 통제집단의 경우 특정한 감정상태를 갖지 않도록 하기 위해, 일상생활에 대한 경험을 적도록 요구되었다.

감정상태 조작 이후에 연구참여자는 새로 출시된 차가운 음료수에 대한 광고에 노출되었다. 이후 연구참여자는 광고된 차가운 음료수 제품에 대한 구매의도에 대한 질문에 응답했다. 구매의도 측정에는 7점 척도(1=*구매를 원하지 않음*, 7=*구매를 원함*)가 사용되었다. 이 연구에서 수집된 자료는 〈표 12.1〉에 제시되어 있다. 이 자료는 본서가 제공하는 "Data 12-1_ANOVA01_One-way"파일에 포함되어 있으며, 엑셀(xlsx)과 SPSS(sav)의

〈표 12.1〉 감정상태가 차가운 음료 구매의도에 미치는 영향

	통제집단 ($n=8$)	슬픔집단 ($n=8$)	분노집단 ($n=8$)
	2	4	6
	4	3	7
	2	3	5
	3	2	4
	5	5	4
	3	1	3
	4	4	5
	3	2	4
조건평균(μ_j)	3.25	3.00	4.75
		전체평균(μ_T)=3.67	

두 형식으로 제공되고 있다.

〈표 12.1〉은 j 집단에 속한 i번째 연구참여자의 응답값(Y_{ij})을 보여준다. 예를 들어 통제집단의 첫 번째 연구참여자의 응답값(Y_{11})은 2, 그 두 번째 연구참여자의 응답값(Y_{21})은 4이다. 그 다음 조건인 슬픔집단의 경우 응답값은 4, 3, 3 등으로 되어있다.

각 조건의 평균값(μ_j)을 살펴보면, 통제집단(μ_1) 3.25, 슬픔집단(μ_2) 3.00, 분노집단(μ_3) 4.75이다. 24명 연구참여자의 전체평균(μ_T)은 3.67이다. 분산분석은 세 연구조건의 응답값이 통계적으로 유의한 차이가 있는지를 검증한다.

2.1. 총분산, 집단간 분산, 집단내 분산

분산분석은 연구참여자의 응답값과 이로부터 계산되는 분산에 기반하여 이루어지므로, 응답값과 분산 간의 관계에 대한 이해가 선행되어야 한다.

2.1.1. 분산의 구성

분산분석은 집단간 평균값의 차이를 분산이라는 개념을 이용하여 검증하는 기법이다. 분산분석에서 사용되는 분산은 **총분산**total variance, **집단간 분산**between-group variance, **집단내 분산**within-group variance으로 구분된다. 분산분석은 집단간 차이에 의해 설명되는 집단간 분산의 크기가 설명되지 않는 집단내 분산에 비해 얼마나 큰지에 따라 통계적 유의성

을 결정하는 통계 기법이라고 할 수 있다.

분산분석을 하기 위해서는 먼저 총분산을 집단간 분산과 집단내 분산으로 분리해야 한다. 이 각각의 분산은 개별 연구참여자의 응답값 차이로부터 계산되며, 분산분석의 논리적 기반을 형성한다. 각 연구참여자의 응답값(Y_{ij})은 집단 조건 평균(μ_j)과 무작위 오차(e_{ij})로 구성된다고 할 수 있다:

$$Y_{ij} = \mu_j + e_{ij}. \qquad \text{(식 12.1)}$$

예를 들어 통제집단의 첫 번째 연구참여자의 응답값($Y_{11} = 2$)은 통제집단의 평균($\mu_1 = 3.25$)과 무작위오차($e_{11} = -1.25$)로 구분될 수 있다. 위의 예시에서 통제집단의 경우 조건평균(μ_j)은 3.25지만 조건내의 모든 연구참여자가 동일한 응답값을 제시하지는 않았다. 이는 개별 응답이 실험 조건 외에도 다양한 개인적 특성이나 상황변수의 영향을 받기 때문이다. 이와 같은 동일 집단내의 개인간 응답값의 차이는 무작위 오차random error로 간주되며, e_{ij}로 나타낸다.

이제 각 조건 평균의 구성에 대해 살펴보자. (식 12.1)에서 나타나는 각 조건의 평균(μ_j)은 전체평균(μ_T)과 조건간 차이(α_j)로 표현될 수 있다.

$$\mu_j = \mu_T + \alpha_j. \qquad \text{(식 12.2)}$$

예를 들어, 통제집단의 평균(μ_1=3.25)은 전체평균(μ_T=3.67)과 통제집단과 전체평균의 차이를 의미하는 집단간 효과(α_j=-0.42)로 구성되었다고 할 수 있다. (식 12.1)과 (식 12.2)를 결합하면, 각 연구참여자의 응답값은 다음 (식 12.3)으로 표현될 수 있다:

$$Y_{ji} = \mu_T + \alpha_j + e_{ij}, \qquad \text{(식 12.3)}$$

Y_{ij}=조건 j에서 i번째 연구참여자의 응답값,
μ_T = 전체평균,
α_i = 조건 j의 집단간 효과,
e_{ij} = 무작위 오차.

위의 (식 12.3)는 응답값의 총분산total variance은 두 개의 다른 분산으로 나누어 질 수 있음을 보여준다. 하나는 집단간 분산between-group variance으로 전체평균(μ_T)을 기준으로 각 조건 간 평균의 차이(α_j)에서 발생하는 분산이다. 집단내 분산within-group variance은 각 조건의 평균값(μ_j)을 기준으로 조건에 속하는 연구참여자 응답값의 편차(e_{ij})에서 발생하는 분산이다. 집단내 분산은 오차항으로 사용되기 때문에 오차 분산error variance이

라고도 불린다. 결론적으로 총분산은 집단간 분산과 집단내 분산으로 구성되며, 이는 분산분석의 수리적 토대를 이룬다.

2.1.2. 제곱합

분산을 구하기 위해서는 우선 각각의 값과 평균의 차이를 제곱한 값들의 총합인 제곱

〈표 12.2〉 제곱합의 계산 예시

조건	응답값 (Y_{ij})	집단평균 (μ_i)	총평균 (μ_T)	무작위 오차 (e_{ij})	전체 제곱 $(Y_{ij} - \mu_T)^2$	집단간 제곱 $(\mu_i - \mu_T)^2$	집단내 제곱 $(Y_{ij} - \mu_i)^2$
통제집단	2	3.25	3.67	-1.25	2.79	0.18	1.56
통제집단	4	3.25	3.67	0.75	0.11	0.18	0.56
통제집단	2	3.25	3.67	-1.25	2.79	0.18	1.56
통제집단	3	3.25	3.67	-0.25	0.45	0.18	0.06
통제집단	5	3.25	3.67	1.75	1.77	0.18	3.06
통제집단	3	3.25	3.67	-0.25	0.45	0.18	0.06
통제집단	4	3.25	3.67	0.75	0.11	0.18	0.56
통제집단	3	3.25	3.67	-0.25	0.45	0.18	0.06
슬픔집단	4	3.00	3.67	1.00	0.11	0.45	1.00
슬픔집단	3	3.00	3.67	0.00	0.45	0.45	0.00
슬픔집단	3	3.00	3.67	0.00	0.45	0.45	0.00
슬픔집단	2	3.00	3.67	-1.00	2.79	0.45	1.00
슬픔집단	5	3.00	3.67	2.00	1.77	0.45	4.00
슬픔집단	1	3.00	3.67	-2.00	7.13	0.45	4.00
슬픔집단	4	3.00	3.67	1.00	0.11	0.45	1.00
슬픔집단	2	3.00	3.67	-1.00	2.79	0.45	1.00
분노집단	6	4.75	3.67	1.25	5.43	1.17	1.56
분노집단	7	4.75	3.67	2.25	11.09	1.17	5.06
분노집단	5	4.75	3.67	0.25	1.77	1.17	0.06
분노집단	4	4.75	3.67	-0.75	0.11	1.17	0.56
분노집단	4	4.75	3.67	-0.75	0.11	1.17	0.56
분노집단	3	4.75	3.67	-1.75	0.45	1.17	3.06
분노집단	5	4.75	3.67	0.25	1.77	1.17	0.06
분노집단	4	4.75	3.67	-0.75	0.11	1.17	0.56
제곱합(Σ)					45.33	14.33	31.00
					SS_T	SS_B	SS_W

합sum of squares을 구해야 한다. 제곱합은 **전체 제곱합**(SS_T)total sum of squares, **집단간 제곱합**(SS_B)between-group sum of squares, **집단내 제곱합**(SS_W)[2)]within-group sum of squares의 세 가지 형태로 구분된다. 각 제곱합은 다음 수식으로 정의된다:

전체 제곱합: $SS_T = \Sigma(Y_{ij} - \mu_T)^2$.

집단간 제곱합: $SS_B = \Sigma(\mu_i - \mu_T)^2$.

집단내 제곱합: $SS_W = \Sigma(Y_{ij} - \mu_i)^2$.

전체 제곱합은 집단간 제곱합과 집단내 제곱합으로 나누어진다:

전체 제곱합(SS_T)=집단간 제곱합(SS_B)+집단내 제곱합(SS_W).

$\Sigma(Y_{ij} - \mu_T)^2 = \Sigma(\mu_i - \mu_T)^2 + \Sigma(Y_{ij} - \mu_i)^2$.

앞서 〈표 12.1〉의 예시를 이용해 전체 제곱합, 집단간 제곱합, 집단내 제곱합을 아래의 〈표 12.2〉와 같이 계산할 수 있다. 전체 제곱합(SS_T)은 45.33이며, 이 값은 집단간 제곱합(SS_B)인 14.33과 집단내 제곱합(SS_W)인 31.00의 합과 동일하다.

2.2. 분산분석을 이용한 가설 검증

2.2.1. 분산분석의 가설

분산분석은 집단간 분산이 집단내 분산에 비해 얼마나 큰지를 기반으로, 집단간 평균 차이가 통계적 유의한 지를 검증한다. 분산분석에서 귀무가설(H_0)은 "모든 집단의 평균값은 다르지 않다"이고 대립가설(H_a)은 "모든 집단의 평균값이 동일하지 않다" 혹은 "적어도 하나의 집단 평균이 다른 집단과 다르다"이다. 따라서 대립가설이 유의한 경우, 이는 모든 집단 간 평균차이가 유의함을 의미하는 것이 아니라, 최소한 하나 이상의 평균값이 다른 집단과 유의하게 다르다는 것만을 의미한다.

귀무가설 H_0: 모든 집단의 평균값은 동일하다 ($\mu_{통제집단} = \mu_{슬픔집단} = \mu_{분노집단}$).

대립가설 H_a: 모든 집단의 평균값이 동일하지 않다.

2) 오차 제곱합(SS_{error})으로도 불린다.

2.2.2. F통계량을 이용한 분산분석

분산분석은 집단내 분산과 집단간 분산의 상대적 크기를 비교하며, 이때 사용되는 통계량은 *F*값F-statistic으로 다음과 같이 정의된다:

*F*값=집단간 분산/집단내 분산.

집단간 분산은 각 집단의 평균값의 차이가 클수록 그 값이 커지게 되며, 이는 조건으로 설명되는 효과가 클 가능성을 의미한다. 반대로 집단간 분산이 작은 경우에는, 조건의 효과가 설명하는 효과가 크지 않음을 나타낸다. 집단내 분산은 동일 조건 내에서의 응답값 차이를 나타내며, 무작위 오차error term로 간주된다.

분산분석이 *F*값을 이용하는 이유는 그 값이 설명된 분산이 설명되지 않은 오차 분산에 비해 상대적으로 얼마나 큰지를 나타내기 때문이다. 따라서 *F*값이 클수록 설명된 분산의 크기가 크며, 집단간 평균의 차이가 유의할 가능성이 높다. 반대로 *F*값이 작을수록 설명된 분산의 크기가 작으며, 유의확률도 낮다.

2.2.3. 분산분석표

분산분석의 결과는 〈표 12.3〉에서 보여지는 것과 같은 형태의 **분산분석표**ANOVA table로 제시된다. 분산분석의 결과를 해석하기 위해서는 분산분석 표의 요소와 분산분석 표를 만드는 과정을 이해해야 한다.

*F*값은 집단간 평균제곱과 집단내 평균제곱으로 결정되며, 이때 **평균제곱**mean squares은 제곱합을 **자유도**degree of freedom로 나눈 값이다. 평균제곱은 제곱합을 구성하는 자료의 수(즉, 자유도)로 나눈 값이기 때문에 표준화된 분산값이라고 할 수 있다. 평균제곱도 집단간 분산과 집단내 분산을 나누어 계산한다.

집단간 평균제곱(MS_B)between-group mean squares은 집단간 제곱합을 자유도로 나눈 값이며, 이때 집단간 분산의 자유도(df_B)는 "조건의 수(a)-1"이다. 따라서 집단간 평균제곱은 다음과 같이 정의된다: $MS_B=SS_B/df_B$.

집단내 평균제곱(MS_W or MS_E)within-group mean squares은 집단내 제곱합을 자유도로 나눈 값이며, 이때 집단내 분산의 자유도는 각 "집단의 관찰값(n)-1"을 조건의 수(a)로 곱한 값이다: $df_W=a(n-1)$. 따라서 집단내 평균제곱은 다음과 같다: $MS_W=SS_W/df_w$.

분산분석의 통계값인 *F*값은 집단간 평균제곱과 집단내 평균제곱을 이용해 계산된다:

F=집단간 평균제곱(MS_B)/집단내 평균제곱(MS_W).

*F*분포F-distribution는 0에서 무한대까지 범위를 가지며, 우측으로 긴 꼬리를 가진 좌우 비대칭asymmetric 형태이다. *F*분포는 두 개의 자유도를 가진다. 하나는 분자 자유도(df_1)이고 다른 하나는 분모자유도(df_2)이다. 분산분석에서는 집단간 분산의 자유도와 집단내 분산의 자유도가 사용된다: $F(df_B, df_W)$. 유의성 검증은 *F*값의 큰 정도를 우측검증을 이용해 이루어진다.

〈표 12.3〉 일원 분산분석 표

요인	제곱합(SS)	자유도(df)	평균제곱(MS)	*F*값	유의확률(*p*값)
집단간	SS_B	$df_B=a-1$	$MS_B=SS_B/df_B$	$F=MS_B/MS_W$	$p(F(df_B,\ df_W))>F$
집단내	SS_W	$df_W=a(n-1)$	$MS_W=SS_W/df_W$		
전체	SS_T	$df_T=an-1$	$MS_T=SS_T/df_T$		

2.2.4. 일원 분산분석 예시

앞에 살펴보았던 감정상태에 따른 음료수 선호 실험 자료를 이용해 분산분석을 실시해 보자. 분산분석의 결과는 〈표 12.4〉에 제시되었다. 앞선 〈표 12.2〉에서 구한 제곱합 값인 14.33(SS_B), 31.00(SS_W), 45.33(SS_T)을 두 번째 행에 기입한다. 그 다음 행은 자유도이다. 집단간 분산의 자유도는 "집단의 수-1"인 "2"이다. 집단내 분산의 자유도는 다음과 같다: $a(n-1)=3(7)=21$. 전체분산의 자유도 (an-1)는 23으로, 이는 집단간 자유도와 집단내 자유도를 합한 값과 동일하다. 다음으로 제곱합과 자유도를 이용해서 집단간 평균제곱과 집단내 평균제곱을 구한다. 이 값은 각각 7.17과 1.48이다.[3)]

마지막으로 집단간 평균제곱을 집단내 평균제곱으로 나누어 *F*값을 구하며, 예시에서 *F*값은 4.86(=7.17/1.48)이다. 이 *F*값은 분자 자유도 2와 분모 자유도 21인 F분포를 따른다: $F(2,\ 21)=4.86$. *F*값의 유의확률은 *F*분포표나 엑셀함수를 이용해 계산할 수 있다. 위 자료의 유의확률을 나타내는 *p*값은 .018로 유의수준 .05에서 귀무가설을 기각할 수 있다. 따라서 통계적으로 세 집단의 평균은 모두 동일하지는 않다는 결론을 내릴 수 있다.

---

3) 분산분석표에서 전체 평균제곱은 일반적으로 표시하지 않는다. 전체 평균제곱은 전체 제곱합(45.33)을 자유도(23)로 나눈 1.97이며, 이 공식$[\Sigma(\mu_i - \mu_T)^2/(N-1)]$과 수치는 전체 분산과 동일하다.

〈표 12.4〉 분산분석 표 예시

요인	제곱합	자유도	평균제곱	F값	p값
집단간	14.33	2	7.17	4.86	.018
집단내(오차)	31.00	21	1.48		
전체	45.33	23			

2.3. 분산분석의 효과크기

분산분석의 효과크기는 전체 분산 중에서 설명된 분산의 비율을 나타내며, 주로 η^2eta-squared: 에타 제곱, $\eta_p{}^2$partial eta-squared: 부분 에타 제곱, Cohen's f가 주로 사용된다. 분산분석에 사용되는 효과크기도 표본크기의 영향을 받지 않으며 다음과 같이 정의된다.

$$\eta^2 = SS_{effect}/SS_T = SS_B/SS_T.$$

$$\eta_p{}^2 = SS_{effect}/(SS_{effect} + SS_W) = SS_B/(SS_B + SS_W).$$

$$\text{Cohen's } f = \sqrt{\frac{\eta^2}{1-\eta^2}}.$$

먼저 η^2는 독립변수(집단간 평균차이)가 설명하는 집단간 제곱합(SS_B)을 전체 제곱합(SS_T)으로 나눈 값이다. 이는 전체 변량 중에서 독립변수가 설명하는 변량의 비율로 해석할 수 있으며, 회귀분석의 결정계수(R^2)와 유사한 개념이다. 위의 예시에서 η^2의 값은 0.316(14.33/45.33)이며, 이는 전체 제곱합(변량) 중에서 31.6%가 독립변수에 의해 설명됨을 의미한다.

$\eta_p{}^2$는 분모가 집단간 제곱합과 집단내 제곱합을 더한 값이라는 점에서 η^2와의 차이가 있다. 그러나 일원 분산분석의 경우에는 전체 제곱합은 집단간 제곱합과 집단내 제곱합으로 구성되기 때문에($SS_T = SS_B + SS_W$) $\eta_p{}^2$와 η^2의 값이 동일하다: $\eta_p{}^2=\eta^2=0.316$. 그러나 요인이 두 개 이상인 경우 두 값의 차이는 달라지게 된다.

마지막으로 Cohen's f는 η^2를 표준화한 값이다. 따라서 f 지수는 η^2를 이용해 계산할 수 있으며, 위의 예시에서의 값은 f=0.68이다. 살펴본 분산분석의 세 가지 효과크기 지수의 해석 방법은 〈표 12.5〉에 제시된 바와 같다.

〈표 12.5〉 분산분석 효과크기의 해석

	η^2	$\eta_p{}^2$	Cohen's f
작은 효과크기	η^2=0.01	$\eta_p{}^2$=0.01	f=0.10
중간 효과크기	η^2=0.06	$\eta_p{}^2$=0.06	f=0.25
큰 효과크기	η^2=0.14	$\eta_p{}^2$=0.14	f=0.40

Ⅲ. 일원 분산분석의 평균비교

3.1. 총괄검증과 평균비교

앞서 살펴본 예시에서 분산분석은 유의한 것으로 나타나 세 집단의 평균이 모두 동일하지는 않다는 결과를 보여주었다. 그러나 이러한 결과는 세 집단의 평균 중에서 구체적으로 어떤 집단 간에 유의한 차이가 있는지를 보여주지는 못한다. 이러한 특성을 반영해, 전반적인 평균값 차이에 대한 분석을 **총괄검증**omnibus test이라고 부른다.

총괄검증의 유의성이 확인된 이후에는, 개별 집단 간 평균 차이가 통계적으로 유의한지를 검증하기 위한 추가적인 분석이 필요하다. **평균비교**cell-mean contrast는 각 조건 간 평균 차이에 대한 구체적인 통계적 검증을 수행하는 절차를 의미한다.

평균비교는 사전 분석 계획의 유무에 따라 계획비교와 사후비교로 구분되기도 한다. **계획비교**planned contrast는 총괄검증 이전에 연구자가 이미 계획한 평균차이 분석을 실시하는 경우를 말하며, 이 경우 추가 분석은 명확한 이론적 가설이나 연구 목적에 기반해서 수행한다. **사후비교**post hoc contrast는 총괄검증 결과가 유의한 것으로 나타난 이후에 사전 계획 없이 수행되는 추가 분석을 의미한다. 사후비교는 탐색적exploratory 성격을 띤다. 실제 연구에서는 대부분의 연구자가 사전에 자료 분석에 대한 계획을 가지고 있기 때문에, 평균비교는 일반적으로 계획비교의 형태로 이루어진다.

3.2. 평균비교의 F검증

평균비교의 경우에도 F값을 이용해 통계적 유의성을 검증한다. 이때 F분포의 분자 자유도는 항상 1이며, 분모 자유도는 총괄검증에서 사용된 집단내 분산의 자유도와 동일하다. 따라서 평균비교의 F분포는 $F(1, df_W)$의 형태를 따른다. 위의 예시에서 평균비교에 사용되는 F분포의 자유도는 1과 21이 된다.

평균비교의 F값은 **평균비교 평균제곱**(MS_C) mean square for contrast을 집단내 평균제곱(MS_W)으로 나눈 값으로 다음과 같다:

$$F(1, df_W) = MS_c / MS_W.$$

위의 식에서 평균비교 평균제곱은 평균제곱 제곱합(SS_C)과 자유도 1을 이용해 계산한다. 평균비교의 경우 자유도는 1이기 때문에 평균제곱 제곱합과 평균제곱은 항상 동일하며($SS_C = MS_C$), 다음과 같이 계산한다:

$$SS_C = MS_C = \frac{[\sum(c_j \mu_j)]^2}{\sum(c_j^2 / n_j)}, \qquad \text{(식 12.4)}$$

c: 비교계수,
μ_j: 각 집단의 평균,
n_j: 각 집단의 표본수.

평균비교의 F값을 구하기 위해서는 비교계수(c), 각 집단의 평균(μ_j), 각 집단의 표본수(n_j)에 대한 정보가 있어야 한다. 또한 총괄분석에서 사용되는 집단내 평균제곱(MS_W)과 집단내 분산의 자유도(df_W)에 대한 정보도 필요하다. 비교계수는 연구자가 평균비교를 위해 사용하는 집단평균의 선형결합에 대한 정보이다. 비교계수를 어떻게 정의하는지에 따라 어느 평균 차이를 검증할 지 결정하며, 자세한 내용은 "3.3. 비교계수"에서 다루고자 한다. 평균비교를 위해 필요한 나머지 정보는 자료의 분석을 통해 얻을 수 있다. 위의 식에 필요한 수치가 정해진 후에 평균비교 F값의 유의도를 구하며, 이 값의 유의확률에 따라 비교하는 평균의 차이가 유의한 지를 결정한다. 이를 평균비교의 분산분석 표로 표시하면 아래의 〈표 12.6〉과 같다.

〈표 12.6〉 평균비교 분산분석표 예시: 통제집단과 슬픔집단의 비교

요인	제곱합	자유도	평균제곱	F값	p값
평균비교	SS_C	1	$MS_C = SS_C$	$F = MS_C/MS_W$	$p(F(1, df_W)) > F)$
집단내	SS_W	$df_W = a(n-1)$	$MS_W = SS_W/df_w$		

정확한 평균비교를 위해서는 비교계수를 어떻게 설정해야 하는지에 대한 이해가 반드시 필요하다. 따라서 비교계수를 다음 절에서 먼저 다룬 후에, 예시를 이용해 평균비교

를 방법을 설명하고자 한다.

3.3. 비교계수

평균비교를 위해 비교계수를 정의해야 한다. **비교계수**(c)contrast coefficient는 평균비교에 사용되는 평균값을 정의하는 벡터vector로, n개의 조건을 갖는 경우 n개 값으로 구성된다:

$$c=[c_1, c_2, \cdots, c_n].$$

비교계수 벡터에서 0은 평균비교에 사용되지 않는 조건을, 0이 아닌 숫자는 평균비교에 사용되는 조건의 가중치를 의미한다. 검증하는 가설에 근거해 비교계수를 정의하며, 비교계수의 합은 항상 0이 되어야 한다: $\Sigma c_j=0$.

예를 들어, 세 조건 중에서 첫 번째 조건과 두 번째 조건의 평균값을 비교하는 경우 비교계수는 [1, -1, 0]으로 정의한다. 분석 목적에 따라 다양한 조합을 구성할 수 있으며, 이때도 비교계수의 합은 0이 되어야 한다. 두 번째 조건과 세 번째 조건을 비교하는 경우 [0, 1, -1]로 같이 정의한다. 보다 복잡한 조합의 구성도 가능하다. 예를 들어 첫 번째 조건 대비 두 번째와 세 번째 조건의 평균을 비교하는 경우 [1, -1/2, -1/2] 혹은 [2, -1, -1]로 비교계수를 정의한다.[4)]

비교계수를 이용하면 분산분석에서 조건에 따른 평균값의 차이가 유의한 선형linear 혹은 비선형nonlinear 관계가 있는지에 대한 검증도 가능하다. 이와 같은 분석을 추세분석이라고 하며 구체적인 내용은 본 장의 "3.7. 추세분석"에서 다룬다.

3.4. 평균비교의 효과크기

평균비교의 효과크기는 Cohen's *d*를 일반적으로 사용한다. Cohen's *d*는 두 집단의 평균비교의 효과크기를 나타내는데 가장 널리 사용되는 지수이다("제10장"참조). Cohen *d*는 다음과 같이 계산된다:

$$\text{Cohen's } d = (\mu_1 - \mu_2)/\text{결합 표준편차}$$

4) 이 경우 [1, -1/2, -1/2]과 [2, -1, -1]은 동일한 결과를 보여준다. 즉 비교계수를 선형변환linear transformation 하더라도 동일한 결과를 얻게 된다. 즉, [1, -1, 0]은 [1/2, -1/2, 0]이나 [-1, 1, 0]과 동일한 평균비교의 결과를 보여준다.

결합 표준편차pooled SD는 집단들의 평균 표준편차이다. 분산분석에서는 집단내 평균제곱(MS_W)이 각 집단 분산의 평균을 의미한다. 따라서 분산분석의 총괄분석을 실시한 후, 추가분석으로 평균비교를 하는 경우 평균제곱의 제곱근($\sqrt{MS_W}$)을 Cohen's d의 분모로 사용할 수 있다. 이는 집단내 평균제곱(MS_W)이 각 집단의 평균 분산을 나타내므로, 그 제곱근을 취하면 각 집단의 평균 표준편차가 되기 때문이다.

3.5. 평균비교 예시

앞서 살펴본 감정상태가 음식 선호에 미치는 영향에 관한 예시를 이용해 평균비교 방법을 알아보자. 세 감정 조건의 평균은 〈표 12.7〉과 같다. 앞서 실시한 총괄검증에서의 귀무가설은 세 집단의 평균이 모두 동일하다(3.25=3.00=4.75)였으며, 검증 결과 이 귀무가설은 기각되었다. 이 결과는 세 집단의 평균이 모두 같지는 않음을 시사하지만, 어느 집단 간 평균 차이가 유의한지에 대한 정보는 제공하지 않는다. 따라서 이 경우 추가적으로 평균비교를 통해 집단 간 평균 차이의 유의성을 검증할 수 있다.

〈표 12.7〉 감감정상태에 따른 구매의도의 평균(표준편차)

통제집단	슬픔집단	분노집단
3.25 (1.04)	3.00 (1.31)	4.75 (1.28)

세 조건이 있는 경우 가능한 평균 비교 쌍은 세 가지($_3C_2$)이며, 각 쌍에 대한 평균비교를 통해 차이가 유의한 지를 검증할 수 있다. 먼저 통제집단(M=3.25)과 슬픔집단(M=3.00)의 차이가 유의한 지를 평균비교를 통해 검증해 보도록 하자. 이 경우 비교계수는 [1, -1, 0]으로 정의된다. 아래의 〈표 12.8〉는 평균비교를 위한 필요한 계산 절차를 보여준다. 집단평균과 표본수는 앞선 분석을 통해 이미 확보되어 있으며, 설정한 비교계수를 기준으로 평균비교 제곱합(SS_C)을 계산해야 하다. (식 12.4)에 따라 분자는 $[\Sigma(c_j\mu_j)]^2$로 계산되며, 본 예에서는 0.0625이다. 분모는 $\Sigma(cj^2/nj)$로 계산되며 0.25의 값을 가진다. 주어진 값에서 평균비교 제곱합(SS_C)은 다음과 같다.

SS_C=0.0625/0.25=0.25.

〈표 12.8〉 평균비교를 위한 계산 예시

	통제집단	슬픔집단	분노집단		
집단평균(μ_j)	3.25	3.00	4.75		
표본수(n_j)	8	8	8	합계	합계^2
비교계수(c_j)	1	-1	0	0	
$c_j\mu_j$	3.25	-3.00	0	0.25	0.0625 (분자)
c_j^2	1	1	0		
c_j^2/n_j	0.125	0.125	0	0.25 (분모)	

이제 평균비교에 필요한 모든 입력값이 구해졌으며, 이를 기반으로 통제집단과 슬픔집단의 평균차이를 검증할 수 있다. 평균비교의 제곱합(SS_C)은 0.25이고 자유도는 1이기 때문에 평균제곱(MS_C)도 동일하게 0.25이다. 집단내 제곱합(SS_W), 자유도, 평균제곱(MS_W)은 〈표 12.4〉에서 얻어진 총괄분석의 통계치를 사용하며, 이를 분모로 사용한 F값은 다음과 같다:

$$F(1,\ 21) = MS_C/MS_W = 0.25/1.48 = 0.17$$이다.

이 F값의 유의도(p값)를 알아보면 0.685로 통제집단과 슬픔집단의 평균 차이는 통계적으로 유의하지 않은 것으로 나타났다. 이 결과는 〈표 12.9〉에 분산분석 표로 제시되었다.

〈표 12.9〉 평균비교 분산분석 표

	제곱합	자유도	평균제곱	F값	p값
평균비교	0.25	1	0.25	0.17	0.685
집단내	31.00	21	1.48		

통제집단과 슬픔집단의 평균비교 외에도, 다양한 조건 간 평균비교를 추가로 수행할 수 있다. 그러나 여러 쌍의 평균비교를 반복적으로 계산하는 과정은 번거로울 뿐만 아니라 실수의 가능성도 높다. 이러한 문제를 줄이기 위해, 엑셀Excel과 같은 스프레드시트를 이용한 템플릿을 만들어 사용하는 것이 효율적이다. 예를 들어, 본 저서가 제공하는 "SA12.1 Oneway ANOVA contrast.xlsx" 파일은 일원 분산분석의 평균비교를 위해 만들어진 템플릿이다. 본 템플릿의 구성은 [그림 12.1]과 같다. 노란색 영역은 연구자가 입력해야 하는 부분이다. 특히, 비교계수(c_j)를 수정하면 다양한 조합의 평균비교를 손쉽

게 실행할 수 있다.

[그림 12.1]에서 보여주는 내용은 앞서 검증한 통제집단(condition 1)과 슬픔집단(condition 2)의 평균비교이다. 엑셀에서 계산한 평균비교 결과는 〈표 12.9〉와 동일함을 알 수 있다. 또한 이 엑셀 템플릿은 입력값에 근거해 Cohen's d 지수도 자동으로 계산해 준다. 이 분석에서 Cohen d값은 0.21로 작은 효과크기로 해석된다.

	A	B	C	D	E	F	G	H	I
1	File: SA12.1 Oneway ANOVA contrast								
2				condition 1	condition 2	condition 3		Error df	MSE
3	Input cells		mean (μ_j)	3.25	3.00	4.75		21	1.476
4			n_j	8	8	8			
5							sum	sum^2	
6			c_j	1	-1	0	0		
7			$c_j\mu_j$	3.25	-3	0	0.25	0.0625	
8			c_j^2	1	1	0			
9			c_j^2/n_j	0.125	0.125	0	0.25		
10									
11									
12	ANOVA table		SS	df	MS	F	p	Cohen's d	
13		Contrast	0.25	1	0.25	0.17	0.685	0.21	
14		Error (within group)	31.00	21	1.48				

[그림 12.1] 일원 분산분석의 평균비교를 위한 엑셀 템플릿 예시

아래의 〈표 12.10〉은 추가적으로 실시할 수 있는 평균비교의 예시들과 검증결과이다. 예를 들어, 통제집단과 분노집단의 평균비교는 비교계수 [1, 0, -1]을 사용하며, 슬픔집단과 분노집단의 비교는 비교계수는 [0, 1, -1]을 사용한다. 마지막 행은 통제집단과 두 감정집단(슬픔집단, 분노집단)의 평균의 차이를 검증하며, 비교계수는 [1, -0.5, -0.5]를 사용한다. 세 번째 열은 평균비교에 대한 F검증 결과를 보여준다. 예를 들어, 통제집단과 분노집단의 차이는 통계적으로 유의한 것으로 나타났다 ($F(1, 21)=6.08$, $p=.022$). 마지막 열은 동일한 평균비교에 대한 t검증 결과를 보여준다. 평균비교에서 일반적으로 F검증이 사용되나 t검증 결과를 보고하는 경우도 있다.[5] 두 검증결과는 "$F=t^2$"또는 "$\sqrt{F}=t$"의 관계로 동일하다.

5) 단측검증one-tailed test을 사용하는 경우 대칭형 분포를 가지는 t검증을 사용한다.

〈표 12.10〉 평균비교 예시

비교 대상	비교계수	평균비교: F검증	평균비교: t검증
통제집단 vs. 분노집단	[1, 0, -1]	$F(1, 21)=6.08$ $p=.022$	$t(21)=2.47$ $p=.022$
슬픔집단 vs. 분노집단	[0, 1, -1]	$F(1, 21)=8.28$ $p=.009$	$t(21)=2.88$ $p=.009$
통제집단 vs. (슬픔집단, 분노집단)	[1, -0.5, -0.5]	$F(1, 21)=1.41$ $p=.248$	$t(21)=1.19$ $p=.248$

3.6. 평균비교와 표본분할 검증의 차이

분산분석에서 조건 간의 평균비교를 위해 비교 대상 집단만을 선택하여 별도로 분산분석이나 t검증을 하는 경우가 있으나, 이러한 분석 방식은 일반적으로 권장되지 않는다. 예를 들어, 앞선 예시에서 슬픔집단과 분노집단의 평균비교를 위해 표본분할 t검증을 사용하는 예를 들어보자. 자료에서 통제집단을 제외하고 슬픔집단과 분노집단을 선택하는 경우 표본 수는 16명(조건당 8명)이다. 독립표본 t검증을 사용한 통계값은 다음과 같다:

$$t = \frac{\mu_{분노} - \mu_{슬픔}}{\sqrt{\left(\frac{\sigma^2_{분노}}{n_{분노}}\right)+\left(\frac{\sigma^2_{슬픔}}{n_{슬픔}}\right)}} = \frac{4.75 - 3.00}{\sqrt{\left(\frac{1.64}{8}\right)+\left(\frac{1.72}{8}\right)}} = 2.70$$

이 t분석의 자유도는 $(N-2)$인 14이며, 검증결과 $t(14)=2.70$, $p=.017$로 유의한 것으로 나타났다. 그러나 이 결과는 동일한 조건 간의 평균비교cell-mean contrast 결과($t(21)=2.88$, $p=.009$)와는 다르다. 이러한 차이는 자유도와 오차항(분석의 분모)의 차이에서 비롯된다. 자유도의 경우 평균비교의 자유도는 21이지만, 표본분할 검증의 자유도는 더 작은 14이다. 오차항의 경우도 평균비교는 전체 응답자를 기반으로 한 총괄검증의 오차를 사용하지만, 표본분할은 분석에 포함된 표본만으로 오차항이 계산된다.

평균비교의 경우 전체 자료를 기반으로 하기 때문에 통계 검증력이 더 높고 오차항도 더 신뢰도가 높다는 장점이 있다. 또한 모든 분석에 동일한 오차항을 사용한다는 측면에서 평균비교 결과의 일관성을 유지할 수 있다는 장점도 있다. 따라서 전체 자료를 이용한 평균비교가 권장되는 분석 방법이다.

3.7. 추세분석

추세분석trend analysis은 분산분석 내에서 선형 혹은 비선형 추세를 검증하는 방법으로, 평균비교의 특수한 형태에 해당하다. 따라서 추세분석은 평균비교와 동일한 방법으로 행해지며, 분자의 자유도도 항상 1이다.

추세분석이 사용되는 경우는 투약 횟수, 시간, 학습 시간 등과 같이 독립변수가 순서를 가지는 조건들인 경우이다. 추세분석을 이용해 선형 추세linear trend 뿐만 아니라 2차 추세quadratic trend나 3차 추세cubic trend와 같은 비선형 추세에 대한 검증이 가능하다. 검증 가능한 추세의 차수는 독립변수 조건의 수에 따라 결정되며, "조건의 수 -1"차 추세까지 검증이 가능하다. 즉, 세 조건이 있는 경우 선형 추세와 2차 추세의 검증이 가능하고, 네 조건이 있는 경우 3차 추세까지 추가로 검증이 가능하다.

추세분석의 검증은 조건의 수와 검증하는 추세에 맞는 추세분석의 비교계수contrast

〈표 12.11〉 추세분석에 사용되는 비교계수

조건의 수	추세	조건						
		1	2	3	4	5	6	7
2	선형	-1	1					
3	선형	-1	0	1				
	2차	1	-2	1				
4	선형	-3	-1	1	3			
	2차	-1	1	1	-1			
	3차	-1	3	-3	1			
5	선형	-2	-1	0	1	2		
	2차	2	-1	-2	-1	2		
	3차	-1	2	0	-2	1		
	4차	1	-4	6	-4	1		
6	선형	-5	-3	-1	1	3	5	
	2차	5	-1	-4	-4	-1	5	
	3차	-5	7	4	-4	-7	5	
	4차	1	-3	2	2	-3	1	
7	선형	-3	-2	-1	0	1	2	3
	2차	5	0	-3	-4	-3	0	5
	3차	-1	1	1	0	-1	-1	1
	4차	3	-7	1	6	1	-7	3

coefficient를 사용해서 이루어진다. 일반적으로 많이 사용되는 추세분석의 비교계수는 〈표 12.11〉에 제시되어 있다.

세 조건 일원 분산분석을 통해 선형 추세분석과 2차 추세분석의 예시를 살펴보자. 한 연구에서 연습 횟수가 과제 성과에 미치는 영향을 실험을 통해 검증하였다. 총 30명의 연구참가자가 무선할당을 통해 세 조건(각 10명)에 배정되었다. 각 조건의 연습 횟수는 1번, 3번, 5번이었다. 연습 후 수행한 과제에서 성과는 아래의 [그림 12.2]와 같다. 일원 총괄 분산분석 결과는 유의했으며(F(2, 27)=7.38, p=.003), 집단내 평균제곱(MS_W)은 2.20이었다,

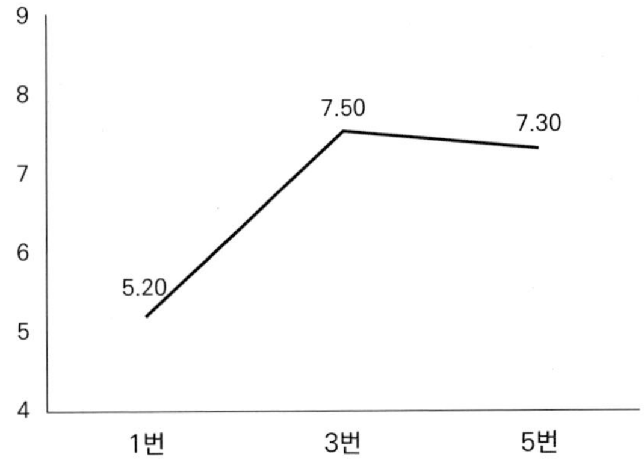

[그림 12.2] 연습 횟수와 성과의 연관성 예시

이 예시에서는 조건이 3개 이기 때문에 선형 추세분석과 2차 추세분석을 실시할 수 있다. 평균비교에 사용되는 엑셀 템플릿(SA12.1 Oneway ANOVA contrast.xlsx)을 사용하면 추세분석도 동일한 방식으로 수행할 수 있다. 분석 결과는 〈표 12.12〉와 같다. 선형 추세의 경우 비교계수 [-1, 0, 1]을 사용하며, 분석 결과는 유의한 것으로 나타났다(F(1, 27)=10.02, p=.004). 이는 연습 횟수가 증가할수록 과업의 성과가 증가하는 경향이 있음을 보여주었다. 또한 비교계수 [1, -2, 1]을 이용한 2차 추세도 유의했다(F(1, 27)=4.73, p = .038). 이 결과는 연습 횟수가 증가할수록 과업 성과가 증가하지만, 증가폭이 감소하는 오목함수concave function 형태의 관련성이 있음을 의미한다.[6]

6) 회귀분석과 달리 분산분석의 추세분석은 2차함수가 볼록함수인지 오목함수인지의 방향성은 보여주지 못한다. 따라서 이 해석은 유의한 2차 추세분석 결과와 [그림 12.2]에서 나타난 함수의 형태에 근거해 이루어졌다.

〈표 12.12〉 추세분석 예시

	비교계수	추세분석 결과
선형 추세	[-1, 0, 1]	$F(1, 27)=10.02$, $p=.004$
2차 추세	[1, -2, 1]	$F(1, 27)=4.73$, $p=.038$

3.8. 제1종 오류의 통제

3.8.1. 평균비교와 제1종 오류

총괄 분산분석이후 다수의 평균비교를 하는 경우 비교의 수가 많아질수록 제1종 오류가 나타날 확률이 높아진다. 제1종 오류란 귀무가설이 참인 경우(실제 유의한 차이가 없는 경우), 귀무가설을 기각할(통계적으로 유의한 차이를 발견할) 확률을 의미하며, 일반적으로 0.05 수준에서 통제한다. 평균비교의 개수가 증가할수록 제1종 오류가 나타날 확률이 증가한다. 따라서 다수의 평균비교를 하는 경우 제1종 오류를 통제하는 방법에 대한 많은 제안들이 있어왔다.

3.8.2. 제1종 오류 통제 방법

다양한 제1종 오류를 통제하는 방법이 제시되었으며, 대부분의 제어 방법은 제안한 연구자의 이름을 따서 지칭된다(예, Bonferroni 수정). 일반적으로 많이 사용되는 방법은 Bonferroni, Tukey, Scheffé, Dunnett이 제안한 방법들이 있으며, 이 외에도 다양한 기법들이 제시되었다Keppel & Wickens, 2004. 각 방법은 적용 가능한 분석, 통계적 가정, 오류 통제 방식 등에서 차이가 있다.

제1종 오류를 수정하는 방법은 크게 두 가지 유형이 있다. 첫 번째 유형은 유의수준을 더 낮은 수준으로 보정하여 사용하는 방법이다. 이 유형에 속하는 방법으로 Bonferroni 수정Bonferroni correction이 있다. 이 방법은 유의수준(α)을 비교하는 개수로 나눈 보정된 유의수준을 사용한다. 예를 들어, 10개의 사후비교가 실시되는 경우 보정된 유의수준은 .005(.05/10)가 된다. Bonferroni 수정은 유의수준을 지나치게 낮추는 단점이 있어서 Holm-Bonferroni 방법과 같이 개선된 기법들이 제시되기도 했다. 두 번째 유형은 통계적 유의수준을 결정하는 통계값인 임계값critical value을 더 높게 조정하는 방법이며, Tukey 검증Tukey test, Scheffé 방법Scheffé's method, Dunnett 검증Dunnett's test이 이 유형에 속한다.

3.8.3. 제1종 오류 통제의 필요성

그렇다면 모든 평균비교에서 제1종 오류의 통제는 필요할까? 일반적으로 평균비교가 사전에 계획된 계획비교planned contrast인 경우에는 제1종 오류의 통제가 반드시 필요하지 않으나, 사후비교post-hoc contrast인 경우에는 제1종 오류의 통제가 필요하다는 견해가 일반적으로 받아들여진다. 그러나 모든 분야, 모든 연구자가 동일한 의견을 가지고 있지는 않다. 또한 제1종 오류의 통제는 통계적 검증력을 낮추어 제2종 오류의 가능성을 높일 수 있다는 단점이 있음도 고려해야 한다.

실제 연구에서 제1종 오류의 통제가 사용되는 빈도는 그리 많지 않다. 그 이유는 크게 두 가지로 요약할 수 있다. 첫째 이유는 대부분의 평균비교가 계획비교이기 때문에 제1종 오류의 통제가 의무적이지는 않기 때문이다. 둘째 이유는 제1종 오류 통제 시에 유의수준이 낮아지기 때문에 최근 중요하게 여겨지는 통계 검증력에 부정적인 영향을 미치기 때문이다. 따라서 본 저서는 관련 내용을 구체적으로 다루지 않으며, 필요한 경우 본 장의 마지막에 제시된 참고자료나 참고문헌을 참고할 수 있다.

3.9. 이론 검증에 있어서의 평균비교의 중요성

일반적인 통계학 교과서에서는 분산분석에 대해 기초 개념과 총괄분석 통한 유의도 검증 수준까지만 다루는 경우가 많다. 그러나 정교한 이론이나 구체적인 가설을 검증하기 위해서는, 보다 정밀한 분석 단계인 "자유도 1"의 비교, 즉 평균비교가 최종적으로 필요하다. 특히, 두 조건 간의 평균 차이를 직접적으로 검증하는 평균비교는 연구 데이터가 이론적 예측이나 가설을 지지하는지를 판별하는 핵심적인 검증 도구이다. 따라서 연구자는 평균비교를 이론적 맥락에 부합하도록 적절히 설계하고, 통계적으로 정확하게 수행해야 한다.[7)]

이러한 원칙은 다차원 요인분석multi-factor ANOVA이나, 다음 장에서 다룰 집단내 분산분석within-subjects ANOVA및 혼합 분산분석mixed-design ANOVA에서도 동일하게 적용된다. 다시 말해, 자유도 1의 평균비교는 이론적 해석의 핵심 수단으로, 다양한 실험 설계에서도 일관되게 중요하게 다루어져야 한다.

---

7) 범주형 자료 분석에 사용되는 x^2검증도 정교한 이론 검증을 위해서는 "자유도 1"에 해당하는 검증이 필요하다.

Ⅳ. 요인 분산분석

요인 분산분석factorial ANOVA은 두 개 이상의 독립변수(요인: factor)가 포함된 실험 설계에서, 독립변수의 주효과와 상호작용효과를 동시에 분석하는 분산분석이다. 독립변수의 개수에 따라, 두 개인 경우 2원 분산분석two-way ANOVA, 세 개인 경우 3원 분산분석three-way ANOVA과 같이 차원의 수에 따른 이름으로 불린다.

요인 분산분석은 주효과와 상호작용 효과를 동시에 분석한다. **주효과**main effect는 각 독립변수가 다른 독립변수와 무관하게 종속변수에 미치는 영향을 나타낸다. **상호작용 효과**interaction effect는 한 독립변수의 효과가 다른 독립변수의 수준에 따라 달라지는 조절효과moderation를 의미한다.

본 장에서는 요인 분산분석 중에서 가장 기본적이면서도 널리 사용되는 2원 분산분석을 중심으로 설명하며, 더 높은 차원의 요인분산분석은 이를 확장한 형태로 이해할 수 있다.

4.1. 2원 분산분석

2원 분산분석2-way ANOVA은 독립변수가 2개인 분산분석으로, 각 독립변수가 갖는 조건의 수에 따라 2×2 분산분석, 2×3 분산분석 등으로 불리기도 한다. 예를 들어, 2×2 분산분석은 가장 기본적인 구조로, 각 독립변수가 2개의 조건을 가지는 경우이다. 반면, 2×3 분산분석은 한 독립변수는 2개의 조건(예, 성별: 여성, 남성), 다른 독립변수는 3개의 조건(관여도: 저, 중, 고)을 가지는 경우이다.

4.1.1. 주효과와 상호작용 효과

2원 분산분석을 가장 단순한 형태인 2×2 분산분석의 예시를 이용해 설명하고자 한다. 한 연구자가 기부광고의 메시지 유형(이성소구 vs. 감성소구)과 기부자의 정치성향(진보 vs. 보수)이 기부의도에 미치는 영향을 연구하고자 하였다. 이 연구의 디자인은 2(기부메시지: 이성소구 vs. 감성소구)×2(정치성향: 진보성향 vs. 보수성향) 집단간 설계이며, 각 조건당 40명씩, 총 160명의 연구참여자가 무선 배정되었다. 기부 메시지 유형은 논리적 설득을 중심으로 한 이성소구 메시지인지, 감정에 호소하는 감성소구 메시지인지에 따라 두 조건으로 조작되었다. 참가자의 정치성향은 자기보고self-report를 통해 진보성향과 보수성향으로 구분하였다.[8] 연구의 종속변수는 기부의도로, 연구참여자가 광고에 제시된 수혜자에게 기부할 의도를 7점 척도로 측정하였다. 각 조건의 평균은 〈표 12.13〉과 같다. 관련 데이터는 본서에 포함된 "Data 12-2_ANOVA01_2x2" 파일에 포함되어 있다.

〈표 12.13〉 2x2 집단간 설계 연구 결과 예시: 기부 메시지와 정치성향이 기부의도에 미치는 영향

기부 메시지	정치성향		
	진보성향	보수성향	평균
이성소구	4.00	3.50	3.75
감성소구	3.60	4.30	3.95
평균	3.80	3.90	3.85

요인 분산분석의 결과는 주효과와 상호작용 효과로 구분된다. 위의 예시에서 보여준 2×2 요인 설계의 경우에는 두 개의 독립변수 각각의 주효과와 두 변수 간의 상호작용 효과를 분석할 수 있다. 기부메시지 주효과는 다른 변수(정치성향)와 무관한, 이성소구(M=3.75)와 감성소구(M=3.95) 조건 간의 평균 차이를 의미한다. 유사하게 정치성향의 주효과는 메시지의 소구 유형과 무관하게 나타나는 진보성향(M=3.80)과 보수성향(M=3.90) 조건의 차이이다. 상호작용 효과는 기부 메시지가 기부의도에 미치는 영향이 연구참여자의 정치성향에 달라지는 정도를 의미한다. 진보성향 조건의 경우 이성소구

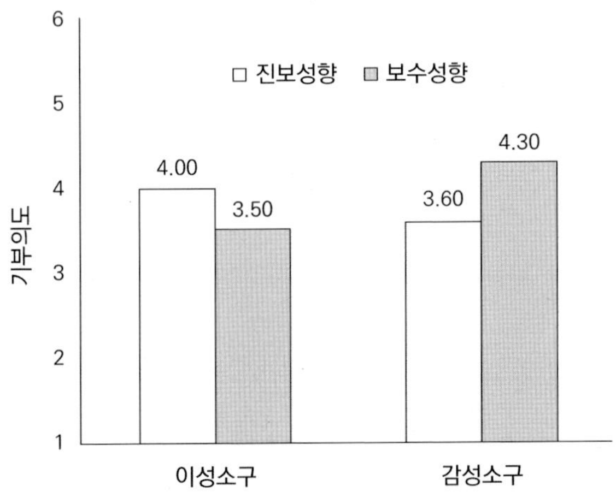

[그림 12.3] 2×2 집단간 결과 예시: 기부 메시지와 정치성향이 기부의도에 미치는 영향

8) 정치성향은 일반적으로 연속형 변수(예, 7점 척도)로 측정된다. 본 예시는 분산분석을 보여주기 위해 정치성향이 이항변수로 측정되었다고 가정하였다.

조건(M =4.00)이 감성소구 조건(M =3.60)보다 기부의도가 더 높았다. 보수성향 조건의 경우에는 이성소구 조건(M =3.50)이 감성소구 조건(M =4.30)보다 기부의도가 더 낮게 나타났다. 상호작용 효과는 이와 같은 한 변수의 영향이 다른 변수의 조건에 따라 달라지는 정도를 나타낸다. 상호작용 효과를 그림으로 설명하면 [그림 12.3]이 보여주듯이 종속변수의 한 변수의 영향력이 보여주는 기울기 혹은 방향성이 다른 변수에 따라 달라짐을 의미한다.

4.1.2. 주효과와 상호작용 효과 검증

모든 2원 분산분석은 두 개의 주효과와 한 개의 2원 상호작용효과를 검증한다. 〈표 12.14〉는 두 독립변수 A와 B를 포함하는 연구 설계의 예시를 보여주고 있다. A와 B는 각각 a개(A1, A2, …, Aa)와 b개(B1, B2, …, Bb)의 조건을 포함하고 있는 a×b 요인설계이다. 이때, 각 조건에 따른 평균값(μ)은 〈표 12.14〉과 같이 표시될 수 있다.

A의 주효과는 A변수의 각 조건 간 평균 차이에 관한 검증이며, 귀무가설은 $\mu_{A1}=\mu_{A2}=\cdots=\mu_{Aa}$이다. B의 주효과는 B변수의 각 조건 간 평균 차이에 관한 검증으로, 귀무가설은 $\mu_{B1}=\mu_{B2}=\cdots=\mu_{Bb}$이다. A×B 상호작용은 한 변수의 효과가 다른 변수의 조건에 따라 달라지는 정도이다.

〈표 12.14〉 a×b 설계의 각 조건 평균값

	B1	B2	…	Bb	평균
A1	μ_{11}	μ_{12}		μ_{1b}	μ_{A1}
A2	μ_{21}	μ_{22}		μ_{2b}	μ_{A2}
…				…	
Aa	μ_{a1}	μ_{a2}	…	μ_{ab}	μ_{Aa}
평균	μ_{B1}	μ_{B1}		μ_{Bb}	μ_{T}

A와 B의 두 요인의 주효과와 상호작용 효과(A×B)를 검증하는 이원 분산분석의 일반적 절차는 〈표 12.15〉에 제시되어 있다. 우선 주효과 검증 방법을 살펴보고 다음에 상호작용 효과 검증방법을 알아보도록 하자.

〈표 12.15〉 2원 분산분석 표

요인	제곱합	자유도	평균제곱	F값
A 주효과	SS_A	$df_A=a-1$	$MS_A=SS_A/df_A$	$F=MS_A/\ MS_W$
B 주효과	SS_B	$df_B=b-1$	$MS_B=SS_B/df_B$	$F=MS_B/\ MS_W$
A×B 상호작용	$SS_{A\times B}$	$df_{A\times B}=(a-1)(b-1)$	$MS_{A\times B}=SS_{AxB}/df_{AxB}$	$F=MS_{A\times B}/\ MS_W$
집단내	SS_W	$df_W=ab(n-1)$	$MS_W=SS_W/df_w$	
전체	SS_T	$df_T=abn-1$	$MS_T=SS_T/df_T$	

(1) 주효과 검증

주효과의 검증 방법은 다른 독립변수의 영향을 배제한 상태에서 각 독립변수의 효과를 평가하는 것이다. A의 주효과에 대한 검증은 A 변수의 평균값이 모두 동일한지 여부를 검증한다고 할 수 있다. 즉, A 주효과의 귀무가설과 대립가설은 다음과 같다.

H_0: $\mu_{A1} = \mu_{A2} = \cdots = \mu_{Aa}$.

H_A: 모든 μ_{Aj}가 동일하지는 않다.

A 주효과의 집단간 제곱합(SS_A)은 다음과 같이 정의된다: $SS_A=\Sigma(\mu_{Ai}-\mu_T)^2$. A의 자유도는 a-1로 A 변수의 조건 개수에서 1을 뺀 값이다($df_A=a-1$). A 주효과의 평균제곱(MS_A)은 제곱합을 자유도로 나눈 값이다: $MS_A=SS_A/df_A$. 집단내 평균제곱은 집단내 제곱합(SS_W)을 집단내 자유도($df_W=ab(n-1)$)로 나눈 값이 된다: $MS_W=SS_W/df_W$. A의 주효과는 F검증을 통해 이루어진다. F값은 A주효과의 평균제곱을 집단내(오차) 평균제곱으로 나눈 값이다: $F=MS_A/MS_W$. 이때 A 주효과를 검증하는 F분포의 자유도는 (df_A, df_W)가 된다. 동일한 방법으로 B 변수의 조건 간 평균 차이(H_B: μ_{Bj}는 모두 동일하지 않다)에 관한 B 주효과도 F값을 이용해 검증한다.

(2) 상호작용 효과 검증

2원 분산분석에서는 상호작용 효과(A×B)도 동시에 검증한다. 상호작용 효과의 제곱합($SS_{A\times B}$)은 각 조건의 평균값(μ_{ij})에서 각 주효과를 제거한 값으로 계산된다: $SS_{A\times B}=\Sigma(\mu_{ij}-\mu_{Ai}-\mu_{Bj}+\mu_T)^2$. 상호작용의 자유도($df_{A\times B}$)는 (a-1)(b-1)이다. 상호작용의 평균제곱($MS_{A\times B}$)도 동일하게 제곱합을 자유도로 나눈 값이다: $MS_{A\times B}=SS_{A\times B}/(a-1)(b-1)$. 상호작용 효과의 F값의 유의확률을 통해 상호작용이 통계적으로 유의한지 검증한다: $F(df_{A\times B},\ df_W)=MS_{A\times B}/MS_W$.

4.1.3. 2원 분산분석의 평균비교

일원 분산분석과 유사하게 요인 분산분석도 평균비교cell-mean contrast를 이용한 추가적 가설 검증이 가능하다. 2원 분산분석의 주효과와 상호작용 효과 검증은 본질적으로 총괄검증omnibus test의 성격을 가지고 있기 때문에, 특정 조건 간의 구체적인 평균 차이 검증을 위해서는 평균비교를 해야 하는 경우가 많다. 2원 분산분석의 평균검증을 2×2 요인 설계에 초점을 두어 설명하고자 한다. 더 복잡한 2원 분산분석(예, 3×2 분산분석)이나 상위 차원 분산분석(예, 3원 분산분석)의 경우도 추가분석은 2×2 형태로 나누어 수행되는 경우가 많다. 따라서, 2×2 분산분석의 평균비교 원리는 더 복잡한 설계에 적용이 가능하다. 평균비교에 대한 구체적인 설명은 기부의도 예시를 이용해 구체적인 수치를 가지고 설명하고자 한다.

4.1.4. 2원 분산분석 예시

앞서 살펴본 기부 메시지 유형과 정치성향이 기부의도 미치는 영향에 대한 자료를 분석한 결과는 아래의 〈표 12.16〉에 제시되어 있다. 이 결과는 본서 부록의 "Data 12-2_ANOVA01_2x2" 파일을 분석하면 얻을 수 있다.

〈표 12.16〉 기부의도 예시의 2원 분산분석 표

요인	제곱합	자유도	평균제곱	*F*값	*p*값
기부 메시지	1.60	1	1.60	0.71	.402
정치성향	0.40	1	0.40	0.18	.675
2원 상호작용	14.40	1	14.40	6.35	.013
집단내	354.00	156	2.27		
전체	370.40	159			

분석결과에 따르면 기부 메시지 주효과($M_{이성소구}$ = 3.75 vs. $M_{감성소구}$ = 3.95; $F(1, 156)$ = 0.71, p=.402)와 정치성향 주효과($M_{진보}$ = 3.80 vs. $M_{보수}$ = 3.90; $F(1, 156)$ = 0.18, p = .675) 모두 통계적으로 유의하지 않았다. 그러나 기부 메시지와 정치성향의 2원 상호작용 효과는 유의하게 나타났다($F(1, 156)$ = 6.35, p = .013).

위의 분석 결과를 바탕으로 추가적인 평균비교를 실시할 수 있다. 요인 분산분석의 평균비교 원리는 일원 분산분석과 동일하다. 평균비교의 분자 자유도는 항상 1이며, 연구자가 비교하고자 하는 집단 간 평균 차이에 근거해 비교계수를 설정하며, 이때 비교계수

A. 한계 평균 비교 (평균 [비교계수])

	정치성향		
기부 메시지	**진보성향**	**보수성향**	평균
이성소구	4.00 [−1]	3.50 [1]	3.75
	vs.		
감성소구	3.60 [0]	4.30 [0]	3.95
평균	3.80	3.90	3.85

B. 상관관계 비교 (평균[비교계수])

	정치성향		
기부 메시지	**진보성향**	**보수성향**	평균
이성소구	4.00 [−1]	3.50 [1]	3.75
감성소구	3.60 [0]	4.30 [0]	3.95
평균	3.80	3.90	3.85

C. 조건 평균비교 (평균[비교계수])

	정치성향		
기부 메시지	**진보성향**	**보수성향**	평균
이성소구	4.00 [−1] vs.	3.50 [1]	3.75
감성소구	3.60 [0]	4.30 [0]	3.95
평균	3.80	3.90	3.85

[그림 12.4] 평균비교 유형과 비교계수

의 합은 반드시 0이 되어야 한다. 평균비교를 위해 제곱합과 평균제곱을 구하는 공식은 앞서 제시된 (식 12.4)와 동일하다. 요인 분산분석의 경우 평균비교의 제곱합을 계산할 때 유의해야 하는 점은 표본수(n)는 비교하는 평균에 기여하는 표본의 개수를 사용해야 한다는 것이다.

요인 분산분석에서 사용하는 평균비교에는 (1) 한계 평균 비교, (2) 상호작용 비교, (3) 조건 평균비교의 세 가지 유형이 있으며, 이는 [그림 12.4]에 제시되어 있다. 각각의 평균비교를 [그림 12.4]에 제시된 예시를 사용해 설명하고자 한다.

이후에 제시되는 2×2 분산분석의 평균비교는 본 저서와 함께 제공된 엑셀 템플릿인 “SA12.2 2x2 ANOVA contrast.xlsx” 파일을 이용해 계산할 수도 있다. 파일의 노란색

셀에 해당하는 값을 입력하면, 원하는 평균비교 검증 결과를 얻을 수 있다. [그림 12.5]는 템플릿의 모습을 보여준다.

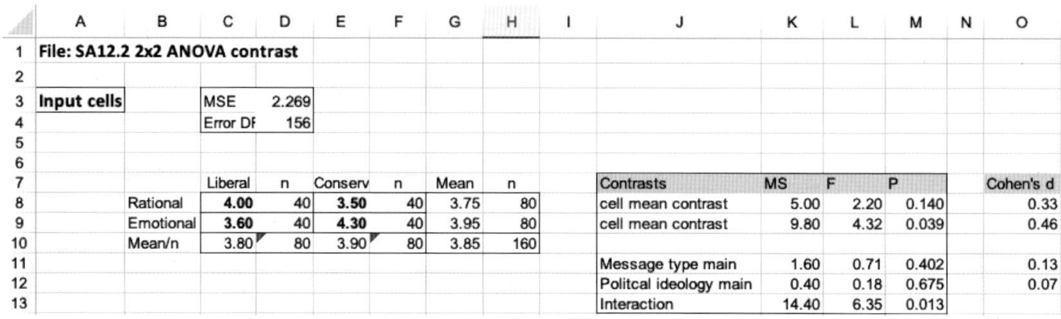

	A	B	C	D	E	F	G	H	I	J	K	L	M	N	O
1	**File: SA12.2 2x2 ANOVA contrast**														
2															
3	**Input cells**		MSE	2.269											
4			Error Df	156											
5															
6															
7			Liberal	n	Conserv	n	Mean	n		Contrasts	MS	F	P		Cohen's d
8		Rational	**4.00**	40	**3.50**	40	3.75	80		cell mean contrast	5.00	2.20	0.140		0.33
9		Emotional	**3.60**	40	**4.30**	40	3.95	80		cell mean contrast	9.80	4.32	0.039		0.46
10		Mean/n	3.80	80	3.90	80	3.85	160							
11										Message type main	1.60	0.71	0.402		0.13
12										Politcal ideology main	0.40	0.18	0.675		0.07
13										Interaction	14.40	6.35	0.013		

[그림 12.5] 2x2 분산분석의 평균비교를 위한 템플릿 화면

(1) 한계 평균 비교

한계 평균 비교marginal mean contrast는 주효과에 대한 평균비교라고 할 수 있다. 한계 평균marginal mean은 각 주효과 수준별 평균을 의미한다. 예를 들어 이성소구 조건의 평균값(M=3.75)과 감성소구 조건의 평균값(M=3.95)이 기부메시지 조건의 한계 평균이다.

예시로 이성소구 조건의 한계평균과 감성소구 조건의 한계평균을 비교에서는 [그림 12.4A]가 보여주듯이 이성소구와 감성소구 조건의 차이는 네 조건을 기준으로 [-1, -1, 1, 1]의 비교계수로 정의할 수 있다.[9] 이 경우 각 조건의 표본수(n_j)는 40이다. 이 비교계수를 이용해 제곱합을 다음과 같이 계산할 수 있다.

$$SS_C = MS_C = \frac{[\sum(c_j\mu_j)]^2}{\sum(c_j^2/n_j)} = \frac{(-4.00 - 3.50 + 3.60 + 4.30)^2}{(1/40 + 1/40 + 1/40 + 1/40)} = 1.60.$$

이 제곱합과 집단내 평균제곱(MS_W=2.27)[10]을 이용해 계산한 F값은 0.71(=1.60/2.27)이다. 이 검증의 집단내(분모) 자유도(df_W)는156이며, 이 검증 결과는 다음과 같다:

기부 메시지 한계 평균 비교: $F(1, 156) = 0.71$, $p = .402$.

이 결과는 〈표 12.2〉에 제시된 기부 메시지 주효과와 동일하다. 이는 기부 메시지 요인의 수준이 2개 이기 때문에, 한계 평균 비교 결과가 주효과 검증 결과와 일치하게 된다. 동일한 방법으로 정치성향 조건에 대한 한계 평균 비교를 실시할 수도 있으며, 이 경

9) [-1/2, -1/2, 1/2, 1/2] 또는 [1, 1, -1, -1]로도 정의될 수도 있으며, 분석 결과는 동일하다.
10) 정확한 MSw값은 2.269이며, 이 값을 사용하면 소수 둘째자리까지 동일한 결과가 나온다.

우에도 정치성향 주효과와 동일한 결과를 얻게 된다. 조건이 3개 이상인 경우 연구자가 원하는 분석에 따라 비교계수를 조합하여 한계 평균 비교를 할 수 있다.

또한, 한계 평균 비교는 네 조건의 평균이 아닌, 요인별 한계 평균값을 이용해 수행할 수도 있다. 즉, 이성소구(M=3.75)와 감성소구(M=3.95) 조건의 한계평균를 비교할 수도 있다. 이 경우 비교계수는 [-1, 1]로 설정된다. 이 방법을 사용하는 경우, 각 한계평균에 해당하는 표본수(n_j)는 40명이 아닌 80명이라는 점을 유념해야 한다. 이 경우에도 네 조건을 이용한 경우와 동일한 결과를 얻게 된다.

$$SS_C = MS_C = \frac{[\sum(c_j \mu_j)]^2}{\sum(c_j^2/n_j)} = \frac{(-3.75 + 3.95)^2}{(1/80 + 1/80)} = 1.60.$$

(2) 상호작용 비교

상호작용 비교interaction contrast는 평균비교를 이용해 상호작용 효과를 검증하는 방법이다. 2×2 분산분석의 경우, 4조건의 조합으로 상호작용 효과 직접 도출되기 때문에 별도의 상호작용 비교가 필수는 아니다. 그러나 3×2 분산분석처럼 조건의 수가 더 많거나, 2×2×2와 같은 다요인 설계에서는 일부 조건만을 대상으로 하는 상호작용을 검토하는 경우가 많다. 이처럼 전체 설계 중 선택된 조건의 상호작용을 분석하는 것을 **부분 상호작용**partial interaction이라고 한다. 상호작용을 분석하기 위한 최소 조건은 2×2 설계이며, 대부분의 부분 상호작용 검증도 이 수준에서 이루어진다.

상호작용 비교에 있어서 사용되는 비교계수는 [1, -1, -1, 1]의 형태를 가진다. 이를 이해하기 위해 [그림 12.6]에 제시된 두 가지 유형의 2×2 결과를 비교해 보자. 그림 A와 B는 각각 2×2에 해당하는 A1B1, A1B2, A2B1, A2B2의 네 조건을 가지고 있다. 상호작용 효과는 흔히 **차이의 차이**difference-in-difference: DID에 대한 검증이라고도 불린다. 이는 한 조건의 효과(혹은 기울기)가 다른 조건에 따라 달라지는 지를 검증하기 때문이다. 즉, 상호작용 검증에는 A1조건에서의 변수 B의 효과(A1B1-A1B2)와 A2 조건에서의 변수 B의 효과(A2B1-A2B2)의 차이가 사용된다. 이는 수식으로 다음과 같다:

차이의 차이: (A1B1 - A1B2) - (A2B1 - A2B2).

위의 식은 다시 다음과 같이 정리된다:

차이의 차이: A1B1 - A1B2 - A2B1 + A2B2.

따라서 차이의 차이 분석에는 [1, -1, -1, 1] 비교계수가 사용된다. 이를 [그림 12.6A]에 적용하면, 차이의 차이는 0(=5.0-4.0-3.0+2.0)으로 기울기의 차이가 없으므로 상호작용 효과가 존재하지 않는다. 그러나 [그림 12.6B]의 경우 차이의 차이는 2.0 (=5.0-4.0-2.0+3.0)으로 기울기의 차이가 존재하여 상호작용 효과가 있는 것으로 해석될 수 있다.

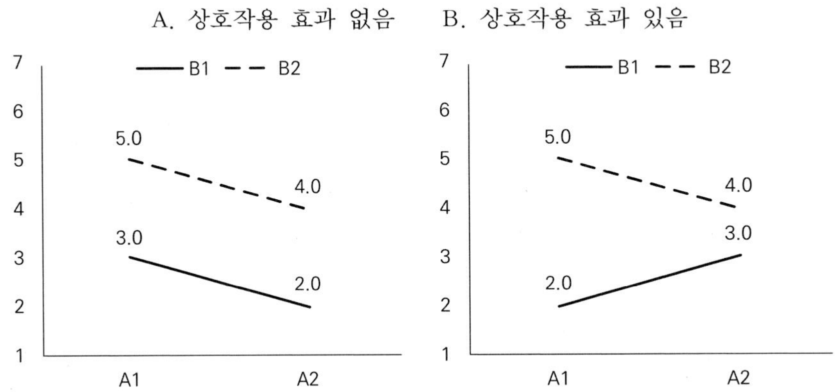

[그림 12.6] 상호작용의 유무

앞에 제시된 기부의도에 대한 상호작용 비교에도 동일한 방법이 적용된다. 다음은 비교계수를 이용한 제곱합과 평균제곱 계산 결과이다:

$$SS_C = MS_C = \frac{[\sum(c_j\mu_j)]^2}{\sum(c_j^2/n_j)} = \frac{(4.00 - 3.50 - 3.60 + 4.30)^2}{(1/40 + 1/40 + 1/40 + 1/40)} = 14.40.$$

이 제곱합을 이용한 F값은 6.35(=14.40/2.27)이다. 예시의 상호작용 비교는 유의한 것으로 나타났으며($F(1, 156)=6.35$, $p=.013$), 이는 〈표 12.12〉의 상호작용 검증 결과와 동일하다.

(3) 조건 평균비교

조건 평균비교cell-mean contrast는 두 조건의 평균값 차이 검증을 의미한다. 조건 평균비교는 평균비교 중에서 가장 빈번하게 사용된다. 논문에서 "평균비교"라는 표현이 사용되는 경우, 대부분 조건 평균비교를 의미한다. 예를 들어, 앞선 분석에서 기부 메시지와 정치성향의 상호작용이 유의한 것으로 나타났으나, 네 조건 중에서 어느 조건 간의 차이가 유의한지는 알 수 없다. 이때 필요한 것이 조건 평균비교이다.

[그림 12.4C]는 이성소구 메시지 조건에서 진보성향(M=4.00)과 보수성향(M=3.50) 조건의 평균 차이를 비교하는 예시를 보여준다. 조건 평균비교의 경우 비교하는 두 조건에 [-1, 1] 혹은 [-1/2, 1/2]의 비교계수를, 나머지 조건에는 0의 비교계수를 부여한다. 위의 예시는 [-1, 1, 0, 0]을 사용하였다. 이 경우, 분석 결과는 다음과 같다.

$$SS_C = MS_C = \frac{[\sum(c_j\mu_j)]^2}{\sum(c_j^2/n_j)} = \frac{(4.00 - 3.50)^2}{(1/40 + 1/40)} = 5.00.$$

$$F(1,\ 156) = 2.20,\ p = .140.$$

이 결과는 이성소구가 사용된 경우, 진보성향과 보수성향 조건의 기부의도 차이는 유의하지 않다는 것을 보여주었다. 동일한 조건 평균비교 검증을 감성소구 조건($M_{진보}$=3.60 vs. $M_{보수}$=4.30)에서 실시한 경우, 그 차이는 유의하며, 보수주의 조건의 기부의도가 더 높은 것으로 나타난다(F(1, 156)=4.32, p=.039). 지금까지 예시로 보여준 모든 평균차이 검증은 본서와 함께 제시된 엑셀 템플릿 파일(SA12.2 2×2 ANOVA contrast.xlsx)로 검토해 볼 수 있으며, 다른 연구 자료에도 수정 후 활용할 수 있다.

(4) 단순효과 검증

단순효과 검증simple effect test은 한 조건 내에서 다수 집단간의 차이를 검토하는 총괄효과omnibus effect에 대한 추가분석이다. 이 검증은 연구 설계가 2×2보다 큰 경우에만 실시할 수 있다.

예를 들어 기부의도에 대한 연구에서 정치성향을 진보, 중도, 보수의 3 조건으로 나눈 경우를 가정해 보자. 이 경우 2(기부 메시지: 이성소구 vs. 감성소구)×3(정치성향: 진보 vs. 중도 vs. 보수) 2원 분산분석이 실시되며, 6개 조건의 평균이 분석에 사용된다. 이 자료에 대한 추가 분석에는 앞서 논의된 2×2에 사용되는 모든 평균비교 기법의 적용이 가능하다.

여기에 추가적으로 가능한 분석이 단순 효과 검증이다. [그림 12.7]은 이성소구 조건에서 세 유형의 정치성향 조건(진보, 중도, 보수) 간의 차이가 있는지에 대한 단순 효과 검증을 보여준다. 감성소구 조건에서도 동일한 방식의 단순 효과 검증이 가능하다. 따라서 단순 효과 검증은 요인 분산분석의 일부분으로 포함된 일원 분산분석 효과에 대한 검증이라고도 할 수 있다. 단순 효과 검증에서 분자 자유도는 "분석에 포함되는 조건의 수-1"이다. 이 예시의 경우 자유도는 2이다. 단순 효과 검증에서의 분자는 검증에 포함된 조건만으로 이루어지는 집단간 제곱합과 동일하다. 분모는 전체요인 분산분석의 오차항이 사용된다.

기부 메시지	정치성향		
	진보성향	**중도성향**	**보수성향**
이성소구			
감성소구			

[그림 12.7] 단순 효과 검증 예시

3×2 디자인 이상의 분산분석에서 실시하는 단순 효과 분석의 자유도는 1보다 크다. 따라서 단순 효과 검증은 분자 자유도 1에 근거하는 "평균비교"의 한 종류가 아니며, 비교계수의 사용도 가능하지 않다. 분산분석에서 단순 효과 검증은 일종의 총괄효과 검증이며, 정교한 이론이나 가설 지지여부를 결정하기 위해서는 추가적으로 "자유도 1"의 조건 평균비교가 실시되어야 한다. 이와 같은 한계 때문에 분산분석에서는 단순 효과 검증은 많이 사용되지는 않는다. 그러나 분자 자유도가 1인 회귀분석에서는 단순 효과 검증은 조건에 따른 효과를 검증하는데 중요한 도구로 사용되며, 이는 "제 14장: 회귀분석을 이용한 이론 검증"에서 자세히 논의될 것이다.

4.2. 요인 분산분석의 효과크기

요인 분산분석의 효과크기는 일원 분산분석과 동일하게 효과에 의해 설명되는 제곱합의 비율을 나타내는 η^2eta-squared: 에타 제곱와 η_p^2partial eta-squared: 부분 에타 제곱가 주로 사용된다. η^2와 η_p^2의 값이 동일한 일원 분산분석과는 달리 요인 분산분성에서는 두 지수가 다른 값을 가진다.

$$\eta^2 = SS_{effect}/SS_T.$$

$$\eta_p^2 = SS_{effect}/(SS_{effect}+SS_W).$$

이를 기부 메시지의 주효과에 적용하면, η^2와 η_p^2 값은 다음과 같다.

$$\eta^2 = 1.60/370.40=.0043.$$

$$\eta_p^2 = 1.60/(1.60+354.00)=.0045.$$

요인 분산분석의 경우 η^2와 η_p^2의 분모가 다르기 때문에, 두 값은 작지만 차이가 난다. 예시의 주효과와 상호작용 효과의 효과크기는 〈표 12.13〉에 제시되어 있다. 효과크기를 계산하는 동일한 원리는 3원 이상의 요인 분산분석에도 적용된다.

〈표 12.17〉 2원 분산분석의 효과크기

요인	제곱합	자유도	평균제곱	F값	p값	η^2	$\eta_p{}^2$
기부 메시지	1.60	1	1.60	0.71	.402	.0043	.0045
정치성향	0.40	1	0.40	0.18	.675	.0011	.0011
2원 상호작용	14.40	1	14.40	6.35	.013	.0389	.0391
집단내	354.00	156	2.27				
전체	370.40	159					

4.3. 3원 분산분석

3원 분산분석3-way ANOVA은 독립변수가 3개인 분산분석이다. 독립변수가 4개 이상인 고차원 분산분석higher-order ANOVA은 실제 실증연구에서는 많이 사용되지는 않는다.[11] 따라서 본 내용은 3원 분산분석 까지만 다루며, 그 이상의 고차원 분산분석은 확장된 개념으로 이해할 수 있다.

3원 분산분석의 가장 기본적인 형태인 2×2×2 분산분석을 이용해 개념에 대한 이해와 분석방법을 살펴보고자 한다. 3개의 독립변수 (A, B, C)가 각각 두 수준을 가지는 2(A: A1 vs. A2)×2(B: B1 vs. B2)×2(C: C1 vs. C2) 집단간 분산분석은 다음과 같은 효과들을 검증할 수 있다.

주효과: A, B, C.
2원 상호작용: A×B, A×C, B×C.
3원 상호작용: A×B×C.

3원 분산분석의 예시를 태도변화 이론인 정교화 가능성 모형elaboration likelihood model을 광고 상황에 적용한 가상의 연구를 이용해 알아보도록 하자Petty, Cacioppo, & Schumann, 1983. 이 연구는 2(관여도: 저관여 vs. 고관여)×2(광고 모델: 일반인 vs. 유명인)×2(광고 메시지: 약한 주장 vs. 강한 주장) 집단간 설계로 모두 96명(조건당 12명)이 연구에 참여했다. 종속변수로 광고된 제품에 대한 태도가 7점 척도로 측정되었다(1=*매우 부정적*, 7=*매우 긍*

11) 요인 분산분석은 상호작용을 검증하기 위해 사용되며, 4차원 이상의 분산분석은 4원 상호작용이나 더 복잡한 형태의 상호작용을 가정한다. 차원의 수가 많은 상호작용은 이론이 지나치게 구체적이어서 재검증이 어렵고, 확장성이 떨어진다는 명확한 한계점이 있다.

정적). 이 자료는 "Data 12-3_ANOVA1_3-way" 파일에 포함되어 있다. 연구결과에 따르면 조건별 평균은 〈표 12.18〉과 같다.

〈표 12.18〉 3원 분산분석 조건별 평균예시

저관여 조건	약한 주장	강한 주장	평균
일반인	2.33	3.42	2.88
유명인	5.25	5.08	5.17
평균	3.79	4.25	

고관여 조건	약한 주장	강한 주장	평균
일반인	2.42	5.33	3.88
유명인	2.83	5.67	4.25
평균	2.63	5.50	

이 자료를 분석한 3원 분산분석 결과는 〈표 12.19〉에 제시되어 있다. 분석 결과, 광고 모델과 광고 메시지의 주효과가 유의했다($p < .001$). 또한 관여도×광고 모델 2원 상호작용($p < .001$)과 관여도×광고 메시지 2원 상호작용($p < .001$)이 유의했다. 3원 상호작용을 포함한 나머지 효과들은 통계적으로 유의하지 않았다.

〈표 12.19〉 3원 분산분석 표

요인	제곱합	자유도	평균제곱	F값	p값
관여도	0.42	1	0.42	0.04	.849
광고 모델	42.67	1	42.67	37.30	.000
광고 메시지	66.67	1	66.67	58.28	.000
관여도×광고 모델	22.04	1	22.04	19.27	.000
관여도×광고 메시지	35.04	1	35.04	30.63	.000
광고 모델×광고 메시지	2.67	1	2.67	2.33	.130
3원 상호작용	2.04	1	2.04	1.79	.185
집단내(오차항)	100.67	88	1.14		
전체	271.83	95			

통계적으로 유의한 2원 상호작용 효과를 살펴보면 다음과 같다. 관여도와 광고 모델의 상호작용은 광고 모델(일반일 vs. 유명인) 효과가 관여도 수준에 따라 달라짐을 의미한다. 저관여 조건의 경우 일반인 모델(M=2.88)과 유명인 모델(M=5.17)간 광고효과 차이가 크게 나타난 반면에, 고관여 조건에서는 일반인(M=3.88)과 유명인(M=4.25) 모델 간 광고효과 차이가 상대적으로 작은 것으로 나타났다. 또한 관여도와 광고 메시지 상호작용도 유의했다. 저관여 조건의 경우 약한 주장(M=3.17)과 강한 주장(M=4.25)의 차이가

크지 않았으나, 고관여 조건의 경우 약한 주장(M=2.63)과 강한 주장(M=5. 50)의 차이가 큰 것으로 나타났다. 이 결과는 [그림 12.8]에서 확인할 수 있다.

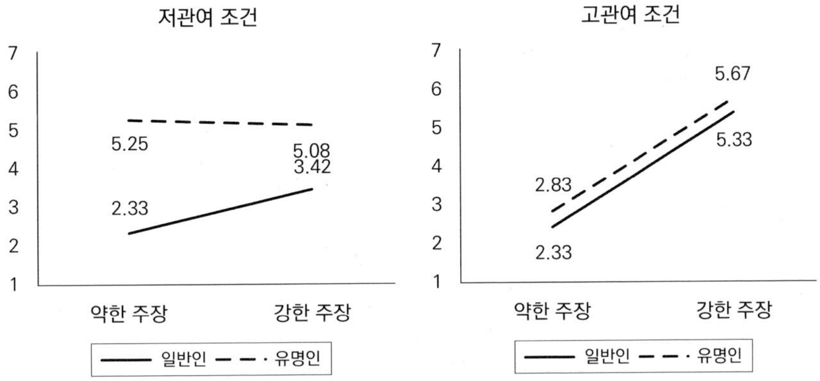

[그림 12.8] 3원 분산분석 조건별 평균

이와 같이 2원 상호작용이 유의한 경우, 구체적으로 어느 조건에서 유의한 차이가 있는지를 알아보기 위해 추가적인 평균비교cell-mean contrast를 실시할 수 있다. 또한 2×2×2 분석을 두 개의 2×2로 나누어 각 조건별로 평균비교 검증을 하는 것도 가능하다. 예를 들어 고관여 조건만을 고려하면, 2(광고 모델)×2(광고 메시지)의 2원 분산분석의 형태를 가지게 된다. 이 경우 고관여 조건만을 이용해서 평균비교, 한계 평균 비교, 부분 상호작용 분석 등을 수행할 수 있다. 이와 같은 평균비교에도 2×2×2 총괄 분산분석omnibus ANOVA의 집단내 자유도와 평균제곱을 평균비교의 오차항으로 사용한다는 점은 일원 분산분석과 2원 분산분석의 평균비교와 동일하다.

V. 공분산 분석

공분산 분석ANCOVA, analysis of covariance은 종속변수에 영향을 미칠 수 있는 연속변수의 영향을 통제하기 위해 해당하는 연속변수를 **공변량**covariate으로 포함하는 분산분석 기법이다. 일반 선형모형generalized linear model 관점에서 보면 공분산 분석은 범주형 독립변수와 연속형 독립변수(공변량)를 동시에 사용하는 다중 회귀분석multiple regression analysis의 한 형태라고 이해할 수 있다. 공변량 분석의 가정은 다음의 두 가지이다. 첫째, 공변량은 종속변수와 유의한 선형관계linear relationship가 있어야 한다. 둘째, 공변량은 분산분석의 독립변수와 상호작용이 유의하지 않아야 한다. 점이다.

공변량 분석의 예시를 살펴보자. 한 연구는 일자리의 종사상 지위job status가 정규직인지 비정규직인지의 여부가 임금 근로자의 직무만족에 미치는 영향을 검증하고자 한다. 기존 연구에 따르면 직무만족은 종사상 지위에 외에도 임금과 근무기간 등의 요인의 영향을 받는 것으로 알려져 있다. 이러한 외생변수의 영향을 통제하고 종사상 지위가 직무만족에 미치는 순수한 효과를 보기 위해서, 연구자는 임금과 근무기간을 공변량으로 포함한 공분산 분석을 실시할 수 있다.

공변량이 분산분석의 독립변수가 설명하지 못하는 집단내 분산(오차)을 설명하는 경우, 공변량의 포함은 분석의 오차항 크기를 줄여, 분석결과(유의도)를 향상시킬 수 있다. 그러나 공변량의 추가가 항상 유의확률을 낮추지는 않는다.[12] 또한 이론적 근거나 사전 계획 없이 단지 사후적으로 유의확률을 낮추기 위해 무분별하고 임의적으로 공변량을 추가하는 것은 권장되지 않는 연구 방법이다.[13]

12) 공변량과 독립변수의 공분산이 큰 경우에는 유의수준이 반대로 높아질 수 있다.
13) 가장 빈번히 사용되는 p해킹 방법 중의 하나이다(제18장 참조).

주요 참고자료

평균비교의 1종 오류 통제

Keppel, G., & Wickens, T. D. (2004). *Design and Analysis: A Researcher's Handbook*. Pearson. [Chapter 6: Simultaneous Comparison (pp. 111-131)은 Bonferroni 수정을 포함한 다양한 평균비교의 제1종 오류 통제 방법을 구체적으로 소개.]

참고문헌

Keppel, G. (1991). *Design and Analysis: A Researcher's Handbook*. Prentice Hall.

Keppel, G., & Wickens, T. D. (2004). *Design and Analysis: A Researcher's Handbook*. Pearson.

Petty, R. E., Cacioppo, J. T., & Schumann D. (1983). Central and peripheral routes to advertising effectiveness: The moderating role of involvement. *Journal of Consumer Research*, 10(2), 135-146.

제 13 장

분산분석을 이용한 이론 검증: 집단내 분산분석

본 장은 집단내 분산분석과 혼합 분산분석에 대한 내용을 다룬다. 집단내 분산분석은 집단내 설계 데이터를 분석하는 기법으로, 이 설계의 장단점과 집단간 설계와의 차이점은 "제6장: 실험"에서 다루었다. 본 장은 (1) 집단내 설계 자료를 이용하여 이론을 검증하는 집단내 분산분석 기법과 (2) 집단내 설계와 집단간 설계가 결합된 혼합 설계 자료에 대한 혼합 분산분석기법을 다룬다.

Ⅰ. 집단내 분산분석

1.1. 집단내 분산분석 개요

집단내 분산분석within-subjects ANOVA은 동일한 피험자subject[1]를 여러 조건에서 반복 측정하는 집단내 설계 자료를 이용하여 조건 간 평균 차이를 검증하는 분산분석 기법이다. 이러한 특성으로 인해, 이 분석은 **반복측정 분산분석**repeated-measures ANOVA이라고도 불린다. 집단내 분산분석은 한 피험자가 모든 실험 조건에 노출된 자료를 분석한다는 점에서, 한 피험자가 하나의 실험조건에만 노출되는 집단간 설계의 분산분석과 구분된다.

집단내 분산분석의 경우 총분산의 구성 방식이 집단간 분산분석과 다르다. 가장 큰 차이는, 집단간 분산분석에서는 피실험자 개인 간 차이가 오차항(집단내 분산)에 포함되는 반면, 집단내 분산분석에서는 개인차가 하나의 설명된 요인으로 처리된다는 점이다. 이로 인해 집단내 분산분석은 집단간 분산분석과 구조적으로 구분된다.

예를 들어, 한 연구에서 5명의 피험자의 신체상태를 세 가지 조건에서 측정하였다. 첫 번째 조건은 통제조건으로 평상시의 신체상태를 측정하였다. 두 번째 조건은 운동exercise조건으로 일정 시간의 운동 후에 신체상태를 측정하였다. 세 번째 조건은 의약품medicine조건으로 특정 의약품을 복용한 후에 신체상태를 측정하였다. 세 조건 간에는 충분한 시간 차이를 두어 이전 조건의 효과가 이후 조건에 영향을 미치지 않도록 하였다.

이 연구의 관찰값은 다음 〈표 13.1〉에 제시되어 있다. 표의 첫번째 열은 연구에 참가한 피실험자 이다. 그 다음 세 열은 각 조건에서의 측정값을 나타낸다. 마지막 열은 각

1) 행동과학 논문에서는 피험자 또는 피실험자라는 용어 대신 연구참여자participant라는 표현을 사용하는 경향이 있다. 통계분석 명칭에서는 여전히 전통적으로 사용되어 온 피험자라는 용어가 일반적으로 사용되고 있다.

〈표 13.1〉 집단내 조건이 신체상태에 미치는 영향

피실험자	집단내 조건			피실험자 평균 (μ_S)
	통제조건	운동조건	의약품조건	
1	8	12	12	10.67
2	9	13	14	12.00
3	10	16	14	13.33
4	12	14	16	14.00
5	9	11	8	9.33
조건 평균(μ_A)	9.60	13.20	12.80	μ_T=11.87

피험자의 세 조건 평균값이다(μ_S). 〈표 13.1〉의 마지막 행은 세 조건의 각각의 평균 신체상태(μ_A)를 보여준다. 모든 관찰값의 전체평균(μ_T)은 11.87이다. 이 자료는 본서와 함께 제공된 "Data 13-1_ANOVA02_Within" 파일에 포함되어 있다. 자료에 대한 구체적인 설명은 "부록: 예시 자료 정보"에 제시되어 있다.

집단내 분산분석은 세 집단내 조건의 평균 차이를 검증하는 통계 기법이다. 〈표 13.1〉에 따르면, 통제 조건(M=9.60), 운동 조건(M=13.20), 의약품 조건(M=12.80)이 서로 다른 평균값을 가지며, 일원 집단내 분산분석one-way within-subjects ANOVA은 세 조건의 평균값이 통계적으로 동일한지를 검증한다. 따라서 검증하는 가설은 다음과 같다.

귀무가설(H_0): 모든 집단내 조건의 평균값은 동일하다($\mu_{통제조건}=\mu_{운동조건}=\mu_{의약품조건}$).

대립가설(H_a): 모든 집단내 조건의 평균값은 동일하지 않다.

이 가설에 대한 검증은 설명되지 않은 분산(오차항) 대비 집단내 조건 효과로 설명되는 분산의 비율에 근거해 이루어진다. 분산 구성에 대한 논의에 앞서 각 관찰값(Y_{ij})이 어떻게 구성되었는지 살펴보면 다음과 같다. 이때 Y_{ij}는 i번째 피험자의 j 조건의 관찰값을 의미한다.

$$Y_{ij} = \mu_T + s_i + \alpha_j + e_{ij}, \qquad (식\ 13.1)$$

Y_{ij} = j조건에서 i번째 피험자 관찰값,
μ_T = 전체평균,
s_j = 피실험자 i의 고유 반응 효과,
α_j = 집단내 조건 j의 효과,
e_{ij} = 무작위 오차.

위의 (식 13.1)에 나타난 바와 같이, 관찰된 응답값(Y_{ji})은 집단내 조건 효과(α_j)와 피실험자 특성(s_i)에 영향을 받는다. 응답값 중에서 집단내 조건이나 피실험자 특성으로 설명되지 않는 부분이 무작위 오차(e_{ij})가 된다. 집단간 분산분석과 구분되는 집단내 분산분석의 특성은 피실험자 개인차가 무작위 오차가 아닌 모형 내 하나의 요인(피실험자 효과)으로 분리되어 설명된 분산으로 처리된다는 점이다.

1.2. 집단내 분산분석에서의 분산의 분할

집단내 분산분석을 실시하기 위해서는 전체 분산을 집단내 설명된 분산과 설명되지 않은 분산으로 분리해야 한다. 전체 제곱합(SS_T)은 집단내 조건 효과 제곱합(SS_A), 피험자 효과 제곱합(SS_S), 오차 제곱합(SS_E)으로 나누어 진다. 각 제곱합sum of squares을 다음과 같이 계산되며, 이때 n(이탤릭)은 피험자 수, k(이탤릭)은 조건의 수를 의미한다:

전체 제곱합: $SS_T = \Sigma\Sigma(Y_{ij} - \mu_T)^2$
집단내 조건 효과 제곱합: $SS_A = n\Sigma(\mu_{Aj} - \mu_T)^2$
피험자 효과 제곱합: $SS_S = k\Sigma(\mu_{Si} - \mu_T)^2$
오차 제곱합: $SS_E = \Sigma\Sigma(Y_{ij} - \mu_{Aj} - \mu_{Sj} + \mu_T)^2$

위의 식에서 집단내 조건 제곱합(SS_A)은 집단내 독립변수로 인해 발생하는 조건 간 평균의 차이로 인해 발생하는 변량을 의미한다. 피험자 효과 제곱합(SS_S)은 피실험자의 개인 차이로 인해 발생하는 변량이다. 오차 제곱합(SS_E)은 관찰값 중에서 집단내 조건 효과나 피험자 효과로 설명되지 않는 변량이다.[2] 전체 제곱합은 집단내 조건 제곱합, 피험자 효과 제곱합, 오차 제곱합으로 분할된다:

$$SS_T = SS_A + SS_S + SS_E.$$

1.3. 집단내 분산분석의 통계검증

집단내 분산분석의 유의도 검증도 F분포를 이용한다. 집단내 조건의 수가 a개이고, 피험자 수가 n명인 경우, 집단내 분산분석표는 〈표 13.2〉와 같이 구성된다. 집단내 조건의

2) 오차 제곱합을 구하는 공식은 집단내 조건 효과와 피험자 효과의 상호작용 효과를 구하는 공식과 동일하기 때문에 오차 제곱합은 집단내 효과와 피험자 효과의 상호작용($SS_{A \times S}$)이라고도 불리운다 Keppel, 1991.

〈표 13.2〉 집단내 분산분석표

요인	제곱합(SS)	자유도(df)	평균제곱(MS)	F값
집단내 조건 효과	SS_A	$df_A=a-1$	$MS_A=SS_A/df_A$	$F=MS_A/MS_E$
피험자 효과	SS_S	$df_S=n-1$	$MS_S=SS_S/df_S$	
오차	SS_E	$df_E=(a-1)(n-1)$	$MS_E=SS_E/df_E$	
전체	SS_T	$df_T=an-1$		

자유도는 "조건의 수-1"이다: $df_A=a-1$, 피험자 효과의 자유도는 "피험자 수-1"이다: $df_S=n-1$. 오차의 자유도(df_E)는 $(a-1)(n-1)$로 집단간 분산분석의 상호작용 자유도와 유사하게 계산된다.

평균제곱은 제곱합을 자유도로 나눈 값이다. 집단내 효과의 F값은 집단내 조건 평균제곱을 오차 평균제곱으로 나눈 값이 된다: $F=MS_A/MS_E$.

〈표 13.1〉에 제시된 데이터를 이용해 집단내 분산분석을 실시한 결과는 〈표 13.3〉과 같다. 집단내 분산분석에서 F값은 집단내 조건의 효과 평균제곱($MS_A=19.47$)을 오차 평균제곱($MS_E=2.13$)으로 나눈 수치이며, 분석 결과에 따르면 집단내 조건 효과가 통계적으로 유의한 것으로 나타났다($F(2, 8)=9.13$, $p=.009$). 이 결과는 통계적으로 유의하여 귀무가설을 기각하였으며, 세 집단내 조건의 평균값이 모두 동일하지는 않다는 대립가설을 지지하였다.

〈표 13.3〉 집단내 분산분석표 예시

요인	제곱합	자유도	평균제곱	F값	p값
집단내 조건 효과	38.93	2	19.47	9.13	.009
피험자 효과	43.73	4	10.93		
오차	17.07	8	2.13		
전체	99.73	14			

일부 통계분석 프로그램은 〈표 13.3〉과는 달리 F검증에 직접적으로 사용되는 집단내 조건 효과와 오차항만을 보여준다. 예를 들어, 통계 프로그램 SPSS의 집단내 분산분석 repeated-measures ANOVA 결과는 [그림 13.1]과 같이 집단내 조건 효과와 오차항에 대한

Source	Type III Sum of Squares	df	Mean Square	F	Sig.	Partial Eta Squared
within factor	38.93	2	19.47	9.13	.009	.70
Error	17.07	8	2.13			

[그림 13.1] 통계 프로그램 SPSS의 집단내 분산분석 결과표

정보만 보여준다.

1.4. 집단내 분산분석의 효과크기

집단내 분산분석에서 설명되는 분산의 효과크기는 η^2eta-squared: 에타 제곱 또는 $\eta_p{}^2$partial eta-squared: 부분 에타 제곱으로 제시된다. 기본적인 효과크기 지수의 계산과 해석은 집단간 분산분석과 동일하다Cohen, 1988. 집단내 분산분석의 경우 통계 프로그램에 따라 전체 제곱합(SS_T)을 보여주지 않는 경우가 있기 때문에 이를 사용하는 η^2보다는, 집단내 조건 효과와 오차항만을 기반으로 하는 $\eta_p{}^2$가 사용되는 경우가 많다. 집단내 분산에서 효과크기를 구하는 공식은 다음과 같다:

$$\eta^2 = SS_{effect}/SS_T.$$
$$\eta_p{}^2 = SS_{effect}/(SS_{effect} + SS_E).$$

이 공식을 위의 〈표 13.3〉의 결과에 대입해 보면, 다음과 같은 효과크기 값을 얻는다.

$$\eta^2 = 38.93 / 99.73 = 0.39.$$
$$\eta_p{}^2 = 38.93 / (38.93 + 17.07) = 0.70.$$

1.5. 집단내 분산분석의 평균비교

집단내 분산분석에서도 평균비교를 통해 보다 정교한 가설 검증이 가능하다. 집단내 설계에서도 다양한 유형의 평균비교를 적용할 수 있으며, 이는 집단간 분산분석에서 사용하는 방식과 동일한 논리에 기반한다. 다만, 두 분석 간의 중요한 차이점은 오차항의 구성 방식에 있다.

집단간 분산분석에서는 전체 표본에 기반한 오차항을 평균비교에 사용하지만, 이러한 방식은 집단내 분산분석에는 적합하지 않은 것으로 알려져 있다Keppel & Wickens, 2004. 대신, 집단내 분산분석에서는 비교에 포함되는 조건만을 기반으로 새로운 오차항을 구성하여 평균비교에 적용한다. 이러한 방식으로 계산한 평균비교는 해당 조건들만 포함한 집단내 분산분석 또는 대응표본 t검정paired-sample t-test과 동일한 분석이 된다.

본 장에서 사용된 사례를 이용하여 통제조건과 운동조건 간의 평균차이를 검증해보자. 이 경우 세 조건의 비교계수contrast coefficient는 [-1, 1, 0]이며, 이를 자료에 적용한 결과는 〈표 13.4〉에 제시되어 있다. 〈표 13.4〉의 마지막 열($\Sigma c_j Y_{ij}$)은 각 피실험자의 응답값에

〈표 13.4〉 집단내 분산분석의 평균비교

피실험자	통제조건 $c_1 = -1$	운동조건 $c_2 = 1$	의약품조건 $c_3 = 0$	$\Sigma c_j Y_{ij}$
1	8	12	12	4
2	9	13	14	4
3	10	16	14	6
4	12	14	16	2
5	9	11	8	2
평균(μ_A)	9.60	13.20	12.80	3.6

비교계수를 적용한 값이다. 이 평균비교의 오차항은 마지막 열의 변량으로 정의된다.

위의 통제조건과 운동조건의 평균비교 결과는 다음 〈표 13.5〉와 같다. 평균비교의 제곱합과 평균제곱은 다음과 같은 공식으로 구하며, 이는 집단간 분산분석에서 사용되는 (식 12.4)와 동일하다:

$$SS_C = MS_C = [\Sigma(c_j \mu_j)]^2 / \Sigma(c_j^2/n).$$

통제조건과 운동조건의 평균비교에 적용한 경우 그 값은 32.40이다.[3] 오차 제곱합은 〈표 13.4〉의 마지막 열을 이용해 구할 수 있다:

$$SS_E = \Sigma(\Sigma c_j Y_{ij})^2 - (\Sigma c_j Y_{ij})^2/n.$$

이 예시의 오차 제곱합은 5.60이다. 오차 자유도는 4 이다. 따라서 오차 제곱합(MS_E)은 1.40이 된다. F검증 결과 통제조건과 운동조건의 차이는 통계적으로 유의한 것으로 나타났다($F(1, 4)=21.14$, $p=.009$). 이 결과는 〈표 13.5〉에 제시되었다.

〈표 13.5〉 집단내 분산분석 평균비교 분산분석표

	제곱합	자유도	평균제곱	F값	p값
평균비교	32.40	1	32.40	21.14	.009
오차	5.60	4	1.40		

위의 평균비교 결과는 해당 조건들만을 포함한 2조건 집단내 분산분석($F(1, 4)=21.14$, $p=.009$) 또는 대응표본 t검증($t(4)=4.81$, $p=.009$) 결과와 동일하다. 따라서 집단내 분산분석의 평균비교는 통계 프로그램을 활용하여 집단내 분산분석이나 대응표본 t검증을 통

3) $SS_C=(13.20-9.60)2/(1/5+1/5)$.

해 확인하는 것이 가능하다.

Ⅱ. 혼합 분산분석

2.1. 혼합 분산분석 예시

혼합 분산분석mixed ANOVA은 집단간 요인과 집단내 요인을 동시에 포함한 분산분석을 의미한다. 예를 들어, 새로 개발된 진통제의 효과를 검증하기 위해 2(약의 종류: 가짜약 vs. 진통제)×2(측정시점: 투약 1시간 후 vs. 투약 24시간 후) 혼합 설계를 사용할 수 있다. 이때 약의 종류는 집단간 요인으로 참가자들은 무작위로 가짜약placebo 또는 진짜 진통제 조건에 배정되며, 각 조건에는 5명의 환자가 포함되었다. 측정시점은 집단내 요인으로 각 환자가 약을 복용한 후 느끼는 통증의 정도를 10점 척도(0=통증 없음, 9=통증 매우 심함)를 이용해 두 시점(투약 1시간 후 vs. 투약 24시간 후)에서 측정하였다. 수집된 자료는 〈표 13.6〉과 같다. 해당 자료는 본서가 제공하는"Data 13-2_ANOVA2_Mixed"파일에 포함되어 있다. 자료에 대한 구체적인 설명은 "부록: 예시 자료 정보"에 제시되어 있다.

이 자료의 분석 결과는 [그림 13.2]과 같으며, 이를 해석해 보면 다음과 같다. 투약 1시간 후에는 가짜약과 진짜 진통제 집단간의 통증의 차이가 크지 않음을 알 수 있다. 그

〈표 13.6〉 혼합 분산분석 예시 자료

약의 종류(집단간)	연구참여자	측정시점 (집단내)	
		1시간 후	24시간 후
가짜약	S01	4	6
가짜약	S02	3	6
가짜약	S03	4	5
가짜약	S04	4	6
가짜약	S05	5	7
진통제	S06	4	5
진통제	S07	5	5
진통제	S08	2	3
진통제	S09	4	3
진통제	S10	3	4

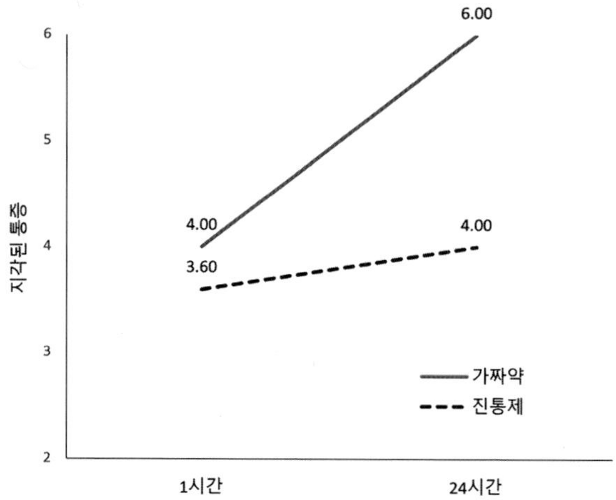

[그림 13.2] 진통제 효과 예시

러나 투약 24시간 후에는 두 조건의 차이가 뚜렷하게 나타나며, 가짜약 조건의 통증 수준이 더 높게 나타났다.

동일한 결과는 〈표 13.7〉로도 제시되었다. 이 표는 각 조건의 평균값 외에도 집단간 요인(약의 종류)과 집단내 요인(측정시점)의 한계 평균도 함께 보여주고 있다. 이와 같은 복합 설계 연구에서 검증할 수 있는 효과는 (1) 약의 종류 주효과(집단간 요인 효과), (2) 측정시점 주효과(집단내 요인 효과), (3) 약의 종류×측정시점 상호작용 효과(집단간 변수와 집단내 변수의 상호작용)의 세 가지이다. 이와 같이 집단간 요인과 집단내 요인이 모두 한 설계에 포함되어 있는 경우에는 혼합 분산분석을 사용해 각 효과를 검증한다.

〈표 13.7〉 진통제 효과 평균

	1시간 이후	24시간 이후	평균
가짜약	4.00	6.00	5.00
진통제	3.60	4.00	3.80
평균	3.80	5.00	4.40

2.2. 혼합 분산분석의 통계검증

혼합 분산분석에서 검증할 수 있는 효과는 (1) 집단간 독립변수 효과, (2) 집단내 독립변수 효과, (3) 집단간 독립변수와 집단내 독립변수의 상호작용 효과의 세 가지 유형이다. 집단간 독립변수의 효과에는 해당 변수의 주효과와 집단간 변수 간 상호작용 효과

〈표 13.8〉 혼합 분산분석표

	제곱합	자유도	평균제곱	F값
집단간 효과(A)	SS_A	$df_A=a-1$	$MS_A=SS_A/df_A$	$MS_A/MS_{E(B)}$
집단간 오차(E(B))	$SS_{E(B)}$	$df_{E(B)}=a(n-1)$	$MS_{E(B)}=SS_{E(B)}/df_{E(B)}$	
집단내 효과(B)	SS_B	$df_B=b-1$	$MS_B=SS_B/df_B$	$MS_B/MS_{E(W)}$
상호작용 효과(A×B)	$SS_{A\times B}$	$df_{A\times B}=(a-1)(b-1)$	$MS_{A\times B}=SS_{A\times B}/df_{A\times B}$	$MS_{A\times B}/MS_{E(W)}$
집단내 오차(E(W))	$SS_{E(W)}$	$df_{E(W)}=a(b-1)(n-1)$	$MS_{E(W)}=SS_{E(W)}/df_{E(W)}$	

가 있다. 집단내 독립변수의 효과도 유사하게 주효과와 집단내 변수 간 상호작용 효과를 포함한다. 혼합 분산분석은 이와 더불어 집단간 변수와 집단내 변수의 상호작용 효과도 함께 분석한다.

혼합 분산분석은 집단간 효과와 집단내 효과를 동시에 포함하기 때문에, 두 가지 유형의 오차항이 모두 분석에 사용된다. 집단간 효과의 검증에는 집단간 오차가, 집단내 효과를 포함한 효과의 검증에는 집단내 오차가 분석에 사용된다.

〈표 13.8〉은 a개의 조건을 가지는 집단간 독립변수(A)와 b개의 조건을 가지는 집단내 독립변수(B)로 구성된 a×b 혼합 설계의 분산분석표를 보여주고 있다. 표에서 나타나듯이, 집단간 오차와 집단내 오차가 각각 구분되어 사용된다.

집단간 오차between-group error는 집단간 효과의 검증에 사용된다. 즉, a개의 집단간 평균차이를 검증할 때, 집단간 오차가 F검증의 분모로 사용된다. 집단간 효과의 분자 자유도(df_A)는 a-1, 분모 자유도($df_{E(B)}$)는 a(n-1)이며, 집단간 효과의 평균제곱(MS_A)을 집단간 오차 평균제곱($MS_{E(B)}$)으로 나눈 값이 집단간 효과 검증의 F값이다:

$$\text{집단간 효과: } F(a-1,\ a(n-1))=MS_A\ /\ MS_{E(B)}.$$

집단내 오차within-group error는 (1) 집단내 독립변수의 효과와 (2) 집단간 효과와 집단내 효과의 상호작용 효과의 검증에 사용된다. 즉, 검증하는 효과에 집단내 효과가 포함된 집단내 효과 경우에는 집단내 오차의 평균제곱($MS_{E(W)}$)이 F검증의 분모로 사용된다. 집단내 오차의 자유도($df_{E(W)}$)는 a(b-1)(n-1)이다. 집단내 효과의 검증에는 집단내 효과의 평균제곱(MS_B)이 분자로 사용되며, 자유도는(df_B) b-1이다. 집단내 효과 평균제곱을 집단내 오차 평균제곱($MS_{E(W)}$)으로 나눈 F값이 검증에 사용된다:

$$\text{집단내 효과: } F(b-1,\ a(b-1)(n-1))=MS_B\ /\ MS_{E(W)}.$$

〈표 13.9〉 진통제 연구의 혼합 분산분석 결과

	제곱합	자유도	평균제곱	F값	p값
약의 종류	7.20	1	7.20	5.43	.048
집단간 오차	10.60	8	1.33		
측정시점	7.20	1	7.20	22.15	.002
약의 종류×측정시점	3.20	1	3.20	9.85	.014
집단내 오차	2.60	8	0.33		

집단간 변수와 집단내 변수의 상호작용 효과(A×B) 검증에는 상호작용 효과 평균제곱($MS_{A\times B}$)이 사용되며, 자유도($df_{A\times B}$)는 (a-1)(b-1)이다. 분모로는 집단내 오차 평균제곱($MS_{E(B)}$)이 사용된다. 따라서 집단간 변수와 집단내 변수의 상호작용 효과의 검증에는 다음과 같은 공식이 사용된다:

$$\text{집단간×집단내 상호작용 효과: } F((a-1)(b-1),\ a(b-1)(n-1)) = MS_{AxB} / MS_{E(W)}.$$

예시로 살펴보았던 진통제 연구 자료를 혼합 분산분석한 결과는 〈표 13.9〉과 같다. 이 결과에 따르면 집단간 효과인 약의 종류 주효과가 유의했으며($F(1,\ 8)=5.43$, $p=.048$), 전반적인 통증 수준이 진통제 조건($M=3.80$)의 경우가 가짜약 조건($M=5.00$)보다 더 낮았다. 집단내 변수인 측정시점의 영향도 유의했으며($F(1,\ 8)=22.15$, $p=.002$), 투약 1시간 후($M=3.80$)보다 24시간 후($M=5.00$)에 통증 수준이 더 높았다. 약의 종류와 측정시점의 2원 상호작용 효과도 유의한 것으로 나타났다($F(1,\ 8)=9.85$, $p=.014$). 이 결과는 약의 종류에 따른 진통효과의 차이가 측정시점에 따라 달라짐을 의미한다(그림 13.2).

2.3. 혼합 분산분석의 평균비교

혼합 분산분석의 평균비교에 사용되는 오차항은 집단간 효과만 분석하는 경우와 집단내 효과를 포함한 분석을 하는 경우에 따라 다르다. 따라서 집단간 효과의 평균비교와 집단내 효과의 평균비교의 두 항목으로 나누어 혼합 분산분석의 평균비교 방법을 논의하고자 한다.

2.3.1. 집단간 효과 평균비교

평균비교가 집단간 효과만을 검증하는 경우는 (1) 집단간 한계 평균 비교와 (2) 집단

A. 집단간 한계 평균 비교

	1 시간 이후	24 시간 이후	평균
가짜약	4.00	6.00	5.00
진통제	3.60	4.00	3.80
평균	3.80	5.00	4.40

B. 집단간 조건 평균비교

	1 시간 이후	24 시간 이후	평균
가짜약	4.00	6.00	5.00
진통제	3.60	4.00	3.80
평균	3.80	5.00	4.40

[그림 13.3] 집단간 효과의 평균비교

간 조건 평균비교의 두 가지 유형이 있다.[4] 이 두 유형의 평균비교를 진통제 예시에 적용하면 [그림 13.3]과 같다. [그림 13.3A]는 집단간 한계 평균 비교이며, 가짜약 조건의 평균(M=5.00)과 진통제 조건의 평균(M=3.80)을 비교한다. [그림 13.3B]는 집단간 조건 평균비교를 보여준다. 24시간 이후 시점에서 가짜약 조건(M=6.00)과 진통제 조건(M=4.00)의 평균차이 검증이 한 예이다. 1시간 후 조건에서의 평균차이 검증(M=4.00 vs. 3.60)도 집단간 조건 평균비교의 다른 예이다.

비교의 대상이 집단간 효과만 포함하고 있는 경우, "제12장"에서 논의한 집단간 분산분석의 평균비교 방법을 동일하게 적용할 수 있다. 오차항으로는 집단간 오차의 평균제곱($MS_{E(B)}$)과 그 자유도를 사용한다. 평균비교의 제곱합(SS_C)과 평균제곱(MS_C)은 아래의 식을 통해 구하며, 이는 "제12장"의 집단간 분산분석의 평균비교에서 사용된 (식 12.4)와 동일하다.

$$SS_C = MS_C = \frac{[\sum(c_j\mu_j)]^2}{\sum(c_j^2/n_j)} \qquad \text{(식 13.2)}$$

c: 비교계수,
μ_j: 각 집단의 평균,
n_j: 각 집단의 표본수.

이때 한가지 유의할 점은 각 집단의 표본수(n_j) 의 결정이다. 집단간 분석의 경우 조건에 소속된 연구참여자가 표본수가 되지만, 혼합 분산분석에서는 "연구참여자×관련된 집단내 조건수"가 표본수가 된다. 이를 예시와 함께 살펴보도록 하자.

(1) 집단간 한계 평균 비교

혼합 분산분석에서의 **집단간 한계 평균 비교**between-subjects marginal mean contrast를 진통

4) 이 외에도 집단간 디자인이 큰 경우(예, 2×3 집단간 디자인 혹은 3원 집단간 디자인이 포함된 경우), 집단간 변수의 효과만으로 이루어진 부분 상호작용partial interaction 효과의 검증도 가능하다. 이 경우에도 앞서 논의한 집단간 효과의 평균비교 방법을 동일하게 적용하여 검증이 가능하다.

제 연구 예시로 설명해 보자. 가짜약 조건의 한계 평균marginal mean은 5.00, 진통제 조건의 한계 평균은 3.80이다. 이 비교는 [그림 13.3A]에 제시되어 있듯이 집단간 평균 차이를 검증하는 것이다.

한계 평균 차이를 검증하기 위한 비교계수 [-1, 1]을 (식 13.2)에 적용해 계산하면, 평균제곱은 다음과 같다:

$$SS_C = MS_C = \frac{[\sum(c_j\mu_j)]^2}{\sum(c_j^2/n_j)} = \frac{(5.00 - 3.80)^2}{(1/10 + 1/10)} = 7.20$$

이때 유의할 점은 표본수(n_j)는 10으로 "조건당 연구참여자(5명)×집단내 조건 수(2)"를 곱한 값이다. 이는 비교하는 각 평균의 값은 각자 10개의 관찰값에 기반하기 때문이다.

집단간 한계 평균 비교의 오차항은 총괄분석의 집단간 오차 자유도와 평균제곱이 사용된다. 〈표 13.9〉에 따르며, 자유도는 8, 집단간 오차 평균제곱은 1.33이다.

집단간 한계 평균 검증 결과는 〈표 13.10〉에 제시되어 있다. 가짜약과 진통제의 전반적인 효과 차이는 유의했다($F(1, 8)=5.43$, $p=.048$). 이 결과는 〈표 13.9〉가 보여주는 총괄분석의 약의 종류 주효과와 동일하다.

〈표 13.10〉 집단간 한계 평균 비교 분산분석표

요인	제곱합	자유도	평균제곱	F값	p값
평균비교	7.20	1	7.20	5.43	.048
집단간 오차	10.60	8	1.33		

(2) 집단간 조건 평균비교

집단간 조건 평균비교between-subjects cell-mean contrast는 특정 집단내 조건(예, 측정시점)에서 집단간 조건의 차이를 비교한다. 평균비교 제곱합 계산은 집단간 한계 평균 비교와 동일하게 (식 13.2)를 적용한다. 이때 집단간 한계 평균 비교와는 다른 표본수(n_j)가 사용 될 수 있음을 유의해야 한다.

[그림 13.3B]의 예시는 24시간 후 시점(집단내 조건)에서 가짜약(M=6.00)과 진짜약(M=4.00)의 효과를 비교하는 것이다. 비교하는 두 조건의 차이는 집단간 변수에 의한 것이기 때문에 집단간 조건 평균비교에 해당한다. 이 평균비교에 사용되는 각 조건의 표본수(n_j)는 5이다. 즉, 조건당 5명의 연구참여자가 있으며, 비교에 사용되는 집단내 조건은

1개이다: n_j=5×1=5. 이를 달리 말하면, 비교하는 평균은 5개의 관측값에서 나온 것이라고 해석할 수 있다. 이 경우 평균비교의 제곱합은 다음과 같다:

$$SS_C = MS_C = \frac{[\sum(c_j\mu_j)]^2}{\sum(c_j^2/n_j)} = \frac{(6.00 - 4.00)^2}{(1/5 + 1/5)} = 10.00$$

집단간 조건 평균비교의 오차항 자유도는 총괄비교와 동일한 a(n-1)으로, 진통제 예시의 경우 8이 된다. 오차항의 제곱합과 평균제곱의 경우, 어떤 통계치를 사용할 지에 대한 두 가지 다른 견해가 존재한다Keppel, 1991.

첫번째 견해는, 한계 평균 비교와 동일하게 총괄분석의 집단간 오차항을 사용하는 것이다. 즉, 한계 평균 비교와 동일한 〈표 13.9〉의 집단간 오차 제곱합 10.60과 평균제곱인 1.33을 사용하는 것이다. 이 방법은 모든 평균비교에 일관성있는 오차항을 사용한다는 장점이 있다. 또한 계산이 상대적으로 단순하다는 장점도 있다. 이 결과는 〈표 13.11〉에 제시되어 있으며, 이 평균비교는 유의한 것으로 나타났다($F(1, 8)=7.52$, $p=.025$).

〈표 13.11〉 집단간 조건 평균 비교 분산분석표: 총괄분석의 오차항 사용

요인	제곱합	자유도	평균제곱	F값	p값
평균비교	10.00	1	10.00	7.52	.025
집단간 오차	10.60	8	1.33		

두번째 견해는, 집단간 평균비교에 사용되는 집단내 조건만으로 구성되는 개별 제곱합과 평균제곱을 이용한 오차항을 사용하는 것이다. 진통제 예시의 경우, 이는 24시간 조건만 존재하는 집단간 분산분석으로 가정하고 평균비교를 하는 것과 동일하다. 이 경우, 계산을 하면 제곱합은 6.00, 평균제곱은 0.75이다. 이 접근법의 장점은 분석하는 평균비교에 더 적합하고 정확한 오차항을 사용한다는 점이다Keppel, 1991; Keppel & Wickens, 2004. 이 접근법을 사용한 결과는 〈표 13.12〉에 제시되어 있다. 평균비교는 통계적으로 유의했다($F(1, 8)=13.33$, $p=.006$).

〈표 13.12〉 집단간 조건 평균 비교 분산분석표: 개별 오차항 사용

요인	제곱합	자유도	평균제곱	F값	p값
평균비교	10.00	1	10.00	13.33	.006
집단간 오차	6.00	8	0.75		

2.3.2. 집단내 효과 평균비교

집단내 효과의 평균비교도 (1) 집단내 한계 평균 비교와 (2) 집단내 조건 평균비교가 있다.[5] 이 두 가지 유형의 평균비교를 진통제 예시에 적용하면, [그림 13.4A]는 집단내 한계 평균 비교이며, 1시간 후 시점(M=3.80)과 24시간 후 시점(M=5.00)의 평균을 비교하는 것으로, 집단내 변수인 측정시점의 주효과를 분석에 해당한다. [그림 13.4B]는 집단내 조건 평균비교로 가짜약 조건에서 1시간 후 시점(M=4.00)과 24시간 후 시점(M=6.00)의 평균차이 검증의 예시이다.

집단내 효과의 평균비교에는 집단내 오차항이 사용된다. 즉, 집단내 분산분석과 동일하게, 오차항은 평균비교에 포함되는 집단내 조건만으로 구성된다.

A. 집단내 한계 평균 비교

	1 시간 이후	24 시간 이후	평균
가짜약	4.00	6.00	5.00
진통제	3.60	4.00	3.80
평균	3.80	5.00	4.40

B. 집단내 조건 평균비교

	1 시간 이후	24 시간 이후	평균
가짜약	4.00	6.00	5.00
진통제	3.60	4.00	3.80
평균	3.80	5.00	4.40

[그림 13.4] 집단내 효과의 평균비교

(1) 집단내 한계 평균 비교

집단내 한계 평균 비교within-subjects marginal mean contrast는 집단내 분산분석에서 사용되는 평균비교의와 유사하다. [그림 13.4A]의 집단내 한계 평균 비교는 본 예시가 2 조건을 가지고 있기 때문에 집단내 주효과와 동일하다. 그러나 이를 한계 평균 비교 방법을 사용해 다시 설명하면 다음과 같다. 두 평균값(M=3.80 vs. M=5.00)에 비교계수 (1, -1)을 적용해 제곱합을 구하면 다음과 같다.

$$SS_C = MS_C = \frac{[\sum(c_j\mu_j)]^2}{\sum(c_j^2/n_j)} = \frac{(3.80 - 5.00)^2}{(1/10 + 1/10)} = 7.20.$$

오차항은 두 집단내 조건이 모두 포함되었기 총괄 혼합 분산분석과 동일하다. 집단내 한계 평균 비교를 분산분석표로 구성하면 다음 〈표 13.13〉와 같으며, 이 결과는 〈표 13.9〉의 측정시점 집단내 효과 검증 결과와 동일하다.

5) 이 외에도 집단내 디자인이 큰 경우(예, 2×3 집단내 디자인 혹은 3원 혼합 디자인이 포함된 경우), 집단내 효과를 포함한 부분 상호작용partial interaction 효과의 검증도 가능하다. 이 경우에도 논의된 집단내 효과의 평균비교 방법을 동일하게 적용하여 검증이 가능하다.

〈표 13.13〉 집단내 한계 평균 비교 분산분석표

요인	제곱합	자유도	평균제곱	F값	p값
평균비교	7.20	1	7.20	22.15	.002
집단내 오차	2.60	8	0.33		

(2) 집단내 조건 평균비교

집단내 조건 평균비교within-subjects cell-mean contrast의 경우 비교에 사용되는 집단간 조건만 포함된 집단내 설계라고 간주하고 집단내 분산분석을 실시하면 된다. [그림 13.4B]는 가짜약 조건 내에서 1시간 조건(M=4.00)과 24시간 조건(M=6.00)의 집단내 효과를 검증하는 예시를 보여준다. 이를 가짜약 조건만 선택해 집단내 분산분석을 실시하면 〈표 13.14〉과 같은 결과를 얻을 수 있다. 이 분석 결과, 가짜약 조건 내에서 시점에 따른 통증의 차이가 유의한 것으로 나타났다($F(1, 4)=40.00$, $p=.003$).

〈표 13.14〉 집단내 조건 평균비교 분산분석표

요인	제곱합	자유도	평균제곱	F값	p값
평균비교	10.00	1	10.20	40.00	.003
집단내 오차	1.00	4	0.25		

2.3.3. 집단간 효과와 집단내 효과의 상호작용

집단간 효과와 집단내 효과의 상호작용이나 부분 상호작용 검증에 있어서 곱합은 (식 13.2)를 적용하며, 이때 비교계수는 [1, -1, -1, 1]을 사용한다. 표본수(n_j)의 경우 동일하게 각 조건을 구성하는 자료의 수를 사용한다. 이를 진통 예시에 적용하면, 곱합과 평균제곱은 다음과 같다.

$$\mathrm{SS_C} = \mathrm{MS_C} = \frac{[\sum(\mathrm{c_j}\mu_\mathrm{j})]^2}{\sum(\mathrm{c_j^2/n_j})} = \frac{(4.00 - 6.00 - 3.60 + 4.00)^2}{(1/5 + 1/5 + 1/5 + 1/5)} = 3.20.$$

집단간 효과와 집단내 효과의 상호작용 평균비교에 사용되는 오차항은 집단내 오차항을 사용한다. 이때에도 집단내 오차항 계산에는 분석에 포함되는 조건만 포함된다. 본 예시의 경우, 총괄분석과 동일하게 모든 4 조건이 상호작용 효과 분석에 사용되었기 때문에 〈표 13.9〉의 집단내 오차항과 동일하다. 분석결과는 〈표 13.15〉에 제시되어 있으며, 상호작용 효과에 대한 평균비교 검증은 유의한 것으로 나타났다($F(1, 8)=9.85$,

p=.014). 이 결과는 〈표 13.9〉의 상호작용 검증과 동일하다.

〈표 13.15〉 집단간 효과와 집단내 효과의 상호작용 평균비교 분산분석표

요인	제곱합	자유도	평균제곱	F값	p값
평균비교	3.20	1	3.20	9.85	.014
집단내 오차	2.60	8	0.33		

주요 참고자료

참고문헌

Cohen, J. (1988). *Statistical Power Analysis for the Behavioral Sciences*, Erlbaum.

Keppel, G. (1991). *Design and Analysis: A Researcher's Handbook*. Prentice Hall.

Keppel, G., & Wickens, T. D. (2004). *Design and Analysis: A Researcher's Handbook*. Pearson.

제 14 장

회귀분석을 이용한 이론 검증

회귀분석regression analysis은 독립변수와 종속변수 간의 관계를 분석하고 모형화하는 통계기법이다. 회귀분석의 목적은 크게 두 가지로 구분될 수 있다. 첫째, 회귀분석의 현상을 계량적 모형화 하는데 목적이 있다. 즉, 연구 주제가 되는 종속변수를 설명하고 예측할 수 있는 회귀모형regression modeling을 개발하는 것이 회귀분석의 목적 중의 하나이다. 이때 모형의 설명력과 적합도를 나타내는 회귀 결정계수(R^2)가 주요 지표로 사용된다. 예를 들어, 당뇨병 환자의 혈당을 예측하기 위해 나이, 체질량 지수(BMI), 혈압, 인슐린 수치 등을 독립변수로 포함하는 회귀모형을 개발 하는 경우, 이들 변수가 환자의 혈당을 얼마나 잘 설명하고 예측하는 지의 여부가 회귀모형의 평가 기준이 된다.

둘째, 회귀분석은 이론 검증의 통계적 도구로 사용된다. 이 경우 연구자의 주요 관심은 추정된 회귀 계수가 이론이나 가설이 예측하는 방향과 일치하는 지의 여부이다. 예를 들어, 임금 근로자의 직무 만족도에 영향을 미치는 일자리 특성에 대한 가설을 검증하는 경우, 추정된 일자리 특성 변수 회귀계수의 부호나 유의확률이 이론이 예측하는 방향과 부합하는 지를 평가한다. 최근 행동과학 분야에서는 회귀분석이 이론 검증을 위한 통계기법으로 널리 활용되고 있다. 과거에는 실험 연구에서 수집된 데이터 분석에 주로 분산분석이 주로 사용되었으나,[1] 연속형 변수continuous variable를 포함한 실험 데이터의 경우 회귀분석의 사용 빈도가 높아지고 있다.

본 장은 회귀분석을 통한 이론 검증에 초점을 맞추어 관련된 개념과 분석방법을 주로 다루고 있다. 이론 검증을 위한 통계분석의 종류는 크게 두 가지로 구분된다. 하나는 집단간 평균 차이를 검증하는 것으로, 주로 분산분석이 사용되며 이에 대한 내용은 “제12장”과 “제13장”에서 다루었다. 이론 검증 방법의 다른 종류는 변수 간의 연관성을 검증하는 것으로, 본 14장에서 다루는 주로 회귀분석이 주로 사용된다. 본 장은, 독자가 회귀분석의 기초 개념에 대한 이해를 가지고 있다는 전제하에, 회귀분석을 활용한 이론 검증 방법에 초점을 두어 관련된 내용을 논의한다.

---

1) 연속형 변수를 포함한 실험연구의 경우, 과거에는 연속형 변수를 범주형 변수로 변환한 후에 분산분석을 사용하는 방식이 일반적으로 사용되어왔다. 예를 들어, 관여도와 같은 변수를 연속형으로 측정한 경우, 해당 값을 중앙값median을 기준으로 고관여 집단과 저관여 집단으로 이분화한 후에, 변환된 범주형 변수를 분산분석의 독립변수로 사용해왔다. 그러나 이와 같이 연속형 변수를 범주형 자료로 변환하는 것은 정보의 손실과 같은 문제를 가지고 있기 때문에 최근에는 연속형 변수를 변환 없이 사용할 수 있는 회귀분석이 실험연구에서도 널리 사용되고 있다Irwin & McClelland, 2003.

Ⅰ. 상관관계와 단순 회귀분석

1.1. 상관관계와 상관계수

변수 간의 연관성에 대한 통계적 검증은 상관관계 분석으로부터 시작된다. 상관관계 correlation는 두 변수 사이의 연관성, 즉 한 변수의 값이 변할 때 다른 변수의 값이 어떻게 변하는 지를 나타내는 개념이다.

상관계수correlation coefficient: 상관관계 계수는 두 변수 간의 선형 상관관계linear relationship의 강도와 관계를 나타내는 표준화된 지수이다. 상관계수는 r로 표기되며, 값의 범위는 -1과 1사이이다. 상관계수가 양수($r > 0$)인 경우에는 한 변수가 증가할수록 다른 변수도 함께 증가하는 양(+)의 선형관계가 존재함을 의미한다. 반대로 상관계수가 음수($r < 0$)인 경우에는 한 변수가 증가할 때 다른 변수가 감소하는 음(-)의 선형관계가 존재한다.

상관계수의 절댓값이 1에 가까울수록 두 변수 간의 선형 관계는 강하고, 0에 가까울수록 선형 관계는 약하다. 만약 상관계수가 통계적으로 0과 유의미하게 다르지 않다면, 두 변수 간에는 선형적인 관계가 존재하지 않는다고 판단한다. 이때, 선형linear이라는 점이 핵심으로, 비선형적 관계가 존재할 가능성은 상관계수로는 포착되지 않는다.

1.2. 상관관계의 특성

1.2.1. 선형 관계

상관관계는 변수 간의 선형적 관계를 반영하는 지표이기 때문에, 상관관계 분석은 변수 간에 선형적 연관성이 존재할 때 적합한 분석 방법이다. 그러나 변수 간에는 선형 관계 외에도 다양한 형태의 비선형적 관련성이 존재하며, 이 경우 상관계수는 변수 간의 연관성을 정확히 반영하지 못할 수 있다. 따라서 상관관계 분석이나 회귀분석을 실시하기에 앞서, 연구자는 두 변수 간의 관계가 어떤 형태인지를 파악해야 한다.

변수 간의 연관성에 대한 사전 점검에는 **산점도**scatter plot가 유용하게 활용된다. 산점도는 변수 간의 관계를 시각적으로 보여주기 때문에, 선형 관계 여부, 비선형적 경향, 이상치outlier의 존재 여부 등을 직관적으로 파악할 수 있다.

예를 들어 [그림 14.1]은 동일한 상관관계($r = .82$)를 가지는 네 가지 서로 다른 형태

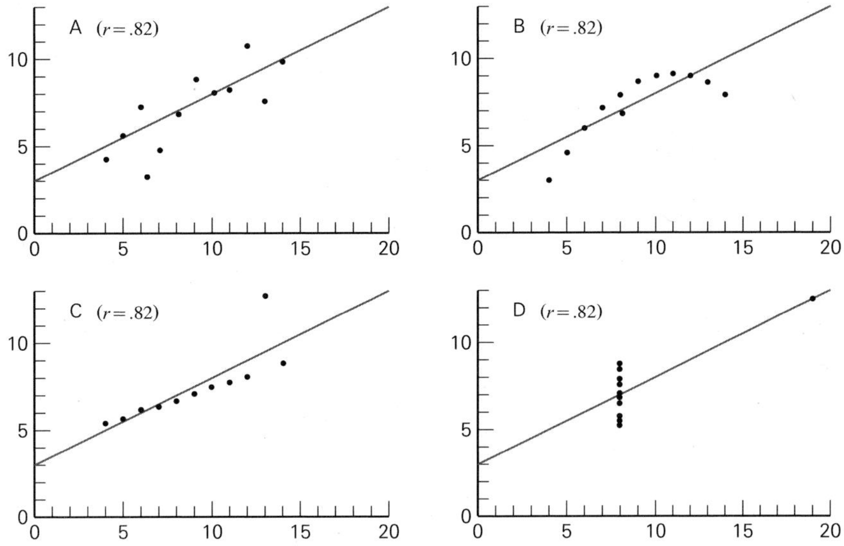

[그림 14.1] 동일한 상관관계를 가지는 다양한 변수간의 관계

의 변수 간 관계를 보여준다Anscombe, 1973. 첫 번째 A의 경우는 두 변수 간에 전형적 선형관계가 있음을 보여주며, 상관관계 분석이나 회귀분석이 적합한 경우이다. B의 경우 양의 상관관계 외에도, 2차 함수의 형태의 비선형성이 있음을 보여준다. 따라서 이 경우에는 단순 선형 회귀모형보다 비선형 회귀모형이 보다 적합할 수 있다. C의 경우에는 하나의 이상치가 전체 상관계수에 큰 영향을 주는 경우이다. 위쪽에 위치한 이상치가 없는 경우, 실제로는 더 강한 상관관계가 존재함을 알 수 있다. D의 경우는 오른쪽 위에 위치한 한 개의 이상치로 인해 상관계수가 실제보다 높게 나타난 경우이다. 이 극단값을 제외하는 경우, 두 변수 간에 상관관계는 거의 존재하지 않는다.

살펴본 예시와 같이 동일한 상관계수를 가지는 경우에도 실제 변수 간 관계는 전혀 다를 수 있다. 따라서 분석에 앞서 관계의 형태를 시각적으로 확인하고, 이를 바탕으로 적절한 자료 전처리(예, 이상치 제거, 변수 변환) 및 분석 방법(예. 비선형 회귀)을 결정하는 과정이 반드시 필요하다.

1.2.2. 효과크기

상관계수(r)는 통계적 연관성을 판단하는 지표일 뿐만 아니라, 그 자체로 효과크기effect size 지수로도 활용된다. 상관계수의 통계적 유의확률(p값)은 표본의 크기에 영향을 받으며, 표본이 클수록 상관관계의 유의확률은 낮아진다. 따라서 동일한 크기의 상관관계도 표본의 수에 따라 통계적으로 유의하거나 유의하지 않을 수 있다. 예를 들어, 상관계수가 r=.20인 경우 표본이 작으면 통계적으로 유의하지 않을 수 있으나, 표본이 충분히 커지면 통계적으로 유의할 수 있다.

상관계수 자체는 표본의 크기에 영향을 주지 않기 때문에, 그 값 자체가 연관성 강도를 나타내는 효과크기 지표로 활용된다. 일반적으로 r=.10은 작은 효과크기, r=.30은 중간 효과크기, r=.50은 큰 효과크기로 해석된다Cohen, 1988.

1.2.3. 상관관계와 결정계수

상관관계의 제곱값(r^2)은 **결정계수**coefficient of determination로 불리며, 두 변수 간의 공분산 비율이 전체 분산에서 차지하는 비율을 나타낸다. 따라서 결정계수(r^2)는 한 변수가 다른 변수의 변량을 어느 정도 설명하는 지를 나타내는 모형의 설명력 지표가 된다. 예를 들어 두 변수 간의 상관계수가 r=.50인 경우, 결정계수는 r^2=.25가 되며, 이는 한 변수가 다른 변수의 변량 중 25%를 설명할 수 있다는 의미가 된다. 나머지 75%는 설명되지 않은 변량으로 간주되며, 이는 다른 변수들이나 오차에 기인할 수 있다고 해석된다.

회귀분석에서 회귀 결정계수(R^2)는 모형의 설명력을 나타내는 대표적인 지표로, 상관관계 결정계수(r^2)의 개념을 확장한 것으로 이해할 수 있다. 단순 회귀분석에서는 R^2와 r^2가 동일하지만, 다중 회귀분석에서는 여러 독립변수의 결합 효과를 반영하기 때문에 R^2는 r^2와 구분되는, 모형 수준의 설명력 지표로 사용된다.

1.3. 단순 회귀분석

단순 회귀분석simple regression analysis은 독립변수의 수가 하나인 회귀분석을 의미한다. 단순 회귀분석은 가장 단순한 형태의 회귀분석으로, 한 개의 독립변수(X)와 종속변수(Y)의 선형 관계를 분석한다. 단순 회귀분석은 다음과 같이 표현된다:

$$Y = b_0 + b_1 X + e.$$

위의 식에서 b_1은 독립변수와 종속변수의 연관성을 나타내는 **회귀계수**regression coefficient이고, b_0은 **절편**intercept으로 X의 값이 0일때 Y의 값을 나타낸다. e는 **오차항**error term으로 독립변수로 설명되지 않는 종속변수의 변량을 의미한다.

단순 회귀분석은 두 변수 간의 선형 관계를 분석한다는 점에서, 그 개념과 수식이 상관관계 분석과 유사하다. 그러나 상관분석이 변수 간의 대칭적인 관계를 다루는 반면, 회귀분석은 한 변수를 기준으로 다른 변수를 설명하거나 예측하려는 목적을 가진다는 점에서 차이가 있다.

소득과 행복감의 연관성에 대한 자료를 이용해 상관관계 분석과 단순 회귀분석을 실시해보자. 사용된 자료는 본서가 제공하는 "Data 14-1_REG_Happiness" 파일에 포함되어 있으며, 자료에 대한 구체적인 설명은 "부록: 예시 자료 정보"에 제시되어 있다. 분석 자료는 성인 응답자(N=1,169)를 대상으로 한 설문을 통해 측정한 행복 수준과 소득을 포함하고 있다. 행복 수준은 응답자가 평가한 자신의 전반적인 행복감을 5점 척도(1=매우 불행, 5=매우 행복)로 측정했다(M=3.41, SD=0.74). 소득은 월소득을 100만원 단위로 측정한 후에, 정규성 확보를 위해 로그변환log-transformation한 값이다(M=1.58, SD=0.54).

분석에 앞서 소득과 행복의 연관성을 시각적으로 알아보기 위한 산점도scatter plot를 살펴보았다. [그림 14.2]가 보여주듯이 두 변수 간에 선형 연관성이 있는 것으로 나타나 상관관계 분석이나 회귀분석이 적절함을 알 수 있다.

소득과 행복의 상관관계 분석 결과는 다음과 같다. 소득과 행복의 상관계수는 양(+)의 방향으로 통계적으로 유의하였다(r=.160, $p<.001$). 상관관계 계수의 제곱인 결정계수(r^2)는 .026으로 소득이 행복 변량의 2.6%를 설명하는 것을 의미한다.

다음으로 행복 점수를 종속변수로 소득을 독립변수로 하는 회귀분석을 실시하였으며, 그 결과는 〈표 14.1〉과 같다. 우선 회귀분석의 설명력을 나타내는 상관계수(R)와 결정계수(R^2)를 살펴보자. 회귀분석의 상관계수(R)는 회귀모형과 종속변수와 상관관계를, 회귀분석의 결정계수(R^2)는 회귀모형이 설명하는 종속변수의 변량을 의미한다. 이 값은 각각 R=.160, R^2=.026으로, 상관관계 분석의 r과 r^2의 값과 동일하다. 소득의 표준화 회귀

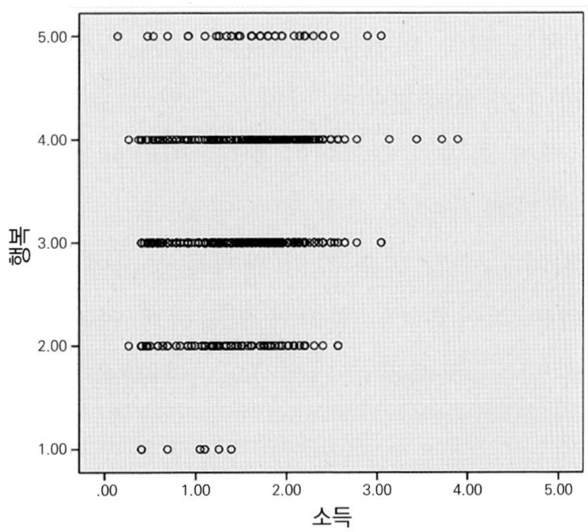

[그림 14.2] 소득과 행복의 산점도

〈표 14.1〉 소득과 행복의 연관성에 관한 회귀분석 결과

변수	비표준화 계수		표준화 계수	t값	p값
	b	SE	β		
소득(b_1)	0.224	0.040	.160	5.554	.000
절편(b_0)	3.059	0.067		45.419	.000

R	R^2
.160	.026

계수(β)standardized beta 또한 0.160으로 상관계수와 동일한 값을 갖는다. 이는 표준화 회귀계수와 상관계수 모두 -1과 1 사이의 값을 갖는 표준화된 지수이기 때문이다.

한편, 비표준화unstandardized 회귀계수(b)는 상관계수에 변수의 표준편차를 적용해 계산한다:

$$b_1 = r \times (SD_{\mathrm{Y}})/SD_{\mathrm{X}}).$$

이 분석에서 소득의 비표준화 회귀계수는 b_1=0.224였으며 통계적으로 유의하였다 (t=5.554, $p < .001$). 이 결과는 소득이 한 단위 변할 때 행복 점수가 평균적으로 0.224점 증가함을 의미한다. 절편의 값은 b_0=3.059로, 이는 소득이 0일 때 예측되는 행복 수준을 의미한다.

행복 연구 예시에서 살펴보았듯이, 단순 회귀분석과 상관관계 분석은 동일한 데이터를 사용할 경우 동일한 분석 결과를 제공한다. 따라서 독립변수가 단일 변수일 때는 상관관계 분석과 단순 회귀분석 중 어느 방법을 선택하더라도 동일한 결론에 도달할 수 있다.

그러나 실제 연구에서는 이론 검증의 필요에 따라 두 개 이상의 독립변수가 포함되는 경우가 많으며, 이 경우에는 다중 회귀분석multiple regression analysis이 주로 사용된다. 다중 회귀에서는 각 독립변수가 종속변수에 미치는 독립적 효과를 추정해야 하며, 독립변수들 간의 상호 연관성 역시 함께 고려되어야 한다. 이러한 상황에서는 단순한 상관관계 분석만으로는 변수 간의 관계 구조를 충분히 설명할 수 없다.

다음 절에서는 이와 같이 다수의 변수 간의 관계를 동시에 고려하는 복합적 상관 구조에 대해 다루며, 이는 다중 회귀분석의 원리와 밀접하게 연관되어 있다. 이 과정은 변수 간의 단순한 상관관계를 넘어, 통제된 조건에서의 연관성을 파악하는 데 필수적인 분석 원리이다.

Ⅱ. 편상관, 준부분상관, 중다상관

앞서 살펴본 상관계수는 두 변수 간의 관계를 다루는 비교적 단순한 형태였다. 그러나 다음 절에서 다룰 다중 회귀분석은 3개 이상의 변수를 포함하므로, 변수들 간의 상호 연관성으로 인해 상관관계가 더 복잡한 형태를 가지게 된다. 이에 따라 다중 회귀분석에 대한 논의에 앞서, 이를 이해하는 데 필수적인 3개 이상의 변수의 연관성에 대한 개념을 먼저 살펴보고자 한다.

세 개 이상의 변수 간 연관성을 나타내는 지표로는 단순 상관관계 외에도 편상관계수와 준부분상관계수가 있다. 이 개념들을 [그림 14.3]이 보여주는 3개 변수 간 변량과 공변량의 시각적 표현을 통해 알아보도록 하자. [그림 14.3]은 한 개의 종속변수(Y)와 두 개의 독립변수($X1$, $X2$)의 상관관계(설명되는 분산)를 보여주고 있다. 그림에서 각 동그라미는 Y, $X1$, $X2$의 변량을 나타낸다. 예를 들어, 종속변수 Y의 전체 변량은 원을 구성하는 네 부분의 합이다: Y=a+b+c+d. 동그라미가 겹치는 부분은 다른 변수로 설명되는 변량을 의미한다. 예를 들어 $X1$이 설명하는 Y 변량은 두 변수가 겹치는 부분인 a+c이다.

위의 [그림 14.3]을 활용하여 Y와 $X1$간의 상관관계, 편상관관계, 준부분상관관계의 정의와 차이점을 알아보고자 한다. 먼저 상관관계는 두 변수만의 관계에 관한 것이 때문에 Y와 $X1$의 상관관계에 있어서 $X2$의 영향은 고려하지 않는다. Y의 총 변량 중에서 $X1$이 설명하는 변량은 a+c이다. 따라서 두 변수 간의 설명력을 의미하는, 상관관계의 제곱인 **결정계수**(r^2)는 전체 Y의 변량(a+b+c+d) 중에서 $X1$이 설명하는 변량(a+c)의 비율로 정의될 수 있다:

$$r^2 = (a + c)/(a + b + c + d)$$
$$= (a + c)/ Y.$$

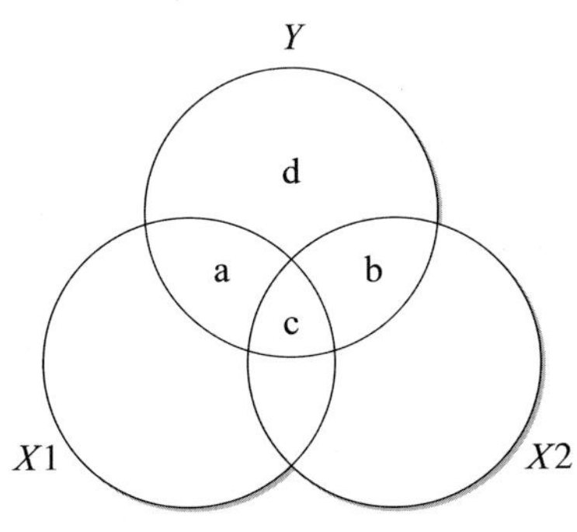

[그림 14.3] 세 변수 간의 변량과 공변량

2.1. 편상관관계

편상관관계partial correlation는 **부분상관관계**라고도 불리며, 제3 변수의 영향을 완전히 제거한 상태에서 두 변수 간의 순수한 상관관계를 측정하는 지표이다. 위의 [그림 14.3]에서 Y와 $X1$의 편상관관계($r_{YX1 \cdot X2}$)의 제곱은 $X2$가 설명하는 부분을 모두 없앤 상태에서 Y와 $X1$의 공변량 비율이라고 정의할 수 있다. 즉, [그림 14.3]에서 $X2$의 원이 존재하지 않는다고 가정했을 때, Y의 변량(a+d) 중에서 $X1$이 설명하는 변량(a)의 비율이라고 정의할 수 있다:

$$r^2_{YX1 \cdot X2} = a/(a + d).$$

2.2. 준부분상관관계

준부분상관관계semi-partial correlation; part correlation는 제3 변수의 영향을 통제한 상태에서 특정 독립변수가 종속변수의 변량을 설명하는 비율이라고 할 수 있다. 제3 변수의 영향을 통제한다는 측면에서는 편상관관계와 유사하나 중요한 차이점은 분모에 있다. 준부분상관관계의 경우 분모가 Y의 변량 전체가 된다는 점에서 편상관관계와는 차이가 있다. 준부분상관관계는 제3 변수의 영향을 통제한 상태에서 특정 독립변수가 종속변수를 설명하는 기여도를 나타내기 때문에, 다중 회귀분석에서 회귀계수를 구하는데 이용된다. [그림 14.3]에서 Y와 $X1$의 준부분상관관계(sr_{X1})의 제곱은 다음과 같이 정의될 수 있다:

$$\begin{aligned} sr^2_{X1} &= a/(a + b + c + d) \\ &= a/Y. \end{aligned}$$

2.3. 중다상관관계

중다상관관계multiple correlation는 상관관계(r)를 다수의 변수 간 관계로 확장한 개념이다. **중다상관계수**(R)multiple correlation coefficient는 종속변수와 복수의 독립변수의 상관관계 계수이며, 단순 상관관계(r)와 구분하기 위해 대문자 R로 표시한다.

중다상관관계의 제곱값인 R^2는 **중다결정계수**multiple coefficient of determination 또는 **회귀결정계수**라고 하며, 이는 다수의 독립변수가 설명하는 종속변수의 변량의 비율을 의미한다. 회귀분석에서는 회귀모형의 설명력을 나타내는 주요 지표로 사용된다. 위의 [그림

14.3]에서 중다결정계수는 Y의 총 변량 중에서 $X1$과 $X2$가 설명하는 변량의 비율로 다음과 같이 정의된다:

$$R^2 = (a + b + c)/(a + b + c + d)$$
$$= (a + b + c)/Y.$$

Ⅲ. 다중회귀분석

다중 회귀분석multiple regression analysis은 하나의 종속변수와 두 개 이상의 독립변수 간의 관계를 분석하는 통계기법을 의미한다. 다중 회귀분석은 각 독립변수가 종속변수에 미치는 영향을 다른 변수의 영향을 통제한 상태에서 개별적으로 평가할 수 있도록 해준다. 다중 회귀분석의 기본적인 형태는 다음과 같다:

$$Y = b_0 + b_1X1 + b_2X2 + \cdots + b_nXn + e.$$

Y: 종속변수,
b_0: 절편,
b_1, b_2, …, b_n: 독립변수 $X1$, $X2$, …, Xn의 회귀계수,
e: 오차항.

3.1. 회귀계수 검증과 해석

이론 검증을 위한 회귀분석에 있어서 중요한 점 중 하나는 회귀계수regression coefficient에 대한 정확한 이해와 해석이다. 그 이유는 회귀분석을 이용한 이론이나 가설의 검증에서, 가설의 지기나 기각의 결정은 회귀계수의 부호와 유의확률에 의해 결정되기 때문이다.

우선 가장 단순한 형태인 두 개의 독립변수($X1$, $X2$)를 포함하는 다중 회귀분석 모형을 예시로 살펴보자:

$$Y = b_0 + b_1X1 + b_2X2.$$

위의 다중 회귀분석 모형은 두 회귀계수(b_1, b_2)와 절편(b_0)을 추정한다. 이 회귀계수의 추정과 해석을 예시 자료를 이용해 살펴보도록 하겠다. 앞서 사용한 "Data 14-1_REG_Happiness"파일에는 행복과 소득 외에도 응답자의 성격유형에 대한 정보를

포함하고 있다. 여기서 성격유형은 A유형과 B유형으로 구분되며, 범주형 자료(더미 변수)로 코딩되어 있다(0=성격유형 A, 1=성격유형 B). 이 데이터를 바탕으로 소득과 성격유형이 행복에 미치는 영향에 관한 다음과 같은 회귀모형을 설정해 분석을 수행하였다:

$$행복 = b_0 + b_1소득 + b_2성격유형.$$

이 회귀모형은 소득과 성격유형이 행복에 미치는 영향을 평가하며, 회귀계수 b_1과 b_2는 각각 소득과 성격유형이 독립적으로 행복에 미치는 영향력을 나타낸다. 절편 b_0 역시 함께 추정된다.

제시된 자료를 이용한 분석 결과는 〈표 14.2〉와 같다. 회귀분석의 결과는 각 독립변수의 비표준화 회귀계수(b), 표준오차(SE)standard error, 표준화 회귀계수(β), 회귀계수의 유의성에 대한 t값과 유의확률(p값)을 보여준다. 이 회귀분석 결과의 모형 적합도를 나타내는 중다상관계수(R)와 회귀 결정계수(R^2)는 각각 .294와 .085이다. 이 결과를 회귀계수의 해석에 초점을 두어 논의하고자 한다.

〈표 14.2〉 소득과 성격유형이 행복에 미치는 연관성에 관한 회귀분석 결과

변수	비표준화 계수		표준화 계수	t값	p값	R	R^2
	b	SE	β				
소득(b_1)	0.180	0.039	.129	4.575	.000	.294	.085
성격유형(b_2)	0.398	0.046	.246	8.714	.000		
절편(b_0)	2.853	0.069		41.078	.000		

3.1.1. 회귀계수

다중 회귀분석에서 추정된 회귀계수는 독립변수와 종속변수의 연관성을 설명하는 기울기slope를 나타낸다. 회귀계수는 다른 독립변수의 영향을 통제한 상태에서 검증하는 독립변수의 1단위 변화가 종속변수에 미치는 방향과 크기를 나타낸다.

소득 회귀계수는 양의 방향으로 통계적으로 유의한 것으로 나타났다(b_1 = 0.180, t = 4.575, p < .001). 이 결과는 소득이 1단위 증가할 때, 행복 점수가 평균적으로 0.180점 증가함을 의미한다. 이를 소득만을 독립변수로 한 〈표 14.1〉의 결과(b_1=0.224)와 비교하면, 추정된 계수의 크기가 다르다. 이는 다중 회귀분석의 회귀계수는 추가적으로 포함된 성격유형과의 공분산을 통제한 결과이기 때문이다.

성격유형의 회귀계수도 통계적으로 유의한 것으로 나타났다(b_1 = 0.398, t = 8.714,

$p < .001$). 성격유형은 더미변수(0 = A유형, 1 = B유형)로 정의되었기 때문에, 이 회귀계수는 소득의 영향을 통제한 상태에서 B유형이 A유형 보다 평균적으로 행복점수가 0.398점이 높음을 의미한다.

3.1.2. 절편

회귀분석에서의 **절편**intercept 혹은 **상수**constant는 회귀선이 Y축과 만나는 점을 의미한다. 절편은 종종 분석에서 중요하지 않은 요소로 간주되지만, 실제로는 중요한 정보를 담고 있을 수 있으며, 절편 자체를 대상으로 한 가설 검증이 이루어지기도 한다Spiller et al., 2013.

절편은 흔히 기준선baseline으로 해석되나, 이는 엄밀한 의미에서 절편에 대한 정확한 해석이라고는 할 수 없다. 절편의 정확한 의미는 모든 독립변수의 값이 0인 경우 종속변수의 예상값을 의미한다. 〈표 14.2〉에 제시된 회귀모형의 절편은 b_0=2.853이다. 이 값의 의미는 소득과 성격유형의 값이 모두 0인 경우의 행복 점수라고 할 수 있다. 즉 회귀모형이 소득 수치가 0이고 [2] 성격이 A유형인 조건의 행복 점수라고 해석될 수 있다:

$$\text{행복} = 2.853 + 0.180(0) + 0.398(0).$$

절편의 값은 독립변수의 코딩 방식에 따라 달라진다. 성격유형을 "0=B유형, 1=A유형"으로 더미코딩 한 경우에는 절편은 b_0 = 3.250으로 다른 값을 가지게 된다. 이 수치는 소득 수치가 0이고 성격이 B유형일 때의 행복 점수를 나타낸다.

살펴본 바와 같이 절편 값은 독립변수의 선형 변환linear transformation 또는 코딩 방식에 따라 달라질 수 있다. 따라서 절편을 단순히 기준선baseline으로 이해하는 것은 정확한 해석은 아니다. 절편은 모든 독립변수가 0인 경우의 종속변수 값을 의미하기 때문에, 이러한 조건이 실질적 의미를 가지는 연구에서는 절편 자체가 중요한 분석 결과가 될 수 있다.

3.1.3. 회귀계수의 시각화

회귀분석 결과의 시각화visualization는 결과를 보다 직관적으로 이해하고 효과적으로 전달하는데 도움이 된다. 특히 다중 회귀분석은 다수의 독립변수를 포함하고 있기 때문에, 분석결과를 다차원 그래프나 여러 개의 2차원 그래프로 결과를 시각화할 수 있다. 행복에 관한 분석결과를 성격 유형에 따라 구분해서 해석하면 다음과 같다.

---

2) 소득은 "ln(소득+1)"로 변환되었기 때문에 이 경우 월소득이 소득이 0원인 경우에 해당한다.

성격유형 = 0 (A성격유형)

행복 = 2.853 + 0.180 × 소득 + 0.398 × (성격유형 = 0)

= 2.853 + 0.180(소득)

성격유형 = 1 (B성격유형)

행복 = 2.853 + 0.180 × 소득 + 0.398 × (성격유형 = 1)

= 3.231 + 0.180 (소득)

이와 같이 하나의 연속변수(소득)와 하나의 이항변수(성격유형)를 포함한 회귀모형에서는, [그림 14.4]와 같이 성격유형에 따라 두 개의 회귀선을 제시하는 그래프를 사용해 결과를 시각화할 수 있다. 즉, 소득이 증가함에 따라 행복수준이 어떻게 변화하는지를 성격유형 A와 B 각각의 회귀선으로 구분하여 시각적으로 표현할 수 있다.

상호작용을 포함한 회귀모형의 경우, 스포트라이트 분석spotlight analysis이나 플러드라이트 분석floodlight analysis이 사용될 수 있으며, 관련된 내용은 본 장의 "3.7. 회귀모형의 시각화 및 유의구간 분석"에서 자세히 다룬다.

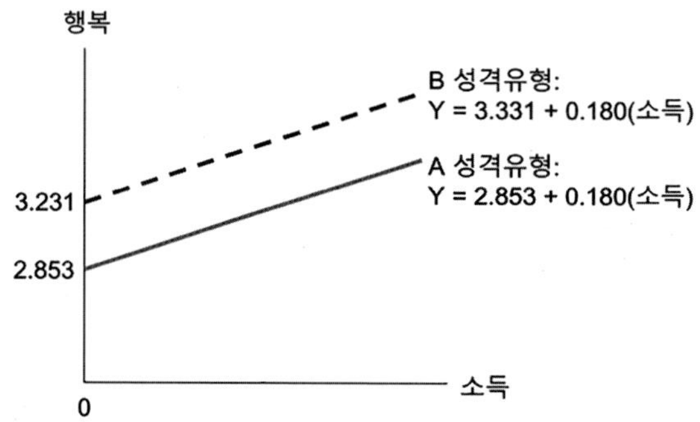

[그림 14.4] 다중 회귀분석 결과의 시각화

3.2. 변수 선형 변환의 영향

다중회귀분석에서 독립변수의 선형 변환linear transformation이 회귀분석 결과에 미치는 영향은 상호작용 항의 포함여부에 따라 달라진다. 상호작용 효과가 없는 다중 회귀분석의 경우, 독립변수의 선형 변환은 회귀분석 결과의 통계적 유의성에는 영향을 미치지 않는다.[3] 즉, 회귀계수의 유의확률(p값)은 독립변수의 선형 변환에 따라 달라지지 않는다.

3) 상호작용 효과가 모형에 포함된 경우에는 변수의 선형 변환은 상호작용에 포함된 변수의 회귀계수

그러나 추정된 회귀계수의 값과 그 해석은 달라질 수 있다.

독립변수 선형 변환의 영향을 소득과 성격유형이 행복에 미치는 회귀모형을 예시로 살펴보자. 회귀모형은 "행복 = b_0 + b_1소득 + b_2성격유형"이다. 성격유형은 세 가지 방식으로 선형 변환하여 코딩하였다: (1) 0 = A유형, 1 = B유형, (2) 1 = A유형, 0 = B유형, (3) -1 = A유형, 1 = B유형. 세 가지 다른 코딩 방법에 따른 회귀분석 결과는 아래의 〈표 14.3〉와 같다.

먼저 (1) "0=A유형, 1=B유형" 방식은 앞서 제시한 〈표 14.2〉의 결과와 동일하다. 성격유형의 회귀계수(b_2 = 0.398, t = 8.714, p < .001)는 A유형을 기준으로 B유형의 행복 점수 차이를 의미한다.

두 번째로, (2) "1 = A유형, 0 = B유형"으로 코딩한 경우 성격유형의 회귀계수(b_2 = -0.398)는 부호가 바뀌었으나 통계적 유의도는 바뀌지 않았다(t = 8.714, p < .001). 회귀계수의 의미적 해석이 B유형 대비 A유형의 차이라는 점을 제외하고는, (1)과 동일한 회귀분석 결과임을 알 수 있다. 소득의 회귀계수(b_1)또한 (1)의 결과와 동일하다. 단, 절편(b_0)의 경우 (1)과 다른 결과를 보이며, 이는 성격유형의 0이 의미하는 기준점이 B유형으로 바뀌었기 때문이다. 즉 절편은 "소득 = 0, 성격유형 = B"인 경우의 행복 점수의 추정값을 의미한다.

마지막으로 성격유형을 (3) "-1 = A유형, 1 = B유형"으로 코딩한 경우, 성격유형의 회귀계수 값(b_2 = 0.199)은 이전의 분석과 바뀌었으며, 이는 코딩의 변화로 인해 성격의 1단위 값이 변했기 때문이다. 그러나 회귀계수의 통계적 유의도에는 변함이 없음을 알 수 있다. 절편의 값도 변하였으며, 이 경우에는 성격유형의 0이 가지는 의미가 바뀌었기 때문이다. 즉, 이번 코딩에서는 "성격유형=0"이라는 값이 의미가 집단의 중간값에 해당

〈표 14.3〉 상호작용 효과가 없는 회귀분석에서 성격유형 변수의 선형변화에 따른 분석결과

독립변수	성격유형의 코딩					
	(1) 0=A유형, 1=B유형		(2) 1=A유형, 0=B유형		(3)−1=A유형, 1=B유형	
	$b(SE)$	t값	$b(SE)$	t값	$b(SE)$	t값
소득(b_1)	0.180 (0.039)	4.575	0.180 (0.039)	4.575	0.180 (0.039)	4.575
성격유형(b_2)	0.398 (0.046)	8.714	-0.398 (0.046)	8.714	0.199 (0.023)	8.714
절편(b_0)	2.853 (0.069)	41.078	3.250 (0.069)	47.185	3.051 (0.065)	46.738

주: 모든 t값은 유의(p<.05).

에 영향을 미치며, 이는 본 장의 "3.3. 상호작용 회귀모형의 회귀계수 검증과 해석"에서 자세히 논의한다.

하기 때문이다.

지금까지 살펴본 바에 의하면, 다중 회귀분석에서 한 변수의 선형 변환은 회귀계수의 통계적 유의성이라는 측면에서 결과를 바꾸지 않는다. 다시 말해, 독립변수에 어느 코딩 방법을 사용했는지는 회귀계수의 의미를 바꾸지만, 통계적인 결과를 바꾸지는 않는다. 또한 한 독립변수(성격유형)의 선형 변환은 다른 독립변수(소득)의 결과에 전혀 영향을 미치지 않았다.

그러나 이러한 특성이 모든 회귀분석에 적용되는 것은 아니다. 앞으로 살펴볼 상호작용 효과를 포함한 회귀모형의 경우, 한 독립변수의 선형 변환은 다른 독립변수의 추정된 회귀계수의 값(의미)뿐만 아니라 유의확률도 변화시키게 된다. 따라서 상호작용 회귀분석에서 어느 코딩 방법을 독립변수에 적용할 지는 중요한 의사결정이며, 검증하고자 하는 이론적 효과와 일치하는 코딩 방법을 선택해야 한다.

3.3. 상호작용 회귀모형의 회귀계수 검증과 해석

3.3.1. 상호작용 회귀모형

상호작용 회귀모형moderated regression은 독립변수와 조절변수 간의 상호작용 효과를 포함한 회귀모형을 의미한다. 지금까지 살펴본 상호작용 효과를 포함하지 않은 다중 회귀분석의 경우 추정된 회귀계수의 해석이 복잡하거나 어렵지는 않다. 그러나 상호작용 회귀모형의 경우에는 추정된 회귀계수의 의미가 상호작용이 없는 경우와 달라지기 때문에, 해석 시 유의가 필요하다.

소득과 성격유형이 행복에 미치는 영향에 관한 예시를 이용해 상호작용 효과가 있는 경우의 회귀계수를 이해해 보자. 연구자는 소득과 성격유형의 상호작용이 행복에 영향을 미칠 것으로 기대하며, 상호작용 효과를 회귀모형에 추가하였다. 상호작용은 두 변수를 곱(소득×성격유형)으로 정의된다. 아래의 (식 14.1) 회귀모형에서 b_3은 상호작용 효과에 관한 회귀계수이며, 이 회귀계수의 방향과 유의확률로 상호작용 효과를 해석한다.

$$Y = b_0 + b_1\text{소득} + b_2\text{성격유형} + b_3\text{소득}\times\text{성격유형}. \qquad \text{(식 14. 1)}$$

자료 "Data 14-1_REG_Happiness"를 이용해 위의 회귀모형을 추정한 결과는 다음 〈표 14.4〉와 같다. 소득($b_1 = 0.319$, $t = 4.456$, $p < .001$)과 성격유형($b_2 = 0.701$, $t = 5.066$, $p < .001$) 회귀계수는 모두 통계적으로 유의했다. 새롭게 모형에 추가된 소득과 성격유형의 상호작용 효과도 유의한 것으로 나타났다($b_3 = -0.199$, $t = 2.320$, $p < .001$).

〈표 14.4〉 소득, 성격유형, 소득x성격유형 상호작용이 행복에 미치는 연관성에 관한 회귀분석 결과

변수	비표준화 계수		표준화 계수	t값	p값	R	R^2
	b	SE	β				
소득(b_1)	0.319	0.072	.229	4.456	.000	.299	.090
성격유형(b_2)	0.701	0.138	.434	5.066	.000		
소득×성격유형(b_3)	-0.199	0.086	-.232	2.320	.020		
절편(b_0)	2.647	0.113		23.523	.000		

3.3.2. 상호작용 회귀모형의 단순효과 계수

상호작용이 있는 경우 독립변수의 회귀계수는 변수의 일반적인 연관성을 나타내는 주효과main effect를 의미하지 않는다. 대신, 상호작용을 구성하는 다른 변수의 값이 0인 경우, 해당 변수의 종속변수에 대한 **단순효과**simple effect를 **나타낸다**Irwin & McClelland, 2001.[4]

예를 들어, 소득과 성격유형의 상호작용 항이 포함된 회귀모형에서 소득 회귀계수(b_1)는 소득이 행복에 미치는 전반적인 영향이 아니라, 성격유형이 0인 경우에 소득과 행복 간의 기울기를 의미한다. 동일하게 성격유형 회귀계수(b_2)는 상호작용 효과를 구성하는 다른 변수인 소득이 0인 경우에 성격유형이 행복에 미치는 영향의 크기를 의미한다. 따라서 상호작용 회귀모형에서 각 회귀계수는 일반적인 주효과가 아니라, 다른 변수의 특정값(0)에서의 단순효과를 반영함을 이해할 필요가 있다.

(1) 소득 회귀계수: b_1

먼저 소득과 행복의 연관성을 알아보자. 위의 (식 14.1)에서 소득이 행복에 미치는 영향은 회귀모형에서 "b_1소득"과 "b_3소득×성격유형"의 두 회귀계수에 의해 구성된다. 이는 상호작용 효과가 존재할 경우, 소득이 행복에 미치는 영향이 일정하지 않고 성격유형에 따라 달라짐을 의미한다. (식 14.1)의 회귀모형에서 소득의 영향과 관련된 부분만 살펴보면 다음과 같다:

$$\text{소득의 영향: } b_1\text{소득} + b_3\text{소득} \times \text{성격유형} \qquad (\text{식 } 14.2)$$

(식 14.2)를 소득을 중심으로 정리하면 아래의 (식 14.3)와 같다.

4) 상호작용을 구성하는 다른 변수의 평균 중심화mean centering를 적용해 0의 값이 해당 변수의 평균을 의미하도록 할 수 있다. 이렇게 하면 회귀계수가 주효과를 나타내도록 할 수 있다. 이에 대한 보다 자세한 논의는 본 장의 "3.4. 상호작용 회귀모형의 변수 코딩과 회귀계수"에서 다룬다.

소득의 영향: $(b_1 + b_3$성격유형$) \times$소득. (식 14.3)

(식 14.3)에 따르면, 소득이 행복에 미치는 영향의 정도는 "$b_1 + b_3$성격유형"이다. 즉, 소득이 행복에 미치는 영향을 나타내는 회귀계수는 (1) 성격유형과 무관한 소득의 고유 효과(b_1)와 (2) 성격유형의 값에 따라 변하는 소득과 성격유형의 상호작용 효과(b_3성격유형)로 구분할 수 있다.

위의 (식 14.3)를 성격유형이 0인 경우(A성격유형)와 1인 경우(성격유형 B)로 나누어 살펴보면 다음과 같다.

성격유형 = 0인 경우 소득의 영향: $b_1 \times$소득

성격유형 = 1인 경우 소득의 영향: $(b_1 + b_3) \times$소득

성격유형이 0인 경우 소득이 행복에 미치는 영향은 회귀계수 b_1로 표현되며, 이는 다른 변수(성격유형)의 값이 0인 경우의 소득의 영향을 나타내는 단순효과로 해석된다. 성격유형의 값이 0이 아닌 경우에는 소득이 행복에 미치는 영향의 정도는 "$b_1 + b_3$성격유형"으로 그 영향력(기울기)은 성격유형의 값에 따라 달라지게 된다. 이와 같이 상호작용이 회귀모형에 포함된 경우, 연관된 변수의 고유한 효과(b_1)는 다른 변수의 값이 0인 조건에서의 단순효과만을 반영한다.

(2) 성격유형 회귀계수: b_2

성격유형의 경우도 상호작용 효과를 포함하고 있기 때문에, 성격유형 회귀계수(b_2)도 주효과가 아닌 단순효과를 의미한다. 즉, b_2는 다른 변수인 소득이 0인 경우의 성격유형이 행복에 미치는 영향을 의미한다. (식 14.1)에서 성격유형이 행복에 미치는 영향은 "b_2성격유형"과 "b_3소득$\times$성격유형"의 두 항으로 구성된다. 이를 성격유형을 중심으로 정리하면 다음과 같다.

성격유형의 영향: b_2성격유형 + b_3소득$\times$성격유형 = $(b_2 + b_3$소득$) \times$성격유형. (식 14.4)

위의 (식 14.4)에서 알 수 있듯이 성격유형 회귀계수(b_2)는 소득 값이 0인 경우의 성격유형의 차이가 행복에 미치는 영향을 나타내는 단순효과이다. 소득이 0이 아닌 경우에는 성격유형의 영향 정도는 "$b_2 + b_3$소득"으로 소득의 값에 따라 그 영향력이 달라지게 된다.

3.3.3. 상호작용 회귀모형의 상호작용 효과 계수

회귀모형에서 상호작용interaction은 하나의 독립변수의 효과가 다른 독립변수의 수준에 따라 달라지는 조절효과를 의미한다. 소득과 성격유형이 행복에 미치는 영향을 분석한 회귀모형에서 상호작용 효과가 유의하게 나타났다면, 이는 소득이 행복에 미치는 영향의 크기가 성격유형에 따라 달라진다는 것을 의미한다. 동일한 상호작용 효과를 성격유형을 중심으로 해석한다면, 이는 성격유형이 행복에 미치는 영향이 소득 수준에 따라 달라진다고 볼 수 있다.

상호작용 효과의 회귀계수 부호는 상호작용의 방향을 보여준다. 상호작용 회귀계수가 양(+)인 경우 한 독립변수가 종속변수에 미치는 영향(기울기)이 다른 변수의 값이 증가할수록 커진다는 것을 의미한다. 반대로 회귀계수가 음(-)인 경우는 한 변수의 효과가 다른 변수 값이 증가할수록 작아짐을 의미한다.

예를 들어, 소득과 성격유형의 상호작용 회귀계수는 음의 값을 가지고 있다(b_3 = -0.199). 이는 소득이 행복에 미치는 영향의 기울기가 성격유형이 0인 경우보다 1인 경우에 더 작아짐을 의미한다. 그러나 상호작용 효과는 회귀계수의 부호만으로 해석하기 어려운 경우가 많기 때문에, 결과의 시각화가 상호작용의 방향과 효과를 해석하는 데 도움이 되는 경우가 많다.

3.3.4. 상호작용 회귀모형의 해석과 시각화 예시

상호작용 효과가 포함된 회귀모형에서 회귀계수는 주효과가 아닌 단순효과를 반영하는 것을 앞서 살펴보았다. 이러한 회귀계수의 의미를 보다 직관적으로 이해하기 위해서는 모형을 시각화 하는 것이 효과적이다.

독립변수가 연속형 변수와 범주형 변수를 모두 포함하고 있는 경우, 범주형 변수에 따라 연속형 독립변수가 종속변수에 미치는 영향을 각각의 회귀식으로 표현할 수 있다. (식 14.1) 회귀모형을 성격유형이 0인 경우와 1인 경우로 나누어 정리하면 다음과 같다.

성격유형=0: Y = b_0 + b소득.

성격유형=1: Y = b_0 + b_2성격유형 + (b_1 + b_3성격유형) × 소득.

위의 성격유형별 회귀모형에 〈표 14.4〉에 제시된 추정된 회귀계수를 대입하면 다음과 같다.

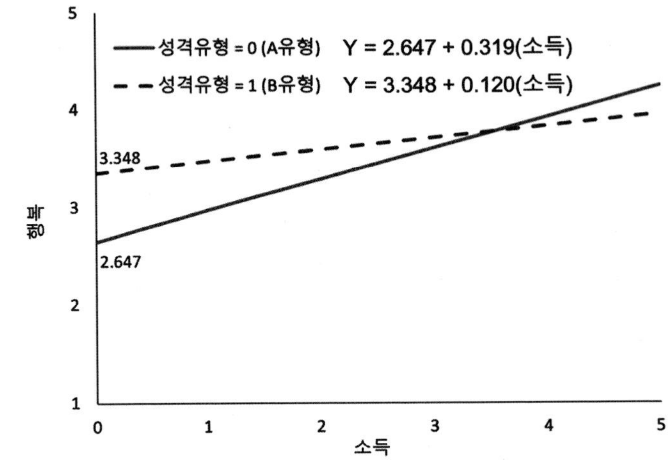

[그림 14.5] 소득과 성격유형이 행복에 미치는 영향

성격유형=0: Y =2.647 + 0.319소득.

성격유형=1: Y = 2.647 + 0.701 + (0.319-0.199)×소득

= 3.348 + 0.120소득.

이 두 회귀식을 시각화한 것이 [그림 14.5]이다. 실선은 성격유형이 0(A유형)인 경우 소득과 행복의 연관성을, 점선은 성격유형이 1(B유형)인 경우 소득과 행복의 연관성을 나타낸다.

이제 시각화된 회귀선([그림 14.5])을 참고하여 각 회귀계수의 의미를 이해해 보자. 논의하는 내용은 〈표 14.5〉에 정리되어 있다.

절편(b_0 = 2.647)은 모든 변수의 값이 0인 경우의 행복 점수이다. 즉 성격유형이 A유형이고 소득이 0인 경우 회귀식이 추정한 행복 점수를 의미한다. 이는 [그림 14.5]의 성격유형 0인 조건(실선)에서 회귀선이 Y축과 만나는 지점이 절편에 해당한다.

소득 회귀계수(b_1 = 0.319)는 성격유형이 0인 경우의 기울기이다. 즉, [그림 14.5]의 실선 회귀선의 기울기가 0.319이다.

성격유형 회귀계수(b_2 = 0.701)는 소득이 0인 경우의 두 성격유형의 행복 점수 차이를 의미한다. [그림 14.5]에서 소득이 0인 경우는 절편에 해당한다. 따라서 A성격유형의 절편값과 B성격유형의 절편값의 차이가 성격유형 회귀계수이다: (b_1 = 3.348 - 2.647 = 0.701).

소득과 성격유형의 상호작용 회귀계수(b_3=-0.199)는 두 회귀선의 기울기 차이를 의미한다. 즉, 성격유형이 1인 경우의 기울기는 성격유형이 0인 경우의 기울기보다 0.199 만큼 감소함을 의미한다. 따라서 성격유형 값이 1인 경우의 기울기는 (b_1+b_3)이 되며 이

〈표 14.5〉 상호작용 회귀분석의 회귀계수 해석

변수	회귀계수(b)	해석
절편(b_0)	2.647	소득 = 0, 성격유형 = 0인 경우의 행복 점수
소득(b_1)	0.319	성격유형 = 0인 경우의 소득과 행복의 연관성
성격유형(b_2)	0.701	소득 = 0인 경우의 성격유형에 따른 행복 점수 차이
소득×성격유형(b_3)	-0.199	회귀선의 기울기 차이

값은 0.120(= 0.319 - 0.199)이 된다.

3.4. 상호작용 회귀모형의 변수 코딩과 회귀계수

상호작용 항이 포함된 다중 회귀분석에서는 변수의 선형 변환은 회귀분석 결과에 영향을 미친다. 선형 변환은 가장 높은 차원의 상호작용 효과 항에는 영향을 미치지 않지만, 하위 수준의 주효과와 낮은 차원의 회귀계수에는 영향을 미친다.

예를 들어, 회귀모형에 삼원 상호작용 항(A×B×C)이 포함되어 있는 경우, 변수 A, B, C에 대한 선형 변환은 A×B×C 항의 회귀계수에는 영향을 주지 않는다. 그러나 A, B, C 각각의 주효과 계수와 A×B, A×C, B×C와 같은 이원 상호작용 항의 계수에는 영향을 미친다.

상호작용이 포함된 회귀모형에서는 0의 기준점이 계수 해석에 중요한 역할을 한다. 특히 변수의 중심화 여부는 0의 의미를 바꾸게 되며, 이에 따라 회귀계수의 해석도 달라진다.

따라서 연구자는 변수의 코딩 방식이 분석 결과와 해석에 어떤 영향을 미치는지 충분히 이해해야 한다. 연구 목적에 따라 적절한 코딩을 적용하면 관심 있는 효과를 보다 명확하고 직관적으로 해석할 수 있다. 예컨대, 평균 중심화를 통해 회귀계수의 해석을 단순화하거나 특정 기준점을 조정함으로써 상호작용 효과의 의미를 보다 명확하게 파악할 수 있다.

3.4.1. 0의 의미

상호작용 회귀분석에서 변수 값 0의 의미는 추정된 회귀계수의 결과와 해석에 영향을 미치기 때문에, **마법의 숫자 0**magic number zero**이라고도 불린다**Spiller et al., 2013. 0의 의미가 중요한 이유는 상호작용 효과가 있는 경우 변수의 회귀계수는 다른 독립변수의 값이

0인 조건의 기울기(단순효과)를 의미하기 때문이다. 따라서 변수의 코딩 방식이 달라지면, 0의 기준점이 달라지고, 이에 따라 회귀계수의 해석도 달라지게 된다.

독립변수의 0의 정의가 어떻게 다른 결과를 보여주는 지를 행복 연구 예시를 사용해 알아보자. 성격유형을 (1) 0 = A유형, 1 = B유형, (2) 1 = A유형, 0 = B유형, (3) -1 = A유형, 1 = B유형의 세 가지 방법으로 코딩한 결과를 살펴보도록 하겠다. 세 코딩을 사용한 결과는 〈표 14.6〉에 제시되어 있다.

(1) 0 = A유형, 1 = B유형

성격유형을 "0 = A유형, 1 = B유형"으로 코딩한 경우는 앞서 살펴보았다. 이 결과는 〈표 14.6〉의 왼쪽 열에 제시되어 있으며, 앞서 제시된 〈표 14.4〉와 동일하다. 소득의 회귀계수(b_1 = 0.189)는 성격유형이 0인 A유형의 기울기를 의미한다. 따라서 A유형이 0의 값을 가지도록 코딩한 경우, 소득 회귀계수 b_1을 이용해 A 유형 성격의 소득과 행복의 연관성 정도를 검증할 수 있다.

(2) 1 = A유형, 0 = B유형

성격유형을 "1 = A유형, 0 = B유형"으로 코딩한 결과는 〈표 14.6〉의 중간 열에 제시되어 있다. (1)과 비교해서 소득의 경우 회귀계수 (b_1 = 0.120)와 t값(t = 2.557)이 바뀌었다. 이는 소득 회귀계수의 의미가 달라졌기 때문이다. 즉, 이 경우 소득 회귀계수는 B유형 성격의 소득과 행복의 연관성을 나타내기 때문이다. 성격유형과 상호작용의 경우, 추정된 회귀계수의 부호는 성격유형의 코딩이 변했기 때문에 달라지나, 회귀계수의 t값과 유의확률은 (1)의 경우와 동일하다.

(3) −1 = A유형, 1 = B유형

성격유형을 "-1 = A유형, 1 = B유형"으로 코딩한 결과는 〈표 14.6〉의 오른쪽 열에 제시되어 있다. 소득 회귀계수(b_1 = 0.219)와 t값은 (1)이나 (2)의 코딩과 다르게 나타났다. 이는 성격유형이 -1과 1로 코딩이 되어있기 때문에, 0의 값은 두 성격유형의 평균이라는 새로운 의미를 가지기 때문이다. 따라서 "-1 = A유형, 1 = B유형"코딩을 사용한 경우 회귀계수는 소득이 행복에 미치는 일반적인 효과를 나타낸다. 이와 같은 코딩 방법은 평균 중심화mean centering라고 불리며, 상호작용 효과를 포함한 회귀모형에 유용하게 사용된다. 성격유형과 상호작용의 t값과 유의확률은 (1)이나 (2)의 경우와 동일하다.

〈표 14.6〉 상호작용 효과가 있는 회귀분석에서 성격유형 변수의 선형변화에 따른 분석결과

	성격유형의 코딩					
	(1) 0=A유형, 1=B유형		(2) 1=A유형, 0=B유형,		(3) −1=A유형, 1=B유형	
	$b(SE)$	t값	$b(SE)$	t값	$b(SE)$	t값
소득(b_1)	0.319 (0.072)	4.456	0.120 (0.047)	2.557	0.219 (0.043)	5.128
성격유형(b_2)	0.701 (0.138)	5.066	-0.701 (0.138)	5.066	0.351 (0.069)	5.066
상호작용(b_3)	-0.199 (0.086)	2.320	0.199 (0.086)	2.320	-0.099 (0.043)	2.320
절편(b_0)	2.647 (0.113)	23.523	3.348 (0.081)	41.540	2.997 (0.069)	43.313

주: 모든 t값은 유의($p<.05$).

(4) 성격유형의 코딩과 회귀계수의 해석

성격유형을 세 가지 다른 방법으로 코딩한 결과를 살펴본 결과, 동일한 데이터를 사용하더라도 성격유형의 코딩 방식에 따라 회귀계수의 해석과 통계적 결과가 달라질 수 있음이 확인 되었다. 살펴본 영향을 독립변수별로 다시 정리하면 다음과 같다.

첫째, 성격유형의 선형 변환은 성격유형 자체의 회귀계수 수치에는 영향을 주었지만, 통계적 유의확률에는 영향을 미치지 않는다.

둘째, 그러나 성격유형 코딩은 소득의 회귀계수와 그 유의확률에 영향을 미친다. 그 이유는 앞서 강조했듯이, 소득의 회귀계수는 상호작용을 구성하는 다른 변수(성격유형)의 값이 0인 경우의 기울기를 의미하기 때문이다. 따라서 성격유형의 코딩이 달라지면 소득의 회귀계수 해석 지점이 달라지며, 이는 계수의 값뿐만 아니라 유의확률에도 영향을 줄 수 있다.

셋째, 상호작용 회귀계수는 통계적 유의확률은 성격유형의 코딩과 상관없이 동일했다. 이는 상호작용 회귀모형에서 한 변수의 선형 변환이 가장 높은 차원의 상호작용의 유의확률에는 영향을 미치지 않기 때문이다.

3.4.2. 0의 의미: 3원 상호작용의 경우

앞서 논의한 변수 선형 변환이 회귀계수 해석에 미치는 영향은 3원 이상의 상호작용을 가지는 회귀모형에서도 동일하게 적용된다. 예를 들어, $X1$, $X2$, $X3$의 세 변수와 이 변수들이 구성하는 2원 상호작용과 3원 상호작용을 포함한 다음과 같은 회귀모형의 예를 살펴보자:

$$Y = b_0 + b_1X1 + b_2X2 + b_3X3 + b_4X1X2 + b_5X1X3 + b_6X2X3 + b_7X1X2X3. \quad \text{(식 14.5)}$$

이 모형은 세 개의 주효과(b_1, b_2, b_3), 세 개의 2원 상호작용 효과(b_4, b_5, b_6), 그리고 하나의 3원 상호작용 효과(b_7)를 포함하고 있다. 각 회귀계수의 의미가 무엇이지 알아보도록 하자.

(1) 개별 변수 효과에 대한 회귀계수: b_1, b_2, b_3

(식 14.5)에 제시된 회귀모형에서 b_1, b_2, b_3은 각각 $X1$, $X2$, $X3$의 개별적인 효과(주효과)를 나타내는 회귀계수이다. 그러나 이 회귀모형은 상호작용 항($X1X2$, $X1X3$, $X2X3$, $X1X2X3$)을 포함하고 있기 때문에, 각 회귀계수는 단순한 주효과라기보다는 다른 변수들이 0일 때의 단순효과simple effect로 해석해야 한다.

예를 들어, $X1$의 종속변수에 대한 전체적인 영향은 다음과 같이 정리할 수 있다:

$$X1\text{의 영향: } b_1X1 + b_4X1X2 + b_5X1X3 + b_7X1X2X3 = (b_1 + b_4X2 + b_5X3 + b_7X2X3) \cdot X1.$$

이때 $X2$와 $X3$의 값이 모두 0인 경우 $X1$의 영향은 다음과 같이 정리된다:

$$X1\text{의 영향: } b_1X1$$

즉, 회귀계수는 b_1 은 자신을 제외한 다른 두 변수($X2$, $X3$)가 각각 0인 경우 $X1$이 종속변수에 미치는 영향의 기울기를 나타내는 단순효과를 나타낸다. 동일하게 회귀계수 b_2와 b_3도 각각 다른 두 변수의 값이 0인 경우의 $X2$와 $X3$의 단순효과를 나타낸다.

(2) 2원 상호작용 효과에 대한 회귀계수: b_4, b_5, b_6

앞서 제시된 (식 14.5)의 회귀모형은 세 개의 2원 상호작용 회귀계수(b_4, b_5, b_6)를 포함하고 있다. 2원 상호작용 회귀계수는 다른 변수의 값이 0인 경우의 **부분 상호작용**partial interaction효과를 나타낸다. 예를 들어, $X1$과 $X2$의 상호작용에 대한 회귀계수 b_4는, 다른 변수인 $X3$이 0인 조건에서의 $X1X2$ 상호작용 효과를 의미한다. 이를 수식으로 살펴보면 $X1X2$ 항이 종속변수에 미치는 영향은 다음과 같다:

$$X1X2\text{의 영향: } b_4X1X2 + b_7X1X2X3.$$

위의 식을 $X1X2$ 항으로 정리하면 다음과 같다:

$$X1X2\text{의 영향: } (b_4 + b_7X3) \cdot X1X2.$$

위의 식에서 알 수 있듯이 회귀계수 b_4는 $X3$이 0의 값을 가지는 경우 $X1X2$상호작용 효과를 나타내는 부분 상호작용 효과이다. 동일한 원리가 다른 2원 상호작용에도 적용된다. b_5는 $X2$가 0인 경우의 $X1X3$ 상호작용 효과를, b_6은 $X1$이 0인 경우의 $X2X3$ 상호작용 효과를 각각 나타낸다.

(2) 3원 상호작용 효과에 대한 회귀계수: b_7

회귀모형이 포함하고 있는 가장 높은 차원의 상호작용 효과의 유의확률은 구성하는 변수의 선형 변환에 따라 달라지지 않는다. (식 14.5) 회귀모형에서 3원 상호작용 효과($X1X2X3$)를 반영하는 회귀계수는 b_7 하나이며, 이 회귀계수의 유의확률은 구성하는 변수들의 선형 변환에 영향을 받지 않는다.

3.4.3. 평균 중심화

평균 중심화mean centering는 연속형 변수의 값을 해당변수의 평균값으로 빼는 선형 변환 과정을 의미하며, 상호작용 효과를 가지는 회귀모형의 해석을 용이하게 하기 위해 널리 활용된다. 변수 X의 평균이 μ_X인 경우 평균 중심화는 다음과 같이 정의되며, 평균 중심화된 변수(X_{MC})의 평균은 0이 된다:

$$X_{MC} = X - \mu_X.$$

예를 들어 행복 연구에서 소득 변수의 평균은 1.58(SD = 0.54)이다. 각 개인의 소득 값에서 평균인 1.58을 빼는 과정이 평균 중심화이다. 평균 중심화 과정을 거친 후에는 변수의 평균이 0이 된다. 따라서 평균 중심화는 변수의 0이 가지는 의미를 '평균 효과' 혹은 '일반적 효과'로 재정의하는 과정이라고 해석할 수 있다.

변수가 이항 자료인 경우 평균 중심화는 변수의 값을 (0, 1)과 같은 **더미 코딩**dummy coding 대신에 (-1, +1) 또는 (-0.5, +0.5) 값을 부여하는 **대조 코딩**contrast coding을 사용함으로써 이루어진다. (0, 1)과 같은 더미 코딩을 사용하는 경우 0값이 특정 조건에 사용되고, 두 조건 값의 평균이 0이 아니다. 그러나 (-1, +1) 또는 (-0.5, +0.5)와 같은 대조 코딩을 사용하는 경우 조건들의 평균은 0이 된다. 예를 들어, 성격유형을 "-1=A유형, 1=B유형"으로 코딩한 경우가 이항자료를 평균 중심화한 예이며, 이때 소득 회귀계수 0은 두 성격유형의 평균을 나타낸다.

연속형 자료와 범주형 자료의 평균 중심화 방법은 〈표 14.7〉에 정리되어 있다.

〈표 14.7〉 평균 중심화 방법

자료 유형	예시	평균 중심화 방법
연속형 자료	소득, 나이	$X_{MC} = X - \mu_X$
범주형 자료	성격유형, 성별	(-1, +1) 또는 (-0.5, +0.5) 사용

평균 중심화는 특히 상호작용이 포함된 회귀모형의 해석에서 유용한다. 예를 들어 A×B 상호작용이 포함된 회귀모형에서 한 변수를 평균 중심화하면 다른 변수의 회귀계수는 주효과를 의미하게 된다. 즉, B 변수를 평균 중심화 하면(B의 평균 = 0), A의 회귀계수는 B의 효과가 통제된 상태(평균수준)에서 A의 일반적인 영향을 나타내는 **주효과**main effect를 의미하게 된다. 동일한 원리로 A를 평균 중심화 하면 B의 회귀계수는 A가 평균 수준일 때의 B의 주효과를 나타낸다.

행복 연구에서 소득을 평균 중심화 한 경우, 성격유형의 회귀계수는 평균적인 성격유형 간의 행복 차이를 나타내게 된다. 성격유형을 평균 중심화(대조 코딩)한 경우 소득 회귀계수는 성격유형 전체에 대한 평균적인 소득-행복 관계를 나타내는 주효과가 된다.

두 변수 A와 B 모두를 평균 중심화할 경우, 각각의 회귀계수는 상대 변수가 평균 수준일 때의 주효과를 나타낸다. 따라서 평균 중심화는 상호작용 항이 포함된 회귀모형에서도 각 변수의 효과를 독립적으로 해석할 수 있는 기반을 제공하며, 모형 해석의 명확성과 일관성을 높이는 데 중요한 역할을 한다.

3.4.4. 평균 중심화 예시

앞서 살펴본 행복 연구 예시를 바탕으로, 두 변수 모두를 평균 중심화한 회귀분석의 예시를 살펴보도록 하자. 소득 변수는 평균 중심화한 값($소득_{MC}$)을 독립변수로 사용하였다($소득_{MC} = 소득 - \mu_{소득}$). 성격유형의 경우 "-1 = A유형, 1 = B유형"의 대조 코딩을 사용하였다. 행복 점수를 종속변수로 하고, 평균 중심화된 소득과 대조 코딩된 성격유형을 독립변수로 사용한 상호작용 회귀분석의 결과 및 각 회귀계수의 해석은 〈표 14.8〉에 정리되어 있다.

절편($b_0 = 3.345$)은 소득과 성격유형이 평균(0)인 조건의 예측된 행복 점수를 의미한다. 따라서 이 값은 행복의 전체 평균과 동일한 값을 가진다.

소득 회귀계수($b_1 = 0.219$)는 성격유형이 평균(0)인 경우의 소득과 행복의 연관성을 나타내는 소득의 주효과를 나타낸다. 소득 회귀계수는 유의했으며($t = 5.128$, $p < .001$), 이는 성격유형이 통제된 상태에서 소득과 행복이 양(+)의 연관성이 있음을 보여준다.

〈표 14.8〉 평균 중심화된 독립변수를 사용한 상호작용 회귀분석의 회귀계수 해석

변수	b	t값	해석
절편 (b_0)	3.345	145.948	소득과 성격유형이 평균인 경우의 행복 점수
소득 (b_1)	0.219	5.128	성격유형이 통제된 상태에서 소득의 주효과
성격유형 (b_2)	0.193	8.430	소득이 통제된 상태에서 성격유형의 주효과
상호작용(b_3)	-0.099	2.320	회귀선의 기울기 차이

주: 모든 t값은 유의($p<.05$).

성격유형 회귀계수($b_2 = 0.193$)는 소득이 통제된(평균) 경우의 성격유형에 따른 행복 점수의 차이이다. 이 결과도 통계적으로 유의했다($t = 8.430$, $p < .001$). 계수의 부호가 양수이기 때문에 소득과 무관하게 유형 B의 행복 점수가 유형 A보다 통계적으로 유의하게 높다고 해석할 수 있다.

상호작용 회귀계수($b_3 = -0.099$)도 통계적으로 방향으로 유의했으며($t = 2.320$, $p = 020$), 이 경우 상호작용의 유의확률은 변수의 코딩에 영향을 받지 않는다. 이 효과는 음(-)의 방향을 유의했기 때문에 이는 소득의 회귀선 기울기는 B유형(+1)의 경우가 A유형(-1)보다 더 작다는 것을 의미한다.

3.4.5. 평균 중심화의 시각화 예시

앞서 제시한 회귀분석 결과를 바탕으로, 성격유형이 각각 -1(A유형), 0(평균), 1(B유형)인 경우의 성격과 행복의 회귀선을 도출하고 이를 시각화할 수 있다. 우선 성격유형이 -1(A유형)과 +1(B유형)인 경우의 소득과 행복의 연관성에 대한 회귀식을 구하면 다음과 같다:

<u>성격유형 = -1(A성격유형)의 경우</u>

행복 = 3.345 + 0.219(소득) + 0.193 (-1) - 0.099(소득×-1)
= 3.152 + 0.318(소득)

<u>성격유형 = +1 (B성격유형)의 경우</u>

행복 = 3.345 + 0.219(소득) + 0.193(+1) - 0.099(소득×+1)
= 3.538 + 0.120(소득)

또한 성격유형이 0인 조건의 회귀식을 구할 수 있으며, 이 회귀식은 성격유형이 통제된 상태의 소득과 행복의 연관성을 보여준다:

성격유형 = 0(성격유형 평균)의 경우

행복 = 3.345 + 0.219(소득) + 0.193 (0) - 0.099(소득×0)

= 3.345 + 0.219(소득)

위의 세 회귀식을 그래프로 나타내면 [그림 14.6]과 같으며, 소득 변수는 "평균-2 표준편차(*SD*)"에서 "평균 + 2 표준편차(*SD*)"까지의 범위를 기준으로 나타냈다. 세 회귀선 중에서 가장 위와 아래의 회귀선은 각각 B성격유형(성격유형 = +1)과 A성격유형(성격유형 = -1)의 소득과 행복의 연관성을 보여주고 있다.

가운데 위치한 "Y = 3.345 + 0.219(소득)" 회귀선은 성격유형이 0에 해당하는 평균 수준에서의 소득과 행복의 연관성을 나타낸다. [그림 14.6]에서 이 회귀선은 B성격유형(성격유형 = +1)과 A성격유형(성격유형 = -1) 회귀선의 사이의 정중앙에 위치한다. 따라서 평균 중심화된 회귀선의 기울기 0.219는 A유형 기울기(0.318)와 B유형 기울기(0.120)의 평균값과 일치한다. 〈표 14.5〉에 따르면 소득의 주효과는 유의했으며(b1 = 0.219, t = 5.128, $p < .001$), 이는 성격유형과 관계없이 소득은 행복점수와 양의 연관성이 있음을 의미한다.

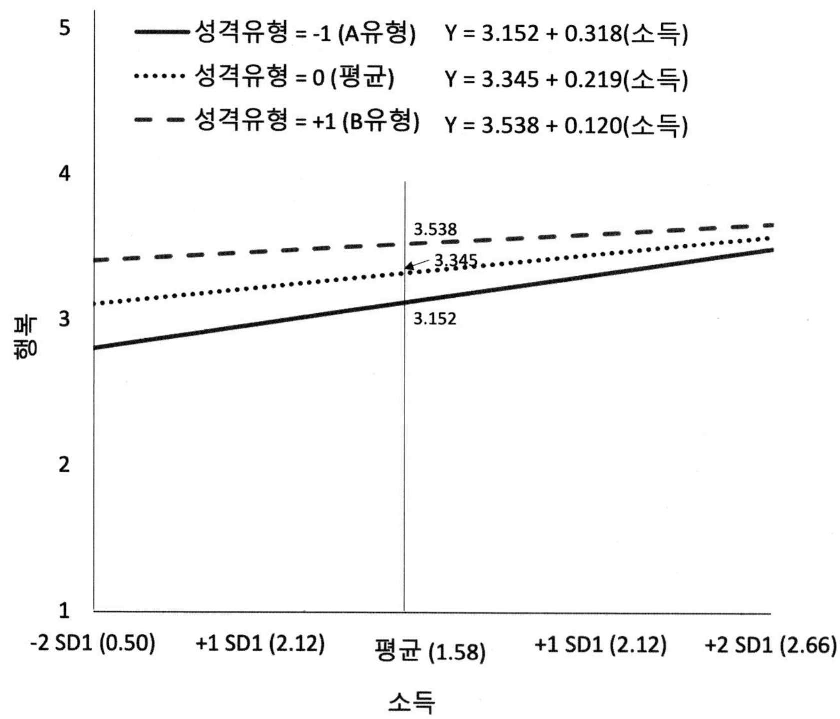

[그림 14.6] 소득과 성격유형이 평균 중심화된 회귀분석 결과

성격유형의 회귀계수(b_2 = 0.193)는 평균 소득 수준에서 성격유형에 따른 행복 점수 차이를 의미한다. [그림 14.6]에서 보여 주듯이, 세 회귀선은 모두 평균 소득(중심화된 소득 = 0)에서 절편을 가지고 있으며, A유형과 B유형 간의 절편 차이는 성격유형에 따른 전반적인 행복 점수 차이를 반영한다. 평균 중심화된 소득 점수가 0인 경우, A유형의 행복 점수는 3.152이고 B유형의 행복 점수는 3.538이다. 두 집단의 차이는 0.386(= 3.538 - 3.152)으로, 성격유형 회귀계수(0.193)의 2배에 해당하며, 이는 성격유형 회귀계수(b_2 = 0.193)는 성격유형이 1단위 변할 때의 행복 점수의 차이를 의미하기 때문이다. 성격유형의 회귀계수는 유의했으며(t = 8.430, p < .001), 이는 소득을 통제한 조건에서 B유형의 행복 점수가 A유형의 행복 점수보다 유의하게 높음을 의미한다.

3.4.6. 독립변수의 코딩과 가설 검증

앞서 살펴본 바와 같이 동일한 상호작용 모형이더라도 독립변수에 원래 값을 사용한 경우와 평균 중심화와 같은 선형 변환을 사용한 경우, 회귀계수의 의미가 달라진다. 회귀분석을 사용해 가설을 검증하고자 하는 연구자는 분석 목적에 따라 독립변수의 코딩 방식을 선택해야 하며, 때로는 동일한 데이터를 서로 다른 코딩 방식을 적용해 추가 분석을 실시할 필요도 있다.

독립변수의 코딩 방식은 단순효과를 검증할 것인지 주효과를 검증할 것인지에 따라 결정되어야 한다. 일반적으로 적용되는 원리는 주효과 검증 시에는 상호작용을 구성하는 다른 독립변수를 평균 중심화하며, 단순효과 검증 시에는 다른 독립변수의 0값이 검증하고자 하는 특정 조건을 반영하도록 하는 것이다. 이러한 원칙을 행복 연구 예시를 이용해 자세히 알아보고자 한다.

(1) 소득의 효과 검증

소득과 행복의 연관성에 있어서 세 가지 효과를 검증하고자 한다. 첫 번째 효과는 성격유형을 통제한 경우 일반적인 소득과 행복의 연관성이다. 이 효과는 앞서 논의한 바와 같이 성격유형을 대조 코딩(-1 = A유형, 1 = B유형)한 회귀분석을 통해 얻은 소득 회귀계수를 통해 검증할 수 있다.

추가적으로 성격유형 A와 B 각각의 소득 회귀계수의 방향과 유의확률(단순효과)을 검증하고자 하는 경우에는 성격유형의 코딩을 해당 조건을 기준으로 재설정해야 한다. A유형의 소득 단순효과를 검증하기 위해서는 성격유형 변수의 A유형이 0의 값을 갖도록 코딩해야 한다(0 = A유형, 1 = B유형). B유형의 소득 단순효과인 경우 동일한 원리를 적용

〈표 14.9〉 소득과 행복의 연관성을 검증하기 위한 변수의 코딩

검증 가설	소득의 코딩(선형 변환)	성격유형의 코딩 (선형 변환)
소득의 주효과	분석결과와 무관함	대조 코딩 (-1=A유형, 1=B유형)
성격유형 A 조건의 소득 단순효과	분석결과와 무관함	더미 코딩 (0=A유형, 1=B유형)
성격유형 B 조건의 소득 단순효과	분석결과와 무관함	더미 코딩 (1=A유형, 0=B유형)

하여 B유형이 0의 값을 갖도록 코딩(1 = A유형, 0 = B유형)을 바꾸어 분석에 사용한다.

결론적으로, 소득의 주효과와 단순효과를 정확히 검증하기 위해서는 상호작용을 구성하는 성격유형 변수의 0값이 검증하고자 하는 조건을 반영하도록 코딩을 조정해야 한다. 이때, 소득 변수 자체에 대한 선형 변환(예. 평균 중심화)은 소득 회귀계수의 유의확률(p값)에는 영향을 미치지 않는다. 이 논의는 〈표 14.9〉에 정리되어 있다.

(2) 성격유형의 효과 검증

성격유형의 효과를 상호작용 회귀분석을 이용해 검증하는 경우에도 검증하는 효과와 일치할 수 있도록 소득의 코딩을 변화시켜야 한다. 소득을 통제한 상황에서 성격유형의 주효과를 검증하기 위해서는 앞서 살펴본 바와 같이 소득을 평균 중심화한다.

한편, 특정한 소득 조건에서 성격유형이 행복에 미치는 단순효과를 검증하는 경우, 소득에 대한 코딩을 변화시켜 검증한다. 예를 들어, 소득이 없는 경우(소득=0)에서 성격유형에 따른 행복의 차이를 검증하고자 할 때는 별도의 선형 변환이 필요 없다. 이는 원자료 상에서 소득이 0인 값이 해당 조건을 그대로 반영하기 때문이다.

반면, 소득이 평균보다 1표준편차 낮거나 높은 경우의 조건(예. 평균 -1*SD* 또는 평균 +1*SD*)에서 성격유형의 효과를 검증하려면, 소득 변수에 선형 변환을 적용하여 해당 값이 0이 되도록 조정해야 한다. 이러한 방식으로 회귀분석을 실시하면, 성격유형 회귀계수는 해당 소득 수준에서의 성격유형 효과를 나타내며, 그 방향성과 유의성을 평가할 수 있다. 이 논의는 〈표 14.10〉에 정리되어 있다.

〈표 14.10〉 성격유형과 행복의 연관성을 검증하기 위한 변수의 코딩

검증 가설	소득의 코딩(선형 변환)	성격유형의 코딩(선형 변환)
성격유형의 주효과	평균 중심화(0=평균)	분석결과와 무관함
소득=0의 성격유형 단순효과	원자료 사용(0=소득 없음)	분석결과와 무관함
소득=평균±1SD의 성격유형 단순효과	선형 변환(0=평균-1SD 또는 평균 +1SD)	분석결과와 무관함

3.5. 다차 회귀모형

3.5.1. 다차 회귀모형의 회귀계수

다차 회귀모형polynomial regression model은 독립변수와 종속변수의 비선형적nonlinear 관계를 설명하기 위해 사용된다. 일반적으로 사용되는 형태는 독립변수의 2차 다항식second-degree polynomial을 포함하는 **2차 회귀**quadratic regression 모형이 주로 사용되며, 이를 중심으로 논의하고자 한다.[5] 2차 회귀모형은 다음과 같다:

$$Y = b_0 + b_1X + b_2X2. \quad \text{(식 14.6)}$$

위의 (식 14.6)에서 b_1X 항은 X와 Y의 선형 관계를, b_2X2 항은 X와 Y의 2차 함수 관계를 나타낸다.

독립변수에 2차항과 같은 다차항이 포함된 경우, 낮은 차수 항의 회귀계수는 다른 항의 값이 0인 경우의 기울기(단순효과)를 나타내며, 이러한 해석은 상호작용 회귀모형과 동일하다. 즉, 위의 식에서 b_1X는 독립변수 X가 종속변수 Y에 미치는 일반적인 선형적 영향에 관한 주효과가 아닌, "$X = 0$"인 경우의 기울기에 해당하는 단순효과simple effect를 나타낸다. b_1X가 주효과를 나타내도록 하기 위해서는 X를 평균 중심화해야 한다.

이를 수식으로 살펴보기 위해 (식 14.6)의 독립변수의 영향을 X를 기준으로 정리하면 다음과 같다.

$$X\text{의 선형 연관성: } (b_1 + b_2X) \cdot \mathrm{X}.$$

위의 식에서 알 수 있듯이 b_1은 X의 값이 0인 경우의 기울기임을 알 수 있다. 또한 X 선형 연관성은 X의 값에 따라 달라지게 된다. b_1이 X가 Y에 관한 전반적인 선형 연관성을 나타내는 주효과의 의미를 가지기 위해서는 X의 평균을 0으로 변환하는 평균 중심화가 필요하다. 즉, X의 평균을 0으로 이동시키면, "$X = 0$"이 전체 표본의 평균을 의미하게 되며, 그때의 기울기인 b_1은 X의 전반적인 효과를 반영하는 주효과로 해석될 수 있다. 이와 같은 평균 중심화는 다차 회귀모형의 해석을 보다 명확하게 하기 위한 핵심적인 절차이다.

---

5) 본 논의는 3원 이상의 다차 회귀에도 동일하게 적용된다.

3.5.2. 2차 회귀모형 예시

2차 회귀모형에 있어서 회귀계수의 의미와 해석을 예시와 함께 알아보도록 하자. 예시 자료는 광고에 노출된 횟수가 광고 태도에 미치는 영향에 대한 가상의 실험 데이터를 기반으로 하며, 해당 자료는 "Data 14-2_REG_Quadratic" 파일에 포함되어 있다. 자료에 대한 설명은 "부록: 예시 자료 정보"에 제시되어 있다.

집단간 디자인 실험 상황에서 연구참여자가 특정 광고에 노출 되었다. 광고 노출 횟수는 실험 조건에 따라 다르게 조작되었다. 이후 노출된 광고에 대한 태도는7점 척도(1=*나쁘다*, 7=*좋다*)로 측정되었다. 광고 노출이 광고 태도에 미치는 효과는 [그림 14.7]에 제시되어 있다.

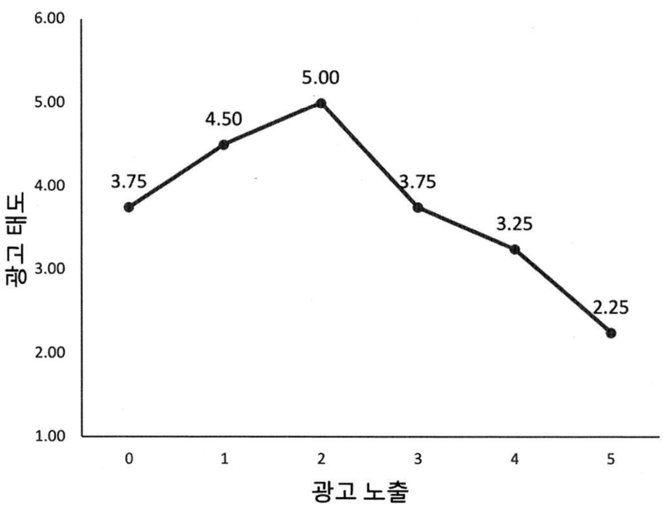

[그림 14.7] 2차 회귀모형 예시: 광고 노출과 광고 태도

분석에는 다음과 같은 2차 회귀모형이 사용되었다:

$$\text{광고 태도} = b_0 + b_1\text{광고노출} + b_2\text{광고노출}^2.$$

위의 회귀모형에서 b_1은 광고 노출이 광고 태도에 미치는 선형 효과를, b_2는 광고 노출이 광고 태도에 미치는 2차 비선형 효과를 추정한다. [그림 14.7]에 나타난 추세를 보면, 광고 노출이 증가할수록 초기에는 광고 태도가 증가하다가, 이후 감소하는 오목 곡선concave curve 형태를 보인다. 전반적으로 두 변수 간에 음(-)의 선형 관계가 있다. 따라서 b_1 회귀계수는 음(-)의 방향을 가질 것으로 기대된다. b_2 회귀계수의 경우 오목함수concave function를 반영하는 음(-)의 방향을 가질 것으로 기대된다.

〈표 14.11〉 광고 노출이 광고 태도에 미치는 영향에 관한 2차 회귀분석

	독립변수	b	SE	t값	p값
원자료 독립변수	광고 노출	0.781	0.292	2.679	.014
	광고 노출^2	-0.228	0.056	4.067	.000
	절편	3.884	0.310	12.527	.000
평균 중심화 독립변수	광고 노출	-0.357	0.082	4.367	.000
	광고 노출^2	-0.228	0.056	4.067	.000
	절편	4.414	0.215	20.542	.000

자료를 이용한 2차 회귀분석 결과를 살펴보자. 우선 평균 중심화 없이 광고 노출 원자료를 독립변수로 이용한 결과는 〈표 14.11〉의 두 번째 행에 제시되어 있다. 광고노출의 2차 영향(b_2 = -.228)은 예상과 같이 음의 방향으로 유의한 것으로 나타났다. 그러나 광고노출의 선형 영향(b_1 = 0.781)은 예상과 달리 양의 방향으로 유의했다. 이러한 결과는 논의한 바와 같이 b_1 회귀계수는 독립변수의 값이 0인 조건의 기울기를 나타내기 때문이다. [그림 14.7]을 살펴보면 광고 노출이 0인 경우에는 증가함수 형태를 가지고 있으며, 추정된 b_1은 광고에 노출되지 않은 조건(X = 0)의 기울기를 추정했기 때문이다.

광고 노출을 평균 중심화한 후에 시행한 회귀분석 결과도 〈표 14.11〉에서 확인할 수 있다. 광고 노출의 선형 영향(b_1 = -0.357)은 예상한 바와 같이 음(-)의 방향으로 유의했으며, 이는 평균 중심화를 이용한 경우 b_1은 광고 노출이 광고 태도에 미치는 주효과를 반영하기 때문이다. 광고 노출의 2차 영향(b_2 = -.228)은 평균 중심화 여부와 상관없이 동일한 결과를 보여주었다. 이는 상관관계 회귀분석과 동일하게 다차 회귀모형에서도 가장 높은 차수의 항의 회귀계수는 변수의 선형 변환에 영향을 받지 않음을 보여준다. 결론적으로, 다차 회귀분석의 경우에도 변수의 선형 변환에 따라 결과가 달라질 수 있으며, 주효과 검증을 위해서는 독립변수의 평균 중심화 과정이 필수적이다.

3.6. 분산분석의 변수 코딩과 회귀분석

분산분석과 회귀분석 결과를 비교하는 것은 두 분석 방법에 대한 이해를 높일 뿐만 아니라, 독립변수의 코딩이 분석결과에 미치는 영향을 파악하는 데도 도움이 된다. 분산분석은 일반 선형모형general linear model: GML의 한 종류로, 범주형 독립변수를 포함하는 회귀분석의 특수한 형태로 간주할 수 있다. 따라서 단순한 설계의 경우, 회귀분석을 이용해 분산분석과 동일한 결과를 산출할 수 있다.

그러나 이때 중요한 점은 독립변수의 코딩 방법에 따라 회귀분석 결과가 달라질 수 있다는 것이다. 즉, 독립변수 코딩 방법에 따라 회귀분석이 분산분석과 동일한 결과를 얻을 수도 있고, 다른 결과를 얻을 수도 있다.

예를 들어, 조건이 2 수준인 집단간 설계에서 (-0.5, +0.5) 대조 코딩을 이용한 회귀분석을 하는 경우 분산분석과 동일한 주효과와 상호작용 효과를 얻을 수 있다. 그러나 분산분석 자료를 (0, 1)과 같은 더미 코딩을 이용할 경우, 회귀계수는 주효과가 아닌 단순효과를 반영하게 되어, 분산분석과는 해석이 달라질 수 있다.

이러한 차이를 살펴보기 위해 "제12장: 분산분석"에서 소개한 기부 메시지 유형과 기부자 정치성향이 기부의도에 미치는 2×2 집단간 설계 자료를 각각 분산분석과 회귀분석으로 분석한 후, 그 결과를 비교하고자 한다. 이 비교에 사용된 자료는 "Data 14-3_REG_ANOVA_Regression" 파일에 포함되어 있다. 조건별 평균은 〈표 14.12〉에 제시되어 있다. 〈표 14.13〉은 자료를 분산분석을 이용해 분석한 결과를 보여준다.[6)]

〈표 14.12〉 조건별 평균 기부의도

	진보성향	보수성향	평균
이성소구	4.00	3.50	3.75
감성소구	3.60	4.30	3.95
평균	3.80	3.90	3.85

〈표 14.13〉 2원 분산분석 결과

요인	제곱합(SS)	자유도(df)	평균제곱(MS)	F값	p값
기부 메시지	1.60	1	1.60	0.71	.402
정치성향	0.40	1	0.40	0.18	.675
2원 상호작용	14.40	1	14.40	6.35	.013
집단내	354.00	156	2.27		

3.6.1. 대조 코딩 회귀분석과 분산분석

기부 자료를 회귀분석한 결과를 위의 분산분석 결과와 비교해 보도록 하겠다. 첫 번째 회귀분석은 독립변수를 (-0.5, +0.5)로 코딩하였다. 즉, 기부 메시지를 "-0.5 = 이성소구, +0.5 = 감성소구", 정치성향을 "-0.5 = 진보성향, +0.5 = 보수성향"으로 코딩하였으

6) 이 결과는 "제12장"의 〈표 12.15〉와 〈표12.16〉와 동일하다.

〈표 14.14〉 대조 코딩(−0.5, +0.5)을 이용한 회귀분석 결과

독립변수	b	SE	t값	p값
기부 메시지	0.20	0.24	0.84	.402
정치성향	0.10	0.24	0.42	.675
2원 상호작용	1.20	0.48	2.52	.013
절편	3.85	0.12	32.33	.000

며, 상호작용 변수는 두 변수의 곱으로 산출되었다.

기부의도를 종속변수로 한 회귀분석 결과는 아래의 〈표 14.14〉와 같다. 각 변수의 p값은 〈표 14.13〉의 분산분석 결과와 동일하다. 예를 들어, 2원 상호작용의 경우 p값은 두 분석 모두 .013으로 동일하며, 회귀분석의 t값(2.52)의 자승값이 분산분석의 F값(6.35)과 일치한다. 기부 메시지와 정치성향의 회귀분석 결과도 분산분석과 동일하며, 이는 회귀계수가 주효과를 나타냄을 의미한다.

〈표 14.14〉에 제시된 각 회귀계수의 해석은 다음과 같다. 기부 메시지의 회귀계수(b = 0.20)는 〈표 14.12〉에서 보여주는 이성소구 한계 평균(3.75)과 감성소구 한계평균(3.95)의 차이(0.20)와 같다. 정치성향 회귀계수(b = 0.10)는 진보성향(3.80)과 보수성향(3.90)의 한계평균 차이(0.10)와 동일하다. 상호작용 회귀계수(b = 1.20)는 네 조건 간의 차이의 차이([4.00 - 3.50] - [3.60 - 4.30])를 나타낸다. 절편(b_0 = 3.85)은 모든 조건의 평균값으로 〈표 14.12〉의 전체평균과 동일한 값을 가진다.

결론적으로, 독립변수를 (−0.5, +0.5)로 대조 코딩한 경우 회귀분석은 분산분석과 동일한 주효과 및 상호작용 효과를 산출하며, 해석 또한 일관되게 적용될 수 있다. 또한 회귀계수와 절편을 바탕으로 〈표 14.12〉와 같은 조건별 평균값을 회귀모형에서 직접 추정하는 것도 가능하다.

3.6.2. 더미 코딩 회귀분석과 분산분석

이번에는 더미 코딩(0, 1)을 이용한 회귀분석 결과와 비교해 보자. 기부 메시지는 "0 = 이성소구, 1 = 감성소구", 정치성향은 "0 = 진보성향, 1 = 보수성향"으로 코딩한 회귀분석 결과는 〈표 14.15〉와 같다. 이 결과에서 확인할 수 있듯이, 가장 높은 차원 변수인 2원 상호작용을 제외한 나머지 회귀계수는 앞선 분석들과 다르다는 것을 알 수 있다.

기부 메시지(b = -0.40, t = 1.19, p = .237)의 경우는 정치성향이 0인 진보성향 조건의 기부 메시지 단순효과를 나타낸다. 따라서 기부 메시지 회귀계수(b = -0.40)는 진보성향

〈표 14.15〉 더미 코딩(0, 1)을 이용한 회귀분석 결과

독립변수	b	SE	t값	p값
기부 메시지	-0.40	0.34	1.19	.237
정치성향	-0.50	0.34	1.48	.140
2원 상호작용	1.20	0.48	2.52	.013
절편	4.00	0.24	16.79	.000

의 참가자에 한해, 이성소구(4.00) 조건과 감성소구(3.60) 조건의 차이를 나타냄을 알 수 있다. 정치성향 회귀계수(b = -0.50, t = 1.48, p = .140)는 기부 메시지가 0인 이성소구 조건에서 진보성향(4.00)과 보수성향(3.50)의 차이를 나타낸다. 절편(b_0 = 4.00)은 기부 메시지와 정치성향의 값이 0인 이성소구 조건의 진보성향 응답자의 평균(4.00)을 의미한다.

결론적으로, 독립변수가 범주형 자료의 경우에는 일반적으로 분산분석이 사용되지만, 회귀분석을 사용한 자료의 분석도 가능하다. 상호작용 효과를 포함한 일반 선형모형의 분석에 있어서, 대조 코딩한 독립변수를 사용한 회귀분석은 분산분석과 동일하게 주효과와 상호작용 효과의 검증이 가능하다. 더미 코딩을 이용한 회귀분석의 경우에는 주효과 대신에 단순효과를 검증하는데 활용될 수 있다.

3.7. 회귀모형의 시각화 및 유의구간 분석

상호작용 회귀분석에서는 독립변수의 효과(기울기)가 조절변수에 의해 달라지기 때문에 이를 시각화하는 것이 결과의 구조를 이해하는 데 도움이 된다. 회귀분석 결과 나타난 유의한 상호작용 효과는 조절변수에 따른 기울기의 차이가 있음을 제시하지만, 그 밖의 추가적인 설명을 직관적으로 제시하지는 않는다. 따라서 유의한 상호작용 효과에 대한 추가적인 검증이 필요한 경우가 대부분이며, 이 경우에도 상호작용 효과의 시각화는 결과를 이해하거나 기술하는데 도움이 된다.

3.7.1. 스포트라이트 분석

스포트라이트 분석spotlight analysis은 상호작용 회귀분석의 결과를 다수의 회귀선으로 시각화하는 기법을 의미한다. 스포트라이트 '분석'이라는 이름으로 불리지만, 이 기법은 결과의 통계적 검증을 위한 방법이라기보다는, 상호작용 효과의 시각화를 위한 것이다. 스포트라이트 분석의 구체적인 방법은 독립변수에 범주형 자료가 포함되는지 여부에 따

라 달라지며, 이를 구분하여 알아보도록 하자.

(1) 연속형 독립변수와 범주형 독립변수의 상호작용 효과

독립변수에 연속형 변수와 범주형 변수가 상호작용 항에 포함된 경우, 스포트라이트 분석은 범주형 변수의 각 조건별로 회귀선을 시각적으로 표현한다. 앞서 살펴본 행복 연구의 경우 소득이라는 연속형 변수와 성격유형이라는 범주형 변수를 포함하고 있으며, 관련된 상호작용 효과의 시각화는 [그림 14.5]와 [그림 14.6]에 제시되어 있다. 스포트라이트 분석 시에 [그림 14.5]와 같이 전체 소득 구간을 보여줄 수도 있고 [그림 14.6]과 같이 평균, 평균 ± 1표준편차, 평균 ± 2표준편차와 같이 특정한 값의 결과를 보여줄 수도 있다.

(2) 연속형 독립변수 간의 상호작용 효과

두 연속형 변수의 상호작용 효과를 검증하는 경우에는 "평균 ± 1표준편차(*SD*)"와 같은 특정한 조건의 회귀선을 이용한 스포트라이트 분석이 주로 사용된다. 연속형 변수 간의 상호작용 효과의 시각화를 예시 자료를 이용해 살펴보도록 하자.

분석에 이용하는 예시 자료는 크라우드펀딩crowdfunding 캠페인의 성과에 관한 것으로 5,000개의 크라우드펀딩 캠페인의 다양한 특성(예, 목표 모금액)과 성과(예, 모금 금액, 목표 달성)에 대한 자료를 포함하고 있다. 분석의 종속변수는 크라우드펀딩 모금액($)이고 독립변수는 목표 모금액의 숫자 구체성numerical precision으로, 목표 모금액으로 제시된 마지막 숫자가 0을 포함하지 않은 구체적인 숫자로 구성된 정도를 0과 1사이의 점수로 지수화 한 것이다. 예를 들어, $10,000과 같이 마지막 숫자에 연속적인 0이 사용된 경우는 구체성 지수가 낮으며, $10,255와 같이 마지막에 0이 쓰이지 않은 경우에는 구체성 지수가 높은 것으로 조작 정의되었다. 조절변수는 목표 모금액 수준goal level으로 목표 모금액의 절대적 수치를 로그변환한 값이다(ln목표 모금액). 예시 자료는 "Data 14-4_REG_Crowdfunding" 파일에 포함되어 있다. 〈표 14.16〉은 독립변수와 종속변수

〈표 14.16〉 크라우드펀딩 변수 기술통계

변수명	변수 유형	평균	표준편차	최소값	최대값
크라우드펀딩 모금액($1,000)	종속변수	6.77	24.09	0.00	413.06
목표 모금액 숫자 구체성	독립변수	0.17	0.24	0.00	1.00
목표 모금액 수준	조절변수	8.58	1.58	2.30	15.07

〈표 14.17〉 크라우드펀딩 모금액에 대한 회귀분석 결과

독립변수	b	SE	t값	p값
목표 모금액 숫자 구체성	-0.04	1.42	0.03	.978
목표 모금액 수준	4.00	0.21	19.17	.000
2원 상호작용	-1.68	0.75	2.25	.024
절편	6.75	0.33	20.52	.000

의 기술통계를 제시하고 있다.

이 자료를 이용해 크라우드펀딩 모금액을 종속변수로 하는 상호작용 회귀분석을 실시하였다. 독립변수로 목표 모금액 숫자 구체성, 목표 모금액 수준, 구체성과 수준의 상호작용 효과가 사용되었으며, 독립변수는 모두 평균 중심화하였다. 〈표 14.17〉은 분석 결과를 보여준다. 목표 모금액 숫자 구체성 주효과는 유의하지 않았으나(b = -0.04, p =.978), 목표 모금액 수준 주효과는 양의 방향으로 유의했다(b = 4.00, $p < .001$). 목표 모금액의 숫자 구체성과 수준의 상호작용 효과는 유의한 것으로 나타났다(b = -1.68, p=.024).

통계적으로 유의한 상호작용 효과는 숫자 구체성이 모금액에 미치는 영향이 목표 모금액 수준에 따라 달라진다는 결과를 보여주었다. 이 상호작용 효과를 시각화함으로써 이 효과를 더 자세히 알아보고자 한다.

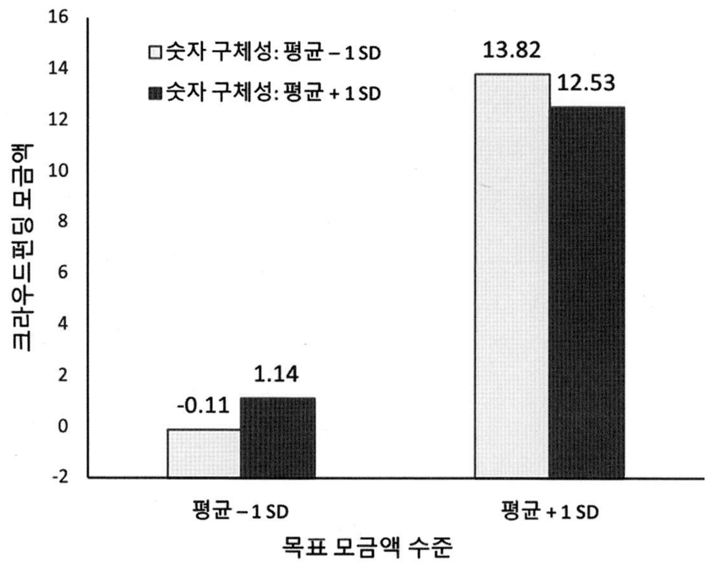

[그림 14.8] 목표 모금액의 숫자 구체성과 수준에 따른 예상 모금액

우선 독립변수와 조절변수의 특정 수준(예. 평균±1*SD*)에서의 효과를 그래프로 나타내는 스포트라이트 분석이 사용될 수 있다. 경우에 따라 1.5 단위나 2단위 표준편차가 사용되기도 한다. [그림 14.8]은 〈표 14.14〉의 회귀분석 결과를 이용해, 목표 모금액 수준이 평균에서 1단위 표준편차 낮거나 높은 조건에서 숫자 구체성(평균±1*SD*)이 크라우드펀딩 모금액에 미치는 영향을 시각화한 것이다. [그림 14.8]은 결과의 패턴을 이해하는데 유용하지만, 회귀분석의 결과를 특정 상황에서의 네 조건의 값으로만 보여준다는 점에서 전체 연속 구간에서의 효과 변화를 충분한 전달하지 못하는 한계점이 있다.

연속형 독립변수 간의 상호작용을 시각화 하는 다른 방법은 한 변수의 특정 조건(예, 평균±1*SD*)에서 다른 변수의 연속적인 회귀선을 보여주는 것이다. [그림 14.9]는 숫자 구체성이 "평균±1*SD*"인 조건에서 목표 모금액 수준과 크라우드펀딩 모금액의 연관성에 대한 회귀선을 보여준다. 이 그림은 전체 목표모금액 수준 범위에서 회귀선을 보여준다는 점에서 더 많은 정보를 제시하며, 앞으로 논의할 Johnson-Neyman 검증에 활용될 수 있다는 장점이 있다.

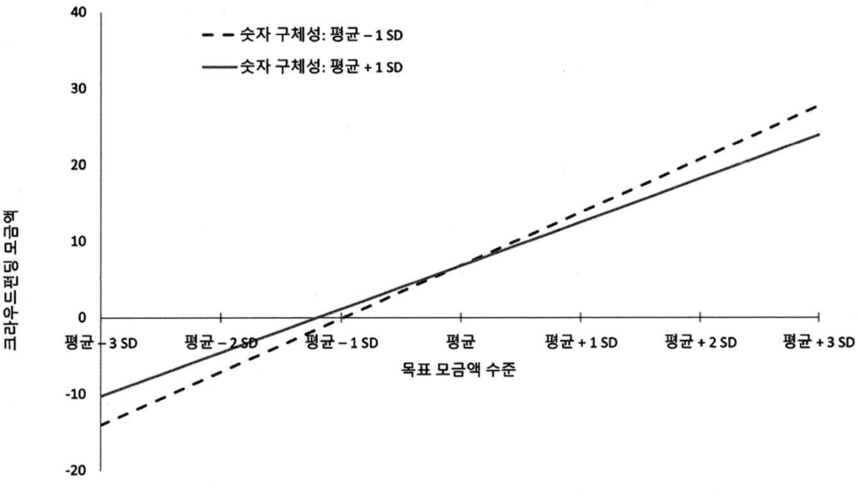

[그림 14.9] 목표 모금액의 숫자 구체성과 수준의 상호작용 효과 스포트라이트 분석

3.7.2. Johnson-Neyman 분석

Johnson-Neyman 분석은 상호작용 회귀모형에서 상호작용 효과가 유의한 조절변수의 구간region of significance을 검증하는 통계 기법이다Johnson & Neyman, 1936; Spiller et al., 2013. 이 분석은 단순히 상호작용 효과의 유무를 검증하는데 그치지 않고, 상호작용이 작

용하는 조건의 범위를 정량적으로 식별할 수 있다는 점에서 매우 유용하다.

크라우드펀딩 회귀분석 예시에서 유의한 상호작용은 목표 모금액 수준에 따라 숫자 구체성이 모금액에 미치는 영향이 달라진 다는 것을 의미한다. 이를 Johnson-Neyman 분석에 적용하면, 숫자 구체성이 모금액에 유의한 영향을 미치는 목표 모금액 수준의 범위를 식별할 수 있다.

Johnson-Neyman 분석에는 주로 Hayes(2017)가 개발한 PROCESS 프로그램에 포함된 옵션이 사용된다.[7] 본 분석에도 Hayes의 PROCESS 프로그램을 사용하여 상호작용 회귀분석을 실행하였고, 그 결과 중에서 Johnson-Neyman 분석 결과는 [그림 14.10]에 제시되어 있다. 이 분석에서 목표 모금액 수준의 경우 시각화를 용이하게 하기 위해서 평균 중심화하지 않았다.[8]

첫 번째 열인 "ln_Goal"은 조절변수인 목표 수준의 값을 의미한다. 두 번째 열인 "Effect"는 주어진 목표 수준에서 독립변수가 종속변수에 미치는 단순효과로 다음과 같이 정의된다: Effect=b_1+b_3 목표 수준. 세 번째 열(SE)은 두 번째 열의 단순효과의 표준오차이다. 네 번째 열(t)과 다섯 번째 열(p)은 두 번째 열의 단순효과에 대한 t검증값과 유의확률이다. 마지막 여섯 번째 열(LLCI: lower limit confidence interval)과 일곱 번째 열(UCLI: upper level confidence interval)은 추정된 Effect(단순효과)의 95% 신뢰구간의 최저값과 최고값을 의미한다.

Conditional effect of focal predictor at values of the moderator:

ln_Goal	Effect	se	t	p	LLCI	ULCI
2.3026	10.5306	4.5809	2.2988	.0216	1.5500	19.5113
2.9409	9.4593	4.1301	2.2903	.0220	1.3624	17.5561
3.5792	8.3879	3.6855	2.2759	.0229	1.1628	15.6130
4.2174	7.3166	3.2495	2.2516	.0244	.9461	13.6871
4.8557	6.2452	2.8263	2.2096	.0272	.7043	11.7861
5.4940	5.1739	2.4226	2.1356	.0328	.4245	9.9232
6.1323	4.1025	2.0498	2.0014	.0454	.0839	8.1211
6.2685	3.8738	1.9760	1.9604	.0500	.0000	7.7476

7) PROCESS를 개발한 Andrew F. Hayes 교수가 운영하는 웹사이트에서 SPSS, SAS, R용 매크로를 다운받아 사용할 수 있다: https://www.processmacro.org/index.html

8) 독립변수의 선형 변환은 시각화한 그래프에는 영향을 미치지 않는다. 자료를 변환하지 않은 값을 이용해 결과를 시각화 하는 경우, 평균 중심화하지 않은 분석을 사용하는 것이 용이하다.

6.7706	3.0311	1.7282	1.7539	.0795	-.3569	6.4192
7.4089	1.9598	1.4911	1.3143	.1888	-.9635	4.8831
8.0471	.8884	1.3829	.6425	.5206	-1.8226	3.5994
8.6854	-.1829	1.4329	-.1277	.8984	-2.9920	2.6261
9.3237	-1.2543	1.6266	-.7711	.4407	-4.4432	1.9346
9.9620	-2.3256	1.9211	-1.2106	.2261	-6.0919	1.4406
10.6003	-3.3970	2.2776	-1.4915	.1359	-7.8621	1.0681
11.2386	-4.4683	2.6714	-1.6727	.0945	-9.7054	.7687
11.8769	-5.5397	3.0882	-1.7938	.0729	-11.5940	.5146
12.5151	-6.6111	3.5199	-1.8782	.0604	-13.5117	.2895
13.1534	-7.6824	3.9616	-1.9392	.0525	-15.4490	.0842
13.4290	-8.1450	4.1547	-1.9604	.0500	-16.2899	.0000
13.7917	-8.7538	4.4104	-1.9848	.0472	-17.4000	-.1075
14.4300	-9.8251	4.8642	-2.0199	.0434	-19.3610	-.2892
15.0683	-10.8965	5.3218	-2.0475	.0407	-21.3294	-.4635

[그림 14.10] Hayes (2017) PROCESS를 이용한 Johnson-Neyman 검증 결과

Johnson-Neyman 검증에서 다섯 번째 열에서 보여주는 유의수준(p)이 .05보다 낮은 구간이 독립변수의 단순효과가 통계적으로 유의한 구간이다. [그림 14.10]에서 조절변수(ln_Goal)가 6.2685보다 낮은 구간의 경우 p값이 .05보다 작으며, 이를 통해 목표 모금액 숫자 구체성의 효과가 양의 방향으로 유의함을 알 수 있다. 즉, 구체적인 목표금액의 효과가 더 높은 결과를 보여주었다. 조절변수의 값이 13.4290보다 큰 경우에도 p값이 .05보다 작으며, 이 경우에는 독립변수의 효과가 음의 방향으로 유의하였다. 조절변수의 값이 6.2685와 13.4290 사이인 구간에서는 숫자 구체성의 단순효과가 유의하지 않은 것으로 나타났다($p > .05$). Johnson-Neyman 검증의 결과는 [그림 14.11]과 같은 그래프로 제시할 수 있으며, 독립변수의 단순효과가 유의한 구간과 유의하지 않은 구간을 시각화 하여 제시한다.

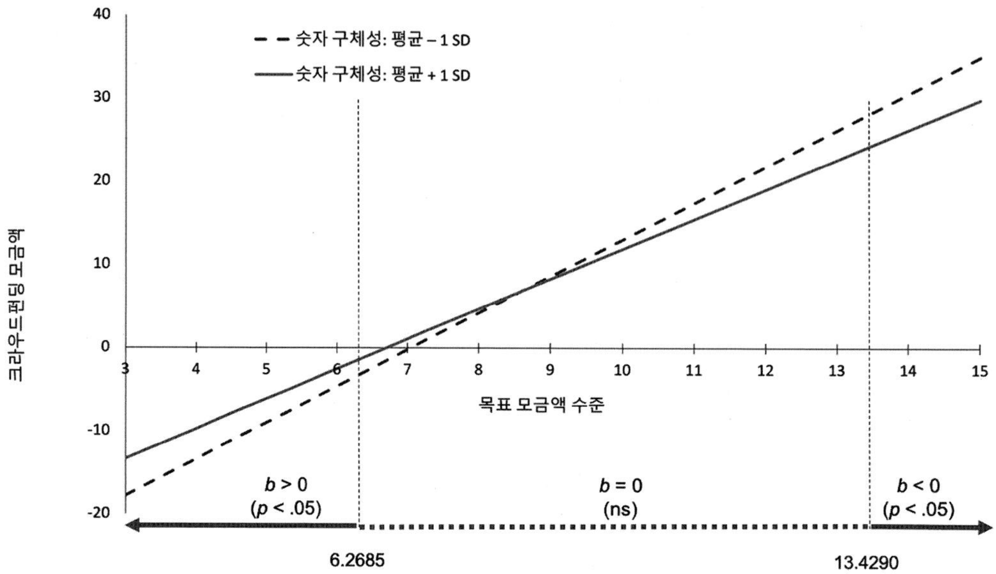

[그림 14.11] Johnson-Neyman 검증 결과의 시각화

3.7.3. 플러드라이트 분석

플러드라이트floodlight 분석은 회귀분석에서 회귀선과 그 신뢰구간confidence interval을 함께 시각화함으로써 상호작용 회귀모형을 보다 정교하게 제시하는 기법이다. 특히 조절변수가 연속형인 경우, 조절변수 각 수준에서의 독립변수의 단순효과와 그에 대한 95% 신뢰구간을 시각적으로 표현할 수 있어 상호작용의 구조적 특성을 명확히 드러낼 수 있다.

[그림 14.12]는 크라우드펀딩 분석 결과를 플러드라이트 기법을 이용해 시각화한 그래프이다. 이 그래프는 [그림 14.10]의 Johnson-Neyman 분석 결과를 기반으로 하며 다음과 같은 요소들로 구성된다. 수평축은 조절변수인 목표 모금액 수준(ln_Goal)이다. 그래프의 실선은 각 조절변수 수준에서의 숫자 구체성 단순효과를 보여주며, 이 값은 [그림 14.10]의 두 번째 열인 단순효과 계수(Effect)이다. 두 곡선은 회귀선의 95% 신뢰구간으로, 신뢰구간이 0을 포함하지 않는 조절변수의 영역이 독립변수의 단순효과가 통계적으로 유의한 구간을 나타낸다. 신뢰구간은 [그림 14.10]의 여섯 번째 열과 일곱 번째 열의 신뢰구간(LLCI, ULCI)에 나타난 값이다.

[그림 14.12]의 플러드라이트 그래프는 Johnson-Neyman 분석과 동일한 결과를 제시한다. 조절변수 값이 6.2685보다 작은 경우에는 숫자 구체성의 단순효과가 양의 방향

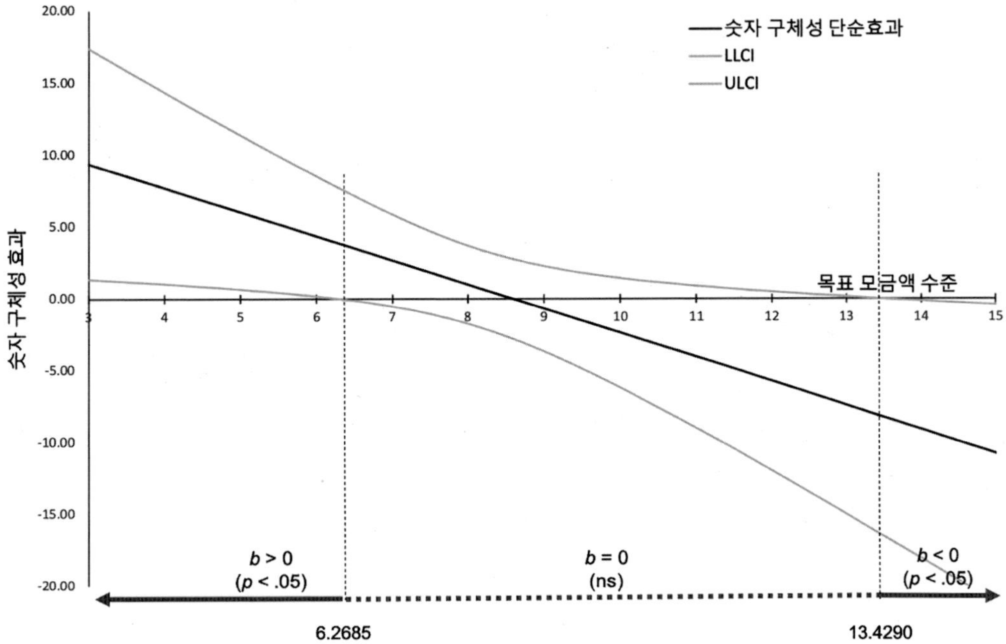

[그림 14.12] 목표 모금액의 숫자 구체성의 단순효과 플러드라이트 분석

으로 유의했다. 조절변수 값이 13.4290보다 큰 경우에는 숫자 구체성의 단순효과가 음의 방향으로 유의했다. 조절변수가 이 두 값 사이에 위치할 경우, 단순효과는 통계적으로 유의하지 않았다.

이처럼 플러드라이트 분석은 단순효과의 연속적인 변화를 시각적으로 표현하며, 단일 그래프 안에서 조절효과와 유의구간을 종합적으로 전달할 수 있는 장점을 가진다. 이는 특히 정교한 해석이나 논문 제출 시 시각적 설득력을 높이기 위한 효과적인 수단이 된다.

Ⅳ. 로지스틱 회귀분석

로지스틱 회귀분석logistic regression은 종속변수가 0과 1로 이루어진 이항변수binary variable에 사용되는 회귀분석의 한 형태이다. 종속변수가 성공/실패, 행동의 여부, 질병의 발생 유무 등처럼 두 범주로 구분되는 사건의 발생 확률을 설명하고 예측하는데 적합한 모형이며, 이 경우 일반 선형모형은 이항변수의 특성을 적절히 반영할 수 없다.

일반적인 회귀분석은 오차항이 정규분포를 따른다는 가정을 기반으로 하며, 연속형 종속변수를 대상으로 한다. 그러나 종속변수가 이항분포binomial distribution를 따르는 이항변수인 경우, 이러한 정규성 가정은 위반된다. 또한 선형 회귀모형은 예측값이 [0, 1] 범위를 벗어날 수 있으므로, 확률의 모형화에 부적합하다.

4.1. 로짓 변환

로지스틱 회귀분석은 종속변수가 0과 1로 이루어진 이항 변수일 때, 해당 사건이 발생할 확률(p)을 직접 모형화 하는 것이 아니라, 이를 **로짓 변환**logit transformation한 값인 logit(p)를 종속변수로 사용한다. 로짓 변환은 다음과 같이 정의된다:

$$\text{logit}(p) = \ln\left(\frac{p}{1-p}\right).$$

로짓 변환은 확률을 승산odds으로 변환한 값에 자연로그를 취하는 과정을 의미한다. 첫 번째 단계는 확률을 승산으로 바꾸는 것이다. **승산**odds은 특정 결과가 나올 확률($p_{Y=1}$)을 그 결과가 나오지 않을 확률($1-p_{Y=1}$)로 나눈 값을 의미한다: 승산odds= $p/(1-_{p})$. 예를 들어 확률이 0.5인 경우 승산은 1이 된다(0.5/(1-0.5)). 확률의 범위는 [0, 1]인 반면에 승산의 범위는 [0, ∞)의 범위를 갖는다.

두 번째 단계는 승산에 자연로그를 취하여 로짓으로 변환하는 것이다. 로짓 변환된 확률은 (-∞, +∞)의 범위를 가진다. 이러한 로짓 변환을 통해 이항 변수의 확률 구조를 선형 회귀의 틀 안에서 해석할 수 있게 된다. 회귀분석의 결과로 예측된 로짓 값은 다음 공식을 통해 [0, 1] 범위를 가지는 확률로 변환 가능하다:

$$p = \frac{1}{1+e^{-logit(p)}}.$$

4.2. 로지스틱 회귀모형의 추정

로지스틱 회귀모형은 종속변수가 로짓 변환된 확률이라는 점을 제외하고는 일반 회귀분석과 유사하다. 로지스틱 회귀모형은 다음과 같이 표현된다:

$$\text{logit}(p) = b_0 + b_1X1 + b_2X2 + \cdots + b_nX_n.$$

로지스틱 회귀분석의 독립변수로 연속형 변수와 범주형 변수 모두 사용 가능하다. 변수 간의 상호작용 효과를 포함하는 경우, 다중 회귀분석과 동일하게 변수의 선형 변환(예, 평균 중심화)이 결과의 해석에 영향을 미치기 때문에, 분석 목적에 맞는 독립변수 코딩을 사용하는 것이 중요하다.

로지스틱 회귀모형의 회귀계수는 일반적으로 사용되는 최소자승법OLS이 아니라, 최대우도법maximum likelihood estimation을 사용해 회귀계수를 추정한다. 추정된 회귀계수의 유의성 검증은 x^2 분포를 기반으로 수행된다.

추정된 회귀계수(b_i)는 독립변수 X_i가 logit(p)에 미치는 영향을 의미한다. 그러나 로짓 단위는 직관적인 해석이 어렵기 때문에, 회귀계수에 자연상수(e)를 밑으로 하는 지수함수를 취해 해석하는 것이 일반적이다. 즉, e^{bi}는 독립변수 X_i가 종속변수의 승산odds에 미치는 영향의 정도로 해석할 수 있다. 예를 들어, $b_i = 0.693$이라면 $e^{bi} = 2.00$이며, 이는 독립변수 X_i가 한 단위 증가할 때 사건 발생의 승산이 2배 증가함을 의미한다.

4.3. 로지스틱 회귀모형 예시

로지스틱 회귀분석의 예를 앞서 사용했던 "Data 14-4_Crowdfunding_Logistic" 파일을 이용하여 살펴보자. 종속변수는 모금 성공(목표금액 달성 여부)으로 이항변수(0=실패, 1=성공)이다. 독립변수는 앞선 분석과 동일하게 목표 모금액 숫자 구체성과 목표 모금액 수준이며, 두 변수 모두 평균 중심화되었다. 로지스틱 회귀분석의 결과는 〈표 14.18〉과 같다.

분석 결과 목표 모금액 수준만 음(-)의 방향으로 유의한 것으로 나타났다(b=-0.29, $x^2(1)$=208.13, p < .001). 〈표 14.18〉의 마지막 열은 e^{bi}로서 추정된 회귀계수의 지수변환 값으로 독립변수의 1단위 변화에 따른 성공확률 승산의 변화량을 의미한다: $0.75 = e^{-0.29}$. 분석결과 숫자 구체성의 주효과(b = 0.10, $x^2(1)$ = 0.63, p = .427)와 상호작용 효과 (b = -0.08, $x^2(1)$ = 1.26, p = .262)는 유의하지 않은 것으로 나타났다.

〈표 14.18〉 크라우드펀딩 성공에 대한 로지스틱 회귀분석 결과

독립변수	b	SE	x^2	자유도	p값	e^b
목표 모금액 숫자 구체성	0.10	0.13	0.63	1	.427	1.11
목표 모금액 수준	-0.29	0.02	208.13	1	.000	0.75
2원 상호작용	-0.08	0.08	1.26	1	.262	0.92
절편	-0.37	0.03	153.94	1	.000	0.69

주요 참고자료

상관관계

Rogers, J. L., & Nicewander, W. A. (1988). Thirteen ways to look at the correlation coefficient. *American Statistician*, 42(1), 59-66. [상관계수의 다양한 해석과 의미에 관한 설명을 제시.]

회귀분석

Cohen, J., Cohen, P., West, S. G., & Aiken, L. S. (2013). *Applied Multiple Regression/Correlation Analysis for the Behavioral Science*. Routledge. [회귀분석을 이용한 이론 검증의 기초부터 응용까지 광범위한 주제를 다루는 행동과학 분야의 회귀분석의 대표적인 저서.]

상관관계 회귀분석의 선형 변환과 시각화

Spiller, S. A., Fitzsimons, G. J., Lynch, J. G., & McClelland, G. H. (2013). Spotlights, floodlights, and the magic number zero: Simple effects tests in moderated regression. *Journal of Marketing Research*, 50(2), 277-288. [상관관계 회귀분석의 독립변수 선형 변환의 영향, Johnson-Neyman, 스포트라이트, 플러드라이트 분석에 대한 설명을 예시와 함께 제시.]

참고문헌

Anscombe, F. J. (1973). Graphs in statistical analysis. *American Statistician*, 27(1), 17-21.

Cohen, J. (1988). *Statistical Power Analysis for Behavioral Sciences*. Lawrence Erlbaum.

Hayes, A. F. (2017). *Introduction to Mediation, Moderation, and Conditional Process Analysis: A Regression-Based Approach*. Guilford.

Irwin, J. R., & McClelland, G. H. (2001). Misleading heuristics and moderated multiple regression models. *Journal of Marketing Research*, 38(1), 100-109.

Irwin, J. R., & McClelland, G. H. (2003). Negative consequences of dichotomizing continuous predictor variables. *Journal of Marketing Research*, 40(3), 366-371.

Johnson, P. O., & Neyman, J. (1936). Tests of certain linear hypotheses and their application to some educational problems. *Statistical Research Memoirs*, 1, 57-93.

Spiller, S. A., Fitzsimons, G. J., Lynch, J. G., & McClelland, G. H. (2013). Spotlights, floodlights, and the magic number zero: Simple effects tests in moderated regression. *Journal of Marketing Research*, 50(2), 277-288.

제 15 장

구조방정식 모형을 이용한 이론 검증

구조방정식 모형은 다수의 변수 간에 존재하는 복잡한 관계를 분석하고 이론을 검증하는 데 유용한 통계 기법이다. 본 장에서는 구조방정식 모형의 개요, 통계적 검증 방법, 그리고 이론 적용 시 고려해야 할 사항을 논의한다. 구조방정식 모형은 경로분석과 확인적 요인분석을 결합한 형태로, 확인적 요인분석의 확장된 모형이라 할 수 있다. 확인적 요인분석에 관한 구체적인 내용은 "제9장: 측정 타당도 검증"에서 다루었으므로, 본 장에서는 중복되는 부분을 생략하고 구조방정식 모형에 특화된 주제에 집중하여 살펴본다.

I. 구조방정식 모형 개요

구조방정식 모형structural equation modeling: SEM은 다수 변수 간의 관계를 설명하고 모형화하는 데 사용되는 다변량 분석 기법이다. 구조방정식 모형은 (1) 여러 변수 간의 복잡한 관계 설명, (2) 잠재변수의 영향 검증, (3) 다양한 이론을 검증하게 해주는 유연성 등과 같은 장점으로 인해 행동과학을 포함한 사회과학에서 폭넓게 사용된다.

구조방정식 모형은 경로분석과 확인적 요인분석이 결합된 형태의 분석 기법이다. [그림 15.1]은 구조방정식 모형과 관련된 주요 분석방법의 분류체계를 보여준다. 구조방정식 모형은 구조 모형과 측정 모형으로 구성된다. 구조 모형은 변수들 간의 관계를 설명하는 모형으로, 다중 회귀분석의 확장 형태인 경로분석을 통해 검증된다. 측정모형은 관

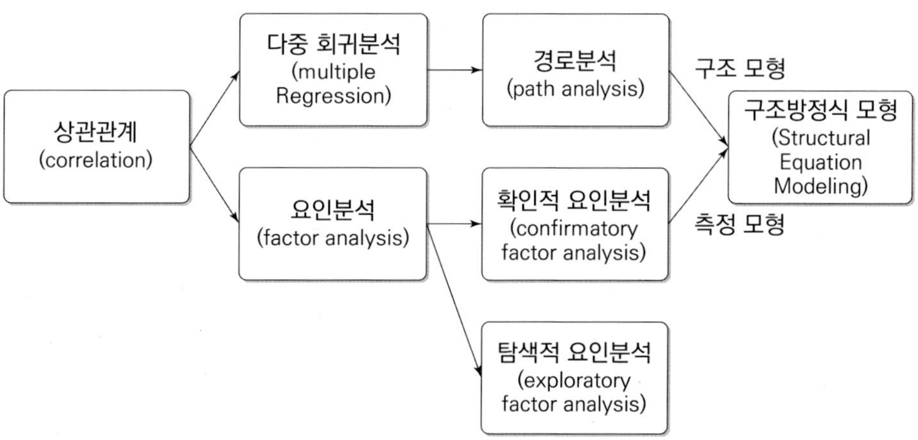

[그림 15.1] 구조방정식 모형과 관련 분석방법

찰변수를 통해 잠재변수를 측정하는 부분으로, "제9장"에서 논의한 확인적 요인분석에 해당한다.

1.1. 구조 모형: 경로분석

1.1.1. 경로분석의 구조

구조 모형structural model은 두 개 이상이 종속변수를 포함한 변수들 간의 선형 관계를 설명하는 통계적 모형이다. 측정 모형이 없이 구조 모형만을 사용하는 경우, 이는 경로분석과 동일하다. **경로분석**path analysis은 변수 간의 직접적 관계와 간접적 관계를 모형화하고 검증하는 기법으로, 회귀분석을 종속변수가 2개 이상인 경우로 확장한 형태라고 할 수 있다.

예를 들어, 아래 [그림 15.2]와 같은 경로 모형을 살펴보자. 이 모형에서는 두 개의 독립변수($X1$, $X2$)가 두 개의 종속변수($Y1$, $Y2$)에 영향을 미치는 구조를 가진다. 이 모형을 살펴보면 $X1$과 $X2$는 $Y1$에 영향을 미치며, 이 부분만 보면 일반적인 다중 회귀분석과 동일하다. 그러나 이 모형은 $Y2$라는 또 다른 종속변수를 포함하고 있다. $Y2$는 $X1$과 $X2$의 영향을 받는 동시에, 다른 종속변수인 $Y1$의 영향도 함께 받는다. 이와 같이 연관성이 있는 다수의 종속변수가 있는 경우, 일반적인 회귀분석의 적용이 불가능하며, 다수의 종속변수 간의 구조를 포함한 경로분석을 통해 전체 모형을 검증할 수 있다.

경로분석에서 **독립변수**independent variable는 다른 변수의 영향을 받지 않으면서, 타 변수에 영향을 미치는 변수를 의미한다. 경로분석이나 구조방정식 모형에서 독립변수는 **외생변수**exogenous variable라고도 불린다. 경로 모형을 그림으로 표현하는 경우, 독립변수는 화살표의 출발점으로 나타나며, 다른 변수로부터 들어오는 화살표는 없는 형태로 표시

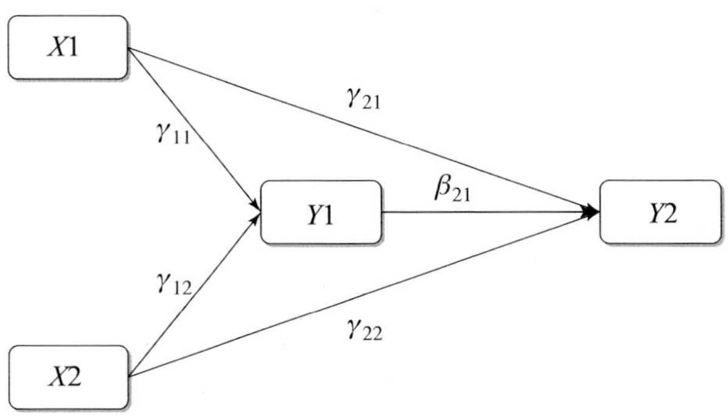

[그림 15.2] 경로 모형

된다. [그림 15.2]에서 *X*1과 *X*2가 독립변수에 해당한다. 독립변수가 종속변수에 미치는 영향력에 대한 회귀계수는 γgamma로 표기된다. 예를 들어, γ_{11}은 종속변수 Y1에 미치는 독립변수 *X*1의 직접적 영향력을 의미한다.

경로분석에서 **종속변수**dependent variable는 타 변수의 영향을 받는 변수를 의미하며, **내생변수**endogenous variable라고도 불린다. 그림으로 표시되는 경우, 종속변수는 다른 독립변수나 종속변수로부터 최소한 하나의 화살표가 들어오는 형태로 표현된다. [그림 15.2]에서 종속변수 *Y*1은 독립변수의 *X*1과 *X*2의 영향을 받는다. 종속변수 *Y*2는 두 독립변수 외에도 다른 종속변수 *Y*1의 영향을 받는다. 종속변수 간의 연관성을 나타내는 회귀계수는 βbeta로 표시된다. β_{21}은 종속변수 *Y*1이 다른 종속변수 *Y*2에 미치는 영향을 의미한다.

1.1.2. 경로분석의 행렬식

경로 모형은 다수의 종속변수를 포함하고 있기 때문에 일반적으로 행렬matrix로 표시된다. 경로 모형은 다음과 같이 행렬식으로 정의될 수 있다:

$$Y = \Gamma X + BY + e. \qquad \text{(식 15.1)}$$

Y = m × 1 차원의 종속변수 벡터(m=종속변수 개수),
X = n × 1 차원의 독립변수 벡터(n=독립변수 개수),
Γ = m × n 차원의 독립변수가 종속변수에 미치는 영향(γ) 계수,
B = m × m 차원의 종속변수 간의 영향(β) 계수,
e = m × 1 차원의 오차항.

위의 [그림 15.2]의 경로 모형을 (식 15.1)에 대입하면, 다음과 같은 행렬식으로 표현된다:

$$\begin{bmatrix} Y1 \\ Y2 \end{bmatrix} = \begin{bmatrix} \gamma_{11} & \gamma_{12} \\ \gamma_{21} & \gamma_{22} \end{bmatrix} \begin{bmatrix} X1 \\ X2 \end{bmatrix} + \begin{bmatrix} 0 & 0 \\ \beta_{21} & 0 \end{bmatrix} \begin{bmatrix} Y1 \\ Y2 \end{bmatrix} + \begin{bmatrix} e_1 \\ e_2 \end{bmatrix}.$$

위의 행렬식을 *Y*1과 *Y*2를 각각 종속변수로 하는 두 개의 회귀식으로 표현하면 다음과 같다:

$$Y1 = \gamma_{11}X1 + \gamma_{12}X2 + e_1.$$

$$Y2 = \gamma_{21}X1 + \gamma_{22}X2 + \beta_{21}Y1 + e_2$$

1.1.3. 경로분석 추정

경로분석의 추정은 데이터와 경로 모형의 적합도에 근거해 모수parameter를 추정하는 최대우도법maximum likelihood이 주로 사용된다. 모형의 적합도 평가는 적합도goodness of fit 지수가 사용된다. 다양한 적합성 평가 지수(예, CFI, RMSEA)가 있으며, 이는 "제9장"에서 다룬 확인적 요인분석의 적합도와 동일하게 적용된다.

이러한 점은 경로분석이 일반적인 회귀분석과 구분되는 중요한 지점을 보여준다. 전통적인 회귀분석에서는 최소자승법ordinary least squares: OLS을 통해 모수를 추정하고, 결정계수(R^2)를 활용하여 모형의 설명력을 평가한다. 반면, 경로분석은 모형 전체의 구조적 적합도를 중심으로 평가하며, 잠재적 인과구조를 모형화하고 그에 대한 통계적 적합성을 검증하는 점에서 OLS 기반 회귀분석과는 방법론적으로 차이를 가진다.

1.1.4. 경로분석 예시

경로 모형의 추정과 해석을 예시와 함께 알아보도록 하자. 예시로 사용할 경로 모형은 "제11장: 조절효과와 매개효과 검증"에서 다룬 SNS가 우울감에 미치는 영향에 관한 매개분석이다. "제11장"의 매개분석에서 다룬 예시는 경로분석의 한 형태이며, 이를 경로 모형으로 구성한 것이 [그림 15.3]이다.

이 모형은 독립변수 $X1$(SNS 이용량)과 두 종속변수 $Y1$(자존감)과 $Y2$(우울감)를 포함한다. 첫 번째 종속변수인 $Y1$(자존감)은 매개변수 역할을 한다. 즉, $X1$로부터 영향을 받는 동시에 $Y2$에 영향을 미친다. $Y2$는 최종 종속변수로 $X1$과 $Y1$의 영향을 받는다.

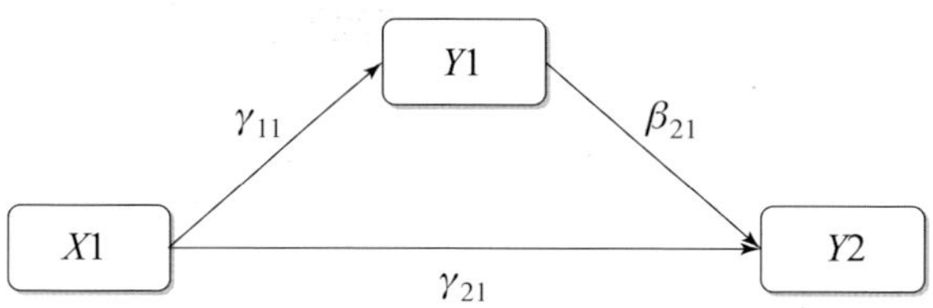

[그림 15.3] 경로 모형 예시

위 경로 분석을 행렬과 회귀식으로 표현하면 다음과 같다:

$$\begin{bmatrix} Y1 \\ Y2 \end{bmatrix} = \begin{bmatrix} \gamma_{11} \\ \gamma_{21} \end{bmatrix} [X1] + \begin{bmatrix} 0 & 0 \\ \beta_{21} & 0 \end{bmatrix} \begin{bmatrix} Y1 \\ Y2 \end{bmatrix} + \begin{bmatrix} e_1 \\ e_2 \end{bmatrix}.$$

〈표 15.1〉 경로분석 결과 예시

추정 모수	비표준화 추정			표준화 추정
	추정치	표준오차(SE)	t값	추정치
$\gamma_{11}(X1 \rightarrow Y1)$	-0.36	0.13	2.79*	-0.41
$\gamma_{21}(X1 \rightarrow Y2)$	0.05	0.06	0.87	0.11
$\beta_{21}(Y1 \rightarrow Y2)$	-0.32	0.06	5.01*	-0.64
$e_1(Y1)$	1.88	0.43	4.42*	
$e_2(Y2)$	0.29	0.07	4.42*	
$\phi1(X1)$	2.83	0.64	4.42*	

주: *p <.05.

$$Y1 = \gamma_{11}X1 + e_1.$$

$$Y2 = \gamma_{21}X1 + b_{21}Y1 + e_2$$

이 경로 모형을 자료 "Data 11-1_Mediation_SNS"를 사용해 경로분석한 결과는 〈표 15.1〉과 같다.[1] 경로분석 결과는 경로계수 추정치(γ_{11}, γ_{21}, β_{21}), 오차항(e_1, e_2), 독립변수의 분산($\phi1$)에 대한 추정치를 보여준다.

이 결과는 다음과 같은 해석을 가능하게 한다: SNS 이용량($X1$)은 자존감($Y1$)에 부정적인 영향을 미치며($\gamma_{11} < 0$), 자존감($Y1$)은 다시 우울감($Y2$)에 부정적인 영향을 미치는 것으로 나타났다($\beta_{21} < 0$). 그러나 SNS 이용량($X1$)이 우울감($Y2$)에 미치는 직접 효과(γ_{21})는 유의하지 않았다.

1.2. 측정 모형: 확인적 요인분석

측정 모형measurement model은 구조방정식 모형에서 관찰변수를 이용한 잠재변수 측정에 관한 모형이다. 구조 모형이 변수들 간의 연관성에 관한 것이라면, 측정 모형은 관찰변수를 이용한 잠재변수 측정이 적합한지를 평가하기 위한 것이다. 구조방정식 모형에서 측정모형은 확인적 요인분석confirmatory factor analysis과 동일하며, 독립변수와 종속변수의 측정에 모두 사용된다.

잠재 독립변수latent independent variable 혹은 **잠재 외생변수**latent exogenous variable는 ξxi로 표기된다. 이는 다수의 관찰변수($X1$, $X2$, ⋯, X_n)로 측정된다. 각 관찰변수의 요인 적재치loading는 $\lambda_X$lambda X로, 측정오차는 δdelta로 표시된다. 잠재 독립변수의 측정 모형은

1) 경로분석에는 통계 프로그램 AMOS, Lisrel이나 R용 패키지(Lavaan) 등이 사용된다.

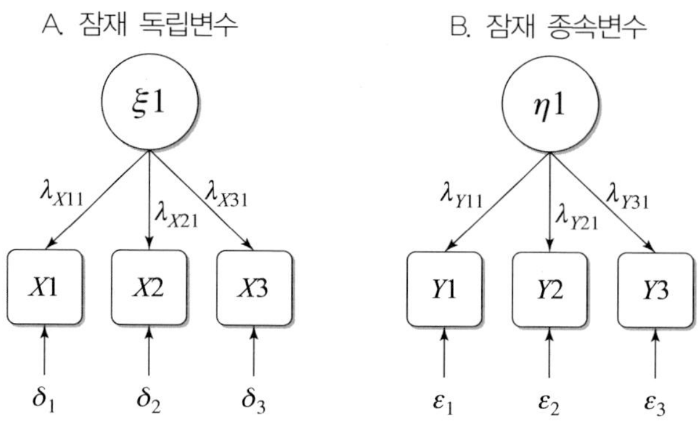

[그림 15.4] 측정모형

[그림 15.4A]에 제시되어 있다.

잠재 종속변수latent dependent variable 또는 **잠재 외생변수**latent endogenous variable는 ηeta로 표시되며, 관찰된 다수의 관찰변수(Y_1, Y_2, ···, Y_n)로 측정된다. 종속변수의 요인 적재치는 λylambda Y로, 측정오차는 εepsilon으로 표시된다. 잠재 종속변수의 측정 모형은 [그림 15.4B]에 제시되어 있다.

Ⅱ. 구조방정식 모형

구조방정식 모형structural equation model: SEM은 구조 모형과 측정모형이 결합된 통합적 분석 모형이다. 구조 모형은 앞서 논의한 경로분석과 유사하나 일반적으로 독립변수와 종속변수가 관찰변수가 아닌 잠재변수라는 점에서 차이가 있다.[2)] 측정 모형은 독립변수와 종속변수에 해당하는 잠재변수의 관찰변수를 모두 포함한다는 점에서 확인적 요인분석의 확장이라고 할 수 있다.

구조방정식 모형에 대한 구체적인 내용을 [그림 15.5]에 제시된 한 개의 잠재 독립변수와 두 개의 잠재 종속변수로 구성된 모형을 이용해 알아보도록 하자. 이 구조방정식 모형은 광고의 관련성(Ad)advertising relevance이 브랜드 태도(AB)brand attitude에 미치는 영향에 있어서 광고 태도(Aad)advertising attitude의 매개효과를 포함하고 있다. 이 세 변수는 모두 잠재변수로 관찰변수를 이용해 측정되었다.

2) 독립변수나 종속변수의 일부가 잠재변수가 아닌 관찰변수인 구조 모형도 가능하다.

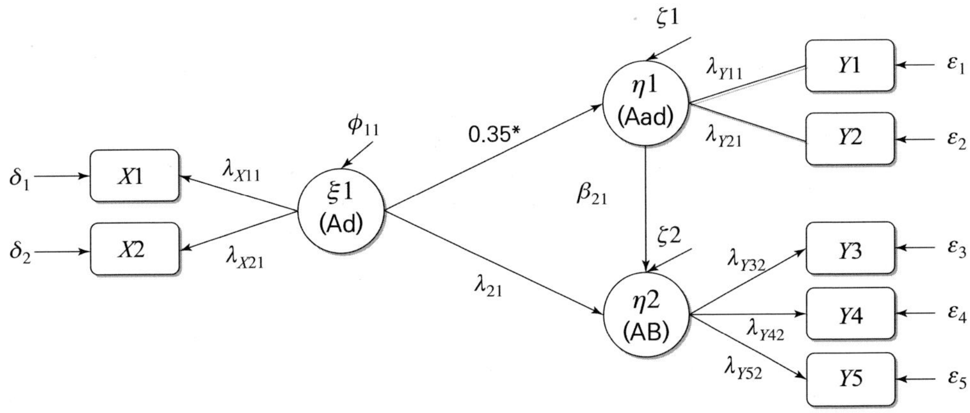

[그림 15.5] 구조방정식 모형 예시: 브랜드 태도 모형

주: Ad=광고 관련성, Aad=광고 태도, AB=브랜드 태도

잠재 독립변수(ξ_1)인 광고의 관련성(Ad)은 제시된 광고가 자신과 연관성이 있는 정도에 대한 주관적 평가로 정의되며, 측정에는 두 관찰변수($X1$, $X2$)가 사용되었다. 광고 태도(Aad)는 광고를 긍정적으로 평가하는 정도를 나타내는 잠재 종속변수(η_1)로 두 관찰변수($Y1$, $Y2$)로 측정되었다. 마지막으로 브랜드 태도(AB)는 광고된 브랜드에 대한 선호의 정도를 의미하는 두 번째 잠재 종속변수(η_2)로, 세 관찰변수($Y3$, $Y4$, $Y5$)를 이용해 측정되었다. 모든 측정은 5점 리커트 척도를 사용해 이루어졌다(1=*매우 동의하지 않음*, 5=*매우 동의함*). 본 예시에 사용된 자료는 "Data 15-1_SEM_Ad" 파일에 포함되어 있다.

2.1. 구조 모형

구조방정식 모형에서 잠재 독립변수(ξ)와 잠재 종속변수(η) 간의 연관성을 나타내는 구조 모형을 일반적인 행렬식으로 나타내면 다음과 같다:

$$\eta = \Gamma\xi + B\eta + \zeta.$$

η = m×1 차원의 잠재 종속변수 벡터(m=종속변수 개수),

ξ = n×1 차원의 잠재 독립변수 벡터(n=독립변수 개수),

Γ = m×n 차원의 잠재 독립변수(ξ)가 잠재 종속변수(η)에 미치는 직접효과를 나타내는 계수(γ) 행렬,

B = m×m행렬의 잠재 종속변수(η) 간의 연관성을 나타내는 계수(β) 행렬,

ζ = m×1행렬의 오차항.

[그림 15.5]의 구조 모형의 경우, 잠재 독립변수인 광고 관련성은 ξ1로, 잠재 종속변수인 광고 태도와 브랜드 태도는 각각 $\eta 1$과 $\eta 2$로 표시되었다. 광고 관련성은 광고 태도와 브랜드 태도에 모두 영향을 미치며, 이 영향은 각각 회귀계수 γ_{11}과 γ_{21}에 해당한다. 광고 태도는 브랜드 태도에 영향을 미치며, 이 회귀계수는 β_{21}이다. 광고 태도와 브랜드 태도를 각각 종속변수로 하는 회귀모형은 다음과 같이 정의된다.

광고 태도: $\eta 1 = \gamma^{11}\xi 1 + \zeta_1$.

브랜드 태도: $\eta 2 = \gamma_2\xi 1 + \beta_{21}\eta 1 + \zeta_2$.

위의 두 회귀식을 행렬로 표시하면 다음과 같다:

$$\begin{bmatrix}\eta 1\\ \eta 2\end{bmatrix} = \begin{bmatrix}\gamma_{11}\\ \gamma_{21}\end{bmatrix}[\xi 1] + \begin{bmatrix}0 & 0\\ \beta_{21} & 0\end{bmatrix}\begin{bmatrix}\eta 1\\ \eta 2\end{bmatrix} + \begin{bmatrix}\zeta_1\\ \zeta_2\end{bmatrix}.$$

이 모형은 직접효과(γ_{21}), 매개효과(γ_{11}, β_{21}), 오차항(ζ)을 명시적으로 포함하고 있으며, 구조방정식 모형의 핵심적인 관계를 명확히 보여준다. 다음 절에서는 각 잠재변수에 대한 측정모형을 통해 관찰변수와의 관계를 설명한다.

2.2. 측정 모형

구조방정식 모형에서 측정모형은 독립변수와 종속변수를 구성하는 모든 잠재변수에 대한 관찰변수와의 연관성을 정의한다. 잠재 독립변수와 잠재 종속변수의 측정 모형은 아래와 같은 행렬식으로 나타낼 수 있다:

독립변수: $X = \Lambda_X\xi + \delta$.

$X = q\times 1$ 독립 관찰변수 벡터(q=독립 관찰변수 개수),
$\Lambda_X = q\times n$ 요인 적재치 행렬,
$\xi = n\times 1$ 잠재 독립변수 벡터,
$\delta = q\times 1$ 관찰 오차항.

종속변수: $Y = \Lambda_Y\eta + \varepsilon$.

$Y = p\times 1$ 종속 관찰변수 벡터(p=종속 관찰변수 개수),
$\Lambda_Y = p\times m$ 요인 적재치 행렬,
$\eta = m\times 1$ 잠재 종속변수 벡터,
$\varepsilon = p\times 1$ 관찰 오차항.

[그림 15.5]의 측정 모형을 일반적인 행렬식을 대입해 보자. 독립변수의 측정모형을 살펴보면 1개의 잠재 독립변수($\xi 1$) 측정에 2개의 관찰변수($X1$, $X2$)가 사용되었다. 잠재 독립변수 $\xi 1$의 측정 모형은 은 다음과 같다:

$$\text{독립변수 측정모형: } \begin{bmatrix} X1 \\ X2 \end{bmatrix} = \begin{bmatrix} \lambda_{X11} \\ \lambda_{X21} \end{bmatrix} [\xi 1] + \begin{bmatrix} \delta_1 \\ \delta_2 \end{bmatrix}.$$

종속변수의 경우 2개의 잠재 종속변수가 있으며, $\eta 1$의 측정에는 2개 관찰변수($Y1$, $Y2$)가 $\eta 2$의 측정에는 3개의 관찰변수($Y3$, $Y4$, $Y5$)가 사용되었다. 종속변수의 측정 모형 행렬식은 다음과 같다:

$$\text{종속변수 측정모형: } \begin{bmatrix} Y1 \\ Y2 \\ Y3 \\ Y4 \\ Y5 \end{bmatrix} = \begin{bmatrix} \lambda_{Y11} & 0 \\ \lambda_{Y21} & 0 \\ 0 & \lambda_{Y32} \\ 0 & \lambda_{Y42} \\ 0 & \lambda_{Y52} \end{bmatrix} \begin{bmatrix} \eta 1 \\ \eta 2 \end{bmatrix} + \begin{bmatrix} \epsilon_1 \\ \epsilon_2 \\ \epsilon_3 \\ \epsilon_4 \\ \epsilon_5 \end{bmatrix}.$$

Ⅲ. 구조방정식 모형 추정

구조방정식 모형의 추정에 사용되는 입력자료로 관찰변수의 공분산 행렬이나 상관관계 행렬이 사용된다. 일반적으로 관찰변수의 분산 정보를 포함하는 공분산 행렬이 주로 입력자료로 사용된다. k개의 관찰변수가 있는 경우 자료의 정보 개수는 $k(k+1)/2$이다.

구조방정식의 구조 모형과 측정 모형을 동시simultaneous 추정하며, 최대우도법이 주로 사용된다. 구조방정식 모형에 따라 추정하는 모수의 개수와 자유도가 결정된다. 모형이 식별되기 위해서는 추정하는 모수 수가 자료 정보 개수보다 작거나 같아야 한다. 자유도는 정보의 개수에서 추정하는 모수를 뺀 값으로 결정된다.

구조방정식 추정을 [그림 15.5] 모형을 예시로 알아보도록 하자. 관찰변수의 수는 모두 7개(독립변수 2개, 종속변수 5개)로, 사용 가능한 자료의 정보 개수는 28개(=7(7+1)/2)이다. 따라서 추정하는 모수 개수의 최대치는 28개이다.

추정하는 모수의 개수는 모두 17개(구조 모형 6개, 측정 모형 11개)이다. [그림 15.6]은 모형 구조와 추정되는 계수를 보여주고 있다. 구조 모형을 먼저 살펴보면, 추정하는 모수의 개수는 3개의 회귀계수(γ_{11}, γ_{21}, β_{21}), 2개의 오차항(ζ_1, ζ_2), 1개의 잠재 독립변수의 분산(ϕ_{11})의 총 6개 이다. 측정 모형의 경우 4개의 요인 적재치(λ_{X21}, λ_{Y21}, λ_{Y421}, λ_{Y52}), 2개의 관찰 독립변수 오차항(δ_1, δ_2), 5개의 관찰 종속변수 오차항(ε_1, ε_2, ε_3, ε_4, ε_5)의 모두 11개의 모수가 추정된다. 요인 적재치의 경우 추정가능성을 위해 잠재변수당 1개씩의 계수(λ_{X11}, λ_{Y11}, λ_{Y32})가 1로 고정되었다. 추정되는 모수의 수는 17개이고, 자료의 정보 개수는 28개이기 때문에 이 모형의 자유도는 11이다.

$$\eta = \Gamma\xi + B\eta + \zeta$$

$$\begin{bmatrix}\eta_1\\ \eta_2\end{bmatrix} = \begin{bmatrix}\gamma_{11}\\ \gamma_{21}\end{bmatrix}\xi_1 + \begin{bmatrix}0 & 0\\ \beta_{21} & 0\end{bmatrix}\begin{bmatrix}\eta_1\\ \eta_2\end{bmatrix} + \begin{bmatrix}\zeta_1\\ \zeta_2\end{bmatrix}$$

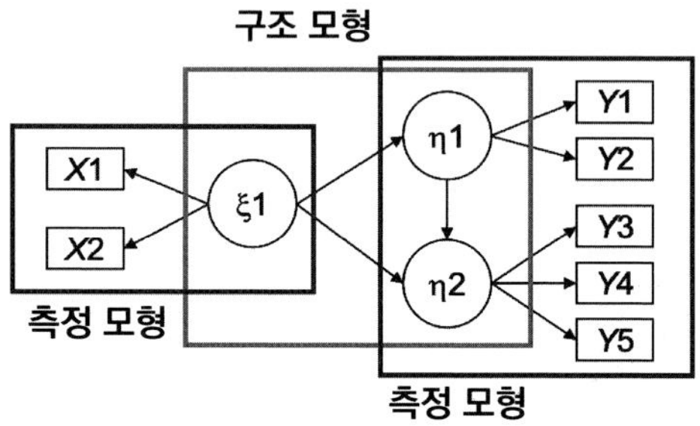

$$X = \Lambda_x\xi + \delta$$

$$\begin{bmatrix}X1\\ X2\end{bmatrix} = \begin{bmatrix}1\\ \lambda_{X21}\end{bmatrix}\xi_1 + \begin{bmatrix}\delta_1\\ \delta_2\end{bmatrix}$$

$$Y = \Lambda_y\eta + \varepsilon$$

$$\begin{bmatrix}Y1\\ Y2\\ Y3\\ Y4\\ Y5\end{bmatrix} = \begin{bmatrix}1 & 0\\ \lambda_{Y21} & 0\\ 0 & 1\\ 0 & \lambda_{Y42}\\ 0 & \lambda_{Y52}\end{bmatrix}\begin{bmatrix}\eta_1\\ \eta_2\end{bmatrix} + \begin{bmatrix}\varepsilon_1\\ \varepsilon_2\\ \varepsilon_3\\ \varepsilon_4\\ \varepsilon_5\end{bmatrix}$$

공분산 행렬

$$\Psi = \begin{bmatrix}\zeta_{11} & 0\\ 0 & \zeta_{22}\end{bmatrix} \quad \Phi = [\phi_{11}] \quad \Theta_\delta = \begin{bmatrix}\delta_{11} & 0\\ 0 & \delta_{22}\end{bmatrix}$$

$$\Theta_\varepsilon = \begin{bmatrix}\varepsilon_{11} & 0 & 0 & 0 & 0\\ 0 & \varepsilon_{22} & 0 & 0 & 0\\ 0 & 0 & \varepsilon_{33} & 0 & 0\\ 0 & 0 & 0 & \varepsilon_{44} & 0\\ 0 & 0 & 0 & 0 & \varepsilon_{55}\end{bmatrix}$$

[그림 15.6] 브랜드 태도 모형의 모형 구조와 추정 계수

Ⅳ. 구조방정식 모형 결과

4.1. 추정된 모수

구조방정식 모형을 이용해 모수의 비표준화 추정치unstandardized estimates와 표준화 추정치standardized estimates를 구할 수 있다. 브랜드 태도 예시 자료를 이용해서 [그림 15.5]와 [그림 15.6]에 제시된 모형을 추정한 결과는 〈표 15.2〉와 같다.

회귀계수는 구조 모형의 회귀계수(γ_{11}, γ_{21}, β_{21})와 요인 적재치(λ_{Xij}, λ_{Yij}) 추정치를 보여주고 있다. 또한 잠재변수(ϕ_{11}, ζ_1, ζ_2)와 관찰변수(δ_i, ε_i)의 분산에 대한 결과도 〈표

〈표 15.2〉 브랜드 태도 구조방정식 모형 추정치

추정 모수	비표준화 추정			표준화 추정
	추정치	표준오차(SE)	t값	추정치
회귀계수				
γ_{11}(Ad → AAd)	0.35	0.80	4.37*	0.47
γ_{21}(Ad → AB)	-0.06	0.11	0.59	-0.05
β_{21}(AAd → AB)	0.98	0.16	5.96*	0.64
λ_{X11}(X1 → Ad)	1.00			0.72
λ_{X21}(X2 → Ad)	1.22	0.25	4.85*	0.85
λ_{Y11}(Y1 → AAd)	1.00			0.71
λ_{Y21}(Y2 → AAd)	1.19	0.16	7.60*	0.83
λ_{Y32}(Y3 → AB)	1.00			0.89
λ_{Y42}(Y4 → AB)	1.06	0.06	19.36*	0.95
λ_{Y52}(Y5 → AB)	0.88	0.06	15.11*	0.82
분산				
ϕ_{11}(Ad)	0.59	0.15	3.84*	
ζ_1(AAd)	0.26	0.06	4.57*	
ζ_2(AB)	0.49	0.08	6.48*	
δ_1(X1)	0.56	0.13	4.40*	
δ_2(X2)	0.35	0.17	2.01*	
ε_1(Y1)	0.34	0.05	6.70*	
ε_2(Y2)	0.21	0.06	3.71*	
ε_3(Y3)	0.21	0.03	6.48*	
ε_4(Y4)	0.09	0.03	3.14*	
ε_5(Y5)	0.31	0.04	8.32*	

주: Ad = 광고 관련성, AAd = 광고 태도, AB = 브랜드 태도, $^*p < .05$.

15.2〉에 제시되어 있다. 구조방정식 모형의 중요한 결과인 회귀계수와 요인 적재치 결과를 중심으로 추정치를 어떻게 해석할 지를 알아보자.

4.1.1. 구조 모형 회귀계수 추정치: 매개효과 검증

구조 모형의 회귀계수를 이용해 변수 간의 연관성의 부호(방향)와 유의성에 대한 결과를 알아볼 수 있으며, 이를 통해 이론이나 가설의 검증이 가능하다. 〈표 15.2〉의 구조 모형 비표준화 회귀계수를 아래 [그림 15.7]과 같이 제시할 수 있다.[3] 이 결과를 해석하

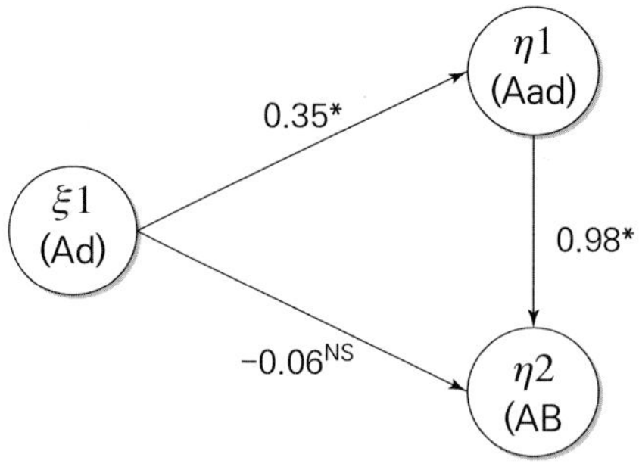

[그림 15.7] 브랜드 태도 구조 모형

주: Ad=광고 관련성, Aad=광고 태도, AB=브랜드 태도, $^{*}p<.05$,
NS=통계적으로 유의하지 않음($p>.05$).

면 다음과 같다. 광고 관련성(Ad)이 광고 태도(Aad)에 미치는 영향은 유의한 것으로 나타났다($b=0.35$, $p<.001$). 광고 태도(Aad)와 브랜드 태도(AB)와의 연관성도 통계적으로 유의했다($b=0.98$, $p<.001$). 그러나 광고 연관성(Ad)이 브랜드 태도(AB)에 미치는 영향은 유의하지 않은 것으로 나타났다($b=-0.06$, $p=.555$). 이 결과는 "광고 관련성 → 광고 태도 → 브랜드 태도"의 매개 경로가 유의함을 의미한다. 그러나 광고 관련성이 브랜드 태도에 미치는 직접적인 영향은 유의하지 않았다.

광고 태도의 매개효과에 대한 통계적 검증은 간접효과indirect effect의 유의확률을 이용한다. 구조방정식 모형 분석을 위해 사용하는 통계 프로그램이나 패키지는 대부분 부트스트래핑bootstrapping을 이용한 간접효과의 신뢰구간이나 유의확률에 대한 결과를 보여준다.

매개효과 검증을 브랜드 태도 모형에 적용한 결과는 〈표 15.3〉과 같다.[4] 구조 모형을 매개효과 모형에 적용하면, 광고 관련성(Ad)은 독립변수, 브랜드 태도(AB)는 종속변수, 광고 태도(Aad)는 매개변수로 정의된다. 첫째 간접효과($a\times b$)의 검증을 살펴보면 다음과 같다. 브랜드 태도 모형에서 광고 태도의 간접효과는 b=0.34이며, 이 값은 두 회귀계수를 곱한 값($\gamma_{11}\times\beta_{21}$)과 같다. 간접효과의 95% 신뢰구간이 0을 포함하지 않아 유의한 것으로 나타났다(95% CI [0.16, 0.62]). 둘째, 광고 관련성이 브랜드 태도에 미치는 영향의 직접효과는 b = -0.06로, 95% 신뢰구간이 0을 포함해 유의하지 않았다(95% CI [-0.34, 0.20]). 셋째, 총효과는 b=0.28로 이 값은 간접효과와 직접효과의 회귀계수를 더

3) 구조 모형 결과의 해석과 검증에는 유의도 검증이 가능한 비표준화 계수가 주로 사용된다.
4) 이 결과는 5,000회 샘플링 부트스트래핑을 이용한 것이다. 샘플링에 따라 결과가 약간씩 달라질 수 있다.

〈표 15.3〉 브랜드 태도 모형의 매개효과

효과	비표준화 계수(b)	표준오차(SE)	95% 신뢰구간(CI)
간접효과($\gamma_{11} \times \beta_{21}$)	0.34	0.12	[0.16, 0.62]
직접효과(γ_{21})	-0.06	0.14	[-0.34, 0.20]
총효과($\gamma_{11} \times \beta_{21} + \gamma_{21}$)	0.28	0.12	[0.04, 0.53]

한 값과 동일하다. 총효과도 유의한 것으로 나타났다(95% CI [0.04, 0.53]). 이 결과는 광고 관련성이 브랜드 태도에 미치는 영향이 광고 태도에 의해 매개됨을 보여주었다.

4.1.2. 측정 모형 추정치

구조방정식 모형을 이용한 측정 모형의 평가에는 주로 요인 적재치(λ_{Xij}, λ_{Yij})가 사용된다. 측정 모형의 평가 방법으로 잠재변수의 차원, 집중 타당도, 판별 타당도 검증 등이 있다. 이 검증들은 "제9장: 측정 타당도 검증"에서 확인적 요인분석을 이용한 검증방법과 동일한 방법을 사용해 이루어진다.

4.2. 모형 적합도

구조방정식 모형의 적합도goodness of fit는 구조 모형과 측정 모형을 포함한 전체 구조방정식 모형이 관찰된 자료(공분산 혹은 상관 행렬)를 얼마나 잘 설명하지를 평가하는 지표이다. 구조방정식 모형의 적합도 지수는 확인적 요인분석에 사용되는 지수와 동일하며, 이에 대한 설명은 "제9장"에서 논의된 내용과 동일하다.

브랜드 태도 모형의 주요 적합도 지수를 살펴보고 이를 이용해 모형의 적합도를 평가해보자. 〈표15.4〉는 추정된 모형의 5개 적합도 지수의 값을 보여주고 있다. $x^2(11)$= 17.98로 통계적으로 유의하지 않았다(p=.082). 따라서 x^2을 이용한 적합도 검증은 기준을 충족했다. x^2/df 값은 1.64로 기준값인 2보다 작아, 추정된 모형의 적합도가 높음을 알 수 있다. 그 외에도 CFI, RMSEA, RMR 지수 모두 만족할 만한 수준의 적합도를 보여주었다.

〈표 15.4〉 브랜드 태도모형의 적합도

x^2(df)	x^2/df	CFI	RMSEA	RMR
17.98(11)	1.64	.990	.058	.032

V. 구조방정식 모형 논점들

5.1. 이론 검증과 모형 적합도

구조방정식 모형을 사용하는 연구자는 분석의 목적이 이론 검증인지 아니면 적합도가 높은 모형을 개발하는 것인지를 명확히 인지해야 하며, 이에 따라 모형 구성에 대한 의사결정을 내려야 한다.

분석의 목적이 이론을 검증하는 것이라면, 구조방정식 모형은 검증하는 이론을 잘 반영할 수 있도록 구성하여야 한다. 이론 검증의 경우, 이론이 예측하는 회귀계수의 부호나 유의확률이 연구자의 주요 관심이 된다. 구조방정식 모형을 이론에 근거해 구성한 경우, 모형의 적합도도 높다면 이상적인 상황이 될 것이다. 그러나 이론을 반영한 모형의 적합도가 낮은 경우, 연구자는 이론과 관련없는 방향으로 모형을 수정해 적합도를 높여야 할지 여부에 대한 결정을 해야 한다. 이론 검증을 위한 구조방정식 모형에 있어서 적합도의 중요성은 상대적으로 낮으며, 단지 적합성을 높이기 위해 모형을 수정하는 것은 바람직하지 않다. 모형의 적합도를 높일 수 있는 쉬운 방법은 더 많은 계수를 추정하는 것이다. 예를 들어, 측정오차(δ 혹은 ε)간의 공분산을 추정하는 방법이 있다. 측정오차는 서로 독립적이라는 것이 구조방정식 모형의 기본 가정이다. 그러나 측정오차 간에 높은 상관관계가 있는 경우가 흔히 존재하며, 상관관계가 높은 측정오차 간의 공분산 추정은 모형의 적합도를 높이게 된다. 그러나 측정오차간의 공분산을 모형에 포함시키기 위해서는 이에 대한 이론적 근거가 필요하다. 그러나 많은 경우, 오차 간의 공분산을 이론적으로 설명하기 어려우며, 사후적post hoc 처방인 경우가 많다. 연구자는 이론에 충실한 모형을 구성할지 아니면 모형 적합도를 높이는 모형을 구성할지 결정해야 하며, 이 결정은 분석의 목적에 따라 달라질 수 있다.

5.2. 구조방정식 모형과 인과관계 검증

구조방정식 모형의 사용이 곧 인과관계 검증을 의미하는 것은 아니다. 즉, 인과관계를 설명할 수 없는 자료(예, 설문 자료)의 경우, 구조방정식 모형을 사용해 적합도가 높은 결과를 얻더라도 이는 인과관계를 의미하지는 않는다. 그럼에도 불구하고 구조방정식 모형이나 결과를 인과관계로 해석하거나 기술하는 경우가 있다. 구조방정식 모형에서 변수의 연관성은 화살표(예, X → Y)로 표시되기 때문에 이를 인과관계로 해석하는 경우가 있다. 그러나 화살표는 분석의 독립변수와 종속변수를 구분하기 위함이며, 화살표로 사용되는 결과가 인과관계를 의미하지는 않는다. 인과관계를 검증할 수 있는 실험과 같은 연구 디자인으로 자료를 수집한 경우에만 분석결과를 인과관계로 해석할 수 있다. 구조방정식 모형이 인과관계를 나타내지 않는 경우에도, 연구자가 결과를 "X가 원인이 되어 Y에 영향을 미친다"와 같이 기술하는 경우가 있으며, 이는 결과의 정확한 기술이나 해석이 될 수 없다.

5.3. 구조방정식 모형의 적합도와 이론 지지 여부

구조방정식 모형의 높은 적합도가 검증하는 이론의 지지 여부를 결정하지 않는다. 그 이유는 다른 구조 모형을 가진 모형이라도 추정하는 모수의 수나 구조가 동일하거나 유사한 경우가 많기 때이다 Breckler, 1990. 따라서 적합도만을 가지고 어느 모형이 이론을 더 지지하는지 판단은 부정확한 것일 수 있다.

예를 들어 앞서 [그림 15.7]에서 검증한 "광고 관련성 → 광고 태도 → 브랜드 태도" 모형은 높은 적합도를 보여주었다. 그러나 이 모형과 수리적으로 **동등한 모형**equivalent model이 존재할 수 있다. 동등한 모형은 주어진 자료에 대해 동일한 적합도를 가지지만 이론적으로는 다른 구조를 가진 모형을 의미한다. 이 경우 적합도만이 모형의 이론 적합성에 대한 평가 기준이 될 수 없다.

[그림 15.7]에 제시되었던 최초 구조 모형과 동등한 모형의 예를 알아보자. [그림

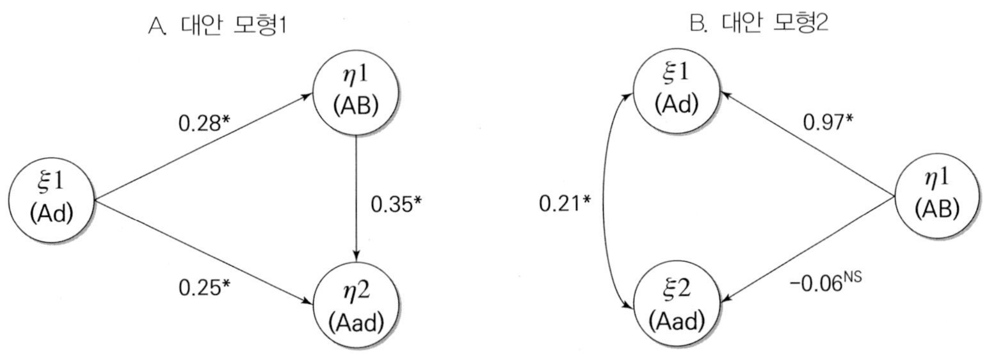

[그림 15.8] 브랜드 태도 구조 모형과 동등한 모형

주: Ad=광고 관련성, Aad = 광고 태도, AB = 브랜드 태도, $^*p < .05$, NS = 통계적으로 유의하지 않음($p > .05$).

15.8A]의 대안 모형1은 최초 모형과는 달리 "광고 관련성 → 브랜드 태도 → 광고 태도"의 구조를 가지고 있다. 이 경우 최종 종속변수는 광고 태도이며, 브랜드 태도가 매개변수 역할을 하고 있다. [그림 15.8B]의 대안 모형2의 경우, 광고 관련성과 광고 태도가 브랜드 태도에 영향을 미치는 독립변수의 구조를 가지고 있다. 따라서 대안 모형 1과 2는 [그림 16.7]의 최초 구조 모형과는 다른 변수 간의 이론적 관계를 가정하고 있다.

수리적으로는 대안 모형 1과 2는 최초 구조 모형과 동등한 모형equivalent model이다. 따라서 세 모형 중에서 어느 모형이 더 지지될 수 있는지를 적합도만으로는 판단할 수는 없다. 〈표 15.5〉는 최초 모형과 대안 모형 1과 2의 적합도를 보여주고 있으며, 세 모형의 모든 적합도 지수가 동일함을 알 수 있다. 따라서 다수의 동등한 모형 중에서 어느 것을 선택할 지에 대한 결정은 적합도 지수에만 의존할 수 없으며, 이론과의 일치성에 근거해 이루어져야 한다.

〈표 15.5〉 동등한 모형의 적합도 지수

	카이제곱(df)	카이제곱/자유도	CFI	RMSEA	RMR
최초 모형	17.98(11)	1.64	.990	.058	.032
대안 모형1	17.98(11)	1.64	.990	.058	.032
대안 모형2	17.98(11)	1.64	.990	.058	.032

주요 참고자료

구조방정식 모형의 기초

Bollen, K. A. (1989). *Structural Equations with Latent Variables*. Wiley. [구조방정식 모형의 기초부터 응용까지 폭넓게 다루는 가장 널리 인용되는 저서 중 하나임.]

구조방정식 모형의 활용

Kline, R. B. (2023). *Principles and Practices of Structural Equation Modeling*. Guilford. [최신 이론과 분석 프로그램 까지 다루는 저서.]

구조방정식 모형을 이용한 이론 검증

Breckler, S. J. (1990). Applications of covariance structure modeling in psychology: Cause for concern? *Psychological Bulletin*, 107(2), 260-273. [구조방정식 모형을 이용한 이론 검증에 있어서 주의해야 할 점들을 예시와 함께 제시.]

참고문헌

Breckler, S. J. (1990). Application of covariance structure modeling in psychology: Cause for concern. *Psychological Bulletin*, 107(2), 260-273.

제 7 부

논문의 작성과 연구윤리

제16장

연구논문의 작성과 심사

연구자의 학문적 목표를 달성하기 위해서는 연구 결과를 명확하고 일관되게 전달하는 과학적 글쓰기scientific writing가 필수적이다. 본 장에서는 실증연구를 중심으로 논문의 각 구성 요소를 어떻게 작성할지에 대한 기본적인 내용을 다루고자 한다. 또한 연구의 출간을 위해서는 연구윤리와 학문적 품질 보장을 위한 핵심 절차인 논문 심사 과정을 거쳐야 하며 이에 관련된 내용도 본 장은 포함한다. 마지막으로 심사자의 입장에서 논문을 평가할 때 고려해야 할 주요 사항들도 본 장에서 다룬다.

I. 연구논문의 작성

연구자가 실증 연구를 통해 기대한 연구결과를 얻은 경우, 이를 기반으로 논문을 작성하게 된다. [그림 16.1]은 일반적인 실증연구 논문의 구조와 구성 요소를 보여준다. 본 절에서는 각 구성 요소별로 어떤 내용을 포함해야 하며, 어떠한 표현 방식이 효과적인지를 구체적으로 논의한다.

제목
초록
서론
이론 고찰: 문헌 고찰/ 이론 및 가설
연구 방법: 연구 설계/ 연구참여자/ 연구 절차/ 변수 측정
연구 결과: 분석 결과/ 결과 논의
결론 및 논의
참고문헌
부록

[그림 16.1] 실증연구 논문의 구성

1.1. 제목

논문의 제목title은 함축적인 문장이나 단어의 조합을 통해 연구의 주제와 핵심 내용을 전달하는 역할을 한다. 제목은 가장 먼저 접하게 되는 정보이므로, 많은 경우 독자는 제목만을 통해 연구의 대략적인 내용을 이해하고 해당 논문을 읽거나 인용할지를 결정한

다. 따라서 제목은 간결하면서도 논문의 주제를 명확하게 드러내고, 핵심적인 정보를 효과적으로 전달할 수 있어야 한다.

행동과학 분야에서 가장 일반적으로 사용되는 제목의 형식은 주요 독립변수와 종속변수를 포함하는 방식이다. 예를 들어, "[독립변수]가 [종속변수]에 미치는 영향에 대한 연구Effect of [independent variable] on [dependent variable]"와 같은 구성이 널리 사용된다. 연구에서 조절변수나 모집단의 특성과 같은 추가적인 정보를 포함할 필요가 있는 경우에는 콜론(:)을 사용하여 부제subtitle를 덧붙이는 방식이 일반적이다. 예를 들어, "조절변수의 영향을 중심으로" 또는 "특정 모집단을 대상으로"와 같은 형태로 부제를 구성할 수 있다.

한편, 새로운 이론이나 측정도구를 제안하는 연구의 경우에는 그 이론이나 도구의 명칭을 제목에 명시하는 것이 보편적이다. 예컨대, Kahneman and Tversky(1979)는 행동경제학의 핵심 이론인 전망이론prospect theory을 제시하면서, 논문의 제목을 "Prospect theory: An analysis of decision under risk"로 명명하였다.

이와 같이 전형적인 제목 형식이 존재하지만, 보다 창의적이거나 문학적인 표현을 통해 독자의 흥미를 유도하는 방식도 있다. 예를 들어, 정액제 요금flat rate에 대한 비합리적인 선호를 다룬 논문에서는, 종량제 요금pay-per-use이 더 경제적임에도 불구하고 정액제 요금이 선호되는 현상을 설명하며 "훨씬 더 비싸게 지불하지만 행복해요Paying too much and being happy about it"라는 제목을 사용하였다Lambrecht & Skiera, 2006. 유사하게, Dunn, Gilbert, and Wilson(2011)은 소득과 행복 간의 관계가 약하게 나타나는 이유가 돈을 사용하는 방식의 차이 때문일 수 있다는 주장을 바탕으로, "돈이 많아도 행복하지 않다면, 아마도 돈을 제대로 쓰지 않기 때문If money doesn't make you happy, then you probably aren't spending it right"이라는 제목을 제시하였다. 이처럼 제목은 연구 내용을 요약하는 동시에, 독자의 관심을 끌 수 있도록 구성되어야 한다.

1.2. 초록

초록abstract은 연구의 목적과 핵심 내용을 간결하게 요약한 짧은 문단으로, 논문을 처음 접하는 독자에게 연구의 전반적인 개요를 전달하는 데 목적이 있다. 거의 모든 학술지는 초록에 대한 분량 제한을 명시하고 있으며, 일반적으로 영어권 학술지는 100에서 250단어, 국내 학술지는 150에서 250단어 내외의 분량을 요구한다. 특히 구글 스칼라Google Scholar와 같은 연구 검색 플랫폼에서는 논문 제목과 초록만이 검색 결과로 노출되기 때문에, 초록은 독자가 논문 전체를 읽을지를 결정하는 중요한 판단 기준이 된다.

초록은 다음의 네 가지 핵심 요소를 포함해야 한다: (1) 연구의 목적 및 문제 제기, (2) 연구에 사용된 주요 방법, (3) 핵심 결과, (4) 주요 결론 및 시사점. 초록은 논문 본문과 달리 저작권의 제약 없이 공개되므로, 많은 독자들이 초록만으로 연구의 가치를 판단하게 된다. 이로 인해 초록은 논문 전체 중 가장 신중하게 작성되어야 할 부분 중 하나이며, 많은 연구자들이 논문의 전 과정을 완료한 이후 최종적으로 초록을 작성하는 경우가 많다. 연구 내용을 충분히 정리한 후 초록을 작성하는 것이 핵심 메시지를 효과적으로 요약하는 데 도움이 되기 때문이다.

관례적으로 초록에는 문헌 인용을 포함하지 않는 것이 일반적이다. 다만, 연구의 주된 목적이 특정 선행 연구의 재현replication이나 반증falsification에 있는 경우에는 예외적으로 인용이 포함되기도 한다.

대부분의 학술지는 초록 다음에 제한된 수(예, 3-6개)의 **주제어**keywords를 제시할 것을 요구한다. 주제어는 논문 검색, 색인화, 분류 등에 활용되므로 연구에서 다루는 핵심 개념이나 주요 변수명을 중심으로 선정해야 한다.

1.3. 서론

서론introduction은 논문의 주제, 중요성, 기여도 등 핵심적인 내용을 비교적 짧은 분량으로 효과적으로 전달해야 하는 부분이다. 논문의 가장 앞부분에 위치하며 독자가 처음으로 접하는 내용인 만큼, 서론은 연구의 목적과 의의를 명확하게 전달함으로써 독자의 관심을 끌어야 한다. 만약 서론에서 흥미를 유도하지 못한다면, 많은 독자들은 논문의 나머지 부분을 읽지 않을 수 있다.

서론의 구체적인 구성과 서술 방식은 논문의 성격이나 저자의 선호에 따라 다를 수 있지만, 일반적으로 다음 세 가지 요소를 포함하는 것이 바람직하다.

첫째, 연구의 주제와 목적을 명확히 서술해야 한다. 이 연구가 무엇을 다루는지를 독자에게 분명히 전달하는 것이 출발점이다.

둘째, 연구 주제가 왜 중요한지를 설명해야 한다. 즉 이 연구가 다루는 문제가 학문적으로나 사회적으로 어떤 의미를 가지는지를 명확히 기술해야 한다. 이는 연구의 동기motivation를 드러내는 과정으로, 독자가 연구의 필요성을 납득하게 만드는 핵심 요소다.

셋째, 연구의 기여도contribution를 구체적으로 명시해야 한다. 이를 위해서는 해당 주제에 대한 선행연구를 간략히 정리하고, 본 연구가 기존 문헌과 어떻게 차별화되는지를 서술해야 한다. 이러한 기여는 이론적일 수도 있고, 실용적 함의를 가질 수도 있다.

서론은 논문의 서두에 위치하지만, 실제 작성 시에는 논문 전체가 어느 정도 완성된 이후에 마지막 단계에서 집필되는 경우가 많다. 그 이유는 서론이 단순한 도입부가 아니라, 논문 전체의 맥락과 의의를 종합적으로 요약해야 하는 가장 중요하면서도 가장 쓰기 어려운 부분이기 때문이다. 좋은 서론은 독자의 흥미를 유도할 뿐 아니라, 논문의 구조와 주장을 명료하게 제시하는 일종의 지도map 역할을 한다.

1.4. 이론 고찰

1.4.1. 문헌 고찰

문헌 고찰literature review은 논문이 다루는 주제와 관련된 선행연구에 대한 개요를 독자에게 제시하기 위해 논문에 포함된다. 문헌 고찰은 현재 논문에서 다루는 주제나 변수에 관련된 어떤 연구가 이미 존재하는지를 전달하는 것을 목적으로 한다. 문헌 고찰을 통해 (1) 논문에서 검증하고자 하는 이론이나 가설의 근거를 제시하고 (2) 현 논문과 기존 논문과의 차별성을 강조할 수 있다.

논문에서 문헌 고찰은 크게 다음의 네 가지 기능 중에서 하나 이상을 수행한다. 첫째, 기존에 이루어진 연구 결과를 통합하는 것이다. 둘째, 선행 연구의 문제점을 비평하는 것이다. 셋째, 관련된 주제 간의 연관성을 찾아내서 제시하는 것이다. 넷째, 분야의 중요 쟁점들critical issue을 파악하는 것이다.

문헌 고찰은 범위가 지나치게 넓거나 좁지 않도록 구성되어야 한다. 일반적으로 (특히 대학원 학위논문에서) 많이 보이는 오류 중의 하나는 논문의 문헌 고찰이 너무 방대하게 구성되어 연구와 직접적인 관련이 없는 주제까지 망라하는 경우이다. 이 경우 연구의 초점을 흐리게 할 뿐만 아니라, 논문 구성의 효율성(분량 대비 내용)을 낮출 수 있다. 반대로 문헌 고찰이 너무 협소한 경우도 문제가 된다. 지나치게 적은 수의 관련된 문헌만 다루거나 주제와 관련된 핵심 문헌을 누락하는 것도 지양해야 한다.

문헌 고찰에 선행연구를 인용하는 경우, 그 내용의 정확성을 확인해야 한다. 예를 들어, A라는 주장을 위해 특정 논문을 인용하는 경우, 그 논문이 반드시 주장하는 내용과 일치해야 한다. 간혹, 논문 내용을 읽거나 확인하지 않고 다른 논문에서 인용한 논문을 재인용하는 경우 이러한 오류가 발생할 가능성이 높다. 논문 인용의 정확성이 문제가 되는 또 다른 경우는 자신이 주장하는 내용과 일치하는 선행연구가 없는 경우, 관련성이 없거나 낮은 논문을 관련된 문헌인 것처럼 인용하는 것이다. 이와 같은 의도된 잘못된 인용의 사용은 허위 인용false citation이라고도 불리며, 연구윤리에 위배되는 행위이다.

1.4.2. 이론 및 가설

이론 및 가설theory and hypothesis은 논문 전체의 논리적 구조를 형성하고 연구의 타당성을 뒷받침하는 핵심 구성요소로, 연구의 이론적 배경과 그로부터 도출된 가설을 체계적으로 제시한다. 이 장에서는 연구자가 어떤 이론적 틀을 기반으로 문제를 설정하였으며, 해당 이론이 어떻게 구체적인 연구 가설로 연결되는지를 설명해야 한다.

먼저, 핵심 개념과 변수들 간의 관계를 설명하는 이론적 기반이 제시되어야 한다. 이론은 기존 문헌이나 경험적 연구에서 출발할 수 있으며, 연구자는 논문이 다루는 주제에 적합한 틀을 선택하는 것이 중요하다. 이론의 소개는 단순한 나열이 아니라, 연구자가 제기하는 문제의식을 뒷받침하고, 변수들 간의 인과적 관계를 설명하기 위한 도구로 활용되어야 한다.

다음으로, 이론적 논의를 바탕으로 명확하고 경험적으로 검증 가능한 가설을 제시해야 한다. 가설은 두 변수 간의 인과적 관계나 차이를 기술하는 문장으로, 정형화된 구조를 따르는 것이 바람직하다. 예를 들어, "X는 Y에 정(+)의 영향을 미칠 것이다" 또는 "A 조건은 B 조건보다 더 높은 Z 결과를 유도할 것이다"와 같은 방식이 일반적이다.

가설은 하나의 이론으로부터 직접 도출될 수도 있지만, 경우에 따라 여러 이론을 통합하거나 보완적 관점을 제시하여 가설을 구성할 수도 있다. 이때는 이론 간의 차이점이나 보완 가능성을 논리적으로 설명해야 한다. 또한, 복수의 가설을 제시할 경우에는 각 가설이 어떤 연구 질문이나 이론적 논의에 대응하는지를 구분하여 명확하게 기술하는 것이 중요하다.

이론적 틀을 활용하여 조절효과moderation나 매개효과mediation를 예측하는 경우에는 이에 대한 이론적 근거와 연구 모형을 명확히 제시해야 한다. 특히 복잡한 연구 설계를 사용하는 경우, 이론적 모형을 도식화한 그림을 함께 제시하는 것이 독자의 이해를 도울 수 있다.

이론 및 가설 부분은 단순히 가설만을 나열하는 곳이 아니라, 왜 그러한 가설이 타당한지를 논리적으로 입증하는 설명의 장이다. 따라서 기존 이론을 요약하는 데 그치지 않고, 현재 연구의 문제의식에 비추어 기존 이론을 비판적으로 검토하고 확장하는 사고의 흐름을 보여주는 것이 중요하다.

1.5. 연구 방법

연구 방법research method은 연구 자료를 수집하는 데 사용된 설계, 도구, 과정을 구체적으로 기술하는 부분이다. 연구 방법의 서술 방식은 자료의 성격에 따라 달라지며, 기존의 2차 자료를 활용하는 경우와 연구자가 직접 1차 자료를 수집하는 경우로 나뉜다.

2차 자료를 기반으로 하는 연구에서는 자료의 출처, 자료의 특성, 자료의 적합성을 중심으로 연구 방법을 기술한다. 반면, 연구자가 직접 자료를 수집하는 1차 자료 연구의 경우 연구 설계, 참여자, 연구 절차, 변수의 조작화 등을 상세히 서술해야 한다. 본 내용은 1차 자료 수집을 전제로 연구 방법에 일반적으로 포함되는 주요 내용을 다룬다.

연구 방법은 후속 연구자가 동일한 절차를 따라 자료를 재수집하여 연구를 재현replication할 수 있을 만큼 명확하고 구체적으로 작성되어야 한다. 특히 행동과학 연구에서는 변수의 조작화, 측정 도구의 신뢰도와 타당도 등이 연구 결과의 해석에 중대한 영향을 미치므로, 이에 대한 상세한 기술이 필수적이다. 연구 방법의 투명한 제시는 연구의 재현가능성replicability과 과학적 기여도를 높이는 핵심 요소이다.

1.5.1. 연구 설계

연구 설계design 항목에서는 연구에 사용된 연구 접근법과 구체적인 설계 구조를 기술한다. 먼저, 본 연구가 탐색적exploratory, 서술적descriptive, 또는 인과적causal 접근에 해당하는지를 명시한다. 다음으로 자료 수집을 위해 사용된 연구 방법론을 제시한다. 예를 들어, 질적 연구, 설문 조사, 실험 연구 중 어떤 방식을 사용했는지를 설명하며, 실험 연구의 경우에는 구체적인 실험 설계(예, 2×2 피험자간 설계)를 상세히 기술한다. 또한, 연구 설계 항목에서는 실험 또는 조사의 시간적 구조(예, 횡단연구 vs. 종단연구), 연구의 내적 및 외적 타당성을 고려한 설계상의 특징 등을 명확히 서술함으로써, 독자가 연구 구조를 명확히 이해할 수 있도록 해야 한다.

연구 설계 설명 시에는 주요 독립변수와 종속변수를 간략히 소개하고, 이들이 연구 설계 내에서 어떻게 설정되었는지를 언급한다. 변수들의 구체적인 조작적 정의(예, 측정 방법, 독립변수의 조작 방식 등)는 연구 방법의 세부 항목인 측정 도구 또는 연구 절차 부분에서 보다 자세히 다루는 것이 일반적이다.

1.5.2. 연구참여자

연구참여자participants 항목에서는 연구에 참여한 총 인원을 명시하며, 연구에서 제외된 사례가 있을 경우 그 제외 기준과 제외된 인원수도 함께 기술한다. 예를 들어, 연구 과업(예, 설문 응답)을 완료하지 않았거나, 불성실한 응답으로 간주되어 분석에서 제외된 경우 이에 대한 구체적인 설명이 필요하다.

연구 표본의 크기는 자료의 통계 검증력statistical power과 직접적으로 관련되므로, 표본 크기 결정의 근거를 제시해야 한다. 표본 수가 지나치게 적을 경우, 실제 효과가 존재하더라도 이를 통계적으로 검출하지 못할 위험이 있기 때문에, 연구 목적에 부합하는 충분한 검증력을 확보할 수 있도록 설계된 최소 표본 크기가 요구된다. 일반적으로 표본 크기는 기대 효과크기effect size, 통계적 검증력, 그리고 사용된 분석 방법을 고려하여 산출되며, 이러한 산출 과정에 대한 설명도 포함되어야 한다. 연구 표본 크기의 결정 방법에 대한 자세한 내용은 "제10장: 가설 검증"에서 다루었다.

또한, 연구참여자의 모집 및 표본추출 방법을 명확히 기술한다. 연구의 모집단이 무엇이며, 어떤 방식으로 해당 모집단으로부터 표본을 추출하였는지를 서술해야 한다. 예를 들어, 무작위 표본추출, 편의 표본추출 등과 같은 표본 모집 방법을 구체적으로 밝힌다. 아울러, 연구 참여에 따른 보상 여부(예, 금전적 보상, 수업 가산점 등)도 명시해야 한다.

연구참여자의 인구통계학적 특성에 대한 기술 수준은 연구 목적에 따라 달라진다. 대부분의 실험 연구와 같이 모집단에 대한 표본의 대표성representativeness이 상대적으로 덜 중요할 경우, 참여자의 성별 비율, 평균 연령, 연령 범위 등의 기본적인 정보만 제시하는 것이 일반적이다. 그러나 모집단 대표성이 중요한 조사 연구 등의 경우, 참여자의 직업, 학력, 소득 수준, 지역 분포 등 보다 상세한 인구통계 정보를 포함하는 것이 바람직하다.

1.5.3. 연구 절차

연구 절차procedure 항목에서는 자료 수집 과정에서 수행된 연구의 전반적인 흐름과 각 단계별 절차를 시간 순서에 따라 구체적으로 기술한다. 이 항목은 연구참여자가 경험한 연구의 시작부터 종료까지의 과정을 상세히 서술하는 부분으로, 연구의 도입, 자극물의 제시 방식, 과업 수행 과정, 변수 측정 순서, 연구 종료 및 보상 제공 등의 내용을 포함한다. 연구 절차는 후속 연구자가 동일한 조건에서 연구를 재현할 수 있도록 명확하고 구체적으로 작성되어야 하며, 특히 실험 환경이나 과업 조건, 자극 제시 방식 등 연구 결과에 영향을 줄 수 있는 요소들은 빠짐없이 기술해야 한다. 연구 종료 후에 참여자에게 제공된 사후설명debriefing 내용과 함께, 보상이 제공된 경우 그 형태와 지급 방법도 명시한다.

1.5.4. 변수 측정

측정measurement 항목에서는 연구에서 측정된 모든 독립변수와 종속변수의 조작적 정의를 구체적으로 기술한다. 실험 연구의 경우, 독립변수는 실험 자극물stimulus을 통해 조작되며, 종속변수는 측정을 통해 수집된다. 반면, 설문 연구에서는 독립변수와 종속변수 모두 측정을 통해 자료가 수집된다. 연구 방법에 따라 특수한 측정 도구(예, 아이 트래커, fMRI 등)가 사용되는 경우, 해당 도구의 사용 방식과 목적도 함께 기술해야 한다.

측정된 변수에 대해서는 사용된 측정 도구를 구체적으로 기술한다. 기존의 척도를 사용한 경우, 해당 척도의 출처를 명확히 밝히고 참고문헌을 제시한다. 측정 도구에 포함된 측정 문항과 사용된 척도의 유형(예, 7점 리커트 척도)도 함께 기술해야 하며, 문항의 수, 점수 범위 등도 명시한다. 아울러, 측정 도구의 신뢰도reliability에 대한 정보도 포함되어야 하며, 일반적으로 Cronbach α가 사용된다.

1.6. 연구 결과

연구 결과results 항목에서는 수집된 자료에 대한 통계 분석 과정과 그 결과를 체계적으로 제시한다. 연구 결과는 실증적 근거에 기반하여 가설의 지지 여부를 판단하는 핵심적 근거를 제공하며, 연구의 타당성을 입증하는 데 기여한다. 연구 결과 장은 일반적으로 분석의 목적, 기술 통계, 가설 검증 방법, 검증 결과, 그리고 결과 요약으로 구성된다.

1.6.1 분석 결과

주요 변수에 대한 기술 통계는 각 변수의 분포와 특성을 설명하기 위해 제시된다. 평균, 중간값, 최빈값과 같은 중심경향과 함께, 표준편차, 분산, 범위 등 분산값을 보고하며, 이를 통해 조건별 종속변수의 일반적 특성을 파악할 수 있다. 이러한 기술 통계는 독자가 자료의 기본적 경향을 이해하는 데 도움을 주며, 필요한 경우 표나 그림으로 요약하여 제시할 수 있다.

가설 검증을 위해 사용된 통계 방법은 분석 목적과 자료의 특성에 따라 선정된다. 분석 방법은 독립변수와 종속변수의 척도에 적합해야 한다. 예를 들어 독립변수가 연속형 변수인 경우에 종속변수가 등간척도 또는 비율척도인 경우에는 의 선형 회귀분석이, 종속변수가 이항 명목척도인 경우에는 로지스틱 회귀분석이 사용된다. 모든 통계 분석은 분석 목적과 적합성에 근거하여 수행되며, 통계 기법의 선택 이유가 함께 기술된다.

검증 결과는 추론 통계로 보고되며, 사용된 검증법(예, F, t, x^2 등), 자유도, 유의확률을 정확히 제시한다. 일반적으로 통계치는 소수점 두 자리, 유의확률은 소수점 세 자리로 표시한다(예, $F(1,\ 282)=5.22$, $p=.031$). 추가적으로 효과크기effect size는 표본 크기의 영향을 최소화한 상황에서 연구에서 나타난 효과의 크기에 대한 정보를 제공해준다. 분석 결과가 복잡할 경우, 표나 그림을 활용하여 주요 결과를 시각적으로 제시하면 독자의 이해를 돕는 데 유용하다.

결과 요약에서는 제시된 분석 결과를 바탕으로 각 가설의 지지 여부를 간략히 정리한다. 이는 분석된 데이터를 기반으로 실증적 결론을 도출하는 부분으로, 각 가설이 통계적으로 지지되었는지 여부를 명확히 언급한다. 다만, 분석 결과에 대한 해석이나 이론적 함의는 일반적으로 결과 논의에서 다룬다.

1.6.2 결과 논의

실증 분석 결과는 원칙적으로 수집된 자료에 대한 통계적 분석 결과만을 제시하며, 결과에 대한 해석이나 기존 문헌과의 연관성 논의는 포함하지 않는다. 이러한 내용은 논문의 결과 논의discussion 장에서 체계적으로 다루어지며, 분석 결과가 기존 연구와 어떠한 관계를 가지는지, 연구의 이론적 및 실무적 함의는 무엇인지가 논의된다.

1.7. 결론 및 논의

결론conclusion 및 **논의**general discussion는 연구 논문의 마지막 부분으로, 연구의 핵심적인 결과를 요약하고, 이론적, 실무적 기여를 제시하며, 연구의 한계와 향후 연구 방향을 논의하는 역할을 한다. 본 장은 일반적으로 (1) 연구 결과 요약, (2) 연구의 기여점, (3) 연구의 한계와 향후 연구 방향으로 구성된다.

연구 결과 요약 부분에서는 본 연구에서 설정한 가설들이 실증적으로 어떻게 검증되었는지를 간략히 정리한다. 각각의 가설에 대해 지지 또는 기각 여부를 명시하고, 이를 통해 도출된 주요 연구 결과를 전반적으로 서술한다. 또한, 분석을 통해 확인된 변수 간의 관계 및 특이사항 등 연구의 핵심적인 발견점을 요약하여 제시함으로써, 연구의 목적이 얼마나 충실히 달성되었는지를 독자가 파악할 수 있도록 한다.

연구의 기여contribution는 연구 결과가 해당 학문 분야에 어떤 이론적 실무적 가치를 제공하는지를 논의하는 부분이다. 먼저, **이론적 기여**theoretical contribution 측면에서는 본 연구가 기존 이론이나 선행연구와 비교하여 어떤 새로운 관점이나 해석을 제시하였는지, 기존의 이론적 틀을 어떻게 확장하거나 보완하였는지를 중심으로 논의한다. 본 연구가 다룬 주제가 기존 연구에서 충분히 탐구되지 않았거나, 본 연구를 통해 새로운 변수 간 관계가 밝혀졌다면, 이를 이론적 기여로 강조할 수 있다. 응용 연구applied research의 경우, 이론적 시사점에 더해 **실무적 시사점**practical implication도 함께 제시할 수 있다. 예를 들어, 교육학 분야에서는 연구 결과를 바탕으로 새로운 교수법의 개발 및 활용 방안을 논의할 수 있으며, 경영학에서는 기업의 전략 수립, 조직 관리, 소비자 행동 예측 등에서 실무적 적용 가능성을 제시할 수 있다. 이러한 실무적 기여는 연구 결과가 현실적 문제 해결에 어떻게 기여할 수 있는지를 보여준다.

마지막으로 연구의 **한계점**limitation과 **향후 연구방향**future research direction에 대한 논의로 논문을 마무리 한다. 모든 연구는 일정한 한계점을 지니며, 이를 명확히 인식하고 논의하는 것은 연구의 신뢰성을 높이는 데 중요한 역할을 한다. 본 연구의 한계점으로는 표본의 제한성, 측정 도구의 한계, 연구 설계상의 제약 등이 있을 수 있으며, 이러한 한계로 인해 연구 결과의 일반화에 일정 부분 제약이 따를 수 있다. 이러한 한계점에 대한 인식은 연구자가 자신의 연구 결과를 과도하게 일반화하지 않도록 하는 데 기여하며, 독자에게 연구 결과의 해석 범위를 명확히 제시한다. 또한, 연구의 한계를 보완하기 위한 향후 연구 방향을 제시하는 것이 바람직하다. 향후 연구는 본 연구의 결과를 바탕으로 동일하거나 유사한 주제를 보다 넓은 관점에서 탐구하거나, 전혀 다른 응용 영역에 연구 결과를 적용하는 방식으로 발전할 수 있다. 이를 통해 연구의 연속성과 확장 가능성을 제시함으로써 학문적 논의의 심화에 기여할 수 있다.

1.8. 참고문헌

참고문헌references 항목에서는 논문에서 인용한 모든 선행 문헌을 명확하게 제시한다. 인용된 문헌의 유형은 학술 논문, 단행본, 학위논문, 신문 기사, 정부 보고서, 웹사이트 등 다양할 수 있다. 참고문헌 작성에서 가장 중요한 원칙 중 하나는 논문 본문에서 인용한 문헌만을 포함하는 일대일 대응성one-to-one correspondence이다. 실제로 논문 작성 과정에서 다양한 자료를 참고하였더라도, 본문에 인용되지 않은 문헌은 참고문헌 목록에 포함시켜서는 안 된다. 따라서 참고문헌 목록은 논문에서 직접 인용한 문헌으로만 구성되어야 한다.

또한, 참고문헌 작성 시 반드시 인용 형식의 일관성을 유지해야 한다. 학술 논문을 학술지에 투고하는 경우, 각 학술지는 고유한 참고문헌 작성 형식을 요구하며, 이를 정확히 준수하는 것이 중요하다. 형식의 일관성은 논문의 완성도를 높이며, 독자가 인용 문헌을 명확히 확인할 수 있도록 돕는다.

사회과학 분야에서는 일반적으로 APAAmerican Psychological Association 스타일이 가장 널리 사용되며, 일부 학술지에서는 MLAModern Language Association 스타일이나 Chicago 스타일을 요구하기도 한다. 특히 심리학 및 행동과학 분야에서는 APA 형식이 표준으로 인정되고 있으며, 논문 전체의 인용 방식과 참고문헌 작성 모두 최신 APA 스타일을 따르는 경우가 많다.

1.9. 부록

부록appendix에는 본문에 포함하기에는 분량이 많거나 상세하여, 본문의 흐름을 방해할 수 있는 자료들이 제시된다. 일반적으로 크기가 큰 표나 그림, 또는 본문에서 간략히 언급된 연구 자료의 원본이 부록에 포함된다. 예를 들어, 실험에서 변수를 조작하거나 측정하기 위해 사용된 설문지, 자극 자료, 인터뷰 질문지 등의 전체 내용이 이에 해당한다.

부록은 독자가 연구의 세부 내용을 보다 깊이 이해하거나, 연구의 재현가능성을 확인하는 데 도움이 되는 자료를 제공하는 역할을 한다. 따라서 본문에서는 요약하거나 핵심 내용만 제시하고, 보다 구체적이거나 보조적인 자료는 부록으로 분리하여 제공하는 것이 바람직하다.

특히, 최근에는 Web appendix 또는 Online appendix 형식으로 본문에 포함되지 않은 추가 정보들을 온라인을 통해 제공하는 경우도 많다. 이 경우, 측정 도구의 전체 문항, 추가적인 실증 연구 결과, 보다 세부적인 분석 과정 및 결과 등이 포함될 수 있으며, 논문 본문에서는 이 자료들이 온라인에서 확인 가능하다는 점을 명시한다.

Ⅱ. 논문 심사

연구논문의 심사 과정은 과학적 지식의 질을 보장하고 학문적 신뢰성을 유지하기 위한 핵심적인 절차이다. 연구논문을 학술지에 출간하거나 학위논문을 통한 학위 취득을 위해서는 논문심사를 거쳐야 한다. 본 절에서 다루는 내용은 학술지 게재를 위한 연구논문의 심사과정이다.

논문의 심사과정은 연구 설계의 타당성, 통계적 분석의 적절성, 이론적 기여도 등 다양한 평가 기준이 복합적으로 작용한다. 또한, 심사자의 의견과 제안에 따른 논문의 개정을 통해 논문의 질을 높이는 기회가 된다. 논문 심사 과정은 연구자 공동체가 자율적으로 지식의 표준을 정립하고 유지하는 자기조정 메커니즘이라 할 수 있다.

2.1. 심사 유형

논문 심사 유형은 저자와 심사자가 상대방의 신원을 알 수 있는지 여부에 따라 익명 심사와 오픈 심사로 구분된다.

익명 심사blind review: 블라인드 심사는 저자나 심사자의 신원이 공개되지 않는 방식을 의미한다. **단일 익명 심사**single-blind review는 저자는 심사자의 신원을 알 수 없으나, 심사자는 저자의 정보를 아는 경우이다. 단일 익명 심사의 경우 저자의 명성이나 이론적 입장 등에 의한 평가 편향이 있을 수 문제점이 있다. **이중 익명 심사**double-blind review는 저자와 심사자 모두 서로의 신원을 알 수 없는 경우로, 가장 일반적인 형태의 심사 유형이다. 심리학 분야에서는 과거에는 단일 익명 심사가 보편적이었으나, 최근에는 이중 익명 심사가 주로 채택되고 있다.

오픈 심사open review는 저자와 심사자의 신원이 공개되는 경우이며, 심사 의견이 함께 출판되기도 한다. 오픈 심사는 심사 과정의 투명성과 책임성 제고라는 장점이 있다. 그러나 솔직한 피드백이 낮아질 가능성과 심사 결과가 인맥 및 권위에 영향 받을 가능성과 같은 단점도 있다.

연구 예시 16-1

유명 저자의 논문도 무명으로 바꾸면 거절된다

Peters and Ceci(1982)는 논문심사에 있어서 저자 익명성의 중요성을 보여주는 연구를 수행하였다. 이들은 단일 심리학 분야의 대표 학술지에 과거 게재되었던 논문을 선정한 후, 논문의 저자를 무명(가명) 연구자로 바꾸고 소속기관도 낮은 수준의 대학명으로 수정하여 익명 심사를 하지 않는 심리학 학술지에 다시 투고하였다.

그 결과, 이전에 게재된 논문임에도 불구하고 대부분이 게재불가reject 판정을 받았으며, 많은 심사자들이 논문의 질에 의문을 제기하였다. 이는 저자의 명성이나 기관명이 심사에 실질적 영향을 미친다는 점을 강하게 시사하며, 저자 익명성이 없을 경우 공정한 평가가 이루어지기 어려울 수 있음을 보여주었다. 또한, 대부분의 심사자들이 과거에 이미 발간된 논문이었음에도 불구하고 이를 인지하지 못했다는 점도 심사과정의 문제점 중의 하나로 지적되었다.

이와 유사한 결론은 Tomkins, Zhang, and Heavlin(2017)의 연구에서도 확인된다. 이들은 심사자가 저자의 이름과 소속을 알게 되면, 유명 연구자에게 유리하게 평가하는 경향이 강하다는 결과를 제시하였다. 그러나 이중 익명 심사double-blind review 조건에서는 이러한 명성 효과가 유의미하게 감소함을 보여주었다.

2.2. 논문 심사 절차

논문이 학술지에 투고되면 초기심사Initial editorial screening 과정을 거친다. 이 단계에서 편집장editor이 투고 논문의 주제 적합성, 기본적 형식 요건, 명백한 결함 여부를 확인하여 심사 대상 여부를 결정한다. 투고된 논문이 주제나 기여도가 학술지에 적합하지 않다고 여겨지는 경우 심사 과정을 거치지 않고 초기심사 탈락desk rejection 결과를 내리기도 한다.

편집장이 논문 심사를 진행하기로 결정하는 경우 심사자reviewer를 선정한다. 심사자로는 일반적으로 분야 전문가 2-3인이 지정된다. 저자가 심사자 제외 요청을 제안할 수 있다. 심사자 제외 요청을 하는 경우는 공정한 심사 절차를 보장하기 위한 일반적인 제도로, 심사자의 이해충돌conflict of interest이 있을 가능성이 있거나(예, 공동연구 경험이나 동일 소속 기관), 특정 인물이 공정하게 심사하지 못할 우려가 있을 때 이루질 수 있다.

심사자의 논문 평가에 기반해 편집장은 논문 편집에 대한 의사결정을 한다. 논문 편집 결정의 종류로 게재불가reject, 대폭 수정 후 재심사major revision, 소폭 수정 후 게재 가능minor revision, 조건부 게재conditional acceptance, 게재확정accept이 있다. 대폭 수정major revision의 경우 저자는 수정한 논문을 제출하며 재심사를 받는다. 소폭 수정 후 게재나 조건부 게재의 경우 일반적으로 편집장이나 편집위원회가 완성도를 판단해 게재여부를 결정한다.

논문 심사 과정은 논문의 수준을 높이기 위한 필수 절차이지만, 심사자 편향(저자 배경, 이론적 관점, 소속 기관에 대한 편향), 심사자 간 일관성 부족, 게재 결정의 불투명성, 심사 과정의 장기화 등과 같은 한계점을 가지고 있다. 이러한 한계점들을 보완하기 위해 최근에는 심사 전 논문을 공개해 연구 커뮤니티의 피드백 수용이 가능한 프리프린트preprint 플랫폼, 투명한 심사 및 피드백 기록을 공개하는 오픈 피어 리뷰open peer review, 연구설계와 가설을 사전에 등록하고 심사 받는 방식을 적요하는 사전등록preregistration 심사 등의 제도가 늘어나고 있다.

Ⅲ. 심사자의 역할과 책임

학술지 논문 심사자는 학문적 성과의 질을 보장하고, 학계의 지속적인 발전에 기여하는 핵심적 역할을 수행한다. 심사자는 투고된 논문의 학술적 기여도, 방법론적 타당성, 논리적 구성과 문장의 명료성 등을 평가한 후, 이에 대한 구체적이고 건설적인 심사 의견을 편집자와 저자에게 제공해야 한다.

논문 심사의 목적은 단순히 게재 여부를 판단하는 절차에 그치는 것이 아니라, 저자가 연구의 완성도를 높이고 더 나은 학술적 성과를 창출할 수 있도록 도움과 방향을 제공하는 데 있다. 따라서 심사자는 평가자일 뿐 아니라, 동료 연구자의 발전을 지원하는 비판적 조력자critical facilitator로서의 역할을 수행해야 한다.

3.1. 심사자의 주요 평가 항목

심사자는 다음의 핵심 요소를 기준으로 논문을 평가하고, 이를 바탕으로 구체적인 의견을 제시한다. 연구심사에 적용하는 주요 평가 요인은 다음과 같다.

첫째, 연구 목적의 명확성이다. 연구가 무엇을 탐구하고자 하는지, 문제 제기가 명확한지 평가한다. 연구 질문과 가설이 논리적으로 제시되어야 하며, 연구의 필요성과 목적이 독자에게 설득력 있게 전달되어야 한다.

둘째, 이론적 기여이다. 기존 문헌과의 차별성, 새로운 이론적 시사점, 학문 분야에 대한 기여 가능성을 검토한다. 연구가 단순한 재현reproduction에 그치지 않고, 독창적인 이론적 발전을 담고 있는지 판단한다.

셋째, 연구 설계 및 방법론의 적절성을 평가한다. 연구 목적에 부합하는 설계가 사용되었는지, 방법론적 절차가 명확하고 타당한지 평가한다. 표본의 적절성, 변수의 조작화,

자료 수집 절차 등이 충분히 설명되고 합리적인지 검토한다.

넷째, 데이터 분석의 타당성이다. 통계 기법이나 분석 도구가 적절히 사용되었는지, 분석 결과의 해석이 정확한지를 평가한다. 통계적 가정의 검토, 검증력, 효과크기 등 분석의 신뢰성과 타당성을 점검한다.

다섯째, 해석과 결론의 논리성이다. 연구 결과를 바탕으로 도출된 해석이 논리적이고 과도하지 않은지, 결론이 연구 목적과 일치하는지 검토한다. 결과에 대한 일반화 가능성과 이론적, 실무적 시사점이 적절히 제시되어야 한다.

여섯째, 논문 구성 및 글쓰기의 명확성을 평가한다. 논문의 전체적인 구성, 문단 전개, 문법적 정확성, 학술적 글쓰기 수준을 평가한다. 논문이 독자에게 명확하게 전달될 수 있도록 구성과 표현이 정제되어야 한다.

3.2. 심사자의 역할과 윤리적 책임

심사자는 단순한 평가자가 아니라, 학문적 공동체의 일원으로서 다음과 같은 윤리적 책임과 역할을 수행해야 한다.

첫째, 객관성과 공정성 유지이다. 심사자는 개인적 견해나 이해관계를 배제하고, 논문의 학술적 가치에 근거하여 객관적으로 평가해야 한다. 저자에 대한 사적 감정이나 경쟁적 관계가 평가에 영향을 미쳐서는 안 되며, 모든 논문을 동등한 기준으로 심사해야 한다.

둘째, 비판적이되 건설적인 피드백의 제공이다. 논문의 약점을 단순히 지적하는 데 그치지 않고, 구체적인 개선 방향을 제시하는 건설적인 피드백을 제공해야 한다. 심사자는 논문의 질을 향상시킬 수 있는 실질적 조언을 통해 연구자의 발전을 도와야 하며, 비판의 목적은 논문 개선에 있음을 인식해야 한다.

셋째, 전문성 기반의 평가이다. 심사자는 해당 분야의 이론, 연구 방법, 통계 분석에 대한 깊은 이해를 바탕으로 논문을 평가해야 한다. 자신의 전문성을 벗어난 부분에 대해서는 신중하게 접근하며, 필요 시 편집자에게 심사의 어려움을 알릴 책임이 있다.

넷째, 시간 내 피드백 제공을 해야 한다. 정해진 기한 내에 심사를 완료하여 피드백을 제공해야 한다. 심사의 지연은 저자의 연구 활동에 부정적 영향을 미치며, 학술지의 발행 일정과 학계의 연구 진전에 지장을 초래할 수 있다. 따라서 정해진 기간 내 책임감 있게 심사를 수행해야 한다.

다섯째, 기밀유지와 이해충돌 회피이다. 심사자는 심사 중 알게 된 논문의 내용이나 아이디어를 기밀로 유지해야 하며, 이를 사적으로 이용하거나 제3자와 공유해서는 안 된다. 또한, 논문에서 다룬 주제와 관련하여 심사자가 이해충돌이 있다고 판단되는 경우, 즉시 편집자에게 이를 알려 심사를 회피해야 한다.

연구 예시 16-2

심사자의 확증 편향

Mahoney(1977)는 학술 논문 심사 과정에서 발생할 수 있는 확증편향confirmatory bias을 실험적으로 검증한 선구적인 연구를 발표하였다. 그는 인지심리학자 75명을 대상으로 동일한 방법론과 연구 설계를 사용하되, 결과만 다르게 조작된 가공 논문을 제시하고 이들의 평가를 분석하였다. 일부 심사자에게는 기존 이론을 지지하는 결과를, 다른 심사자에게는 동일한 연구 설계에 기반한 반대 결과를 보여주었다.

연구 결과, 심사자들은 자신이 선호하는 이론을 지지하는 논문에 대해 더 긍정적인 평가를 내렸고, 반대로 이론을 반박하는 결과가 포함된 논문에는 부정적인 평가를 내리는 경향을 보였다. 특히 방법론적 타당성과 통계적 분석의 적절성에 대한 평가는 동일한 연구임에도 불구하고 결과의 방향성에 따라 달라졌으며, 출판 여부 판단에서도 유의미한 차이가 나타났다.

이러한 결과는 심사자들이 논문의 과학적 질보다 자신의 이론적 신념에 부합하는지 여부에 따라 평가를 달리할 수 있음을 보여준다. Mahoney는 이를 통해 학문적 지식의 축적이 객관적 심사 시스템만으로는 충분히 보장되지 않으며, 심사자의 편향이 새로운 이론이나 반대되는 증거의 출판 가능성을 낮출 수 있다고 지적하였다.

이 연구는 이후 심리학을 포함한 여러 학문 분야에서 심사자의 인지적 편향과 출판의 공정성 문제를 제기하는 근거로 자주 인용되며, 오픈 사이언스 운동에도 중요한 영향을 미쳤다.

주요 참고자료

논문의 작성

APA (2020). *Publication Manual of the American Psychological Association* (7th ed.). American Psychological Association. [미국심리학회에서 발간한, 심리학 및 관련 분야의 연구 보고서와 원고 작성 및 출판을 위한 표준 지침서.]

참고문헌

Dunn, E. W., Gilbert, D. T., & Wilson, T. D. (2011). If money doesn't make you happy, then you probably aren't spending it right. *Journal of Consumer Psychology*, 21(2), 115-125.

Kahneman, D., & Tversky, A. (1979). Prospect theory: An analysis of decision under risk. *Econometrica*, 47(2), 263-291.

Lambrecht, A., & Skiera, B. (2006). Paying too much and being happy about it: Existence, causes, and consequences of tariff-choice biases. *Journal of Marketing Research*, 43(2), 212-223.

Mahoney, M. J. (1977). Publication prejudices: An experimental study of confirmatory bias in the peer review system. *Cognitive Therapy and Research,* 1(2), 161 - 175.

Peters, D. P., & Ceci, S. J. (1982).Peer-review practices of psychological journals: The fate of published articles, submitted again. *Behavioral and Brain Sciences*, 5(2), 187 - 195.

Tomkins, A., Zhang, M., & Heavlin, W. D. (2017). Reviewer bias in single- versus double-blind peer review. *Proceedings of the National Academy of Sciences*, 114(48), 12708 - 12713.

제 17 장

연구의 통합과 일반화

모차르트 효과Mozart effect를 처음 소개한 Rauscher, Shaw, and Ky(1993)의 대학생을 대상으로 한 실험연구는 언론과 일반대중의 많은 주목을 끌었다. 이 연구결과에 따르면 모차르트 음악을 듣는 것은 공간추론 능력과 지능을 향상시킬 수 있다고 한다. 부모들은 자녀의 지능을 높일 수 있다는 기대로 모차르트 음악 CD를 구입했고, 이에 맞추어 음반 사업가들은 모차르트 음반 세트를 판매했다. 자녀를 두지 않는 일반 사람들도 모차르트의 음악이 지능을 발달시킨다는 것을 일반상식처럼 받아들였다.

그러나 후속연구들은 모차르트 효과에 대한 재현에 성공하지 못했다Steele, Bass, & Crook, 1999. 원래 실험과 유사한 조건에서 진행된 많은 후속연구들은 통계적으로 유의한 모차르트 효과를 발견하지 못했다. 지속적인 재현의 실패로 인해 모차르트 효과는 더 이상 과학적인 진실로 받아들여지지 않는다. 그러나 아직도 많은 사람들은 모차르트 효과에 대한 믿음을 가지고 있다. 모차르트 효과에 대한 일련의 연구들은 연구결과가 일반화된 지식처럼 받아들여지는 과정을 보여주는 예시이다. 본 장에서는 이러한 맥락에서 연구의 재현, 관련된 연구의 통합, 그리고 연구결과의 일반화에 대한 내용을 다룬다.

I. 연구의 재현

연구의 재현replication은 선행 연구를 동일하거나 유사한 조건에서 반복하여 그 결과의 타당성을 검증하는 과정을 의미한다. 연구의 재현은 다른 시점과 상황에서도 동일한 결과가 도출되는지를 확인함으로써, 해당 연구 결과의 일반화가능성generalizability을 평가하는 핵심 기준이 된다.

과학이란 본질적으로 이론을 지속적으로 검증하고 수정해 나가는 과정이기 때문에, 연구 재현은 특정 이론을 과학적으로 수용할 수 있을지를 판단하는 결정적인 절차라 할 수 있다. 즉, 성공적인 재현은 해당 연구 결과가 일시적인 우연이 아니라 실제로 존재하는 현상임을 보여주는 강력한 증거가 된다. 반대로, 반복된 연구에서 동일한 결과가 재현되지 않는다면, 해당 결과는 일반화 가능한 과학적 지식으로 인정되기 어렵다.

1.1. 재현의 목적

연구의 재현은 다양한 목적을 가지고 수행된다. 첫째, 하나의 연구 프로젝트 내에서 연구 결과의 일반화가능성을 높이기 위해 복수의 실증연구를 통해 동일한 가설을 반복적으로 검증하는 방식으로 재현이 이루어진다. 행동과학 분야의 많은 논문들은 하나의 이론 또는 가설을 여러 개의 독립된 실증연구를 통해 검토하며, 이러한 접근은 해당 이론이 다양한 조건에서도 일관되게 지지를 받는다는 점을 보여주는 근거가 된다(연구 예시 17-1 참조). 이러한 방식의 재현은 단일 연구 결과의 우연성을 줄이고, 제시된 이론의 신뢰성과 일반화가능성을 높이는 데 기여한다.

연구 예시 17-1

한 논문 내의 연구 재현

제품 구매 시 20%의 할인이 두 번 제공되는 경우(예, 가격 할인+회원 할인), 실제로 적용되는 총 할인율은 36%(1-0.8×0.8)이다. 그러나 많은 소비자들은 이를 단순히 "20%+20%"로 계산하여 40%의 할인이라고 오인하는 경향이 있다. 이러한 이중할인double discount은 소비자에게 할인율을 과대평가하게 만들며, 실제 구매 의사결정에도 영향을 미칠 수 있다.

Chen and Rao(2007)는 이중할인 효과를 검증하기 위해 하나의 논문에서 세 개의 실증연구를 수행하였다. 실증연구 1에서는 실험설계를 통해 소비자들이 이중할인의 총 할인율을 체계적으로 과대평가한다는 사실을 확인하였다. 실증연구 2에서는 소비자의 의사결정 정확성에 대한 동기 수준이 낮을수록 이중할인 오류가 커지는 경향을 발견하였다. 실증연구 3에서는 실제 소매 환경에서의 현장실험field experiment을 통해 이중할인이 실제 구매 행동에 유의한 영향을 미친다는 결과를 제시하였다.

이처럼 하나의 논문 내에서 이론적 가설을 다양한 조건(실험실 vs. 현장; 인지 오류 vs. 행동 결과)에서 반복 검증함으로써, 연구자들은 해당 효과의 신뢰성과 일반화가능성을 높이고 있다. 이 사례는 동일한 이론을 기반으로 한 다중 실증연구multi-study design가 어떻게 하나의 논문 내에서 재현성을 확보하고, 과학적 설득력을 높일 수 있는지를 보여주는 예라 할 수 있다.

둘째, 기존 연구의 재현 자체를 목적으로 연구가 이루어지기도 한다. 이는 주로 기존의 연구가 충분한 재현가능성reproducibility을 가지고 있는지를 검증하기위해 이루어진다. 예를 들어, 심리학 분야의 경우, Brian Nosek의 제안으로 저명 심리학 학술지에 실린 연구들을 재현하는 Open Science Collaboration 프로젝트가 실행되었다Open Science Collaboration, 2015. 이 프로젝트의 목적은 심리학 연구의 재현가능성을 평가하여 공개되고 투명한 연구를 촉진하기 위한 것이었다. 세계 각국의 270개 심리학 연구팀이 참여해 3개의 심리학 학술지(*Journal of Personality and Social Psychology*, *Journal of Experimental Psychology: Learning, Memory, and Cognition*, *Psychological Science*)에 실린 100개의 실험 연구를 재현 했다. 재현 연구는 원래 연구 자극물과 절차를 충실하게 재현하는 방식으로 이루어졌다. 그 결과 39%만이 통계적으로 유의한 결과를 얻어 재현에 성공했으며, 이는 원래 연구의 97%보다 훨씬 낮은 비율이었다. 평균적으로 재현 연구의 효과크기는 원래 연구의 절반 정도에 미치는 것으로 나타났다.

연구 예시 17-2

경제학의 재현 프로젝트

심리학 분야의 Open Science Collaboration과 유사하게, 경제학에서도 주요 실험 결과들의 재현가능성을 체계적으로 평가하기 위한 대규모 프로젝트가 수행되었다Camerer et al., 2016. 연구진은 경제학에서 자주 인용되는 18개의 대표적 실험연구(예, 게임이론, 경매, 협력 게임 등)를 선정하고, 각 연구의 실험 설계와 절차를 최대한 원래와 동일하게 유지하며 재현 연구를 실시하였다.

그 결과, 18개 실험 중 11개(61%)에서 원래 보고된 주요 효과가 통계적으로 유의하게 재현되었으며, 이는 비교적 높은 재현 성공률로 평가된다. 그러나 일부 실험에서는 효과 크기가 축소되거나 통계적 유의성이 사라지는 현상도 관찰되었다. 연구진은 이러한 재현 실패의 원인으로 (1) 원래 연구의 제한된 샘플 크기, (2) 실험 환경의 미세한 차이, 그리고 (3) 참가자 집단의 구성 차이(이질성) 등을 지목하였다.

이 프로젝트는 경제학에서도 실험 연구의 재현가능성 확보를 위한 제도적 장치가 필요하다는 점을 강조하였다. 구체적으로는, 연구 설계의 엄격한 표준화, 연구 시작 전의 사전등록, 데이터와 분석 코드의 공개와 같은 투명성과 신뢰성을 높이는 실천이 필요함을 지적하였다. 이 사례는 경제학에서도 과학적 재현이 핵심적인 학문적 가치로 자리잡아야 함을 보여주는 중요한 예이다.

셋째, 기존 연구를 보다 정교한 이론으로 발전시키기 위해 수행되는 재현 연구가 있으며, 이를 재현 및 확장replication and extension이라고 부른다. 이러한 연구는 단순히 선행연구의 결과를 반복하는 것을 넘어서, 새로운 이론적 요소나 경계조건을 추가하여 기존 이론의 적용 범위와 한계를 확장하는 것을 목적으로 한다. 예를 들어, 어떤 독립변수가 종속변수에 미치는 영향을 검증한 선행연구를 바탕으로, 후속 연구에서 조절변수를 도입해 그 효과가 특정 조건에서만 나타나는지를 검토하는 경우가 이에 해당된다. 이때 조절변수의 한 조건에서는 기존 이론이 재현되어야 하고, 다른 조건에서는 기존 이론과 다른 양상의 결과가 나타나야 한다. 이러한 방식의 재현 및 확장 연구는 기존 이론의 이론적 정교화와 상황적 적용 가능성에 대한 이해를 증진시키는 데 중요한 기여를 한다.

1.2. 재현의 유형

1.2.1. 동일 재현

동일 재현direct replication; exact replication은 최초 연구와 최대한 동일한 연구방법을 사용하여 연구 결과의 타당성을 검증하는 시도이다. 동일 재현이 성공하는 경우, 이는 원래 연구의 신뢰도를 높이며, 이를 확장하는 후속 연구의 기반이 된다. 그러나 원래 연구이 재현이 지속적으로 실패하는 경우에는 이를 근거로 이론을 확장하고자 하는 후속연구의 발전에 어려움을 줄 수 밖에 없다.

최근에 시행된 여러 재현 프로젝트들은, 학계에서 널리 알려지고 영향력이 큰 연구들 중 일부가 재검증에 실패했음을 보여주었다. 그 중 하나가 Bargh, Chen, and Burrow (1996)의 노인elderly 개념 활성화priming 효과에 관한 연구이다. John A. Bargh는 매우 저명하고 영향력 있는 사회심리학자로 주로 무의식적 정보처리unconscious process에 관한 많은 연구를 출간했고 그의 논문들은 많은 인용을 받았다.

그러나 Bargh의 연구를 재현한 많은 연구자들은 Bargh와 그의 동료들이 출간한 여러 연구들이 재현에 실패했다는 결과를 보고했다. 그 중에서 잘 알려진 것 중의 하나가 Bargh 등(1996)이 보여준 노인과 관련된 개념의 활성화가 무의식적으로 사람들을 노인처럼 행동하게 만든다는 연구이다. 이 연구는 실험실 상황에서 실시되었으며, 대학생들이 연구참여자로 실험에 참가했다. 실험 상황에서 연구참여자들은 단어맞추기word scramble 과제를 했다. 단어맞추기는 "K E D S"와 같이 순서가 바뀐 알파벳을 이용해 의미있는 단어(예, DESK)를 맞추는 게임이다. 심리학자들은 단어맞추기 과제를 특정 개념을 활성화 시키는 목적으로 사용해왔다. 실험조건에서 Bargh 등(1996)은 '걱정이 많은 worried', '감상적인sentimental', '완고한rigid'. '플로리다Florida'[1) 등과 같은 노인과 관련된 단어를 사용했다. 통제조건의 경우 노인과 관련된 단어가 제시되지 않았다. 이 실험의 종속변수는 실험이 끝난 후 연구참여자의 걷는 속도였다. 연구자들은 참여자들이 연구실을 나와 복도 끝까지 걸어가는데 걸리는 시간을 측정했다. 그 결과는 놀랍게도 노인 단어가 활성화된 실험집단에 속한 연구참여자의 걷는 속도가 더 느린 것으로 나타났다. 이 연구 결과는 노인 개념이 활성화된 경우 젊은 연구참여자들로 하여금 무의식적으로 노인과 유사하게 행동하도록 유도한다는 점을 시사했다.

이 연구는 활성화된 개념이 무의식적 행동에 영향을 미칠 수 있다는 점에서 많은 관심을 불러일으켰을 뿐만 아니라, 관련 연구나 후속 연구에도 영향을 미쳤다. 2026년 기준 Google Scholar에 따르면 이 논문은 6,700회 이상 후속 연구에서 인용되었다. 또한, 이 연구는 심리학 뿐만 아니라 다른 연관분야에도 새로운 관심과 논쟁의 대상이 되었다. 예를 들어, Bargh의 연구는 철학 분야에서 인간의 자유의지에 대한 논쟁을 불러일으키기도 했다.

그러나 Bargh 등(1996)의 연구가 재현이 안된다는 보고서나 논문이 발간되기 시작했다. Doyen 등(2012)은 원래 연구보다 더 많은 표본을 사용해 충분한 통계 검증력을 가질 수 있는 조건에서 노인 개념의 활성화가 걷는 속도에 미치는 영향을 재현하였으나, 연구결과, 실험집단과 통제집단의 차이가 전혀 유의하지 않았다. 이 논문이 알려진 후에 학계에서 나타난 주요 반응 중의 하나는 Bargh 등(1996)의 연구에 대한 방어defense였다. 예를 들어, Ramscar(2016)는 무의식적 활성화의 효과가 나타나지 않을 다양한 가능성을 들며 간접적으로 Bargh를 옹호했다. Bargh는 다양한 매체를 통해 Doyen등의 저자에게 개인적인 비난을 했으며, 이 논문이 실린 학술지인 *PLOS ONE*을 폄하하기도 했다.[2]

연구 예시 17-3

따뜻한 커피는 따뜻한 마음을 가져오는가?

체화된 인지embodied cognition는 인간의 지각이나 판단이 신체 경험과 상호작용한다는 심리학 이론이다. 체화된 인지 분야에서 가장 널리 알려지고 영향력이 큰 연구 중의 하나가 "따뜻한 커피컵" 실험으로 알려진, 세계적 권위의 학술지 *Science*에 게재된 Williams and Bargh(2008)의 논문이다. 이 논문에서 보여준 결과에 따르면,

---

1) 날씨가 온화해 은퇴한 노인들이 많이 살고 있다.

2) John Bargh는 지금까지 꾸준히 학계에서 활동하고 있으며, 비의식적 정보처리 연구에 관한 대중서를 출간하기도 했다Bargh, 2017.

따뜻한 커피 컵을 손에 든 경우가 차가운 커피를 손에 든 경우보다 타인을 더 따뜻한 사람으로 지각하는 경향이 있다. 이 연구가 널리 알려지면서 체화된 인지는 '핫한'한 주제가 되었으며 많은 연구가 수행되었다.

그러나 이 연구를 재현한 연구들은 동일한 결과를 얻지 못했다Chabris et al., 2018; Lynott et al., 2014. Williams와 Bargh는 재현의 실패가 원래 실험 절차를 철저히 따르지 않았기 때문이라고 반박했다. 예를 들어, 따뜻한 커피컵의 온도가 원래 연구와 동일하게 적절하게 따뜻하지 않아서 동일한 결과를 얻지 못했다고 주장했다.

한때 많은 연구가 진행되었던 체화된 인지가 예전만큼 인기있는 연구 주제가 되지 못한 데에는 이 외에도 다른 핵심 연구들의 재현 실패가 결정적 역할을 하였다. 예를 들어, Zhong and Liljenquist(2006) 연구에 따르면 비도덕적인 행동을 한 후에 손을 씻는 행동을 선호하며, 이는 손을 씻는 신체 행동이 죄를 씻는다는 인지작용과 연관되기 때문이라고 설명되었다. 이 효과는 셰익스피어Shakespeare의 희곡에서 죄책감에 시달리며 손을 씻는 주인공의 이름을 따서 멕베스 효과Macbeth effect라는 이름으로 널리 알려졌다. 학술지 *Science*에 실린 이 논문은 많은 인용을 받았음에도 불구하고 후속연구는 재현에 실패하여, 원래 연구의 신뢰성에 대한 문제로 확산되었다.

1.2.2. 개념적 재현

개념적 재현conceptual replication은 동일한 이론이나 가설을 다른 연구방법을 이용해 재현하는 방식이다. 즉, 연구 디자인, 조작적 정의, 모집단 등을 달리해 동일한 가설을 다시 검증하는 연구를 의미한다. 개념적 재현은 기존 이론이나 발견의 일반화가능성에 대한 검증을 위해 사용된다. 개념적 재현은 원래 연구 결과가 다양한 조건이나 상황에 적용 가능한 신뢰성robustness이 높은 결과임을 보여준다. 따라서 개념적 재현은 이론이나 효과가 일반화될 수 있음을 입증한다는 점에서 그 중요성이 있다.

예를 들어, 올림픽 메달리스트의 행복감에 대한 Medvec, Madey, and Gilovich (1995)연구는 사후가정 사고counterfactual thinking 이론의 일반화에 기여했을 뿐만 아니라 그 자체로도 중요한 연구로 여겨지고 있다. 이 연구에서 알아보고자 했던 주제는 올림픽 은메달리스트와 동메달리스트 중에서 누가 더 행복한지의 여부이다. 대회 성적만 보면 은메달리스트가 동메달리스트보다 더 행복해야 할 것이다. 그러나 사후가정사고 이론은 정반대의 결과를 예측한다. 이 이론에 따르면, 사람들이 느끼는 행복감은 실제로 경험한 결과와 일어났을 수도 있는 대안적 결과 간의 비교에 크게 영향을 받는다. 은메달리스트의 주요 비교대상은 자신이 아깝게 달성하지 못한 금메달을 받는 상황이며, 이와 같은 상향적 사후가정 사고는 행복감을 낮추는 경향이 있다. 동메달리스트의 경우 주요 비교대상은 자신에게 어쩌면 일어났을 메달을 따지 못하는 더 못한 상황이며, 이와 같은 하향적 사후가정 사고는 행복감을 높이는 경향이 있다. 따라서 사후가정 사고 이론은 동메달리스트가 은메달리스트보다 더 행복할 수 있다고 예측한다. Medvec 등(1995)은 여러 종목의 은메달리스트와 동메달리스트 사진을 구한 후에 연구 주제를 모르는 사람들에게 얼굴에 보이는 행복감을 평가하게 했으며, 사람들은 동메달리스트가 더 행복해 보인다고 평가했다.

1.3. 재현 실패의 원인과 해결책

1.3.1. 재현가능성

연구의 **재현가능성**reproducibility은 연구윤리, 연구진행과정의 투명성, 통계 검증력과 1종오류 등과 같은 다양한 이슈들과 연관되어 있다. 행동과학에서 선행연구가 재현이 안 되는 문제는 지속적으로 존재해왔다.[3] 저명 학술지에 실린 널리 알려지거나 인용이 많이 되는 연구들도 재현에 실패한 경우가 많으며, 이는 학계로 투명한 연구 실행 및 보고의 중요성을 다시금 일깨우게 했다Open Science Collaboration, 2015.

1.3.2. 재현 실패의 원인

재현 실패는 다양한 원인에 기인할 수 있으며, 크게 다음 네 가지 범주로 구분될 수 있다.

첫째, 원래 연구 결과가 1종 오류type I error로 인해 우연히 유의한 결과가 나타났을 가능성이다. 이는 실제로 효과가 존재하지 않음에도 불구하고, 통계적으로 유의한 결과가 잘못 검출되는 경우로, 특히 표본 크기가 작거나 검증력이 낮은 경우 결과가 불안정하여 우연히 유의한 효과가 나타난 것처럼 보일 가능성이 커진다.

---

3) 재현의 실패의 문제는 자연과학이나 의학에서도 중요한 이슈이다. 예를 들어, 상온 핵융합cold fusion이라는 획기적인 연구결과가 1989년에 발표되었다. 그러나 후속 연구에서 재현이 지속적으로 실패했으며, 이 결과는 더 이상 과학적인 결과로 받아들여지지 않는다. 의학 분야에서도 많은 중요한 연구결과들이 재현이 되지 않는 것으로 알려졌으며, 이는 최초 연구결과를 이용한 치료법이 실제적인 효과가 없음을 의미한다.

둘째, 원래 연구에 연구 부정행위가 개입되었을 가능성이다. 이는 자료의 위조 fabrication 또는 변조falsification와 같은 심각한 윤리적 위반을 포함하며, 이러한 경우 후속 연구에서 동일한 결과를 재현할 가능성은 낮아진다. 대표적인 사례로는 사회심리학자 Diederik Stapel(제18장 참조)과 진화심리학자 Marc Hauser의 연구 부정이 있으며, 이들은 광범위한 데이터 조작이 밝혀지며 학계에서 연구윤리의 중요성을 일깨운 대표적 사례로 남아 있다.

셋째, 원래 연구 결과가 특정한 상황, 시점, 혹은 맥락에 국한되어 나타났을 가능성이다. 다시 말해, 최초 연구의 결과는 그 당시의 문화적, 사회적, 환경적 조건에서만 유효했으며, 시간이 지나거나 상황이 달라짐에 따라 더 이상 동일한 결과가 나타나지 않을 수 있다. 예를 들어, 20세기에 수행된 문화 간 비교 연구는 당시에는 유의미한 차이를 보였지만, 글로벌화로 인한 문화 동질화가 진행된 오늘날에는 동일한 차이를 관찰하기 어려울 수 있다.

넷째, 후속 연구에서 원래 연구를 충분히 충실하게 재현하지 못한 경우이다. 이는 재현 연구 과정에서의 설계 오류, 자극물 차이, 측정 도구의 불일치, 통계 검증력 부족 등이 원인이 될 수 있다. 특히, 최초 연구의 방법론적 세부사항(예, 자극 제시 방식, 변수 조작 절차, 측정 도구)이 논문에 구체적으로 기술되지 않은 경우, 후속 연구자들이 원래의 절차를 정확히 재현하는 것이 어렵다. 이러한 문제를 방지하기 위해, 많은 학술지와 학술 단체에서는 연구 방법을 구체적이고 명료하게 보고할 것을 권장하고 있으며, 그 기준은 후속 연구자가 원 논문만으로도 재현 가능한 수준의 정보를 제공하는데 있다.

연구 예시 17-4

펜 물기 효과에 대한 대규모 재현 프로젝트

Strack, Martin, and Stepper(1988)의 고전적 연구는 '펜 물기' 실험으로 잘 알려져 있다. 이 연구는 얼굴 표정(근육)의 변화가 정서적 경험에 미치는 영향을 실험적으로 제시하였다. 이 논문에서 소개한 한 실험에서 참가자들이 만화를 보는 동안 펜을 치아로 물어 '웃는' 근육을 활성화한 집단이 펜을 입술로 물어 '찡그리는' 근육에 가까운 자세를 취한 집단보다 만화를 더 재미있게 평가한다는 결과가 보고되었다(그림 E17.1). 이 연구는 "얼굴 표정이나 근육 움직임이 실제 정서적 경험에 영향을 미친다"는 근거로 많이 인용되었다. 또한 연구가 간단하면서도 흥미로워, 많은 심리학 교과서에 예시로 소개되어왔다.

심리학 분야의 학술지 Perspectives on Psychological Science는 대규모 다기관, 다국적 재현 시도registered replication report: RRR 프로젝트를 시작하면서, 첫 번째 대상으로 Strack 등(1988)의 '펜 물기' 실험을 선정하였다. 이 프로젝트에는 전 세계 17개 실험실이 참여하여, 원래 연구와 동일하거나 가능한 한 유사한 절차로 총 17개의 재현 실험을 수행하였다. 재현 연구의 결과는 Wagenmakers 등(2016)에 보고되었으며, 대부분의 연구가 원래와 동일한 결과를 재현하지 못했다. 종합적으로 계산된 효과크기effect size는 0과 유의한 차이가 없었다. 이러한 결과는 얼굴 근육이 정서에 미치는 영향이 생각만큼 일관적이지 않을 수 있다는 점을 제기했다.

원 논문의 주 저자인 Fritz Strack은 자신의 연구가 재현 프로젝트의 첫번째 대상으로 결정되었을 때 재현 연구의 중요성을 강조하며 이를 환영했다. 그러나 재현 프로젝트가 동일한 결과를 얻지 못하자 이에 대한 다양한 변명을 제시했다Strack, 2016. Strack은 원래 연구와 동일한 조건을 재현 하지 못했거나 연구참여자가 연구 목적을 추론했을 가능성을 제시하며, 재현 실패 결과만으로 얼굴 근육의 효과 자체를 전면 부정하기는 어렵다는 입장을 표명했다.

결과적으로 Strack의 '펜 물기' 연구는, 심리학 재현 위기replication crisis 논의에서 자주 언급되는 대표 사례 중 하나로 자리 잡았으며, 과학적 재현가능성 확보를 위해 보다 엄밀한 연구 설계, 절차 표준화, 사전등록 등이 얼마나 중요한지를 보여주는 상징적인 연구가 되었다.

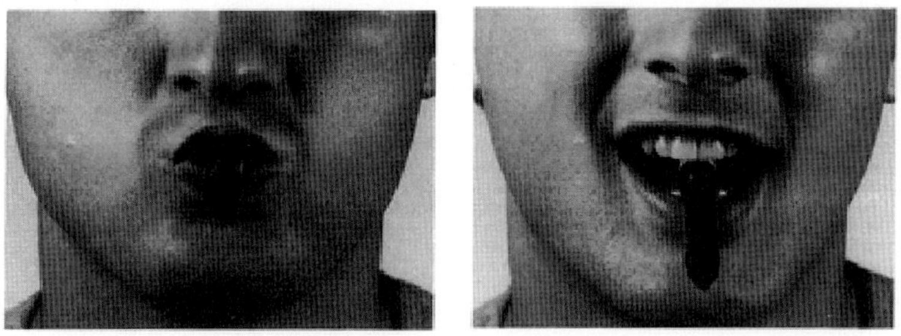

[그림 E17.1] Strack 등(1988)의 논문에 제시된 자료 사진. 왼쪽은 펜을 입술에 문 조건 오른쪽은 펜을 치아로 문 조건이다.

1.3.3. 재현가능성 개선 방향

행동과학 연구에서 재현가능성을 높이기 위해서는 연구의 기획 단계부터 데이터 분석, 결과 보고, 사후 검증까지 전 과정이 투명하고 엄밀하게 관리되어야 한다. 관련된 내용은 "제18장: 연구윤리"에서 다루고 있다. 재현가능성과 관련된 또 다른 이슈는 재현연구의 통계 검증력이다. 재현 연구가 충분한 통계 검증력을 확보할 수 있도록, 실험 이나 설문 자료수집 전에 표본 크기를 계산하고, 그 기준에 맞춰 연구를 수행해야 한다. 대부분의 재현연구는 선행연구의 효과크기를 기준으로 해서 충분한 통계 검증력을 가질 수 있는 크기의 표본을 결정하고 이를 등록한 후에 사용하는 것이 일반적이다.

Ⅱ. 연구 결과의 통합과 일반화

개별 연구들은 제한된 표본, 맥락, 방법론을 기반으로 수행되기 때문에, 누적된 연구 결과들을 통합하여 보다 일반화된 지식을 도출하는 과정이 중요하다. 이러한 통합에는 주로 문헌고찰과 메타분석이 활용된다. 문헌고찰은 선행 연구 결과들을 정성적인 방법으로 통합하는 반면, 메타분석은 각 연구의 효과 크기를 정량적으로 종합한다는 점에서 차이가 있다. 두 방법 모두 특정 주제나 현상에 대한 보다 명확한 이해와 일반화된 결론 도출을 목표로 하지만, 접근 방식과 분석 방법에서 차이가 있다.

2.1. 문헌고찰

문헌고찰은 실증연구의 한 부분으로 논문에 포함되기도 하나, 본 장에서 다루는 내용은 문헌고찰을 중심으로 하는 문헌고찰 논문에 초점을 두어 논의하고자 한다.

2.1.1. 문헌고찰 논문의 목적

문헌고찰literature review은 특정 주제를 다루는 연구들을 체계적으로 통합 및 평가하는 과정과 결과물을 의미한다. 미국심리학회(APA)의 가이드라인에 따르면 문헌고찰 논문은 다음과 같은 네 가지 목적을 수행해야 한다: (1) 무엇이 발견되었는지를 요약하고, (2) 어떤 결과들이 관련 문헌에서 강하게 지지 되었는지를 정리하고, (3) 불일치하는 발견들과 연구가 부족한 영역에 대해 지적하고, (4) 후속 연구를 위한 방향을 제시하여야 한다 APA, 2020.

2.1.2. 문헌고찰 논문 작성

(1) 연구 주제 및 목적 설정

문헌고찰 논문 작성의 첫 단계는 연구자의 연구 관심사, 행동과학 내 현재 이슈, 이론적 공백gap 등을 바탕으로 문헌고찰의 범위와 중심 질문을 구체적으로 설정하는 것이다. 문헌고찰의 내용은 일반적으로 (1) 기존 이론의 종합과 비교, (2) 연구방법의 동향 분석, (3) 후속 연구방향의 제시의 세 요소를 포함하고 있다. 세 요소 중에서 특정한 요인에 더 초점을 두어 문헌고찰 논문이 작성될 수도 있다.

(2) 자료 탐색 및 선정

다음으로 문헌고찰에 포함된 선행연구의 선별selection 작업이 이루어져야 한다. 문헌의 검색은 일반적으로 학술 데이터베이스(예, PsycINFO, ERIC, Web of Science, Scopus, Google Scholar, RISS 등)에서 주요 검색어keyword을 이용한다. 이때, 주제 관련 핵심 용어와 동의어, 관련 이론 용어 등을 충분히 고려해야 한다. 이후에 검색된 논문 중에서 기준에 따라 어느 논문을 포함시키거나 배제할 지를 결정한다. 이때 사용되는 기준으로는 연구의 질, 연구 대상(연령, 지역, 임상 vs. 일반 집단), 연구방법(실험, 조사, 메타분석), 출판연도, 논문 종류(학술지 논문, 학위논문), 언어 범위 등이 있다.

(3) 문헌 정리 및 구조화

선행연구를 체계적으로 정리하고 구조화하는 작업은 문헌고찰 논문 작성에서 가장 핵심적인 단계 중 하나이다. 단순한 요약을 넘어서, 수집된 문헌을 일정한 기준에 따라 분류, 통합, 시각화하는 과정은 전체 논문의 논리적 일관성과 이론적 깊이를 결정짓는다.

문헌의 범주화categorization는 공통 주제나 핵심 개념에 따른 분류(예, 사회적 상호작용의 유형별 정리), 변수 간 관계를 중심으로 한 분류(예, 독립변수－종속변수 간의 인과 경로에 따른 분류), 이론적 관점에 따른 구분(예, 인지주의, 사회문화적 접근 등), 연구방법론에 따른 구분(예, 실험 연구, 종단 연구, 질적 연구 등)과 같은 기준에 따라 이루어질 수 있다.

특정 주제의 연구 동향과 발전 과정을 파악할 필요가 있는 경우, 선행연구를 시간 순서(연대기적)로 배열하여 이론적, 방법론적 변화의 흐름을 추적할 수도 있다. 이 방식은 특히 연구 분야의 역사적 전개 과정을 서술하거나, 이론이 발전해 온 경로를 보여줄 때 효과적이다.

또한, 주요 이론이나 개념 간 관계를 시각적으로 표현한 개념도concept map를 작성하면, 서로 다른 문헌들 간의 연결점, 대립점, 공백 지점을 한눈에 파악할 수 있다. 이러한 시각화는 문헌을 정리하는 데에도 도움이 되며, 독자에게 저자의 사고 구조와 논리적 틀을 효과적으로 전달하는 수단이 된다.

(4) 비판적 분석 및 통합

다음 단계로 체계화한 선행연구를 비판적으로 분석 통합한다. 첫째, 연구결과 간의 일관성 혹은 불일치를 파악한다. 이 과정에서 문헌 간 공통된 결과는 무엇인지, 서로 상충되는 결과나 견해는 무엇인지 구체적으로 비교, 대조한다. 둘째, 연구방법론의 장단점을 평가한다. 즉, 사용된 표본(대표성), 측정 도구, 연구 설계(종단, 횡단, 혼합 디자인) 등의 측면에서 강점과 약점을 정리한다. 셋째, 해석상의 편향 및 연구 격차의 제시이다. 예를 들어, 특정 연령대나 문화권에만 국한된 연구가 많은지, 또는 세부 변수를 통제하지 못해 결론이 불완전한지와 같은 연구 간 격차를 찾아 제시한다. 넷째, 마지막으로 종합적인 패턴을 도출한다. 여러 문헌의 결과를 통합해, 전반적으로 드러나는 패턴이나 결론을 명확히 서술한다.

연구의 분석 및 통합 과정에서 유의할 점은 비판적이고 중립적인 시각의 유지이다. 여러 문헌을 단순 요약만 해서는 안 되며, 방법론적, 이론적 약점을 짚고, 논리적 결함이 있는지 비판적 시각을 유지해야 한다. 또한, 특정 연구나 저자의 입장을 과도하게 치우쳐 옹호하거나 배척하지 않고, 가능한 객관적 증거와 근거 중심으로 정리하는 노력이 필요하다.

연구 예시 17-5

행복에 영향을 미치는 변수들

행복에 영향을 미치는 요인을 탐색하려는 연구는 오랜 시간 동안 행동과학 분야에서 활발히 수행되어 왔다. Folk and Dunn(2024)은 행복에 영향을 미치는 다양한 변수들에 대한 체계적인 문헌고찰을 수행하였다. 이 문헌고찰의 특징적인 점은, 사전등록preregistration을 완료한 연구만을 분석 대상으로 포함시켰다는 점이다. 이는 분석 대상 연구들이 *p*-해킹*p*-hacking 또는 결과 중심 보고로 인해 왜곡되었을 가능성을 최소화하고, 보다 신뢰도 높은 결론을 도출하기 위함이었다.

문헌고찰 결과, 기존 연구에서 반복적으로 보고되어 온 사회적 관계social relationships와 같은 변수는 행복에 미치는 영향이 일관되고 신뢰할 수 있는 것으로 나타났다. 이는 사회적 유대와 정서적 지원이 행복의 핵심적 요인임을 다시 한 번 실증적으로 확인시켜주는 결과이다. 반면, 무작위적인 선행random acts of kindness은 기존 일부 연구에서는 많은 주목을 받았으나, 문헌고찰 결과에서는 그 효과가 매우 약하거나 통계적으로 유의하지 않은 경우가 많았다. 이는 행복에 영향을 미친다고 알려진 여러 요인들이 재현가능성 또는 효과의 일관성 측면에서 한계를 지닐 수 있음을 시사한다.

2.2. 메타분석

메타분석meta-analysis은 하나의 주제와 관련된 다수의 독립적인 실증연구 결과들을 통계적으로 결합하여, 보다 정량적이고 신뢰도 높은 종합 결론을 도출하는 연구 방법이다 Borenstein et al., 2021. 개별 연구는 표본 크기, 연구 설계, 효과 크기 등의 측면에서 서로 다를 수 있으며, 이로 인해 결과 간 불일치가 발생할 수 있다. 메타분석은 이러한 이질성을 고려한 통계 기법을 적용함으로써, 효과의 방향성과 강도에 대한 평균적 추정치를 산출하고, 특정 효과의 일관성, 조건부 영향 요인, 조절변수 등을 분석할 수 있게 한다.

메타분석의 가장 큰 장점은 이미 축적된 다수의 연구 데이터를 활용하여 일반화 가능하고 신뢰도 높은 결론을 도출할 수 있다는 점이다. 따라서 메타분석은 선행연구를 정량적으로 통합하고, 특정 이론이나 개입 효과의 타당성을 검증하는 데 널리 활용된다.

2.2.1. 메타분석 과정

메타분석의 일반적인 과정에 대해 살펴보고자 한다. 메타분석의 수행 과정에 대한 논의는 Butts 등(2019)의 단독 수혜자 효과single victim effect에 대한 메타분석을 예시로 들어 진행하고자 한다. 단독 수혜자 효과는 기부 촉진 메시지가 한 명의 피해자를 제시하는 경우에 다수의 피해자를 제시하는 경우보다 사람들의 기부 동기가 더 강해지는 현상을 의미한다Small & Loewenstein, 2003.[4] Butts 등(2019)의 메타분석은 단독 수혜자 효과에

4) 이 효과는 한 명의 수혜자에 대한 구체적인 정보(이름, 나이, 배경)가 제시될 때 더 강하게 나타나며, 이를 인식가능 수혜자 효과identifiable victim effect라 한다Kogut & Ritov, 2005; Small & Loewenstein, 2003.

대한 선행연구의 정량적 분석을 통해 이를 설명하는 이론을 통합적으로 이해하는 목적으로 수행되었다.

(1) 연구 문제 정의 및 가설 설정

메타분석의 첫 단계는 구체적인 연구 문제와 가설을 설정하는 것이다. 이 단계에서 메타분석을 통해 어떤 연구문제나 특정 주제를 탐구할지를 결정한다. 또한 가능한 경우 메타분석을 통해 검증 가능한 연구 가설을 설정한다.

Butts 등(2019)의 메타분석 연구는 피해자가 많아질수록 사람들의 공감이나 도움 의도가 오히려 감소하는 현상을 의미하는 공감 감소compassion fade에 초점을 두어, 관련 문헌을 종합적으로 분석하여 통합적인 이론적 틀을 제시하고, 해당 효과의 전반적 크기와 주요 매개 및 조절 요인을 검증하고자 했다. 또한 메타분석을 통해 단독 수혜자 효과에 있어서 공감 감소의 심리적 메커니즘을 규명하는 것을 목적으로 하였다.

(2) 문헌 검색 및 선택

다음 단계에서는 관련 연구를 검색하고 선정 기준에 따라 메타분석에 포함할 연구를 결정한다. 문헌 검색은 선정한 주제어를 이용하여 논문 데이터베이스에서 연관 문헌을 찾는 과정이다. 검색에 사용되는 주제어로는 연구 주제와 관련된 핵심 용어, 동의어, 상하위 개념 등이 포함된다. 설정한 키워드와 데이터베이스를 활용해, 가능한 한 많은 관련 연구 논문(학술지, 학위논문 등)을 찾는다.

이후 검색된 논문을 대상으로 문헌 선정 기준을 적용해 메타분석에 사용될 연구들을 선택한다. 선택 기준으로는 주제 적합성(설정한 연구 질문과 직접적으로 관련된 연구인가?), 연구 설계(실험연구, 상관연구), 통계 정보 보고 여부(효과크기 또는 효과크기를 도출할 수 있는 통계치 보고 여부), 언어 및 출판 형태(예, 영어 논문, 학술지 품질) 등이 사용된다.

Butts 등(2019)은 다수의 선별된 주제어(예, compassion fade, compassion fatigue, psychological numbing, identifiable victim effect 등)를 이용해 다양한 논문 데이터베이스(예, ABI/INFORM, Google Scholar, PsycINFO, SSRN 등)에서 관련 논문을 검색했다. 또한 논문의 저자들을 접촉하여 논문에 수록되지 않은 연구들도 수집하였다. 최종적으로 모두 87개의 연구가 검색되었다. 검색된 논문은 연구목적과의 연관성, 효과크기의 보고, 연구 디자인(연구실 실험과 현장 실험만 포함) 등의 기준을 사용해 이를 충족하지 못하는 연구는 분석에서 제외되었다. 최종적으로 메타분석에는 41개 연구에서 보고된 95개의 실증연구가 사용되었으며, 연구참여자의 총 수는 13,259명 이었다.

(3) 데이터 추출 및 코딩

각 연구에서 메타분석에 사용할 데이터를 추출한다. 연구 기본 정보(저자, 연도, 학술지), 표본 특성(표본크기, 모집단 특성), 연구 디자인(실험 vs. 상관연구, 측정도구, 조작 방법 등). 효과크기(평균, 표준편차, 효과크기 및 효과크기 계산에 필요한 통계치) 등이 논문에서 주로 추출되는 정보이다. 추출된 정보를 미리 정의한 분류법에 따라 코딩하여, 메타분석의 입력자료로 사용한다.

Butts 등(2019)은 각 연구의 효과크기, 표본 크기, 신뢰도를 코딩했다. 메타분석에 포함될 변수에 대한 코딩도 이루어졌다. 구체적으로 종속변수로 기부 의도와 기부 행동이 분리되어 그 값이 계산되었다. 매개변수로 감정적 관심empathetic concern: 동정심과 같은 감정 반응, 기대된 긍정적 감정anticipated positive affect: 도움으로 인한 긍정적인 감정, 기부효과perceived impact: 기부의 효능가 코딩되었다. 독립변수로 수혜자의 수victim group size가 사용되었다.

(4) 효과크기 계산 및 통합

각 연구의 효과크기를 계산하고, 이를 통합하여 전체적인 단일 효과크기를 추정한다. 메타분석에 사용되는 효과크기로 상관계수(r), 표준화 평균차이(예, Cohen's d) 등이 있다. 어느 효과크기가 메타분석의 종속변수로 사용될지의 여부는 분석의 목적에 따라 결정된다. 각 연구별로 보고된 통계치를 기반으로 메타분석의 효과크기를 계산한다Hunter & Schmidt, 2004.

연구간의 차이(예, 다른 유형의 독립변수나 종속변수)가 있는 경우 각각 독립적인 효과크기를 계산할지 아니면 평균적인 효과크기를 계산할지 결정한다. 또한 산출된 메타분석의 효과크기가 통계적으로 유의한지를 검증하는 과정이 필요하다. 이때 사용되는 메타분석 모형으로 고정효과 모형fixed-effect model과 무작위효과 모형random-effect model이 있다Borenstein et al., 2021. 어느 모형을 사용할지의 여부는 연구 간 효과크기 차이에 따라 결정한다. 연구 간 효과크기의 차이가 크지 않은 경우에는 고정효과 모형이, 연구 간 효과크기가 다를 것으로 기대되는 경우에는 무작위효과 모형이 사용된다.

Butts 등(2019)은 상관계수를 이용해 단일 효과크기를 추정하였다. 메타분석에 사용된 연구가 상관계수를 보고하지 않은 경우 관련 통계치를 이용해 이를 계산하였다. Butts 등(2019)은 무작위효과 모형을 사용하였으며, 이는 사용된 종속변수 등에 따라 효과크기가 상이할 것으로 기대될 때 적합하다. Butts 등(2019)는 기부 의도와 기부 행동을 모두 포함한 일반적인 기부에 대한 단일 효과크기를 계산하였으며, 그 결과 수혜자의 수와 기부의 전체적인 효과크기는 $r=-.09$로 수혜자의 수가 적을수록 기부가 높아지는 결과를 보여주었다. 또한 이 값의 95% 신뢰구간(95% CI: [-0.13, -0.06])은 0을 포함하고 있지 않아 전체적인 효과크기는 통계적으로 유의한 것으로 나타났다. 또한 연구 종속변수가 기부 의도인 연구의 효과크기(r=-.07)와 기부 행동인 연구의 효과크기(r=-.11)를 각각 계산하였다. 이 결과는 〈표 17.1〉에 제시되었다.

〈표 17.1〉 단독 수혜자 효과의 메타분석 결과(Butts et al., 2019)

종속변수	효과크기 수	전체 표본 크기	r(효과크기)	95% 신뢰구간
기부(의도와 행동)	84	12,158	-0.09	[-0.13, -0.06]
기부 의도	40	6,486	-0.07	[-0.12, -0.03]
기부 행동	47	5,954	-0.11	[-0.17, -0.08]

(5) 이질성 평가

메타분석에서 이질성heterogeneity은 개별 연구의 효과크기가 통계적으로 유의한 차이가 있는 상태를 의미한다. 이질성 평가는 연구 간의 변동성을 평가하여 결과의 일관성을 판단하는데 사용된다.

이질성 분석에는 Cochran's Q 검증과 I^2 통계량이 주로 사용된다. Cochran's Q 검증은 모든 개별 연구의 효과크기가 동일하다는 귀무가설이 통계적으로 기각되는지를 검증한다. 따라서 Q 통계량이 유의한 경우에는 적어도 한 연구의 효과크기가 다른 연구와 다르다고 결론 지을 수 있다.

I^2 통계량은 효과크기의 전체 변량variability 중에서 이질성으로 인한 변동이 차지하는 비율을 최저 0%에서 100%까지 사이로 표현한 지표이다. 이 값이 0%에 가까울수록 이질성이 낮음을 의미하고 100%에 가까울수록 이질성이 큼을 의미한다.

메타분석에 사용된 효과크기의 이질성이 크다는 것은 연구의 특성(연구 대상, 설계, 종속변수 등)에 따라 효과크기가 더 크거나 작음을 의미한다. 이질성이 존재하는 경우 이질성의 원인과 관련된 추가분석이 필요하다. 예를 들어, 사용된 종속변수의 유형이 이질성의 원인인 경우에는 종속변수에 따라 연구를 하위그룹으로 분류하여 각각의 조건에서 메타분석을 실시해 그 차이를 검증하는 것이 필요하다. 이와 같은 추가분석을 하위그룹 분석subgroup analysis이나 메타 회귀분석meta-regression이라고 부른다.

(6) 출판 편향 검토

출판 편향publication bias은 통계적으로 유의한 결과만이 출판되는 경향으로 인해, 학문적 문헌이 실제보다 과장된 효과를 반영할 수 있는 문제를 의미한다Rosenthal, 1979. 다시 말해, 유의미하지 않은 결과를 보고한 연구는 출판되지 않거나 누락될 가능성이 높기 때문에, 출판된 논문에만 근거한 메타분석은 실제 존재하는 효과보다 더 큰 효과크기effect size를 추정할 위험이 있다.

따라서 메타분석에서는 출판 편향이 존재하는지를 평가하고, 그로 인해 분석 결과가 왜곡되었을 가능성을 반드시 검토해야 한다. 이 단계는 메타분석 결과의 신뢰성과 해석 가능성을 확보하기 위해 매우 중요하다.

2.2.2. 메타분석의 한계점

메타분석은 여러 개별 연구의 정량적 결과를 통합하여 전체적인 효과 크기를 추정을 가능하게 하는 장점이 있지만, 다양한 한계점도 가지고 있다. 따라서 메타분석을 사용하는 연구자는 이러한 한계점에 대한 인식이 필요하며, 이를 해결하기 위한 방안에 대해 고민해야 한다.

첫째, 출판 편향의 영향을 받을 수 있다. 통상적으로 유의미한 결과만이 출판되는 경향이 있기 때문에, 메타분석은 이러한 편향된 자료에 기반할 위험이 있다.

둘째, 연구 간 이질성 문제도 크다. 연구 설계, 표본 특성, 측정도구, 연구 환경 등이 서로 달라 단순한 통합이 어려울 수 있으며, 이질성이 클 경우 메타분석 결과의 해석에 신중을 기해야 한다.

셋째, 비공식적 자료의 누락 역시 대표성 저하를 초래할 수 있다. 학위논문, 학술대회 발표자료, 비출판 연구 등이 분석에서 제외되면 결과의 편향 가능성이 커진다.

넷째, 질이 낮은 연구가 포함될 가능성도 있다. 포함된 연구들의 방법론적 엄격성을 평가하지 않을 경우, 신뢰도가 낮은 연구가 전체 결과에 부정적인 영향을 미칠 수 있다.

다섯째, 방법론적 일관성 부족도 문제점 중의 하나이다. 연구마다 사용한 분석기법이 다를 경우, 효과 크기의 단순 비교나 통합이 무리가 될 수 있다.

여섯째, 편향된 연구들로 인해 잘못된 결론을 내릴 수 있다. 이는 연구윤리와 투명한 연구 과정과 연관된 것으로, 메타분석에 사용된 문헌들이 p-해킹이나 통계적으로 유의한 결과만을 논문에 포함하는 선택적 보고selective reporting을 하는 경우, 메타분석의 결과가 왜곡될 수 있다Vosgerau et al., 2019.

주요 참고자료

재현

Data Colada: Thinking about evidence, and vice versa (http://datacolada.org). [재현, *p*-해킹, 자료의 위변조 등과 같은 다양한 이슈를 다루는 심리학자 Uri Simonsohn이 운영하는 블로그.]

메타분석

Borenstein, M., Hedges, L. V., Higgins, J. P., & Rothstein, H. R. (2021). *Introduction to Meta-Analysis*. John Wiley & Sons. [메타분석에 대한 포괄적인 안내서로 기본 개념부터 고급 기법까지 망라된 서적.]

참고문헌

APA (2020). *Publication Manual of the American Psychological Association* (7th ed.). American Psychological Association.

Bargh, J. A. (2017). *Before You Know It: The Unconscious Reasons We Do What We Do*. Atria Books.

Bargh, J. A., Chen, M., & Burrows, L. (1996). Automaticity of social behavior: Direct effects of trait construct and stereotype activation on action. *Journal of Personality and Social Psychology,* 71(2), 230-244.

Borenstein, M., Hedges, L. V., Higgins, J. P., & Rothstein, H. R. (2021). *Introduction to Meta-Analysis*. John Wiley & Sons.

Butts, M. M., Lunt, D. C., Freling, T. L., & Gabriel, A. S. (2019). Helping one or helping many? A theoretical integration and meta-analytic review of the compassion fade literature. *Organizational Behavior and Human Decision Processes*, 151, 16–33.

Camerer, C. F., Dreber, A., Forsell, E., Ho, T. H., Huber, J., Johannesson, M., ... & Wu, H. (2016). Evaluating replicability of laboratory experiments in economics. *Science*, 351(6280), 1433-1436.

Chabris, C. F., Heck, P. R., Mandart, J., Benjamin, D. J., & Simons, D. J. (2018). No evidence that experiencing physical warmth promotes interpersonal warmth: Two failures to replicate Williams and Bargh (2008). *Social Psychology*, 50(2), 127-132.

Chen, H. A., & Rao, A. R. (2007). When two plus two is not equal to four: Errors in processing multiple percentage changes. *Journal of Consumer Research*, 34(3), 327–340.

Doyen, S., Klein, O., Pichon, C. L., & Cleeremans, A. (2012). Behavioral priming: It's all in the mind, but whose mind? *PLOS ONE*, 7(1), e29081.

Folk, D., & Dunn, E. (2024). How can people become happier? A systematic review of preregistered experiments. *Annual Review of Psychology*, 75, 467-493.

Hunter, J. E., & Schmidt, F. L. (2004). *Methods of Meta-Analysis: Correcting Error and Bias in Research Findings.* Sage.

Kogut, T., & Ritov, I. (2005). The "identified victim" effect: An identified group, or just a single individual? *Journal of Behavioral Decision Making*, 18(3), 157–167.

Lynott, D., Corker, K. S., Wortman, J., Connell, L., Donnellan, M. B., Lucas, R. E., O'Brien, K. (2014). Replication of "Experiencing physical warmth promotes interpersonal warmth" by Williams and Bargh (2008). *Social Psychology*, 45(3), 216-222.

Medvec, V. H., Madey, S. F., & Gilovich, T. (1995). When less is more: Counterfactual thinking and satisfaction among Olympic medalists. *Journal of Personality and Social Psychology*, 69(4), 603-610.

Open Science Collaboration (2015). Estimating the reproducibility of psychological science. *Science*, 349(6251), aac4716.

Ramscar, M. (2016). Learning and the replicability of priming effects. *Current Opinion in Psychology*, 12, 80-84.

Rauscher F. H., Shaw G. L., & Ky K. N. (1993) Music and spatial task performance. *Nature*, 365(6447), 611.

Rosenthal, R. (1979). The "file drawer problem" and tolerance for null results. *Psychological Bulletin,* 86(3), 638–641.

Small, D. A., & Loewenstein, G. (2003). Helping a victim or helping the victim: Altruism and identifiability. *Journal of Risk and Uncertainty*, 26(1), 5–16.

Steele, K. M., Bass, K. E., & Crook, M. D. (1999). The mystery of the Mozart effect: Failure to replicate. *Psychological Science*, 10(4), 366-369.

Strack, F. (2016). Reflection on the facial feedback hypothesis: Reply to the registered replication report. *Perspectives on Psychological Science*, 11(6), 929–934.

Strack, F., Martin, L. L., & Stepper, S. (1988). Inhibiting and facilitating conditions of the human smile: A nonobtrusive test of the facial feedback hypothesis. *Journal of Personality and Social Psychology*, 54(5), 768–777.

Williams, L. E., & Bargh, J. A. (2008). Experiencing physical warmth promotes interpersonal warmth. *Science*, 322(5901), 606-607.

Wagenmakers, E.-J., Beek, T., Brown, S., … Strack, F. (2016). Registered replication report: Strack, Martin, and Stepper (1988). *Perspectives on Psychological Science*, 11(6), 917–928.

Vosgerau, J., Simonsohn, U., Nelson, L. D., & Simmons, J. P. (2019). 99% impossible: A valid, or falsifiable, internal meta-analysis. *Journal of Experimental Psychology: General*, 148(9), 1628–1639.

Zhong, C. B., & Liljenquist, K. (2006). Washing away your sins: Threatened morality and physical cleaning. *Science*, 313(5792), 1451-1452.

제 18 장

연구윤리

연구윤리는 연구 수행과 보고 과정에서 연구자가 준수해야 할 기본 원칙으로 여겨져 왔다. 그러나 최근까지 연구윤리를 강화하기 위한 제도적 장치의 수립이나 연구자의 구체적인 책임과 의무를 명확히 규정하려는 실질적인 노력은 부족했다. 연구윤리의 중요성을 환기시키는 몇 가지 주요 사건들은 연구윤리 강화를 위한 체계적인 시스템의 필요성을 부각시키는 계기가 되었다. 그중 하나는 Diederik Stapel을 비롯한 여러 유명 심리학자의 논문이 데이터 조작으로 인해 철회된 사건이다. 또 다른 사건은 저명한 심리학 학술지에 게재된 다수의 연구가 재현되지 않아 검증에 실패한 사례다. 이러한 사건들은 연구윤리를 강화하기 위한 체계적인 제도의 도입을 촉진하는 계기가 되었다. 연구윤리 준수는 개별 연구의 과학적 신뢰성뿐만 아니라, 해당 학문 분야의 지식 축적과 확산에도 중대한 영향을 미치는 중요한 이슈이다. 본 장에서는 연구 수행과 보고 과정에서의 연구윤리와 관련된 다양한 주제를 실제 사례와 함께 논의한다.

I. 연구 수행과 보고의 연구윤리

연구 수행과 보고에서 **연구윤리**research ethics는 과학적 진실성, 공정성, 투명성을 유지하고 학문적 신뢰를 보장하기 위해 연구자가 반드시 준수해야 할 규범과 원칙을 의미한다. 따라서 연구자는 연구의 수행과 보고가 일반적으로 받아들여지는 윤리적 기준을 준수하도록 유념해야 한다. 연구윤리를 위반하는 연구 부정행위academic misconduct에는 표절, 자료의 위조 및 변조, 그리고 부당한 저자 표시가 포함된다.

1.1. 연구 부정행위

1.1.1. 표절

표절plagiarism은 다른 사람의 아이디어, 연구 결과, 문장, 데이터 등을 적절한 출처 표기 없이 자신의 것처럼 사용하는 연구 부정행위이다. 이는 학문적 정직성을 위반하는 심각한 행위로, 연구의 신뢰성을 훼손할 뿐만 아니라 법적, 윤리적 책임을 초래할 수도 있다.

(1) 표절의 유형

표절은 다양한 형태로 나타날 수 있으며, 주요 유형은 다음과 같다. 첫째, 타 연구자의 논문을 자신의 연구로 사용하는 행위이다. 예를 들어, 다른 사람의 논문을 자신의 이름으로 학술지에 투고하거나 게재하는 것은 명백한 표절이다. 이는 단순히 번역 수준에서 타 언어의 논문을 모방하는 행위도 포함된다. 예를 들어, 영어로 해외 학술지에 발표된 논문을 한국어로 번역하여 국내 학술지에 투고하는 사례가 적발된 바 있다.

둘째, 타인의 아이디어를 자신의 것처럼 제시하는 행위도 표절에 해당한다. 동료 연구자의 아이디어를 무단으로 사용하거나, 학술대회에서 발표된 내용을 출처 없이 활용하여 논문을 작성하는 것은 명백한 표절이다.

셋째, 타 연구자의 글(문장이나 문단)을 출처 표기 없이 자신의 논문에 사용하는 행위이다. 다른 연구자의 글이나 논문을 그대로 복사하여 사용하면서 출처를 밝히지 않는 것은 명백한 표절이며, 여러 문장이나 단락을 부분적으로 변형하거나 문장 구조를 변경하여 사용하면서도 출처를 밝히지 않는 경우 또한 문장 표절로 간주된다.

넷째, 다른 연구자가 수집한 데이터를 출처 없이 자신의 연구 자료인 것처럼 사용하는 행위는 **자료 표절**data plagiarism에 해당하는 연구 부정행위이다. 최근에는 연구 데이터를 공공 데이터베이스에 공개하는 사례가 증가하고 있으며, 이를 인용이나 사용 허가 없이 무단으로 활용하는 것도 표절로 간주된다.

다섯째, **자기표절**self-plagiarism은 연구자가 이전에 자신이 작성한 논문이나 보고서 등의 학술적 콘텐츠를 전체 또는 일부 재사용하여 새로운 연구 결과인 것처럼 제출하거나 출간하는 행위를 의미한다. 이는 동일한 연구 내용을 여러 번 발표하거나 출판하여 연구 업적을 부풀리려는 의도로 행해지는 경우가 많으며, 부적절한 연구 행위로 간주될 수 있다. 예를 들어, 기존 논문의 내용을 약간 수정하여 여러 학술지에 중복 출판하는 것이 이에 해당한다.

(2) 저작권과 표절

자기표절이 문제가 되는 이유는 **저작권**copyright과 밀접한 관련이 있다. 학술지에 논문을 게재하거나 보고서를 제출하는 경우, 연구자는 일반적으로 저작권을 출판사나 해당 기관에 이양하게 된다. 따라서 자신이 작성한 논문이라 할지라도, 그 저작권은 저자에게 속하지 않는다. 이로 인해, 출간된 자신의 논문과 동일하거나 유사한 내용을 다시 사용하는 자기표절은 저작권이 이전된 타인의 저작물을 표절하는 행위로 간주될 수 있다.

이러한 맥락에서, 연구자가 자신의 이전 출간 논문의 일부를 새로운 출판물에서 적절한 인용 없이 재사용하는 행위인 문장 재활용text recycling 역시 자기표절의 한 형태로 간주된다. 문장 재활용은 연구자의 이전 논문이나 보고서에서 이미 발표된 글, 데이터, 표, 그림 등을 다시 사용하는 것을 포함한다. 특히, 해당 출판물의 저작권이 연구자 본인이 아닌 출판사나 기관에 귀속된 경우, 이는 명백한 자기표절로 간주된다.

그러나 자기표절의 예외적인 경우도 있다. 학위논문과 출간 논문의 내용이 겹치는 경우는 일반적으로 자기표절로 간주되지 않는다. 석사 또는 박사 학위논문의 경우, 저작권은 일반적으로 학위를 취득하는 연구자 본인에게 귀속된다. 따라서 학위논문의 내용을 기반으로 학술지에 논문을 투고하거나 게재하는 것은 일반적으로 허용된다. 다만, 학술지나 교육기관마다 구체적인 규정이 다를 수 있으므로, 사전에 확인하는 것이 중요하다.

1.1.2. 자료의 위조와 변조

연구 자료와 관련된 심각한 부정행위fraud에는 자료의 위조와 변조가 포함된다. 자료의 **위조**fabrication는 연구자가 실제로 존재하지 않는 데이터를 임의로 창작하는 행위를 의미하며, 자료의 **변조**falsification는 이미 수집된 데이터를 연구자가 임의로 수정하거나 조작하는 행위를 뜻한다.

자료의 위조나 변조가 밝혀지는 주요 경로로는 연구자의 주변인에 의한 제보, 자료의 비정상적인 형태, 재검증 실패 등이 있다. 첫째, 연구자의 동료, 공저자 또는 연구 관계자가 내부고발자whistleblower로서 연구 자료의 부정행위를 제보하는 경우가 있다. 연구 자료의 신뢰성에 의심을 가지게 되면, 이를 대학이나 연구 기관에 신고하는 사례가 발생할 수 있다. 사회심리학자 Diederik Stapel의 사례가 대표적이다. 그는 실제 자료를 수집하지 않고 다수의 연구 결과를 학술지에 출판하였으며, 이에 대해 동료 연구자들이 의심을 품고 소속 대학에 제보하였다. 조사 결과, Stapel은 연구 데이터를 수집하지 않고 직접 조작하여 만들어내는 위조 행위를 지속적으로 해왔음이 밝혀졌다.

연구 예시 18-1

Diederik Stapel의 탈선

네덜란드 출신 사회심리학자 Diederik Stapel 은 사회심리학 분야에서 촉망받는 연구자로, 흥미로운 주제를 다룬 50여 편의 논문을 저명한 학술지에 게재하며 명성을 쌓았다. 그러나 2011년, 그의 대규모 연구 부정행위가 밝혀지면서 심리학 및 관련 학문 분야에 큰 파장을 일으켰다Stroebe, Postmes, & Spears, 2012.

Stapel의 연구 부정행위는 동료 연구자의 내부고발whistle-blowing을 통해 드러났다. 그는 실제로는 수집하지 않은 연구 데이터를 마치 직접 수집한 것처럼 꾸며 공저자들에게 제공했고, 그가 제공한 데이터는 대부분 연구 가설을 통계적으로 유의하게 지지하는 결과를 보였다. 공저자들은 이를 바탕으로 논문을 작성하였다.

동료 연구자들은 그의 연구 방식에 의심을 품기 시작했다. 특히, 동료들은 Stapel이 수많은 연구를 수행하면서도 연구실에서 실험 자료(예, 설문지)를 찾아볼 수 없다는 점을 이상하게 여겼다. 또한, Stapel이 제공한 데이터에서 동일한 응답이 지나치게 반복되는 등 비정상적인 패턴이 발견되면서 의혹이 커졌다. 이에 동료 연구자들은 Stapel이 소속된 대학에 공식 조사를 요청하였고, 그의 연구 데이터가 조직적으로 조작되었음이 밝혀졌다.

공식 조사 결과, 최소 50여 편 이상의 논문에서 데이터가 인위적으로 조작된 증거가 발견되었다. Stapel은 데이터를 직접 '창작(위조fabrication)'하거나, 이미 수집된 데이터를 임의로 '수정(변조falsification)'한 뒤, 동료들에게 정상적인 연구 과정을 거친 것처럼 믿게 만들었다. 이러한 연구 부정행위가 드러나면서 그가 저자 또는 공저자로 참여한 논문들이 학술지에서 대거 철회retraction되었다. [그림 E18.1]은 Stapel과 공저자가 *Journal of Experimental Social Psychology*에 게재했다가 철회된

Available online at www.sciencedirect.com

SCIENCE @ DIRECT

Journal of Experimental Social Psychology 42 (2006) 397–405

Journal of Experimental Social Psychology

www.elsevier.com/locate/jesp

ELSEVIER

RETRACTED

Hardly thinking about others: On cognitive busyness and target similarity in social comparison effects ☆

Diederik A. Stapel *, David M. Marx

Department of Social and Organizational Psychology, University of Groningen, Grote Kruisstraat 2/1, 97[illegible] Groningen, [illegible] Netherlands

Received 2 February 2004; revised 4 May 2005
Available online 5 August 2005

Abstract

Two studies were undertaken to investigate the impact of other-self [illegible] on the outco[illegible] of social comparison effects when people are cognitively busy versus non-busy. Results demonstrate th[illegible] when perceivers are able to devote sufficient cognitive resources to the comparison process, extremely similar others lead to a[illegible]ilative sel[illegible]luations, whereas moderately similar others lead to contrastive self-evaluations and dissimilar others lead to null [illegible]. When [illegible]ceivers are cognitively busy, however, both extremely and moderately similar others yield assimilation effects, where[illegible] [illegible]ers yield contrast effects.
© 2005 Elsevier Inc. All rights reserved.

Keywords: Social comparison; Self; Similarity; Cognitive busyness; [illegible]

Social comparisons are prima[illegible] knowledge about the self by rela[illegible] emoti[illegible] thoughts, and behaviors to those arou[illegible] (see Bla[illegible], 2000; Wood, 1989). Indeed, over [illegible] since Fe[illegible]nger's seminal paper on social [illegible]parison [illegible]ory (Festinger, 1954) countless expe[illegible]ts have been c[illegible]ucted on the outcomes of the c[illegible]arison [illegible]ocess. These experiments have shown that s[illegible]arisons can lead to contrast (I feel stupid [illegible] colle[illegible] an excellent chess player), a[illegible] (I [illegible] because my sister won the Pu[illegible] priz[illegible]s well a[illegible]ll effects (I do not feel less attracti[illegible] Cindy Crawford because she is a pro[illegible]al model and I am a psychologist).

Reviews of the relevant literature have identified a number of moderators of whether social comparisons yield contrast or assimilation (for reviews see e.g., Mussweiler & Strack, 2000; Stapel & Suls, 2004).

Interestingly, even though studies on the self-evaluative consequences of social comparisons abound, the vast majority of these studies have focused on the impact of social comparisons in situations that allow for relatively mindful and effortful processing (see Markman & McMullen, 2003; Suls & Wheeler, 2000; Taylor & Lobel, 1989). Only recently have studies been published that explicitly investigate and compare more versus less controllable social comparison effects (e.g., Gilbert, Giesler, & Morris, 1995; Pelham & Wachsmuth, 1995; Stapel & Blanton, 2004). Hence, we do not know much about the possible similarities and differences between social comparisons that are made when people *think hard* versus when people (can) *hardly think* about the social comparison information. Some have argued that when people are cognitively busy, assimilation is more likely (e.g., Pelham & Wachsmuth, 1995), whereas others have shown that contrast is more likely in such situations (e.g.,

☆ The research and writing was supported in part by a "Pionier" grant from the Dutch Science Foundation (Nederlandse Organisatie voor Wetenschappelijk Onderzoek) and a research grant from the Heymans Institute of the University of Groningen, awarded to the first author.
* Corresponding author. Fax: +31 50 363 4581.
E-mail addresses: d.a.stapel@ppsw.rug.nl (D.A. Stapel), d.marx@ppsw.rug.nl (D.M. Marx).

0022-1031/$ - see front matter © 2005 Elsevier Inc. All rights reserved.
doi:10.1016/j.jesp.2005.05.006

[그림 E18.1] 게재 철회된 Diederik Stapel의 논문

논문을 보여준다. 논문이 철회된 경우, 대부분 빨간색 "RETRACTED(철회됨)" 표시가 논문에 인쇄된다.

이 사건 이후, Stapel은 재직 중이던 대학에서 해임되었으며, 심리학 및 행동과학 분야에서는 연구 윤리의 중요성을 재점검하는 계기가 되었다. 이후 Stapel은 자신의 부정행위에 대해 공식 사과하고, 자신의 경험과 심정을 담은 책 *Ontsporing*(탈선, 영어 제목은 *Derailment*)을 출간하기도 했다Stapel, 2012.

둘째, 공개된 자료의 비정상적인 형태를 통해 연구 부정행위가 밝혀지는 경우가 있다 Simonsohn, 2013. 최근 들어 많은 학술지가 연구자들에게 OSFOpen Science Framework와 같은 공공 데이터베이스에 연구 데이터를 공개하도록 요구하고 있다. 이에 따라 제3자가 공개된 데이터를 분석하는 과정에서 이상한 패턴을 발견하여 연구의 위조 또는 변조가 드러나는 사례가 증가하고 있다. 예를 들어, 하버드대학교의 조직행동 및 행동과학 연구자인 Francesca Gino 교수의 연구 부정행위도 이러한 방식으로 밝혀졌다. 제3자가 Gino 교수의 연구 데이터를 분석하는 과정에서 비정상적인 패턴을 발견하였고, 이를 계기로 그녀의 연구에서 데이터 조작이 있었다는 사실이 드러났다(연구 예시 18-2).

연구 예시 18-2

정직한 행동에 대한 정직하지 않은 연구

Shu, Mazar, Gino, Ariely, & Bazerman(2012; retracted)은 학술지 *Proceedings of the National Academy of Sciences*(*PNAS*)에 "Signing at the beginning makes ethics salient and decreases dishonest self-reports in comparison to signing at the end"라는 논문을 게재하였다. 이 연구는 문서의 앞부분에 서명하는 경우가 마지막 부분에 서명하는 경우보다 사람들의 자기 보고에 있어서 정직성을 높인다는 내용을 담고 있었다.

이 논문에서 보고된 실증연구 중 하나는 보험 가입자의 운행 거리 보고와 관련된 것이었다. 연구에 따르면, 서류의 앞부분에 서명한 그룹이 마지막 부분에 서명한 그룹보다 실제 운행 거리를 더 정직하게 보고했다는 결과가 나왔다. 이 연구는 이해하기 쉬운 개념을 다루면서도 실무적 시사점이 크다는 이유로 학계와 산업계에서 큰 주목을 받았다. 실제로 한 보험회사는 이 연구 결과를 반영하여 기존의 서류 양식을 변경하였다. 즉, 기존에는 운전 거리 등의 정보를 기입한 후 마지막에 서명하도록 했으나, 이를 보험 가입자가 먼저 서명한 후 운전 거리 정보를 기입하는 방식으로 변경하였다.

이 연구의 부정행위가 밝혀지는 계기는 행동과학 연구자인 Uri Simonsohn, Joseph Simmons, Leif Nelson이 관련된 글을 자신들이 운영하는 블로그 *Data colada*에 게시하면서 이다. *Data colada*(https://datacolada.org)는 연구 방법론과 데이터 분석과 관련된 다양한 주제를 다루는 블로그이다. 이들은 해당 연구의 데이터를 분석한 결과 자료에 비정상적인 패턴이 존재한다는 사실을 지적하는 글을 게시했다. 특히, 연구 자료에 포함된 운전 거리 데이터에서 이상한 관측값들이 발견되었다. 일반적으로 특정 기간(예, 지난 1년간)의 운행 거리를 기억에 근거해 보고할 때 15,000마일처럼 0으로 끝나는 숫자로 기입하는 경향이 있다. 그러나 해당 연구에서는 14,782마일과 같이 비정상적으로 구체적인 숫자가 빈번하게 나타나는 문제가 발견되었다. 이러한 비정상적 데이터 패턴은 연구 부정행위의 강력한 증거로 작용했다. *Data colada*의 문제 제기를 계기로 대학에서 공식 조사가 진행되었으며, 결국 해당 논문은 게재 철회retraction되었다.

셋째, 출간된 특정 연구 결과가 지속적으로 재현되지 않는 경우에도 연구 자료 조작이 의심될 수 있다. 그러나 재현 실패만으로 연구 부정행위를 입증하기는 어렵다.[1] 그 이유는 재현 실패의 원인이 다양할 수 있기 때문이다. 먼저, 연구자가 존재하지 않는 효과를 위조나 변조된 허위 데이터로 검증한 경우, 해당 결과는 다른 연구에서 쉽게 검증되지 않을 수 있다. 그러나 재현 실패는 반드시 자료 조작 때문만은 아닐 수 있다. 하나의 가능성은, 원래 연구 결과가 자료 조작이 아닌 1형 오류type I error에 의해 나타났을 경우이다. 1형 오류는 연구자의 잘못이 아니라 통계적 확률에 의해 발생할 수 있는 오류이므로, 단순히 재현 실패만으로 자료 조작을 단정할 수는 없다. 또 다른 가능성은 재검증 연구자가 원래 연구의 실험 설계, 변수 조작 및 측정, 연구 과정 등을 충분히 충실하게 재현하지 못한 경우이다. 실험 조건이 원래 연구와 다를 경우, 재현 실패가 발생할 가능성이 높아진다. 따라서 소수의 연구에서 재현이 실패했다는 이유만으로 연구 부정행위를 단정하기는 어렵다. 그러나 다수의 독립적인 연구에서 일관되게 재현 실패가 나타난다면, 원래 연구 결과가 자료 조작에 의해 도출되었을 가능성을 배제할 수 없다. 이러한 경

1) 그렇다고 재현의 성공이 원래 논문 자료의 위조나 변조가 없음을 보장하는 것은 아니다Strobe et al., 2012.

우, 원래 연구에 대한 면밀한 검토와 추가적인 조사가 필요할 수 있다.

1.1.3. 저자

연구는 아이디어 단계부터 논문 출간까지 많은 사람들의 협업을 통해 이루어지는 경우가 대부분이다. 연구자는 토론 중에 아이디어를 얻거나, 연구 진행 과정에서 동료로부터 제안이나 개선 의견을 받을 수 있다. 또한, 자료 수집과 분석, 논문 수정 과정에서 전문가, 동료 연구자, 대학원생 등의 도움을 받는 것이 일반적이다. 따라서 연구 과정에서 타인의 기여가 어느 정도 포함되는 것은 자연스러운 일이다.

그러나 어떤 기여자까지 논문의 공저자로 인정할 것인지는 항상 명확하지 않다. 또한, 저자로 인정되더라도 저자의 순서를 정하는 문제가 따른다. 일반적으로 제1저자는 연구에 가장 많이 기여한 사람이며, 그 뒤로 기여도에 따라 저자의 순서가 결정된다.

연구윤리에서 저자 문제와 관련된 중요한 이슈는 크게 두 가지이다. 하나는 정당한 기여가 저자로 인정되지 않는 경우이다. 어떤 연구자는 충분히 연구에 기여했음에도 불구하고 저자 목록에서 제외되는 경우가 있다. 예를 들어, 연구에 상당한 기여를 한 대학원생이 저자로 포함되지 않는 것이 이에 해당한다. 또한, 제1저자로서의 역할을 했음에도 불구하고 부당하게 저자 순위가 뒤로 밀리는 경우도 문제가 될 수 있다. 또 다른 이슈는 기여도보다 과도한 인정을 받는 경우이다. 예를 들어, 취업이나 승진을 위해 논문이 필요한 연구자가 실제 연구에 기여하지 않았음에도 공동저자로 포함되는 경우가 있다. 또한, 연구에 일부 기여했으나 기여도 이상으로 높은 저자 순위를 받는 경우도 연구윤리에 어긋난다.

과거에는 대학원생의 학위논문을 기반으로 논문을 작성할 때, 지도교수가 충분한 기여 없이 제1저자로 등재되는 관행이 존재했으나, 이는 명백히 연구윤리에 어긋나는 행위이다. 저자 자격과 순서는 연구 기여도를 기반으로 공정하게 결정되어야 하며, 부당한 저자 표기는 연구윤리 위반으로 간주될 수 있다.

1.2. p–해킹

p–해킹p-hacking은 실증연구에서 통계적으로 유의한 p값을 얻기 위해 연구자가 데이터를 선택적으로 이용하거나 분석하는 과정을 의미한다Simmons, Nelson, Simonsohn, 2011. 'p–해킹'이라는 용어는 유의한 결과($p < .05$)를 도출하기 위해 연구자가 자료의 수집, 분석, 보고 과정에서 선택적 결정을 내릴 수 있다는 점에서 유래되었다. p–해킹이 발생하는 주

요 원인은 학술지에 논문이 게재되려면 통계적으로 유의미한 결과를 제시해야 하기 때문이다. 이를 위해 연구자는 일반적으로 사용되는 유의수준 기준값(.05)보다 낮은 p값을 얻으려는 의도적 혹은 무의식적인 결정을 내릴 가능성이 있다.

1.2.1. p-해킹 유형

p-해킹은 표절이나 자료의 위조처럼 명백한 연구 부정행위와는 달리, 많은 연구자들이 관행적으로 사용해왔던 다양한 방법들을 포함한다. 따라서 p-해킹은 문제적 연구 관행questionable research practice으로도 불린다Simmons et al., 2011. 이러한 p-해킹은 연구 디자인, 자료 수집, 분석, 연구 보고 등 연구 과정의 여러 단계에서 나타날 수 있다.

(1) 가설의 사후 수정

가설과 연구 결과가 일치하지 않을 경우, 연구 결과에 맞게 가설을 수정하는 경우를 말한다. 즉, 연구 결과가 도출된 후 마치 처음부터 그에 맞는 가설을 세웠던 것처럼 가설을 재구성하거나 논문을 작성하는 행위가 이에 해당한다. 또 다른 예로, 여러 가설을 동시에 검증한 후 통계적으로 유의한 가설만 선택하여 이를 핵심 가설로 주장하는 것도 유사한 사례이다.

(2) 임의적 자료 수집

원하는 결과가 나올 때까지 자료를 계속 수집한 후, 통계적으로 유의한 결과가 도출되면 자료 수집을 중단하는 행위peeking는 문제적 연구 관행 중 하나이다. 연구 계획에 따라 정해진 방식으로 자료를 수집하는 대신, 연구자가 자료 수집 과정에서 중간중간 통계 분석을 수행하고, 원하는 수준의 유의성이 확인되면 자료 수집을 조기 종료하는 방식은 유의한 p값이 나올 확률을 인위적으로 높이는 결과를 초래한다.

(3) 임의적 자료 처리

임의적 자료 처리는 연구자가 자료의 전처리 또는 분석 포함 여부를 가설 검증에 유리한 방향으로 결정하는 것을 의미한다. 예를 들어, 결측치missing data나 이상치outlier를 분석에서 제거할지 포함할지를 유리한 p값이 나오는 상황에 따라 선택하는 것이 한 사례이다. 또 다른 예로, 여러 종속변수 중에서 통계적으로 유의한 결과가 나오는 변수만 선택적으로 사용하는 경우도 이에 해당한다.

(4) 임의적 자료 분석

임의적 자료 분석은 연구자가 특정한 결과를 얻기 위해 분석 방법을 선택하거나 조정하는 행위를 의미한다. 예를 들어, 특정 변수를 원자료raw data 그대로 사용할 수도 있고, 변환(예, 로그 변환)하여 사용할 수도 있는 경우, 이러한 선택을 낮은 p값을 얻는 것만을 기준으로 결정하는 것이 한 사례이다. 또한, 통제변수나 공변량을 통계 모형에 포함할지 여부를 오직 p값을 낮추는 목적에 따라 결정하는 것도 대표적인 p-해킹 사례에 해당한다.

(5) 선택적 보고

선택적 보고selective reporting는 통계적으로 유의하지 않은 결과를 제외하고, 유의한 결과만 논문에 보고하는 행위를 의미한다. 예를 들어, 추가 연구나 실험에서 가설을 지지하지 않는 결과가 나왔을 경우 이를 논문에서 누락하고, 가설을 지지하는 결과만을 보고하는 것이 대표적인 사례이다.

연구 예시 18-3

비틀즈의 "When I'm 64" 노래를 들으면 나이가 어려진다($p < .05$).

Simmons, Nelson, and Simonsohn(2011)은 비틀즈The Beatles의 When I'm 64 노래를 들은 집단이 중립적인 음악을 들은 통제 집단보다 나이가 어려졌다는 연구 결과를 제시했다. 연구에서는 대학생 20명을 랜덤하게 두 집단으로 나눈 후, 실험 집단에는 When I'm 64를, 통제 집단에는 아이폰 배경음인 Kalimba를 들려주었다. 이후 참가자의 생년월일을 바탕으로 실제 나이를 계산했으며, 연구참여자의 기본 나이를 통제하기 위해 아버지의 나이를 공변량으로 사용했다. 공분산분석ANCOVA 결과, When I'm 64를 들은 실험 집단의 평균 나이(M=20.1)가 통제 집단(M=21.5)보다 낮게 나타났다($F(1, 17)=4.92$, $p=.040$).

그러나 특정 노래를 듣는 것이 참가자의 실제 나이를 변화시킬 수는 없다. Simmons 등(2011)은 이 연구를 통해 p-해킹을 사용하면 불가능한 결과도 실증연구에서 유의미한 효과로 보이게 만들 수 있음을 보여주고자 했다. 실제 수행된 연구와 보고된 연구 사이에는 차이가 존재했다.

먼저, 연구 보고서에는 두 집단(실험 집단과 통제 집단)만 언급되었으나, 실제 실험에서는 추가로 Wiggles의 Hot Potato 노래를 들은 집단이 존재했다. 그러나 이 조건에서는 유의한 차이가 나타나지 않아, 연구 보고서에서 완전히 제외되었다. 또한, 연구 초반에 표본 크기를 미리 정하지 않고, 실험 참가자 10명 단위로 데이터를 분석하며 p값이 유의한 수준에 도달하는 순간 실험을 종료했다. 더불어, 연구에서는 참가자의 실제 나이뿐만 아니라 주관적 나이(스스로 느끼는 나이)도 측정했으나, 이 변수는 보고되지 않았다. 공변량으로 사용된 아버지의 나이 외에도 어머니의 나이, 성별, 과거에 대한 긍정적 감정 등을 측정했으나, 아버지 나이를 제외한 변수들은 p값을 유의하게 낮추는 데 기여하지 않았으므로 연구 보고서에서 언급되지 않았다. 아버지의 나이를 공변량으로 포함하지 않은 경우 두 집단 간의 나이 차이는 유의하지 않았다. 결과적으로 Simmons 등(2011)의 연구는 p-해킹이 무분별하게 사용될 경우, 실제로는 존재하지 않는 효과도 통계적으로 유의미한 결과로 보이게 할 수 있음을 실증적으로 보여주었다.

1.2.2. p-해킹의 부작용

p-해킹은 연구의 신뢰도를 저하시킬 뿐만 아니라, 연구 분야의 발전을 저해할 수 있다.

첫째, p-해킹은 거짓 양성false positive 효과를 만들어낸다. 즉, 실제로 존재하지 않거나 미미한 효과가 통계적으로 유의미한 것처럼 나타날 가능성이 높아진다. 이는 후속 연구의 재현가능성reproducibility을 저하시켜, 연구의 신뢰도를 약화시킨다.

둘째, 연구 결과에 대한 신뢰를 낮춘다. p-해킹이 만연할 경우, 독자나 동료 연구자들은 발표된 연구 결과를 신뢰하기 어려워지고, 이는 학계 전반에 혼란을 초래할 수 있다.

셋째, 학문 발전을 저해할 수 있다. 재현되지 않는 무의미한 연구 결과가 누적되면서 학문적 통찰이 왜곡될 위험이 커진다. 시간이 지난 후 이러한 잘못된 결론을 바로잡는 과정에는 막대한 연구 자원, 비용, 시간의 낭비가 초래될 수 있다.

1.2.3. p-해킹의 방지

p-해킹의 부작용을 방지하기 위해 학계에서는 다양한 노력이 이루어져 왔다Wicherts et al., 2016.

첫째, 연구의 사전등록preregistration이다. 연구 계획, 가설, 분석 방법 등을 연구 시작 전에 공개하여, 연구자가 사전에 등록된 연구 계획에 따라 연구를 진행하도록 유도한다. 이를 통해 연구 과정에서 가설이나 분석 방법을 임의로 변경하는 것을 방지할 수 있다.

둘째, 연구 자료와 데이터 공개이다. 실증연구에서 사용된 자극물, 설문지, 원자료, 분석 코드, 연구 프로토콜 등을 공개하여 누구나 연구를 재분석할 수 있도록 한다. 이는 연구의 투명성을 높이고, 재현가능성을 검증하는 데 기여한다.

셋째, 재현가능성 강화이다. 주요 연구의 경우, 독립적인 연구자가 동일한 연구를 수행하여 결과를 검증할 수 있도록 한다. 이를 통해 p-해킹으로 인한 부정확한 결과가 밝혀질 가능성이 높아진다.

넷째, 학술지와 학계의 논문 평가 기준 개선이다. 논문의 가치를 '유의미한 결과' 여부에만 의존하는 것이 아니라, 연구 설계의 질, 연구 과정의 투명성, 재현성, 데이터 공개 여부 등을 더욱 중요하게 평가하는 문화와 제도가 필요하다.

다섯째, 연구윤리 교육 강화 이다. 대학원생 등 예비 연구자 시절부터 통계적 방법론, 연구윤리, 오픈 사이언스open science에 대한 교육을 강화하여, 무의식적인 p-해킹이나 의도적인 데이터 조작을 예방하는 것이 중요하다.

Ⅱ. 투명하고 공개된 연구의 실행

연구윤리를 준수하기 위해 권장되는 방법 중 하나는 투명하고 공개된 연구 수행이다. 이는 연구 과정과 결과물을 최대한 공유하고 공개함으로써 연구의 신뢰성과 재현가능성을 높이는 접근 방식을 의미한다. 연구의 투명성을 강화하면 연구 신뢰도 증가, 연구 효율성 향상, 협업 촉진과 같은 다양한 장점을 얻을 수 있다. 따라서 투명하고 공개된 연구는 실증 연구의 전 과정에 걸쳐 이루어져야 한다.

2.1. 연구 기획 단계

연구자는 실증 자료의 수집이나 분석에 앞서, 연구의 투명성을 확보하기 위해 계획 단계부터 철저한 준비가 필요하다.

첫째, 연구의 사전등록을 활용하여 연구 가설과 연구 방법론을 구체화한다. 사전등록 플랫폼으로는 AsPredicted(https://aspredicted.org)와 OSF(https://osf.io/dashboard)가 주로 사용된다. 특히, 사전등록 시에 공동 저자, 연구 가설, 종속변수 및 측정 방법, 연구 설계와 독립변수, 자료 분석 방법, 이상치 처리 계획, 목표 표본 크기 등을 구체적으로 명시해야 한다.

둘째, 연구윤리 및 관리 계획을 수립한다. 연구참여자를 대상으로 직접 자료를 수집하는 경우, 연구 윤리, 개인정보 보호, 연구참여자의 권리 보호 등을 사전에 고려해야 하며, 필요할 경우 기관 생명윤리 위원회(IRB)institutional review board의 승인을 받아야 한다.

셋째, 공동연구자 및 이해관계자와의 협의가 필요하다. 연구 목표, 연구 설계, 방법론, 데이터 공유 범위 등에 대해 공동연구자 및 이해관계자들과 사전 협의를 통해 합의점을 도출해야 한다. 이를 통해 각자의 역할과 책임, 기대치를 명확히 정리하여 연구 과정에서 발생할 수 있는 갈등을 최소화할 수 있다.

2.2. 자료 수집 및 분석 단계

자료의 수집 및 분석 과정의 투명한 공개와 관리는 연구윤리를 준수하는 것뿐만 아니라, 후속 연구의 재현성을 보장하는 데에도 필수적이다.

첫째, 자료 수집 과정과 관련된 모든 기록을 보존해야 한다. 실증연구에서 사용된 자료(예, 실험 자극물, 설문지), 연구 절차, 관찰 기록 등 모든 데이터 수집 과정을 체계적으로 저장하고 구체적으로 문서화해야 한다. 연구 과정은 후속 연구자가 동일한 조건에서 재검증할 수 있을 정도로 상세히 기록되어야 한다.

둘째, 자료 처리 과정의 투명성을 확보해야 한다. 원자료의 결측치나 이상치 처리 과정을 명확하게 기록하고, 분석에서 제거된 데이터나 예외 사례가 있다면 그 이유와 처리 기준을 구체적으로 기술해야 한다. 또한, 자료 처리 과정은 연구 논문에서 명확하게 설명되어야 한다.

셋째, 자료 분석에 사용된 특수한 스크립트나 코드를 명시하고 공개해야 한다. 분석 과정에서 특정한 코드나 스크립트를 활용한 경우, 다른 연구자가 쉽게 재현하고 활용할 수 있도록 주석과 문서를 충실히 작성하여 공유하는 것이 바람직하다.

2.3. 논문 투고, 심사, 출간 단계

연구자가 논문을 완성하고 투고, 심사, 출간하는 과정에서도 투명성의 원칙을 준수하는 것이 중요하다.

첫째, 연구자는 결과 해석과 연구의 한계를 정직하게 기술해야 한다. 연구 결과가 긍정적인 경우뿐만 아니라, 가설이 지지되지 않은 부정적 결과나 예외적 사례도 솔직하게 보고하는 것이 원칙이다. 또한, 연구자가 연구의 한계와 잠재적인 오류 가능성을 명확히 기술하고, 후속 연구를 위한 제언을 제시해야 한다.

둘째, 실증연구 자료 및 데이터의 공개를 확대해야 한다. 최근 연구에서는 설문지, 실험 자극물과 같은 실증연구 자료뿐만 아니라 연구 데이터를 다른 연구자들이 접근할 수 있도록 공개하는 것이 중요하게 여겨지고 있다. 이는 논문의 실증연구 결과를 검증하는 데 활용될 수 있다. 행동과학 연구에서 많이 사용되는 대표적인 공공 데이터 공유 플랫폼으로 OSF(https://osf.io) 등이 있다.

셋째, 논문 심사 과정의 투명성을 강화해야 한다. 기존의 논문 심사peer review 과정은 외부에 공개되지 않는 것이 일반적이었으나, 최근에는 오픈 피어 리뷰open peer review 제도를 도입하는 학술지가 증가하고 있다. 오픈 피어 리뷰는 논문의 심사 과정과 심사평을 공개하여 논문 평가 과정의 투명성을 높이는 방식이다. 이를 통해 논문의 질적 평가가 보다 공정하고 객관적으로 이루어질 수 있다.

연구 예시 18-4

Open Science 배지의 효과

Open Science 배지badge는 연구 과정에서 투명성과 개방성을 실천한 연구자에게 학술지나 단체(예, 학회)가 수여하는 인증 또는 마크를 의미한다. 이 제도는 심리학 분야의 학술지 *Psychological Science*가 2014년 처음 도입했다Eich, 2014.

Open Science 배지는 다음과 같이 세 가지 유형이 있다. 각 배지는 특정 조건을 충족한 논문에 부여되며, 세 배지의 디자인은 [그림 E18.2]에 제시되어 있다.

1. 사전등록 배지preregistered badge: 연구 가설, 방법론, 분석 계획 등을 사전에 등록한 논문에 수여된다.
2. 데이터 공유 배지open data badge: 연구에서 사용한 원본 데이터를 공개한 경우 부여된다.
3. 연구자료 공유 배지open materials badge: 논문의 실험 설계, 설문지, 분석 스크립트 등의 연구 자료를 모두 공개한 논문에 수여된다.

Kidwell 등(2016)에 따르면, Open Science 배지는 연구 투명성과 개방성을 향상시키는 데 유의한 효과를 미치는 것으로 나타났다. 배지 제도 도입 전후를 비교한 결과, 연구 데이터 및 연구 자료를 공개하는 비율이 유의미하게 증가했다. 또한, 사전등록의 경우, 배지 도입 이전에는 거의 활용되지 않았으나, 제도 시행 이후 사전등록 배지를 받은 논문의 수가 점차 증가하는 추세를 보였다. 이러한 결과는 Open Science 배지가 연구자들에게 보다 개방적이고 투명한 연구 관행을 독려하는 중요한 역할을 할 수 있음을 시사한다.

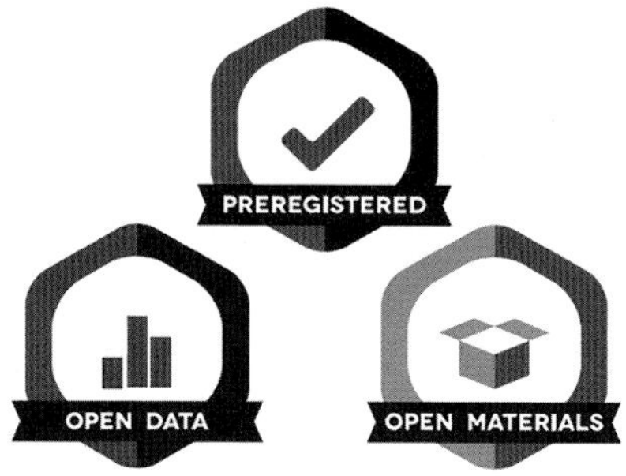

[그림 E18.2] Open Science 배지

Ⅲ. 연구참여자와 연구윤리

행동과학 분야에서 자료 수집은 인간을 대상으로 한 실증 연구를 통해 이루어진다. 연구에 참여하는 대상을 연구참여자participant라 하며, 설문 연구에서는 응답자respondent, 실험 연구에서는 피실험자participant; subject라고 부르기도 한다.

연구윤리는 연구참여자의 복지와 안전을 보장하는 것을 최우선으로 하며, 연구자는 이를 철저히 준수해야 한다. 일반적으로 연구참여자를 대상으로 한 연구윤리 규범이 존재하며, 이를 지키는 것이 연구자의 기본적인 의무이다.

미국심리학회(APA)는 인간을 대상으로 한 연구에서 연구자가 준수해야 할 연구윤리 기준과 원칙을 명확히 제시하고 있다. APA가 제시하는 다섯 가지 연구윤리 원칙은 다음과 같다:

1. 선의와 무해beneficence and non-maleficence: 연구참여자에게 이로운 영향을 주어야 하며, 어떠한 위해도 가해서는 안 된다.
2. 성실과 책임감fidelity and responsibility: 연구자는 신뢰성과 책임감을 가지고 연구를 수행해야 한다.
3. 정직integrity: 연구자는 연구 과정과 결과에서 정확하고 진실된 태도를 유지해야 한다.

4. 공정justice: 연구 과정에서 공정성과 평등을 추구해야 한다.
5. 존중respect: 연구참여자의 권리와 존엄성을 존중해야 한다.

3.1. 연구참여자의 안전과 위해

연구참여자와 관련된 연구윤리의 가장 중요한 원칙 중 하나는 연구참여자의 신체적 및 심리적 안전safety을 보장하는 것이다. 즉, 연구의 설계와 실행의 전 과정에서 연구참여자에게 신체적 또는 심리적 위해harm가 발생하지 않도록 주의해야 한다.

3.1.1. 신체적 위해

연구자는 연구 과정에서 연구참여자에게 신체적 위해physical harm가 발생하지 않도록 철저히 주의해야 한다. 예를 들어, 약물이나 특정 물질(예, 알코올, 카페인)이 신체에 미치는 영향을 연구하는 경우, 해당 물질의 부정적인 영향을 사전에 면밀히 검토해야 한다. 연구참여자의 건강과 안전을 최우선으로 고려하여 연구를 설계하고, 필요할 경우 의학적 감독을 포함하는 등의 조치를 마련해야 한다.

3.1.2. 심리적 위해

심리적 변수를 조작하거나 측정하는 연구에서는 심리적 위해psychological harm가 발생할 가능성을 고려해야 한다. 심리적 위해란 연구참여자가 연구 도중 또는 연구 후에 경험하는 스트레스distress, 당혹감embarrassment 등의 부정적인 감정이나 심리적 상태를 의미한다. 예를 들어, 과도하게 부정적인 감정을 유발하거나 극단적인 상황을 조작하는 연구는 연구참여자에게 심리적 위해를 가할 수 있다.

사회심리학에서 널리 알려진 Stanley Milgram(1963, 1974)의 복종obedience 실험은 심리적 위해의 대표적인 사례이다. Milgram의 실험에서는 연구참여자들이 권위자의 지시에 따라 다른 사람에게 전기충격을 가하도록 요구받았으며, 이 과정에서 참여자들은 실험 도중 극심한 심리적 부담과 죄책감을 경험했다. 실험이 끝난 후에도 이러한 심리적 위해가 지속된 사례가 많았으며, 이는 연구윤리의 중요성을 강조하는 계기가 되었다.

Milgram 실험은 "권위에 대한 인간의 복종 심리가 어디까지 이어질 수 있는가?"라는 중요한 심리학적 발견을 가져왔지만, 동시에 연구참여자 보호의 필요성을 부각시키는 계기가 되었다. 이후 현대 심리학 연구에서는 연구윤리가 대폭 강화되었으며, 연구참여자의 보호 및 사후 케어, 실험 참여에 대한 사전 동의, 연구 과정의 투명성 확보 등이 필수적인 기준으로 자리잡게 되었다.

3.2. 연구참여자에 관련된 연구윤리

연구참여자의 안전과 권리를 보장하기 위해 일반적으로 적용되는 연구윤리 원칙이 존재한다. 이러한 원칙들은 대부분의 연구윤리 규정에서 요구하는 사항이며, 연구자는 연구 수행 과정에서 이를 철저히 준수해야 한다.

3.2.1. 연구참여 설명서와 동의서

동의서consent form**는 연구참여 설명서 및 동의서**information and consent form라고도 한다. 연구자는 연구 시작 전에 연구참여자에게 연구에 대한 기본적인 설명을 한 후에 연구참여에 대한 동의서를 받아야 한다. 연구자는 연구참여자에게 연구에서 요구하는 과업(예, 설문 응답), 연구 소요시간, 그리고 연구윤리 관련 내용(예, 참여 철회 권리나 개인정보 보호) 등과 같은 기본 정보를 제공한 후에, 연구참여자에게 동의서에 서명을 받는다. 이전에는 용지에 인쇄한 동의서가 주로 사용되었으나 최근에는 온라인 동의서도 많이 사용된다.

3.2.2. 참여 철회 권리

참여 철회 권리right to withdraw는 연구참여자가 연구 도중 언제든지 연구참여를 철회하거나 중단할 수 있는 권리를 의미한다. 이 권리는 연구참여자가 동의서에 서명하기 전에 명확하게 안내되어야 하며, 연구 도중에도 참여자가 어떠한 이유에서든 연구참여를 원하지 않을 경우 즉시 중단할 수 있도록 보장해야 한다.

또한, 연구참여자가 연구참여를 철회하더라도 어떠한 불이익도 받아서는 안 된다. 예를 들어, 연구참여의 보상으로 보너스 점수나 금전적 보상이 제공하는 경우, 연구참여자가 중도에 참여를 철회하더라도 보너스 점수나 금전적 보상은 지급되어야 한다.

참여 철회는 연구가 종료된 이후에도 가능하다. 이 경우, 연구자는 참여자의 요청에 따라 해당 참여자의 연구 데이터를 폐기해야 한다.

3.2.3. 기밀유지

연구자는 연구참여자의 개인정보와 연구 응답에 대한 **기밀유지**confidentiality 원칙을 철저히 준수해야 한다. 즉, 개별 참여자의 신원이나 응답 내용이 외부로 유출되거나 식별될 위험이 없도록 모든 조치를 취해야 한다.

연구 과정에서 참여자의 정보가 식별 가능할 가능성이 있는 경우, 반드시 사전 동의informed consent를 받아야 하며, 동의서는 해당 정보의 수집, 보관, 분석, 공개 방식에 대해 구체적으로 명시해야 한다. 예를 들어, 소수의 참여자를 대상으로 심층 면접을 수행하는 질적 연구에서는 응답자의 개별 정보가 중요한 연구 자료로 포함될 수 있다. 그러나 이와 같은 경우에도, 연구 결과를 보고하거나 논문으로 발표할 때는 원칙적으로 실명을 사용하지 않고, 가명 또는 이니셜 등을 사용하여 참여자의 신원을 보호해야 한다. 필요시, 직업, 지역, 나이 등의 정보도 식별 가능성을 최소화할 수 있도록 수정하거나 생략해야 한다.

3.2.4. 기만

기만deception이란 연구참여자에게 연구와 관련된 사실을 정확하게 전달하지 않는 것을 의미한다. 일반적으로 기만은 연구윤리에 부합하지 않지만, 연구의 목적이나 설계상 불가피하게 필요한 경우가 있다.

예를 들어, 제품 가격이 품질 지각에 미치는 영향을 연구하는 경우, 연구자가 연구참여자에게 실험의 목적을 미리 알리면, 참여자가 연구 목적을 의식하여 응답이 왜곡될 가능성이 있다. 마찬가지로, 의약품 효과를 연구하는 실험에서는 위약 효과placebo effect를 고려하여 가짜 약을 복용하는 통제집단을 설정하는 경우가 있다. 위약 효과란, 약을 복용하는 행위 자체가 심리적 기대를 높여 실제 치료 효과를 유발할 수 있는 현상을 의미한다. 따라서, 참여자들은 자신이 복용하는 약이 실제 약인지, 위약(가짜 약)인지 모르는 상태에서 연구에 참여해야 한다.

이처럼 기만은 특정 연구에서 필요한 전략으로 사용될 수 있으며, 연구 목적을 달성하는 데 있어 불가피한 경우가 존재한다. 그러나 기만을 사용한 연구를 수행한 경우, 연구자는 연구 종료 후 반드시 연구참여자에게 사후설명debriefing을 제공해야 한다. 사후설명을 통해 연구의 목적과 실험에서 사용된 기만의 필요성을 설명함으로써, 연구참여자가 연구 과정에 대해 정확히 이해하고 불필요한 혼란이나 불쾌감을 느끼지 않도록 해야 한다.

3.2.5. 사후설명

사후설명debriefing은 연구 종료 후, 연구에 대한 구체적인 내용을 연구참여자에게 전달하는 과정을 의미한다. 사후설명은 연구 과정에서 생길 수 있는 기만 사용이나 정보 비대칭으로 인해 참여자가 겪을 수 있는 혼란, 스트레스, 불신을 해소하기 위한 윤리 절차이다. 실증연구, 특히 심리학 실험에서는 연구 종료 직후 가능한 한 빠르게 참여자에게 사실관계를 설명하고, 심리적 안정과 자발적 참여 의사를 재확인하는 과정을 거치는 것이 권장 또는 의무화되어 있다. 이는 연구대상자의 권리와 존엄을 보호하고, 나아가 학문적 진실성과 사회적 신뢰를 지키기 위한 핵심적인 장치라 할 수 있다.

3.3. 기관 생명윤리 위원회(IRB)

연구 윤리의 준수는 궁극적으로는 연구자의 책임이지만, 연구자의 자율에만 맡기기에는 연구참여자와 관련된 연구 윤리의 준수는 너무 중요하기 때문에 이를 심의하는 기구와 과정이 필요하다. **기관 생명윤리 위원회**(IRB)institutional review board는 인간 대상 연구에서 연구참여자의 안전과 권리를 도모하기 위해 연구계획을 사전에 심사 및 승인하고, 연구 진행 과정을 모니터링하며, 필요시 연구의 중단이나 수정을 요구하는 독립적 기구다. 주로 학술기관(대학교)이나 병원, 공공 연구소 등에서 설치되며, 연구자가 제출한 계획서(참여자 동의 절차, 위험도 평가, 개인정보 보호방안 등)를 윤리적, 과학적 타당성 측면에서 종합 검토하고, 연구 기간 내내 부작용이나 예상치 못한 상황이 발생하는지 감독한다. 법적으로는 "생명윤리 및 안전에 관한 법률"에 따라 의무적으로 운영되며, 미국을 비롯해 국제적으로도 Belmont Report, Declaration of Helsinki 등의 가이드라인을 준수하도록 권고되고 있다.

주요 참고자료

연구윤리 가이드

American Psychological Association (APA) (2017). Ethical Pr*inciples of Psychologists and Code of Conduct*. [심리학 및 행동과학 분야에서 널리 준수되는 윤리강령으로, 연구참여자의 권리 보호, 기만 사용 규정, 사후설명 등을 구체적으로 안내. APA 공식 웹사이트(https://www.apa.org/ethics/code)에서 전문 확인 가능.]

인간 대상 연구윤리

Belmont Report (1979). *Ethical Principles and Guidelines for the Protection of Human Subjects of Research*. [인간 대상 연구윤리의 근간이 된 문서로, 미국 보건복지부(HHS) 웹사이트에서 전문 열람 가능(https://www.hhs.gov/ohrp/regulations-and-policy/belmont-report/index.html).]

참고문헌

Eich, E. (2014). Business not as usual. *Psychological Science*, 25(1), 3-6.

Kidwell, M. C., Lazarević, L. B., Baranski, E., Hardwicke, T. E., Piechowski, S., Falkenberg, L., ... Nosek, B. A. (2016). Badges to acknowledge open practices: A simple, low-cost, effective method for increasing transparency. *PLOS Biology*, 14(5), e1002456.

Milgram, S. (1963). Behavioral study of obedience. *Journal of Abnormal and Social Psychology*, 67(4), 371 – 378.

Milgram, S. (1974). *Obedience to Authority: An Experimental View*. Harper & Row.

Shu, L. L., Mazar, N., Gino, F., Ariely, D., & Bazerman, M. H. (2012). Signing at the beginning makes ethics salient and decreases dishonest self-reports in comparison to signing at the end [Retracted]. *Proceedings of the National Academy of Sciences*, 109(38), 15197.

Simmons, J. P., Nelson, L. D., & Simonsohn, U. (2011). False-positive psychology: Undisclosed flexibility in data collection and analysis allows presenting anything as significant. *Psychological Science*, 22(11), 1359-1366.

Simonsohn, U. (2013). Just post it: The lesson from two cases of fabricated data detected by statistics alone. *Psychological Science*, 24(10), 1875-1888.

Stapel, D. A. (2012). *Ontsporing [Derailment]*. Prometheus.

Stroebe, W., Postmes, T., & Spears, R. (2012). Scientific misconduct and the myth of self-correction in science. *Perspectives on Psychological Science,* 7(6), 670 – 688.

Wicherts, J. M., Veldkamp, C. L., Augusteijn, H. E., Bakker, M., Van Aert, R. C., & Van Assen, M. A. (2016). Degrees of freedom in planning, running, analyzing, and reporting psychological studies: A checklist to avoid p-hacking. *Frontiers in psychology*, 7, 1832.

부록

I

예시 자료 정보

1. 자료 9-1 독특성 욕구
2. 자료 11-1 매개분석: SNS 사용시간과 우울감
3. 자료 12-1 일원분산분석: 감정상태와 구매의도
4. 자료 12-2 분산분석: 광고 유형과 정치성향이 기부의도에 미치는 영향
5. 자료 12-3 분산분석: 3원 분산분석
6. 자료 13-1 분산분석: 집단내 분산분석
7. 자료 13-2 분산분석: 혼합 분산분석
8. 자료 14-1 회귀분석: 소득과 성격 유형이 행복에 미치는 영향
9. 자료 14-2 회귀분석: 광고 노출이 광고 태도에 미치는 영향
10. 자료 15-3 회귀분석: 분산분석과 회귀분석 비교
11. 자료 15-4 회귀분석: 크라우드펀딩
12. 자료 15-1 구조방정식 모형: 광고효과

1. 자료 9-1 독특성 욕구

파일명: Data 09-1 NFU(Excel, SPSS 포맷)

관련 주제: 측정 타당도 검증(제9장)

자료 정보

자료수집 방법: 설문 실험

표본수: N=428

변수 정보

변수	변수명	변수설명	척도
독특성 욕구	NFU1- NUF9	독특성 욕구 측정 문항	등간척도 (1=전혀 그렇지 않다, 5=매우 그렇다)
독특성 욕구 평균	A_NFU	독특성 욕구 9개 문항 평균	
패션 관여	FA01- FA05	패션에 대한 관여	등간척도 (1=전혀 그렇지 않다, 5=매우 그렇다)
패션 관여 평균	A_FA	패션 관여 5개 문항 평균	
나이	Age	응답자 나이	비율척도
성별	Gender	응답자 성별	명목척도 (1=남성, 2=여성)

측정 문항 (독특성 욕구)

변수명	잠재변수	측정 문항
NFU1	CC	나만의 스타일을 창조하기 위해 종종 특이한 제품이나 브랜드를 찾는다.
NFU2	CC	나의 개인적 독특성을 증가시킬 수 있는 새로운 제품이나 브랜드를 찾으려 한다.
NFU3	CC	내가 구매한 물건이 나의 독특한 이미지형성에 어떻게 사용될 수 있을지 생각한다.
NFU4	UC	다른 사람들을 의식하지 않고 종종 자유분방하게 옷을 입는다.
NFU5	UC	어떤 상황이나 장소에 상관없이 내가 입고 싶은 옷을 꼭 입는다.
NFU6	UC	내가 옷을 특이하게 입으면, 다른 사람들이 날 이상하게 생각하는 것을 나는 알아도 별로 신경 쓰지 않는다.
NFU7	AS	제품이나 브랜드가 일반 대중 사이에서 유행할수록 그것을 구입할 흥미를 잃어버린다.
NFU8	AS	대체로 다른 사람들이 습관적으로 구매하는 제품이나 브랜드를 싫어한다.
NFU9	AS	사람들이 일상적으로 많이 사는 제품들은 나에게는 더 이상 가치가 없는 것처럼 여겨진다.

주: CC=독창적 선택(creative choice), UC=비대중적 선택(unpopular choice), AS=유사성 회피(avoidance of similarity)

2. 자료 11-1 매개분석: SNS 사용시간과 우울감

파일명: Data 11-1_Mediation_SNS(Excel, SPSS 포맷)

관련 주제: 매개효과 검증(제11장)

자료 정보

자료수집 방법: (가상) 설문

표본수: N=40

변수 정보

변수	변수명	변수설명	척도
SNS 사용시간	SNS	주관적 SNS 사용시간	등간척도(1=매우 적다, 7=매우 많다)
자존감	SelfEst	주관적 자존감	등간척도(1=전혀 그렇지 않다, 7=매우 그렇다)
우울감	Depress	주관적 우울한 감정	등간척도(1=전혀 그렇지 않다, 7=매우 그렇다)

3. 자료 12-1 일원분산분석: 감정상태와 구매의도

파일명: Data 12-1_ANOVA1_One-way(Excel, SPSS 포맷)

관련 주제: 일원 분산분석(제12장)

자료 정보

자료수집 방법: (가상) 실험

표본수: N = 24

변수 정보

변수	변수명	변수설명	척도
감정상태	Emotion	감정상태 조건	명목척도(01=중립, 1=슬픔, 2=기쁨)
구매의도	PI	음료 구매의도	등간척도(7점척도)

4. 자료 12-2 분산분석: 광고 유형과 정치성향이 기부의도에 미치는 영향

파일명: Data 12-2_ANOVA1_2x2(Excel, SPSS 포맷)

관련 주제: 2원 분산분석(제 12장)

자료 정보

자료수집 방법: (가상) 실험

표본수: N = 160

변수 정보

변수	변수명	변수설명	척도
기부 메시지	Appeal	기부 메시지 소구 유형	명목척도(-1=이성, 1=감성)
정치성향	Politic	응답자 정치성향	명목척도(-1=진보, 1=보수)
기부의도	DI	기부의도	등간척도(7점척도)
기부경험	DonExp	응답자 기부 경험	등간척도(1=적다, 5=많다)
사회경제적 지위	SES	주관적 사회경제적 지위	등간척도(1=낮다, 7=높다)
나이	Age	응답자 나이	비율척도
성별	Gender	응답자 성별	명목척도(1=남성, 2=여성)

5. 자료 12-3 분산분석: 3원 분산분석

파일명: Data 12-3_ANOVA1_3-way(Excel, SPSS 포맷)

관련 주제: 3원 분산분석(제12장)

자료 정보

자료수집 방법: (가상) 실험

표본수: N = 96

변수 정보

변수	변수명	변수설명	척도
관여도	Involvement	관여도 조건	명목척도(0=저관여, 1=고관여)
광고모델	Endorser	광고모델 조건	명목척도(0=일반인, 1=유명인)
메시지 강도	Argument	메시지 강도 조건	명목척도(0=약함, 1=강함)
브랜드 태도	Attitude	브랜드에 대한 태도	등간척도(1=긍정, 7=부정)

6. 자료 13-1 분산분석: 집단내 분산분석

파일명: Data 13-1_ANOVA2_Within(Excel, SPSS 포맷)

관련 주제: 집단내 분산분석(제13장)

자료 정보

자료수집 방법: (가상) 실험

표본수: N = 5

변수 정보

변수	변수명	변수설명	척도
통제조건	Control	통제 조건 관찰값	비율척도
운동조건	Exercise	운동 조건 관찰값	비율척도
의약품조건	Medicine	의약품 조건 관찰값	비율척도

7. 자료 13-2 분산분석: 혼합 분산분석

파일명: Data 13-2_ANOVA2_Mixed(Excel, SPSS 포맷)

관련 주제: 혼합 분산분석(제13장)

자료 정보

자료수집 방법: (가상) 실험

표본수: N = 10

변수 정보

변수	변수명	변수설명	척도
의약품 조건	Condition	집단간 조건	명목척도(0=가짜약, 1=진짜약T)
진통 수준(T1: 1시간 후)	T1	집단내 조건	등간척도(0=통증 없음, 9=통증 매우 심함)
진통 수주(T2: 24 시간 후)	T2	집단내 조건	등간척도(0=통증 없음, 9=통증 매우 심함)

8. 자료 14-1 회귀분석: 소득과 성격 유형이 행복에 미치는 영향

파일명: Data 14-1_REG_Happiness(Excel, SPSS 포맷)

관련 주제: 회귀분석을 이용한 이론 검증(제14장)

자료 정보

자료수집 방법: (가상) 설문

표본수: N=1,169

변수 정보

변수	변수명	변수설명	척도
행복	Happy	주관적 행복도	등간척도(1=불행, 5=행복)
소득 [1]	LNincome	Ln(월소득+1)	비율척도
평균 중심화 소득 [2]	MC_LNin	평균중심화 변환된 소득	비율척도
성격유형01 [3]	PType01	더미 코딩 성격유형	명목척도(0=A유형, 1=B유형)
성격유형10 [4]	PType10	더미 코딩 성격유형	명목척도(1=A유형, 0=B유형)
성격유형11 [5]	PType11	대조 코딩 성격유형	명목척도(-1=A유형, 1=B유형)
상호작용 [1]×[3]	IN_IPT01	성격, 성격유형 상호작용	
상호작용 [1]×[4]	IN_IPT10	성격, 성격유형 상호작용	
상호작용 [1]×[5]	IN_IPT11	성격, 성격유형 상호작용	
상호작용 [2]×[5]	IN_MC11	성격, 성격유형 상호작용	
성별	Gender		명목척도(0=여성, 1=남성)
나이	Age		비율척도

9. 자료 14-2 회귀분석: 광고 노출이 광고 태도에 미치는 영향

파일명: Data 14-2_REG_Quadratic (Excel, SPSS 포맷)

관련 주제: 2차 회귀분석 (제 14장)

자료 정보

자료수집 방법: (가상) 실험

표본수: N = 24

변수 정보

변수	변수명	변수설명	척도
광고 태도	Attitude	노출된 광고에 대한 태도	등간척도(1=나쁘다, 5=좋다)
광고 노출	Ad	광고 노출 횟수	비율척도
광고 노출2	Ad2	(광고 노출 횟수)2	비율척도
평균 중심화 광고 노출	MC_Ad	평균 중심화 광고 노출 횟수	비율척도
평균 중심화 광고 노출2	MC_Ad2	평균 중심화 광고 노출 횟수2	비율척도

10. 자료 15-3 회귀분석: 분산분석과 회귀분석 비교

파일명: Data 15-3_REG_Anova_Regression (Excel, SPSS 포맷)

관련 주제: 분산분석과 회귀분석 비교 (제 15장)

자료 정보

자료수집 방법: (가상) 실험

표본수: N = 160

변수 정보

변수	변수명	변수설명	척도
대조 코딩 기부 메시지 [1]	Appeal	메시지 소구 유형	명목척도 (-0.5=이성, 0.5=감성)
대조 코딩 정치성향 [2]	Politic	응답자 정치성향	명목척도 (-0.5=진보, 0.5=보수)
상호작용 [1] x [2]	IN_ApPo		
기부의도	DI	기부의도	등간척도 (7점척도)
더미 코딩 광고 유형 [3]	D_Appeal	광고 소구 유형	명목척도 (0=이성, 1=감성)
더미 코딩 정치성향 [4]	D_Politic	응답자 정치성향	명목척도 (0=진보, 1=보수)
상호작용 [3] x [4]	IN_D_ApPo		

11. 자료 15-4 회귀분석: 크라우드펀딩

파일명: Data 15-4_REG_Crowdfunding (Excel, SPSS 포맷)

관련 주제: 회귀분석 시각화 (제 15장)

자료 정보

 자료수집 방법: 2차 자료

 표본수: N = 5,000

변수 정보

변수	변수명	변수설명	척도
크라우드펀딩 모금액	TRF	캠페인 모금액($1,000)	비율척도
목표 모금액 숫자 구체성	Preci	목표 모금액 구체성 지수	비율척도(범위: 0 - 1)
평균 중심화 숫자 구체성 [1]	MC_Preci		
목표 모금액 수준	ln_Goal	로그변환된 목표 모금액	비율척도
평균 중심화 목표 모금액 [2]	MC_ln_Go		
상호작용 [1]×[2]	IN_P_lnG		
목표 모금액($)	Goal	목표 모금액 원자료	비율척도
목표 달성	Gsuccess	목표 모금액 달성 여부	명목척도(0=목표 미달성, 1=목표 달성)
캠페인 카테고리 더미	Cat_no	캠페인 분류 번호	명목척도(14 범주)
캠페인 기간	Duration	캠페인 지속 기간(일수)	비율척도

12. 자료 15-1 구조방정식 모형: 광고효과

파일명: Data 15-1_SEM_Ad(Excel, SPSS 포맷)

관련 주제: 구조방정식 모형(제15장)

자료 정보

 자료수집 방법: (가상) 실험

 표본수: N = 192

변수 정보

변수	변수명	변수설명	척도
광고 관련성	Ad01, Ad02	광고의 지각된 관련성	등간척도(1=비동의, 5=동의)
광고 태도	Aad01, Aad02	광고에 대한 태도	등간척도(1=비동의, 5=동의)
브랜드 태도	AB01, AB02, AB03	브랜드에 대한 태도	등간척도(1=비동의, 5=동의)

찾아보기

ㅇ

ㅈ

ㅊ

ㅋ

▌저자 소개

석관호(昔觀鎬 Kwanho Suk)

[학력]

- 고려대학교 경영학과 졸업
- University of Wisconsin-Madison 경영학 석사(마케팅조사론 전공)
- University of Toronto 경영학박사 (Ph.D.: 마케팅전공, 인지심리학 부전공)

[경력]

- 고려대학교 경영학과 교수
- (전) University of California, Riverside 조교수
- 소비자학연구 편집위원장 역임
- 마케팅연구 편집위원장 역임

[주요 논문 및 저서]

- 크라우드펀딩 목표금액과 성과의 연관성에 관한 연구: 기부형 크라우드펀딩 플랫폼 카카오같이가치를 중심으로, *경영학연구*, 2024.
- 대학생 소비자의 MBTI 유형가 소비자행동의 연관성에 관한 연구: 구매행동 특성, 소셜네트워크 서비스(SNS) 이용동기, 소비자 라이프스타일을 중심으로, *소비문화연구*, 2023.
- 900원 혹은 990원? 우리나라 소비재 가격의 끝자리 연구, *마케팅연구*, 2021.
- 제품 용량크기와 단위가격의 관계에 대한 연구: 큰 포장제품의단위가격은 늘 저렴한가?, *소비자문제연구*, 2019.
- 소비자 구매행동은 혈액형과 연관이 있는가?" *소비자학연구*, 2012.
- Currency Exchange Rate Bias, *Journal of Experimental Psychology: Applied.*
- The 1-in-X Effect in Perceptions of Risk Likelihood Difference, *Organizational Behavior and Human Decision Processes*, 2022.
- The Devil Is in the Specificity: The Negative Effect of Prediction Specificity on Prediction Accuracy, *Psychological Science*, 2013.
- The Influence of Price Presentation Order on Consumer Choice, *Journal of Marketing Research*, 2012.
- Disambiguating the Role of Ambiguity in Perceptual Assimilation and Contrast Effects, *Journal of Consumer Research*, 2010.
- *가격의 심리학*, 한국문화사, 2016.
- *소비자행동*, 집현재, 2020.

[학술상]

- 한국경영학회, 경영학연구 최우수논문상, 2025.
- 한국마케팅학회, 마케팅연구 최우수논문상, 2013.
- 한국마케팅학회, 마케팅연구 우수논문상, 2012. 2022.
- 한국소비자학회, 소비자학연구 최우수논문상, 2024.
- 한국소비자학회, 소비자학연구 우수논문상, 2020, 2024.
- 석탑연구상, 고려대학교, 2023.
- The SK Distinguished Research Award, KUBS, 2009, 2010, 2012.

행동과학 연구방법론

2026년 1월 5일 초판 인쇄
2026년 1월 9일 초판 발행

저 자 석 관 호
발행인 위 호 준
발행처 도서출판 집현재
06190 서울특별시 강남구 삼성로64길 40
101-1005
전화 (02)332-4922 Fax (02)6442-6906
홈페이지: www.jhjbook.co.kr
e-mail: jyp4922@naver.com

출판등록 2010년 10월 22일
등록번호 제105-91-57581호

정가 33,000원 ISBN 979-11-92436-37-1